Management von Dienstleistungsprozessen

Sabine Fließ • Stefan Dyck • Maarten Volkers

Management von Dienstleistungsprozessen

Service Co-Creation – Service Experience –
Service Value

 Springer Gabler

Sabine Fließ
Douglas-Stiftungslehrstuhl für
Dienstleistungsmanagement
FernUniversität in Hagen
Hagen, Deutschland

Stefan Dyck
Douglas-Stiftungslehrstuhl für
Dienstleistungsmanagement
FernUniversität in Hagen
Hagen, Deutschland

Maarten Volkers
Douglas-Stiftungslehrstuhl für
Dienstleistungsmanagement
FernUniversität in Hagen
Hagen, Deutschland

ISBN 978-3-658-44146-3   ISBN 978-3-658-44147-0 (eBook)
https://doi.org/10.1007/978-3-658-44147-0

Die Deutsche Nationalbibliothek verzeichnet diese Publikation in der Deutschen Nationalbibliografie; detaillierte bibliografische Daten sind im Internet über https://portal.dnb.de abrufbar.

Planung/Lektorat: Barbara Roscher
Springer Gabler ist ein Imprint der eingetragenen Gesellschaft Springer Fachmedien Wiesbaden GmbH und ist ein Teil von Springer Nature.
Die Anschrift der Gesellschaft ist: Abraham-Lincoln-Str. 46, 65189 Wiesbaden, Germany

Das Papier dieses Produkts ist recycelbar.

Vorwort

Das Management von Dienstleistungsprozessen stellt Unternehmen vor besondere Herausforderungen, da der Kunde immer involviert ist: Der Kunde formuliert Wünsche und Vorstellungen, er besitzt Objekte, die der Dienstleister reparieren (z. B. Auto) oder bearbeiten (z. B. Garten) soll, er ist mit seinem Körper selbst Teil der Dienstleistung (z. B. Massage) oder übernimmt Aufgaben während des Dienstleistungsprozesses (z. B. Selbstbedienung). Diese Mitwirkung des Kunden wird in der Literatur als Co-Creation bezeichnet.

Da der Kunde immer am Dienstleistungsprozess mitwirkt, bringt er seine eigene Perspektive in den Prozess ein. Für Anbieter, die Dienstleistungsprozesse gestalten und steuern, ist es daher unabdingbar, die Sicht des Kunden zu verstehen. Dies beinhaltet nicht nur die Sicht auf den Dienstleistungsprozess, sondern auch ein Verständnis dafür, wie der Kunde Dienstleistungsprozesse in sein Leben integriert. Dabei sind für den Kunden der Wert der Dienstleistung (Service Value) und seine Erfahrungen und Erlebnisse während des Dienstleistungsprozesses (Service Experience) zentral. Wie Dienstleistungsprozesse im Hinblick auf Service Value und Service Experience (Kundenperspektive) sowie Wettbewerbsvorteile, Effektivität und Effizienz (Anbieterperspektive) gestaltet und gesteuert werden können, ist Gegenstand dieses Buch.

Um die Kunden- und Anbieterperspektive gemeinsam zu verfolgen, wird in diesem Buch das Analyse-, Gestaltungs- und Steuerungsinstrument des ServiceBlueprint entwickelt, das auch gleichzeitig die Struktur des Buches bildet. In zeitlicher Hinsicht wird dabei der Dienstleistungsprozess in die Pre-Service-, die Service- und die Post-Service-Phase unterteilt. Auf der horizontalen Ebene werden die Kundensphäre, die gemeinsame Sphäre von Anbieter und Kunden sowie die Anbietersphäre differenziert. In den einzelnen Kapiteln werden die Sphären mit der zeitlichen Perspektive verknüpft, aus Kunden- und Anbietersicht beleuchtet und aufgezeigt, wie der Anbieter im Sinne eines erfolgreichen Managements den Dienstleistungsprozess gestalten und steuern kann.

Im Mittelpunkt stehen dabei Konsumenten, aber viele Erkenntnisse lassen sich auch auf Unternehmen als Kunden übertragen. Dabei wird im Folgenden die männliche Form von Kunde, Anbieter und Mitarbeiter genutzt, wenn es um allgemeine Erkenntnisse geht. Gender- und diversitätsbezogene Aspekte werden in den Beispielen (im Text kursiv gedruckt und in den Beispielkästen) berücksichtigt.

An einem Buch ist eine Vielzahl von Personen beteiligt. Wir danken Katharina Haupt-mann, Tim Köhler, Dr. Eva Lexutt und Sarina Nenninger für viele kritische Kommentare, Anmerkungen und Verbesserungsvorschläge. Wir danken unseren Studierenden, die durch Fragen und Beiträge zu früheren Versionen des Buches Unklarheiten, Missverständlich-keiten und Fehler aufgedeckt haben. Wir danken unseren Studentischen und Wissenschaft-lichen Hilfskräften Dilara Cesur und Chiara Sauren für ihre unermüdliche Literatur-beschaffung, Arbeit mit der Literaturdatenbank, Erstellung verschiedenster Abbildungs-versionen und Formatierungen. Nicht zuletzt gilt unser Dank Stefanie Vogt, die verschiedene Versionen des Manuskripts Korrektur gelesen hat. Alle Fehler im Buch gehen dennoch zu Lasten der Autor:innen.

Wir wünschen viel Freude und hoffentlich auch entsprechenden Erkenntnisgewinn beim Lesen des Buches.

Hagen, Deutschland   Sabine Fließ
Februar 2024   Stefan Dyck
                                                                                  Maarten Volkers

Inhaltsverzeichnis

1   **Grundlagen des Managements von Dienstleistungsprozessen**   1
     1.1   Theoretische Sichtweisen des Dienstleistungsprozesses   1
     1.2   Dienstleistungsprozesse als Wertgenerierungsprozesse   6
         1.2.1   Die Kundenlogik der Wertgenerierung   6
         1.2.2   Die Anbieterlogik der Wertgenerierung   9
         1.2.3   Die Struktur des Dienstleistungsprozesses   16
     1.3   Ziele und Aufgaben des Managements von Dienstleistungsprozessen   20
     1.4   Das ServiceBlueprint als Instrument des Prozessmanagements   22
         1.4.1   Der Aufbau des ServiceBlueprints   22
         1.4.2   Die Gestaltung und Steuerung des Dienstleistungsprozesses
                mit dem ServiceBlueprint   28
     1.5   Der Aufbau des Buchs   30
     Literatur.   32

Teil I   Die Pre-Service-Phase

2   **Wertgenerierung in der Lebenswelt des Kunden**   41
     2.1   Well-Being als Ziel in der Lebenswelt des Kunden   41
     2.2   Der Wertbegriff   42
     2.3   Wertgenerierung durch Praktiken im Ecosystem des Kunden   45
         2.3.1   Elemente von Praktiken   45
         2.3.2   Wertgenerierung durch die Ausübung und Beobachtung von
                Praktiken   49
     2.4   Die Einbindung von Ressourcen in die Praktiken des Kunden   51
         2.4.1   Kompatibilität von Ressourcen mit den
                Wertgenerierungsprozessen des Kunden   52
         2.4.2   Der Ressourcenintegrationsprozess   53
     2.5   Die Make-or-Buy-Entscheidung von Konsumenten   59
     2.6   Die Customer Journey   63
     2.7   Der Kaufentscheidungsprozess des Kunden   65
     Literatur.   70

3   Vorbereitende Kundenaktivitäten in der Pre-Service-Phase   77
   3.1   Die Antizipation der Service-Phase   77
   3.2   Vorbereitungsaktivitäten   80
   Literatur   82

4   Die Gestaltung des Dienstleistungsprozesses – das Service
    Process Design   85
   4.1   Grundprinzipien und Ziele der Gestaltung des
       Dienstleistungsprozesses   85
   4.2   Effektivität und Effizienz als Zielsetzungen des Service
       Process Designs   88
   4.3   Service Value und Prozessgestaltung   93
       4.3.1   Die Bewertung des Service Value auf der Basis der
             Austauschtheorien   94
       4.3.2   Ansatzpunkte der Gestaltung des Dienstleistungsprozesses
             im Hinblick auf den Service Value   98
   4.4   Prozessgestaltung unter Effizienzgesichtspunkten   100
       4.4.1   Einflussfaktoren der Prozesseffizienz   100
       4.4.2   Maßnahmen der Effizienzsteigerung   103
   4.5   Hybride Strategien zur gleichzeitigen Erreichung von Service
       Exzellenz und Produktivität   108
   Literatur   110

5   Die Vorbereitungsaktivitäten des Anbieters in der Pre-Service-Phase   117
   5.1   Das Erwartungsmanagement des Anbieters   117
   5.2   Unterstützung der Vorbereitungsaktivitäten des Kunden   120
   Literatur   122

Teil II   Gemeinsame Aktivitäten von Kunde und Anbieter in der Service-Phase

6   Service Experience Management   127
   6.1   Konzeptionelles Verständnis von Service Experience   127
       6.1.1   Service Experience als Ergebnis der Verarbeitung von
             Umwelt-Cues   128
       6.1.2   Die Embodiment-Perspektive der Service Experience   132
       6.1.3   Die Bedeutung des Erlebnisses für den Kunden – die
             Sensemaking-Perspektive   135
   6.2   Das Service Experience Design   138
       6.2.1   Utilitaristische und hedonistische Ebene des Service
             Experience Designs   139
       6.2.2   Die Skripttheorie als Grundlage des Service Experience
             Designs   140

          6.2.3   Die Dramaturgie des Service Co-Creation-Prozesses 145
                  6.2.3.1   Funktionales und dramatisches Service-Skript 145
                  6.2.3.2   Metatext, Playtext und Subtext des dramatischen
                            Service-Skripts 146
                  6.2.3.3   Szenen, Freiheitsgrade und dramatischer Aufbau
                            des Service-Skripts 148
          Literatur. 153

7   Akteure der Service Co-Creation und ihre Rollen. 163
      7.1   Akteure auf Kunden- und Anbieterseite. 163
      7.2   Rollen der Akteure für den Service Co-Creation-Prozess 167
      7.3   Gestaltung des Rollensets in Bezug auf die Service Experience. 176
      Literatur. 178

**8   Aktivitäten – die Handlungen der Akteure im Service
     Co-Creation-Prozess**. 183
      8.1   Arten von Aktivitäten. 183
      8.2   Gestaltung der Aktivitäten vor dem Hintergrund der
            Service Experience. 186
            8.2.1   Beitrag der Aktivitäten zur Service Experience. 186
            8.2.2   Aufteilung der Aktivitäten auf die beteiligten Akteure 189
      Literatur. 197

9   Interaktion – das Kernelement der Service Co-Creation 201
      9.1   Aufgabe der Interaktion bei der Service Co-Creation 201
      9.2   Formen der Interaktion 203
      9.3   Der soziale Kontext der Interaktion. 204
            9.3.1   Soziale Normen 205
            9.3.2   Behavioral Setting 206
            9.3.3   Wahrgenommene Ähnlichkeit 207
            9.3.4   Soziale Distanz. 208
      9.4   Kommunikation in der sozialen Interaktion. 210
            9.4.1   Verbale Kommunikation: Sprache und Sprachstil 212
            9.4.2   Nonverbale Elemente der Kommunikation 215
      9.5   Emotionen in der sozialen Interaktion. 217
      9.6   Technologienutzung in der Interaktion 219
      9.7   Gestaltung der Interaktion in Bezug auf die Service Experience 226
            9.7.1   Gestaltungsdimensionen der Interaktion 226
            9.7.2   Interaktionen als Teil der Handlungen im Service-Skript 229
      Literatur. 231

10   Die Dienstleistungsumgebung als Raum der Service Co-Creation 241
      10.1   Formen und Elemente von Dienstleistungsumgebungen 241
      10.2   Umweltpsychologische und soziologische Konzepte des Raumes 245
      10.3   Die Gestaltung des Experiencescape 248
              10.3.1   Sensemaking und Sensegiving der Dienstleistungsumgebung 249
              10.3.2   Die physische Dimension der Dienstleistungsumgebung 252
              10.3.3   Die soziale Dimension der Dienstleistungsumgebung 255
              10.3.4   Die sensorische Dimension der Dienstleistungsumgebung 257
              10.3.5   Die kognitive Dimension der Dienstleistungsumgebung 261
              10.3.6   Die affektive Dimension der Dienstleistungsumgebung 263
      Literatur 265

11   Entwicklung des Service Experience Designs 273
      Literatur 279

Teil III   Autonome Anbieteraktivitäten in der Service-Phase

12   Gegenstand der autonomen Aktivitäten des Anbieters 283
      12.1   Die Koordinations- und Motivationsaufgabe 283
      12.2   Die Bedeutung der Mitarbeitenden für die Wertgenerierung
              von Anbieter und Kunde 285
      Literatur 286

**13   Die Koordinationsaufgabe – die Organisationsstruktur des
      Service Co-Creation-Prozesses** 289
      13.1   Grundlagen der Koordination 289
      13.2   Die horizontale Differenzierung 291
              13.2.1   Funktionsorientierung und Prozessorientierung 292
              13.2.2   Front-Office und Back-Office 297
      13.3   Die vertikale Differenzierung 299
              13.3.1   Bestimmungsfaktoren der vertikalen Differenzierung 299
              13.3.2   Empowerment in Dienstleistungsorganisationen 300
      13.4   Koordinationsinstrumente bei horizontaler und vertikaler
              Differenzierung 303
              13.4.1   Formale Koordination 303
              13.4.2   Informale Koordination 306
      Literatur 310

14   Die Motivationsaufgabe – die Steuerung der Leistung des Personals 315
      14.1   Ein Motivationsmodell für Mitarbeitende im Kundenkontakt 315
              14.1.1   Die Emotionsarbeit des Kundenkontaktpersonals 321
              14.1.2   Rollenwahrnehmung und Rollenkonflikte 324

14.2 Ansatzpunkte der Motivationssteuerung 326
    14.2.1 Die Qualifikation des Personals: Einstellung und
          Weiterbildung. 328
    14.2.2 Die Personalentlohnung – das Vergütungssystem 332
          14.2.2.1 Die Personalentlohnung aus Sicht der
                   Austauschtheorien 334
          14.2.2.2 Die Personalentlohnung aus Sicht der
                   Prinzipal-Agenten-Theorie. 336
    14.2.3 Die Personalführung 340
Literatur. 343

Teil IV   Die Post-Service-Phase

15   Nachbereitende Aktivitäten des Kunden und Anbietermaßnahmen 351
    15.1 Die Bewertung der Dienstleistung durch den Kunden. 351
        15.1.1 Psychologische Aspekte des Bewertungsprozesses 352
        15.1.2 Konsequenzen für Anbieter 356
        15.1.3 Folgen der Bewertung für das Kundenverhalten in der
            Post-Service-Phase. 357
    15.2 Kundenlob 358
        15.2.1 Wirkungen von Kundenlob 359
        15.2.2 Motive für die Äußerung von Lob 359
        15.2.3 Lobmanagement. 360
    15.3 Trinkgeldverhalten. 361
        15.3.1 Trinkgeldverhalten als gesellschaftliche Praktik 362
        15.3.2 Freiwilliges Trinkgeld vs. Servicegebühr 363
        15.3.3 Ansatzpunkte für das Management 364
    15.4 Beschwerdeverhalten und Service Recovery-Management. 365
        15.4.1 Service Failure 365
        15.4.2 Beschwerdeverhalten 367
        15.4.3 Service Recovery-Management. 369
Literatur. 376

16   Ecosystem-Aktivitäten des Kunden und Anbietermaßnahmen 381
    16.1 Erinnern und Reflektieren 381
        16.1.1 Einflussfaktoren der Erinnerung 382
        16.1.2 Erinnerungsmanagement 385
    16.2 Word-of-Mouth (WOM) 388
        16.2.1 Konzeptionelle Grundlagen 388
        16.2.2 Word-of-Mouth als gesellschaftliche Praktik 392
           16.2.2.1 Reflexion und Unterhaltung. 393
           16.2.2.2 Selbstdarstellung 393

16.2.2.3   Beziehungsförderung 395
16.2.2.4   Emotionsregulierung 396
16.2.3   Word-of-Mouth-Management 397
16.2.3.1   Weiterempfehlungskampagnen 399
16.2.3.2   Der Umgang des Anbieters mit WOM im
Internet – Webcare 401
Literatur. 404

Stichwortverzeichnis 411

Über die Autoren

Prof. Dr. Sabine Fließ ist Inhaberin des Douglas-Stiftungslehrstuhls für Dienstleistungsmanagement an der FernUniversität in Hagen. Ihre Forschungsschwerpunkte sind das Management von Service Co-Creation-Prozessen, Value Creation, Value Co-Creation, Servicescapes sowie Nachhaltigkeit im Dienstleistungsmanagement.

Stefan Dyck M. Sc., ist wissenschaftlicher Mitarbeiter am Douglas-Stiftungslehrstuhl für Dienstleistungsmanagement an der FernUniversität in Hagen und Dozent. Seine Forschungsschwerpunkte sind das Management von Service Co-Creation-Prozessen sowie Entstehung und Gestaltung der Customer Experience.

Maarten Volkers M. Sc., ist wissenschaftlicher Mitarbeiter am Douglas-Stiftungslehrstuhl für Dienstleistungsmanagement an der FernUniversität in Hagen und Dozent. Seine Forschungsschwerpunkte sind das Management von Service Co-Creation-Prozessen, Konsumentenverhalten bei Dienstleistungen, Customer Well-Being sowie Captive Services.

Abbildungsverzeichnis

Abb. 1.1   Die Wertlogiken des Anbieters – Wertkette, Wertshop, Wertnetzwerk 13
Abb. 1.2   Die Struktur des Dienstleistungsprozesses 17
Abb. 1.3   Aufbau des ServiceBlueprints 24
Abb. 1.4   Beispiel eines ServiceBlueprints – der Dienstleistungsprozess
eines Restaurants 27
Abb. 1.5   Der Aufbau des Buchs 31

Abb. 2.1   Wertgenerierung in der Lebenswelt des Kunden – Einordnung
im ServiceBlueprint 42
Abb. 2.2   Elemente von Praktiken 46
Abb. 2.3   Struktur des Wertgenerierungsprozesses durch
Ressourcenintegration 54
Abb. 2.4   Die Einbettung von Dienstleistungsprozessen in die
Customer Journey 64
Abb. 2.5   Die Theorie des geplanten Verhaltens 66
Abb. 2.6   Arten von Kaufentscheidungsprozessen 69

Abb. 3.1   Vorbereitende Kundenaktivitäten in der Pre-Service-Phase –
Einordnung im ServiceBlueprint 78

Abb. 4.1   Das Service Process Design – Einordnung im ServiceBlueprint 86
Abb. 4.2   Ziele der Gestaltung von Dienstleistungsprozessen 88
Abb. 4.3   Kosten und Produktivität im Dienstleistungsprozess 101

Abb. 5.1   Die Vorbereitungsaktivitäten des Anbieters in der Pre-Service-
Phase – Einordnung im ServiceBlueprint 118
Abb. 6.1   Service Experience Management – Einordnung im
ServiceBlueprint 128
Abb. 6.2   Elemente und Entstehung der Service Experience 138

Abb. 7.1   Akteure der Service Co-Creation und ihre Rollen – Einordnung
           im ServiceBlueprint. 164
Abb. 7.2   Typen von Service Co-Creation-Prozessen mit mehreren Kunden. 167
Abb. 7.3   Der Aushandlungsprozess der Rollen 170

Abb. 8.1   Aktivitäten im Service Co-Creation-Prozess – Einordnung im
           ServiceBlueprint 184
Abb. 8.2   ServiceBlueprint für ein Essen im Restaurant mit ausschließlich
           obligatorischen Aktivitäten 188
Abb. 8.3   ServiceBlueprint für ein Essen im Restaurant mit anreichernden,
           freiwilligen Aktivitäten 190

Abb. 9.1   Interaktion – Einordnung im ServiceBlueprint 202
Abb. 9.2   Zusammenhang zwischen Technologiebereitschaft und -akzeptanz. . . . 225

Abb. 10.1 Die Dienstleistungsumgebung als Raum der Service Co-Creation –
           Einordnung im ServiceBlueprint. 242
Abb. 10.2 Das umweltpsychologische Wirkungsmodell der
           Dienstleistungsumgebung aus Sicht eines Akteurs 245
Abb. 10.3 Dimensionen der Service Experience und Ansatzpunkte der
           Gestaltung des Experiencescape 249

Abb. 11.1 Entwicklung des Service Experience Designs – Einordnung im
           ServiceBlueprint 277

Abb. 12.1 Autonome Aktivitäten des Anbieters – Einordnung im
           ServiceBlueprint 284

Abb. 13.1 Die Koordinationsaufgabe – Einordnung im ServiceBlueprint. 290
Abb. 13.2 Formen der horizontalen Differenzierung im Service
           Co-Creation-Prozess 293

Abb. 14.1 Die Motivationssaufgabe – Einordnung im ServiceBlueprint. 316
Abb. 14.2 Ein einfaches Motivationsmodell für Mitarbeitende im
           Kundenkontakt 317
Abb. 14.3 Rollenkonflikte 325
Abb. 14.4 Personalmanagement und Motivation von
           Kundenkontaktmitarbeitenden 327
Abb. 14.5 Anforderungen und Kompetenzen von Kundenkontaktmitarbeitern 330
Abb. 14.6 Probleme der Personalsteuerung aus Sicht der Prinzipal-Agenten-
           Theorie (In Anlehnung an Fließ 2009, S. 269; mit freundlicher
           Genehmigung von © Springer Fachmedien Wiesbaden GmbH 2009.
           All Rights Reserved). 337
Abb. 14.7 Einflussfaktoren der Vergütung nach der Prinzipal-Agenten-
           Theorie (In Anlehnung an Fließ 2009, S. 273; mit freundlicher
           Genehmigung von © Springer Fachmedien Wiesbaden GmbH 2009.
           All Rights Reserved). 339

Abb. 15.1   Nachbereitende Aktivitäten des Kunden und
            Anbietermaßnahmen – Einordnung im ServiceBlueprint 352
Abb. 15.2   Psychologische Aspekte zur Erklärung des Bewertungsprozesses
            des Kunden 353
Abb. 15.3   Lobmanagement 360
Abb. 15.4   Vier Schritte der Service Recovery 375

Abb. 16.1   Ecosystem-Aktivitäten des Kunden und Anbietermaßnahmen –
            Einordnung im ServiceBlueprint. 382
Abb. 16.2   Word-of-Mouth und dessen Auslöser, Formen und Wirkungen 391
Abb. 16.3   Grundsätze des WOM-Managements 397

Tabellenverzeichnis

Tab. 1.1   Formen der Mitwirkung des Kunden in verschiedenen
primären Aktivitäten der Wertschöpfungskonfiguration 16

Tab. 1.2   Wertgenerierung aus Sicht der Kundenlogik und der Anbieterlogik. 17

Tab. 1.3   Ansatzpunkte der Gestaltung und Steuerung von
Dienstleistungsprozessen. 30

Tab. 2.1   Motive im Rahmen der Make-or-Buy-Entscheidung 62

Tab. 4.1   Wettbewerbsvorteil und Zielgrößen von Effektivität und Effizienz
im Dienstleistungsprozess. 89

Tab. 6.1   Elemente des Service-Skripts 145

Tab. 7.1   Mögliche Rollen der Akteure im Service Co-Creation-Prozess 172

Tab. 7.2   Beispiele für Extra-Rollenverhalten von Kunde und
Kundenkontaktpersonal. 175

Tab. 8.1   Anforderungen an die Akteure 193

Tab. 9.1   Nonverbale Cues 216

Tab. 9.2   Typen von Technologien und ihre Bedeutung für die
Service Experience 221

Tab. 9.3   Interaktionsrelevante Gestaltungsaspekte für Technologien.
(Quelle: in Anlehnung an Belanche et al. 2020; Blut et al. 2021;
Lin und Hsieh 2011; Zhang et al. 2010) 226

Tab. 10.1   Gestaltungselemente der Dienstleistungsumgebung. 243

Tab. 11.1   Service Experience Design – Vorgehensweise und Beispiele 274

Tab. 13.1   Delegation von Entscheidungsautonomie und Merkmale
der Aufgabe 300

Tab. 15.1   Service Recovery-Maßnahmen 373

Grundlagen des Managements von Dienstleistungsprozessen

Zusammenfassung

In Kombination verschiedener theoretischer Sichtweisen werden Dienstleistungsprozesse definiert als Folgen von Aktivitäten von Kunde und Anbieter, die darauf gerichtet sind, gemeinsam Wert sowohl für den Kunden als auch für den Anbieter zu generieren, wobei beide Ressourcen in den Dienstleistungsprozess einbringen und miteinander interagieren. Dabei verfolgen Kunde und Anbieter unterschiedliche Wertvorstellungen. In der Kundenlogik wird Wert in der Welt des Kunden geschaffen und es dominiert der Value-in-Use (Nutzwert). In der Anbieterlogik entsteht Wert durch verschiedene Wertschöpfungskonfigurationen, die sich auf die Generierung eines Value-in-Exchange (Tauschwert) richten und deren Ziel die Erzielung von Gewinn ist. Basierend auf der Kunden- und der Anbieterlogik wird ein Modell des Dienstleistungsprozesses entwickelt, das ServiceBlueprint, das sich zur Gestaltung, Steuerung und (Weiter-)Entwicklung von Dienstleistungsprozessen eignet.

1.1 Theoretische Sichtweisen des Dienstleistungsprozesses

In der Diskussion um die zentralen Merkmale von Dienstleistungen hat sich der Prozesscharakter von Dienstleistungen als wichtigstes Merkmal herauskristallisiert (Corsten und Gössinger 2015, S. 45–50; Fließ 2009, S. 14; Grönroos 2015, S. 47–51; Kleinaltenkamp 1998). Dienstleistungen werden dabei aus verschiedenen theoretischen Sichtweisen betrachtet, die unterschiedliche Aspekte dieses Prozesscharakters betonen (Fließ et al. 2015a;

© Der/die Autor(en), exklusiv lizenziert an Springer Fachmedien Wiesbaden GmbH, ein Teil von Springer Nature 2024
S. Fließ et al., *Management von Dienstleistungsprozessen*,
https://doi.org/10.1007/978-3-658-44147-0_1

Fließ und Dyck 2017). Es lassen sich vier theoretische Sichtweisen, auch als Logiken bezeichnet, unterscheiden:

- die **Integrative Leistungslehre** der Berliner Schule (Engelhardt 1966; Engelhardt et al. 1993; Fließ 2001, 2009; Fließ et al. 2015b; Kleinaltenkamp et al. 1996; Kleinaltenkamp 1997a, 1998; Kleinaltenkamp et al. 2009; Kleinaltenkamp 2023; Kleinaltenkamp und Haase 1999),
- die **Service Logic** der sog. Nordic School (Grönroos 1978, 1982, 1991, 2006, 2015; Grönroos und Gummerus 2014; Grönroos und Gummesson 1985; Gummerus und von Koskull 2015; Gummesson 1991; Gummesson und Grönroos 2012),
- die in den USA entwickelte **Service-Dominant Logic** (Lusch und Vargo 2006a, b, 2014; Vargo et al. 2010; Vargo und Akaka 2009; Vargo und Lusch 2004, 2008a, b, 2011, 2016),
- die in Fortführung der Sichtweise der Nordic School entwickelte **Customer-Dominant Logic** (Heinonen et al. 2010; Heinonen et al. 2013; Heinonen und Strandvik 2015).

▶ **Logik** Sie stellt eine Sichtweise dar, die den eigenen Aktivitäten und den Aktivitäten anderer Sinn gibt, die Interpretation der Welt prägt, einem Akteur hilft zu verstehen, was um ihn herum vorgeht, und zu entscheiden, wie er sich in einer bestimmten Situation verhalten will. Akteure können dabei Personen (Manager, Kunden, Wissenschaftler) oder Organisationen (Unternehmen, Vereinigungen u. Ä.) sein.

Das den vier Sichtweisen zugrunde liegende Verständnis von Dienstleistungsprozessen sei im Folgenden kurz charakterisiert.

Die **Integrative Leistungslehre (IL)** unterscheidet zwischen autonomen und integrativen Leistungserstellungsprozessen (Engelhardt et al. 1993). Leistungserstellungsprozesse umfassen dabei alle Aktivitäten, um eine Leistung zu erstellen und Nutzen für den Kunden zu schaffen (Engelhardt et al. 1993). Leistungserstellungsprozesse sind nicht auf Produktionsaktivitäten beschränkt, sondern beinhalten alle notwendigen betrieblichen Prozesse, z. B. auch die Entwicklung neuer Leistungen, die Beschaffung der für die Produktion notwendigen Produktionsfaktoren und die Vermarktung. Bei autonomen Leistungserstellungsprozessen entscheidet der Anbieter allein über die Art der Ausführung. Integrative Leistungserstellungsprozesse erfordern demgegenüber die Mitwirkung des Kunden (Engelhardt et al. 1993; Fließ und Jacob 1996; Jacob 1995; Kleinaltenkamp 1993, 1997a, b; Kleinaltenkamp und Haase 1999; Weiber et al. 2022, S. 73–79). Die Mitwirkung – auch als Kundenintegration, Customer Integration oder Integrativität bezeichnet (Fließ 2001; Fließ et al. 2015b; Kleinaltenkamp et al. 1996; Kleinaltenkamp 1997a, b; Kleinaltenkamp et al. 2009) – kann dabei die folgenden Formen annehmen (Fließ 2009, S. 23):

- Der Kunde gibt dem Anbieter Informationen. Hierbei kann es sich um Informationen über seine Bedarfe, Bedürfnisse, Wünsche, Anforderungen oder Vorstellungen handeln,

aber auch um Anweisungen bezüglich der Ausführung der Leistung oder der einzu-
setzenden Mittel. *Der/die Kund:in schildert dem/der Friseur:in wie er/sie sich die Frisur vorstellt und informiert ihn/sie, ob eine spezielle Haarpflege gewünscht wird.*
- Der Kunde stellt dem Anbieter Objekte, Tiere oder Pflanzen zur Verfügung, an denen
  die Leistung erbracht wird. *Bei der Autoinspektion wird der Pkw zur Verfügung gestellt,
  bei der Überwinterung bei Gartenbaubetrieb die Pflanze, bei der Untersuchung durch
  den Tierarzt/die Tierärztin das Tier, bei der Mandeloperation der Körper des/der Pa-
  tient:in.*
- Der Kunde übernimmt Tätigkeiten während der Erstellung der Leistung. *So bedient
  sich der/die Kund:in beim Hotelfrühstück selbst am Büffet.*

Dienstleistungsprozesse sind integrative Leistungserstellungsprozesse, d. h. sie sind immer
durch die Mitwirkung des Kunden gekennzeichnet (Corsten 1985, S. 222; Engelhardt et al.
1993; Fließ 2009, S. 9, 11; Kleinaltenkamp et al. 2009). Die Begriffe „Integrativität" und
„Kundenintegration" zeigen, dass die Anbieterperspektive im Mittelpunkt steht: Der Kunde,
seine Informationen, Objekte, Tiere oder Pflanzen sowie Tätigkeiten werden als externe
Produktionsfaktoren oder Ressourcen betrachtet, die der Anbieter beschaffen muss (Kleinaltenkamp 1993) und die es effektiv und effizient in den Leistungserstellungsprozess zu integrieren gilt, um die Dienstleistung zu erstellen (Fließ und Dyck 2017). Das Management
von Dienstleistungsprozessen richtet sich auf die effektive und effiziente Integration des
Kunden und seiner Ressourcen durch den Anbieter (Fließ 2001, S. 35–41; 2009, S. 20–37).
Dabei wird die produktionswirtschaftliche Sichtweise der Ressourcenintegration mit einer
marketing- oder austauschtheoretischen und einer organisatorischen Perspektive verbunden
(Fließ 2009, S. 20–34; Kleinaltenkamp 1997a, S. 89–103).

Auch die **Service Logic (SL)** hebt als wesentliches Kennzeichen von Dienstleistungen den
Prozesscharakter heraus. „The only aspect of services that clearly distinguishes them from
physical goods is their *process* nature" (kursiv im Original, Grönroos 2006, S. 319). Dienstleistungen werden daher wie folgt definiert: „A service is a process consisting of a series of
more or less intangible activities that normally, but not necessarily always, take place in interactions between the customer and service employees and/or physical resources or goods and/
or systems of the service provider, which are provided as solutions to customer problems"
(Grönroos 2015, S. 48). Neben Prozessen des Anbieters umfassen Dienstleistungsprozesse
insbesondere Interaktionen zwischen Anbieter und Kunde (Grönroos 2006). Interaktionen
finden dabei in verschiedenen Formen statt (Grönroos 2012): Persönlich interagieren der
Kunde und das Kundenkontaktpersonal des Anbieters, z. B. bei einem Beratungsgespräch.
Persönliche Interaktionen können auch zwischen Kunden stattfinden, z. B. wenn sich Kunden
bei einer Führung durch ein Museum unterhalten. Darüber hinaus kann der Kunde auch mit
Gütern oder Ressourcen des Anbieters oder den Elementen des Servicesystems interagieren,
z. B. bei der Nutzung von Geräten im Fitnessstudio. Als Servicesystem werden dabei die verschiedenen Elemente betrachtet, die der Anbieter einsetzt und miteinander kombiniert,
z. B. das Flugzeug mit seiner Innenausstattung bei einem Flug. Während ihrer Aktivitäten nutzen Anbieter und Kunde verschiedene Ressourcen (Grönroos 2012).

In der Perspektive der Service Logic erzeugt der Kunde den Wert, während der Anbieter als sog. Value Facilitator fungiert, der den Wertgenerierungsprozess des Kunden durch seine Aktivitäten und Angebote unterstützt (Grönroos 2011). Wenn der Kunde einen Anbieter in seinen Wertgenerierungsprozess einbindet, so erfolgt die Werterzeugung durch die Interaktion von Anbieter und Kunde im Rahmen eines gemeinsamen Wertgenerierungsprozesses (Grönroos 2012; Grönroos und Voima 2013). Während dieser Interaktion erzeugen Anbieter und Kunde gemeinsam Wert, was als Co-Creation bezeichnet wird (Grönroos 2011, 2012). Dienstleistungsprozesse sind aus Sicht der Service Logic (Interaktions-) Prozesse von Anbieter und Kunde, die auf die Generierung von Wert gerichtet sind.

Während die Integrative Leistungslehre Dienstleistungsprozesse vorwiegend aus einer produktionswirtschaftlichen Perspektive beleuchtet, hat die Service Logic ihre Wurzeln in einer Marketingperspektive, die der Realität von Dienstleistungen Rechnung trägt und später auf eine Managementperspektive ausgeweitet wurde (Gummesson und Grönroos 2012). Ebenso wie die Integrative Leistungslehre ist die Sichtweise der Service Logic anbieterzentriert (Gummerus et al. S. 46). Die Aufgabe des Anbieters besteht darin, den Wertgenerierungsprozess des Kunden zu unterstützen (Grönroos 2012): Dienstleistungsprozesse sind so zu planen und zu implementieren, dass der Co-Creation-Prozess möglichst optimal für den Kunden verläuft und ihm bei seiner Wertgenerierung hilft. Dabei stehen die Interaktionen und Kontaktpunkte (service encounters) sowie die Kommunikation zwischen Anbieter und Kunden im Mittelpunkt (Grönroos 2012).

Die von Stephen Vargo und Robert Lusch entwickelte **Service-Dominant Logic (SDL)** beschäftigt sich mit der Frage, wie Wert erzeugt wird. Wert wird als Nutzen (benefit) definiert, als eine Steigerung der Wohlfahrt, des Wohlbefindens (well-being) eines spezifischen Akteurs (Lusch und Vargo 2014, S. 57; Vargo und Lusch 2004, S. 6). Die Grundlage der Werterzeugung bildet dabei der „Service". Im Gegensatz zur deutschen Übersetzung „Service" oder „Dienstleistung" ist der Begriff wesentlich weiter gefasst und beinhaltet die Anwendung von spezialisierten Kompetenzen (Fähigkeiten, Wissen) oder Ressourcen zum eigenen Wohl oder zum Wohl einer anderen Partei (Vargo und Lusch 2008b, S. 26). Sobald eine Person etwas für sich selbst oder für eine andere Person tut, indem sie ihr spezielles Wissen und ihre speziellen Fähigkeiten anwendet, handelt es sich um einen Service im Sinne der Service-Dominant Logic (Vargo und Lusch 2008b). *Wenn eine Person für sich selbst Essen zubereitet, handelt es sich um die Anwendung von Wissen zu ihrem Wohl und demzufolge um einen Service. Wenn eine Person einer anderen hilft, z. B. den Weg zu einem bestimmten Ziel beschreibt, wendet sie Wissen über den Weg an zugunsten einer andere: Person, nämlich der, die nach dem Weg fragt. Sie leistet also einen Service. Wenn ein:e Friseur:in einem/einer Kund:in die Haare schneidet, handelt es sich ebenfalls um die Anwendung von Wissen (nämlich des Wissens, wie man Haare schneidet) zum Wohl einer anderen Person, nämlich der Person, die einen Haarschnitt benötigt, also einen Service.*

Der Austausch des Service, d. h. der Anwendung von Wissen, Fähigkeiten und Fertigkeiten, bildet die Grundlage der Werterzeugung (Lusch und Vargo 2014, S. 87–94; Vargo und Lusch 2004, 2008a). Die Zusammenarbeit ist dadurch gekennzeichnet, dass die am Prozess beteiligten Akteure auf ihre jeweiligen Ressourcen zurückgreifen und durch den Einsatz dieser Ressourcen in einem gemeinsamen Prozess der Zusammenarbeit Wert erzeugen (Vargo et al. 2008). Dies wird auch als Value Co-Creation bezeichnet (Vargo et al. 2008). Vargo und Lusch sprechen bewusst von Akteuren und nicht von Anbieter und Kunde, da in einem solchen Werterzeugungsprozess die Rollen von Anbieter und Kunde wechseln können: Mal bietet der eine Akteur Wissen und Fähigkeiten, mal der andere, um gemeinsam Wert zu erzeugen. *So gibt beispielsweise der/die Kund:in dem Anbieter Informationen über seine Bedürfnisse und liefert damit dem Anbieter einen Service, der es diesem ermöglicht seine/n Kund:in besser kennenzulernen und so seine Angebote genauer auf die Bedürfnisse des/der Kund:in zuzuschneiden. Demgegenüber bietet der/die Friseur:in dem/der Kund:in sein/ihr Wissen und seine/ihre Fähigkeiten des Haareschneidens und der Frisuren-gestaltung, um durch diese Dienstleistung gemeinsam Wert zu erzeugen.* Anbieter und Kunde sind somit beide Akteure, die in diesem Prozess wechselseitig Service anbieten.

Der Anbieter macht in diesem Prozess lediglich ein Angebot im Sinne eines Leistungs-versprechens, die sog. Service Provision oder Service Proposition (Vargo et al. 2010), das der Kunde annehmen kann oder auch nicht. *Die Speisen, die der/die Kund:in bestellt, sind Angebote des Anbieters, die Erstere:r annimmt, während er auf andere Angebote ver-zichtet – Speisen, die der Gast nicht bestellt.* Der Wert entsteht dabei erst durch die Nut-zung des Kunden, d. h. erst beim Genießen der bestellten Speisen (Lusch und Vargo 2014, S. 68–71; Vargo und Lusch 2008a). Wie Vargo und Lusch formulieren: „There is no value until an offering is used" (Vargo und Lusch 2006, S. 44).

In der Service-Dominant Logic existieren keine Dienstleistungsprozesse. Vielmehr gibt es nur Prozesse der gemeinsamen Wertgenerierung (Value Co-Creation), deren Basis der Austausch von Service bildet im Sinne der gegenseitigen Anwendung von Wissen, Fähig-keiten und Fertigkeiten zur Erzeugung von Wert für den jeweils anderen, der auch be-stimmt, ob etwas für ihn einen Wert darstellt oder nicht.

Die Service-Dominant Logic hebt die Notwendigkeit der Zusammenarbeit zwischen Anbieter und Kunde („co-creation") heraus und definiert die Werterzeugung als Ziel die-ser Zusammenarbeit. Während die Integrative Leistungslehre und die Service Logic eine Anbieterperspektive verfolgen, ermöglicht die Service-Dominant Logic eine Vogel-perspektive, eine „Draufsicht" auf Dienstleistungsprozesse und liefert damit die Basis für die wechselseitige Betrachtung aus Anbieter- und Kundensicht.

Die **Customer-Dominant Logic (CDL)** stellt eine Weiterführung der Service Logic dar. Sie betrachtet das Leben des Kunden und die Wertgenerierungsprozesse des Kunden in seinem Leben (Heinonen et al. 2010, 2013; Heinonen und Strandvik 2015, 2018). Der Kunde wird als eigenständiges, aktives Subjekt betrachtet, das in seinen eigenen Kontext eingebunden ist, nach der Erfüllung seiner eigenen Ziele strebt und sehr individuelle Vor-stellungen des Wohlbefindens und Wohlfühlens zu verwirklichen trachtet (Heinonen und Strandvik 2018). Dienstleistungen sind hiernach Teil des Lebens von Konsumenten. Sie werden in Anspruch genommen, wenn der Kunde Lebensmittel einkauft, Wäsche zur Rei-nigung bringt, Essen geht oder in Urlaub fährt. Dienstleistungsprozesse können einen grö-ßeren oder kleineren Teil der Wertgenerierungsprozesse des Kunden ausmachen. *So kann der/die Kund:in einen Pauschalreiseanbieter nutzen, um in Urlaub zu fahren, er/sie kann aber auch mit dem Auto fahren und selbst das Hotel buchen.* Anders als die Service Logic, die eine Anbieterperspektive verfolgt, setzt die Customer-Dominant Logic konsequent auf das Verständnis der Wertgenerierungsprozesse des Kunden in seiner Lebenswelt. Für den Anbieter ist diese Sichtweise nützlich, um herauszufinden, welche Dienstleistungen welchen Wertbeitrag für den Kunden leisten, neue Dienstleistungen zu konzipieren oder den Kunden durch die Gestaltung seines Dienstleistungsprozesses bei der Wertgenerierung zu unterstützen (Heinonen und Strandvik 2018).

Basierend auf den vier Sichtweisen lassen sich folgende Merkmale von Dienstleistungsprozessen herausarbeiten:

- Dienstleistungsprozesse stellen Teilprozesse des Wertgenerierungsprozesses im Leben des Kunden dar (CDL).
- Im Mittelpunkt von Dienstleistungsprozessen steht die Generierung von Wert für den Kunden und den Anbieter (SL, SDL, CDL). Der Wert für den Kunden wird auch als Nutzen bezeichnet (IL).
- Anbieter und Kunde arbeiten bei einem Dienstleistungsprozess in einem Wertgenerierungsprozess zusammen (SL, SDL, CDL). Dabei bringen sie Ressourcen in diesen Wertgenerierungsprozess ein (IL, SL, SDL).
- Interaktionen zwischen Anbieter und Kunde stellen einen Teil des Dienstleistungsprozesses und damit auch des gemeinsamen Wertgenerierungsprozesses dar (SL).
- Die effiziente und effektive Gestaltung von Dienstleistungsprozessen durch den Anbieter steht im Zentrum des Managements von Dienstleistungsprozessen (IL, SL).

Basierend auf diesen Merkmalen liegt diesem Buch die folgende Definition von Dienstleistungsprozessen zugrunde:

▶ **Dienstleistungsprozesse** Dienstleistungsprozesse sind Teil der Wertgenerierungsprozesse des Kunden und des Anbieters. Dienstleistungsprozesse stellen Folgen von Aktivitäten von Kunde und Anbieter dar, die darauf gerichtet sind, gemeinsam Wert sowohl für den Kunden als auch für den Anbieter zu generieren, wobei beide Ressourcen in den Dienstleistungsprozess einbringen und miteinander interagieren.

Der Charakter der Wertgenerierung von Dienstleistungsprozessen soll im Folgenden näher beleuchtet werden, bevor darauf aufbauend dann auf das Management von Dienstleistungsprozessen eingegangen wird.

1.2 Dienstleistungsprozesse als Wertgenerierungsprozesse

1.2.1 Die Kundenlogik der Wertgenerierung

Wie oben dargestellt, sind Dienstleistungsprozesse Wertgenerierungsprozesse, bei denen Kunde und Anbieter zusammenarbeiten. Dabei stellt sich der Dienstleistungsprozess als Wertgenerierungsprozess unterschiedlich dar, je nachdem, ob die Perspektive des Kunden eingenommen wird oder die Perspektive des Anbieters (vgl. hierzu auch Grönroos 2017; Grönroos und Voima 2013; Heinonen et al. 2010; Heinonen et al. 2013). Die Kunden-perspektive wird dabei als **Kundenlogik** bezeichnet, die Perspektive des Anbieters als **Anbieterlogik**. Kundenlogik und Anbieterlogik unterscheiden sich insbesondere im Hin-blick auf die Beantwortung der folgenden Fragen:

- Was ist Wert?
- Wer erzeugt Wert?
- Wann, wie und wo wird Wert erzeugt?

Im Folgenden werden zunächst die Kundenlogik und dann die Anbieterlogik dargestellt.

Die Kundenlogik entspricht der **Customer-Dominant Logic**, bei der der Wert-generierungsprozess des Kunden in den Mittelpunkt gestellt wird (Heinonen et al. 2010, 2013; Heinonen und Strandvik 2015, 2018).

Wert wird durch die Ausübung von Praktiken und die damit verbundenen Erfahrungen und Erlebnisse in der Lebenswelt des Kunden geschaffen (Ellway und Dean 2016; Helk-kula et al. 2012) und ist nicht auf Aktivitäten des Anbieters angewiesen (Heinonen et al. 2013). *Das Betrachten eines Sonnenuntergangs kann genauso Wert schaffen wie Gespräche mit Freunden oder ein Drink an der Strandbar des Hotels.* Der Wert (value) ergibt sich aus den Praktiken, die zum Well-Being des Kunden beitragen. Praktiken stellen dabei in einer Gesellschaft übliche Aktivitäten dar, die Ressourcen erfordern und eine gesellschaftliche Bedeutung besitzen (vgl. hierzu im Detail Abschn. 2.3). *Beispiele für Praktiken sind etwa Wäsche zu waschen, Verkehrsmittel zu nutzen, Essen zu gehen oder in Urlaub zu fahren* (Greene und Rau 2018; Heisserer und Rau 2017; Huddart Kennedy et al. 2019). Das Well-Being besteht darin, sich besserzustellen, sich besser zu fühlen, (Lebens-)ziele zu erreichen und Wünsche zu erfüllen (Grönroos 2011; Heinonen und Strandvik 2018; Vargo und Lusch 2008a). Dienstleistungen werden in Anspruch genommen, um die Praktiken zu unterstützen und zum Wohlbefinden beizutragen (Grönroos 2008, S. 48). *So kann ein Restaurantbesuch am Ende eines stressigen Tages helfen sich zu entspannen (besser fühlen), Zeit zu sparen (besserstellen) oder das Problem lösen, dass der Kühlschrank leer ist.* Dienstleistungen oder genauer Dienstleistungsprozesse können selbst Praktiken darstellen. So kann etwa das Einkaufen als Praktik aufgefasst werden (Holt 1995; Warde 2005).

Die Ausübung von Praktiken erfordert häufig die Beschaffung von Ressourcen oder die Inanspruchnahme von Dienstleistungen. *So sind für die Praktik des Wäschewaschens eine Waschmaschine und Waschmittel notwendig.* Dabei trifft der Kunde eine Entscheidung, welche und wie viele Anbieter er in die Ausübung seiner Praktik integriert. Die hierfür er-forderlichen Aktivitäten werden als **Consumer Journey** oder **Consumption Journey** be-zeichnet (Hamilton und Price 2019; Schau und Akaka 2021). Da der Kunde unterschied-liche Ziele haben kann oder unterschiedliche Wege, um ein und das selbe Ziel zu er-reichen, können mehrere Consumption Journeys koexistieren (Schau und Akaka 2021).

Der Beitrag, den eine Dienstleistung zu seinem Well-Being leistet, stellt den Wert die-ser Dienstleistung (Service Value) dar. Welche Dienstleistungen einen Wert haben und wie hoch dieser Wert ist, wird vom Kunden bestimmt (Vargo und Lusch 2008a). Nur der Kunde legt fest, was er unter Wert versteht (Vargo und Lusch 2004, S. 8; 2008a, S. 3). Wert ist somit immer subjektiv (Vargo und Lusch 2004). Er kann sich von Kunde zu Kunde unterscheiden.

Die Höhe des Wertes wird vom Kunden danach bemessen, wie stark die Leistung des Anbieters den Kunden in seinen Augen besserstellt, ein Problem löst oder sein Wohlbefinden erhöht. Wert entsteht also aus der Nutzung der Anbieterleistung im Wertgenerierungsprozess des Kunden. Manche Autoren sprechen in diesem Zusammenhang auch vom Nutzungsprozess des Kunden (Bruns und Jacob 2016; Pfisterer und Roth 2015, 2018). Der Wert, der aus der Nutzung der Anbieterleistung resultiert, wird als **Value-in-Use (Nutzenwert, Nutzwert)** bezeichnet (Lusch und Vargo 2006a, S. 248; 2014, S. 36). *Der Value-in-Use eines Kinobesuchs mit Freund:innen besteht darin, einen spannenden Film zu sehen oder etwas gemeinsam zu unternehmen.* Der Value-in-Use zeigt sich erst im Konsumprozess bei der Nutzung der Leistung (Bruns und Jacob 2016). Erfolgen bei einer Dienstleistung Konsum und Produktion simultan, so entsteht der Value-in-Use bereits während des Dienstleistungsprozesses. *Der Wert des Kinofilms entsteht beim Anschauen.* Sind Konsum und Produktion zeitlich entkoppelt, so entsteht der Value-in-Use in der Nutzungsphase des Kunden. *Der Value-in-Use einer Autoreparatur entsteht nach der Reparatur beim Fahren des Pkws.* Der Wert kann damit auch in der Wirkung liegen, die die Dienstleistung später im Leben des Kunden entfaltet. *Der Wert einer Massage entsteht beispielsweise während des Massierens, aber auch danach, wenn die Schmerzen verschwunden sind.*

Die Welt des Kunden, in der Wert entsteht, stellt das **Customer-Ecosystem** oder **Kunden-Ecosystem** dar (Heinonen et al. 2013; Heinonen und Strandvik 2015). Das Kunden-Ecosystem bezieht sich auf das Netzwerk der Akteure, Aktivitäten und Praktiken, das die Erfahrungen des Kunden formt und das selbst auch durch Erfahrungen des Kunden bestimmt wird (Heinonen et al. 2013; Lipkin und Heinonen 2022). Es besteht aus den für den Dienstleistungsprozess relevanten Anbietern, anderen Kunden und weiteren Akteuren sowie den physischen und virtuellen Strukturen, die für den betrachteten Dienstleistungsprozess relevant sind (Heinonen und Strandvik 2015). Was zum Ecosystem gehört, wird aus Sicht des Kunden in Bezug auf einen bestimmten Dienstleistungsprozess bestimmt (Hcinonen und Strandvik 2015). *So besteht bei einer Hochzeit das Kunden-Ecosystem aus einer Vielzahl von Akteur:innen: Eltern und Verwandte, Freund:innen, Anbieter wie Hochzeitsplaner, Hersteller von Einladungskarten, Brautbekleidungsgeschäfte, Standesamt und Kirche, Hotel und/oder Restaurant, Blumengeschäft, Fotograf:in, Facebook oder andere soziale Medien etc. Die verschiedenen Akteure treten dabei in verschiedenen Phasen der Hochzeitsplanung, -durchführung und -nachbereitung auf und beeinflussen den Prozess in unterschiedlichem Maße.* Im Kunden-Ecosystem werden im Zusammenhang mit dem Wertgenerierungsprozess, von dem der Dienstleistungsprozess einen Teil bildet, Aktivitäten durchgeführt. *Bei einer Hochzeit sind dies beispielsweise Planungsaktivitäten, Beratungen, Bewertungen, Buchungen etc.* Diese Aktivitäten werden durch das Geflecht der sozialen Beziehungen zwischen den Akteuren beeinflusst. *So werden beispielsweise bei der Planung der Sitzordnung die Antipathien und Sympathien der Hochzeitsgäste be-*

rücksichtigt. Die Aktivitäten im Kunden-Ecosystem werden durch soziale Regeln und Normen, aber auch kulturelle Kontexte, sog. Institutionen, bestimmt. *Auf einer Hochzeit gelten andere Kleidungsregeln als bei einem Fußballspiel. Eine Hochzeit in Griechenland wird anders gefeiert als eine Hochzeit in Deutschland.*

Der Wert entsteht aufgrund der Aktivitäten, die der Kunde während der Nutzung der Dienstleistung durchführt (Korkman 2006). Zu den Aktivitäten zählen dabei neben physischen Aktivitäten auch mentale Aktivitäten und Emotionen (Fließ et al. 2014; Fließ et al. 2015a). *Ein:e Kund:in besucht ein Restaurant. Wert entsteht dann durch das Essen und Trinken, aber auch durch die Interaktion mit dem/der Kellner:in (physische Aktivitäten), die Erinnerungen an ähnliche Mahlzeiten, die Bewertung der Atmosphäre und des Essens (mentale Aktivitäten) sowie das Sättigungsgefühl oder das Gefühl es sich gut gehen zu lassen (Emotionen).*

Der Kunde kann den Wert mit Absicht erzeugen, der Wert kann aber auch absichtslos entstehen (Grönroos 2012). Der mit Absicht erzeugte Wert wird als **instrumenteller Wert** bezeichnet (Grönroos 2012), der unabsichtlich erzeugte Wert als **unabsichtlicher oder auftauchender Wert**. *So steigt ein Fahrgast in die U-Bahn, um von A nach B zu gelangen (instrumenteller Wert). Während der Fahrt kommt er/sie mit seiner/ihrer Sitznachbar:in ins Gespräch (unabsichtlicher Wert, auftauchender Wert).* Entsprechend dieser Unterscheidung wird auch zwischen der Wertformation (value formation), bei der der Wert sich aus einem Prozess ergibt, und der Werterzeugung (value creation) unterschieden, bei der der Wert bewusst und geplant erzeugt wird (Heinonen et al. 2013; Heinonen und Strandvik 2018). Beide Aspekte werden hier unter dem Begriff der **Wertgenerierung** zusammengefasst.

Nicht immer ist der Wert für den Kunden positiv. In einem Dienstleistungsprozess kann Wert auch zerstört werden (Bruce et al. 2019; Echeverri und Skålén 2011; Grönroos 2008, S. 303). *Während der Fahrt mit der U-Bahn steigt eine Musikgruppe zu, die die Fahrgäste unterhält. Während einige der Fahrgäste die Musik genießen (positiver Wert), fühlen sich andere gestört (negativer Wert).* Wie bereits oben angeführt, wird der Wert immer vom Kunden bestimmt (Grönroos und Ravald 2011, S. 8). Der Kunde entscheidet, ob es sich um einen positiven oder negativen Wert handelt; er bewertet auch die Höhe des Wertes.

1.2.2   Die Anbieterlogik der Wertgenerierung

In der Anbieterlogik besteht **Wert** in dem ökonomischen Erfolg, den das Unternehmen mit seiner Unternehmenstätigkeit erzielt (Grönroos 2011). Was als ökonomischer Erfolg gilt, legt das Unternehmen fest. Häufig wird als Erfolgsgröße Gewinn genutzt, es können aber auch andere Größen wie Marktanteil, Shareholder Value oder der Unternehmenswert herangezogen werden. Im Folgenden gehen wir davon aus, dass Anbieter Gewinn erzielen wollen. Die Anbieterlogik beantwortet dann die Frage, wie Gewinne erzielt werden. Die Anbieterlogik der Wertgenerierung kann auch als **Wertlogik des Anbieters** bezeichnet werden (value creation logic; Stabell und Fjeldstad 1998, S. 415).

Als Anbieter können einzelne Unternehmen betrachtet werden, aber auch Unternehmenszusammenschlüsse. Zu den einzelnen Unternehmen zählen sowohl Selbstständige, wie Steuerberater oder Rechtsanwälte, als auch mittelständische Unternehmen oder Großunternehmen. Unternehmenszusammenschlüsse sind beispielsweise Konzerne. Wenn vom Anbieter die Rede ist, wird jede dieser realen Formen darunter gefasst.

Voraussetzung dafür, dass ein Anbieter mit seinen Dienstleistungen über einen längeren Zeitraum Wert generieren kann, das Unternehmen also dauerhaft überlebt, ist das Vorhandensein eines dauerhaften Wettbewerbsvorteils. Der **Wettbewerbsvorteil** eines Anbieters besteht aus einem Kundenvorteil und einem Ressourcenvorteil.

Der **Kundenvorteil** stellt die Sicht des Kunden dar. Er entsteht durch die Einpassung der Dienstleistung in die Wertgenerierungsprozesse des Kunden und folgt somit der Kundenlogik. Ein Dienstleister besitzt einen Kundenvorteil, wenn (1) der Kunde sich durch die Inanspruchnahme der Dienstleistung besserstellt als vorher, d. h. wenn der Kunde mithilfe der Dienstleistung bzw. des Dienstleistungsprozesses einen Wert generiert (Haase 2020), und (2) dieser Wert höher ist als der Wert, den der Kunde mit einem anderen Anbieter erzielen kann (Fließ 2009, S. 48 ff.). Das Ziel des Dienstleisters besteht somit darin, durch den Dienstleistungsprozess eine Grundlage zu schaffen, die es dem Kunden ermöglicht Wert in seinem Leben zu generieren (Grönroos 2008). Die Kundenlogik der Wertgenerierung zu verstehen, ist daher für den Anbieter von essenzieller Bedeutung, da er seine Leistungen nur dann gewinnbringend vermarkten und seine Geschäftsprozesse nur dann erfolgreich managen kann, wenn es ihm gelingt, den Wertgenerierungsprozess des Kunden zu unterstützen (Value Facilitator; Grönroos 2011). Gelingt ihm dies nicht, wird der Kunde sich Anbietern zuwenden, die dies besser verstehen oder sogar ganz auf die Inanspruchnahme der Anbieterleistung verzichten, wenn dies möglich ist. Denn wie Vargo und Lusch in der Service-Dominant Logic formulieren: „Value is always and uniquely and phenomenologically determined by the beneficiary" (Vargo und Lusch 2016, S. 8). Der Kunde bestimmt, was für ihn von Wert ist.

Der **Ressourcenvorteil** basiert aus Sicht des **Resource Based View** (Wernerfelt 1984) und seiner Weiterführung, dem **Competence** oder **Capability Based View**, auf der Heterogenität der Ressourcen bzw. Fähigkeiten (capabilities) eines Unternehmens im Vergleich zu anderen Unternehmen (Langlois und Robertson 1995, S. 14–17; Nelson und Winter 1982, S. 73–74; Sanchez und Heene 1997). Ressourcen bestehen dabei aus materiellen und immateriellen Vermögensgegenständen wie Grundstücken, Gebäuden und Know-how, aber auch aus Routinen, Qualifikationen und Fertigkeiten (Fließ 2009, S. 55 ff.; Freiling 2001). Aber nicht das Vorhandensein von materiellen und immateriellen Vermögensgegenständen, Qualifikationen und Fertigkeiten, sondern erst deren Kombination und Verwendung machen sie zu einer Ressource (Lusch und Vargo 2014, S. 121) und ermöglichen damit die Einzigartigkeit, die einen Vorsprung vor den Wettbewerbern verspricht (Barney 2014, S. 129–140).

Kundenvorteil und Ressourcenvorteil gemeinsam sind maßgebend dafür, ob ein Unternehmen in der Lage ist durch seine Leistungen dem Kunden einen Wert anzubieten. Dabei stellen die dem Kunden angebotenen Leistungen erst einmal lediglich ein **Wertversprechen** dar (**value proposition**; Vargo und Lusch 2008a), da ja die eigentliche Wertgenerierung erst im Nutzungsprozess durch den Kunden erfolgt (Value-in-Use; Lusch und Vargo 2006a,

2014, S. 36). *Ein:e Kund:in möchte mit seiner/ihrer Familie einen schönen Abend im Restaurant verbringen. Hierzu trägt das Restaurant bei, wenn es in den Augen des/der Kund:in durch seine Speise- und Getränkeauswahl, das Ambiente und den Service besser geeignete Leistungen anbietet als andere Restaurants (Kundenvorteil). Um dem/der Kund:in durch seine Leistungen einen schönen Abend zu ermöglichen, benötigt der Anbieter entsprechende Ressourcen, die in ihrer Kombination einzigartig sind, wie beispielsweise die Innenraumgestaltung des Restaurants, den Koch, der wohlschmeckende Menüs zaubert, oder die Kellner:innen, die die Gäste aufmerksam und freundlich bedienen. Ob diese Angebote auch in den Augen des/der Kund:in einen Wert haben, hängt davon ab, wie der/die Kund:in diese Angebote in seinen Wertgenerierungsprozess integriert, d. h. wie er/sie den Abend mit seiner/ihrer Familie im Restaurant gestaltet und erlebt.* Kunden- und Ressourcenvorteil gemeinsam entscheiden darüber, wie der Wert der angebotenen Leistung vom Kunden zum Kaufzeitpunkt wahrgenommen wird und welchen Preis der Kunde bereit ist zu zahlen. Das zum Kaufzeitpunkt bewertete Verhältnis von wahrgenommener Leistung und zu zahlendem Preis wird als **Value-in-Exchange** bezeichnet (Vargo und Lusch 2004). Damit beeinflussen Kunden- und Ressourcenvorteil gemeinsam die Höhe der Anbietererlöse.

Value-in-Exchange und Value-in-Use sind nicht unabhängig voneinander (Kleinaltenkamp 2015). Liegt der Kaufzeitpunkt vor dem Nutzungszeitpunkt oder -zeitraum, kann der Kunde den Value-in-Use zum Kaufzeitpunkt antizipieren, realisiert wird er allerdings erst später. *So stellt sich der/die Tourist:in beispielsweise bereits zum Zeitpunkt der Buchung der Urlaubsreise vor, wie er/sie am Pool entspannt, Ausflüge in benachbarte Orte macht und in einheimischen Lokalen die landestypische Küche genießt (antizipierter Value-in-Use).* Antizipierter und tatsächlicher Value-in-Use können sich in ihrer Ausprägung unterscheiden, ebenso Value-in-Exchange und tatsächlicher Value-in-Use. Dabei kann der Value-in-Use höher, niedriger oder gleich hoch sein wie der Value-in-Exchange. *Statt sich am Pool bei schönem Wetter zu erholen (antizipierter Value-in-Use), ist der Pool überfüllt und die Animationen und tobenden Kinder verhindern das geruhsame Lesen (tatsächlicher Value-in-Use).*

Hieraus folgt, dass sowohl für den Kunden als auch für den Anbieter beide Wertkonzepte von Relevanz sind: Für den Kunden ist zum Kaufzeitpunkt der Value-in-Exchange maßgebend. Der Kunde setzt hierbei den zu erwartenden Nutzen zum zu zahlenden Kaufpreis ins Verhältnis. Der zu erwartende Nutzen entspricht dem antizipierten Value-in-Use. Der antizipierte Value-in-Use beeinflusst damit auch die Erwartungen, die der Kunde an den Dienstleistungsprozess hat; er prägt die Kundenerwartungen im Hinblick auf den während des Dienstleistungsprozesses zu generierenden Wert. Der Value-in-Exchange und der antizipierte Value-in-Use bestimmen die Erstkaufentscheidung und die Erwartungen an den Dienstleistungsprozess. Die Realisierung des Nutzens, also der tatsächliche Value-in-Use während des Dienstleistungsprozesses und/oder nach dessen Abschluss, beeinflusst die Entscheidung, ob der Kunde den Anbieter wieder in Anspruch nimmt (Wiederkauf) oder ob er zu einem anderen Anbieter wechselt (Anbieterwechsel). Aus diesem Grunde darf sich der Anbieter auch nicht allein auf den Value-in-Exchange konzentrieren, sondern muss auch den Value-in-Use des Kunden bei seinen Managemententscheidungen beachten.

Die Ressourcen, die zur Erzeugung der angebotenen Leistung eingesetzt werden, bestimmen den Kundenvorteil und über die Kostenstruktur und die Höhe der Kosten den Ressourcenvorteil. *Für besser geschulte Kellner:innen sind in der Regel höhere Gehälter zu zahlen. Gelingt es aber den „teureren" Kellner:innen durch ihre Beratung und ihre Aufmerksamkeit und Freundlichkeit höhere Erlöse zu generieren als weniger gut geschulte Kellner:innen, so kann der Gewinn insgesamt höher ausfallen.* Maßgebend für die Realisierung von Gewinnen sind somit der Ressourcenvorteil, der sich auf die Höhe der Erlöse und Kosten auswirkt, sowie der Kundenvorteil, der die Höhe der Erlöse beeinflusst.

Zu wissen, welche Aktivitäten sich wie auf Erlöse und Kosten auswirken, ist zentral für die Generierung von Wettbewerbsvorteilen und damit auch für die Gewinnerzielung. Zum Verständnis strategisch bedeutsamer Aktivitäten und ihres Einflusses auf die Erlöse und die Kosten lassen sich die Wertschöpfungsaktivitäten des Anbieters in primäre und sekundäre Aktivitäten unterteilen (Porter 2000, S. 70 ff.). **Primäre Aktivitäten** dienen der direkten Erstellung der Leistung und sind damit essenziell für die Wertgenerierung, **sekundäre Aktivitäten** unterstützen die primären Aktivitäten der Leistungserstellung. Unterstützende oder sekundäre Aktivitäten umfassen die Unternehmensinfrastruktur, z. B. Gebäude, Organisation, Rechnungswesen, die Technologieentwicklung, z. B. IT, aber auch Forschung und Entwicklung, die Personalwirtschaft, z. B. Einstellung, Weiterbildung, Vergütung und Freisetzung von Personal, sowie die Beschaffung, z. B. von Büromaterial, Strom etc. (Porter 2004, S. 40 ff.; Stabell und Fjeldstad 1998).

Hinsichtlich der primären Aktivitäten lassen sich verschiedene **Wertschöpfungskonfigurationen** unterscheiden (Fließ 2009, S. 70 ff.; Popp et al. 2017; Stabell und Fjeldstad 1998): die Wertkette, der Wertshop und das Wertnetzwerk. Die sekundären Aktivitäten sind für alle drei Wertschöpfungskonfigurationen gleich. Die drei Wertschöpfungskonfigurationen entsprechen drei unterschiedlichen Dienstleistungstypen und unterscheiden sich hinsichtlich ihrer Kosten- und Erlösstruktur (Abb. 1.1).

Die **Wertkette** wurde ursprünglich zur Analyse der Wertschöpfungsprozesse bei Anbietern von Produkten entwickelt. Bezogen auf Dienstleistungen kann sie zur Analyse standardisierter Dienstleistungsprozesse herangezogen werden. Die Wertlogik besteht darin, dass Inputs durch die Durchführung primärer Aktivitäten in Dienstleistungen transformiert werden, die hinsichtlich ihrer Eigenschaften und ihrer Qualität standardisiert sind. *Beispiele sind Kinos, Reinigungen, Waschanlagen oder Fast-Food-Restaurants.* Die primären Aktivitäten umfassen die Beschaffung und die Eingangslogistik, d. h. die Beschaffung der Inputfaktoren, aus denen die Güter erstellt werden, die Vermarktung und den Vertrieb der Leistungen, die Operationen, d. h. die Produktion der Leistung, und schließlich den After-Sales Service, wie Kundenbetreuung und -pflege (Fantapié-Altobelli und Bouncken 1998). *Ein Beispiel für eine Wertkette stellt ein Kino dar, das die Filme beschafft (Beschaffung & Eingangslogistik), sie bewirbt, Eintrittskarten verkauft (Marketing & Vertrieb), den Film im Kinosaal vorführt, während der Kunde anwesend ist (Operationen), und ggf. eine Kundenbefragung zur Kundenzufriedenheit durchführt (After Sales).*

In der Wertkette sind für Erlöse und Kosten unterschiedliche Aktivitäten im Unternehmen verantwortlich (Grönroos 2015, S. 70). So sind Marketing- und Vertriebsaktivitäten entscheidend für die Höhe der Erlöse, während alle anderen Aktivitäten (Beschaffung,

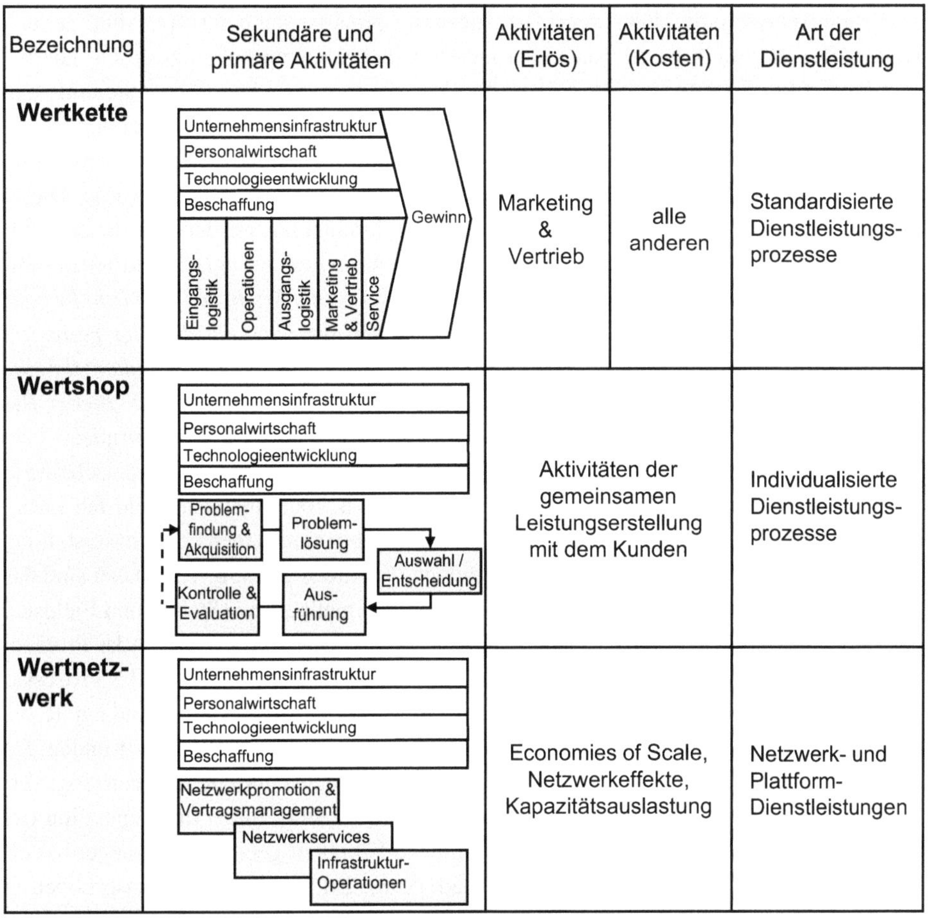

Bezeichnung	Sekundäre und primäre Aktivitäten	Aktivitäten (Erlös)	Aktivitäten (Kosten)	Art der Dienstleistung
Wertkette	Unternehmensinfrastruktur Personalwirtschaft Technologieentwicklung Beschaffung — Gewinn Eingangslogistik / Operationen / Ausgangslogistik / Marketing & Vertrieb / Service	Marketing & Vertrieb	alle anderen	Standardisierte Dienstleistungsprozesse
Wertshop	Unternehmensinfrastruktur Personalwirtschaft Technologieentwicklung Beschaffung Problemfindung & Akquisition / Problemlösung / Auswahl / Entscheidung / Kontrolle & Evaluation / Ausführung	Aktivitäten der gemeinsamen Leistungserstellung mit dem Kunden	Individualisierte Dienstleistungsprozesse
Wertnetzwerk	Unternehmensinfrastruktur Personalwirtschaft Technologieentwicklung Beschaffung Netzwerkpromotion & Vertragsmanagement Netzwerkservices Infrastruktur-Operationen	Economies of Scale, Netzwerkeffekte, Kapazitätsauslastung	Netzwerk- und Plattform-Dienstleistungen

Abb. 1.1 Die Wertlogiken des Anbieters – Wertkette, Wertshop, Wertnetzwerk

Logistik, Produktion etc.) die Höhe der Kosten bestimmen (Grönroos 2015, S. 70). Die Ausgestaltung der Marketing- und Vertriebsaktivitäten wird insbesondere beeinflusst durch die Formulierung des Wertangebots (value proposition; Vargo und Lusch 2004) sowie die Wahl der Kundensegmente; damit wirkt sich die marktliche Ausrichtung des Unternehmens auf die Höhe der Erlöse aus. Die Kosten werden vor allem durch Economies of Scale bestimmt, wobei Economies of Scale aus den Fähigkeiten eines Unternehmens erwachsen, Aktivitäten mit zunehmender Häufigkeit effizienter auszufuhren oder auf eine größere Absatzmenge zu verteilen (Porter 2004, S. 70 ff.). Economies of Scale entstehen bei standardisierten Dienstleistungen insbesondere durch die Standardisierung. Standardisierung entspricht der Vereinheitlichung und Gleichförmigkeit der Aktivitäten, die dadurch zunehmend effizienter ausgeführt werden können. Darüber hinaus können bei standardisierten Dienstleistungen die Einflussmöglichkeiten des Kunden stark begrenzt werden, sodass insbesondere autonome Entscheidungen des Anbieters die Erlös- und Kostenstruktur bestimmen.

Für die Analyse individualisierter Dienstleistungsprozesse kann der **Wertshop** genutzt werden. Die Wertlogik besteht darin ein individuelles Kundenproblem zu lösen. Hierbei entspricht der Problemlösungsprozess der Struktur der primären Aktivitäten. Sie umfassen die Kundenakquisition und Problemfindung, die Entwicklung von Lösungsalternativen und deren Bewertung, die Entscheidung für eine der Lösungsalternativen, die Ausführung dieser Alternative sowie die Kontrolle und Bewertung, ob das Problem gelöst wurde. Dieser Prozess oder Teile des Prozesses können mehrfach durchlaufen werden. *Ein Beispiel für einen Wertshop stellt eine Therapie dar. Während der Anamnese erfolgt die Analyse der Patient:innensituation, bei der Diagnose identifiziert der Arzt/die Ärztin das Problem. Er oder sie erwägt verschiedene Therapien und bespricht diese ggf. auch mit dem/der Patient:in (Entwicklung von Lösungsalternativen und Bewertung). Es wird eine Entscheidung für eine Therapie getroffen, die Therapie wird durchgeführt und im Zuge weiterer ärztlicher Besuche und Gespräche erfolgen die Kontrolle und ggf. eine Anpassung der Therapie.*

Im Wertshop sind zum Teil die gleichen unternehmensinternen Aktivitäten entscheidend für die Höhe der Erlöse und der Kosten (Grönroos 2015, S. 70; Stabell und Fjeldstad 1998). Von besonderer Bedeutung sind dabei die Aktivitäten der gemeinsamen Leistungserstellung mit dem Kunden, die sog. interaktiven Funktionen (Grönroos 2015, S. 70). Dabei sind das Know-how der Mitarbeiter und die Fähigkeit zu lernen maßgebend (Stabell und Fjeldstad 1998): Je besser es dem Anbieter gelingt gemeinsam mit dem Kunden eine für das Problem des Kunden geeignete Lösung zu entwickeln und umzusetzen und im Laufe des Prozesses von den Kunden zu lernen, wie eine geeignete Lösung aussieht, desto höher sind i. d. R. die Wahrnehmung der Leistungsqualität und damit die Zahlungsbereitschaft des Kunden. Da Kunden bei individuellen Leistungen die Leistung vorher nicht beurteilen können (sog. Vertrauensgüter, Darby und Karni 1973; Weiber und Adler 1995), bildet die Reputation des Anbieters, d. h. seine vom Markt wahrgenommene Fähigkeit geeignete Lösungen zu erstellen, den Erlöstreiber (Stabell und Fjeldstad 1998). Erlöse sind somit umso höher, je höher die Reputation des Anbieters ist. Dabei hängt die Fähigkeit kundenindividuelle Probleme zu lösen vom Know-how ab, das damit auch die Höhe der Kosten bestimmt. Spezialisten verursachen aufgrund höherer Gehälter auch höhere Kosten, sodass die gleichen Faktoren – Know-how und Lernen – auch die Kostenstruktur bestimmen.

Das **Wertnetzwerk** bezieht sich auf einen Anbieter, der zwei verschiedene Kundengruppen zusammenbringt, damit sie Leistungen austauschen können. Das Zusammenbringen der Kundengruppen wird auch als zweiseitiger Markt bezeichnet (Becker und Gedenk 2020). Die Plattform des Wertnetzwerkes kann sowohl real sein, z. B. beim Einzelhandelsgeschäft, als auch virtuell, z. B. im Internet. Der Austausch zwischen den beiden Kundengruppen kann direkt oder indirekt erfolgen. *Ein Beispiel für einen indirekten Austausch stellen Zeitungen und Zeitschriften dar, bei denen die Zeitung oder Zeitschrift einer Plattform entspricht, auf der sich Leser:innen der Artikel und Anzeigen mit Anzeigenkund:innen treffen. Eine direkte Interaktion zwischen Leser:innen und Anzeigenkund:innen gibt es nicht. Ein Beispiel für einen direkten Austausch ist Airbnb, der Wohnungsanbieter:innen und Wohnungsnachfrager:innen über eine Internetplattform in Kontakt miteinander bringt.* Die primären Aktivitäten des Anbieters bestehen in der Vermarktung des Netzwerkes, dem Vertragsmanagement, den Netzwerkservices sowie der Infrastruktur.

Wertnetzwerke eignen sich zur Analyse von Netzwerk- oder Plattform-Dienstleistungen. *Bei Airbnb umfassen* die *Netzwerkservices beispielsweise die Abwicklung der Buchungs- und Zahlungsvorgänge. Die Infrastruktur bezieht sich auf die IT-Ausstattung (Server, Software etc.), aber auch auf die Art und Zahl der Beschäftigten sowie die Prozesse, die notwendig sind, um die Netzwerkservices zu erbringen.*

Die Auslastung der Plattform bestimmt dabei sowohl die Erlöse als auch die Kosten. Wertnetzwerke sind durch nachfragebedingte Economies of Scale gekennzeichnet, die aus positiven Netzwerkeffekten resultieren (Stabell und Fjeldstad 1998). Netzwerkeffekte beruhen darauf, dass der Nutzen der Plattform für einen einzelnen Kunden mit jedem weiteren Kunden steigt. Dabei kommt es entscheidend darauf an, dass die Kundengruppen ausbalanciert sind. *Je mehr Wohnungen über Airbnb angeboten werden, desto mehr Wohnungsnachfrager:innen werden die Plattform nutzen und vice versa.* Die Kapazitätsauslastung der Infrastruktur reduziert auch die Kosten pro Nutzer; allerdings kann eine zu starke Nutzung auch die Qualität der Leistung beeinträchtigen (Stabell und Fjeldstad 1998), d. h. zu viele Nutzer auf einer Plattform verlangsamen den Zugriff, zu viele Kunden in einem Geschäft führen zu Crowding-Effekten und beeinträchtigen das Einkaufserlebnis (Luck und Benkenstein 2015). Die Kapazitätsauslastung ist sowohl Wert- als auch Kostentreiber (Stabell und Fjeldstad 1998).

Weder die primären noch die sekundären Aktivitäten sind mit den organisatorischen Funktionsbereichen eines Unternehmens identisch (Porter 2004, S. 59 ff.; Stabell und Fjeldstad 1998). So führen bei Dienstleistungen alle Personen, die im Kundenkontakt stehen, Vertriebs- und Marketingaktivitäten aus, nicht nur die Vertriebsabteilung (Grönroos 1991).

Co-Creation zwischen Kunde und Anbieter findet nur bei den primären Aktivitäten statt. Der Anbieter entscheidet über das Ausmaß, in dem der Kunde an den primären Aktivitäten mitwirkt (Benkenstein und Waldschmidt 2014; Fließ 2015). Für die verschiedenen Formen der Mitwirkung haben sich unterschiedliche Begriffe eingebürgert (Chesbrough 2010, 2011; Crespin-Mazet und Ghauri 2007; Curran et al. 2003; Fließ 2009, S. 210–211; Lusch und Vargo 2014, S. 145–147; Meffert et al. 2018, S. 178, 395; Piller et al. 2017, S. 49–108; Sweeney et al. 2020). Dies ist beispielhaft in Tab. 1.1 erläutert.

Ähnlich wie der Kunde in sein Ecosystem eingebunden ist, handelt auch der Anbieter nicht losgelöst von seinem Umfeld. Das **Service-Ecosystem** des Anbieters besteht aus den Akteuren, die daran beteiligt sind, Angebote für den Kunden zu konzipieren, Transaktionen durchzuführen und gemeinsam Wert zu erzeugen. Darüber hinaus ist das Service-Ecosystem auch durch die Beziehungen zwischen den Akteuren gekennzeichnet und es umfasst die unter ihnen und für sie geltenden Institutionen (Chandler und Vargo 2011; Lusch et al. 2010; Vargo und Akaka 2012). Akteure sind dabei all diejenigen, die bei der Konzeption und Erbringung von Dienstleistungsprozessen zu berücksichtigen sind, wie Kunden, Wettbewerber, Lieferanten, Kooperationspartner, aber auch Gewerkschaften, Medien, staatliche oder Non-Profit-Organisationen. Institutionen beziehen sich auf die geltenden Gesetze, aber auch auf die impliziten Regeln einer Branche oder Gesellschaft, wie die Art und Weise Geschäfte zu machen oder kulturelle Normen (Edvardsson et al. 2014; Vargo und Lusch 2016). Wie die Aktivitäten in der Wertkette, im Wertshop und im Wertnetz konkret ausgestaltet werden, bestimmt sich durch die Kunden, die Konkurrenten

Tab. 1.1 Formen der Mitwirkung des Kunden in verschiedenen primären Aktivitäten der Wertschöpfungskonfiguration

Formen der Kundenmitwirkung	Erläuterung	Beispiel
Co-Development, Co-Design, Open (Service) Innovation	Mitwirkung des Kunden bei der Entwicklung von Dienstleistungen	*Mitwirkung an Design-Projekten, z. B. Buchcover, Website Logos, T-Shirts, Handtaschen, Sneakers*
Mass Customization	Zusammenstellung eines individuellen Angebots aus standardisierten Teilprozessen und Teilangeboten	*Individualisierte Reise aus verschiedenen Urlaubspaketen*
Co-Production	Mitwirkung des Kunden bei der Erstellung der Dienstleistung	*Studierende stellen während eines Seminars Fragen und beteiligen sich an der Diskussion*
Self-Service	Übernahme von Aufgaben des Anbieters im Dienstleistungsprozess	*Selbstbedienungsbuffet, Haareföhnen*
Co-Marketing	Aktivitäten des Kunden in der Vermarktungsphase der Dienstleistung	*Word-of-Mouth: Weiterempfehlung, Advokat:in des Anbieters, positive oder negative Bewertung von Anbieterleistungen*

und deren Markt- und Wettbewerbsstrategie. Ob der Anbieter alle Aktivitäten selbst durchführt oder ob er hierzu im Zuge der Arbeitsteilung andere Unternehmen einbindet oder die Leistungen gemeinsam mit Kooperationspartnern in einem Netzwerk erbringt, entscheidet sich u. a. aufgrund der auf dem Markt vorhandenen Anbieter, ihres Know-hows, ihrer Fähigkeiten und Fertigkeiten, also des Service-Ecosystems des Anbieters.

Tab. 1.2 stellt die Wertgenerierung der Kunden- und Anbieterlogik einander gegenüber.

1.2.3 Die Struktur des Dienstleistungsprozesses

Kundenlogik und Anbieterlogik treffen im Dienstleistungsprozess aufeinander. Dies zeigt die vertikale Struktur des Dienstleistungsprozesses (Abb. 1.2), die sich in die Kundensphäre, die Anbietersphäre und die gemeinsame Sphäre unterteilt (Grönroos und Voima 2013).

Die **Kundensphäre** umfasst den Wertgenerierungsprozess des Kunden mit allen physischen und mentalen Aktivitäten sowie Emotionen des Kunden, die für den Anbieter nicht sichtbar sind (Fließ et al. 2015a). Die Sichtbarkeit bezieht sich dabei nicht nur auf den visuellen Sinn, sondern auch auf alle anderen Sinne (Fließ et al. 2020). *Während eines Restaurantbesuchs unterhalten sich die Freund:innen miteinander und erinnern sich an ihren gemeinsamen Urlaub. Die Aktivität des Unterhaltens ist zwar für den/die Kellner:in beobachtbar; da er/sie aber nicht die gesamte Zeit am Tisch verbringt, entzieht sie sich dennoch seiner/ihrer Wahrnehmung.*

Die **Anbietersphäre** umfasst den Wertgenerierungsprozess des Anbieters mit den primären und sekundären Aktivitäten entsprechend der Wert(schöpfungs-)logik des Anbieters,

Tab. 1.2 Wertgenerierung aus Sicht der Kundenlogik und der Anbieterlogik

Aspekte der Wertgenerierung	Kundenlogik	Anbieterlogik
Was ist Wert?	Was Wert ist, wird vom Kunden vor dem Hintergrund seiner Ziele (Wohlbefinden, Wohlfühlen, sich besser stellen) bestimmt.	Wert ist der Gewinn (oder eine andere ökonomische Zielgröße wie Unternehmenswert), der aus dem Kunden- und Anbietervorteil resultiert.
Wer erzeugt Wert?	Der Kunde erzeugt den Wert als Value-in-Use.	Wert wird gemeinsam mit dem Kunden erzeugt. Dabei ist maßgebend, wie die Leistungsangebote und Leistungen des Anbieters den Wertgenerierungsprozess des Kunden unterstützen.
Wann wird Wert erzeugt?	Wert entsteht oder wird bewusst während des Nutzungsprozesses erzeugt (unabsichtlicher Wert, instrumenteller Wert).	Wert entsteht in der Interaktion mit dem Kunden. Der Gewinn resultiert aus dem Value-in-Exchange, d. h. zum Kaufzeitpunkt.
Wie wird Wert erzeugt?	Wert entsteht oder wird bewusst während des Nutzungsprozesses erzeugt (unabsichtlicher Wert, instrumenteller Wert).	Wert wird durch die Wertschöpfungskonfiguration (Wertkette, Wertshop, Wertnetzwerk) des Anbieters offeriert und in der Interaktion bzw. Nutzung durch den Kunden generiert.
Wo wird Wert erzeugt?	Wert wird im Kunden-Ecosystem erzeugt.	Wert wird durch die Konzeption des Servicesystem des Anbieters und die Wertschöpfungskonfigurationen erzeugt, wenn der Kunde diese nutzt.

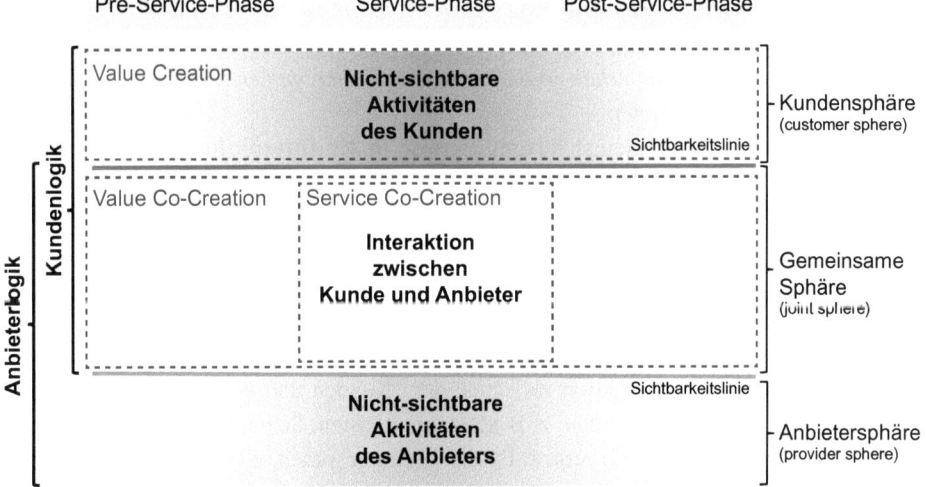

Abb. 1.2 Die Struktur des Dienstleistungsprozesses

die für den Kunden nicht sichtbar sind. *Das Eindecken der Tische findet statt, bevor der Gast das Restaurant betritt. Die Zubereitung des Essens (Operationen, primäre Aktivität) findet meist in der für den Gast nicht einsehbaren Küche des Restaurants statt.*

Kundenlogik und Anbieterlogik begegnen sich in der **gemeinsamen Sphäre**. Die gemeinsame Sphäre dient der gemeinsamen Generierung von Wert, indem Anbieter und Kunde zusammenwirken. Die gemeinsame Sphäre kennzeichnet aus der Kundenlogik den Bereich, in dem der Anbieter in den Wertgenerierungsprozess des Kunden eingebunden wird. Aus Sicht der Anbieterlogik besteht sie aus den Aktivitäten, bei denen der Kunde in den Wertgenerierungsprozess des Anbieters eingebunden ist.

Aufgrund der unterschiedlichen Logiken kann es zu unterschiedlichen Vorstellungen und Erwartungen von Anbieter und Kunde kommen. In der Kundenlogik wird Wert als **Value-in-Use** erfahren; dies entspricht dem Nutzenwert oder Nutzwert und zeigt sich erst im Konsumprozess bei der Nutzung der Leistung (Lusch und Vargo 2006a, S. 248; 2014, S. 36). In der Anbieterlogik ist für die Gewinnerzielung der **Value-in-Exchange** maßgebend, da hier der Umsatz realisiert wird. Value-in-Use und Value-in-Exchange können voneinander abweichen. *So kann dem/der Kund:in das Essen nicht schmecken (Value-in-Use) und er/sie findet daher den Preis zu hoch (Value-in-Exchange). Der/die Kund:in möchte in Ruhe essen und sich mit Freund:innen unterhalten und präferiert daher große Abstände zwischen den Tischen; der Anbieter möchte den Platz seines Restaurants optimal nutzen und achtet daher auf geringere Abstände zwischen den Tischen.*

Die gemeinsame Sphäre wird durch die **Sichtbarkeitslinie** von der Kunden- bzw. Anbietersphäre getrennt. Dementsprechend lassen sich die für den Anbieter **nicht sichtbaren Aktivitäten des Kunden** und die für den Kunden **nicht sichtbaren Aktivitäten des Anbieters** unterscheiden (Fließ und Dyck 2017). *So sieht der/die Kund:in bei dem/der Friseur:in meist nicht, wie die Farbe angemischt wird und bei der Reinigungsleistung kann die Reinigung außerhalb der Bürozeiten stattfinden, wenn niemand mehr anwesend ist. Dem Anbieter bleiben die Denkprozesse des/der Kund:in verschlossen und wenn der/die Kund:in sich nach dem Friseurbesuch mit seinen/ihren Freund:innen trifft und dort Komplimente für die Frisur erhält und den Friseur weiterempfiehlt, entziehen sich auch diese Aktivitäten dem Anbieter.*

In dem für beide Beteiligten sichtbaren Bereich finden **Interaktionen** statt (Grönroos 2012; Heinonen et al. 2010; Heinonen und Strandvik 2015). Hierbei lassen sich folgende Typen von Interaktionen unterscheiden (Fließ und Dyck 2017):

- **Soziale Interaktionen** sind dadurch gekennzeichnet, dass sich Menschen durch ihr Verhalten gegenseitig aneinander orientieren und aufeinander beziehen (Abels 2019, S. 185). Soziale Interaktionen können in direkter Anwesenheit (Face-to-Face) stattfinden, z. B. die Interaktion zwischen dem Kunden und der Bedienung, oder die Interaktion mit anderen Kunden, z. B. Restaurantgästen. Soziale Interaktionen können auch über Technik vermittelt sein, z. B. ein Telefongespräch oder eine Videokonferenz.
- **Objektbezogene Interaktionen** beziehen sich auf Interaktionen mit Elementen des Servicesystems des Anbieters (De Keyser et al. 2019). Das Servicesystem des An-

bieters besteht aus dem Netzwerk aller Elemente und Akteure, die am Dienstleistungsprozess beteiligt sind, sowie ihren Aktivitäten. *Kunden interagieren mit dem Servicesystem, indem sie sich beispielsweise einen Kaffee aus einem Automaten ziehen (Element des Servicesystems) oder am Buffet selbst bedienen.* Auch Mitarbeiter des
Dienstleisters (Akteure des Servicesystems) können mit den Elementen des Servicesystems interagieren. *So zeigt etwa ein:e Servicemitarbeiter:in dem/der Kund:in, welche Schritte beim Self-Check-in am Flughafen auszuführen sind, oder ein:e Mitarbei-
ter:in gibt den Preis in die Kasse ein.* Ebenfalls zu den objektbezogenen Interaktionen
zählen Mensch-Maschine-Interaktionen (Hubig 2019), bei denen Kunden oder Mitarbeiter mit Automaten (z. B. Geldautomaten), Internetseiten, (z. B. Interaktion mit
Avataren), oder mit Robotern interagieren.

Dienstleistungsprozesse lassen sich horizontal – also entlang der Zeitachse – in die
Pre-Service-Phase, die Service-Phase und die Post-Service-Phase unterteilen (Heinonen
et al. 2010; Heinonen und Strandvik 2015). Pre-Service-, Service- und Post-Service-Phase
werden auch als **Value Co-Creation-Prozess** bezeichnet.

Aktivitäten der **Service-Phase** umfassen Aktivitäten, die der Wertgenerierung im enge-
ren Sinne dienen und bei denen Anbieter und Kunde miteinander interagieren. Wert-
generierende Aktivitäten bei einer Frisur sind beispielsweise die folgenden: *Kund:in und
Friseur:in legen fest, welche Frisur dem/der Kund:in vorschwebt, die Haare werden ge-
schnitten und geföhnt, die Rechnung wird gestellt und bezahlt. Bei der Reinigung von
Büroräumen wird vereinbart, in welchem Umfang welche Räume gereinigt werden, der
Zugang zu den Räumen wird gewährleistet und die Räume werden gereinigt.* Die Service-
Phase wird auch als **Service Co-Creation-Prozess** bezeichnet.

Den Service-Aktivitäten sind die Aktivitäten in der **Pre-Service-Phase** zeitlich vor-
gelagert (Heinonen et al. 2010; Heinonen und Strandvik 2015). Auf der Kundenseite zählen zu diesen Aktivitäten die vorbereitenden Aktivitäten, d. h. alle diejenigen, die notwendig sind, um die Dienstleistung in Anspruch zu nehmen (Eggert und Fließ 2015). *Dies
beinhaltet beispielsweise die Organisation eines/einer Babysitter:in, die Fahrt zu den
Räumen des Dienstleisters, aber auch die zeitliche Planung im Vorfeld, z. B. Abstimmen
eines Restaurantbesuchs mit den eigenen Arbeitszeiten.* Pre-Service-Aktivitäten des Kunden sind größtenteils autonome Aktivitäten des Kunden (Fließ und Dyck 2017), d. h. der
Anbieter übt keinen Einfluss auf diese Aktivitäten aus. Vorbereitende Aktivitäten auf Anbieterseite umfassen die größtenteils autonomen Aktivitäten des Anbieters, die notwendig
sind, bevor der gemeinsame Prozess der Leistungserstellung beginnen kann. Hierbei handelt es sich in der Sichtweise der Integrativen Leistungslehre (Abschn. 1.1) um die Schaffung und Bereitstellung des Leistungspotenzials sowie die Konzeption der Value Proposition (Vargo und Lusch 2008a), z. B. die Entscheidung über die Art der anzubietenden
Leistungen und die Zielgruppe, das Geschäftsmodell, die Anmietung und Einrichtung von
Räumlichkeiten, die Einstellung von Personal, die Festlegung der Öffnungszeiten etc.
Hierzu zählt auch die Gestaltung des Dienstleistungsprozesses. Auf die autonomen Aktivitäten des Anbieters übt der Kunde keinen Einfluss aus.

Den Service-Aktivitäten der gemeinsamen Wertgenerierung nachgelagert sind die Aktivitäten in der **Post-Service-Phase** (Heinonen et al. 2010; Heinonen und Strandvik 2015). Sie dienen der Nachbereitung des gemeinsamen Dienstleistungsprozesses und sind größtenteils autonom, d. h. der Kunde beeinflusst die Aktivitäten des Anbieters nicht und der Anbieter beeinflusst die Kundenaktivitäten nicht. *Auf Kundenseite handelt es sich beispielsweise darum, vom Dienstleister nach Hause zu gelangen, den/die Babysitter:in zu bezahlen oder Freund:innen und Bekannten von seinen/ihren Erfahrungen mit dem Dienstleister zu berichten. Auf Anbieterseite zählen zu den Post-Service-Aktivitäten beispielsweise die Reinigung des Restaurants, die Abrechnung der Kasse, aber auch Kundenzufriedenheitsbefragungen.*

Neben Pre-Service-, Service- und Post-Service-Aktivitäten finden in der Kundensphäre auch Aktivitäten ohne direkten Bezug zur Dienstleistung statt (Mickelsson 2013). *So kann der Gast während des Restaurantbesuchs mit einem/r Freund:in telefonieren oder nach dem Restaurantbesuch noch einen Film schauen.* In diese Aktivitäten können weitere Anbieter eingebunden sein, z. B. der Streaming-Dienst beim Film. Analog finden in der Anbietersphäre auch solche Aktivitäten statt, die von einer konkreten Dienstleistung unabhängig sind, z. B. Weiterbildung von Mitarbeitern oder Erstellung der Bilanz. Diese Aktivitäten können ihrerseits auch gemeinsame Wertgenerierungsprozesse mit Lieferanten beinhalten, z. B. Renovierung des Restaurants.

In Bezug auf die Wertgenerierung werden Aktivitäten in der gemeinsamen Sphäre als **Value Co-Creation** bezeichnet. Die Value Co-Creation umfasst die Aktivitäten der Pre-Service-, Service- und Post-Service-Phase in der gemeinsamen Sphäre. Die gemeinsame Wertgenerierung in der Service-Phase wird als **Service Co-Creation** bezeichnet. Aktivitäten in der Kundensphäre dienen der Wertgenerierung ohne den betrachteten Anbieter. Sie werden als **Value Creation** bezeichnet. In der Anbietersphäre findet keine Wertgenerierung statt; der Anbieter benötigt hierzu immer den Kunden.

1.3   Ziele und Aufgaben des Managements von Dienstleistungsprozessen

Der Dienstleistungsprozess als gemeinsamer Wertgenerierungsprozess von Kunde und Anbieter ist Gegenstand des Managements durch den Anbieter. Dabei kann der Anbieter seine eigene Sphäre sowie die gemeinsame Sphäre beeinflussen; auf die Kundensphäre hat er keinen direkten Einfluss. Seine Managemententscheidungen werden durch die Anbieterlogik bestimmt, wobei die Kundenlogik insoweit einbezogen wird, als sie die Anbieterziele beeinflusst. Die Ziele und Aufgaben des Managements von Dienstleistungsprozessen werden im Folgenden vorgestellt.

Zentrales Ziel des Dienstleistungsmanagements ist es, Gewinn zu erzielen. Dienstleistungsprozesse sind daher so zu gestalten, dass sie einen Beitrag zum Gewinn des Anbieters leisten. Somit ist das Management von Dienstleistungsprozessen auf die Gewinnerzielung ausgerichtet.

Die Ziele des Dienstleistungsmanagements lassen sich in strategische und operative Ziele unterteilen. Das strategische Ziel besteht darin, die langfristige Fähigkeit des Unternehmen Gewinne zu erzielen, zu sichern und auszubauen und dadurch das dauerhafte Überleben des Unternehmens zu gewährleisten. Dies erfolgt durch den Aufbau, die Erhaltung und die Weiterentwicklung **dauerhafter Wettbewerbsvorteile**, was auch als Aufgabe des **strategischen Managements** gilt. Der Wettbewerbsvorteil setzt sich aus dem Kundenvorteil und dem Ressourcenvorteil zusammen (Abschn. 1.2.2). Dienstleistungsprozesse stellen eine zentrale Quelle für den Wettbewerbsvorteil von Dienstleistungsunternehmen dar. Dabei kommt der „organizational frontline" zum Kunden eine besondere Bedeutung zu (Schneider und Bowen 2019). Die „organizational frontline" entspricht der Sichtbarkeitslinie (line of visibility) in Abb. 1.2, die die gemeinsame Sphäre von der Anbieter- und der Kundensphäre trennt. Der sichtbare Teil des Dienstleistungsprozesses, die gemeinsame Sphäre, kann dabei als zentrale Quelle für den Kundenvorteil angesehen werden. Hier kann sich der Anbieter durch die Gestaltung vom Wettbewerber differenzieren und stärker zur Wertgenerierung des Kunden beitragen als seine Konkurrenten.

Das **operative Management** dient der Ausgestaltung und Konkretisierung der im Rahmen des strategischen Managements formulierten Wettbewerbsvorteile. Als zentrale Zielsetzungen im Rahmen der Gewinnerzielung des operativen Managements sind Effizienz und Effektivität anzusehen (Bleicher 2017, S. 76 ff.). Das Management von Dienstleistungsprozessen ist im operativen Bereich anzusiedeln. Es dient (1) der Umsetzung des Wettbewerbsvorteils im Rahmen einer der drei Wertlogiken – Wertkette, Wertshop und Wertnetzwerk – sowie (2) der Erreichung von Effektivität und Effizienz.

Effektivität ist eine Maßgröße für die Zielerreichung (Thommen et al. 2017, S. 46). Ein Dienstleistungsprozess ist dann als effektiv zu betrachten, wenn durch ihn bestimmte vorgegebene Ziele erreicht werden. Als Maßstab der Effektivität können kundenbezogene Größen, z. B. Value-in-Use, und anbieterbezogene Größen, z. B. Dauer des Dienstleistungsprozesses, herangezogen werden. Die Zielgrößen werden in Abschn. 4.2 von Teil I genauer behandelt.

Effizienz beschreibt die Input-/Output-Relation der eingesetzten Ressourcen (Thommen et al. 2017, S. 46). Ein Prozess wird dann als effizient betrachtet, wenn durch den Einsatz gegebener Ressourcen, z. B. menschlicher Arbeitskraft, kein höherer Output erzielt werden kann oder wenn ein gegebener Output nicht mit einer geringeren Ressourcenmenge erreicht werden kann. Zielgrößen der Effizienz sind **Kosten**, **Wirtschaftlichkeit** und **Produktivität** (Thommen et al. 2017, S. 46).

Der Begriff des **Managements** wird im Folgenden funktionell, d. h. aufgabenbezogen, verstanden und nicht institutionell, d. h. bezogen auf die Personengruppe der Manager (Macharzina und Wolf 2015, S. 36 f.). Als zentrale Managementaufgaben können in Anlehnung an Bleicher die Gestaltung, Steuerung und Entwicklung von Unternehmen herausgestellt werden (Bleicher 2017, S. 54 ff.; Fließ 2009, S. 34–36). In Bezug auf Dienstleistungsprozesse stellen sich die Aufgaben wie folgt dar:

Die **Gestaltungsaufgabe** besteht in der Analyse, Konzeption und Implementierung von Dienstleistungsprozessen. Die Analyse bezieht sich auf bereits bestehende Dienstleistungsprozesse, die im Hinblick auf Effektivität und Effizienz beurteilt werden und für die ggf. Verbesserungsmaßnahmen vorgeschlagen werden. Die Konzeption umfasst die Neugestaltung von Dienstleistungsprozessen und beinhaltet damit auch Prozessinnovationen. Die Implementierung beinhaltet die Neueinführung von Dienstleistungsprozessen im Unternehmen, bei denen Mitarbeiter die Abläufe und Aktivitäten im neuen Dienstleistungsprozess einüben. In diesem Modul liegt der Schwerpunkt auf der Konzeption von Dienstleistungsprozessen; im Folgenden werden daher die Begriffe der Gestaltung und Konzeption synonym verwendet.

Die Gestaltung des Dienstleistungsprozesses umfasst analog zur Struktur des Dienstleistungsprozesses (Abb. 1.2) die Gestaltung der Pre-Service-Aktivitäten, der Service-Aktivitäten und der Post-Service-Aktivitäten des Anbieters. Den Ausgangspunkt der Gestaltung bildet der Wertgenerierungsprozess des Kunden.

Die **Steuerungsaufgabe** umfasst die Bestimmung von Zielen sowie die Planung, Durchführung und Kontrolle zur Zielerreichung geeigneter Maßnahmen. Sie beinhaltet die Analyse von Abweichungen, die Ergreifung entsprechender Maßnahmen sowie die Kontrolle des Erfolges. Dies entspricht der Controllingaufgabe. Die Steuerung kann in qualitative und quantitative Steuerung unterschieden werden. Bei der qualitativen Steuerung steht die Sicherstellung der Arbeitsleistung des Servicesystems im Vordergrund. Mitarbeiter sind zu koordinieren und zu motivieren, damit sie die erforderliche Arbeitsleistung zur Generierung von Service Value, Service Experience und Kundenzufriedenheit erbringen, zur Prozessqualität beitragen und innerhalb der zeitlichen Vorgaben bleiben. In quantitativer Hinsicht sind Effektivität und Effizienz zu messen und bei Abweichungen entsprechende Maßnahmen zu ergreifen. Gestaltungs- und Steuerungsaufgabe greifen ineinander.

Die **Entwicklungsaufgabe** bezieht sich auf die Anpassung und vorausschauende Gestaltung des Dienstleistungsprozesses, um für künftige Marktentwicklungen gerüstet zu sein. Hier steht die regelmäßige Überprüfung des Dienstleistungsprozesses im Vordergrund – ist der Prozess noch kundenfreundlich, wettbewerbsorientiert, stiftet er dem Kunden Wert? Auf der Basis der gewonnenen Erkenntnisse ist der Prozess weiterzuentwickeln, um dauerhaft wettbewerbsfähig, effektiv und effizient zu sein.

Um den Dienstleistungsprozess gestalten, steuern und weiterentwickeln zu können, eignet sich das ServiceBlueprint.

1.4   Das ServiceBlueprint als Instrument des Prozessmanagements

1.4.1   Der Aufbau des ServiceBlueprints

Das ServiceBlueprint ist ein Instrument, mit dessen Hilfe die Aktivitäten in der Anbietersphäre, der Kundensphäre und der gemeinsamen Sphäre weiter strukturiert werden können, sodass sich differenzierte Ansatzpunkte für die Gestaltung und Steuerung des Dienstleistungsprozesses im Hinblick auf Effektivität und Effizienz ergeben.

Das Konzept des ServiceBlueprints wurde ursprünglich in den 1980er- und 1990er-Jahren von Lynn Shostack und Jane Kingman-Brundage entwickelt (Kingman-Brundage 1989, 1993, 1995; Shostack 1982, 1987). Es dient der Visualisierung, Analyse, Gestaltung und Steuerung von Dienstleistungsprozessen (Fließ 2009, S. 194). Im ServiceBlueprint werden die Aktivitäten des Anbieters und des Kunden im Dienstleistungsprozess dargestellt. Ursprünglich wurden nur solche Kundenaktivitäten berücksichtigt, die aus Anbietersicht unmittelbar der Erstellung der Dienstleistung dienten (vgl. zu früheren Versionen beispielsweise Allert und Fließ 1998; Fließ 2001; Fließ und Dyck 2017; Fließ und Kleinaltenkamp 2004; Kleinaltenkamp 2000). Im Folgenden wird jedoch eine Perspektive eingenommen, die den Dienstleistungsprozess als Wertgenerierungsprozess aus Anbieter- und Kundenperspektive betrachtet (vgl. zu einem Überblick der Ansätze Kundenaktivitäten in das ServiceBlueprint zu integrieren Sandmann 2016, S. 36).

Das ServiceBlueprint entspricht einer zwei-dimensionalen Darstellung des Dienstleistungsprozesses. Die horizontale Dimension verdeutlicht die chronologische Reihenfolge von Aktivitäten und veranschaulicht so den Dienstleistungsprozess in zeitlicher Hinsicht. Die vertikale Perspektive strukturiert die Aktivitäten im Dienstleistungsprozess entsprechend ihrer Bedeutung für die Wertgenerierung des Kunden und des Anbieters. Hierbei werden die in Abschn. 1.2.3 dargestellten Sphären des Dienstleistungsprozesses weiter unterteilt, um konkretere Ansatzpunkte für die Gestaltung und Steuerung des Dienstleistungsprozesses zu gewinnen. Abb. 1.3 zeigt die Struktur des ServiceBlueprints.

Den Kern des Dienstleistungsprozesses bildet die **gemeinsame Sphäre** (joint sphere). Hier finden die Interaktionen des Kunden und des Anbieters statt. Die **Interaktionslinie** trennt dabei die Aktivitäten des Kunden von denen des Anbieters. Interaktionen können sozial oder objektbezogen sein. In der **sozialen Interaktion** führen Kunde und Kundenkontaktpersonal des Anbieters aufeinander bezogene Aktivitäten aus und kommunizieren miteinander. Die Aktivitäten und Linien seien am Beispiel eines Restaurantbesuchs verdeutlicht. *In einem Restaurant empfiehlt der/die Kellner:in die Gerichte des Tages, der/die Kund:in bestellt Essen und Getränke und der/die Kellner:in serviert die Gerichte und Getränke.* In der **objektbezogenen Interaktion** nutzt der Kunde die Elemente des Servicesystems des Anbieters. *Der/die Kund:in stellt sich seinen Salat am Selbstbedienungsbuffet zusammen.* Auch das Personal des Anbieters interagiert mit Elementen des Servicesystems. *Der/die Kellner:in zapft in Sichtweite des/der Kund:in das bestellte Bier.* Darüber hinaus können Kunden miteinander interagieren, z. B. sich über zwei Tische hinweg unterhalten. Dies wird als **Kunden-Kunden-Interaktion** bezeichnet (Nicholls 2020). Auch das Anbieterpersonal kann für den Kunden sichtbar miteinander interagieren. *Dies ist beispielsweise typisch bei einer Theateraufführung oder einem Konzert.* Die Aktivitäten von Kunde und Anbieter in der gemeinsamen Sphäre werden als **sichtbare Kunden-Aktivitäten** oder **sichtbare Anbieter-Aktivitäten** bezeichnet. Die Aktivitäten in der gemeinsamen Sphäre sind jeweils für die Beteiligten sichtbar, d. h. der Anbieter sieht die Aktivitäten des Kunden und der Kunde kann die Aktivitäten des Anbieters beobachten.

Die **Sichtbarkeitslinie** trennt die gemeinsame Sphäre von der Kundensphäre im oberen und von der Anbietersphäre im unteren Teil des ServiceBlueprints. In der Kunden-

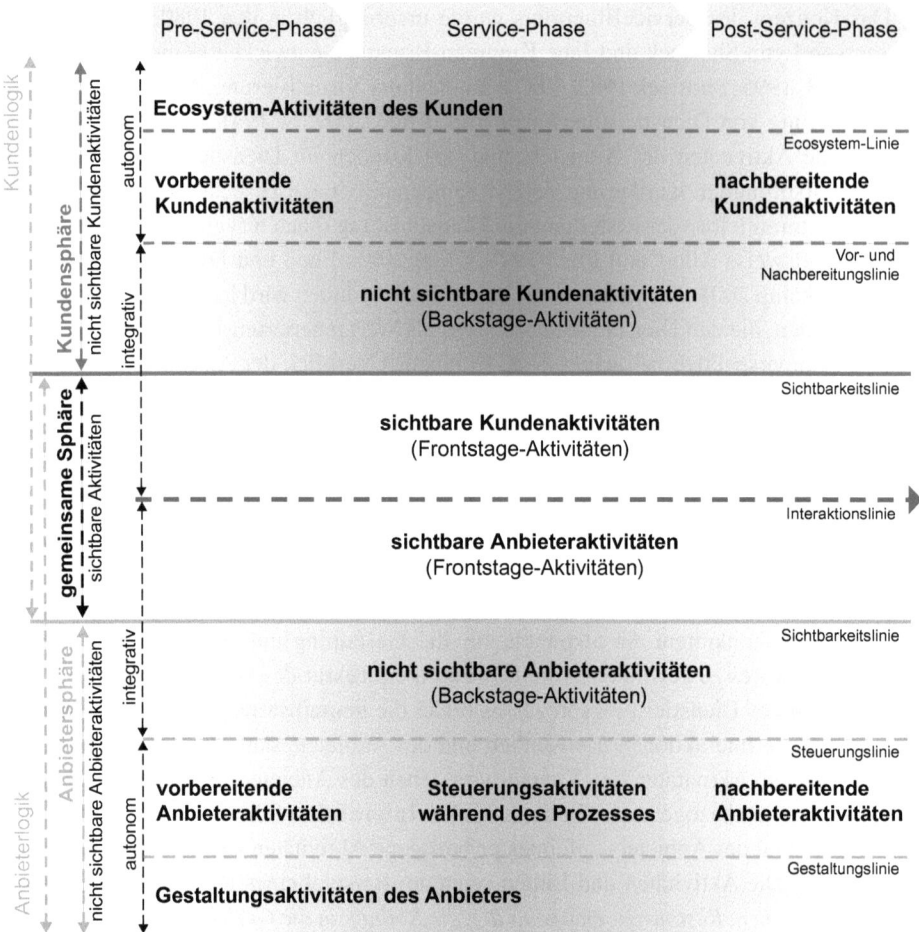

Abb. 1.3 Aufbau des ServiceBlueprints

bzw. Anbietersphäre finden die **nicht sichtbaren Aktivitäten** statt, sodass die Line of Visibility auch die sichtbaren von den nicht sichtbaren Aktivitäten trennt. *Beispiele für nicht sichtbare Anbieteraktivitäten sind die Zubereitung der Gerichte in der Küche oder das Holen der fertigen Gerichte aus der Küche. Ein Beispiel für nicht sichtbare Kundenaktivitäten stellt die Nutzung der Waschräume im Restaurant dar, aber auch die Gedanken des/der Kund:in bezüglich der Qualität des Essens.* Obwohl die Sichtbarkeitslinie sich auf den visuellen Sinn bezieht, sind hier auch andere Wahrnehmungsformen wie Hören und Riechen einbezogen.

Die Sichtbarkeitslinie trennt aber nicht nur sichtbare von nicht sichtbaren Aktivitäten, sondern bezieht sich auch auf die sichtbare bzw. nicht sichtbare Umgebung, in der die gemeinsame Wertgenerierung stattfindet. Diese wird auch als **Servicescape (Dienstleistungsumgebung)** bezeichnet (Bitner 1992). Bei vielen Dienstleistungen findet der

Dienstleistungsprozess in den Räumlichkeiten des Anbieters statt, z. B. im Restaurant, Krankenhaus oder Bankgebäude. Dienstleistungsprozesse können aber auch in den Räumen des Kunden stattfinden, z. B. beim mobilen Friseur oder der Beratung des Kunden zu Hause. Denkbar ist auch ein sog. dritter Ort, d. h. Kunde und Anbieter treffen einander im Hotel, in einem Restaurant oder auf einer Messe.

Schließlich kann der Ort der gemeinsamen Wertgenerierung auch ein virtueller Ort sein, z. B. bei Online-Spielen, sozialen Medien, virtuellen Communities, Recherchen auf Webseiten oder in Datenbanken (Bolton et al. 2018). Wenn die Interaktion von Kunde und Anbieter online stattfindet, entspricht die Dienstleistungsumgebung dem Online-Bereich, d. h. der Website oder der App. Je nachdem, wo der Kunde die Website oder App nutzt, kann die physische Dienstleistungsumgebung der reinen Kundensphäre zugeordnet werden, z. B. wenn der Computer im Arbeitszimmer des Kunden steht, der Sphäre eines weiteren Anbieters, z. B. wenn der Kunde die App auf seinem Smartphone nutzt, während er im Wartezimmer auf seinen Arzttermin wartet, oder dem Ecosystem des Kunden, z. B. bei der Nutzung einer App an einer Bushaltestelle oder beim Spazierengehen. In diesen Fällen ist die physische Dienstleistungsumgebung für den Anbieter nicht sichtbar.

In der **Kundensphäre** lassen sich die Aktivitäten des Kunden weiter differenzieren. So trennt die **Vor- und Nachbereitungslinie** die integrativen Kundenaktivitäten von den autonomen Kundenaktivitäten. **Integrative Kundenaktivitäten** sind die Aktivitäten, die während der Service-Phase vom Kunden durchgeführt werden und der gemeinsamen Wertgenerierung (Value Co-Creation) dienen. Sie werden durch die Aktivitäten des Anbieters beeinflusst und sind jeweils von den vorangegangenen Aktivitäten abhängig. *Der/die Kund:in kann erst essen, wenn er/sie bestellt hat und das Gericht von dem/der Kellner:in serviert wurde.* **Autonome Kundenaktivitäten** sind demgegenüber solche Aktivitäten, die der Kunde unabhängig vom Anbieter durchführt. *Der/die Kund:in kommt von der Arbeit und zieht sich um, um ins Restaurant zu gehen.*

Die **Ecosystem-Linie** differenziert die autonomen Kundenaktivitäten weiter und trennt die vor- und nachbereitenden Kundenaktivitäten von den Ecosystem-Aktivitäten des Kunden. Die vor- und nachbereitenden Kundenaktivitäten stehen in direktem Zusammenhang mit der Inanspruchnahme der Dienstleistung (Eggert und Fließ 2015; vgl. ähnlich Mickelsson 2013). Die **vorbereitenden Kundenaktivitäten** umfassen die Aktivitäten in der Pre-Service-Phase, die notwendig sind, um die Dienstleistung in Anspruch nehmen zu können. *Im Restaurantbeispiel umfassen sie beispielsweise die Verabredung mit den Freund:innen, das Festlegen des Termins für den Restaurantbesuch, das Aussuchen des Restaurants, das Buchen des/der Babysitter:in und die Fahrt zum Restaurant.* Die **nachbereitenden Kundenaktivitäten** umfassen alle Aktivitäten, die nach der Inanspruchnahme der Dienstleistung mit ihr verbunden sind. *Im Restaurantbeispiel zählen hierzu die Fahrt vom Restaurant nach Hause, das Bezahlen des/der Babysitter:in, aber auch die Gespräche über das Restaurant mit Arbeitskolleg:innen am nächsten Tag, die Bewertung des Restaurants auf einer Online-Plattform oder die Weiterempfehlung.* Diese Aktivitäten stehen in direktem Zusammenhang mit der Inanspruchnahme der Dienstleistung.

Die **Ecosystem-Aktivitäten des Kunden** umfassen alle Handlungen, gedanklichen Prozesse und Interaktionen mit Objekten und Personen, die nicht in direktem Zusammenhang mit der Wertgenerierung des Kunden durch den betrachteten Dienstleistungsprozess stehen, diese aber beeinflussen können (Eggert und Fließ 2015; vgl. ähnlich Mickelsson 2013). *Hierzu zählen beispielsweise Überlegungen des/der Kund:in: Wir könnten uns mal wieder mit Alex und Monika treffen. Laura und Ayla haben wir auch lange nicht gesehen. Wollen wir ihnen nicht vorschlagen, den neuen Italiener auszuprobieren?* Wie das Beispiel zeigt, wird der Dienstleistungsprozess in das Leben des Kunden eingebunden. Hierbei kann es zu zeitlichen, aber auch ökonomischen Konflikten der Ecosystem-Aktivitäten und der Dienstleistungsaktivitäten kommen. *So kann der/die Kund:in beispielsweise erst um eine bestimmte Uhrzeit im Restaurant sein, da er/sie vorher arbeitet.* Die Aktivitäten im Ecosystem des Kunden rahmen in gewisser Weise den Dienstleistungsprozess ein, da der Dienstleistungsprozess mit diesen Aktivitäten zu koordinieren ist.

In der **Anbietersphäre** werden die Anbieteraktivitäten ebenfalls weiter differenziert. Die **Steuerungslinie** trennt die integrativen von den autonomen Anbieteraktivitäten. Die **integrativen Anbieteraktivitäten** umfassen die Aktivitäten, die während der Service-Phase vom Kundenkontaktpersonal des Anbieters durchgeführt werden und der gemeinsamen Wertgenerierung (Value Co-Creation) dienen. Sie werden durch die Aktivitäten des Kunden beeinflusst und sind jeweils von den vorangegangenen Kundenaktivitäten abhängig. *Beispielsweise kann der/die Kellner:in das Essen erst servieren, wenn der/die Kund:in es bestellt hat.* **Autonome Anbieteraktivitäten** sind solche Aktivitäten, die ohne Einfluss des Kunden stattfinden und unabhängig sind von den vorangegangenen Aktivitäten des Kunden. *Wann das Restaurant öffnet, ist eine autonome Entscheidung des Anbieters und unabhängig von konkreten Kund:innenaktivitäten.*

Unterhalb der Steuerungslinie werden die **Steuerungsaktivitäten des Servicesystems** angezeigt. Sie umfassen alle Aktivitäten, die zur Vorbereitung, Aufrechterhaltung und Nachbereitung des Servicesystems erforderlich sind. Aktivitäten der Servicesystem-Vorbereitung dienen dazu, die für den Dienstleistungsprozess notwendigen Elemente (Personen, Maschinen, Gebäude etc.) in Leistungsbereitschaft zu versetzen. Diese Aktivitäten fallen in die Pre-Service-Phase. *Bei einem Restaurant gehören hierzu beispielsweise die Erstellung der Personalpläne, die Unterrichtung der Mitarbeiter:innen über die Tagesangebote, das Eindecken der Tische, das Aufschließen der Türen, aber auch die Umdisposition, wenn Mitarbeiter:innen krank werden.* Aktivitäten der Aufrechterhaltung des Servicesystems dienen dazu, die Leistungsbereitschaft des Systems während der Service-Phase zu gewährleisten. Besondere Bedeutung kommen hierbei der Koordination der Aktivitäten, der Motivation der Mitarbeiter und den Eingriffen der Führungskräfte in den Prozess zu, wenn die Aktivitäten nicht so ablaufen, wie dies die Prozessgestaltung vorsieht. *Typische Steuerungsaktivitäten sind beispielsweise die Regelung von Konflikten zwischen Mitarbeiter:innen, zwischen Kund:innen und Mitarbeiter:innen oder die Unterstützung der Mitarbeiter:innen während ihrer Arbeit. Dazu zählen aber auch Aktivitäten wie das Nachfüllen von Kaffeebohnen in die Espressomaschine oder die Benachrichtigung des Wartungsdienstes, wenn die Espressomaschine ausfällt.* Aktivitäten der Servicesystem-

Nachbereitung dienen dem Herunterfahren des Servicesystems. Diese Aktivitäten fallen in die Post-Service-Phase. *Hierzu zählen beim Restaurant etwa das Ausschalten aller Maschinen, die Reinigung der Küche, das Zählen der Einnahmen und das Abschließen der Türen.*

Gestaltungsaktivitäten des Anbieters beziehen sich auf die grundlegende Konzeption des Servicesystems und umfassen insbesondere das Service Design und dessen Implementierung. Hierbei stehen Fragen der Gestaltung des Servicescape oder der Gestaltung der Interaktion im Mittelpunkt. Insbesondere Letztere betreffen die Frage, welche Aktivitäten der Kunde selbst durchführen soll (Selbstbedienung), welche Technologie eingesetzt werden soll, z. B. Roboter, Computer, und wie die Dienstleistungsumgebung (servicescape) gestaltet werden soll. Die Implementierung bezieht sich dann auf die Beschaffung und den Einsatz der entsprechenden Elemente des Servicesystems. *In einem Restaurant beispielsweise sind Entscheidungen über die Art, Größe und Lage des Restaurants zu treffen; es sind Räume anzumieten, ein Raumkonzept wird gestaltet, die Küchenausstattung sowie die Ausstattung des Gastraumes werden konzipiert und beschafft, die Anforderungen an das Personal festgelegt, Personal eingestellt etc.*

Abb. 1.4 verdeutlicht dem Aufbau des ServiceBlueprints nochmals an einem Restaurantbeispiel, das im Folgenden erläutert wird.

Beispiel: ServiceBlueprint für einen Dienstleistungsprozess eines Restaurants

Der Kundenbereich ist in Abb. 1.4 blau unterlegt, der gemeinsame Bereich ist weiß und der Anbieterbereich ist grün unterlegt. In der Pre-Service-Phase finden sich auf Kunden- und Anbieterseite alle Aktivitäten, die durchgeführt werden, bevor der Kunde das Restaurant betritt. Auf der Kundenseite sind das die Ecosystem-Aktivitäten, bei denen der Kunde überlegt, dass er mal wieder etwas mit Freunden unternehmen könnte sowie die Einbindung des Restaurantbesuchs in das normale (Arbeits-)Leben des Kunden. Vorbereitungsaktivitäten beinhalten die Entscheidung ein neues Restaurant auszuprobieren. Die Tischreservierung zählt bereits zu den für den Anbieter sichtbaren Aktivitäten und stellt eine Interaktion entweder mit dem Online-Reservierungssystem des Anbieters oder per Telefon mit einem Mitarbeiter des Restaurants dar. Nach dem Betreten des Restaurants finden hauptsächlich Interaktionen mit den Freunden (sich unterhalten) und mit dem Servicepersonal statt. Nicht sichtbare Aktivitäten begleiten den gesamten Prozess. Hierbei spielen insbesondere das Denken und Fühlen eine Rolle. Die Umgebung, der Service und das Essen werden wahrgenommen und bewertet. Gespräche, aber auch Essen und Trinken lösen Gefühle aus.

In der gemeinsamen Sphäre findet die Interaktion des Kunden mit dem Servicesystem des Anbieters statt, aber auch die Interaktionen des Anbieters mit dem Kunden. Kunden- und Anbieterlogik begegnen sich. Möglicherweise haben sich die Freunde lange nicht gesehen und wollen sich in Ruhe unterhalten, das Essen ist lediglich die Begleiterscheinung dieser Gespräche. Für den Anbieter ist jedoch die

Versorgung mit Speisen und Getränken das Hauptanliegen. Im obigen ServiceBlue-print sind vor allem die Aktivitäten dargestellt, die sich auf die Erbringung der Dienstleistung beziehen. Daneben gibt es aber auch weitere soziale Interaktionen, z. B. zwischen den Kunden und dem Kellner: So werden die Gäste beim Betreten des Restaurants begrüßt, während der Bestellung werden Fragen zur Speise- und Getränkekarte oder -empfehlung gestellt, vielleicht werden Scherze gemacht, nach dem Essen werden die Kunden nach ihrer Zufriedenheit gefragt und schließlich freundlich verabschiedet.

In der Anbietersphäre finden sich die für den Kunden nicht sichtbaren Aktivitäten. In der Pre-Service-Phase wird das Servicesystem vorbereitet. Im obigen ServiceBlue-print sind nur ausgewählte Aktivitäten dargestellt, so die Einweisung der Mitarbeiter und die Beschaffung von Lebensmitteln und Getränken. Auch das Eindecken der Tische, das Anschalten der Kaffeemaschine etc. gehört zu den vorbereitenden Aktivitäten, die unterhalb der Steuerungslinie eingetragen werden. Im Rahmen der Gestaltungsaktivitäten muss der Ablauf des Prozesses festgelegt werden, z. B. ob die Kellner:innen die Rechnung auf einem Zettel per Hand ausrechnen, ob ein zentrales Kassensystem genutzt wird oder ob das Personal mit Smartphones für Bestellung und Bezahlung ausgestattet wird. Während des Prozesses finden die Aktivitäten statt, die der direkten Erstellung der Dienstleistung dienen, so etwa die Zubereitung der Speisen, die meist außerhalb des für den Kunden sichtbaren Bereichs, in der Küche, stattfindet. Auch die Erstellung der Rechnung ist, wenn ein Kassensystem genutzt wird, häufig nicht für den Kunden sichtbar. Analog zum Denken und Fühlen des Kunden durchlaufen auch die Restaurantmitarbeiter Denkprozesse und haben Gefühle, die für den Kunden nicht sichtbar sind. Schließlich sind die Steuerungsaktivitäten während des Prozesses einzutragen, z. B. die Überwachung des Prozesses und des Verhaltens der Mitarbeiter. ◄

1.4.2   Die Gestaltung und Steuerung des Dienstleistungsprozesses mit dem ServiceBlueprint

Das ServiceBlueprint dient der Gestaltung und Steuerung von Dienstleistungsprozessen und kann in vielfältiger Weise genutzt werden. Grundsätzlich lässt sich zwischen einem Soll- oder Plan-ServiceBlueprint und einem Ist-ServiceBlueprint unterscheiden. Beim **Soll- oder Plan-ServiceBlueprint** wird der Dienstleistungsprozess so dargestellt, wie er üblicherweise ablaufen soll. Das Plan-ServiceBlueprint verdeutlicht den Standard-Dienstleistungsprozess. Soll- oder Plan-ServiceBlueprints werden für neue Dienstleistungsprozesse oder veränderte Dienstleistungsprozesse erstellt.

Beim **Ist-ServiceBlueprint** wird der tatsächliche Dienstleistungsprozess abgebildet. Das Ist-ServiceBlueprint dient der Analyse bestehender Dienstleistungsprozesse im Hinblick auf Schwachstellen und Optimierungspotenziale. Die Aktivitäten, bei denen Probleme festgestellt wurden, können dann detaillierter untersucht werden. Die Analyse kann

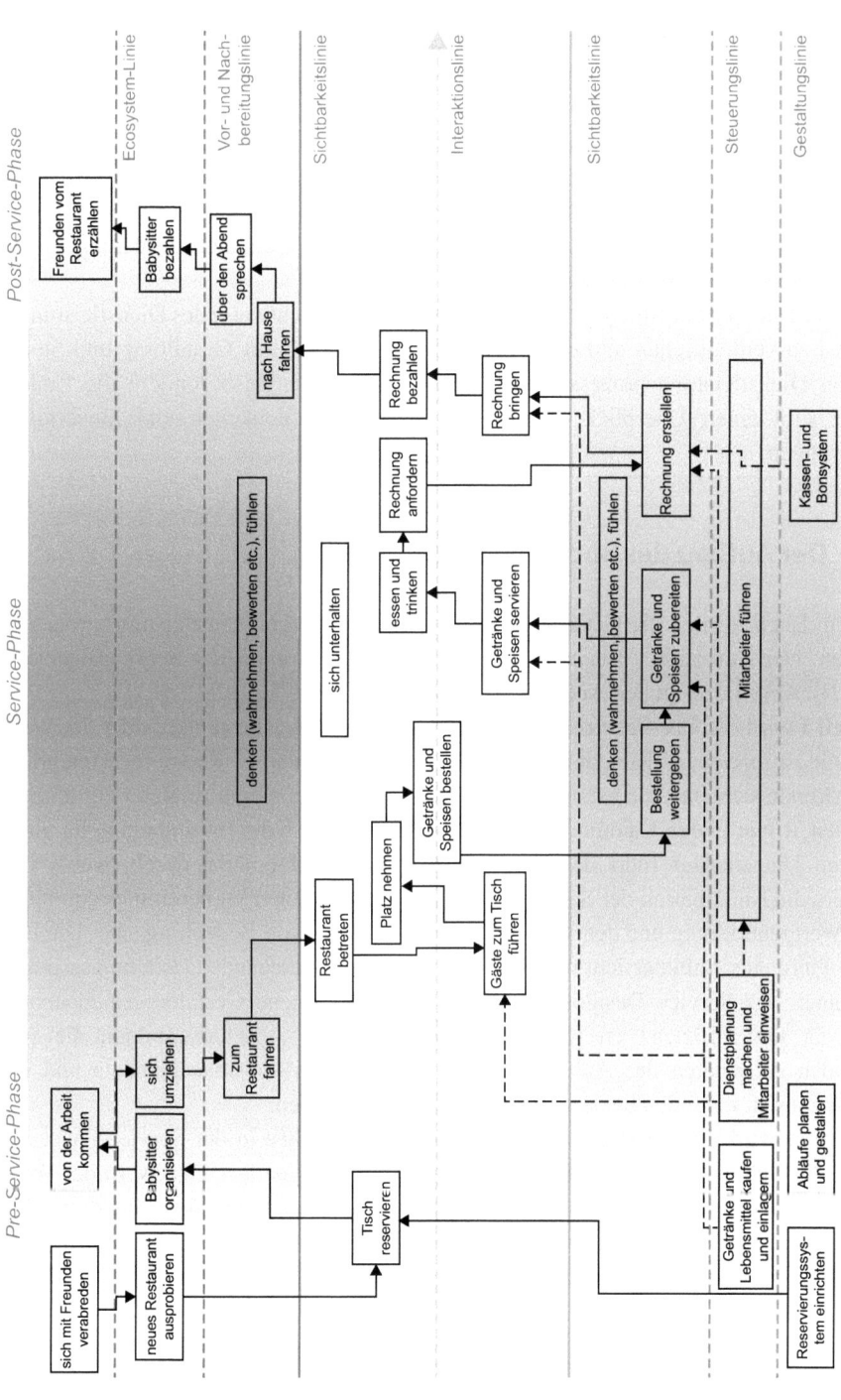

Abb. 1.4 Beispiel eines ServiceBlueprints – der Dienstleistungsprozess eines Restaurants

dabei verschiedene Ziele verfolgen, z. B. Erhöhung der Wertgenerierung beim Kunden, Verbesserung der Qualität, Reduktion der Gesamtdauer und der Wartezeiten oder Senkung von Kosten. Nach der Analyse können die Erkenntnisse wiederum in ein neues Soll- oder Plan-ServiceBlueprint überführt werden.

ServiceBlueprints können in unterschiedlichen Detaillierungsgraden erstellt werden und von einem groben Überblick bis hin zur detaillierten Darstellung des gesamten ServiceBlueprints oder einzelner Ausschnitte reichen. Darüber hinaus können neben den Aktivitäten auch Medien und Technologien, Soll- oder Ist-Zeiten, Qualitätsanforderungen oder Kosteninformationen integriert werden.

Hier wird das ServiceBlueprint genutzt, um die Kundensichtweise des Dienstleistungsprozesses zu verdeutlichen und dem Anbieter Ansatzpunkte zur Gestaltung und Steuerung von Dienstleistungsprozessen zu geben. Dazu dienen insbesondere die Linien. Tab. 1.3 gibt einen Überblick über die Gestaltungsmöglichkeiten und Steuerungsanforderungen.

1.5 Der Aufbau des Buchs

In diesem Buch werden die Gestaltung und die Steuerung von Dienstleistungsprozessen behandelt. Der Aufbau des Buchs orientiert sich an der Struktur des ServiceBlueprints (Abb. 1.3). Abb. 1.5 zeigt den Aufbau im Überblick.

In **Teil I** wird die **Pre-Service-Phase** behandelt. Den Ausgangspunkt bildet der Wertgenerierungsprozess des Kunden in seiner Lebenswelt, in den er Ressourcen integriert. Hat der Kunde sich entschieden, bei der Wertgenerierung mit einem Anbieter zusammenzuarbeiten, tritt er in den Kaufentscheidungsprozess ein. Nach der Entscheidung für einen konkreten Dienstleister führt der Kunde vorbereitende Aktivitäten durch, wobei insbesondere die Antizipation der Service-Phase und die konkreten Vorbereitungsaktivitäten für die Wertgenerierung und den Verlauf der Service-Phase von Bedeutung sind. Die Pre-Service-Phase aus Anbietersicht umfasst insbesondere grundlegende Gestaltungsaspekte. Im Rahmen des Service Designs wird gezeigt, durch welche Gestaltungsmaßnahmen Effektivität und Effizienz erreicht werden können. Den Abschluss bilden die vorbereitenden Aktivitäten des Anbieters in Form des Erwartungsmanagements und der Unterstützung des Kunden bei seinen Vorbereitungsaktivitäten.

In **Teil II** wird die **Gestaltung der gemeinsamen Sphäre** in der Service-Phase behandelt, die sich an der Service Experience des Kunden orientiert. Den Kern der Wertgenerierung bilden die sozialen und objektbezogenen Interaktionen von Kunde und Anbieter, deren Gestaltungsaspekte im Einzelnen dargelegt werden. Wie Kunde und Anbieter miteinander interagieren, wird maßgebend von ihrem Rollenverständnis bestimmt. Interaktionen und Rollenverhalten finden in einer materiellen oder virtuellen Dienstleistungsumgebung statt, die vom Anbieter im Hinblick auf verschiedene Erlebnisdimensionen und anhand verschiedener Elemente gestaltet werden kann. Die Klammer bildet das Service-Skript, das die Abfolge der Aktivitäten, Interaktionen und Rollen von Anbieter und Kunde

Tab. 1.3 Ansatzpunkte der Gestaltung und Steuerung von Dienstleistungsprozessen

Sphäre	Linie	Aktivitäten	Ansatzpunkte der Prozessgestaltung und -steuerung für den Anbieter
Kundensphäre	Ecosystem-Linie	Ecosystem-Aktivitäten	Anforderungen an den Prozess aus Kundensicht, sodass er mit den Ecosystem-Aktivitäten kompatibel ist
	Vor- und Nachbereitungslinie	Vor- und nachbereitende Aktivitäten des Kunden	Minimierung, Unterstützung, Übernahme von vor- und nachbereitenden Kundenaktivitäten durch den Anbieter
	Sichtbarkeitslinie	Für den Anbieter nicht sichtbare Aktivitäten und Bereiche	Beeinflussung von Denken und Fühlen durch die Gestaltung des Prozesses, des Servicescape und des Verhaltens der Mitarbeiter
Gemeinsame Sphäre	Interaktionslinie	Interaktionsaktivitäten von Kunde und Anbieter und sichtbarer Bereich	Arbeitsteilung zwischen Anbieter und Kunde Gestaltung der Interaktion (Art, Häufigkeit, Lage, Technologie etc.)
Anbietersphäre	Sichtbarkeitslinie	Für den Kunden nicht sichtbare Anbieteraktivitäten und nicht sichtbare Anbieterbereiche	Gestaltung des für den Kunden nicht wahrnehmbaren Bereichs
	Steuerungslinie	Steuerungsaktivitäten	Koordination, Motivation, Führung
	Gestaltungslinie	Gestaltungsaktivitäten	Gestaltung des Dienstleistungsprozesses im Hinblick auf Service Value, Service Experience, Kundenzufriedenheit, Qualität, Zeit, Kosten

in einer Dienstleistungsumgebung beinhaltet und das der Anbieter im Rahmen des Service Experience Designs funktional, dramaturgisch und unter Berücksichtigung seiner eigenen Wertlogik im Hinblick auf Effektivität und Effizienz gestaltet.

In Teil III bildet die **Anbietersphäre** während der Service-Phase den Gegenstand der Betrachtung. Im Mittelpunkt stehen hierbei die Mitarbeiter des Dienstleisters. Welche Mitarbeiter welche Aufgaben übernehmen, ist Gegenstand der horizontalen Arbeitsteilung, bei der sich der Anbieter zwischen verschiedenen Formen der Funktions- und Prozessorientierung sowie dem Front- und Back-Office entscheidet. Gegenstand der vertikalen Arbeitsteilung ist der Grad der Entscheidungsautonomie von Mitarbeitern, auch im Hinblick auf das Empowerment. Formale und informale Koordinationsinstrumente dienen

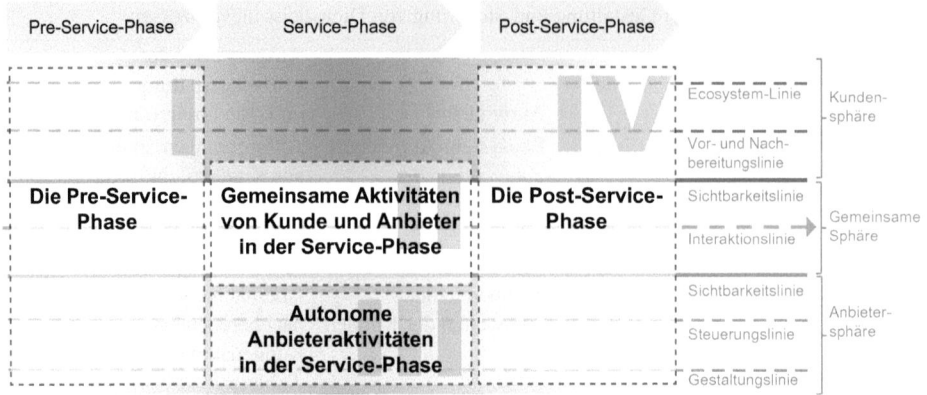

Abb. 1.5 Der Aufbau des Buchs

der Abstimmung im Hinblick auf die kunden- und anbieterbezogenen Ziele des Dienstleistungsprozesses. Auf Basis eines Motivationsmodells für Kundenkontakt-Mitarbeiter wird gezeigt, welche Faktoren die Motivation beeinflussen und welche Maßnahmen insbesondere des Personalmanagements geeignet sind, die Motivation der Kundenkontaktmitarbeiter zu fördern, sodass die kunden- und anbieterbezogenen Ziele des Dienstleistungsprozesses erreicht werden.

Teil IV befasst sich mit der **Post-Service-Phase**. Den Ausgangspunkt bilden die nachbereitenden Aktivitäten des Kunden, wie Kundenbewertungen, Kundenlob oder Kundenbeschwerden. Darüber hinaus beinhaltet die Post-Service-Phase Ecosystem-Aktivitäten des Kunden, wobei Erinnerungen und Word-of-Mouth von besonderer Bedeutung sind. Es wird gezeigt, was den Kunden zu diesen Aktivitäten motiviert und es werden Schlussfolgerungen für das Post-Service-Management des Anbieters gezogen, z. B. Beschwerdemanagement sowie Service Recovery, Erinnerungsmanagement sowie Management von Word-of-Mouth.

Literatur

Abels H (2019) Einführung in die Soziologie. Band 2: Die Individuen in ihrer Gesellschaft, 5., grundl. überarb. u. akt. Aufl. Springer VS, Wiesbaden

Allert R, Fließ S (1998) Blueprinting – eine Methode zur Analyse und Gestaltung von Prozessen. In: Kleinaltenkamp M, Ehret M (Hrsg) Prozeßmanagement im Technischen Vertrieb. Neue Konzepte und erprobte Beispiele für das Business-to-Business-Marketing. Springer, Berlin/Heidelberg, S 193–212

Barney JB (2014) Gaining and sustaining competitive advantage, 4. Aufl. Pearson Education Limited, Harlow

Becker F, Gedenk K (2020) Optimale nichtlineare Tarife auf zweiseitigen Märkten. Z Betriebswirtsch Forsch 72:423–445

Benkenstein M, Waldschmidt V (2014) Wertkettenanalyse und Service Value – eine Diskussion im Lichte der Service Dominant Logic. In: Bruhn M, Hadwich K (Hrsg) Service Value Als Werttreiber. Konzepte, Messung Und Steuerung. Springer Gabler, Wiesbaden, S 205–221

Bitner MJ (1992) Servicescapes: the impact of physical surroundings on customers and employees. J Mark 56:57–71

Bleicher K (2017) Das Konzept Integriertes Management. Visionen – Missionen – Programme, 9., akt. u. erw. Aufl. Campus, Frankfurt am Main/New York

Bolton RN, McColl-Kennedy JR, Cheung L, Gallan AS, Orsingher C, Witell L, Zaki M (2018) Customer experience challenges: bringing together digital, physical and social realms. J Serv Manag 29:776–808

Bruce HL, Wilson HN, Macdonald EK, Clarke B (2019) Resource integration, value creation and value destruction in collective consumption contexts. J Bus Res 103:173–185

Bruns K, Jacob F (2016) Value-in-use: antecedents, dimensions, and consequences. Marketing ZFP 38:135–149

Chandler JD, Vargo SL (2011) Contextualization and value-in-context: how context frames exchange. Mark Theory 11:35–49

Chesbrough HW (2010) Open innovation. The new imperative for creating and profiting from technology, Nachdr. Harvard Business School Press, Boston

Chesbrough HW (2011) Open services innovation. Rethinking your business to grow and compete in a new era. Jossey-Bass, San Francisco

Corsten H (1985) Die Produktion von Dienstleistungen. Grundzüge einer Produktionswirtschaftslehre des tertiären Sektors. Schmidt, Berlin

Corsten H, Gössinger R (2015) Dienstleistungsmanagement, 6., vollst. überarb. u. akt. Aufl. De Gruyter Oldenbourg, Boston

Crespin-Mazet F, Ghauri P (2007) Co-development as a marketing strategy in the construction industry. Ind Mark Manag 36:158–172

Curran JM, Meuter ML, Surprenant CF (2003) Intentions to use self-service technologies: A confluence of multiple attitudes. J Serv Res 5:209–224

Darby MR, Karni E (1973) Free competition and the optimal amount of fraud. J Law Econ 16:67–88

De Keyser A, Köcher S, Alkire L, Verbeeck C, Kandampully J (2019) Frontline service technology infusion: conceptual archetypes and future research directions. J Serv Manag 30:156–183

Echeverri P, Skålén P (2011) Co-creation and co-destruction: a practice-theory based study of interactive value formation. Mark Theory 11:351–373

Edvardsson B, Kleinaltenkamp M, Tronvoll B, McHugh P, Windahl C (2014) Institutional logics matter when coordinating resource integration. Mark Theory 14:291–309

Eggert M, Fließ S (2015) Service Value aus Kundensicht – Kundenaktivitäten als Ausgangspunkt. In: Bruhn M, Hadwich K (Hrsg) Interaktive Wertschöpfung durch Dienstleistungen. Strategische Ausrichtung von Kundeninteraktionen, Geschäftsmodellen und sozialen Netzwerken. Forum Dienstleistungsmanagement. Gabler, Wiesbaden, S 113–131

Ellway BPW, Dean AM (2016) The reciprocal intertwining of practice and experience in value creation. Mark Theory 16:299–324

Engelhardt WII (1966) Grundprobleme der Leistungslehre, dargestellt am Beispiel der Warenhandelsbetriebe. Z Betriebswirtsch Forsch 18:158–178

Engelhardt WH, Kleinaltenkamp M, Reckenfelderbäumer M (1993) Leistungsbündel als Absatzobjekte – Ein Ansatz zur Überwindung der Dichotomie von Sach- und Dienstleistungen. Z Betriebswirtsch Forsch 45:395–426

Fantapié-Altobelli C, Bouncken R (1998) Wertkettenanalyse von Dienstleistungs-Anbietern. In: Meyer A (Hrsg) Handbuch Dienstleistungs-Marketing. Schäffer-Poeschel, Stuttgart, S 282–296

Fließ S (2001) Die Steuerung von Kundenintegrationsprozessen. Effizienz in Dienstleistungsunternehmen. Deutscher Universitäts-Verlag, Wiesbaden

Fließ S (2009) Dienstleistungsmanagement. Kundenintegration gestalten und steuern. Gabler, Wiesbaden

Fließ S (2015) Kundenintegration. In: Backhaus K, Voeth M (Hrsg) Handbuch Business-to-Business-Marketing. Grundlagen, Geschäftsmodelle, Instrumente des Industriegütermarketing, 2., vollst. überarb. Aufl. Springer Fachmedien, Wiesbaden, S 223–247

Fließ S, Dyck S (2017) Kundenintegration – das Management von Kundenintegrationsprozessen. In: Corsten H, Roth S (Hrsg) Handbuch Dienstleistungsmanagement. Vahlen, München, S 607–629

Fließ S, Jacob F (1996) Customer Integration – Was ändert sich im Marketing? In: Kleinaltenkamp M, Fließ S, Jacob F (Hrsg) Customer Integration. Von der Kundenorientierung zur Kundenintegration. Gabler, Wiesbaden, S 25–37

Fließ S, Kleinaltenkamp M (2004) Blueprinting the service company: managing service processes efficiently. J Bus Res 57:392–404

Fließ S, Dyck S, Schmelter M (2014) Mirror, mirror on the wall – how customers perceive their contribution to service provision. J Serv Manag 25:433–469

Fließ S, Dyck S, Schmelter M, Volkers MJD (2015a) Kundenaktivitäten in Dienstleistungsprozessen – die Sicht der Konsumenten. In: Fließ S, Haase M, Jacob F, Ehret M (Hrsg) Kundenintegration und Leistungslehre. Integrative Wertschöpfung in Dienstleistungen, Solutions und Entrepreneurship. Springer Gabler, Wiesbaden, S 181–204

Fließ S, Haase M, Jacob F, Ehret M (2015b) Kundenintegration und Leistungslehre. Integrative Wertschöpfung in Dienstleistungen, Solutions und Entrepreneurship. Springer Gabler, Wiesbaden

Fließ S, Dyck S, Volkers M (2020) Calling for a multisensory perspective on customer service co-creation. In: Roth S, Horbel C, Popp B (Hrsg) Perspektiven des Dienstleistungsmanagements. Springer Fachmedien, Wiesbaden, S 77–104

Freiling J (2001) Resource-based View und ökonomische Theorie. Deutscher Universitäts-Verlag, Wiesbaden

Greene M, Rau H (2018) Moving across the life course: a biographic approach to researching dynamics of everyday mobility practices. J Consum Cult 18:60–82

Grönroos C (1978) A service-orientated approach to marketing of services. Eur J Mark 12:588–601

Grönroos C (1982) An applied service marketing theory. Eur J Mark 16:30–41

Grönroos C (1991) Scandinavian management and the nordic school of services-contributions to service management and quality. Int J Serv Ind Manag 2:17–26

Grönroos C (2006) Adopting a service logic for marketing. Mark Theory 6:317–333

Grönroos C (2008) Service logic revisited: who creates value? And who co-creates? Eur Bus Rev 20:298–314

Grönroos C (2011) Value co-creation in service logic: a critical analysis. Mark Theory 11:279–301

Grönroos C (2012) Conceptualising value co-creation: a journey to the 1970s and back to the future. J Mark Manag 28:1520–1534

Grönroos C (2015) Service management and marketing. Managing the service profit logic, 4. Aufl. Wiley, Chichester

Grönroos C (2017) On value and value creation in service: a management perspective. J Creat Value 3:125–141

Grönroos C, Gummerus J (2014) The service revolution and its marketing implications: service logic vs service-dominant logic. Manag Serv Quality 24:206–229

Grönroos C, Gummesson E (1985) Service marketing – nordic school perspectives. University of Stockholm, Stockholm

Grönroos C, Ravald A (2011) Service as business logic: implications for value creation and marketing. J Serv Manag 22:5–22

Grönroos C, Voima P (2013) Critical service logic: making sense of value creation and co-creation. J Acad Mark Sci 41:133–150

Gummerus J, von Koskull C (2015) The nordic school. Service marketing and management for the future. Hanken School of Economics, Helsinki

Gummesson E (1991) Marketing-orientation revisited: the crucial role of the part-time marketer. Eur J Mark 25:60–75

Gummesson E, Grönroos C (2012) The emergence of the new service marketing: nordic school perspectives. J Serv Manag 23:479–497

Haase M (2020) Considering value-related concepts in service-oriented approaches to marketing studies in light of philosophical and economic value theories. J Serv Manag Res 4:133–144

Hamilton R, Price LL (2019) Consumer journeys: developing consumer-based strategy. J Acad Mark Sci 47:187–191

Heinonen K, Strandvik T (2015) Customer-dominant logic: foundations and implications. J Serv Mark 29:472–484

Heinonen K, Strandvik T (2018) Reflections on customers' primary role in markets. Eur Manag J 36:1–11

Heinonen K, Strandvik T, Mickelsson K-J, Edvardsson B, Sundström E, Andersson P (2010) A customer-dominant logic of service. J Serv Manag 21:531–548

Heinonen K, Strandvik T, Voima P (2013) Customer dominant value formation in service. Eur Bus Rev 25:104–123

Heisserer B, Rau H (2017) Capturing the consumption of distance? A practice-theoretical investigation of everyday travel. J Consum Cult 17:579–599

Helkkula A, Kelleher C, Pihlström M (2012) Practices and experiences: challenges and opportunities for value research. J Serv Manag 23:554–570

Holt DB (1995) How consumers consume: a typology of consumption practices. J Consum Res 22:1–16

Hubig C (2019) Arbeitsteilung: Neue Formen der Mensch-Maschine-Interaktion. In: Liggieri K, Müller O (Hrsg) Mensch-Maschine-Interaktion. J.B. Metzler, Stuttgart, S 21–28

Huddart Kennedy E, Baumann S, Johnston J (2019) Eating for taste and eating for change: ethical consumption as a high-status practice. Soc Forces 98:381–402

Jacob F (1995) Produktindividualisierung. Ein Ansatz zur innovativen Leistungsgestaltung im Business-to-Business-Bereich. Gabler, Wiesbaden

Kingman-Brundage J (1989) The ABCs of service system blueprinting. In: Bitner MJ, Crosby LA (Hrsg) Designing a winning service strategy. American Marketing Association, Chicago, S 30–33

Kingman-Brundage J (1993) Service mapping: gaining a concrete perspective on service system design. In: Scheuing EE, Christopher WF (Hrsg) The service quality handbook. Amacom, New York, S 148–163

Kingman-Brundage J (1995) Service mapping: back to basics. In: Glynn WJ, Barnes JG (Hrsg) Understanding services management. Integrating marketing, organisational behaviour, operations and human resource management. Wiley, Chichester, S 119–142

Kleinaltenkamp M (1993) Investitionsgüter-Marketing als Beschaffung externer Faktoren. In: Thelen EM (Hrsg) Dienstleistungsmarketing. Eine Bestandsaufnahme. Tagungsband zum 2. Workshop für Dienstleistungsmarketing, Innsbruck, Februar 1993. Lang, Frankfurt am Main, S 101–126

Kleinaltenkamp M (1997a) Integrativität als Kern einer umfassenden Leistungslehre. In: Backhaus K, Günter B, Kleinaltenkamp M, Plinke W, Raffée H (Hrsg) Marktleistung und Wettbewerb. Gabler, Wiesbaden, S 83–114

Kleinaltenkamp M (1997b) Kundenintegration. Wirtschaftswissenschaftliches Studium 26:350–355

Kleinaltenkamp M (1998) Begriffsabgrenzungen und Erscheinungsformen von Dienstleistungen. In: Bruhn M (Hrsg) Handbuch Dienstleistungsmanagement. Von der strategischen Konzeption zur praktischen Umsetzung. Gabler, Wiesbaden, S 29–52

Kleinaltenkamp M (2000) Blueprinting? Grundlage des Managements von Dienstleistungsunternehmen. In: Woratschek H (Hrsg) Neue Aspekte des Dienstleistungsmarketing – Konzepte für Forschung und Praxis. Gabler, Wiesbaden, S 3–28

Kleinaltenkamp M (2015) Value creation and customer effort – the impact of customer value concepts. In: Gummerus J, von Koskull C (Hrsg) The nordic school. Service marketing and management for the future. Hanken School of Economics, Helsinki, S 283–292

Kleinaltenkamp M (2023) The resources-processes-outcomes approach: a spark that could not escape a black hole. J Serv Manag Res 7:68–81

Kleinaltenkamp M, Haase M (1999) Externe Faktoren in der Theorie der Unternehmung. In: Albach H, Eymann E (Hrsg) Die Theorie der Unternehmung. Springer, Berlin/Heidelberg, S 167–194

Kleinaltenkamp M, Fließ S, Jacob F (1996) Customer Integration. Von der Kundenorientierung zur Kundenintegration. Gabler, Wiesbaden

Kleinaltenkamp M, Bach T, Griese I (2009) Der Kundenintegrationsbegriff im (Dienstleistungs-) Marketing. In: Bruhn M, Stauss B (Hrsg) Kundenintegration. Gabler, Wiesbaden, S 35–62

Korkman O (2006) Customer value formation in practice: a practice-theoretical approach. Dissertation, Hanken School of Economics (Svenska handelshögskolan), Helsinki

Langlois RN, Robertson PL (1995) Firms, Markets and Economic Change. A Dynamic Theory of Business Institutions. Routledge, London

Lipkin M, Heinonen K (2022) Customer ecosystems: exploring how ecosystem actors shape customer experience. J Serv Mark 36:1–17

Luck M, Benkenstein M (2015) Consumers between supermarket shelves: the influence of interpersonal distance on consumer behavior. J Retail Consum Serv 26:104–114

Lusch RF, Vargo SL (2006a) Service-dominant logic: reactions, reflections and refinements. Mark Theory 6:281–288

Lusch RF, Vargo SL (2006b) The service-dominant logic of marketing. Dialog, debate, and directions. M. E. Sharpe, Armonk/London

Lusch RF, Vargo SL (2014) Service-dominant logic. Premises, perspectives, possibilities. Cambridge University Press, Cambridge

Lusch RF, Vargo SL, Tanniru M (2010) Service, value networks and learning. J Acad Mark Sci 38:19–31

Macharzina K, Wolf J (2015) Unternehmensführung: Das internationale Managementwissen. Konzepte – Methoden – Praxis, 9., vollst. überarb. u. erw. Aufl. Springer Gabler, Wiesbaden

Meffert H, Bruhn M, Hadwich K (2018) Dienstleistungsmarketing. Grundlagen – Konzepte – Methoden, 9., vollst. überarb. u. erw. Aufl. Springer Gabler, Wiesbaden

Mickelsson K-J (2013) Customer activity in service. J Serv Manag 24:534–552

Nelson RR, Winter SG (1982) An Evolutionary Theory of Economic Change, 4. Aufl. Belknap Press of Harvard Univ. Press, Cambridge, Mass

Nicholls R (2020) What goes on between customers? A cross-industry study of customer-to-customer interaction (CCI). J Serv Theory Pract 30:123–147

Pfisterer L, Roth S (2015) Customer usage processes. Mark Theory 15:401–422

Pfisterer L, Roth S (2018) Value creation in usage processes – investigating the micro-foundations of "value-in-use". Marketing ZFP 40:31–42

Piller FT, Möslein K, Reichwald R (2017) Interaktive Wertschöpfung in Produktion und Vertrieb: Mass Customization. In: Piller FT, Möslein K, Ihle CC, Reichwald R (Hrsg) Interaktive Wertschöpfung kompakt. Open Innovation, Individualisierung und neue Formen der Arbeitsteilung. Springer Gabler, Wiesbaden, S 85–108

Popp B, Horbel C, Woratschek H (2017) Wertkette, Wertshop und Wertnetzwerk. In: Corsten H, Roth S (Hrsg) Handbuch Dienstleistungsmanagement. Vahlen, München, S 507–517

Porter ME (2000) Wettbewerbsvorteile. Spitzenleistungen erreichen und behaupten. Campus, Frankfurt am Main

Porter ME (2004) Competitive advantage. Creating and sustaining superior performance: with a new introduction. Free Press, London

Sanchez R, Heene A (1997) Reinventing Strategic Management: New Theory and Practice for Competence-Based Competition. European Management Journal 15:303–317

Sandmann JH (2016) Integration von Kundenaktivitäten in das Blueprinting von Dienstleistungsprozessen. Springer Gabler, Wiesbaden

Schau HJ, Akaka MA (2021) From customer journeys to consumption journeys: a consumer culture approach to investigating value creation in practice-embedded consumption. AMS Rev 11:9–22

Schneider B, Bowen DE (2019) Perspectives on the organizational context of frontlines: a commentary. J Serv Res 22:3–7

Shostack GL (1982) How to design a service. Eur J Mark 16:49–63

Shostack GL (1987) Service positioning through structural change. J Mark 51:34–43

Stabell CB, Fjeldstad ØD (1998) Configuring value for competitive advantage: on chains, shops, and networks. Strateg Manag J 19:413–437

Sweeney JC, Payne AF, Frow P, Liu D (2020) Customer advocacy: a distinctive form of word of mouth. J Serv Res 23:139–155

Thommen JP, Achleitner AK, Gilbert DU, Hachmeister D, Kaiser G (2017) Allgemeine Betriebswirtschaftslehre. Umfassende Einführung aus managementorientierter Sicht, 8., vollst. überarb. Aufl. Springer Gabler, Wiesbaden

Vargo SL, Akaka MA (2009) Service-dominant logic as a foundation for service science: clarifications. Serv Sci 1:32–41

Vargo SL, Akaka MA (2012) Value cocreation and service systems (re)formation: a service ecosystems view. Serv Sci 4:207–217

Vargo SL, Lusch RF (2004) Evolving to a new dominant logic for marketing. J Mark 68:1–17

Vargo SL, Lusch RF (2006) Service-dominant logic: what it is, what it is not, what it might be. In: Lusch RF, Vargo SL (Hrsg) The service-dominant logic of marketing. dialog, debate, and directions. M. E. Sharpe, Armonk/London, S 43–56

Vargo SL, Lusch RF (2008a) Service-dominant logic: continuing the evolution. J Acad Mark Sci 36:1–10

Vargo SL, Lusch RF (2008b) Why "service"? J Acad Mark Sci 36:25–38

Vargo SL, Lusch RF (2011) It's all B2B … and beyond: toward a systems perspective of the market. Ind Mark Manag 40:181–187

Vargo SL, Lusch RF (2016) Institutions and axioms: an extension and update of service-dominant logic. J Acad Mark Sci 44:5–23

Vargo SL, Maglio PP, Akaka MA (2008) On value and value co-creation: a service systems and service logic perspective. Eur Manag J 26:145–152

Vargo SL, Lusch RF, Akaka MA, He Y (2010) Service-dominant logic. In: Malhotra NK (Hrsg) Review of marketing research, Bd 6. M. E. Sharpe, Armonk/London, S 125–167

Warde A (2005) Consumption and theories of practice. J Consum Cult 5:131–153

Weiber R, Adler J (1995) Positionierung von Kaufprozessen im informationsökonomischen Dreieck. Schmalenbachs Z betriebswirtschaftliche Forsch 47:99–123

Weiber R, Kleinaltenkamp M, Geiger I (2022) Business- und Dienstleistungsmarketing. Die Vermarktung integrativ erstellter Dienstleistungsbündel, 2. Aufl. Kohlhammer, Stuttgart

Wernerfelt B (1984) A resource-based view of the firm. Strateg Manag J 5:171–180

Teil I

Die Pre-Service-Phase

Wertgenerierung in der Lebenswelt des Kunden

2

Zusammenfassung

Die Wertgenerierung des Kunden richtet sich auf sein Well-Being und erfolgt durch Praktiken, die der Kunde in seiner Lebenswelt durchführt. Es wird gezeigt, welche Merkmale Praktiken aufweisen und wie der Kunde durch Praktiken Wert erzeugt. Praktiken erfordern die Einbindung von Ressourcen, die der Kunde im Rahmen seines Ressourcenintegrationsprozesses kompatibel macht, integriert und bewertet. Verfügt der Kunde nicht über die erforderlichen Ressourcen, kann er sie selbst erzeugen oder am Markt beschaffen (Make-or-Buy-Entscheidung). Dabei kann er mehrere Dienstleister (Consumption Journey) oder einen Dienstleister (Customer Journey) in seinen Wertgenerierungsprozess integrieren. Bei jeder Entscheidung für einen Dienstleister durchläuft der Kunde einen Kaufentscheidungsprozess, der durch Einstellungen, soziale Normen, wahrgenommene Verhaltenskontrolle sowie kognitive und affektive Prozesse gekennzeichnet ist.

2.1 Well-Being als Ziel in der Lebenswelt des Kunden

Wert in der Lebenswelt eines Individuums wird in der Literatur, insbesondere in der Forschungsrichtung der *Transformative Consumer Research*, als Lebensqualität (Quality of Life), Lebenszufriedenheit (Satisfaction in Life) oder als Wohlbefinden oder Wohlergehen (Well-Being) bezeichnet (Andreasen et al. 2019; Mick et al. 2019). Der OECD zufolge beinhaltet Well-Being die drei Elemente der Lebensbewertung, der Gefühle oder emotionalen Zustände und der Eudaimonia (OECD 2013, S. 10). Die Lebensbewertung bezieht sich auf einzelne Lebensbereiche (Frow et al. 2019; McGregor und Goldsmith 1998; Sirgy 2010). Nach der **Bottom-up-Theorie** wird die Zufriedenheit mit dem eigenen Leben durch die Bewertung einzelner Lebensbereiche wie Arbeitsleben, Familienleben,

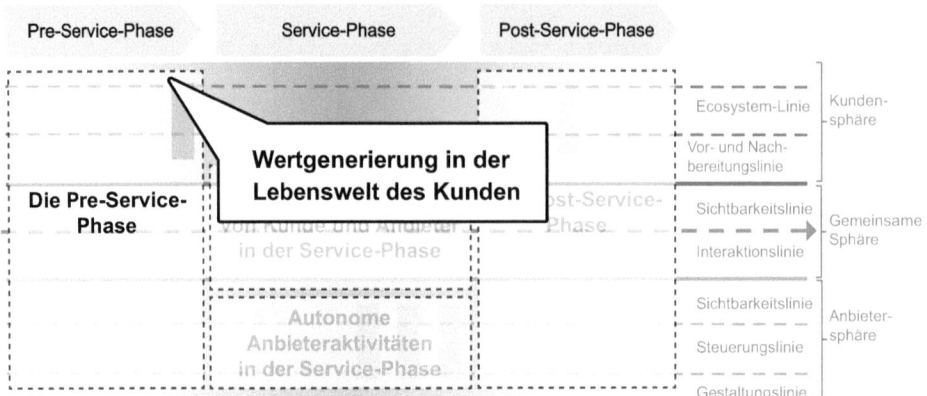

Abb. 2.1 Wertgenerierung in der Lebenswelt des Kunden – Einordnung im ServiceBlueprint

Liebesleben, Freizeit oder spirituelles Leben bestimmt (Andreasen et al. 2019). Diese Bewertung beinhaltet auch Gefühle oder Gefühlszustände und kann positiv oder negativ ausfallen. Der aus der griechischen Philosophie stammende Begriff der Eudaimonie bezieht sich auf eine zufriedenstellende Lebensführung, auf den Sinn des Lebens und umfasst auch das seelische Wohlbefinden.

Generell unternehmen Individuen verschiedene Aktivitäten, um ihr Wohlergehen zu verbessern. Hierzu dienen zum einen (Lebens-)Projekte wie ein befriedigendes Familienleben, eine Weltreise oder die berufliche Karriere, aber auch wiederkehrende Aktivitäten wie Verwandte und Freunde besuchen, in den Urlaub fahren oder ganz alltäglichen Verrichtungen, wie waschen, kochen, schlafen oder arbeiten. Alle Aktivitäten des Individuums zielen auf das Wohlergehen ab. Die Forschungsrichtung der Transformative Service Research befasst sich mit der Frage, wie Dienstleistungen zum Wohlbefinden von Individuen beitragen können (Anderson und Ostrom 2015). Im ServiceBlueprint sind die Kundenaktivitäten der Wertgenerierung Ecosystem-Aktivitäten des Kunden und werden durch die Ecosystem-Linie von den weiteren dienstleistungsbezogenen Kundenaktivitäten getrennt (Abb. 2.1).

2.2   Der Wertbegriff

Wert entsteht, wenn die Aktivitäten des Individuums zum Wohlergehen beitragen. Aktivitäten können durchaus mehreren Zwecken dienen und sich auf unterschiedliche Bereiche des Wohlergehens auswirken. *Für Familien beispielsweise trägt eine Urlaubsreise neben der individuellen Erholung auch zum sozialen Wohlbefinden bei, da sie eine Gelegenheit bietet, endlich mehr Zeit miteinander zu verbringen (was im Alltag häufig zu kurz kommt) und die Beziehung zueinander zu stärken* (Epp und Price 2011). Durch die Aktivitäten kann Wert generiert oder zerstört werden, d. h. das Wohlbefinden wird erhöht oder gesenkt (Sirgy 2010).

▶ **Wert** Wert ist das Ergebnis eines Bewertungsprozesses, in dem einem Interessen-
gegenstand eine Bedeutung zugemessen wird. Wert basiert auf dem Beitrag des Interessengegenstandes zum Wohlergehen oder Wohlbefinden (well-being) einer Person. Der Bewertungsprozess kann psychologisch-kognitivistisch oder phänomenologisch-erfahrungs-
basiert erklärt werden. Wert ist subjektiv, relativ, temporär und kontextabhängig. Wert
verändert sich.

Wert weist in der Kundenlogik die folgenden grundlegenden Merkmale auf (vgl. ähnlich Leroi-Werelds 2019):

- Wert wird solchen Interessengegenständen beigemessen, die zum **Wohlergehen oder
  Wohlbefinden** (well-being) des Kunden beitragen. Interessengegenstände können
  Aktivitäten, Technologien, Personen, Organisationen, Objekte, Produkte und Dienstleistungen sein (Holbrook 1999; Leroi-Werelds 2019).
- Wert ist grundsätzlich **Value-in-Use (Nutzen- oder Nutzwert)** (Abschn. 1.2.1; Lusch
  und Vargo 2006, S. 248; 2014, S. 36) und kann aus kommerziellen und nicht kommerziellen Aktivitäten entstehen. *Der Value-in-Use beim Betrachten eines Sternenhimmels
  (nicht kommerzielle Aktivität) besteht genau im Betrachten dieses Sternenhimmels. Der
  Value-in-Use eines Kinobesuchs mit Freund:innen besteht darin einen spannenden Film
  zu sehen oder etwas gemeinsam zu unternehmen.* Der Value-in-Use zeigt sich erst bei
  der Durchführung einer Aktivität bzw. im Konsumprozess bei der Nutzung der Leistung.
- Wert ist das Ergebnis eines **Bewertungsprozesses** (Haase 2020). Dieser Bewertungsprozess wird als psychologisch-kognitivistisch oder phänomenologisch-erfahrungs-
  basiert aufgefasst. Aus Sicht der psychologisch basierten **kognitivistischen Ansätze**
  handelt es sich um einen mentalen Prozess, bei dem die Eignung einer Aktivität zur Erreichung eines Ziels (Means-End-Modell) oder das Verhältnis von Nutzen zu Opfern
  bzw. Kosten (Nutzen-Opfer-Modell) bewertet werden (Babin und James 2010; Chen
  und Dubinsky 2003; Khalifa 2004; Zeithaml 1988). *Natalia möchte fitter werden (Ziel =
  end) und Joggen (Mittel = means) trägt ihrer Meinung nach am meisten zu diesem Ziel
  bei. Durch diesen Zielbeitrag hat Joggen für Natalia einen Wert (Means-End-Modell).
  Der Nutzen des Joggens (sich fit fühlen) überwiegt die Kosten des Joggens (Anstrengung,
  Müdigkeit, Preis für das Jogging-Outfit), sodass Joggen für Natalia einen positiven Wert
  hat (Nutzen-Opfer-Modell).* Nach den phänomenologisch orientierten **erfahrungsbasierten Ansätzen** entsteht Wert im Prozess des Erfahrens oder Erlebens eines
  Interessengegenstandes (Vargo und Lusch 2008a; Zeithaml et al. 2020). Dies wird auch
  als **Value-in-Experience** bezeichnet (Heinonen et al. 2013). Erfahrungsbasiert entsteht
  Wert bewusst oder unbewusst, absichtlich oder nicht absichtlich, zielorientiert oder nicht
  zielorientiert in der Lebenswelt des Kunden (Grönroos 2012; Tynan et al. 2014). Die Erfahrungen in der Lebenswelt des Kunden basieren auf seinen Aktivitäten, d. h. Personen
  üben Aktivitäten aus, machen dabei Erfahrungen und bilden sich ein Urteil über den
  Wert der Aktivitäten (Holbrook 1999). Der Bewertungsprozess beinhaltet neben kognitiven auch affektive Aspekte, d. h. Gefühle, Stimmungen, Einstellungen, Vorurteile oder
  Vorlieben und Abneigungen (Holbrook 1996, 1999) sowie sensorische Eindrücke

(sehen, hören, fühlen, riechen, schmecken) (Haase 2020). Anders als bei den psychologisch-kognitivistischen Ansätzen handelt es sich bei der Bewertung nicht nur um mentale, sondern auch um emotionale und sensorische Prozesse.

- Sowohl den kognitivistischen als auch den erfahrungsbasierten Konzepten zufolge ist der Bewertungsprozess immer **subjektiv**; daher ist auch der Wert als Ergebnis eines solchen Bewertungsprozesses subjektiv (Holbrook 1996, 1999). Dies bedeutet, dass sich der Wert derselben Aktivität, derselben Leistung oder derselben Person von Individuum zu Individuum unterscheiden kann.
- Bewertungsprozesse sind nicht absolut, sondern **relativ** (Holbrook 1996, 1999): Wert wird nicht nur im Verhältnis in Bezug auf ein Ziel oder einen Zweck festgestellt, sondern auch im Verhältnis mehrerer Beurteilungsobjekte zueinander, die miteinander verglichen werden. Einer Aktivität, einem Produkt, einer Dienstleistung, einer Person, einem Unternehmen wird ein höherer Wert beigemessen als einer/m anderen.
- Da die Bewertung in der momentanen Erfahrung des Interessengegenstandes begründet liegt, ist der Wert **temporär**, d. h. flüchtig und nicht speicherbar (Schlager und Maas 2012; Tynan et al. 2014).

Da Menschen soziale Akteure sind, wird die Bewertung eines Interessengegenstandes auch durch den sozialen Kontext bestimmt (Edvardsson et al. 2011; Haase 2020). Wert als Folge des sozialen Kontextes wird als **Value-in-Context** (Akaka et al. 2013; Chandler und Vargo 2011) oder **Value-in-Social-Context** (Akaka und Parry 2019; Edvardsson et al. 2011) bezeichnet. Aus soziologischer Sicht wird Wert sozial konstruiert und basiert auf der Bedeutung, die eine Aktivität, eine Idee, ein Produkt oder eine Dienstleistung in einem bestimmten sozialen Kontext besitzt (Edvardsson et al. 2011). Der soziale Kontext kann dabei ganz unterschiedlich gewählt sein, z. B. der Freundeskreis, die Familie, der Arbeitskontext oder die soziale Klasse. Der gleiche Gegenstand kann je nach sozialem Kontext einen unterschiedlichen Wert haben (Edvardsson et al. 2011). *So hat etwa ein Essen im Familienkreis, ein Essen mit Freunden, zu zweit oder mit einer Reisegruppe jeweils einen unterschiedlichen Wert.* Der Wert ergibt sich als Folge der sozialen Bedeutung des Interessengegenstandes in dieser Gruppe, aber auch der Bedeutung des sozialen Kontextes für den Einzelnen. Der Wert kann auch vom kulturellen Kontext abhängig sein, etwa der Kultur, der Subkultur oder der Mikrokultur. Es wird dann vom **Value-in-Cultural-Context** gesprochen (Akaka und Parry 2019). Er leitet sich aus der Bedeutung eines Interessengegenstandes in einem sozialen oder kulturellen Kontext ab. *Fahrradfahren ist eine übliche Art und Weise sich in Amsterdam fortzubewegen, während es in Los Angeles das Autofahren ist. Damit kommt dem Fahrradfahren in Amsterdam eine andere soziale Bedeutung zu als in Los Angeles und der Value-in-Cultural-Context des Fahrradfahrens ist in Amsterdam ein anderer als in Los Angeles.* Die kulturelle Bedeutung wird insbesondere in der **Consumer Culture Theory** untersucht (Arnould und Thompson 2005). Zusammenfassend lässt sich festhalten, dass Wert von den zeitlichen, örtlichen, sozialen und kulturellen Gegebenheiten beeinflusst wird (Lusch und Vargo 2014, S. 189).

Darüber hinaus kann sich Wert aufgrund von Erfahrungen sowie aufgrund von Veränderungen des Kontextes ändern (Blocker und Flint 2007; Heinonen et al. 2013). *So hat sich die Bedeutung des Essens im Laufe der Jahrhunderte und Jahrzehnte verändert: Essen, um satt zu werden, Essen als demonstrativer Konsum (Kaviar, Hummer), gesundes Essen.*

▶ **Value-in-Use** Wert, der durch die Nutzung oder während der Nutzung einer Leistung entsteht (Nutzwert).

▶ **Value-in-Experience** Wert, der vom Kunden erfahren wird.

▶ **Value-in-Context** Wert, der dadurch beeinflusst wird, dass der Kunde in einen sozialen (**Value-in-Social-Context**) oder kulturellen Kontext (**Value-in-Cultural-Context**) eingebunden ist.

2.3   Wertgenerierung durch Praktiken im Ecosystem des Kunden

2.3.1   Elemente von Praktiken

Kunden generieren Wert durch ihre Ecosystem-Aktivitäten, die Praktiken. Nach dem soziologischen **Ansatz der Praktiken (Praxistheorien)** lassen sich alle Aktivitäten, die Menschen durchführen, in Praktiken zusammenfassen. Die Ausübung und Ausführung von Praktiken bilden die Grundlage der Wertgenerierung (Grönroos 2011, 2012; Grönroos und Voima 2013; Heinonen et al. 2010, 2013; Heinonen und Strandvik 2015; Korkman 2006).

Die Vorstellung von Praktiken entstammt den Praxistheorien oder Theorien sozialer Praxis, einem Teilgebiet der Soziologie (Pantzar und Shove 2010; Reckwitz 2002, 2003; Schatzki 1996, 2002, 2003; Shove et al. 2012; Turner 1994). Den Praxistheorien zufolge ist das soziale Leben von Menschen durch eine immerwährende Abfolge von sich wiederholenden Aktivitäten gekennzeichnet, die in Praktiken zusammengefasst werden und das Leben strukturieren. *Beispiele für Praktiken sind alltägliche Verrichtungen wie waschen* (Shove 2003), *kochen* (Lyon et al. 2011), *essen* (Niva et al. 2014) *oder Energie sparen* (Butler et al. 2016), *aber auch besondere Verrichtungen, wie in den Urlaub fahren und reisen* (Lamers et al. 2017), *Feste wie Geburtstage, Hochzeiten oder Weihnachten feiern* (z. B. Kim und Park 2009) *oder Praktiken im Umgang mit Krankheiten* (McColl-Kennedy et al. 2017). Im Grunde können alle Aktivitäten des Lebens als soziale Praktiken aufgefasst werden.

Praktiken können auf verschiedenen Ebenen und unterschiedlichen Abstraktionsgraden analysiert werden. So können persönliche, kollektive, öffentliche oder organisationale Praktiken unterschieden werden ebenso wie einfache und komplexe Praktiken (Schatzki 1996, S. 91–92). *Beispiele einfacher Praktiken sind etwas beschreiben, Regeln folgen, etwas erklären oder sich vorstellen* (Schatzki 1996, S. 91–92); *Beispiele komplexer oder integrativer Praktiken sind Lesepraktiken* (Southerton et al. 2012), *Konsumpraktiken* (Holt 1995; Warde 2005), *Urlaubspraktiken* (Lamers et al. 2017), *Praktiken auf Kreuzfahrten* (Korkman 2006), *Mobilitätspraktiken* (Greene und Rau 2018) *oder Praktiken im Rahmen von Brand Communities* (Schau et al. 2009). Praktiken sind darüber hinaus miteinander verknüpft (Shove et al. 2012) und beeinflussen sich gegenseitig, etwa wenn eine Mutter ihren Kindern schnell etwas zu essen macht (Praktik), um noch rechtzeitig zu ihrem Sportkurs (Praktik) zu kommen (Holttinen 2014).

Praktiken verbinden die Menschen in der Gesellschaft miteinander (Schatzki 1996, S. 16). Sie sorgen für die Koordination der individuellen Handlungen der Akteure und die Bildung einer sozialen Ordnung (Reckwitz 2007, S. 316). Praktiken bezeichnen die Art und Weise etwas zu tun und dienen daher der Sinngebung und Strukturierung von Aktivitäten in einem gesellschaftlichen Kontext. Schatzki (1996, S. 89) bezeichnet Praktiken als „a temporally unfolding and spatially dispersed nexus of doings and sayings".

Praktiken lassen sich auf zwei verschiedenen Ebenen betrachten: auf einer theoretischen Ebene, bei der es darum geht zu verstehen, welche Elemente kennzeichnend sind für Praktiken, was also eine Praktik ausmacht und wie sie wirkt (practices as entities), und auf einer anwendungsorientierten Ebene, bei der die Ausübung der Praktik (practice as performance) im Vordergrund steht (Reckwitz 2002; Schatzki 1996, S. 89; Shove et al. 2012, S. 7–8; Warde 2005). Das Verständnis der Kennzeichen von Praktiken wird im folgenden Gliederungspunkt behandelt. Die anwendungsorientierte Sicht ist maßgebend für die Wertgenerierung und wird in Abschn. 2.3.2 behandelt.

Praktiken lassen sich durch ihre Elemente definieren, wobei je nach Autor/en unterschiedliche Elemente herausgehoben werden (Korkman 2006; Schatzki 1996; Schau et al. 2009; Shove et al. 2012). So kennzeichnet Reckwitz (2002, S. 249) Praktiken als „forms of bodily activities, forms of mental activities, ,things' and their use, a background knowledge in the form of understanding, know-how, states of emotion and motivational knowledge". Schau et al. (2009, S. 30), deren Verständnis von Praktiken insbesondere in der Dienstleistungsliteratur vielfach zitiert und verwendet wird, sehen als Kennzeichen von Praktiken „(1) general procedural understandings and rules (explicit, discursive knowledge); (2) skills, abilities, and culturally appropriate consumption projects (tacit, embedded knowledge or how-to), and (3) emotional commitments expressed through actions and representations." Hier werden die folgenden Elemente als zentral für Praktiken betrachtet: Aktivitäten, Ressourcen, Bedeutung, und institutioneller Kontext (Abb. 2.2):

Abb. 2.2 Elemente von Praktiken

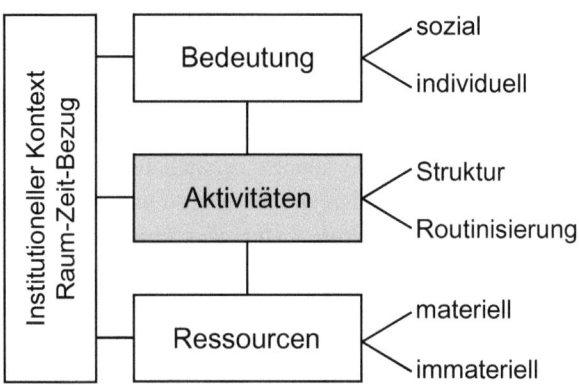

Praktiken bestehen aus einer Folge von **Aktivitäten**. Zentral für die Ausübung von Praktiken ist dabei die körperliche Aktivität, d. h. alle Praktiken erfordern körperliche Aktivitäten (Hillebrandt 2014). *Die Praktik des Wäschewaschens erfordert das physische Beladen der Waschmaschine. Lesen erfordert das Halten des Buches oder E-Book-Readers.* Die körperliche Aktivität wird immer von mentalen Aktivitäten begleitet (Reckwitz 2002, S. 249). *Die Praktik des Fahrradfahrens erfordert gleichzeitig die körperliche Aktivität in die Pedale zu treten und die mentale Aktivität des Wissens um das Fahrradfahren.* Schatzki (1996, S. 89) spricht von „doings" und „sayings", d. h. Praktiken zeigen sich darin, dass Personen sie ausführen (doing), sie aber auch beschreiben können (saying). Wie Praktiken genau durchgeführt werden, muss den handelnden Personen während der Ausübung der Praktik nicht zwingend bewusst sein (Holttinen 2010). Aktivitäten umfassen auch Interaktionen mit anderen Personen und Interaktionen mit Objekten. *Man denke etwa an das Kochen mit Freund:innen, bei denen die Interaktion mit Freund:innen und Objekten wie Kochtöpfen, Zutaten und dem Herd Bestandteil der Praktik ist.*

Praktiken sind durch die **Routinisierung der Aktivitäten** gezeichnet (Giddens 1984, S. 60). Routinisierung bedeutet, dass Praktiken wiederholt und in der gleichen Weise ausgeführt werden (Warde 2014). Sie bezieht sich dabei auf eine soziale oder gesellschaftliche Ebene (Schatzki 1996, S. 17). Damit Praktiken als Praktiken gelten können, müssen sie immer wieder von verschiedenen Personen in gleicher oder ähnlicher Weise ausgeführt werden (Warde 2005). *Wäsche waschen wird nur dann zu einer Praktik, wenn nicht nur eine Person, sondern eine Vielzahl von Personen sie immer wieder ausführt. Die Praktik des Wäschewaschens umfasst dabei verschiedene Aktivitäten, z. B. Wäsche sortieren, Verschmutzungsgrad feststellen, stark verschmutzte Stellen behandeln, Waschmaschine beladen, Waschmittel einfüllen, Waschmaschine starten usw. Diese Aktivitäten werden von allen Personen eines Kulturkreises in dieser oder ähnlicher Weise durchgeführt.*

Auf der individuellen Ebene können sich Personen in der Ausübung einer Praktik durchaus voneinander unterscheiden (Reckwitz 2002). Sie besitzen **Agency**, d. h. die Individuen reflektieren sich selbst und haben demzufolge Handlungs- und Entscheidungsfreiheit (Archer 2000; Schatzki 2002, S. 190–194). Sie können Praktiken individuell ausführen und sie – bewusst oder unbewusst – abwandeln (Schatzki 2002, S. 190 ff.). Dabei sind die individuellen Abweichungen von der gesellschaftlichen Praxis meist nur gering. *So besteht zwar ein allgemeines Wissen hinsichtlich der Ausführung und gesellschaftlichen Bedeutung der Praktik des Wäschewaschens; jedoch kann jede:r Einzelne sich in der Ausübung dieser Praktik unterscheiden, indem beispielsweise die Wäsche unterschiedlich sortiert oder verschiedene Waschprogramme und Waschmittel verwendet werden.* Trotz der individuell unterschiedlichen Ausübungen der Praktik kann ein nicht beteiligter Beobachter des gleichen Kulturkreises (hier Deutschland) erkennen, dass es sich um die Praktik des Wäschewaschens handelt.

Die Wiederholung und Routinisierung der Praktiken führt zu einer Verfestigung der Praktik in der Gesellschaft. Diese Verfestigung zeigt sich darin, dass sich für jede Praktik eine **Struktur** mit für sie kennzeichnenden Prinzipien, expliziten und impliziten Regeln und Anweisungen entwickelt (Schatzki 1996, S. 89). Schau et al. (2009) bezeichnen die mit den Aktivitäten im Rahmen von Praktiken sich etablierenden Prinzipien und Regeln als Prozeduren (procedures). Durch Prozeduren, Regeln und Normen erhalten Praktiken eine Ordnung (Schatzki 1996, S. 16), die sich durch die Routinisierung der Praktiken in einer gesellschaftlichen Struktur niederschlägt (Reckwitz 2002, S. 255). Die Entwicklung der gesellschaftlichen Struktur ist eng mit der Bedeutung von Praktiken verbunden.

Praktiken weisen eine soziale und individuelle **Bedeutung** auf (Schatzki 1996, S. 17). Durch die wiederholte Durchführung einer Praktik wird ihre soziale Bedeutung immer wieder reproduziert (Reckwitz 2002, S. 255). *Da viele Menschen Essen gehen, wird Essen gehen zu einer gemeinsamen Praktik, die die Bedeutung der gemeinsamen Mahlzeit im gesellschaftlichen Miteinander betont.* Die wiederholte Ausübung dergleichen Praktik durch verschiedene Menschen eines sozialen Kontextes verbindet diese miteinander und konstituiert aufgrund der in der Praktik enthaltenen Regeln eine soziale Ordnung (Bourdieu 1982, S. 277–299). *Ernährungspraktiken beispielsweise sind auch heute noch Merkmale eines bestimmten sozialen Status* (Huddart Kennedy et al. 2019). Praktiken begründen somit eine soziale Ordnung, an der sich Menschen orientieren und aufgrund derer sie sich in die Gesellschaft integrieren (Giddens 1984, S. 53, 77). Praktiken bestimmen dabei nicht nur das Handeln von Menschen, sondern auch ihr Denken, ihre Motivationen und Wahrnehmungen (Schatzki 1996, S. 138).

Mithilfe von Praktiken werden gesellschaftliche und soziale Ziele und Zwecke erreicht und Aufgaben wahrgenommen (Shove et al. 2012, S. 24). *Die Praktik des Wäschewaschens dient der Säuberung der Wäsche, aber auch dem sozialen Miteinander von Personen, etwa indem der Geruchssinn anderer nicht beleidigt wird, wenn Personen saubere Kleidung tragen.* Praktiken haben darüber hinaus eine symbolische und repräsentative Bedeutung, sind emotional aufgeladen und enthalten Überzeugungen gesellschaftlicher und individueller Art. Schatzki (1996, S. 89) spricht in diesem Zusammenhang von **teleoaffektiven Strukturen einer Praktik**, die Ziele, Zwecke und Projekte umfasst, aber auch Überzeugungen, Emotionen und Stimmungen.

Praktiken erfordern **Ressourcen** (Holttinen 2010; Shove et al. 2012, S. 8–13). Aus der Sicht des Individuums, das die Praktik durchführt, zählt alles, was dem Individuum zur Verfügung steht oder wozu es Zugang hat, als Ressource (Frow et al. 2016; Lusch und Vargo 2014, S. 121). In den Praxistheorien werden materielle und immaterielle Ressourcen unterschieden (Shove et al. 2012, S. 22–26). **Materielle Ressourcen** umfassen so unterschiedliche Dinge wie Gegenstände oder Objekte, Werkzeuge, den Körper oder eine Infrastruktur. Dabei kommt dem menschlichen Körper eine zentrale Rolle zu, da alle Praktiken körperlichen Einsatz erfordern (Hillebrandt 2014). *So erfordert das Kochen das Schneiden von Gemüse, das Heben des Topfes beim Abschütten der Kartoffeln und auch das Klatschen, Jubeln oder Trauern beim Tor der eigenen oder der gegnerischen Mannschaft bezieht den Körper mit ein.* **Immaterielle Ressourcen** entsprechen dem Wissen, den Fähigkeiten und Fertigkeiten, die die Ausübung einer Praktik erfordert (Korkman 2006, S. 27; Reckwitz 2002; Schatzki 2002; Shove et al. 2012, S. 24). *So erfordert die Praktik des Kochens Lebensmittel und eine Kücheneinrichtung (materielle Ressourcen), aber auch das Wissen um die Zubereitung des Gerichts (immaterielle Ressource).*

Praktiken sind an Regeln und Normen und somit an einen **institutionellen Rahmen** oder Kontext gebunden. Dieser institutionelle Rahmen ist zeitlich und räumlich verankert, sodass auch Praktiken eine zeitliche und räumliche Verankerung besitzen. Insbesondere die Bedeutung der Praktik, aber auch deren Ausübung ist an diese zeitlich-räumliche Verankerung gebunden. *So wurde die Praktik des Wäschewaschens im 19. Jahrhundert anders ausgeübt als in der heutigen Zeit, in der es fließendes Wasser, Waschmaschinen und verschiedene Waschmittel gibt.* In räumlicher Hinsicht spielt insbesondere der kulturelle Kontext eine Rolle. *Die Praktik der Hautpflege umfasst beispielsweise bei Asiatinnen mehr Schritte (Aktivitäten) als bei Europäerinnen.* Räumlicher und zeitlicher Kontext sind untrennbar miteinander verbunden. *Die Praktik des Duschens ist an die heutige Zeit gebunden und ändert sich nach räumlichem Kontext, z. B. duschen beim Campen in der Wildnis, duschen im Hotel oder duschen zu Hause.*

Praktiken sind Veränderungen unterworfen (Shove et al. 2012, S. 29–35) dadurch, dass sich die Elemente einer Praktik (Aktivitäten, Ressourcen, Bedeutung, institutioneller Kontext) ändern. Die Veränderung von Aktivitäten ist häufig mit der Veränderung von Ressourcen verbunden. *Das Internet hat die Praktik des Einkaufens verändert und die Erfindung des Flugzeugs die Praktik des Reisens.* Auch die Bedeutung von Praktiken verändert sich. *So stellt eine Probandin in einer Studie fest: Ich habe die Wahl, meine Kleidung nicht zu waschen, aber die Generation meiner Tochter wäscht ihre Sachen täglich. So ist sie aufgewachsen und so hat sie es gelernt* (Butler et al. 2016).

Praktiken unterliegen infolgedessen dem Prozess der **Formation**, **Re-Formation** und **De-Formation** (Shove et al. 2012, S. 44), d. h. sie werden geformt, stabilisiert, verändern sich und vergehen schließlich. Verschwindet beispielsweise das Wissen um eine Praktik oder deren Materialität, verschwindet schließlich auch die Praktik selbst. *So werden heute viele Gegenstände industriell gefertigt und das damit verbundene Handwerk und die darin enthaltenen Praktiken verschwinden langsam, z. B. Böttcher:in, Weißnäher:in, Schwarz- und Blaufärber:in. Praktiken* ändern sich auch durch Veränderungen der Umwelt (institutioneller Kontext), etwa den Klimawandel. *So passten Haushalte in Australien ihre Praktiken wie Zähne putzen, abwaschen, putzen, waschen, duschen und baden oder gärtnern im Umgang mit Wasser aufgrund von Trockenheit und Wasserknappheit an* (Phipps und Ozanne 2017). Schließlich können Praktiken auch durch andere Individuen oder Anbieter verändert oder erst geschaffen werden (Holttinen 2010). *Die Sichtbarmachung des Energieverbrauchs und der Emissionen von Treibhausgasen durch eine sog. Ampelanzeige (rot = hoher Verbrauch, gelb = mittlerer Verbrauch, grün = niedriger Verbrauch) führt zu veränderten Praktiken* (Strengers 2011).

2.3.2   Wertgenerierung durch die Ausübung und Beobachtung von Praktiken

Mit der Ausübung von Praktiken verfolgt eine Person sowohl individuelle als auch gesellschaftliche Ziele (Holttinen 2010; Innocent und François-Lecompte 2020; Shove et al.

2012, S. 24). Ziele und damit auch Praktiken sind dabei zwar individuell wählbar, aber in ihrer Bedeutung und Wertigkeit maßgeblich durch die Gesellschaft bestimmt, in der das Individuum lebt (Schatzki 1996, S. 24; Shove et al. 2012, S. 89). Rein individuelle Ziele existieren nicht, denn die individuelle Bedeutung der Ziele resultiert aus ihrer gesellschaftlichen. *In einer Gesellschaft, in der die Menschen viel arbeiten, ist Freizeit ein knappes Gut. Praktiken, die es erlauben, die Freizeit zu genießen oder sinnvoll zu verbringen, haben daher einen hohen Wert.* Durch die Ausübung der Praktik nimmt das Individuum an der Gesellschaft teil, sodass der Wert für das Individuum aus dieser gesellschaftlichen Teilhabe resultiert. *Daher ist es beispielsweise für Kinder aus armen Familien so schlimm, an bestimmten Praktiken, wie Schulausflügen, Klassenreisen, Kinobesuchen, Schwimmen oder Eisessen nicht teilnehmen zu können.* Die Teilhabe an der Gesellschaft durch Praktiken stiftet dem Individuum Wert, der als **sozialer Wert, gesellschaftlicher Wert** oder **kultureller Wert** bezeichnet werden kann (Karababa und Kjeldgaard 2014). Auch der Value-in-social-context oder value-in-cultural-context kann so verstanden werden.

Das Wissen um die Bedeutung einer Praktik in einem gesellschaftlichen Kontext und die Erfahrungen während der Ausübung der Praktik verleihen einer Praktik Sinn im Sinne des Sensemaking (Chandler und Chen 2016; Ellway und Dean 2016; Sandberg und Tsoukas 2020). Als Sensemaking wird die Interpretation von Stimuli, Ereignissen oder Themen, ihre Einordnung in einem Kontext bzw. Sinn stiftenden Rahmen und das dadurch entstehende Verständnis bezeichnet (Kemppainen und Uusitalo 2022; Sandberg und Tsoukas 2020).

Die Wertgenerierung selbst erfolgt durch zwei Aspekte von Praktiken (Schatzki 1996, 2002): die Ausführung von Praktiken und die Beobachtung von Praktiken.

Bei der **Ausübung einer Praktik** stützt sich der Wertgenerierung, wie oben beschrieben (Abschn. 2.3.1) auf Wissen, Fähigkeiten und Fertigkeiten, aber auch auf die Kenntnis der gesellschaftlichen Bedeutung einer Praktik. Jede Ausübung einer Praktik stellt einen Akt der Wertgenerierung dar, Wert ist also der Praktik inhärent (Schau et al. 2009). *Singen im Chor stellt eine gesellschaftliche Praktik dar und die Ausübung dieser Praktik leistet einen Beitrag zu dem individuellen Ziel des Sängers bzw. der Sängerin, etwa die Musik zu genießen, Gemeinschaft beim Singen zu erleben, kreativ zu sein o. ä.* Hartmann et al. (2015) bezeichnen die aktive Ausübung einer Praktik als den produktiven Moment (productive moment) dieser Praktik.

Auch die **Beobachtung einer Praktik** kann Wert generieren. Dabei kann die Beobachtung selbst eine Praktik darstellen. *So beobachten Opernbesucher:innen Sänger:innen bei der Ausübung der Praktik des Singens, wobei der Opernbesuch selbst auch eine Praktik darstellt.* Die Beobachtung einer Praktik kann auch als konsumtiver Moment einer Praktik bezeichnet werden (Hartmann et al. 2015). Damit eine solche Beobachtung Wert generieren kann, ist ein grundlegendes Verständnis der erforderlichen Aktivitäten, der notwendigen Ressourcen, der zugrunde liegenden Regeln und Normen sowie der Bedeutung der Praktik erforderlich (Abschn. 2.3.1). *Um den Wettkämpfen des Ski-Alpin-Weltcups zu folgen und die Leistungen der Skifahrer:innen würdigen zu können, ist es erforderlich zu wissen, welche Aktivitäten das Skifahren ausmacht, welche Regeln beim Ski-Alpin-Weltcup* *gelten und welche Bedeutung Skifahren in diesem Kontext hat. Dabei ist es nicht erforderlich, dass der/die Betrachter:in selbst ein:e hervorragende:r Skifahrer:in ist.*

Hinsichtlich der Wertgenerierung sind die Ausübung und die Beobachtung von Praktiken sowohl mit der Means-End-Betrachtung als auch mit der erfahrungsbasierten Sichtweise von Wert vereinbar (Abschn. 2.2). *In einer Community aktiv etwas zu posten und daraufhin Hilfe und Unterstützung zu erhalten, trägt zum Well-Being einer Person bei (Means-End). Durch das Posting und die Reaktionen der anderen Community-Mitglieder erfährt die Person, die gepostet hat, Hilfe und Unterstützung, die sie kognitiv und affektiv bewertet (erfahrungsbasierter Wert).* Beide Aspekte – Ausübung und Beobachtung – werden zur Wertgenerierung häufig miteinander verknüpft. *So übt ein:e Teilnehmer:in eines Wettkampfes diesen Sport aktiv aus, beobachtet aber auch andere Sportler:innen bei der Ausübung.*

Wert wird durch Praktiken vor allem dann generiert, wenn diese Praktiken freiwillig ausgeführt werden (Holttinen 2010), da sich in der Freiwilligkeit die Entscheidung für eine Praktik niederschlägt und diese Entscheidung vor allem dann getroffen wird, wenn die Ausübung der Praktik einen Wert verspricht. Demgegenüber können nicht freiwillig ausgeübte Praktiken oder fehlende Möglichkeiten Praktiken auszuüben den Wert reduzieren oder sogar zerstören. *So führt die vom Staat vorgeschriebene Ausweispflicht dazu, dass ein Personalausweis beantragt und abgeholt werden muss. Die Einschränkung der Bewegungsfreiheit während der COVID-19 Pandemie hinderte Menschen an der Ausübung von Praktiken, z. B. Essen gehen, Freund:innen treffen oder Sport treiben, was zu einer Wertzerstörung führen kann.*

Der Wert kann sich ändern, wenn sich die Praktik ändert (Holttinen 2010; Korkman 2006, S. 51). Dabei kann insbesondere die Wertsteigerung durch eine bewusste Veränderung der Praktik herbeigeführt werden. *Eine Person hat erst das gesamte Gemüse klein geschnitten und dann das Fett in der Pfanne heiß werden lassen, um es zu braten. Um Zeit zu sparen, schnippelt sie das Gemüse jetzt klein, während das Fett in der Pfanne heiß wird.*

Zusammenfassend lässt sich festhalten, dass der Wert einer Praktik am Element der gesellschaftlichen und der individuellen Bedeutung der Praktik anknüpft. Der Wert einer Praktik liegt für das Individuum darin, Teil der Gesellschaft zu sein und Praktiken auszuüben, die auch gesellschaftlich von Bedeutung sind. Damit ist der Wert immer kontextabhängig und somit ein gesellschaftlicher, sozialer oder kultureller Wert (Karababa und Kjeldgaard 2014). Wert ist – wie die Service-Dominant Logic betont – immer Value-in-Context, d. h. Value-in-Social-Context oder Value-in-Cultural-Context (Akaka und Parry 2019; Edvardsson et al. 2011). Der individuelle Wert einer Praktik besteht in dem individuellen Nutzen durch die Ausübung der Praktik.

2.4   Die Einbindung von Ressourcen in die Praktiken des Kunden

Die Ausübung von Praktiken erfordert immer Ressourcen (Holttinen 2014; Warde 2005). Hinsichtlich der benötigten Ressourcen differenziert die Service-Dominant Logic zwischen operanden und operanten Ressourcen (Lusch und Vargo 2014, S. 123; Vargo und

Lusch 2004, S. 2), wobei operande Ressourcen eine gewisse Verbindung zu den materiellen Ressourcen der Praktiken aufweisen und operante Ressourcen zu den immateriellen (Abschn. 2.3.1).

- **Operande Ressourcen** sind Ressourcen, die bearbeitet werden, um eine Wirkung oder Veränderung zu erzeugen. *Die Lebensmittel, die gekocht werden, stellen operande Ressourcen dar.*
- **Operante Ressourcen** sind Ressourcen, die aktiv andere Ressourcen verändern können (Vargo und Lusch 2004). Sie beinhalten insbesondere das Know-how sowie Fähigkeiten und Fertigkeiten (Vargo und Lusch 2004). *Das Wissen, wie man kocht, stellt eine operante Ressource dar.*

Praktiken erfordern sowohl operande als auch operante Ressourcen (Holttinen 2010).

2.4.1 Kompatibilität von Ressourcen mit den Wertgenerierungsprozessen des Kunden

Der Wert der Ressourcen für den Kunden hängt davon ab, wie gut der Kunde die Ressourcen in seine Praktiken integrieren kann: Sie müssen kompatibel sein. Passen operande oder operante Ressourcen nicht zur Praktik bzw. zum Wertgenerierungsprozess des Kunden, so kann Wert zerstört werden (Plé 2013; Plé und Chumpitaz Cáceres 2010). Ist die Ausübung der Praktiken durch Anbieter und Kunde inkongruent, so kann ebenfalls Wert zerstört werden; sind die Praktiken kongruent, so entsteht Wert (Echeverri und Skålén 2011). Kongruenz oder Inkongruenz beziehen sich dabei auf die Elemente der Praktiken, insbesondere auf das Verständnis der Struktur der Praktik, d. h. die zugrunde liegenden Regeln, sowie deren Bedeutung. *So zeigen Echeverri und Skålén (2011) in ihrer Untersuchung von Praktiken im öffentlichen Personenverkehr, dass Wert zerstört wird, wenn die Beobachtenden der Praktik die der Praktik zugrunde liegenden Regeln nicht verstehen. Ein vor der geschlossenen Bustür wartender Kunde beschwert sich, dass der Bus, obwohl er noch an der roten Ampel steht, die Tür nicht öffnet. Der Fahrer erläutert, dass er bei der Abfahrt von der Haltestelle bestimmte Sicherheitsprozeduren durchführen muss, die er erneut durchführen müsste, wenn er an der Ampel dem Fahrgast die Tür öffnet. Dadurch entsteht eine Zeitverzögerung im Fahrplan und er kann die nächste Haltestelle nicht pünktlich erreichen, was zu weiteren Verzögerungen führt. Dem Gast fehlen die Kenntnisse der der Praktik zugrunde liegenden Regelung, sodass für ihn Wert zerstört wird.*
Kompatibilität kann verschiedene Dimensionen aufweisen:

- **Mentale oder inhaltliche Kompatibilität** bezieht sich auf die Vereinbarkeit einer Ressource mit bestehenden Vorstellungen, Werten, Erfahrungen, Bedürfnissen und Praktiken eines Nutzers (Plé und Chumpitaz Cáceres 2010; vgl. ähnlich Rogers 1995, S. 20). *Ein:e vegetarische:r Kund:in wird ein Schweineschnitzel als inkompatibel für den eigenen Wertgenerierungsprozess der Essenszubereitung betrachten.*

- **Emotionale Kompatibilität** bezieht sich auf die Vereinbarkeit einer Ressource mit den Gefühlen des Kunden. So können etwa aufgrund negativer Erfahrungen in der Vergangenheit Abneigungen gegen oder aufgrund positiver Erfahrungen Vorlieben für bestimmte Ressourcen bestehen. *Der Besuch eines Restaurants wird abgelehnt, da sich der/die Kund:in dort von seinem/ihrem Partner:in getrennt hat und deshalb schlechte Erinnerungen bestehen.*
- **Physische Kompatibilität** bezieht sich auf die körperliche Fähigkeit, die Ressource in den Wertgenerierungsprozess zu integrieren. *Ein:e Rollstuhlfahrer:in kann den/die Friseur:in, zu dessen/deren Geschäft Stufen führen, nicht erreichen, um sich die Haare schneiden zu lassen.*
- **Technische Kompatibilität** ist ein Begriff aus dem Bereich der Produktinnovationen und bezieht sich ursprünglich darauf, dass zwei Produkte gemeinsam genutzt werden können (Katz und Shapiro 1985; Kim und Nam 2004). Im Hinblick auf Ressourcen bezieht es sich auf die Eignung einer Ressource für einen bestimmten Zweck. *So ist bei der Wahl einer Autowerkstatt maßgebend, ob das erforderliche technische Know-how für die Reparatur des Pkws vorhanden ist.*
- **Ökonomische Kompatibilität** bezieht sich auf die Vereinbarkeit einer Ressource mit dem verfügbaren Einkommen des Konsumenten. *So ist der Urlaub auf den Malediven geeignet den Wertgenerierungsprozess „sich erholen" und „sich entspannen" zu unterstützen, der Preis sprengt jedoch das Budget des/der Kund:in.*
- **Organisatorische Kompatibilität** bezieht sich auf die zeitliche und örtliche Einpassung der Ressource in den Wertgenerierungsprozess des Kunden. So kann es zu **zeitlichen Friktionen** kommen, etwa wenn der Kunde den Dienstleistungsprozess mit den anderen Aktivitäten in seinem Leben zeitlich abstimmen muss und dadurch Zeitdruck entsteht. *Die Abholung des Autos aus der Reparatur kollidiert mit der Abholung der Kinder aus der Kita.* Ebenso problematisch kann es sein, den örtlichen Gegebenheiten Rechnung zu tragen (**örtliche Friktionen**), da zwischen den verschiedenen Standorten der Dienstleister Entfernungen liegen, die zu überbrücken sind. Dies kann Probleme mit Transportmitteln verursachen – wie gelange ich dort hin? –, aber auch Zeitdruck erzeugen, da die Fahrt von einem Ort zum anderen Zeit kostet.

Selbst prinzipiell kompatible Ressourcen sind nicht unbedingt immer in einer Form vorhanden, die ihren direkten Einsatz ermöglicht, sondern sie müssen erst zu Ressourcen gemacht werden (Peters et al. 2014). „Resources are not, they become" (Lusch und Vargo 2014, S. 121). Hierzu bedarf es des Ressourcenintegrationsprozesses durch den Kunden.

2.4.2 Der Ressourcenintegrationsprozess

Der Ressourcenintegrationsprozess lässt sich vereinfacht in drei Phasen unterteilen: die Phase des Matching, des Resourcing und des Valuing (Caridà et al. 2019; vgl. Abb. 2.3). Im Sinne des Service-Blueprints (Abschn. 1.4) entspricht die Phase des Matching der Pre-Service-Phase, die Phase des Resourcing der Service-Phase und die Phase des Valuing der Post-Service-Phase, jeweils aus Sicht des Kunden und aus einer Ressourcenperspektive.

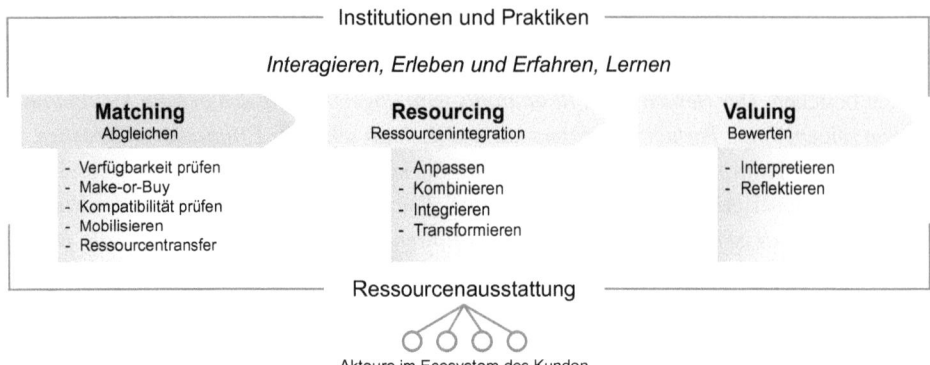

Abb. 2.3 Struktur des Wertgenerierungsprozesses durch Ressourcenintegration

Die Phase des Matching

Kern der Matching-Phase ist es festzustellen, ob die benötigten Ressourcen vorhanden sind, sie ggf. zu beschaffen, zu prüfen ob die Ressourcen kompatibel sind, sie zu mobilisieren und mit anderen Ressourcen zu verbinden (Dehling et al. 2022; Laud et al. 2015). Dementsprechend unterteilt sich die Matching-Phase in die Aktivitäten der Prüfung der Verfügbarkeit, der Beschaffung, der Kompatibilitätsprüfung, der Mobilisierung der Ressourcen und des Ressourcentransfers. Statt von Kompatibilitätsprüfung und Mobilisierung wird auch von der Anpassung, Veränderung und Optimierung von Ressourcen gesprochen (Bruce et al. 2019; Laud et al. 2015).

Bei der **Prüfung der Verfügbarkeit** stellt der Kunde fest, ob alle notwendigen Ressourcen vorhanden sind. Wissen und Kompetenzen, aber auch Kreativität und Vorstellungskraft (operante Ressourcen) entscheiden darüber, ob Ressourcen als solche erkannt werden (Lusch und Vargo 2014, S. 121). *So erkennt der/die eine Konsument:in in entsorgten Gegenständen eine Möglichkeit zum Upcycling, der/die andere sieht darin nur Müll.*

Falls die erforderlichen Ressourcen nicht verfügbar sind, beschafft der Kunde diese (Caridà et al. 2019; Gummesson und Mele 2010; Hibbert et al. 2012; Laud et al. 2015). Er kann dabei mit unterschiedlichen Akteuren seines Ecosystems interagieren und dadurch auf unterschiedliche Art und Weise Zugang zu Ressourcen erhalten (Dehling et al. 2022; Koskela-Huotari und Vargo 2016; Vargo und Lusch 2016; Wieland et al. 2016). Je nach Akteur lassen sich private, öffentliche und marktliche Ressourcen unterschieden. **Private Ressourcen** sind bereits vorhanden, werden selbst erzeugt oder der Kunde erhält über Freunde und Bekannte Zugang zu ihnen (Koskela-Huotari und Vargo 2016). Sie können neben operanden Ressourcen wie Obst und Gemüse für ein Gericht auch einen Gefallen von Freunden, Rat und Unterstützung oder Freundschaft beinhalten (Lusch und Vargo 2014, S. 127). **Öffentliche Ressourcen** werden vom Staat oder von quasi-staatlichen Organisationen bereitgestellt (Koskela-Huotari und Vargo 2016; Lusch und Vargo

2014, S. 127; Woratschek et al. 2020), z. B. ein öffentlicher Park, in dem gemeinsam mit Freunden Volleyball gespielt wird. Sind Ressourcen weder vorhanden noch unentgeltlich oder öffentlich zugänglich, werden sie gegen Geld am Markt beschafft. Dementsprechend werden sie als **marktliche Ressourcen** bezeichnet (Koskela-Huotari und Vargo 2016; Lusch und Vargo 2014, S. 127–128).

Stellt der Kunde fest, dass er nicht über alle Ressourcen verfügt, die er für die Aus-übung der Praktik benötigt, kann er diese Leistungen selbst erstellen oder einen oder meh-rere Anbieter in seinen Wertgenerierungsprozess einschalten. Die Entscheidung darüber, welche Leistungen selbst erstellt werden (make) oder über den Markt beschafft werden (buy) wird als **Make-or-Buy-Entscheidung** bezeichnet. Diese wird weiter unten ausführ-licher betrachtet (Abschn. 2.5).

Bei den zu beschaffenden Ressourcen handelt es sich aus Sicht der Service-Dominant Logic um die Nutzung eines „Service", d. h. um die Anwendung von spezialisierten Fähig-keiten und Fertigkeiten (Vargo und Lusch 2004, 2008a, b). Dabei stellen Produkte ge-wissermaßen „geronnene" Fähigkeiten und Fertigkeiten von Anbietern dar, während Dienstleistungsprozesse der Anwendung dieser Fähigkeiten und Fertigkeiten während der gemeinsamen Value Co-Creation entsprechen. *Ein Fertiggericht (Produkt) enthält neben den Zutaten das Wissen des Anbieters um die Zubereitung bzw. Herstellung dieses Ge-richts (service). Bei einem Besuch im Restaurant (Dienstleistungsprozess) werden die Fähigkeiten und Fertigkeiten des Kochs bzw. der Köchin während dieses Besuchs genutzt.*

Die **Kompatibilitätsprüfung** findet in Form eines Dialogs zwischen den Akteuren statt (Caridà et al. 2019; Gummesson und Mele 2010), in dem die Vorstellungen, Ideen, Er-fahrungen und das Wissen ausgetauscht und ggf. angeglichen werden. Der Dialog ermög-licht den Zugang zu gemeinsamen Bedeutungen und bildet die Basis des gemeinsamen Lernens (Ballantyne 2004). Hierbei kann es darum gehen, herauszufinden, welches Pro-blem besteht, gemeinsam Wege zur Lösung eines Problems zu finden und zu prüfen, ob jemand einem anderen helfen kann oder nicht. *Bei einer Urlaubsreise etwa werden beim Matchen Erfahrungen über Urlaubsziele ausgetauscht, um das geeignete Ziel zu finden, oder Transportmittel diskutiert, um das Urlaubsziel zu erreichen.* Gegenstand des Dialogs ist darüber hinaus die Bewertung der Ressourcen. *So werden etwa im Dialog die ver-schiedenen Möglichkeiten zum Urlaubsort zu gelangen diskutiert, miteinander verglichen und gegeneinander abgewogen.* Der Dialog kann zwischen dem Kunden und einer oder mehreren Personen zeitgleich oder nacheinander stattfinden.

Nach der Kompatibilitätsprüfung ist die **Mobilisierung von Ressourcen** (Laud et al. 2015) Gegenstand des Matching. Mobilisierung bezieht sich darauf, die Ressourcen für den vorgesehenen Zweck verfügbar zu machen, d. h. dafür zu sorgen, dass sie in den Ver-fügungsbereich des Nutzers gelangen und mit dem Zweck und anderen, bereits vor-handenen oder noch zu beschaffenden Ressourcen kompatibel sind. Hierzu zählen die An-passung, Veränderung und Optimierung von Ressourcen für den vorgesehenen Zweck (Bruce et al. 2019; Laud et al. 2015). Die Mobilisierung einer Ressource bezieht sich auch auf die Motivation und Bereitschaft eines Netzwerkakteurs, dem Kunden seine Ressour-cen zur Verfügung zu stellen (Laud et al. 2015). Es handelt sich um einen Prozess der

Aktivierung der Ressource (Laud et al. 2015). Die Verfügbarmachung von Ressourcen gelingt insbesondere dann, wenn ein Kunde Zugang zu vielen Ressourcen hat. Dies wird auch durch das Konzept der Dichte verdeutlicht. Die Dichte bezeichnet das Ausmaß, indem eine Ressource zu einer bestimmten Zeit an einem bestimmten Ort für einen Akteur verfügbar gemacht wird (Leite Ferreira 2016, S. 29; Michel et al. 2008). Die höchste Dichte ist dann erreicht, wenn ein Kunde jederzeit und an jedem Ort Zugang zu der Ressource erhält (Normann 2001, S. 27).

Beim **Ressourcentransfer** geht es um den physischen, mentalen und emotionalen Übergang der Ressourcen von einer Person oder Organisation zur anderen. In physischer Hinsicht werden vor allem operande Ressourcen transferiert, z. B. ein Bildschirm, ein Auto. Der mentale Übergang vollzieht sich insbesondere bei operanten Ressourcen, indem Informationen und Wissen übertragen werden. Der emotionale Übergang hat mit dem Gefühl der Aneignung einer Ressource zu tun und wird auch als psychologisches Eigentum oder Psychological Ownership bezeichnet. **Psychological Ownership** bezeichnet das Gefühl einer Person, dass etwas ihr gehört (Hulland et al. 2015; Jussila et al. 2015). Dabei kann es sich sowohl um materielle Gegenstände als auch Immaterielles handeln (Jussila et al. 2015), z. B. „mein" Restaurant, „mein" Wissen.

Die Phase der Ressourcenintegration
Die Phase der **Ressourcenintegration** selbst besteht aus verschiedenen Aktivitäten des Kunden, wobei sich physische und mentale Aktivitäten einerseits und die Interaktion mit den Akteuren andererseits unterscheiden lassen (Dehling et al. 2022; Fließ et al. 2014). Die verschiedenen Aktivitäten der Ressourcenintegration werden auch als Praktiken der Ressourcenintegration bezeichnet (Caridà et al. 2019). Die Phase der Ressourcenintegration entspricht der Kundensicht auf die Service-Phase und in der Sicht der Integrativen Leistungslehre (Abschn. 1.1) dem Leistungserstellungsprozess.

Während des Prozesses der Ressourcenintegration selbst werden Ressourcen miteinander kombiniert, integriert und transformiert (Caridà et al. 2019; Engelhardt et al. 1993; Fließ 2009, S. 23; Gummesson und Mele 2010; Hibbert et al. 2012). Vorhandene Ressourcen werden vorkombiniert, um sie einsatzbereit zu machen. *So wird beispielsweise bei einer Urlaubsreise das Gepäck ins Auto geladen, um die Ressource „Auto" fahrbereit zu machen.* Bei der Integration werden Ressourcen nicht verändert, bei der Transformation findet eine Zustandsveränderung statt. *Die Kleidung wird zusammengelegt oder gerollt, um in den Koffer zu passen.* Schließlich werden Ressourcen kombiniert, um Wert zu erzeugen. *Um etwa an den Urlaubsort zu gelangen, wird das Auto mit der Familie, den Straßen, dem Navigationssystem und Benzin kombiniert.* Andere Autoren sprechen von der Anwendung und Nutzung von Ressourcen (Laud et al. 2015) oder der Interaktion (Dehling et al. 2022), was einer weniger starken Produktionsorientierung entspricht.

Darüber hinaus bedarf der Prozess der Ressourcenintegration der Koordination, insbesondere wenn mehrere Akteure, z. B. Dienstleister, beteiligt sind (Dehling et al. 2022).

Um Kompatibilität herzustellen, muss der Prozess der Ressourcenintegration geplant werden. Hierbei geht es sowohl um die Planung des Ortes, an dem die Ressourcenintegration stattfinden soll, z. B. ein Filmabend mit Freunden zu Hause, als auch um die zeitliche Festlegung, z. B. wann der Filmabend beginnen soll (Bruce et al. 2019).

Darüber hinaus ist die zeitliche und örtliche Koordination der verschiedenen Aktivitäten erforderlich, da diese miteinander verbunden sind und sich überlappen können (Bruce et al. 2019). Schließlich kann der Ressourcenintegrationsprozess von verschiedenen Personen ausgeführt werden (Bruce et al. 2019), deren Aktivitäten ebenfalls koordiniert werden müssen. Caridà et al. (2019) sprechen von der Anpassung der verschiedenen Praktiken aneinander und ihrer Ausrichtung aufeinander, sodass sie miteinander harmonieren. Auch die Vorstellungen, Bedeutungen und die Beteiligung der Personen sind aneinander anzupassen, ebenso wie die Ressourcen.

Die Phase der Bewertung

An die Phase der Ressourcenintegration schließt sich die **Phase der Bewertung (Valuing)** durch den Kunden an (Caridà et al. 2019; Kleinaltenkamp et al. 2012), wobei genau genommen Bewertungsaktivitäten auch bereits während des Matching und der Ressourcenintegration stattfinden (Dehling et al. 2022). Ressourcen und ihre Integration werden reflektiert und mit anderen, früheren Prozessen der Ressourcenintegration verglichen (Bruce et al. 2019). Die Reflexion erfolgt dabei durch den Kunden selbst, mit anderen an der Ressourcenintegration beteiligten Personen, z. B. Familienmitgliedern, sowie mit anderen Personen des Ecosystems. *So sprechen beispielsweise die Teilnehmer:innen des Filmabends über die Filme, welche Filme ihnen gefallen haben und welche weniger, wie frühere Filmabende abgelaufen sind und was sie daran besonders mochten. Schließlich berichten sie ggf. auch anderen Personen über den Filmabend und tauschen sich über Filminhalte, Schauspieler:innen und Regisseur:innen aus.* Bestandteil des Bewertungsprozesses ist auch die Interpretation der Vorgänge vor dem Hintergrund des sozialen Gefüges, in das die Personen eingebunden sind (Caridà et al. 2019). Die Phase der Bewertung entspricht der Kundensicht der Post-Service-Phase (Kap. 15).

Phasenübergreifende Aktivitäten und Rahmenbedingungen

Der Prozess der Ressourcenintegration ist durch **Interaktion** gekennzeichnet. In der Phase des Matching kann der Kunde die Verfügbarkeit und Kompatibilität selbst prüfen; er kann dies aber auch in Form von Interaktion gemeinsam mit den Akteuren seines Ecosystems tun. Desgleichen lassen sich Ressourcen durch Interaktion mobilisieren und transferieren. Insbesondere der Transfer operander Ressourcen (Wissen, Know-how) erfolgt durch die Interaktion der Beteiligten. Ebenso wird der Prozess der Ressourcenintegration durch Interaktion begleitet oder sie steht sogar im Zentrum der Interaktion mit Anbietern (vgl. hierzu im Detail Kap. 9; Grönroos 2012). Letztlich können auch Reflexion und Evaluation durch die Interaktion mit anderen erfolgen (Bruce et al. 2019; Caridà et al. 2019).

Der Prozess der Ressourcenintegration wird durch **Erfahrungen und das eigene Erleben** begleitet (Kleinaltenkamp et al. 2012). In jeder Phase sammelt der Kunde Erfahrungen und generiert Erlebnisse. Diese bilden die Grundlage für die Service Experience (vgl. hierzu im Detail Kap. 6).

Eine zentrale Aktivität im Rahmen der Ressourcenintegration ist das **Lernen**. In der Phase des Matchings lernt der Kunde durch Interaktion mit den verschiedenen Akteuren seines Ecosystems, welche Ressourcen als solche anzusehen sind, welche Ressourcen welcher Akteure kompatibel zu seinen Zwecken und Praktiken sowie miteinander sind, welche privaten, öffentlichen und marktlichen Ressourcen er benötigt, wie er Ressourcen mobilisieren kann, ob ihm Kompetenzen im Umgang mit Ressourcen fehlen, welche Akteure bereit sind, ihm welche Property Rights zu übertragen und auf welche Art und Weise er Ressourcen am besten überträgt (Ballantyne 2004; Gummesson und Mele 2010; Karlsson und Skålén 2022). Akteure lernen voneinander, wie die Ressourcen zu behandeln und zu nutzen sind. Lernen selbst verändert aber möglicherweise auch Ressourcen, insbesondere operante Ressourcen (Gummesson und Mele 2010). *Ein:e Kund:in will in Urlaub fahren und unterhält sich mit allen Mitgliedern seines/ihres Ecosystem, die bereits dort waren und über spezielles Wissen verfügen. Dadurch erwirbt er/sie Wissen, aber möglicherweise ändern sich auch seine/ihre Ansichten bezüglich des Urlaubslandes oder der Praktiken, die er/sie im Urlaub ausüben wird, z. B. Wandern statt einer Jeeptour.*

In der Phase der Ressourcenintegration lernen Kunden Ressourcen zu meistern und zu beherrschen (Bruce et al. 2019), z. B. indem Ressourcen ausprobiert und schließlich so verändert werden, dass sie für den Wertgenerierungsprozess optimal geeignet sind. *So lernen Kund:innen beispielsweise, wie man sich optimal auf einen Filmabend mit Freunden:innen vorbereitet. Dazu gehören etwa Sitzgelegenheiten, Kissen für Gemütlichkeit, das richtige Licht, aber auch bestimmte Lebensmittel und Getränke, die die Vorlieben der Freund:innen widerspiegeln.* Auch während des Einsatzes der Ressourcen lernt der Kunde und verbessert die Handhabung der Ressourcen oder die Kombination der Ressourcen. *So zeigt die Erfahrung, welche Filme die Freund:innen präferieren und bei welcher Mischung von Freund:innen und Filmen der Abend am schönsten ist.*

Schließlich bildet die Reflexion in der Phase der Bewertung die Grundlage des Lernens. Bewertungen werden aufgrund von Erfahrungen angepasst und Ressourcen im Hinblick auf die verschiedenen Dimensionen der Kompatibilität genauer eingeschätzt.

Wie der Prozess der Ressourcenintegration im Einzelnen abläuft, hängt im Wesentlichen von den Rahmenbedingungen ab. Hierzu zählen insbesondere die Praktiken, die Institutionen und die vorhandene Ressourcenausstattung. Die Praktiken und die Ressourcenausstattung entscheiden darüber, welche Ressourcen benötigt werden, welche Kompatibilitätsanforderungen zu stellen sind und wie die Ressourcenintegration im Einzelnen verläuft. Die Institutionen bilden den Rahmen aus Regeln und Normen (Edvardsson et al. 2014).

Wertgenerierung durch Ressourcenintegration

Wert wird generiert, wenn es gelingt die passenden Ressourcen auszuwählen, zu mobilisieren, zu transferieren, anzupassen, zu kombinieren, zu integrieren und zu transformieren. Dies bedeutet: Erfolgreiche Wertgenerierung bedarf der koordinierten Durchführung und Ausführung der verschiedenen Aktivitäten (Caridà et al. 2019; Dehling et al. 2022). Gelingt dies und wird der gesamte Prozess vor dem Hintergrund der bisherigen Erfahrungen und gemessen an den Zielen und Zwecken sowie der Passung zu den Praktiken als positiv beurteilt, entsteht ein positiver Wert (Caridà et al. 2019). Nicht auf den Zweck und nicht aufeinander abgestimmte Ressourcen führen zu einem geringeren Wert oder sogar zu einer Zerstörung von Werten oder zu einem negativen Wert (Bruce et al. 2019; Caridà et al. 2019). Werden Ressourcenintegrationsprozesse von mehreren Personen gemeinsam durchgeführt, so sind auch die Anpassung und Angleichung von Zwecken, Vorstellungen, Praktiken, Ressourcen und Ressourcenintegrationsprozessen ausschlaggebend für die Wertgenerierung. Gelingen die Anpassung und Angleichung nicht, so entsteht kein oder ein geringerer Wert oder Wert wird sogar zerstört. Dabei kann bei einer gemeinsamen Ressourcenintegration der Wert einer Person durch die Ressourcenintegration einer anderen beeinträchtigt werden. *Gefällt beim Filmabend der einen Person der von der Mehrheit bestimmte Film nicht, so kann deren Wert geringer ausfallen oder – besteht der Hauptbestandteil des Abends in dem Film und nicht im Zusammensein mit Freunden:innen – auch gänzlich zerstört werden.*

2.5   Die Make-or-Buy-Entscheidung von Konsumenten

Grundsätzlich ist jede Praktik irgendwann mit der Beschaffung von Ressourcen verbunden, da in einer arbeitsteiligen Gesellschaft niemand über alle notwendigen Ressourcen verfügt (Vargo und Akaka 2009). Kunden können jedoch Leistungen in unterschiedlichem Umfang selbst erstellen oder Anbieter in ihren Wertgenerierungsprozess einschalten. Die Entscheidung darüber, welche Leistungen privat erstellt werden (make) oder über den Markt beschafft werden (buy), wird als **Make-or-Buy-Entscheidung** bezeichnet. Dabei lässt sich die Make-or-Buy-Entscheidung als Kontinuum darstellen, auf dem der Umfang der zu beschaffenden Leistungen ein unterschiedlich großes Ausmaß annimmt. *So kann etwa bei der Praktik der Essenszubereitung für eine private Feier des/der Kund:in die Zutaten beschaffen und die Zubereitung des Gerichts sowie das Servieren selbst übernehmen. Er/Sie kann aber auch ein Fertiggericht beschaffen; hier übernimmt der Anbieter die Beschaffung der Zutaten, die Festlegung des Rezepts und das Vorgaren des Gerichts, während dem/der Kund:in nur noch das Fertiggaren und das Servieren obliegt. Beim Lieferservice übernimmt der Anbieter alle Leistungen von der Zutatenbeschaffung über die Rezeptauswahl und die Zubereitung des Gerichts bis hin zur Lieferung. Der/die Kund:in muss das Essen nur noch auspacken und servieren. Als Caterer schließlich übernimmt der Anbieter auch das Servieren.*

Konsumenten müssen also entscheiden, inwiefern und welche Ressourcen sie am Markt beschaffen, um einen bestimmten Wert zu kreieren. Um die Motive, die dieser Entscheidung zugrunde liegen, aufzudecken, lassen sich drei grundlegende Werttypen unterscheiden: utilitaristischer, hedonistischer und sozialer Wert (Alba und Williams 2013; Babin et al. 1994; Collier und Barnes 2015; Sheth et al. 1991):

- **Utilitaristischer Wert**, auch als instrumenteller oder funktionaler Wert bezeichnet, bezieht sich auf das Ziel „sich besserstellen" und ist somit auf konkrete funktionale Aufgaben oder auf Problemlösungen gerichtet. *Beispiele sind Wäsche waschen, das Auto reparieren, ein Studium absolvieren, die Steuererklärung abgeben oder gesundheitliche Probleme lösen.*

- **Hedonistischer Wert** bezieht sich hauptsächlich auf das Ziel „sich besser fühlen" und ist somit auf die Befriedigung subjektiver Bedürfnisse wie Freude, Spaß, Entspannung und Erregung gerichtet. *Beispiele sind eine Urlaubsreise zu unternehmen, einen gemütlichen Abend zu verbringen oder eine Feier zu veranstalten.*
- **Sozialer Wert** bezieht sich auf das Ziel, soziale Beziehungen zu knüpfen und zu verstärken und sich bei bestimmten Bezugspersonen oder in der Öffentlichkeit in ein gutes Licht zu setzen. *Beispiele sind Freund:innen oder Geschäftspartner:innen zum Essen einzuladen, um die Beziehung zu verfestigen, sich schick machen, bevor man in die Öffentlichkeit geht oder selbst kochen, um andere mit seinen/ihren Kochkünsten zu beeindrucken.*

Je nachdem, ob der utilitaristische oder der hedonistische Wert dominiert, lassen sich utilitaristische und hedonistische Dienstleistungen unterscheiden. **Utilitaristische Dienstleistungen** sind zielorientiert, funktional und notwendig; sie dienen extrinsischen Motiven, es dominieren instrumentelle und kognitive Überlegungen und sie unterstützen den Kunden bei der Erreichung bestimmter Zwecke (Alba und Williams 2013; Babin und James 2010). Sie sind eher mit rationalen Entscheidungen (Babin et al. 1994) und utilitaristischen Werten wie Qualität und Funktionsfähigkeit verbunden (Wu und Yang 2018). *Hiernach gelten gesundheitsorientierte Dienstleistungen, wie Operationen, Zahnarztbesuche oder medizinische Massagen, Küchenausstellungen, der Einkauf von Lebensmitteln, Bank- und Finanzdienstleistungen, Telekommunikation, Transport-, Logistik- und Reparaturdienstleistungen sowie die Post als utilitaristische Dienstleistungen* (Ladhari et al. 2017; Ponsignon 2023).

Hedonistische Dienstleistungen sind mit sensorischen Erlebnissen, Fantasie, Spiel und Spaß, positiven emotionalen Erlebnissen und angenehmen Erfahrungen assoziiert (Hirschman und Holbrook 1982). Es geht um Dienstleistungen, die sinnlich erfahren werden und die Sinne des Kunden wie Schmecken, Riechen, Tasten, Hören und Sehen ansprechen, einen Unterhaltungswert haben, intrinsischen Motiven dienen, erfahrungsorientiert sind und emotionale Wirkungen hervorrufen (Alba und Williams 2013; Babin et al. 1994; Hirschman und Holbrook 1982). Hedonistische Dienstleistungen dienen Werten wie Freude, Genuss, Unterhaltung und positiven Erlebnissen (Wu und Yang 2018). *Als Beispiele sind Unterhaltungsdienstleistungen wie Nachtclubs, Konzerte, Theateraufführungen, Sportveranstaltungen oder Themenparks ebenso wie Tourismusdienstleistungen, z. B. Kreuzfahrten, Reisen oder Führungen durch Sehenswürdigkeiten zu nennen* (Lee und Kim 2018; Nguyen et al. 2012; Ponsignon 2023; Uhrich und Benkenstein 2012; Wakefield und Blodgett 1999).

Im Rahmen eines bestimmten utilitaristischen Ziels wird die Make-or-Buy-Entscheidung maßgeblich durch die Fähigkeiten und verfügbaren Ressourcen (Materialien, Wissen, Zeit, Einkommen) des Konsumenten beeinflusst. *Konsument:innen, die wissen, wie man die Reifen eines PKWs wechselt, tun dies eher selbst als Kund:innen, die dies nicht wissen. Ver-*

fügen Konsument:innen jedoch über ein hohes Einkommen, überlassen sie dies eher einer Werkstatt, damit sie ihre wertvolle Freizeit anderweitig einsetzen können. Hedonistischer und sozialer Wert sind stärker subjektiver Natur (Ryu et al. 2010), sodass sich diesbezüglich für Konsumenten eher die Frage stellt, inwiefern eine bestimmte Dienstleistung für sie einen positiven Wert herbeiführt und ob sie z. B. genügend finanzielle sowie zeitliche Ressourcen zur Verfügung haben, um die Dienstleistung in Anspruch zu nehmen. Denn oft ist die Inanspruchnahme von Dienstleistungen, die vorrangig einen hedonistischen oder sozialen Wert herbeiführen, eine Praktik an sich, die sich nicht durch eigene Ressourcen ersetzen lässt. *So ist der Besuch einer Diskothek nicht durch eine private Feier ersetzbar, wenn es das Ziel des/der Konsument:in ist, die Atmosphäre der Diskothek zu genießen und neue Menschen kennenzulernen. Auch das gemeinsame Feiern in einem Restaurant zur 25. Hochzeitstag ist eine Praktik an sich, die, wenn man die Feier zu Hause ausrichtet, als eine ganz andere Praktik angesehen werden kann.* Somit stellt sich im Rahmen der Make-or-Buy Entscheidung zum Herbeiführen von hedonistischem und sozialem Wert vor allem die Frage, welche Art von Praktik der Konsument im Rahmen eines bestimmten Anlasses und bei gegebenen (finanziellen, zeitlichen) Restriktionen durchführen möchte.

Die Make-or-Buy-Entscheidung stellt sich somit oft als sehr komplex heraus. Dies ist zum einen darauf zurückzuführen, dass obwohl manche Dienstleistungen auf das Herbeiführen eines bestimmten utilitaristischen (z. B. Werkstatt, Versicherung) oder hedonistischen bzw. sozialen Ziel ausgerichtet sind (z. B. Diskothek), viele Dienstleistungen gleichzeitig sowohl einen utilitaristischen als auch einen hedonistischen oder sozialen Wert herbeiführen können (Babin et al. 1994; Büttner et al. 2014; Prebensen und Rosengren 2016). *Beispielsweise besucht ein:e Kund:in eine:n Friseur:in, weil die Haare zu lang geworden sind (utilitaristisch), aber auch weil er/sie die Entspannung und die Unterhaltung mit dem/r Friseur:in genießt (hedonistisch) und weil sie für andere gut aussehen möchte (sozial).* Zum anderen kann die gleiche Dienstleistung für unterschiedliche Kunden einen anderen Wert herbeiführen. *Ein:e Studierende:r absolviert ein Studium, um im Beruf weiterzukommen (utilitaristisch), während ein:e andere:r dies tut, um sich selbst zu verwirklichen (hedonistisch) oder weil dies von ihm/ihr erwartet wird (sozial).* Gleichzeitig kann aber auch das Selbst-Durchführen (make) bestimmter Tätigkeiten, die durchaus einen utilitaristischen Wert herbeiführen, zudem einen hedonistischen oder sozialen Wert liefern. *Beispielsweise macht es manchen Konsument:innen Spaß, selbst die Reifen zu wechseln oder selbst ein Gericht zu kochen, da dies zum Beispiel ein Gefühl der Selbstwirksamkeit oder sozialer Konformität hervorruft.* Es zeigt sich somit, dass die Entscheidung, eine Dienstleistung in dem eigenen Wertgenerierungsprozess zu integrieren bzw. marktliche Ressourcen zu beschaffen, nicht nur von den verfügbaren Ressourcen des Konsumenten, sondern auch von der Art der Praktik und seinen Präferenzen für bestimmte Tätigkeiten abhängt.

In der Literatur wird in diesem Zusammenhang zwischen verschiedenen Konsummotiven (Tab. 2.1) unterschieden, die jedoch genauso auf das Beschaffen oder Nutzen von privaten und öffentlichen Ressourcen angewendet werden können (Black und Cherrier 2010; Fließ 2009, S. 120; Tian et al. 2001; Trommsdorff und Teichert 2011, S. 110–118; Wolf und McQuitty 2011; Xie et al. 2008). Meistens spielen im Rahmen einer Make-or-Buy-Entscheidung mehrere Motive gleichzeitig eine Rolle.

Tab. 2.1 Motive im Rahmen der Make-or-Buy-Entscheidung

Motiv	Beschreibung	Beispiel make	Beispiel buy
Effizienz/Ersparnis/Bequemlichkeit	Zeit- und/oder Kostenersparnisse	Kund:innen verlegen selbst Fliesen im neuen Badezimmer, um Kosten zu sparen	Kund:innen kaufen Coffee-to-Go statt ihn selbst zu kochen oder von zu Hause mitzunehmen
Funktions-/Qualitätsanspruch	Die Inanspruchnahme einer Dienstleistung oder das Selbst-Durchführen aufgrund bestimmter Anforderungen an die Leistung	Kund:innen erstellen selbst eine App, da sie mit den Apps auf dem Markt nicht zufrieden sind	Eltern lassen die Haare ihrer Kinder von dem/der Friseur:in schneiden, weil sie dies aus ihrer Sicht nicht gut selbst tun können
Angst/Risiko	Die Inanspruchnahme einer Dienstleistung oder das Selbst-Durchführen mit dem Ziel, ein Risiko zu vermeiden	Konsument:innen nutzen keinen Sprachassistenten, um Datensicherheit zu gewährleisten	Kund:innen schließen eine Hausratversicherung ab; Patient:innen suchen den Arzt/die Ärztin auf
Moral/Ethik/Nachhaltigkeit	Die Inanspruchnahme einer Dienstleistung oder das Selbst-Durchführen aus moralischen/nachhaltigen Gründen	Kund:innen fahren mit dem Fahrrad in der eigenen Region in Urlaub, statt mit dem Flugzeug ins Ausland zu fliegen	Kund:innen nutzen kleine, lokale Dienstleister, um diese zu unterstützen. Kund:innen fahren mit dem Zug statt mit dem Auto
Freude/Lust/Erregung/Neugier	Erlebniswert im Sinne von Spaß und Erregung, sowie Neugier und das Bedürfnis nach Abwechslung	Ein Pärchen fährt ohne Reiseveranstalter durch ein unbekanntes Land, weil es dies aufregend findet	Eine Familie besucht ein neues Museum und geht danach in ein besonderes Restaurant
Stolz und Erfüllung/Selbstwirksamkeit/Gefühl der Unabhängigkeit	Das Gefühl, kompetent zu sein bzw. selbst einen Wert herbeiführen zu können	Ein:e Konsument:in baut selbst ein Möbelstück, weil dies ihm/ihr das Gefühl gibt, kompetent zu sein	Ein:e Jugendliche:r nutzt einen eigenen Handyvertrag, um sich von den Eltern unabhängig zu fühlen
Status/Anerkennung/Prestige	Erhöhte Anerkennung durch Bezugspersonen	Ein:e Konsument:in kocht für Freund:innen, um diese mit seinen/ihren Kochkünsten zu beeindrucken	Kund:innen laden ihre Freund:innen in ein Luxusrestaurant ein, um sie zu beeindrucken
Einzigartigkeit/Abhebung	Das Gefühl, einzigartig zu sein bzw. sich von anderen abzuheben	Ein:e Konsument:in näht selbst seine/ihre Kleidung, damit diese einzigartig ist	Kund:innen gehen in ein Eishotel, um sich von anderen abzuheben
Soziale Konformität	Das Einhalten von sozialen Normen bzw. Erwartungen der Bezugsgruppe	Ein Vater kocht selbst, damit er von seinem Umfeld in seiner Rolle als „Familienmann" wertgeschätzt wird	Teenager:innen gehen mit ins Fast-Food Restaurant, weil ihre Freund:innen dies machen

Neben der Make-or-Buy-Entscheidung hat der Konsument auch die Entscheidung zu treffen, wie viele Anbieter er in seinen Wertgenerierungsprozess einschalten möchte und welche Anbieter dies im Einzelnen sind. Hier knüpft die Vorstellung der Customer Journey an.

2.6 Die Customer Journey

Ausgehend von der Wertgenerierung durch die Ausübung von Praktiken schaltet der Kunde die für die Ressourcenbeschaffung notwendigen Anbieter ein. Dies können sowohl Dienstleister als auch Hersteller von Produkten sein (Becker et al. 2020). Die Gesamtheit aller Anbieter, die genutzt oder integriert werden, um ein Ziel zu erreichen, wird als **Consumer oder Consumption Journey** bezeichnet (Hamilton und Price 2019; Schau und Akaka 2021). Demgegenüber bezeichnet die **Customer Journey** die kundenseitige Perspektive *eines* Dienstleistungsprozesses mit einem konkreten Anbieter (Følstad und Kvale 2018; Lemon und Verhoef 2016; Schau und Akaka 2021).

Consumption Journey und Customer Journey können in unterschiedlichem Verhältnis zueinander (Becker et al. 2020) und zu den Praktiken stehen. Die verschiedenen Möglichkeiten sind in Abb. 2.4 dargestellt.

Die folgenden Ausführungen mögen das illustrieren:

- Kunden können unterschiedliche Consumption Journeys praktizieren, um das gleiche Ziel zu erreichen. Die Consumption Journeys A und B führen zum gleichen Ziel. *Martin möchte seine Eltern vom Flughafen abholen. Er kann ein Taxi zum Flughafen nehmen (Consumption Journey A) oder verschiedene öffentliche Verkehrsmittel nutzen (Consumption Journey B).*
- Eine Consumption Journey kann mit einer Customer Journey identisch sein oder aus verschiedenen Customer Journeys bestehen. *Martin fährt mit dem Taxi zum Flughafen (Consumption Journey A entspricht Customer Journey 1) oder er nutzt verschiedene öffentliche Verkehrsmittel, z. B. Bus zum Bahnhof (Customer Journey 1), S-Bahn vom Bahnhof zum Flughafen-Bahnhof (Customer Journey 2) und Flughafenshuttle von der Bahnstation zum Terminal (Customer Journey 3).*
- Eine Praktik kann mit einer Consumption und Customer Journey identisch sein, mehrere Customer Journeys umfassen oder auch ohne Customer Journey existieren. Da Praktiken unterschiedliche Aggregationsniveaus aufweisen können, kann eine Customer Journey auch aus mehreren Praktiken bestehen. *Martin fährt mit dem Taxi zum Flughafen, um seine Eltern abzuholen. Hier entspricht die Taxifahrt sowohl der Consumption Journey als auch der Customer Journey und der Praktik. Petra reist mit dem Flugzeug zu einem Geschäftstermin (Customer Journey 1 „Flug" in Consumption Journey C „Geschäftstermin"). Während des Fluges schaut sie erst einen Film (Praktik 1), isst und trinkt (Praktik 2). Am Zielort nimmt sie ein Taxi zum Geschäftstermin (Praktik 3 – Taxi fahren; Customer Journey 2: Taxifahrt). Alexandra und Katharina packen*

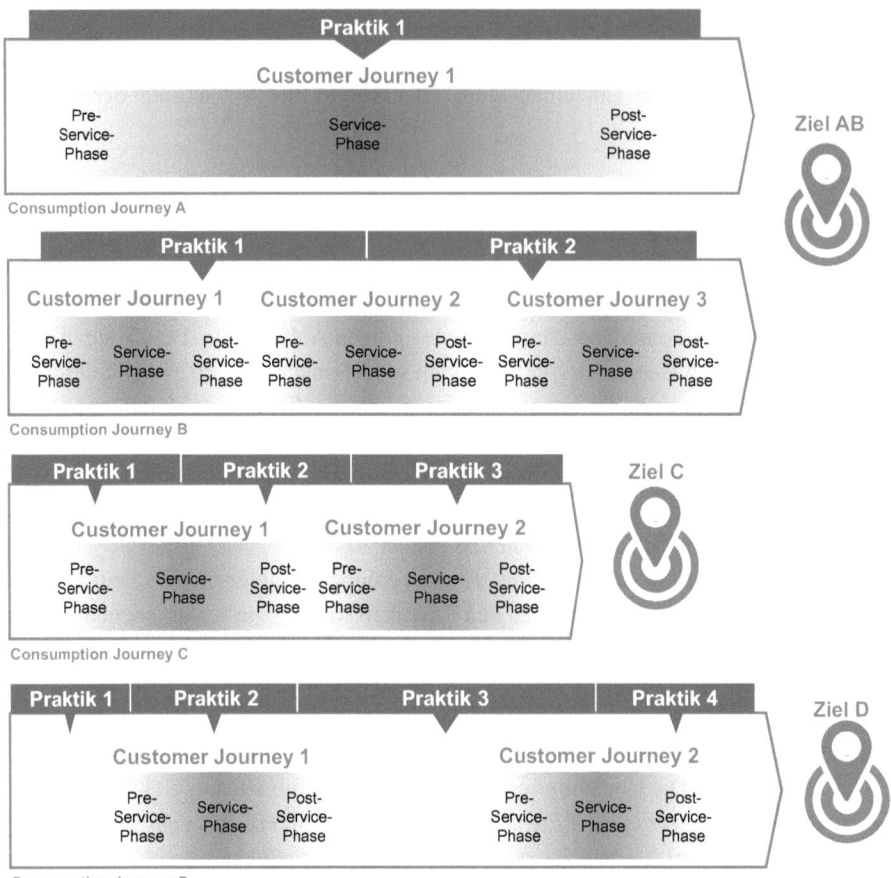

Abb. 2.4 Die Einbettung von Dienstleistungsprozessen in die Customer Journey

ihren Koffer (Praktik 1), um mit dem Auto in den Urlaub zu fahren (Consumption Journey D). Morgens tanken sie als Erstes (Praktik 2, Customer Journey 1), bevor sie sich dann auf die lange Autofahrt (Praktik 3) in den Süden machen. Schnell wird den Kindern langweilig und Katharina beschließt, aus dem Internet ein Hörbuch herunterzuladen (Customer Journey 2), das die Kinder dann während der weiteren Fahrt zum Urlaubsort anhören (Praktik 4).

Jede einzelne Customer Journey kann in mehrere Phasen unterteilt werden. Für die Customer Journey bei Dienstleistungen – auch als Service Journey bezeichnet (Jaakkola und Terho 2021; Voorhees et al. 2017) – erweist sich die Einteilung in Pre-Service-, Service- und Post-Service-Phase als zweckmäßig (Heinonen et al. 2010; Voorhees et al. 2017). Allerdings finden sich in der Literatur auch für Dienstleistungen an den Kauf von Produkten angelehnte Unterteilungen (Bolton et al. 2018; Lemon und Verhoef 2016; McColl-Kennedy et al. 2015). In der Realität lassen sich die Phasen allerdings nur schwer abgrenzen, da die Kundensicht, wann der Dienstleistungsprozess beginnt, von der Vorstellung des Anbieters abweicht (Fließ et al. 2014, S. 445). Auch überlappen sich in der Regel die Post-Service-Phase der vorausgegangenen Customer Journey und die Pre-Service-Phase der beginnenden Customer Journey (vgl. Consumption Journey B in Abb. 2.4), da der Kunde die aufeinanderfolgenden Journey in Einklang miteinander und mit seinen Ecosystem-Aktivitäten bringen muss (Abschn. 2.4.1).

Das Konzept der Journey ist eng mit dem Konzept der Experience verbunden (Følstad und Kvale 2018), in der Hinsicht, dass die Journey als Metapher und Mittel zu verstehen ist, um den Prozess des Erlebens zu beschreiben (Kankainen et al. 2012; Kemppainen und Uusitalo 2022). **Experience** meint das Erleben eines Menschen im Moment als auch die Erfahrung – das verarbeitete, reflektierte Erlebnis – mit diesem Moment (Carù und Cova 2003; Roggeveen und Rosengren 2022) als Teil der Interaktion mit seiner Umwelt (Ramaswamy 2011; Varela et al. 2000). Die **Customer Experience (Kundenerlebnis)** bezieht sich auf die Erlebnisse und Erfahrungen eines Kunden mit einem Anbieter. Die Customer Experience erstreckt sich über eine spezifische Customer Journey von der Pre-Service-Phase, über die Service-Phase, bis hin zur Post-Service-Phase (Heinonen et al. 2010; Lemon und Verhoef 2016; McColl-Kennedy et al. 2015; Voorhees et al. 2017). Resultiert das Kundenerlebnis aus einer Service Journey, also das Kundenerlebnis während eines Dienstleistungsprozesses, so wird von **Service Experience (Dienstleistungserlebnis)** gesprochen (Chevtchouk et al. 2021; Helkkula 2011; Jaakkola et al. 2015; Mahr et al. 2019). Eine detaillierte Betrachtung dessen, was das Konzept der Service Experience beinhaltet und wie diese vom Anbieter gestaltet werden kann, erfolgt in Kap. 6.

▶ **Consumer Journey oder Consumption Journey** Erfahrungen und Erlebnisse, die der Kunde mit der Gesamtheit aller Anbieter macht, die er bei der Wertgenerierung nutzt.

▶ **Customer Journey** Erfahrungen und Erlebnisse, die der Kunde während der Kontaktpunkte mit einem Anbieter macht.

Zur Realisierung der Wertgenerierung ist die Entscheidung erforderlich, welche konkreten Customer Journeys, d. h. welche Leistungen von welchem Anbieter, im Rahmen einer Consumer Journey miteinander zur Wertgenerierung verknüpft werden sollen. Bei der Entscheidung, welche Leistung von welchem Anbieter erworben werden soll, handelt es sich um einen Kaufentscheidungsprozess. Handelt es sich um mehrere Customer Journeys mit verschiedenen Anbietern, so bringt dies mehrere Kaufentscheidungsprozesse mit sich.

2.7 Der Kaufentscheidungsprozess des Kunden

Der Kaufentscheidungsprozess ist Teil der Pre-Service-Phase der Customer Journey und bezieht sich auf die Entscheidungen darüber, ob und wenn ja, welche Anbieter der Kunde nutzen möchte, um Wert zu generieren. Dabei findet eine Beurteilung hinsichtlich des zu erwartenden Wertes sowie der Kompatibilität von Angeboten in Bezug auf den Wertgenerierungsprozess statt, die letztendlich zu einer Entscheidung für oder gegen ein bestimmtes Angebot führt.

Eine der meistverwendeten Theorien, die herangezogen wird, um Kaufentscheidungen zu erklären, ist die **Theorie des geplanten Verhaltens (Theory of Planned Behavior)** (Ajzen 1985). Die Theorie ist eine Weiterentwicklung der Theorie des überlegten Handelns (Theory of Reasoned Action) (Fishbein und Ajzen 1975) und wurde erarbeitet, um eine möglichst universell gültige Erklärung für das menschliche Verhalten zu liefern. Nach der Theorie des überlegten Handelns wird das Verhalten durch die Verhaltensintention beeinflusst, die wiederum durch die Einstellung zum Verhalten sowie durch die subjektive Norm beeinflusst wird (Ajzen 1985; Fishbein und Ajzen 1975). Da Menschen allerdings nicht immer die Möglichkeit haben, ein bestimmtes Verhalten tatsächlich umzusetzen, wurde im Rahmen der Theorie des geplanten Verhaltens, basierend auf dem Konstrukt der Selbstwirksamkeit von Bandura (1977), ein weiterer Einflussfaktor aufgenommen: die wahrgenommene Verhaltenskontrolle (Ajzen 1985, 1991; Abb. 2.5).

- Generell beschreibt die **Einstellung** die Haltung – im Sinne des Grades des Gefallens oder Missfallens – gegenüber Meinungsgegenständen, seien es Individuen, Gruppen, Objekte, Ereignisse, Verhaltensweisen, Ideen oder Leistungsangebote (Kroeber-Riel und Gröppel-Klein 2019, S. 234). Im Rahmen von Leistungsangeboten stellt sie eine Art Einschätzung bezüglich des erwarteten Wertes des Angebotes dar. Die Einstellung wird durch die von der Person antizipierten Folgen des Verhaltens sowie durch die wahrgenommene Wahrscheinlichkeit, dass die jeweiligen Folgen eintreten, beeinflusst (Ajzen 1985). *Ein:e Kund:in glaubt, dass er/sie höchstwahrscheinlich abnehmen wird, wenn er/sie jede Woche zwei Mal ins Fitnessstudio geht.*
- Die **subjektive Norm** beschreibt den wahrgenommenen sozialen Druck, das Verhalten auszuüben, und basiert auf dem Glauben, dass bestimmte Personen oder Personengruppen der Meinung sind, dass die Person das Verhalten ausüben bzw. nicht ausüben sollte, sowie auf der Motivation, sich nach diesen zu richten (Ajzen 1985). *Ein:e Kund:in glaubt, dass die Personen in seinem/ihrem Kreis ihn/sie bewundern werden, wenn er/sie regelmäßig Sport betreibt und dadurch trainiert aussieht, und dies ist ihm/*

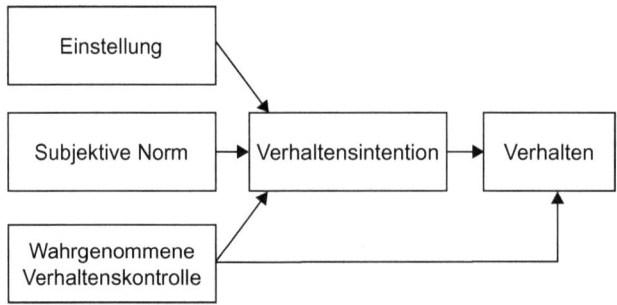

Abb. 2.5 Die Theorie des geplanten Verhaltens

ihr wichtig. Die subjektive Norm basiert auf dem inneren Bedürfnis, so zu handeln, wie andere es für gut halten, und spielt darum auch eine Rolle, wenn andere das Verhalten nicht sehen können. So kann das Gefühl, so zu handeln, wie andere es für gut halten, Stolz hervorrufen, während das Gegenteil zu Scham führen kann (Kalafatis et al. 1999).

- Die **wahrgenommene Verhaltenskontrolle** bezeichnet die Überzeugung einer Person, wie einfach oder wie schwierig es ist, das Verhalten auszuüben. Sie wird durch vergangene Erfahrungen sowie durch die Antizipation von Hindernissen bestimmt (Ajzen 1991). Die wahrgenommene Verhaltenskontrolle beeinflusst das Verhalten über die Verhaltensintention; sie beeinflusst das Verhalten jedoch auch direkt (unabhängig von der Intention), indem sie (unbewusst) bestimmt, wie viel Mühe sich die Person beim Ausüben des Verhaltens gibt (Ajzen 1991). *Ein:e Kund:in bezweifelt, ob er/sie die Übungen im Fitnessstudio richtig ausüben kann, sodass seine/ihre Intention, ins Fitnessstudio zu gehen, eher niedrig ist.*

Die Theorie des geplanten Verhaltens zeigt, wie Einstellung, subjektive Norm und wahrgenommene Verhaltenskontrolle sich auf die Intention und auf das Entscheidungsverhalten (z. B. im Rahmen der Make-or-Buy-Entscheidung) auswirken. Allerdings verhalten sich Menschen nicht immer konform zu ihren Einstellungen und Intentionen. Das **Attitude-Behavior-Gap (ABG)** bzw. das **Intention-Behavior-Gap (IBG)** zielt auf die Lücke zwischen Einstellung bzw. Intention und dem gezeigten Verhalten ab (Mainieri et al. 1997; Mittal 1988). Dies bezeichnet das Phänomen, dass Menschen ein bestimmtes Verhalten nicht ausüben, obwohl sie demgegenüber eine positive Einstellung haben (ABG) oder sogar bereits die Intention gebildet haben, das Verhalten auszuüben (IBG). Dieses Phänomen tritt häufig auf, wenn Menschen sich neue Verhaltensweisen vornehmen, die aus ihrer Sicht grundsätzlich Vorteile haben, jedoch auch mit bestimmten Kosten (z. B. höherer Preis, Anstrengung, Verzicht auf bestimmte Erlebnisse) verbunden sind, wie z. B. mehr Sport machen, sich gesünder ernähren (Schwarzer 2008) oder nachhaltiger konsumieren (Carrington et al. 2010; Moser 2015). *Beispielsweise zeigen McDonald et al. (2015), dass nachhaltig eingestellte Konsument:innen, die sich der klimaschädlichen Folgen des Fliegens bewusst sind, trotzdem fliegen, weil sie etwas von der Welt sehen möchten oder weil es günstiger oder schneller als andere Optionen ist (ABG). Außerdem kann es sein, dass die Intention, nachhaltig zu konsumieren, trotzdem nicht in ein entsprechendes Verhalten mündet (IBG), weil der/die Kund:in während der tatsächlichen Kaufentscheidung von anderen Angeboten abgelenkt wird, die nachhaltige Option nicht vorhanden ist oder weil er/sie seine/ihre ursprüngliche Intention vergisst und auf gewohnte Verhaltensmuster zurückgreift* (Carrington et al. 2010).

Bei der Theorie des geplanten Verhaltens stehen die kognitiven Prozesse von Individuen im Vordergrund. **Kognitive Prozesse** beziehen sich auf die Wahrnehmung und Verarbeitung von Informationen und dienen dazu, das Verhalten zu kontrollieren und zu steuern (Kroeber-Riel und Gröppel-Klein 2019, S. 257). So greifen Kunden auf bekannte Informationen zurück und suchen ggf. neue Informationen, um eine Einstellung gegenüber verschiedenen Angeboten zu bilden. Dabei wird davon ausgegangen, dass Kunden praktisch nie über vollständige Informationen verfügen und auch nur eine begrenzte Menge an Informationen verarbeiten können – dies wird als beschränkte Rationalität (bounded rationality) bezeichnet (Simon 1955). Kunden greifen darum, wenn möglich, auf vorgefertigte Entscheidungsregeln sowie Heuristiken bzw. Faustregeln zurück, um die kognitive Anstrengung und den Zeitaufwand zu minimieren.

Allerdings spielen auch emotionale Prozesse eine Rolle für das Verhalten (Kroeber-Riel und Gröppel-Klein 2019, S. 203). **Emotionale Prozesse** sind Reaktionen auf bedeutsame Ereignisse (Scherer 2003, S. 166) und dienen der Aktivierung sowie der Interpretation der inneren Erregung (Kroeber-Riel und Gröppel-Klein 2019, S. 389). Im Rahmen des Kaufentscheidungsprozesses spielen insbesondere Emotionen eine Rolle, die sich auf die Antizipation des Werts der Dienstleistung beziehen (Abschn. 3.1). Beispielsweise freuen sich Kunden auf ein anstehendes Erlebnis (Schallehn et al. 2019), oder sie spüren Unsicherheit im Hinblick auf die Entscheidung (Mitchell und Greatorex 1993).

Unsicherheit wird dadurch verursacht, dass der Kunde vor dem Kauf einer Dienstleistung oft nicht richtig beurteilen kann, welchen Wert er tatsächlich erhalten wird (Fließ 2009, S. 158–159). Dies geht mit einem Gefühl von antizipiertem Bedauern einher, was bedeutet, dass der Kunde glaubt, dass er eine zukünftige Entscheidung möglicherweise bereuen wird (Zeelenberg und Pieters 2007). Unsicherheit ist zum einen auf wahrgenommene Risiken zurückzuführen, wie z. B. das Risiko, dass die Leistung nicht den erwarteten Nutzen bringt und die investierten Ressourcen (Zeit, Geld) verloren gehen, oder das Risiko, dass physischer (z. B. Unfall oder Krankheit), psychologischer (Verlust von Selbstachtung) oder sozialer Schaden auftritt (Verlust von Achtung und Respekt anderer) (Fließ 2009, S. 160; Laroche et al. 2004; Leroi-Werelds 2019; Mitchell und Greatorex 1993). Zum anderen wird die Unsicherheit erhöht, wenn mehrere Optionen vorliegen und der Kunde keine klare Präferenz für eine der Optionen bilden kann (motivationaler Konflikt) (Bouckenooghe et al. 2007).

Kognitive und emotionale Prozesse spielen jedoch nicht bei jedem Entscheidungsprozess eine gleich große Rolle (Kroeber-Riel und Gröppel-Klein 2019, S. 388–389). Kaufentscheidungsprozesse lassen sich danach charakterisieren, inwiefern kognitive und emotionale Prozesse bedeutsam sind und können als **extensiv, limitiert, habitualisiert** oder **impulsiv** bezeichnet werden (Abb. 2.6; vgl. im Folgenden Kroeber-Riel und Gröppel-Klein 2019, S. 396–416).

Bei **extensiven Kaufentscheidungsprozessen** spielen sowohl kognitive als auch emotionale Prozesse eine wichtige Rolle. Der Kunde ist motiviert, eine optimale Entscheidung zu treffen, da er das Ergebnis als sehr wichtig einstuft. Der Kunde verfügt allerdings nicht oder nur in geringerem Maß über Vorerfahrung in Bezug auf die Entscheidung, sodass ein hohes Maß an Unsicherheit empfunden wird. Dadurch wird ein hoher kognitiver Aufwand benötigt, um verschiedene Angebote zu vergleichen, vor allem da noch festgelegt werden muss, auf Basis welcher Merkmale die Entscheidung getroffen werden soll. Somit ist die Entscheidung durch ausführliche Informationssuche und lange Entscheidungsdauer gekennzeichnet. *Vielen Erstkäufen, aber insbesondere einmaligen oder seltenen Ereignissen,*

Abb. 2.6 Arten von Kaufentscheidungsprozessen

Bedeutung des
kognitiven Prozesses

hoch   gering

Bedeutung des
emotionalen
Prozesses

extensiv   impulsiv

limitiert   habitualisiert

gering

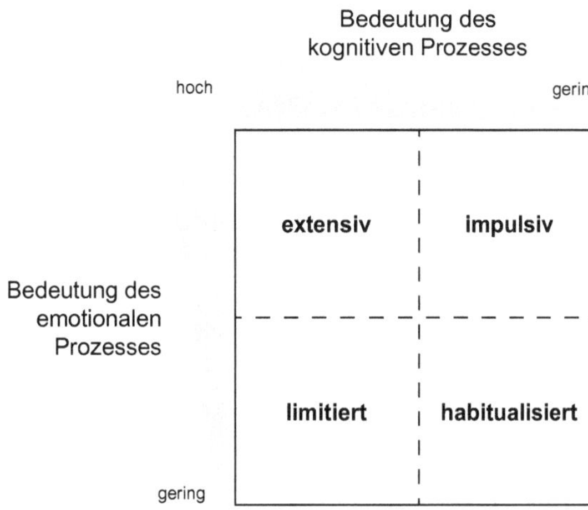

wie der Hochzeitsplanung, einer Fernreise oder einem Hauskauf, liegen oft extensive Kaufentscheidungen zugrunde.

Bei **limitierten Kaufentscheidungsprozessen** spielen kognitive Prozesse eine dominierende Rolle, während emotionale Prozesse von eher geringer Bedeutung sind. Der Kunde kann auf vorherige Erfahrungen zurückgreifen und hat bereits eine begrenzte Zahl an Alternativen im Kopf, das sog. Evoked Set (Kroeber-Riel und Gröppel-Klein 2019, S. 397). Wo nötig, sucht der Kunde nach Schlüsselinformationen, die dazu beitragen, die wenigen Alternativen zu beurteilen. *Ein:e Geschäftsreisende:r, die/der oft unterwegs ist, schaut, welche seiner/ihrer präferierten Hotelketten (evoked set) am nächsten zum Veranstaltungsort liegt, betrachtet den Preis für ein Einzelzimmer und wählt ein Hotel aus.*

Bei **impulsiven Kaufentscheidungsprozessen** spielen emotionale Prozesse eine dominierende Rolle, während kognitive Prozesse eine eher geringe Bedeutung haben. Es handelt sich um einen schnellen, ungeplanten Spontankauf. Die Kaufentscheidung geht z. B. mit Freude und Überraschung über das Angebot einher. *Beispielsweise hört ein Pärchen auf dem Weg nach Hause, wie in einer Kneipe Live-Musik gespielt wird und entscheidet spontan, die Kneipe zu betreten.* Denkbar ist aber auch, dass ein Spontankauf durch Angst ausgelöst wird. *Beispielsweise schließt ein:e Reisende:r spontan bei der Buchung der Reise die vom Anbieter vorgeschlagene Reiseversicherung ab.*

Bei **habitualisierten** oder **routinemäßigen Kaufentscheidungsprozessen** spielen sowohl kognitive als auch emotionale Prozesse eine eher geringe Rolle. Die Entscheidung beruht auf Gewohnheit und ist durch Schnelligkeit und maximale kognitive Entlastung beim Kunden charakterisiert. Gewohnheiten sind gelernte Abfolgen von Aktivitäten, die zu automatisierten, größtenteils unbewussten Reaktionen im Rahmen der Bedürfnisbefriedigung werden (Wang et al. 2013). Während bei limitierten Entscheidungen einige wenige Alternativen verglichen werden, finden habitualisierte Käufe größtenteils ohne weitere Überlegung statt. *Beispielsweise besuchen viele Kund:innen immer wieder den gleichen Friseursalon.*

Im Rahmen einer Consumption Journey bzw. der Kompatibilitätsprüfung treffen Konsumenten also stets Entscheidungen darüber, welche Anbieter sie als Ressource integrieren möchten. Diese kann der Kunde vorab für die gesamte Consumption Journey (z. B. plant ein Kunde seine Urlaubsreise vorab bis ins Detail durch) oder nach und nach treffen (z. B. fährt ein Kunde mit dem Auto in den Urlaub und sucht sich vor Ort ein Hotel). Besteht eine Consumption Journey aus vielen komplexen Entscheidungen, die der Kunde extensiv trifft, erfordert dies viel kognitive und emotionale Anstrengung. *Beispielsweise muss ein:e Bauherr:in oft viele verschiedene Anbieter heranziehen und viele Entscheidungen im Rahmen der Ausstattung des Hauses treffen.*

Hat der Kunde sich für einen Dienstleister im Rahmen seiner Consumption Journey entschieden, so unternimmt er vorbereitende Aktivitäten, um die Dienstleistung in Anspruch nehmen zu können.

Literatur

Ajzen I (1985) From intentions to actions: a theory of planned behavior. In: Kuhl J, Beckmann J (Hrsg) Action control. Springer, Berlin/Heidelberg, S 11–39

Ajzen I (1991) The theory of planned behavior. Organ Behav Hum Decis Process 50:179–211

Akaka MA, Parry G (2019) Value-in-context: an exploration of the context of value and the value of context. In: Maglio PP, Kieliszewski CA, Spohrer JC, Lyons K, Patrício L, Sawatani Y (Hrsg) Handbook of service science. Springer, Cham, S 457–477

Akaka MA, Vargo SL, Lusch RF (2013) The complexity of context: a service ecosystems approach for international marketing. J Int Mark 21:1–20

Alba JW, Williams EF (2013) Pleasure principles: a review of research on hedonic consumption. J Consum Psychol 23:2–18

Anderson L, Ostrom AL (2015) Transformative service research. J Serv Res 18:243–249

Andreasen AR, Goldberg ME, Sirgy JM (2019) Foundational research on consumer welfare. Opportunities for a transformative consumer research agenda. In: Mick DG, Pettigrew S, Pechmann C, Ozanne JL (Hrsg) Transformative consumer research for personal and collective well-being. Routledge, New York/London, S 25–65

Archer M (2000) Being human: The problem of agency. Cambridge University Press, Cambridge

Arnould EJ, Thompson CJ (2005) Consumer culture theory (CCT): twenty years of research. J Consum Res 31:868–882

Babin BJ, James KW (2010) A brief retrospective and introspective on value. Eur Bus Rev 22:471–478

Babin BJ, Darden WR, Griffin M (1994) Work and/or fun: measuring hedonic and utilitarian shopping value. J Consum Res 20:644–656

Ballantyne D (2004) Dialogue and its role in the development of relationship specific knowledge. J Bus Ind Mark 19:114–123

Bandura A (1977) Self-efficacy: toward a unifying theory of behavioral change. Psychol Rev 84:191–215

Becker L, Jaakkola E, Halinen A (2020) Toward a goal-oriented view of customer journeys. J Serv Manag 31:767–790

Black IR, Cherrier H (2010) Anti-consumption as part of living a sustainable lifestyle: daily practices, contextual motivations and subjective values. J Consum Behav 9:437–453

Blocker CP, Flint DJ (2007) Exploring the dynamics of customer value in cross-cultural business relationships. J Bus Ind Mark 22:249–259

Bolton RN, McColl-Kennedy JR, Cheung L, Gallan AS, Orsingher C, Witell L, Zaki M (2018) Customer experience challenges: bringing together digital, physical and social realms. J Serv Manag 29:776–808

Bouckenooghe D, Vanderheyden K, Mestdagh S, van Laethem S (2007) Cognitive motivation correlates of coping style in decisional conflict. J Psychol 141:605–625

Bourdieu P (1982) Die feinen Unterschiede. Kritik der gesellschaftlichen Urteilskraft. Suhrkamp, Frankfurt am Main

Bruce HL, Wilson HN, Macdonald EK, Clarke B (2019) Resource integration, value creation and value destruction in collective consumption contexts. J Bus Res 103:173–185

Butler C, Parkhill KA, Pidgeon NF (2016) Energy consumption and everyday life: choice, values and agency through a practice theoretical lens. J Consum Cult 16:887–907

Büttner OB, Florack A, Göritz AS (2014) Shopping orientation as a stable consumer disposition and its influence on consumers' evaluations of retailer communication. Eur J Mark 48:1026–1045

Caridà A, Edvardsson B, Colurcio M (2019) Conceptualizing resource integration as an embedded process: matching, resourcing and valuing. Mark Theory 19:65–84

Carrington MJ, Neville BA, Whitwell GJ (2010) Why ethical consumers don't walk their talk: towards a framework for understanding the gap between the ethical purchase intentions and actual buying behaviour of ethically minded consumers. J Bus Ethics 97:139–158

Carù A, Cova B (2003) Revisiting consumption experience. Mark Theory 3:267–286

Chandler JD, Chen S (2016) Practice styles and service systems. J Serv Manag 27:798–830

Chandler JD, Vargo SL (2011) Contextualization and value-in-context: how context frames exchange. Mark Theory 11:35–49

Chen Z, Dubinsky AJ (2003) A conceptual model of perceived customer value in e-commerce: a preliminary investigation. Psychol Mark 20:323–347

Chevtchouk Y, Veloutsou C, Paton RA (2021) The experience – economy revisited: an interdisciplinary perspective and research agenda. J Prod Brand Manag 30:1288–1324

Collier JE, Barnes DC (2015) Self-service delight: exploring the hedonic aspects of self-service. J Bus Res 68:986–993

Dehling S, Edvardsson B, Tronvoll B (2022) How do actors coordinate for value creation? A signaling and screening perspective on resource integration. J Serv Mark 36:18–26

Echeverri P, Skålén P (2011) Co-creation and co-destruction: a practice-theory based study of interactive value formation. Mark Theory 11:351–373

Edvardsson B, Tronvoll B, Gruber T (2011) Expanding understanding of service exchange and value co-creation: a social construction approach. J Acad Mark Sci 39:327–339

Edvardsson B, Kleinaltenkamp M, Tronvoll B, McHugh P, Windahl C (2014) Institutional logics matter when coordinating resource integration. Mark Theory 14:291–309

Ellway BPW, Dean AM (2016) The reciprocal intertwining of practice and experience in value creation. Mark Theory 16:299–324

Engelhardt WH, Kleinaltenkamp M, Reckenfelderbäumer M (1993) Leistungsbündel als Absatzobjekte – Ein Ansatz zur Überwindung der Dichotomie von Sach- und Dienstleistungen. Z Betriebswirtsch Forsch 45:395–426

Epp AM, Price LL (2011) Designing solutions around customer network identity goals. J Mark 75:36–54

Fishbein M, Ajzen I (1975) Belief, attitude, intention, and behavior. An introduction to theory and research. Addison-Wesley, Reading

Fließ S (2009) Dienstleistungsmanagement. Kundenintegration gestalten und steuern. Gabler, Wiesbaden

Fließ S, Dyck S, Schmelter M (2014) Mirror, mirror on the wall – how customers perceive their contribution to service provision. J Serv Manag 25:433–469

Følstad A, Kvale K (2018) Customer journeys: a systematic literature review. J Serv Theory Pract 28:196–227

Frow P, McColl-Kennedy JR, Payne AF (2016) Co-creation practices: their role in shaping a health care ecosystem. Ind Mark Manag 56:24–39

Frow P, McColl-Kennedy JR, Payne AF, Govind R (2019) Service ecosystem well-being: conceptualization and implications for theory and practice. Eur J Mark 53:2657–2691

Giddens A (1984) The constitution of society. Polity Press, Maiden

Greene M, Rau H (2018) Moving across the life course: a biographic approach to researching dynamics of everyday mobility practices. J Consum Cult 18:60–82

Grönroos C (2011) Value co-creation in service logic: a critical analysis. Mark Theory 11:279–301

Grönroos C (2012) Conceptualising value co-creation: a journey to the 1970s and back to the future. J Mark Manag 28:1520–1534

Grönroos C, Voima P (2013) Critical service logic: making sense of value creation and co-creation. J Acad Mark Sci 41:133–150

Gummesson E, Mele C (2010) Marketing as value co-creation through network interaction and resource integration. J Bus Mark Manag 4:181–198

Haase M (2020) Considering value-related concepts in service-oriented approaches to marketing studies in light of philosophical and economic value theories. J Serv Manag Res 4:133–144

Hamilton R, Price LL (2019) Consumer journeys: developing consumer-based strategy. J Acad Mark Sci 47:187–191

Hartmann BJ, Wiertz C, Arnould EJ (2015) Exploring consumptive moments of value-creating practice in online community. Psychol Mark 32:319–340

Heinonen K, Strandvik T (2015) Customer-dominant logic: foundations and implications. J Serv Mark 29:472–484

Heinonen K, Strandvik T, Mickelsson K-J, Edvardsson B, Sundström E, Andersson P (2010) A customer-dominant logic of service. J Serv Manag 21:531–548

Heinonen K, Strandvik T, Voima P (2013) Customer dominant value formation in service. Eur Bus Rev 25:104–123

Helkkula A (2011) Characterising the concept of service experience. J Serv Manag 22:367–389

Hibbert SA, Winklhofer H, Temerak MS (2012) Customers as resource integrators. J Serv Res 15:247–261

Hillebrandt F (2014) Soziologische Praxistheorien. Eine Einführung. Springer VS, Wiesbaden

Hirschman EC, Holbrook MB (1982) Hedonic consumption: emerging concepts, methods and propositions. J Mark 46:92–101

Holbrook MB (1996) Customer value – a framework for analysis and research. Adv Consum Res 23:138–142

Holbrook MB (1999) Introduction to consumer value. In: Holbrook MB (Hrsg) Consumer value: a framework for analysis and research. Routledge, London, S 1–28

Holt DB (1995) How consumers consume: a typology of consumption practices. J Consum Res 22:1–16

Holttinen H (2010) Social practices as units of value creation: theoretical underpinnings and implications. Int J Qual Serv Sci 2:95–112

Holttinen H (2014) How practices inform the materialization of cultural ideals in mundane consumption. Consum Mark Cult 17:573–594

Huddart Kennedy E, Baumann S, Johnston J (2019) Eating for taste and eating for change: ethical consumption as a high-status practice. Soc Forces 98:381–402

Hulland J, Thompson SA, Smith KM (2015) Exploring uncharted waters: use of psychological ownership theory in marketing. J Mark Theory Pract 23:140–147

Innocent M, François-Lecompte A (2020) The value derived from a practice: an application to the case of energy savings. Recherche Et Applications En Marketing (English Edition) 35:74–96

Jaakkola E, Terho H (2021) Service journey quality: conceptualization, measurement and customer outcomes. J Serv Manag 32:1–27

Jaakkola E, Helkkula A, Aarikka-Stenroos L (2015) Service experience co-creation: conceptualization, implications, and future research directions. J Serv Manag 26:182–205

Jussila I, Tarkiainen A, Sarstedt M, Hair JF (2015) Individual psychological ownership: concepts, evidence, and implications for research in marketing. J Mark Theory Pract 23:121–139

Kalafatis SP, Pollard M, East R, Tsogas MH (1999) Green marketing and Ajzen's theory of planned behaviour: a cross-market examination. J Consum Mark 16:441–460

Kankainen A, Vaajakallio K, Kantola V, Mattelmäki T (2012) Storytelling group – a co-design method for service design. Behav Inform Technol 31:221–230

Karababa E, Kjeldgaard D (2014) Value in marketing. Mark Theory 14:119–127

Karlsson J, Skålén P (2022) Learning resource integration by engaging in value cocreation practices: a study of music actors. J Serv Theory Pract 32:14–35

Katz ML, Shapiro C (1985) Network externalities, competition, and compatibility. Am Econ Rev 75:424–440

Kemppainen T, Uusitalo O (2022) Introducing a sensemaking perspective to the service experience. J Serv Theory Pract 32:283–301

Khalifa AS (2004) Customer value: a review of recent literature and an integrative configuration. Manag Decis 42:645–666

Kim S-H, Nam S (2004) Across the threshold: role of performance and compatibility in innovative new products' market penetration. Ind Mark Manag 33:689–699

Kim Y, Park S-Y (2009) Reverse acculturation: a new cultural phenomenon examined through an emerging wedding practice of Korean Americans in the United States. Fam Consum Sci Res J 37:359–375

Kleinaltenkamp M, Brodie RJ, Frow P, Hughes T, Peters LD, Woratschek H (2012) Resource integration. Mark Theory 12:201–205

Korkman O (2006) Customer value formation in practice. A practice-theoretical approach. Dissertation, Hanken School of Economics (Svenska handelshögskolan), Helsinki

Koskela-Huotari K, Vargo SL (2016) Institutions as resource context. J Serv Theory Pract 26:163–178

Kroeber-Riel W, Gröppel-Klein A (2019) Konsumentenverhalten, 11. vollst. überarb., akt. und erg. Aufl. Franz Vahlen, München

Ladhari R, Souiden N, Dufour B (2017) The role of emotions in utilitarian service settings: the effects of emotional satisfaction on product perception and behavioral intentions. J Retail Consum Serv 34:10–18

Lamers M, van der Duim R, Spaargaren G (2017) The relevance of practice theories for tourism research. Ann Tour Res 62:54–63

Laroche M, McDougall GHG, Bergeron J, Yang Z (2004) Exploring how intangibility affects perceived risk. J Serv Res 6:373–389

Laud G, Karpen IO, Mulye R, Rahman K (2015) The role of embeddedness for resource integration. Mark Theory 15:509–543

Lee S, Kim D-Y (2018) The effect of hedonic and utilitarian values on satisfaction and loyalty of Airbnb users. Int J Contemp Hosp Manag 30:1332–1351

Leite Ferreira JK (2016) Die Wertkette des Konsumenten. Die Analyse der Wertentwicklung in kundenseitigen Nutzungsprozessen. Dissertation, Universität Trier, Trier

Lemon KN, Verhoef PC (2016) Understanding customer experience throughout the customer journey. J Mark 80:69–96

Leroi-Werelds S (2019) An update on customer value: state of the art, revised typology, and research agenda. J Serv Manag 30:650–680

Lusch RF, Vargo SL (2006) Service-dominant logic: reactions, reflections and refinements. Mark Theory 6:281–288

Lusch RF, Vargo SL (2014) Service-dominant logic. premises, perspectives, possibilities. Cambridge University Press, Cambridge

Lyon P, Mattsson Sydner Y, Fjellström C, Janhonen-Abruquah H, Schröder M, Colquhoun A (2011) Continuity in the kitchen: how younger and older women compare in their food practices and use of cooking skills. Int J Consum Stud 35:529–537

Mahr D, Stead S, Odekerken-Schröder G (2019) Making sense of customer service experiences: a text mining review. J Serv Mark 33:88–103

Mainieri T, Barnett EG, Valdero TR, Unipan JB, Oskamp S (1997) Green buying: the influence of environmental concern on consumer behavior. J Soc Psychol 137:189–204

McColl-Kennedy JR, Gustafsson A, Jaakkola E, Klaus P, Radnor ZJ, Perks H, Friman M (2015) Fresh perspectives on customer experience. J Serv Mark 29:430–435

McColl-Kennedy JR, Hogan SJ, Witell L, Snyder H (2017) Cocreative customer practices: effects of health care customer value cocreation practices on well-being. J Bus Res 70:55–66

McDonald S, Oates CJ, Thyne M, Timmis AJ, Carlile C (2015) Flying in the face of environmental concern: why green consumers continue to fly. J Mark Manag 31:1503–1528

McGregor SL, Goldsmith EB (1998) Expanding our understanding of quality of life, standard of living, and well-being. J Fam Consum Sci 90:2–6

Michel S, Vargo SL, Lusch RF (2008) Reconfiguration of the conceptual landscape: a tribute to the service logic of Richard Normann. J Acad Mark Sci 36:152–155

Mick DG, Pettigrew S, Pechmann C, Ozanne JL (2019) Origins, qualities, and envisionments of transformative consumer research. In: Mick DG, Pettigrew S, Pechmann C, Ozanne JL (Hrsg) Transformative consumer research for personal and collective well-being. Routledge, New York/London, S 3–24

Mitchell V-W, Greatorex M (1993) Risk perception and reduction in the purchase of consumer services. Serv Ind J 13:179–200

Mittal B (1988) Achieving higher seat belt usage: the role of habit in bridging the attitude-behavior gap. J Appl Soc Psychol 18:993–1016

Moser AK (2015) Thinking green, buying green? Drivers of pro-environmental purchasing behavior. J Consum Mark 32:167–175

Nguyen DT, DeWitt T, Russell-Bennett R (2012) Service convenience and social servicescape: retail vs hedonic setting. J Serv Mark 26:265–277

Niva M, Mäkelä J, Kahma N, Kjærnes U (2014) Eating sustainably? Practices and background factors of ecological food consumption in four nordic countries. J Consum Policy 37:465–484

Normann R (2001) Reframing business. When the map changes the landscape. Wiley, Chichester/Weinheim

OECD (2013) OECD guidelines on measuring subjective well-being. OECD Publishing, Paris

Pantzar M, Shove E (2010) Understanding innovation in practice: a discussion of the production and re-production of nordic walking. Tech Anal Strat Manag 22:447–461

Peters LD, Löbler H, Brodie RJ, Breidbach CF, Hollebeek LD, Smith SD, Sörhammar D, Varey RJ (2014) Theorizing about resource integration through service-dominant logic. Mark Theory 14:249–268

Phipps M, Ozanne JL (2017) Routines disrupted: reestablishing security through practice alignment. J Consum Res 44:361–380

Plé L (2013) How does the customer fit in relational coordination? An empirical study in mutlichannel retail banking. J Serv Manag 16:1–30

Plé L, Chumpitaz Cáceres R (2010) Not always co-creation: introducing interactional co-destruction of value in service-dominant logic. J Serv Mark 24:430–437

Ponsignon F (2023) Making the customer experience journey more hedonic in a traditionally utilitarian service context: a case study. J Serv Manag 34:294–315

Prebensen NK, Rosengren S (2016) Experience value as a function of hedonic and utilitarian dominant services. Int J Contemp Hosp Manag 28:113–135

Ramaswamy V (2011) It's about human experiences … and beyond, to co-creation. Ind Mark Manag 40:195–196

Reckwitz A (2002) Toward a theory of social practices. Eur J Soc Theory 5:243–263

Reckwitz A (2003) Grundelemente einer Theorie sozialer Praktiken/Basic elements of a theory of social practices. Z Soziol 32:282–301

Reckwitz A (2007) Anthony Giddens. In: Kaesler D (Hrsg) Klassiker der Soziologie. Von Talcott Parsons bis Anthony Giddens, Bd 2, 5. Aufl. C. H. Beck, München, S 311–338

Rogers EM (1995) Diffusion of innovations. Free Press, New York

Roggeveen AL, Rosengren S (2022) From customer experience to human experience: uses of systematized and non-systematized knowledge. J Retail Consum Serv 67:102967

Ryu K, Han H, Jang S (2010) Relationships among hedonic and utilitarian values, satisfaction and behavioral intentions in the fast-casual restaurant industry. Int J Contemp Hosp Manag 22:416–432

Sandberg J, Tsoukas H (2020) Sensemaking reconsidered: towards a broader understanding through phenomenology. Organ Theory 1:1–34

Schallehn H, Seuring S, Strähle J, Freise M (2019) Defining the antecedents of experience co-creation as applied to alternative consumption models. J Serv Manag 30:209–251

Schatzki TR (1996) Social practices. A Wittgensteinian approach to human activity and the social. Cambridge University Press, Cambridge

Schatzki TR (2002) The site of the social. A philosophical account of the constitution of social life and change. Pennsylvania State University Press, University Park

Schatzki TR (2003) A new societist social ontology. Philos Soc Sci 33:174–202

Schau HJ, Akaka MA (2021) From customer journeys to consumption journeys: a consumer culture approach to investigating value creation in practice-embedded consumption. AMS Rev 11:9–22

Schau HJ, Muñiz AM, Arnould EJ (2009) How brand community practices create value. J Mark 73:30–51

Scherer K (2003) Emotion. In: Stroebe W, Jonas K, Hewstone M, Reiss M (Hrsg) Sozialpsychologie. Eine Einführung, 4., überarb. und erw. Aufl. Springer, Berlin, S 165–213

Schlager T, Maas P (2012) Reframing customer value from a dominant logics perspective. Markt 51:101–113

Schwarzer R (2008) Modeling health behavior change: how to predict and modify the adoption and maintenance of health behaviors. Appl Psychol 57:1–29

Sheth JN, Newman BI, Gross BL (1991) Why we buy what we buy: a theory of consumption values. J Bus Res 22:159–170

Shove E (2003) Converging conventions of comfort, cleanliness and convenience. J Consum Policy 26:395–418

Shove E, Pantzar M, Watson M (2012) The dynamics of social practice. Everyday life and how it changes. Sage Publications, London

Simon HA (1955) A behavioral model of rational choice. Q J Econ 69:99–118

Sirgy JM (2010) Toward a quality-of-life theory of leisure travel satisfaction. J Travel Res 49:246–260

Southerton D, Olsen W, Warde A, Cheng S-L (2012) Practices and trajectories: a comparative analysis of reading in France, Norway, the Netherlands, the UK and the USA. J Consum Cult 12:237–262

Strengers Y (2011) Negotiating everyday life: the role of energy and water consumption feedback. J Consum Cult 11:319–338

Tian KT, Bearden WO, Hunter GL (2001) Consumers' need for uniqueness: scale development and validation. J Consum Res 28:50–66

Trommsdorff V, Teichert T (2011) Konsumentenverhalten, 8., vollst. überarb. Aufl. Kohlhammer, Stuttgart

Turner SP (1994) The social theory of practices. Tradition, tacit knowledge and presuppositions. Polity Press, Oxford

Tynan C, McKechnie S, Hartley S (2014) Interpreting value in the customer service experience using customer-dominant logic. J Mark Manag 30:1058–1081

Uhrich S, Benkenstein M (2012) Physical and social atmospheric effects in hedonic service consumption: customers' roles at sporting events. Serv Ind J 32:1741–1757

Varela FJ, Thompson E, Rosch E (2000) The embodied mind. Cognitive science and human experience, 8. Aufl. MIT Press, Cambridge

Vargo SL, Akaka MA (2009) Service-dominant logic as a foundation for service science: clarifications. Serv Sci 1:32–41

Vargo SL, Lusch RF (2004) Evolving to a new dominant logic for marketing. J Mark 68:1–17

Vargo SL, Lusch RF (2008a) Service-dominant logic: continuing the evolution. J Acad Mark Sci 36:1–10

Vargo SL, Lusch RF (2008b) Why "service"? J Acad Mark Sci 36:25–38

Vargo SL, Lusch RF (2016) Institutions and axioms: an extension and update of service-dominant logic. J Acad Mark Sci 44:5–23

Voorhees CM, Fombelle PW, Grégoire Y, Bone SA, Gustafsson A, Sousa R, Walkowiak T (2017) Service encounters, experiences and the customer journey: defining the field and a call to expand our lens. J Bus Res 79:269–280

Wakefield KL, Blodgett JG (1999) Customer response to intangible and tangible service factors. Psychol Mark 16:51–68

Wang C, Harris J, Patterson PG (2013) The roles of habit, self-efficacy, and satisfaction in driving continued use of self-service technologies. J Serv Res 16:400–414

Warde A (2005) Consumption and theories of practice. J Consum Cult 5:131–153

Warde A (2014) After taste: culture, consumption and theories of practice. J Consum Cult 14:279–303

Wieland H, Koskela-Huotari K, Vargo SL (2016) Extending actor participation in value creation: an institutional view. J Strateg Mark 24:210–226

Wolf M, McQuitty S (2011) Understanding the do-it-yourself consumer: DIY motivations and outcomes. AMS Rev 1:154–170

Woratschek H, Horbel C, Popp B (2020) Conceptualizing resource integration: the pecular role of pure public resources. J Serv Manag Res 4:157–169

Wu B, Yang W (2018) What do Chinese consumers want? A value framework for luxury hotels in China. Int J Contemp Hosp Manag 30:2037–2055

Xie C, Bagozzi RP, Troye SV (2008) Trying to prosume: toward a theory of consumers as co-creators of value. J Acad Mark Sci 36:109–122

Zeelenberg M, Pieters R (2007) A theory of regret regulation 1.0. J Consum Psychol 17:3–18

Zeithaml VA (1988) Consumer perceptions of price, quality, and value: a means-end model and synthesis of evidence. J Mark 52:2–22

Zeithaml VA, Verleye K, Hatak I, Koller M, Zauner A (2020) Three decades of customer value research: paradigmatic roots and future research avenues. J Serv Res 23:409–432

Vorbereitende Kundenaktivitäten in der Pre-Service-Phase

Zusammenfassung

In der Zeit zwischen der Kaufentscheidung und der Service-Phase des Dienstleistungsprozesses führen Kunden vorbereitende Aktivitäten durch. Es lassen sich die kognitive und affektive Antizipation sowie die konkreten Vorbereitungsaktivitäten unterscheiden. Die kognitive Antizipation bezieht sich auf die Erwartungen des Kunden im Hinblick darauf, wie der Dienstleistungsprozess ablaufen wird und was er während des Prozesses tun muss. Die affektive Antizipation bezieht sich auf die Erwartungen des Kunden im Hinblick darauf, was er während des Dienstleistungsprozesses erlebt und wie er sich dabei fühlen wird. Die konkreten vorbereitenden Aktivitäten lassen sich in obligatorische und freiwillige Vorbereitungsaktivitäten unterteilen.

3.1 Die Antizipation der Service-Phase

Vorbereitende Kundenaktivitäten werden in der Zeit zwischen der Kaufentscheidung und der Service-Phase des Dienstleistungsprozesses durchgeführt (Eichentopf et al. 2011; Fließ et al. 2014; Abb. 3.1). Eine empirische Studie zeigt, dass Kunden ihre vorbereitenden Aktivitäten, wie das Planen oder zum Dienstleister gelangen, in der Regel als Teil des Dienstleistungsprozesses betrachten (Fließ et al. 2015). In der Dienstleistungsforschung gibt es jedoch noch wenig Erkenntnisse dazu, wie Kunden sich vorbereiten, wie diese Aktivitäten beeinflusst werden und wie sie den späteren Dienstleistungsprozess beeinflussen (Fließ et al. 2015). Mit dem Perspektivwechsel in Richtung Praktiken, Ressourcenintegration und Customer-Dominant Logic gewinnen diese Aktivitäten jedoch an Bedeutung (Mickelsson 2013).

© Der/die Autor(en), exklusiv lizenziert an Springer Fachmedien Wiesbaden GmbH, ein Teil von Springer Nature 2024
S. Fließ et al., *Management von Dienstleistungsprozessen*,
https://doi.org/10.1007/978-3-658-44147-0_3

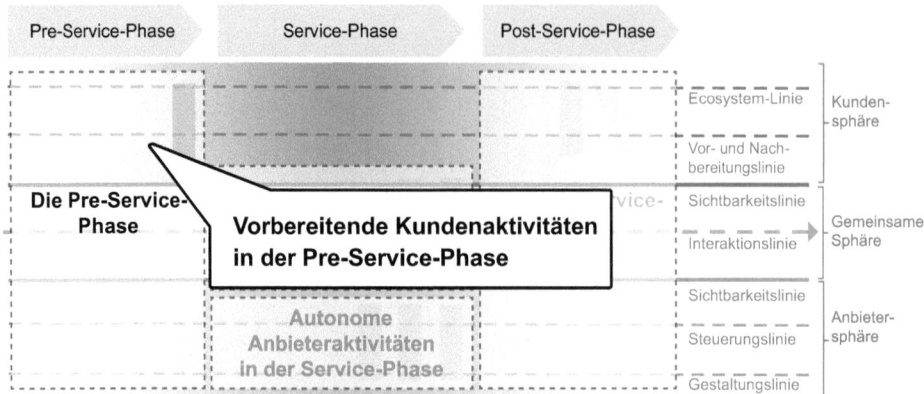

Abb. 3.1 Vorbereitende Kundenaktivitäten in der Pre-Service-Phase – Einordnung im Service-Blueprint

In Bezug auf das ServiceBlueprint überquert der Kunde bei den vorbereitenden Aktivitäten die Ecosystem-Linie. Der Kunde hat sich jetzt für die Nutzung einer Dienstleistung entschieden, sodass die vorbereitenden Aktivitäten mit dieser konkreten Dienstleistung in Verbindung stehen. Es lassen sich die kognitive und emotionale Antizipation sowie die konkreten Vorbereitungsaktivitäten unterscheiden.

Kunden führen eine Art Simulation von möglichen zukünftigen Erfahrungen im Kopf durch. So können sie sich vorstellen, was sie und andere tun werden, wie sie sich fühlen werden, welche Momente Freude bereiten werden oder auch welche Probleme entstehen können, sowie welchen Wert sie insgesamt erhalten werden (De Keyser et al. 2015; Fließ et al. 2014). Dies kann als **antizipierter Wert** oder als **antizipiertes Erlebnis (anticipated experience)** bezeichnet werden (Helkkula et al. 2012). Es handelt sich dabei um die mentale Simulation – ein **imaginäres Erlebnis (imaginary experience**; Helkkula und Kelleher 2010) –, das rein in der Vorstellung und Fantasie des Kunden stattfindet (Kappes und Morewedge 2016; Papies et al. 2017).

▶ **Antizipation** wird als mentaler Prozess eines Kunden gesehen, bei dem der Kunde über zukünftige Ereignisse sowie über die möglichen physischen, mentalen, sozialen und emotionalen Wirkungen einer zukünftigen Dienstleistung nachdenkt (Vichiengior et al. 2019).

Die Antizipation bildet sich insbesondere durch frühere Erfahrungen im Leben des Kunden (Oliver 2014, S. 63). Dabei muss es sich nicht notwendigerweise um Erfahrungen mit dem gleichen Dienstleister und seinem Dienstleistungsprozess handeln, sondern auch Erfahrungen mit anderen Dienstleistern beeinflussen die Antizipation. Zudem wird sie durch Kommunikationsmaßnahmen des Anbieters (z. B. Werbung, Gestaltung der Dienstleistungsumgebung), durch Empfehlungen und Bewertungen anderer Kunden sowie durch Informationen in den Medien beeinflusst (Oliver 2014, S. 76–77).

Die Antizipation besteht aus einer kognitiven und einer affektiven Komponente. Kunden bedenken, was sie vor und während des Dienstleistungsprozesses tun müssen (kognitiv) und was sie fühlen und erleben werden (affektiv).

Die **kognitive Antizipation** bezieht sich auf die Erwartungen des Kunden im Hinblick darauf, wie der Dienstleistungsprozess ablaufen wird und was er während des Prozesses tun muss. Diese Erwartungen basieren auf dem **Service-Skript (service script)** (Abschn. 6.2.2). Ein Service-Skript ist ein individuelles mentales Modell bezüglich des Ablaufs eines Dienstleistungsprozesses. Die kognitive Antizipation dieses Skripts spielt eine wichtige Rolle für die Zusammenarbeit zwischen Kunde und Anbieter im Value Co-Creation-Prozess. Der Kunde überlegt sich, wie er sich auf den Dienstleistungsprozess vorbereitet und wie er später mit dem Anbieter zusammenarbeiten will, um einen höchstmöglichen Wert herbeizuführen (Fließ et al. 2014). Für den Kunden ist es wichtig, dass er sich über den Prozess im Klaren ist, da er sonst nicht genau weiß, was ihn erwartet. Insbesondere muss er seine eigene Rolle im Prozess verstehen (vgl. hierzu vertiefend Abschn. 7.2).

Die **affektive Antizipation** bezieht sich auf die Erwartungen des Kunden im Hinblick darauf, was er während des Dienstleistungsprozesses erlebt und wie er sich dabei fühlen wird. Dies ist mit Emotionen verbunden, die im Moment der Antizipation empfunden werden (De Keyser et al. 2015; Fließ et al. 2014; Helkkula et al. 2012). Die Emotionen entstehen durch das antizipierte Erlebnis, dass später real in der Service-Phase tatsächlich wie vorgestellt oder aber auch ganz anders sein kann. Die Emotionen werden aber bereits erlebt, sodass die Antizipation selbst auch ein Erlebnis darstellt. Dies kann als **Antizipationserlebnis** bezeichnet werden. Generell empfinden Menschen Emotionen in Antizipation eines Ereignisses intensiver, als wenn sie später an das vergangene Ereignis zurückdenken (van Boven und Ashworth 2007). Dies ist vermutlich darauf zurückzuführen, dass die Unsicherheit über die Zukunft die Emotionen verstärkt. Außerdem können Rationalisierungsprozesse dazu führen, dass Emotionen im Nachhinein als weniger intensiv erinnert werden (van Boven und Ashworth 2007). Im Zuge der affektiven Antizipation können Kunden überwiegend positive (Vorfreude) oder überwiegend negative (Angst, Besorgnis) Emotionen empfinden.

- Der Antizipation eines positiven Ereignisses bzw. der **Vorfreude** wird eine große Bedeutung für den Wertgenerierungsprozess des Kunden zugeschrieben (Palmer 2010; Schallehn et al. 2019). Menschen genießen die Zeit in Erwartung einer hedonistischen Erfahrung (Alba und Williams 2013; Vichiengior et al. 2019). *Eine Familie freut sich monatelang auf den bereits gebuchten Urlaub. Ein:e Freizeitparkbesucher:in hat bereits zu Hause ein kribbeliges Gefühl im Bauch.* Es hat sich sogar herausgestellt, dass die meisten Menschen es bevorzugen, eine (begrenzte) Zeit zu warten, statt eine positive Erfahrung sofort zu erleben (Chan und Mukhopadhyay 2010; Loewenstein 1987). Die positiven Emotionen im Zuge der Antizipation haben also einen Wert in dem Moment, in dem sie erlebt werden (**Value-in-Anticipation**).

- Die Antizipation negativer Ereignisse ruft negative Emotionen wie Besorgnis oder Furcht hervor (Harrison und Beatty 2011). **Besorgnis** oder **Unsicherheit** entsteht dann, wenn der Kunde nicht über entsprechende Vorerfahrungen verfügt und das Service-Skript noch nicht genau kennt, sodass er nicht einschätzen kann, ob die Dienstleistung kompatibel mit seinem Wertgenerierungsprozess sein wird. Beispielsweise weiß der Kunde nicht, ob der erhoffte Wert tatsächlich entstehen wird, oder er antizipiert bestimmte organisatorische Friktionen, z. B. wenn er glaubt, dass ein Zeitfenster schwer einzuhalten ist. *So machen sich viele Reisende bereits vorher darüber Gedanken, ob sie den Anschluss rechtzeitig erreichen oder die Kontrolle am Flughafen rechtzeitig durchlaufen werden.* **Furcht** kann durch negative Erfahrungen aus der Vergangenheit entstehen oder bei ungewollten, aber notwendigen Dienstleistungen, bei denen der Kunde ein hohes Risiko antizipiert (z. B. Krankenhausaufenthalt, Anwaltsberatung).

Die Erwartungen und antizipierten Emotionen werden im Gehirn gespeichert und ggf. später reaktiviert (Chun et al. 2017; Koenig-Lewis und Palmer 2014; Nowlis et al. 2004). Die kognitive sowie die affektive Antizipation beeinflussen dadurch den wahrgenommenen Wert sowie das Kundenverhalten in allen Phasen des Dienstleistungsprozesses (Schallehn et al. 2019). In der Pre-Service-Phase beeinflusst die Antizipation, welche und wie viele sichtbare vorbereitenden Aktivitäten Kunden durchführen. Die Antizipation beeinflusst außerdem das Kundenverhalten während der Service-Phase, wie z. B. die Art und Häufigkeit, mit der der Kunde mit dem Anbieter interagiert, sowie die Bereitschaft aktiv mitzuwirken (Schallehn et al. 2019). Die Antizipation wirkt sich zudem auf die Bewertung des Dienstleistungsprozesses in der Service- und in der Post-Service-Phase aus, in der der wahrgenommene Wert mit dem antizipierten Wert abgeglichen wird (Palmer 2010).

Während die Antizipation mentale Aktivitäten und Emotionen enthalten, beinhalten Vorbereitungsaktivitäten vor allem physische Aktivitäten, die auf der Basis der kognitiven und affektiven Antizipation basieren.

3.2 Vorbereitungsaktivitäten

Vorbereitungsaktivitäten werden generell durchgeführt, um einen reibungslosen Ablauf des Dienstleistungsprozesses zu ermöglichen (Fließ et al. 2015) bzw. um einen höchstmöglichen Wert herbeizuführen. Sie nehmen einen umso wichtigeren Stellenwert ein, wenn Kunden im Vorfeld Probleme oder Unannehmlichkeiten antizipieren, wodurch Besorgnis oder Furcht entsteht (Harrison und Beatty 2011). In solchen Fällen führen Kunden im Vorfeld Vorbereitungen durch, um die Probleme oder Unannehmlichkeiten zu verhindern (Vichiengior et al. 2019).

Die Vorbereitungsaktivitäten des Kunden können danach unterschieden werden, ob sie für den Dienstleistungsprozess obligatorisch bzw. notwendig oder freiwillig bzw. ergänzend sind (Bitner et al. 1997; Dong und Sivakumar 2017; Fließ et al. 2014) (vgl. auch Abschn. 8.2.1).

- **Obligatorische bzw. notwendige Vorbereitungsaktivitäten** sind solche, die auf Basis des Service-Skripts gefordert werden bzw. die die Nutzung einer bestimmten Dienstleistung überhaupt erst ermöglichen. *Ein:e Urlaubsreisende:r packt den Koffer, denkt daran, den Ausweis mitzunehmen, informiert sich über den Weg zum Flughafen und fährt mit dem Auto zum Flughafen.* Insbesondere bei komplexen oder technischen, aber auch bei vielen alltäglichen Dienstleistungen müssen Kunden sich Prozeduren oder technische Schritte aneignen. *Der/die Reisende liest die Anleitung, wie er/sie das ge-buchte Ticket ausdrucken und mitnehmen kann.*
- **Freiwillige bzw. ergänzende Vorbereitungsaktivitäten** sind solche, die die Nutzung einer bestimmten Dienstleistung aus Sicht des Kunden verbessern, jedoch nicht zwingend für den Dienstleistungsprozess selbst erforderlich sind. *So schaut sich der/die Reisende Bilder des Urlaubsortes an, lernt einige Sätze der Landessprache und schaut sich bereits den Stadtplan an, damit er/sie sich vor Ort leichter orientieren kann.*

Dem Modell des Ressourcenintegrationsprozesses zufolge umfassen die Vorbereitungsaktivitäten Aktivitäten zur Kompatibilitätsprüfung, zur Mobilisierung von Ressourcen und zum Ressourcentransfer (Abschn. 2.4.2). Eine empirische Studie von Bruce et al. (2019) verdeutlicht, wie Familien bei der Nutzung eines Fernsehabonnements durch vorbereitende Aktivitäten Wert kreieren. Dabei zeigt sich, dass die Familien zunächst Fähigkeiten entwickeln müssen, bis sie alle Attribute der Leistung, wie z. B. „on demand", verwenden können (notwendige Vorbereitungsaktivität). Außerdem bereiten sich viele Familien vor, indem sie ihre weiteren täglichen Aktivitäten so planen, dass sie bestimmte Sendungen gemeinsam schauen können (Ecosystem-Aktivitäten). Der letzte Punkt zeigt noch einmal, dass Dienstleistungen mit vielen anderen Wertgenerierungsprozessen des Kunden in seinem Ecosystem verknüpft sind.

Harrison und Beatty (2011) schlagen eine weitere Kategorisierung der Vorbereitungsaktivitäten vor, die sich auf den Vorbereitungsgegenstand bezieht: Kunden bereiten sich selbst (mental oder physisch), ihre Besitztümer oder andere Personen vor.

- Kunden bereiten **sich selbst mental** vor, indem sie sich auf die Dienstleistung einstellen, Informationen sammeln oder den Ablauf planen. Dies steht in Verbindung mit der kognitiven Antizipation, indem der Kunde Informationen über das Service-Skript sammelt. *Ein:e Kund:in überlegt vorher, was er/sie im Gespräch mit dem Arzt/der Ärztin sagen möchte.*
- Kunden bereiten **sich selbst physisch** vor, indem sie z. B. ihr Erscheinungsbild pflegen, um keine sozialen Unannehmlichkeiten zu erfahren. *So putzen manche Menschen ihre Zähne vor dem Zahnarztbesuch besonders gründlich.*
- Kunden bereiten ihre **Objekte** vor, damit diese in die Service-Phase miteingebracht werden können oder auch um diese zu schützen. *Ein:e Kund:in räumt die Wohnung auf, damit die Putzkraft diese reinigen kann.*
- Kunden können **andere Personen** vorbereiten, indem sie diesen z. B. den Ablauf der Dienstleistung erklären. *Die Eltern sagen ihren Kindern, wie sie sich im Restaurant zu verhalten haben.*

Vorbereitende Aktivitäten können vom Kunden positiv bewertet werden, wenn diese mit einer gewissen Vorfreude einher gehen. Kunden führen manchmal sogar absichtlich ergänzende Vorbereitungsaktivitäten durch, die die affektive Antizipation bzw. die Vorfreude ermöglichen oder verstärken (Ryan et al. 2018). *Ein Pärchen sieht sich zusammen Bilder des Hotels und der Umgebung an, genießt die Planung der Ausflüge vor Ort und redet mit Freund:innen über den geplanten Urlaub. Die Freund:innen reagieren begeistert, sodass das Pärchen die Vorfreude noch mehr genießen kann.*

Vorbereitende Aktivitäten, insbesondere solche, die notwendig sind, können jedoch auch als negativ erfahren werden, wenn sie als Aufwand wahrgenommen werden oder mit Stress verbunden sind (Fließ et al. 2015). Die Aktivitäten werden dann als Beeinträchtigung der Zielerreichung empfunden, sodass sich der Wert der Dienstleistung insgesamt verringert. *Ein:e Kund:in empfindet die Anfahrt zum Massagedienstleister durch die vielen Baustellen auf der Strecke als dermaßen stressig, dass er/sie die Massage gar nicht mehr richtig genießen kann.*

Literatur

Alba JW, Williams EF (2013) Pleasure principles: a review of research on hedonic consumption. J Consum Psychol 23:2–18

Bitner MJ, Faranda WT, Hubbert AR, Zeithaml VA (1997) Customer contributions and roles in service delivery. Int J Serv Ind Manag 8:193–205

van Boven L, Ashworth L (2007) Looking forward, looking back: anticipation is more evocative than retrospection. J Exp Psychol Gen 136:289–300

Bruce HL, Wilson HN, Macdonald EK, Clarke B (2019) Resource integration, value creation and value destruction in collective consumption contexts. J Bus Res 103:173–185

Chan E, Mukhopadhyay A (2010) When choosing makes a good thing better: temporal variations in the valuation of hedonic consumption. J Mark Res 47:497–507

Chun HEH, Diehl K, MacInnis DJ (2017) Savoring an upcoming experience affects ongoing and remembered consumption enjoyment. J Mark 81:96–110

De Keyser A, Lemon KN, Klaus P, Keiningham TL (2015) A framework for understanding and managing the customer experience. Marketing Science Institute working paper series

Dong B, Sivakumar K (2017) Customer participation in services: domain, scope, and boundaries. J Acad Mark Sci 45:944–965

Eichentopf T, Kleinaltenkamp M, van Stiphout J (2011) Modelling customer process activities in interactive value creation. J Serv Manag 22:650–663

Fließ S, Dyck S, Schmelter M (2014) Mirror, mirror on the wall – how customers perceive their contribution to service provision. J Serv Manag 25:433–469

Fließ S, Dyck S, Schmelter M, Volkers MJD (2015) Kundenaktivitäten in Dienstleistungsprozessen – die Sicht der Konsumenten. In: Fließ S, Haase M, Jacob F, Ehret M (Hrsg) Kundenintegration und Leistungslehre. Integrative Wertschöpfung in Dienstleistungen, Solutions und Entrepreneurship. Springer Gabler, Wiesbaden, S 181–204

Harrison MP, Beatty SE (2011) Anticipating a service experience. J Bus Res 64:579–585

Helkkula A, Kelleher C (2010) Circularity of customer service experience and customer perceived value. J Cust Behav 9:37–53

Helkkula A, Kelleher C, Pihlström M (2012) Characterizing value as an experience. J Serv Res 15:59–75

Kappes HB, Morewedge CK (2016) Mental simulation as substitute for experience. Soc Personal Psychol Compass 10:405–420

Koenig-Lewis N, Palmer A (2014) The effects of anticipatory emotions on service satisfaction and behavioral intention. J Serv Mark 28:437–451

Loewenstein G (1987) Anticipation and the valuation of delayed consumption. Econ J 97:666–684

Mickelsson K-J (2013) Customer activity in service. J Serv Manag 24:534–552

Nowlis SM, Mandel N, McCabe DB (2004) The effect of a delay between choice and consumption on consumption enjoyment. J Consum Res 31:502–510

Oliver RL (2014) Satisfaction. A behavioral perspective on the consumer, 2. Aufl. Taylor & Francis, Hoboken

Palmer A (2010) Customer experience management: a critical review of an emerging idea. J Serv Mark 24:196–208

Papies EK, Best M, Gelibter E, Barsalou LW (2017) The role of simulations in consumer experiences and behavior: insights from the grounded cognition theory of desire. J Assoc Consum Res 2:402–418

Ryan G, Hernández-Maskivker G-M, Valverde M, Pàmies-Pallisé M-M (2018) Challenging conventional wisdom: positive waiting. Tour Manag 64:64–72

Schallehn H, Seuring S, Strähle J, Freise M (2019) Defining the antecedents of experience co-creation as applied to alternative consumption models. J Serv Manag 30:209–251

Vichiengior T, Ackermann C-L, Palmer A (2019) Consumer anticipation: antecedents, processes and outcomes. J Mark Manag 35:130–159

Die Gestaltung des Dienstleistungsprozesses – das Service Process Design

4

Zusammenfassung

Bei der Gestaltung des Dienstleistungsprozesses besteht die zentrale Herausforderung darin, die Kundenlogik und die Anbieterlogik, die sich in der gemeinsamen Sphäre begegnen, aufeinander abzustimmen und mögliche Konflikte zwischen ihnen zu vermeiden. Hierzu dienen die Zielsetzungen der Effektivität und der Effizienz. Auf der Basis der Austauschtheorien und des ServiceBlueprints – Lage der Sichtbarkeits- und der Interaktionslinie, Gestaltung der Interaktion und des sichtbaren Bereichs – wird gezeigt, wie Dienstleister den Service Value als eine Maßgröße der Effektivität erhöhen können. Die Effizienz wird durch verschiedene Einflussfaktoren bestimmt, die sich auf Kosten und Produktivität auswirken. Standardisierung, Modularisierung, Automatisierung, Externalisierung und Outsourcen stellen Anbietermaßnahmen dar, um die Effizienz des Value Co-Creation-Prozesses zu erhöhen.

4.1 Grundprinzipien und Ziele der Gestaltung des Dienstleistungsprozesses

Die Gestaltung des Dienstleistungsprozesses findet vor der dessen Durchführung in der Pre-Service-Phase statt (Abb. 4.1). Sie ist Teil des **Service Designs** (Andreassen et al. 2016) und kann auch als **Service Process Design** (Hill et al. 2002) bezeichnet werden. In diesem Kapitel werden die grundlegenden Aspekte des Service Process Designs behandelt. In Teil II werden dann die einzelnen Aspekte des Service Process Designs wie Aktivitäten, Interaktionen, Rollen, Skripte und Servicescape (Dienstleistungsumgebung) vertieft.

Bei der Gestaltung des Dienstleistungsprozesses besteht die zentrale Herausforderung darin, die Kundenlogik und die Anbieterlogik, die sich in der gemeinsamen Sphäre be-

© Der/die Autor(en), exklusiv lizenziert an Springer Fachmedien Wiesbaden GmbH, ein Teil von Springer Nature 2024
S. Fließ et al., *Management von Dienstleistungsprozessen*,
https://doi.org/10.1007/978-3-658-44147-0_4

Abb. 4.1 Das Service Process Design – Einordnung im ServiceBlueprint

gegnen, aufeinander abzustimmen und mögliche Konflikte zwischen ihnen zu vermeiden. Insbesondere aus den Erkenntnissen über die Einbindung der Dienstleistung in die Lebenswelt des Kunden ergeben sich die folgenden Implikationen für die Gestaltung des Dienstleistungsprozesses:

Dienstleistungen sind Teil der **Praktiken des Kunden** oder stellen eigene Praktiken dar – wie Einkaufen, Restaurants besuchen oder Urlaub machen. Daher sind die Dienstleistungsprozesse auf die Praktiken des Kunden abzustimmen. Statt zu fragen, wie der Kunde in den Dienstleistungsprozess integriert werden kann, sollte gefragt werden, wie der Dienstleister das Leben des Kunden bereichern und/oder entlasten kann (Heinonen und Strandvik 2015). Der Anbieter fungiert als **Value Facilitator**, d. h., er erleichtert oder unterstützt den Wertgenerierungsprozess des Kunden (Holmqvist et al. 2020). Dies bedeutet, dass der Anbieter Fragen nach der Art des Lebens des Kunden stellt, nach dem internen und externen Lebenskontext des Kunden, nach dem Zeitrahmen des Kunden und dem Ausmaß der Hektik im Leben des Kunden. Hieraus resultieren dann Rahmenbedingungen für die Gestaltung des Dienstleistungsprozesses, etwa im Hinblick auf Kinderbetreuungsmöglichkeiten (Lebenskontext: Leben mit Kindern), Dienstleistungsprozesse beim Kunden zu Hause (Lebenskontext: zu betreuende Angehörige), Öffnungs- bzw. Zugangszeiten (Zeitrahmen), Dauer des Dienstleistungsprozesses und Gestaltung der Dienstleistungsumgebung (Hektik) etc.

Der Dienstleistungsprozess stellt die **Plattform für die gemeinsame Wertgenerierung** dar und der Anbieter lädt den Kunden in diesen Prozess ein (Grönroos und Voima 2013). Durch die Gestaltung des Dienstleistungsprozesses und insbesondere durch die Interaktion mit dem Kunden kann der Anbieter nicht nur auf den gemeinsamen Value Co-Creation-Prozess Einfluss nehmen, sondern auch auf den Wertgenerierungsprozess des Kunden, da der Dienstleistungsprozess und die Interaktionen mit dem Anbieter Teil der Praktiken des Kunden sind (Grönroos und Gummerus 2014; Grönroos und Ravald 2011; Grönroos und Voima 2013). Neuartige Dienstleistungsprozesse verändern die Service Experience des Kunden, seinen Service Value, seinen Wertgenerierungsprozess und seine

Praktiken. Die Interaktion zwischen Anbieter und Kunde in der gemeinsamen Sphäre des Dienstleistungsprozesses ermöglicht es dem Anbieter darüber hinaus, Zugang zur Kundensphäre, zu den Kundenpraktiken und zur Ressourcenausstattung des Kunden zu gewinnen (Grönroos und Voima 2013). Dadurch kann der Anbieter den Kunden besser kennenlernen und das Wissen über die Praktiken, Präferenzen, Ressourcen und Erwartungen des Kunden in die Gestaltung des Dienstleistungsprozesses integrieren.

Aus dem **Ressourcenintegrationsansatz** resultiert die Forderung nach der Berücksichtigung der vorhandenen Ressourcen des Kunden (Holmqvist et al. 2020). Dienstleistungsprozesse stellen aber gleichzeitig auch Ressourcen zur Verfügung (Grönroos und Gummerus 2014). Über welche Ressourcen verfügt der Kunde (Fähigkeiten, Fertigkeiten, Know-how, Informationen, materielle Ressourcen) und welche benötigt er? Der Anbieter kann den Kunden dabei unterstützen den Umgang mit Ressourcen zu lernen und ihm Ressourcen verfügbar machen, sodass er besser in der Lage ist, seine Praktiken auszuüben. *Ein Fitnessstudio analysiert den Gesundheits- und Fitnesszustand des/der Kund:in, ein Anbieter von Online-Sportkursen oder Sprachkursen bietet Einstufungstests und stimmt die Kursempfehlungen auf die Ergebnisse ab. Ein Veranstalter eines Balls verleiht auch Abendkleider und Abendanzüge und bietet Tanzkurse an bzw. kooperiert mit entsprechenden Dienstleistern.*

Die **Customer Journey** betont die Notwendigkeit den Dienstleistungsprozess in die anderen (Lebens-)Prozesse des Kunden zu integrieren und die Kontaktpunkte des Kunden – sofern sie im Einflussbereich des Anbieters liegen – so zu gestalten, dass der Verlauf des Prozesses dem Kunden angenehme Erlebnisse beschert (vgl. hierzu im Detail Teil II).

Beim **Kaufentscheidungsprozess** können Anbieter Kunden entsprechend der Theorie des geplanten Verhaltens unterstützen, indem sie die Einstellung positiv beeinflussen, die Normen adressieren, die die Verhaltensintention positiv beeinflussen, und die wahrgenommene Kontrolle stärken (Collier und Sherrell 2010; Han und Kim 2010; Kroeber-Riel und Gröppel-Klein 2019, S. 475). Insbesondere Letztere spielt im Rahmen der Gestaltung der Service-Phase eine entscheidende Rolle (Abschn. 8.2.2). Darüber hinaus können sie Kunden bei extensiven Kaufprozessen entlasten, indem sie Informationen zur Verfügung stellen und den Entscheidungsprozess unterstützen, ihn in seine, habitualisierten Kaufentscheidungsprozess bestätigen – sofern der Anbieter hier der präferierte Dienstleister ist –, und impulsive Kaufprozesse durch Emotionen verstärken (Kroeber-Riel und Gröppel-Klein 2019, S. 293–297; 409–416.).

Bei der Gestaltung des Dienstleistungsprozesses sollte der Anbieter, der ja als Value Facilitator fungiert (Grönroos und Voima 2013), die Kundenperspektive in den Mittelpunkt stellen, ohne jedoch seine eigene Perspektive zu vernachlässigen. Die übergeordnete Zielsetzung des Anbieters besteht – analog zur Kundenlogik – darin Wert zu generieren. Wert stellt sich aus Anbietersicht vorwiegend in Form ökonomischer Größen dar; vereinfacht kann die Gewinnerzielung als zentrales Ziel formuliert werden. Um dauerhaft Gewinn erzielen zu können, benötigt der Anbieter einen **dauerhaften Wettbewerbsvorteil** (Abschn. 1.2.2), der sich aus einem Kundenvorteil und einem Ressourcenvorteil zusammensetzt (Fließ 2009, S. 53–64).

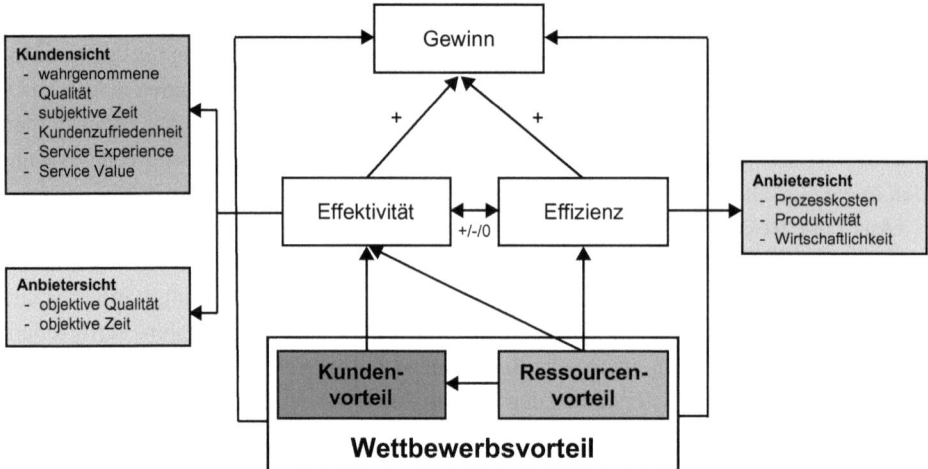

Abb. 4.2 Ziele der Gestaltung von Dienstleistungsprozessen

Der **Kundenvorteil** wird dann erreicht, wenn der Kunde durch den Dienstleistungsprozess und sein Ergebnis einen höheren Wert generiert, als dies bei anderen Anbietern –
den Wettbewerbern – der Fall ist. Der Kundenvorteil soll den Anbieter darüber hinaus in die
Lage versetzen, einen angemessenen Value-in-Exchange zu generieren, d. h., der Kunde
muss bereit sein, für die Unterstützung seiner Wertgenerierung einen entsprechenden Preis
zu zahlen. Ein **Ressourcenvorteil** besteht, wenn die eingesetzten Ressourcen des Anbieters
geeignet sind, einen Kundenvorteil zu generieren. Sowohl die Wertgenerierung aus Kundensicht als auch die Eignung der Ressourcen zur Generierung dieses Wertes zeigen sich in der
Effektivität des Dienstleistungsprozesses. Der Ressourcenvorteil zeigt sich aber auch in
der **Effizienz** der eingesetzten Ressourcen, d. h. in ihrer Ergiebigkeit. Die Zielgrößen stehen in vielfältigen Beziehungen zueinander. Wie Abb. 4.2 zeigt, führt eine höhere Effizienz
in Form größerer Produktivität, Wirtschaftlichkeit oder geringerer Kosten bei gleichbleibender Effektivität zu einem höheren Gewinn. Höhere Effektivität in Form von höherer
Qualität, höherem Service Value, höherer Service Experience oder größerer Kundenzufriedenheit führt bei gleichbleibender Effizienz ebenfalls zu einem höheren Gewinn, da
der Umsatz steigt (Wirtz und Lovelock 2022, S. 480). Die Ausprägungen und Zusammenhänge zwischen den Zielen sind in Abb. 4.2 genauer dargestellt.

4.2   Effektivität und Effizienz als Zielsetzungen des Service Process Designs

Die Effektivität des Dienstleistungsprozesses lässt sich über kundenbezogene und anbieterbezogene Zielgrößen beurteilen (vgl. Tab. 4.1). Insbesondere in Veröffentlichungen
vor der Jahrtausendwende wurde die Effektivität des Dienstleistungsprozesses anhand der

Tab. 4.1 Wettbewerbsvorteil und Zielgrößen von Effektivität und Effizienz im Dienstleistungsprozess

Quelle des Wettbewerbsvorteils	Bewertender	Zielgröße	Bewertungsmaßstab	Bewertung des Dienstleistungsprozesses im Hinblick auf
Kundenvorteil	Kunde	Service Value	Ziele, Zwecke	Erreichung des/r Ziel/e (Means-End)
			Nutzen/Opfer	Nutzen im Vergleich zu den Opfern
		Service Experience	Erfahrungen der Vergangenheit	Erfahrungen der Gegenwart
		Kundenzufriedenheit	Erwartungen	Erfüllung der Erwartungen
		Wahrgenommene Dienstleistungsqualität	Standards, Anforderungen, Erwartungen	Erfüllung der Standards, Anforderungen, Erwartungen
		Subjektive Zeit	Erwartungen an die Dauer	Erfüllung der Zeiterwartungen (Gesamtprozess, Aktivitäten)
Ressourcenvorteil	Anbieter	Objektive Qualität	Objektiv messbare Standards, Anforderungen	Erfüllung der Standards, Anforderungen
		Objektive Zeit	Gemessene Zeit	Zeitdauer (Gesamtprozess, Aktivitäten)
		Prozesskosten	Kosten einer Aktivität oder einer Aktivitätenfolge, die mittels der Prozesskostenrechnung ermittelt werden.	Höhe der Prozesskosten
		Produktivität	Verhältnis von mengenmäßigem Input zu mengenmäßigem Output	Höhe der Produktivität
		Wirtschaftlichkeit	Verhältnis von wertmäßigem Input zu wertmäßigem Output	Höhe der Wirtschaftlichkeit

kundenbezogenen Größen der wahrgenommenen Qualität, der subjektiven Zeit und der Kundenzufriedenheit bewertet (Anderson et al. 1994; Anderson 1998; Davis und Vollmann 1990; Kellogg et al. 1997; Oliver 1980, 1981, 2014; Rust und Oliver 1994; Woodruff und Gardial 1996). Ihre Entsprechung auf der **Anbieterseite** finden wahrgenommene Qualität und subjektive Zeit in der objektiven Qualität und der objektiven, d. h. in Tagen, Stunden oder Minuten messbaren Zeit (vgl. zum Qualitäts- und Zeitmanagement im Detail Bruhn 2019; Fließ 2006, S. 150–188).

▶ **Effektivität des Dienstleistungsprozesses** Ein Dienstleistungsprozess ist effektiv, wenn die Ressourcen des Anbieters so eingesetzt werden, dass sie der Wertgenerierung des Kunden dienen und gleichzeitig die Generierung eines angemessen Value-in-Exchange ermöglichen.

In der wissenschaftlichen Dienstleistungsliteratur werden Kundenzufriedenheit, Qualität und Zeit zunehmend durch die beiden kundenbezogenen Größen des Service Value (Bettencourt et al. 2014; Bruhn und Hadwich 2014; Cronin Jr. 2016) und der Service oder Customer Experience (Dienstleistungs- oder Kundenerfahrung bzw. -erlebnis) abgelöst (Bueno et al. 2019; Fließ et al. 2012b; Gahler et al. 2023). Dabei beeinflussen die wahrgenommene Qualität und die wahrgenommene Zeit den Service Value und die Service Experience, während der Service Value zur Kundenzufriedenheit beiträgt (Berry et al. 2006; Chou und Liu 2019; Gallarza et al. 2011; Leroi-Werelds et al. 2014; Nenninger und Dyck 2022; Triantafillidou und Siomkos 2014). Service Value und Service Experience stehen in diesem Buch im Vordergrund. In Abschn. 4.3 wird der Service Value als Ziel der Gestaltung von Dienstleistungsprozessen behandelt, während die Service Experience den Schwerpunkt der Kap. 6, 7, 8, 9, 10 und 11 bildet.

Als **Service Value** wird in der Dienstleistungsliteratur der Wert einer Dienstleistung bzw. eines Dienstleistungsprozesses bezeichnet (Cronin Jr. et al. 1997). Dabei finden sich in der Literatur verschiedene Auffassungen bezüglich des Service Value:

Hinsichtlich der **Bewertung des Service Value** lassen sich das Means-End-Modell und das Nutzen-Opfer-Modell unterscheiden (vgl. auch Abschn. 2.2). Nach dem Means-End-Modell wird der Service Value als Beitrag, den eine Dienstleistung bzw. ein Dienstleistungsprozess zum Ziel des Kunden leistet, aufgefasst (Grönroos 2008), wobei der Value-in-Use (Abschn. 1.2.1) die Basis bildet (Bruns und Jacob 2016; Macdonald et al. 2011). Nach dem Nutzen-Opfer-Modell kann der Service Value als Gegenüberstellung von Nutzen und Opfern bzw. Kosten (Babin und James 2010; Zeithaml 1988), die mit der Vorbereitung, Nutzung und Nachbereitung eines Dienstleistungsprozesses verbunden sind, betrachtet werden. Hier wird das Means-End-Modell zur Bewertung des Service Value als zusammenfassende Bewertung der Dienstleistung geeignet angesehen, während die Nutzen-Opfer-Perspektive bei der Gestaltung des Dienstleistungsprozesses herangezogen wird. Schließlich kann der Service Value als eindimensionales oder mehrdimensionales Konstrukt aufgefasst werden (Zeithaml et al. 2020). Wird der Service Value als eindimensional aufgefasst, so handelt es sich um eine ganzheitliche Bewertung, während bei einem mehrdimensionalen Konstrukt verschiedene Dimensionen des Service Value beurteilt werden. Neben der Differenzierung in utilaristischen oder funktionalen, hedonistischen und sozialen Wert (Abschn. 2.5) werden auch symbolischer und affektiver oder emotionaler, ästhetischer und monetärer Wert unterschieden (Bruhn und Hadwich 2014, S. 16–17).

Hinsichtlich der **Entstehung des Service Value** können die folgenden Perspektiven unterschieden werden: Der Service Value wird vom Kunden wahrgenommen, er wird vom Kunden erfahren oder er wird gemeinsam von Kunde und Anbieter in einem Co-Creation-Prozess geschaffen (Zeithaml et al. 2020). Bei der Betrachtung eines wahrgenommenen Service Value wird der Kunde als passiv betrachtet. Beim erfahrenen Service Value wird die Erfahrungs- und Erlebnisperspektive des Kunden fokussiert, wie es die Service- bzw. Customer-Experience-Literatur nahelegt. Die Co-Creation-Perspektive der Service-Dominant Logic stellt die Handlungen und Aktivitäten von Kunden und Anbieter in den Mittelpunkt. In diesem Buch wird die Auffassung vertreten, dass der Service Value in einem Co-Creation-Prozess von Anbieter und Nachfrager geschaffen wird (Eggert und Fließ 2015; Le et al. 2022; Tran und Vu 2021).

Stellt man die Erfahrungen und Erlebnissen des Kunden vor, während und nach der Inanspruchnahme des Dienstleistungsprozesses in den Mittelpunkt der Betrachtung, so zeigt sich die Effektivität des Dienstleistungsprozesses in der **Service Experience** (Dienstleistungserlebnis) oder **Customer Experience** (Kundenerlebnis) (Becker und Jaakkola 2020; Helkkula 2011; Jaakkola et al. 2015; Lipkin 2016). Die **Service Experience** entsteht aus den physischen, kognitiven, affektiven, sensorischen und sozialen Erfahrungen während eines Dienstleistungsprozesses (Helkkula 2011) (vgl. ausführlicher Abschn. 6.1). Die physische Dimension der Service Experience entspricht der körperlichen Erfahrung in Verbindung mit der Dienstleistung, z. B. einer anstrengenden Wanderung oder einer körperlich entspannenden Massage. Die kognitive Dimension bezieht sich auf die mentalen Erfahrungen während der Inanspruchnahme der Dienstleistung, z. B. der Aufnahme und Verarbeitung von Informationen bei einem Museumsbesuch. Die affektive Dimension beinhaltet die Emotionen, die eine Person im Dienstleistungsprozess erlebt, z. B. Spaß und Erregung in der Achterbahn. Sensorische Erfahrungen entstammen den fünf Sinnen, die während des Dienstleistungsprozesses angesprochen werden: dem visuellen (sehen), akustischen (hören), olfaktorischen (riechen), gustatorischen (schmecken) und haptischen Sinn (berühren). Die soziale Dimension resultiert zum einen daraus, dass Dienstleistungsprozesse Teile von Praktiken sind und somit dem Ausführenden vermitteln, Teil der Gesellschaft zu sein. Zum anderen wird die soziale Dimension der Service Experience auch konkret durch die Personen vermittelt, die Teil des Dienstleistungsprozesses sind, z. B. Mitarbeiter des Anbieters, Freunde oder Familie, mit denen die Dienstleistung in Anspruch genommen wird, oder andere Kunden. Die fünf Dimension der Service Experience sind nicht überschneidungsfrei. Die Sinne sind Teil des Körpers, was die sensorische Dimension mit der physischen Dimension verbindet (Fließ et al. 2020). Darüber hinaus lassen die Sinne den Kunden den Dienstleistungsprozess erleben und stellen eine Brücke zur kognitiven und affektiven Dimension dar (Fließ et al. 2020).

Der Referenzpunkt, an dem die Bewertung der Erfahrung ansetzt, sind die antizipierten Erfahrungen, die zum einen auf vergangenen Erfahrungen des Kunden mit dieser oder einer ähnlichen Dienstleistung beruhen (Helkkula et al. 2012), oder – wenn noch keine konkreten Erfahrungen vorliegen – die allgemein antizipierte Erfahrung (Abschn. 3.1). *Im Gespräch mit Freund:innen berichtet Mara nach dem Urlaub, dass der Urlaub insgesamt so viel schöner war als frühere Reisen, weil sie interessante Leute kennengelernt hat und von den Sehenswürdigkeiten des Landes und der Freundlichkeit der dort lebenden Menschen total begeistert ist.* Vor dem Hintergrund vergangener Erfahrungen wird beispielsweise die Valenz der Erfahrung (besser, schlechter) oder die Intensität bewertet (Becker und Jaakkola 2020; De Keyser et al. 2020), wobei Erfahrungen auch durchaus negativ sein können. Der Bewertungsprozess ist nicht notwendigerweise ein bewusster Prozess (Helkkula et al. 2012).

Effizienz stellt ein Maß für die Ergiebigkeit der Ressourcennutzung dar. Zielgrößen der Effizienz sind **Kosten**, **Wirtschaftlichkeit** oder **Produktivität** (vgl. Thommen et al. 2017, S. 46; vgl. Abb. 4.2). In Dienstleistungsprozessen wird die Effizienz darüber hinaus durch die Dauer des Prozesses bzw. die Dauer einzelner Aktivitäten beeinflusst, sodass auch die objektive Zeit Ausdruck der Effizienz ist: Je länger eine Aktivität dauert, desto höher ist i. d. R. der Ressourcenverbrauch während dieser Aktivität, z. B. menschliche Arbeitskraft.

▶ **Effizienz des Dienstleistungsprozesses** Ein Dienstleistungsprozess ist effizient, wenn durch den Einsatz gegebener Ressourcen kein höherer Output erzielt werden kann oder wenn ein gegebener Output nicht mit einer geringeren Ressourcenmenge erreicht werden kann.

Betrachtet man Dienstleistungsprozesse unter Kostengesichtspunkten, so sind insbesondere die **Prozesskosten** von Bedeutung (Fließ 2006; Friedl 2017). Prozesskosten beziehen sich auf die Kosten einzelner Aktivitäten oder Aktivitätenfolgen im Prozess und werden über die Prozesskostenrechnung ermittelt (vgl. hierzu grundlegend Plinke und Utzig 2021); bezogen auf Dienstleistungen (Fließ 2006). So lassen sich etwa die Kosten einer Beschwerdebearbeitung oder die Kosten einer Kundenberatung ermitteln. Für die Gestaltung von Dienstleistungsprozessen werden Plan-Prozesskosten definiert, die nicht überschritten werden sollen (Fließ 2006).

Die **Produktivität** ist als Verhältnis von Input zu Output definiert. Dabei können als Input alle Einsatzfaktoren zugrunde gelegt werden – dann sprechen wir von der Gesamtproduktivität – oder lediglich ein Einsatzfaktor – dann sprechen wir von der Teil- oder Partialproduktivität (Corsten und Gössinger 2015, S. 367–375). Die im Dienstleistungsbereich verbreitetste Teilproduktivität ist die Arbeitsproduktivität. *Beispiele der Arbeitsproduktivität sind die Zahl der bedienten Kund:innen pro Mitarbeiter:in, z. B. in einer Bank oder in einem Restaurant.* Auch im Hinblick auf die Produktivität lassen sich Produktivitätskennziffern als Zielvorgaben formulieren; dies betrifft insbesondere Zielvorgaben für Mitarbeiter.

Generell gilt, dass der Dienstleistungsprozess umso effizienter ist, je geringer die Prozesskosten sind und je höher Produktivität und Wirtschaftlichkeit sind. Die Zielgrößen können in harmonischer, konfliktärer oder neutraler Beziehung zueinander stehen:

- Die Ziele unterstützen sich gegenseitig, d. h., die Erreichung des einen Ziels trägt auch zur Erreichung eines anderen Ziels bei. *So stellt die Zeit eine relevante Dimension der*

Qualität und des Service Value dar, sie beeinflusst die Kundenzufriedenheit und ist auch Teil der Service Experience (Bruhn 2019, S. 53; Davis und Vollmann 1990; De Vries et al. 2018; Kabadayi et al. 2019; Nenninger und Dyck 2022; Noone et al. 2009). *Die wahrgenommene Qualität wirkt auf die Service Experience und den Service Value ein* (Berry et al. 2006; Chou und Liu 2019; Gallarza et al. 2011) *und beeinflusst die Zufriedenheit* (Storbacka et al. 1994). *Schließlich wird die Service Experience als Teil des Service Value verstanden* (Zomerdijk und Voss 2010) *oder als eigenständige Größe, die jedoch den Service Value beeinflusst* (Wittko 2012).

- Die Ziele stehen in einer konfliktären Beziehung zueinander, d. h., die Erreichung eines Ziels geht zulasten eines anderen Ziels. *So steht eine Erhöhung der Qualität ggf. im Konflikt zur Steigerung der Produktivität* (Luria et al. 2014). *Wenn die Produktivitätssteigerung zu einer schlechteren Service Experience führt, etwa weil Mitarbeiter:innen nicht genügend Zeit haben, sich mit ihrem Anliegen zu beschäftigen, kann die Kundenzufriedenheit sinken* (Wirtz und Lovelock 2022, S. 480)
- Die Ziele stehen einander neutral gegenüber, d. h., die Erreichung des einen Ziels behindert oder fördert die Erreichung des anderen Ziels nicht. *Die Pausenräume der Mitarbeitenden im Einzelhandel werden aus Kostengründen sehr einfach möbliert. Dies wirkt sich aber nicht auf die Beratungsqualität aus (Effektivitätsziel).*

Dabei sind die konfliktären Zielbeziehungen für das Dienstleistungsunternehmen besonders problematisch, da die Erreichung eines Ziels auf Kosten der Erreichung eines anderen Ziels geht. Insbesondere zwischen Effektivität und Effizienz bestehen häufig konfliktäre Zielbeziehungen (Wirtz und Zeithaml 2018). Daher wird vielfach propagiert, entweder auf Effektivität oder auf Effizienz zu setzen, wie es sich auch in den beiden Strategien der Qualitätsführerschaft oder Differenzierungsstrategie einerseits und der Kostenführerschaft oder Preis-Mengen-Strategie andererseits niederschlägt. Der folgende Abschnitt beschäftigt sich mit Maßnahmen zur Erreichung des Effektivitätsziels. Maßnahmen zu Erreichung des Effizienzziels sowie Strategien zur gleichzeitigen Erreichung von Effektivität und Effizienz, sog. hybride Strategien, werden in den darauffolgenden Abschnitten behandelt.

4.3   Service Value und Prozessgestaltung

Um Ansatzpunkte für die Gestaltung des Dienstleistungsprozesses im Hinblick auf den Service Value zu erhalten, können die **Austauschtheorien** (social exchange theory, interdependence theory) herangezogen werden, die Interaktionen auf der Basis von Kosten und Nutzen bewerten. Vertreter der Austauschtheorien sind insbesondere Thibaut und Kelley (1959), Homans (1961) und Blau (1964), zum Teil wird auch die Equity-Theorie von Adams (1965) dazugerechnet (Abschn. 15.4.3). Die jeweiligen Vertreter rücken dabei unterschiedliche Aspekte in den Mittelpunkt der Betrachtung. Im Folgenden werden die Austauschtheorien kurz vorgestellt, bevor dann Schlussfolgerungen hinsichtlich der Gestaltung des Dienstleistungsprozesses im Hinblick auf den Service Value gezogen werden.

4.3.1   Die Bewertung des Service Value auf der Basis der Austauschtheorien

Thibaut und Kelley (1959) gehen davon aus, dass das Herzstück sozialer Beziehungen die Interaktion ist, in der Personen verbale und nonverbale Aktivitäten zeigen, z. B. mit jemandem sprechen oder jemanden anlächeln, die Belohnungen (Nutzen) oder Kosten (Opfer) nach sich ziehen. *So führt Lächeln wiederum zu Lächeln (Nutzen) und der Ausdruck von Ärger zu ähnlichen negativen Gefühlsäußerungen (Kosten).* Der **Nutzen** entspricht allen positiven Aspekten einer Interaktion, z. B. positiven Gefühlen wie Freude oder Anerkennung, während die **Kosten** die negativen Aspekte der Interaktion widerspiegeln, z. B. körperliche oder psychische Anstrengung, Ärger oder Wut. Dabei können einzelne Nutzen- oder Kostenkomponenten unterschiedlich gewichtet werden und die Gewichtung kann sich von Person zu Person unterscheiden. Das Verhältnis von Kosten zu Nutzen wird als Ergebnis (outcome) bezeichnet. Personen bleiben so lange in einer Interaktion oder sozialen Beziehung, wie der Nutzen die Kosten übersteigt bzw. das **Ergebnis** (**Netto-Nutzen, Wert**) positiv ist. Dieses grundlegende Prinzip lässt sich auf soziale Interaktionen anwenden, aber auch auf objektbezogene Interaktionen oder sogar den gesamten Dienstleistungsprozess.

Um den Wert des Dienstleistungsprozesses zu bestimmen, zieht der Kunde zwei Vergleichsmaßstäbe heran:

- Das **Comparison Level (CL)** stellt die allgemeine Erwartung an den Dienstleistungsprozess dar, die dem entspricht, was der Kunde meint zu „verdienen" (Thibaut und Kelley 1959, S. 21). Es kann auch als Anspruchsniveau bezeichnet werden. Das Comparison Level wird aus eigenen und fremden Erfahrungen gebildet. *So erwartet der/die Kund:in beispielsweise aufgrund früherer Erfahrungen, der Erzählung von Bekannten oder der Werbung der Bank eine freundliche und kompetente Beratung durch den/die Bankmitarbeiter:in der Bank A.* Das Comparison Level ist dabei ein Maßstab für die **Attraktivität** einer Interaktion (Thibaut und Kelley 1959, S. 21). Liegt nämlich der Wert einer Interaktion über dem Comparison Level, ist diese Interaktion attraktiv. Der Kund erhält einen Wert, der über seinen Erwartungen liegt.
- Das **Comparison Level for Alternatives** (CL_{alt}) repräsentiert die beste Alternative und gibt deren Wert wieder. *Das Comparison Level for Alternatives wird beispielsweise durch die Beratung des/r Bankmitarbeiter:in der Bank B verkörpert, die der/die Kund:in von früheren Besuchen der Bank B kennt oder deren Versprechen er/sie in der Werbung gesehen hat.* Das Comparison Level for Alternatives ist ein Maßstab für die **Abhängigkeit**. Liegt nämlich der Wert der betrachteten Interaktion oberhalb des Comparison Level for Alternatives, so gibt es keine bessere Alternative als die gegenwärtige Interaktion.

Die Bewertung der Interaktion im Hinblick auf die beiden Bewertungsmaßstäbe (CL und CL$_{alt}$) kann zu den folgenden drei Möglichkeiten führen:

- Fall 1 – attraktiv und unabhängig: Die gegenwärtige Interaktion bzw. der gegenwärtige Dienstleistungsprozess übersteigt beide Vergleichsniveaus, wobei der Kunde die Freiheit hat zu wechseln, da CL$_{alt}$ über dem CL liegt. Dies ist für den Kunden wie den Anbieter der optimale Fall, da der Kunde freiwillig bleibt. *Der/die Kund:in spricht mit seinem/r bzw. ihrem/r bevorzugten Bankberater:in.*
- Fall 2 – attraktiv und abhängig: Die gegenwärtige Interaktion bzw. der gegenwärtige Dienstleistungsprozess übersteigt beide Vergleichsniveaus, wobei der Kunde sich aber bei einem Wechsel verschlechtern würde, da CL$_{alt}$ unter dem CL liegt, d. h. die Anforderungen des Kunden durch die alternative Interaktion (Dienstleistungsprozess) nicht erfüllt werden. Der Kunde bleibt gezwungenermaßen in dieser Interaktion, würde aber bei einer besseren Alternative sofort wechseln. *Der/die bevorzugte Bankberater:in des/der Kund:in ist gerade nicht da, sodass er/sie mit einem/r anderen vorliebnehmen muss.*
- Fall 3 – unattraktiv und abhängig: Die gegenwärtige Interaktion bzw. der gegenwärtige Dienstleistungsprozess übersteigt nur das CL$_{alt}$, nicht aber das CL. Die gegenwärtige Interaktion bzw. der gegenwärtige Dienstleistungsprozess ist nicht attraktiv, da die grundlegenden Anforderungen nicht erreicht werden, aber es gibt keine bessere Alternative. Will der Kunde nicht auf die Interaktion oder die Dienstleistung verzichten, muss er in dieser Beziehung verharren. *Der/die Bankberater:in kann ihn mit seinen/ihren Anlageempfehlungen nicht überzeugen, aber andere Bankberater:innen sind seiner/ihrer Erfahrung nach auch nicht besser.*

Denkbar ist auch ein vierter Fall, in dem der Wert unterhalb des Comparison Level und des Comparison Level for Alternatives liegt. Dieser Fall ist fiktiv, denn Interaktionen werden nicht eingegangen und Dienstleistungsprozesse nicht begonnen, wenn der zu erwartende Wert unterhalb des Comparison Level for Alternatives liegt, da dann eine bessere Alternative zur Verfügung steht.

Der Vergleich einer Interaktion oder eines gesamten Dienstleistungsprozesses mit dem Comparison Level und dem Comparison Level for Alternatives kann zu unterschiedlichen Zeitpunkten stattfinden:

- In der Pre-Service-Phase: Dann handelt es sich um die Erwartungen des Kunden in Bezug auf die zu erhaltenden Nutzenelemente und die zu tragenden Kosten. Findet die Bewertung während seiner vorbereitenden Aktivitäten statt und stellt der Kunde fest, dass der Wert unterhalb seines Comparison Level (und ggf. auch unterhalb seines Comparison Level for Alternatives) liegt, so kann er den Prozess abbrechen, bevor er in den Co-Creation-Prozess mit dem Anbieter eintritt, oder den Beginn verschieben. *Bei der Anfahrt zur Allerheiligenkirmes in Soest stellt der/die Kund:in fest, dass alle kostenlosen Parkplätze belegt sind und er/sie vermutlich längere Zeit warten muss (Comparison Level; keine Parkgebühren zahlen; Comparison Level for Alternatives: kostenpflichtige Parkplätze) und entscheidet sich wieder nach Hause zu fahren.*

- Während der Service-Phase: In dieser Situation bewertet der Kunde die Dienstleistungstransaktion zu unterschiedlichen Zeitpunkten. Er bildet sich ein Urteil über die bisher erhaltenen Nutzenelemente und stellt ihnen seine bisherigen Kosten gegenüber. Sinkt der Wert unter sein Comparison Level oder unter sein Comparison Level for Alternatives, so bricht er, wenn möglich, den Dienstleistungsprozess ab. Kann oder möchte der Kunde den Prozess nicht einfach so abbrechen (lock-in), findet er sich gezwungen, die Situation zu bewältigen. Er kann sich z. B. beschweren, selbst versuchen, den Wert zu erhöhen, oder seine negativen Emotionen regulieren (Fließ und Volkers 2020).
- In der Post-Service-Phase: Hierbei macht der Kunde eine Bestandsaufnahme der erhaltenen Nutzenelemente und stellt ihnen seine Kosten gegenüber. Die Nachprüfung entscheidet, ob er den Dienstleister wieder in Anspruch nimmt und ob er die Dienstleistung weiterempfiehlt (Abschn. 15.1).

Nach Homans (1972, S. 26–62) tauschen Personen Aktivitäten miteinander. Eine Aktivität oder ein Verhalten von Austauschpartner A, z. B. freundliches Lächeln, wirkt als Reiz und zieht Aktivitäten von Austauschpartner B nach sich. Die Aktivität des Austauschpartners A wird von B bewertet und kann als belohnend (Nutzen) oder bestrafend (Kosten) wahrgenommen werden. Maßgebend für die Fortsetzung einer Interaktion ist der Gewinn der Aktivitäten, der – wie in der Ökonomie auch – als Differenz zwischen dem Wert der Belohnung (Nutzen) und den Bestrafungen (Kosten) definiert ist (Homans 1972, S. 83). Bei den Kosten werden von Homans nicht nur die direkten Kosten des Austausches betrachtet (wie hoch sind die psychologischen Kosten des Lächelns?), sondern auch der entgangene Nutzen einer anderen Austauschbeziehung (Homans 1972, S. 225); in der Sichtweise von Thibaut und Kelley entspricht dies einer Einbeziehung des Comparison Level for Alternatives. Nach Homans sinkt die Bewertung der gleichen Nutzenelemente entsprechend dem Gesetz des abnehmenden Grenznutzens der Mikroökonomie im Verlauf der Interaktion (Homans 1972, S. 58). *So sinkt der Nutzen des permanenten Lächelns des/der Kundenkontaktmitarbeiter:in während der Service-Phase und es müssen andere Nutzenelemente hinzukommen, damit der Nutzen wieder als höher bewertet wird.*

Darüber hinaus wird die **Gerechtigkeit** der Interaktion(en) bewertet und zwar im Hinblick auf die folgenden Referenzpunkte (Homans 1972, S. 195–209):

- Es wird erwartet, dass sich der Nutzen proportional zu den Kosten verhält, d. h. hohen Kosten soll auch ein hoher Nutzen gegenüberstehen. *Einer anstrengenden Hinreise (Kosten) sollen auch schöne Erlebnisse (Nutzen) gegenüberstehen.*
- Es wird erwartet, dass sich der Nutzen proportional zu den Investitionen verhält. *Je mehr Zeit der/die Studierende investiert hat, desto höher sind die Erwartungen an die Note.*
- Es wird erwartet, dass sich der Nutzen der Tauschpartner proportional zueinander verhält, d. h. der Interaktionspartner soll keinen höheren Nutzen aus der Interaktion ziehen als man selbst. *Kund:in A hilft Kund:in B, indem er/sie in einem Geschäft Fragen zu den Produkten beantwortet. Dabei sollte die Befriedigung, die A daraus zieht, B geholfen*

zu haben, nicht höher sein als der Nutzen der Hilfe für B. Wenn B beispielsweise über die bereits gewährte Hilfe noch längere Zeit Fragen stellt, kann das von A als ungerecht empfunden werden, weil nun der Nutzen für A sinkt (abnehmender Grenznutzen aus der Befriedigung des Helfens), während der Nutzen von B steigt (Nutzen aus den gewonnenen Informationen).

- Es wird erwartet, dass sich der Wert (Gewinn aus der Interaktion = Differenz zwischen Nutzen und Kosten), den beide Interaktionspartner aus der Interaktion ziehen, proportional zueinander verhält, d. h. wenn der Wert der Interaktion für B hoch ist, erwartet A auch einen hohen Wert für sich.

Da weder die Investitionen noch die Kosten oder der Nutzen des Interaktionspartners einsehbar sind, kommt es zu unterschiedlichen Vorstellungen von Gerechtigkeit bei den Interaktionspartnern (Homans 1972, S. 208).

Nach Blau etabliert sich allerdings im Laufe der Zeit die Vorstellung einer **fairen Austauschrate** (Blau 2008, S. 151–160). Faire Austauschraten beruhen auf normativen Erwartungen darüber, welche Gegenleistung einer gewährten Belohnung entspricht. Die Verletzung der fairen Austauschrate oder des fairen Austausches (fair exchange) zieht entsprechende negative Konsequenzen nach sich, z. B. Ärger, Hass, Beschwerden oder Abkehr vom Austauschpartner (Blau 2008, S. 157). *Auf ein Lächeln mit einem Lächeln zu reagieren, entspricht der fairen Austauschrate. Auf eine negative Äußerung mit der Androhung von Gewalt zu reagieren, verletzt die Vorstellung einer fairen Austauschrate.* Die Vorstellung des fairen Austausches wird nicht allein durch die Austauschpartner bestimmt, sondern formuliert sich auch in den sozialen Gruppen, denen die Austauschpartner angehören, bzw. in der Gesellschaft (Blau 2008, S. 155). Gemeinsame Erfahrungen führen bei den Mitgliedern einer sozialen Gruppe dazu, dass sie ihre Investitionen als ähnlich wahrnehmen und daher auch ähnliche Erträge erwarten. So kann die Vorstellung eines fairen Austausches beispielsweise von Kundengruppe zu Kundengruppe variieren.

In einer Austauschbeziehung streben die Beteiligten nach einem **Gleichgewicht** (Blau 2008, S. 26). Dieses Gleichgewicht bezieht sich zum einen auf die Balance von Kosten und Nutzen eines Austauschpartners. Zum anderen bezieht es sich auch auf die Balance der Kosten und Nutzen der Austauschpartner im Vergleich (Blau 2008, S. 26). Wenn A B einen Gefallen geschuldet hat, bedankt sich B, aber durch die Dankbarkeit ist i. d. R. das Verhältnis von Geben und Nehmen noch nicht ausgeglichen. Vielmehr schuldet B A auch einen Gefallen. Da die Bewertungen des Gefallens subjektiv sind und daher unterschiedlich ausfallen, besteht eine Tendenz zum Ungleichgewicht. Wenn A den Gefallen, den B ihm getan hat, geringer bewertet als B, ist das Verhältnis zwischen A und B unausgewogen. Da die gegenseitigen Leistungen nicht – wie bei ökonomischen Austauschbeziehungen – im Vorfeld spezifiziert werden, bleiben Leistung und Gegenleistung immer unspezifisch und damit die Beziehung tendenziell im Ungleichgewicht. Das Geben und Nehmen in einer Interaktion wird auch durch die **Reziprozitätsnorm** (norm of reciprocity; Gouldner 1960; Volkers und Fließ 2017) gesteuert. Diese besagt, dass erhaltene Belohnungen durch entsprechende Aktivitäten von gleichem Wert erwidert werden sollen. *Wenn also der/die*

Kundenkontaktmitarbeiter:in lächelt, lächelt der/die Kund:in zurück. Wenn der/die Kell-
ner:in einem Gast einen Tisch mit besonderer Aussicht anbietet, bedankt sich der Gast und
gibt ein höheres Trinkgeld als normal.

Aus diesen Erkenntnissen lassen sich folgende Ansatzpunkte für das Service Process
Design gewinnen.

4.3.2 Ansatzpunkte der Gestaltung des Dienstleistungsprozesses im Hinblick auf den Service Value

Um den Wert des Service Co-Creation-Prozesses für den Kunden zu erhöhen, bieten sich
vor dem Hintergrund der Austauschtheorien die folgenden Ansatzpunkte: der Nutzen des
Kunden, die Kosten des Kunden, die Gerechtigkeit, das Gleichgewicht von Geben und
Nehmen (Reziprozitätsnorm) sowie die Gestaltung im Vergleich zu den Wettbewerbern.
Die Investitionen des Kunden werden hier vernachlässigt, da bei Dienstleistungsprozessen
zwar die vorbereitenden Aktivitäten als Investition in den Prozess angesehen werden können, sich diese aber auch als Kosten betrachten lassen.

Um den **Nutzen** des Kunden zu **erhöhen** oder seine **Kosten** zu **senken**, kann der Anbieter bereits bei der Unterstützung des Kunden während der vorbereitenden Kundenaktivitäten ansetzen (Kap. 5). Darüber hinaus bietet sich die Gestaltung der joint sphere in der
Service-Phase an, da der Kunde insbesondere durch die Interaktion mit dem Anbieter innerhalb des sichtbaren Bereichs Wert generiert. Ansatzpunkte hierfür bilden die folgenden:

- die Lage der Sichtbarkeitslinie,
- die Gestaltung des sichtbaren Bereichs,
- die Lage der Interaktionslinie,
- die Gestaltung der Interaktion.

Die **Sichtbarkeitslinie** entscheidet darüber, was der Kunde sieht und daher auch bewerten
kann. Grundsätzlich sollen Aktivitäten, die beim Kunden nutzenerhöhend wirken, in den
sichtbaren Bereich gerückt werden. *So können Restaurants etwa die Zubereitung der Spei-*
sen für den/die Kund:in sichtbar machen, sei es durch die Abtrennung der Küche mit einer
Glaswand, das Kochen vor den Augen des/der Kund:in an der Theke oder die Zubereitung
von Speisen direkt am Tisch. Dies ermöglicht es dem/der Kund:in, die Zubereitung des Es-
sens zu verfolgen, dadurch die Qualität besser zu beurteilen und darüber hinaus wird da-
durch ein Dienstleistungserlebnis geschaffen. Aktivitäten, die den Nutzen des Kunden
senken, sollten hinter die Sichtbarkeitslinie gerückt werden. *So ist es beispielsweise wenig*
appetitlich zu sehen, wie das Geschirr nach dem Essen gereinigt wird, sodass diese Aktivi-
täten in einem den Kund:innenblicken verborgenen Bereich stattfinden sollten.

Auch der **sichtbare Bereich** kann nutzenerhöhend oder kostensenkend gestaltet werden, um einen hohen Service Value für den Kunden zu schaffen. So kann beispielsweise
eine gute **Orientierung** im sichtbaren Bereich dem Kunden helfen, sich schneller zurecht-
zufinden und so Stress (Kosten) zu vermeiden und Zeit zu sparen (Nutzen bzw. geringere

Kosten). *Hierzu dienen Hinweisschilder, z. B. Bahnhof, ein strukturiertes Layout mit ver-schiedenen Zonen, z. B. Hotelhalle, Sparkasse, oder Orientierungs-Apps, z. B. am Flug-hafen.* Darüber hinaus kann die **Ausstattung** des sichtbaren Bereichs selbst den Nutzen erhöhen oder die Kosten senken. *Bequeme Sessel in der Hotelhalle laden zum Verweilen ein und erhöhen den Nutzen des/der Kund:in, während harte Stühle im Fast-Food-Restaurant die Kosten erhöhen und einen längeren Aufenthalt unbequem erscheinen lassen.*

An der **Interaktionslinie** wird die Arbeitsteilung zwischen Kunde und Anbieter fest-gelegt. Die **Arbeitsteilung** zwischen Kunde und Anbieter wird durch die Internalisierung und die Externalisierung von Aktivitäten bestimmt. Externalisiert werden insbesondere solche Aktivitäten, die den Kunden monetär, physisch oder psychisch entlasten. *So wird das Selbstföhnen der Haare im Friseursalon durch einen geringeren Preis entgolten (mo-netäre Entlastung). Das Koffertragen führt zu einer physischen Entlastung und das An-gebot des/der Kellner:in ein Überraschungsmenu zusammenzustellen zieht ggf. eine psy-chische Entlastung nach sich.* Als Bewertungskriterium, ob die Externalisierung von Aktivitäten den Nutzen des Kunden erhöht, können die angebots- und kundenbezogenen Motive der Make-Entscheidung herangezogen werden (Abschn. 2.5). *So trägt der/die Kund:in den Koffer lieber selbst, da er neu ist und er/sie Beschädigungen fürchtet (Mangel an Vertrauen in die Qualität des Anbieters). Der/die Kund:in nutzt den Self-Check-in, um Zeit zu sparen. Der/die Kund:in kreiert aus den vorhandenen Zutaten seine eigene Pizza (Freude, Stolz, Bedürfnis nach Einzigartigkeit).*

Die Gestaltung der Interaktion beinhaltet die Häufigkeit der Interaktion und die Art der Interaktion. Die **Häufigkeit der Interaktion** beinhaltet die Möglichkeit häufiger Be-lohnungen des Kunden durch Gespräche, Eingehen auf Kundenwünsche, Herzlichkeit, Freundlichkeit oder die Unterstützung des Kunden. *Kellner:innen in Restaurants nutzen viele Gelegenheiten, um mit dem/der Kund:in ins Gespräch zu kommen, bei ihm/ihr das Ge-fühl des Umsorgtwerdens hervorzurufen (und natürlich auch den Umsatz zu erhöhen, da jeder Kontakt auch eine Gelegenheit für eine Bestellung bietet).* Die Beziehung zwischen dem Service Value und der Häufigkeit der Interaktion dürfte allerdings keine lineare, son-dern eher eine umgekehrt u-förmige Beziehung sein: Während zunächst der Wert der Inter-aktion mit dem Anbieter für den Kunden ansteigt, erreicht er sein Optimum, um dann abzu-fallen, da die Kosten der Interaktion zunehmen. *So kann zu häufiges Nachfragen durch den/die Kellner:in den Unmut der Gäste hervorrufen statt ihren Nutzen zu steigern.*

Die **Art der Interaktion** umfasst soziale Interaktionen zwischen Menschen sowie objektorientierte Interaktionen mit Maschinen oder Software beispielsweise auf einer Internetseite. Hierbei kann der Anbieter sich ausschließlich für eine Form der Interaktion entscheiden, z. B. ausschließlich Face-to-Face-Interaktionen, oder für eine Abfolge ver-schiedener Interaktionsformen. *So kann am Flughafen der Check-in von einem Automaten übernommen werden, worauf die persönliche Begrüßung durch die Flugbegleiter:innen beim Einsteigen ins Flugzeug, die Bedienung durch eine:n Flugbegleiter:in am Platz, die persönliche Verabschiedung beim Aussteigen und Selbst-Abholung der Koffer am Gepäck-band folgen.* Welche Abfolge von Interaktionsarten gewählt wird, um den Nutzen des Kunden zu erhöhen oder seine Kosten zu senken, hängt u. a. von den technischen Möglich-keiten, aber auch den Gewohnheiten der Kunden ab. Entsprechend dem Gesetz des abnehmenden Grenznutzens wird der Nutzen eher erhöht, wenn die Art der Interaktion (vor allem aber die Inhalte) wechselt, statt gleich zu bleiben, und dadurch zu Abnutzungserscheinungen zu führen.

Schließlich ist insbesondere bei der Behandlung der Kunden auf **Gerechtigkeit** zu achten. Dies wird beispielsweise dadurch gewährleistet, dass Kunden nicht ohne ersichtlichen Grund bevorzugt behandelt werden. Alle Kunden sollten gleich freundlich begrüßt werden, ihr Anliegen soll mit der gleichen Ernsthaftigkeit behandelt werden etc. So konnte Nesper im Rahmen eines Experimentaldesigns für Telekommunikationsdienstleistungen zeigen, dass die Verletzung der Gerechtigkeitsvorstellungen die Emotionen des Kunden, das Vertrauen des Kunden zum Anbieter und zum Kundenkontaktmitarbeiter sowie das Commitment beeinflusste. Dadurch wurde die Wahrscheinlichkeit des Abbruchs des Dienstleistungsprozesses erhöht und eher negatives Word-of-Mouth stimuliert (Nesper 2014, S. 246). Der Aspekt der Gerechtigkeit spielt insbesondere beim Umgang mit Beschwerden eine wichtige Rolle und wird vertiefend in Abschn. 15.4.3 behandelt. Schließlich sind innerhalb sozialer Interaktionen die faire Austauschrate und die Reziprozitätsnorm zu beachten. Dies gilt im Übrigen nicht nur für die Kundenkontaktmitarbeiter, sondern auch für Kunden, die Mitarbeiter des Anbieters nicht über Gebühr in Anspruch nehmen sollten. Details der Interaktionsgestaltung werden in Kap. 9 behandelt.

4.4   Prozessgestaltung unter Effizienzgesichtspunkten

Die Effizienz eines Prozesses schlägt sich in den Kosten, der Produktivität und der Wirtschaftlichkeit nieder, die jeweils unterschiedliche Maßgrößen der Effizienz darstellen (Abschn. 4.2). Darüber hinaus bestehen Verbindungen zur Zeitdimension, in dem Sinne, dass kürzere Prozesse geringere Kosten verursachen können, da insbesondere personelle Ressourcen für eine geringere Zeitspanne beansprucht werden. Im Folgenden werden zunächst die Einflussfaktoren der Effizienz aufgezeigt, bevor dann Maßnahmen zur Effizienzsteigerung vorgestellt werden.

4.4.1   Einflussfaktoren der Prozesseffizienz

Betrachtet man den Service Co-Creation-Prozess unter Effizienzgesichtspunkten, so dominiert die Anbieterlogik und es bietet sich eine produktionswirtschaftliche Sicht des Prozesses an (Corsten und Gössinger 2015, S. 51–57; Engelhardt et al. 1993; Fließ 2009, S. 22–28). Demzufolge wird die Prozesseffizienz durch die Inputs, den Prozess und die Outputs bestimmt (Abb. 4.3, Grönroos und Ojasalo 2004):

- Die **Inputs** des Prozesses können sowohl vom Anbieter als auch vom Kunden kommen und im Co-Creation-Prozess kombiniert werden (Corsten und Gössinger 2015, S. 45–46; Engelhardt et al. 1993). In Anlehnung an die Integrative Leistungslehre (Abschn. 1.1)

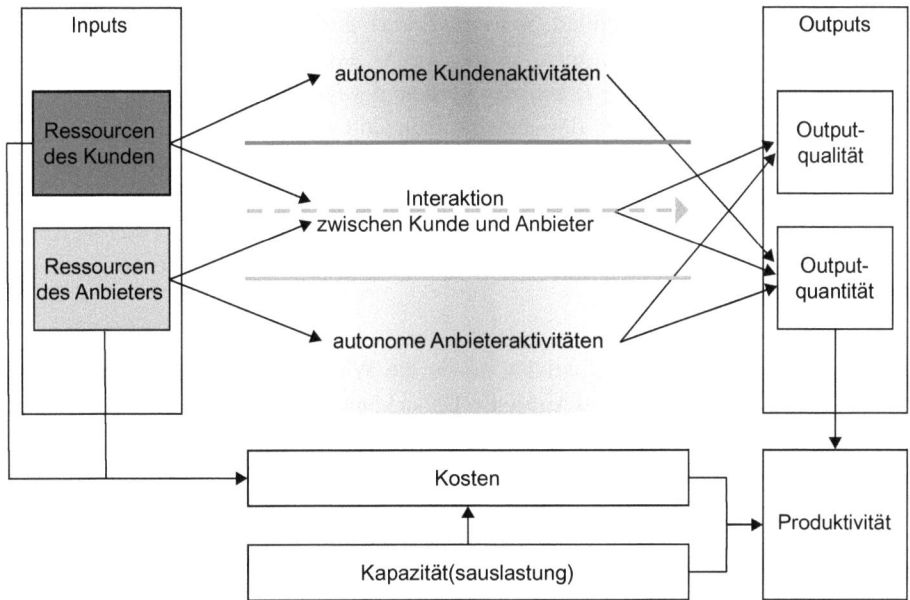

Abb. 4.3 Kosten und Produktivität im Dienstleistungsprozess

gehören zu den Kundeninputs sowohl Kundenaktivitäten als auch Informationen, Objekte, Tiere oder Pflanzen, die für den Co-Creation-Prozess notwendig sind (Fließ 2009, S. 22–26). Diese werden in der produktionswirtschaftlichen Sichtweise als **externe Faktoren** bezeichnet, da sie von extern, nämlich vom Kunden, in den Produktionsprozess eingebracht werden (Corsten und Gössinger 2015, S. 45–46; Maleri und Frietzsche 2008, S. 104–112). In Übereinstimmung mit der SDL können Inputs des Kunden auch als **Kundenressourcen** aufgefasst werden, was neben Aktivitäten, Objekten, Rechten und Informationen auch die Fähigkeiten und Fertigkeiten des Kunden sowie seine Integrationsbereitschaft beinhaltet (Fließ 1996b, 2009, S. 91; Kleinaltenkamp 1997; Vargo et al. 2010). Auf der Anbieterseite finden sich analog die Anbieterressourcen (Anbieterinputs, interne Faktoren), die in Übereinstimmung mit der integrativen Leistungslehre in Potenzialfaktoren, die Arbeitsleistung abgeben, und in Verbrauchsfaktoren, die im Prozess aufgehen, unterteilt werden (Engelhardt et al. 1993; Fließ 2009, S. 23–25). Potenzialfaktoren umfassen menschliche Arbeitskraft, aber auch Maschinen, während Verbrauchsfaktoren im Prozess bearbeitet werden, z. B. das zu reparierende Auto, im Prozess verschwinden, z. B. Energie, oder in das Ergebnis eingehen, z. B. Lebensmittel im Restaurant.

- Der **Prozess** lässt sich analog zum ServiceBlueprint in autonome Kundenaktivitäten, Interaktionen zwischen Kunde und Anbieter sowie autonome Anbieteraktivitäten unterteilen. Autonome Kunden- und Anbieteraktivitäten finden hinter der Sichtbarkeitslinie statt, während die Interaktionen Teil der gemeinsamen Sphäre sind. Aus produktionswirtschaftlicher Sicht werden im Prozess interne Faktoren des Anbieters mit externen

Faktoren des Kunden kombiniert. *So werden bei einer Operation die internen Faktoren Operationssaal, Ärzt:innen, operationstechnische Assistent:innen, OP-Tische, Instrumente etc. mit dem externen Faktor des Körpers des Patienten kombiniert.*

- **Outputs** sind die Ergebnisse des gemeinsamen Co-Creation-Prozesses. Es lassen sich Outputquantität und Outputqualität unterscheiden. Die Outputquantität ist das Ergebnis der Interaktionen sowie der autonomen Aktivitäten des Anbieters. In die Outputqualität gehen darüber hinaus die autonomen Kundenaktivitäten ein. So wirkt sich beispielsweise das Ausmaß der Kundenvorbereitung auf die Qualität des Outputs aus, nicht aber auf die Quantität.

Die Kosten und auch die Produktivität sowie die Wirtschaftlichkeit werden bestimmt durch die **Inputs von Kunde und Anbieter**. Dabei können die Kosten des Anbieters durch die Mitwirkung des Kunden gesenkt und die Produktivität kann gesteigert werden (Hübner 2017, S. 1082; Lovelock und Young 1979; Wirtz und Zeithaml 2018). *Bei der Nutzung von Kontoauszugsdruckern oder beim Online-Banking ruft der/die Kund:in seinen/ihren Kontostand ab, druckt seine/ihre Kontoauszüge selbst und reduziert so Personal-, Material- und Maschinenkosten.* Allerdings kann die Mitwirkung des Kunden die Kosten des Anbieters auch erhöhen, wenn der Kunde nicht über die notwendige Bereitschaft und Fähigkeit zur Mitwirkung verfügt oder nicht weiß, wie, wann und wo er sich am Co-Creation-Prozess beteiligen soll (Fließ 1996b, 2001, S. 69–71). Anbieter müssen dann Fehler beseitigen und Kunden bei ihren Aktivitäten unterstützen, was die Kosten erhöht, den Prozess ggf. verzögert und damit auch die Produktivität und die Wirtschaftlichkeit senkt. Darüber hinaus kann gerade die Umstellung auf Self-Service wie beispielsweise in reinen Selbstbedienungsfilialen von Banken die Kundenzufriedenheit und Loyalität negativ beeinflussen (Fließ et al. 2012a).

Die **Organisation des Prozesses**, die Art der Interaktion und das Ausmaß an autonomen und interaktiven Aktivitäten bestimmen sowohl die Kosten als auch die Produktivität und die Wirtschaftlichkeit (Fließ et al. 2011). So kann ein höheres Maß an Mensch-Maschine-Interaktionen (objektbezogene Interaktion), wie beim Geldautomaten, im Vergleich zur Mensch-Mensch-Interaktion (soziale Interaktion) wie bei der Bedienung am Schalter, die Kosten des Anbieters senken und gleichzeitig die Produktivität und die Wirtschaftlichkeit steigern, da der Geldautomat ggf. schneller arbeitet als der/die Bankangestellte. Es sinken die Kosten pro Aktivität (Prozesskosten) und die Zahl der Kunden, die pro Zeiteinheit bedient werden können, steigt (Produktivitätssteigerung). Neben der Prozessorganisation haben auch übergreifende organisationale Faktoren wie das Führungsverhalten und die Organisationskultur einen Einfluss auf die Produktivität von Mitarbeitern in Dienstleistungsunternehmen (Vogus et al. 2021).

Im Hinblick auf Produktivität und Wirtschaftlichkeit kommt der **Kapazität** eine besondere Bedeutung zu (Hübner 2017): Die Kapazität umfasst das Personal, die Maschinen und Arbeitsgeräte sowie die Räumlichkeiten (Corsten und Gössinger 2015, S. 314–322; Fließ 2009, S. 259). Stimmen Kapazität und Nachfrage überein, so ist die Nutzung der Kapazität optimal (Corsten und Gössinger 2015, S. 322–324; Maleri und Frietzsche

2008, S. 211; Wirtz und Lovelock 2016, S. 334). Die optimale Kapazitätsauslastung ist dann gegeben, wenn der Kunde die von ihm erwartete Qualität erhält und dies auch innerhalb der von ihm erwarteten Zeit (Fließ 2009, S. 264). Bei dieser Kapazitätsauslastung sind auch die fixen Kosten gedeckt; Produktivität und Wirtschaftlichkeit sind bei gegebenem Dienstleistungsprozess hoch. Übersteigt die Kapazität die Nachfrage, so entstehen für die nicht genutzte Kapazität sog. **Leerkosten** (Fließ 2006, S. 203) und die Produktivität ebenso wie die Wirtschaftlichkeit sind geringer. Übersteigt die Nachfrage die Kapazität, so entstehen Engpässe sowie Wartezeiten und dem Anbieter entgehen ggf. Umsätze. Die Kapazitätsauslastung beeinflusst somit sowohl die Höhe der Kosten als auch die Produktivität und die Wirtschaftlichkeit.

Es kann festgehalten werden, dass die Effizienz über die Inputs, die Kapazitätsauslastung und die Prozessgestaltung beeinflusst werden kann. Im Folgenden werden ausgewählte Maßnahmen der Effizienzsteigerung vorgestellt.

4.4.2   Maßnahmen der Effizienzsteigerung

Betrachtet man die **Inputs des Anbieters**, so können Kosten gesenkt werden, wenn Ressourcen, die höhere Kosten verursachen, durch Ressourcen **ersetzt** werden, die geringere Kosten verursachen. So lassen sich Fachkräfte zumindest teilweise durch Angelernte oder Ungelernte substituieren und menschliche Arbeitskraft kann durch Maschinen ersetzt werden. *Im Krankenhaus kann die Essensausgabe durch angelernte Kräfte erfolgen statt durch ausgebildete Pflegekräfte, deren Gehalt höher ist. Denkbar ist auch, dass Roboter die Essensausgabe übernehmen.* Allerdings kann sich die Substitution negativ auf die Produktivität auswirken, wenn die Outputsenkung die Kostensenkung überkompensiert. *Die ungelernten Arbeitskräfte benötigen für jede Aktivität mehr Zeit als gelernte Arbeitskräfte und können daher innerhalb einer Zeiteinheit, z. B. Stunde, weniger Patient:innen versorgen.* Darüber hinaus können substitutive Maßnahmen auch die Qualität des Outputs beeinträchtigen. *Ungelernte Arbeitskräfte liefern ggf. nicht die gleiche Qualität wie Fachkräfte. Während die ungelernten Arbeitskräfte sich auf die Essensausgabe beschränken und ggf. Small Talk mit den Patient:innen machen, können Patient:innen mit Fachkräften auch über ihre Schmerzen sprechen.* So kann es schließlich dazu kommen, dass die besser qualifizierten, aber teureren Arbeitskräfte produktiver und wirtschaftlicher sind als die geringer qualifizierten, billigeren Arbeitskräfte.

Darüber hinaus beeinflusst das **Verhalten der Mitarbeiter** (Inputs, Ressourcen) die Produktivität. So zeigen Lee et al. (2017) am Beispiel einer vietnamesischen Bank, dass die Produktivität umso höher ist, je engagierter die Kundenkontaktmitarbeiter sind. Das Engagement der Mitarbeiter wiederum wird durch den Zugang zu Job-Ressourcen beeinflusst sowie die Wahrnehmung ihrer Selbstwirksamkeit (self-efficacy), d. h. die Überzeugung, dass durch eigene Aktivitäten und Anstrengungen das Ergebnis, z. B. die Dienstleistungsqualität oder die Kundenzufriedenheit, beeinflusst werden kann. Job-Ressourcen sind dabei die Autonomie im Handeln, soziale Unterstützung durch Kollegen und Vorgesetzte, Feedback zu den Leistungen der Mitarbeiter und Möglichkeiten der Weiter-entwicklung. Michaelis et al. (2015) zeigen für junge Unternehmen in Deutschland, dass der Austausch von Wissen zwischen Mitarbeitern die Produktivität steigert. Die Produktivität wirkt sich wiederum positiv auf die Kundenzufriedenheit aus. Rew et al. (2020) zeigen in Anlehnung an die Service-Profit-Chain (Heskett et al. 1994) für Unternehmen aus verschiedenen Dienstleistungsbranchen (Handel, Logistik, Vermietung, Finanzdienst-leistungen, Gesundheit, Tourismus), dass zufriedene Mitarbeiter produktiver sind und eine höhere Produktivität auch zu mehr Kundenzufriedenheit führt. Diese Zusammenhänge werden auch in der Metaanalyse von Hogreve et al. (2017) zur Service-Profit-Chain auf-gedeckt. Somit spielen auf Anbieterseite nicht nur die Art der Inputs, sondern auch ihr Ein-satz und der Umgang des Unternehmens mit ihnen, insbesondere mit Mitarbeitern, eine zentrale Rolle für die Produktivität.

Die Menge und Qualität der **Inputs des Kunden** kann der Anbieter nur indirekt beein-flussen. Diesen indirekten Einfluss kann er durch die folgenden Maßnahmen ausüben (vgl. zum Folgenden Fließ 2009, S. 223–224; Hübner 2017; Kleinaltenkamp 1993):

- **Kundenselektion**: Er kann versuchen nur solche Kunden am Service Co-Creation-Prozess zu beteiligen, die auch in der Lage und bereit sind, sich einzubringen. Aller-dings lassen sich Kundenmerkmale wie Know-how des Kunden, Kenntnis des Prozes-ses oder Bereitschaft zur Mitwirkung nicht immer im Vorfeld feststellen.
- **Kommunikationspolitik**: Der Anbieter kann in der Pre-Service-Phase Kunden-erwartungen durch seine Kommunikationspolitik beeinflussen und die Rolle des Kun-den während des Prozesses spezifizieren (Kap. 5; und Abschn. 7.2), sodass dem Kun-den deutlich wird, welche Anforderungen an seine Mitwirkung gestellt werden. Er kann den Prozessablauf kommunizieren, sodass der Kunde weiß, an welchen Stellen seine Mitwirkung in welcher Weise erforderlich ist. Hierbei ist beispielsweise eine ein-fache Version des ServiceBlueprints hilfreich.
- **Überwachung von Kundeninputs im Prozess und Kundenfeedback**: Der Dienst-leister kann die Mitwirkung des Kunden während des Prozesses explizit einfordern, die Kundeninputs überwachen, bei Problemen eingreifen, dem Kunden Feedback geben, z. B. durch Lob, oder Hilfestellungen leisten.
- **Kundenentwicklung (Customer Enablement)**: Der Anbieter kann den Lernprozess des Kunden durch mündliche Instruktionen unterstützen, Kundenschulungen durch-führen, Erläuterungen oder Anweisungen auf seinen Websites oder über YouTube oder sonstige soziale Medien veröffentlichen, schriftliche Erläuterungen oder Anweisungen verteilen oder im Servicescape entsprechende Hinweise anbringen.
- **Prozesssegmentierung**: Der Anbieter kann den Prozess entsprechend den unterschied-lichen Mitwirkungsfähigkeiten und -bereitschaften des Kunden unterschiedlich ge-stalten. Kunden, die geringere Bereitschaft oder Fähigkeiten der Mitwirkung mit-bringen, erhalten mehr Unterstützung als Kunden, die über eine höhere Bereitschaft oder bessere Fähigkeiten verfügen.

Hinsichtlich der **Kapazitätsauslastung** können Maßnahmen ergriffen werden, die entweder am Angebot ansetzen (Kapazitätsflexibilisierung) oder an der Nachfrage (Glättung von Nachfrageschwankungen) (Corsten und Gössinger 2015, S. 331–341; Fließ 2009, S. 265–271). Kapazitätsflexibilisierung erfolgt durch die zusätzliche Beschäftigung von Teilzeitkräften während der nachfragestarken Zeiten, eine entsprechende Anpassung der Arbeitszeiten, Schichtdienste und die Öffnung zusätzlicher Räumlichkeiten, sodass Wartezeiten vermieden werden und möglicherweise weniger Kunden den Dienstleistungsprozess abbrechen. Maßnahmen zur Glättung von Nachfrageschwankungen schaffen Anreize für Kunden, von nachfragestarken Zeiten auf nachfragearme Zeiten auszuweichen. *Ein Beispiel ist die Happy Hour, wo durch Preispolitik Nachfrage in den besuchsschwachen Zeitraum verlagert wird.*

Im Hinblick auf die **Gestaltung von Teilprozessen oder des gesamten Dienstleistungsprozesses** können Dienstleister die folgenden Maßnahmen zur Kostensenkung und Produktivitätssteigerung heranziehen (Corsten und Gössinger 2015, S. 322–323; Wirtz und Lovelock 2022, S. 503–507):

- Standardisierung und Modularisierung, d. h. die Vereinheitlichung von Prozessen,
- Automatisierung, d. h. Ersatz von menschlicher Arbeitskraft durch Technologien,
- Externalisierung, d. h. Auslagerung von Aktivitäten an den Kunden (Self-Service),
- Outsourcing, d. h. die Einbindung kostengünstigerer Anbieter.

Diese Maßnahmen reduzieren vor allem die Prozessvariabilität, erhöhen dadurch die Produktivität und senken die Kosten (Wirtz 2020b; Wirtz und Zeithaml 2018). Gleichzeitig wirken sie sich allerdings auch auf die Service Experience und den Service Value aus (Wirtz 2020b; Wirtz und Zeithaml 2018).

Die **Standardisierung** von Prozessen senkt i. d. R. die Kosten des Prozesses (Hübner 2017) im Gegensatz zur **Individualisierung** (customization) von Prozessen, die die Kosten des Prozesses erhöht (Jacob 1995; Sundbo 2002). Die Standardisierung eines Prozesses entspricht einer Verlagerung von Anbieteraktivitäten aus der Service-Phase in die Pre-Service-Phase, während die Individualisierung eine Verlagerung von Anbieteraktivitäten aus der Pre-Service-Phase in die Service-Phase beinhaltet. Bei der Standardisierung wird der Prozess in höherem Maße vorgeplant (Pre-Service-Aktivitäten des Anbieters) als bei der Individualisierung, bei der Kunde und Anbieter Entscheidungen über die Art und Folge von Aktivitäten im Prozess treffen. Die Standardisierung entlastet die Service-Phase von Anbieter und Kunde, da Abstimmungen über den Prozessablauf und die jeweiligen Aktivitäten entfallen. Aufgrund der Standardisierung stehen diese ja bereits fest. Unterteilt man die Kosten in Produktions- und Transaktionskosten, so werden durch die Standardisierung beide Kostenarten reduziert (Fließ 2001, S. 92–106): Aufgrund der Vereinheitlichung der Aktivitäten über alle Prozesse hinweg (Standardisierung) können bei den Produktionskosten **Economies of Scale** und **Erfahrungskurveneffekte** erreicht werden, denn die wiederholte Durchführung gleicher Aktivitäten führt dazu, dass die Kosten je Aktivität sinken (Sundbo 2002). Die fehlende Notwendigkeit der Abstimmung von Aktivitäten reduziert die Transaktionskosten, die als Kosten der Anbahnung, Vereinbarung, Kontrolle und Anpassung von Prozessen verstanden werden können (vgl. Picot et al. 2020, S. 91).

Standardisierung ist vor allem dann möglich und sinnvoll, wenn die Kompetenzen und Ressourcen des Anbieters den Prozess dominieren, die Prozessschritte in hohem Maße vordefiniert sind, die Aktivitäten häufig wiederholt werden, es wenig Varietät hinsichtlich der auszuführenden Aktivitäten gibt, Mitarbeiter diese Aktivitäten leicht lernen können, klare Regeln formuliert werden können, das Ergebnis des Prozesses relativ einheitlich ist, wenn die Kundenbedürfnisse und -anforderungen recht homogen sind und daher auch wenige Informationen zwischen Kunde und Anbieter ausgetauscht werden müssen (Carlborg und Kindström 2014; Weyers und Louw 2017). Solche Prozesse werden auch als **rigide Prozesse** bezeichnet (Carlborg und Kindström 2014). Dies gilt vor allem für Prozesse, die als Wertkette organisiert sind (Stabell und Fjeldstad 1998; Abschn. 1.2.2).

Demgegenüber sind Prozesse schwer zu standardisieren, wenn der Prozess ein hohes Maß an Know-how erfordert, die Arbeitsschritte stark variieren, die Kundenbedürfnisse und -anforderungen sehr heterogen sind, der Informationsaustausch zwischen Kunde und Anbieter umfangreich ist und im Prozess immer wieder Entscheidungen getroffen werden müssen (Carlborg und Kindström 2014). Diese werden auch als **flexible Prozesse** bezeichnet (Carlborg und Kindström 2014). Es sind vor allem Prozesse, die als Wertshop organisiert sind (Stabell und Fjeldstad 1998; Abschn. 1.2.2). Solche Prozesse sind darüber hinaus durch einen hohen Anteil an Co-Creation-Aktivitäten des Kunden gekennzeichnet, wobei die Co-Creation-Aktivitäten, die hierbei erforderlich sind, stark variieren. *So gelten insbesondere Beratungsprozesse in Professional Service Firms wie Unternehmensberatungen oder Werbeagenturen als schwer zu standardisieren* (Beltagui et al. 2017; von Nordenflycht 2010). *Allerdings zeigen Beltagui et al. (2017), dass auch in solchen Unternehmen Prozesse zumindest teilweise standardisiert werden können, wenn nicht jedes Projekt als individuelles Projekt betrachtet wird, sondern für eine Gruppe ähnlicher Projekte eine einheitliche Vorgehensweise und ein explizit formuliertes Service-Konzept entwickelt werden.*

Nicht alle Prozesse, die standardisiert werden können, müssen auch standardisiert werden. Ggf. ist der Service Value aus Kundensicht bei einer individuellen Lösung höher und auch die Bereitschaft einen entsprechenden Preis dafür zu zahlen (Jacob 1995). Als Grundlage der Prozessstandardisierung kann das ServiceBlueprint herangezogen werden (Fließ 2006, S. 137). So stellt das Restaurant-Blueprint in Abschn. 1.4.1 einen standardisierten Dienstleistungsprozess dar.

Eine Mischform zwischen Standardisierung und Individualisierung stellt die **Modularisierung** dar, bei der die Vorteile der Standardisierung mit den Vorteilen der Individualisierung verbunden werden (Corsten und Gössinger 2015, S. 212–226; Salewski 2017). Hierbei wird der Dienstleistungsprozess in Teilprozesse zerlegt, die jeweils standardisiert und zu Modulen zusammengefasst werden. Der Kunde kann dann die Module entsprechend seinen Präferenzen auswählen und miteinander kombinieren. *So lässt sich beispielsweise eine Urlaubsreise aus verschiedenen Modulen zusammenstellen, z. B. Rundreise (Modul 1) und Strandurlaub (Modul 2).*

Bei der **Automatisierung** von Prozessen wird Arbeitskraft durch **Technologie** (Maschinen, mediierende Kommunikationstechnologie, künstliche Intelligenz, Roboter etc.) ersetzt (Huang und Rust 2018; Rust und Huang 2012). Werden Informations- und Kommunikationstechnologien zur Substitution menschlicher Arbeitskraft eingesetzt, z. B. Online-Banking, wird auch von Digitalisierung oder Virtualisierung gesprochen (Böhmann und Zolnowski 2017). Obwohl eher aus der Produktion von Sachgütern bekannt, werden auch im Dienstleistungsbereich insbesondere Routine-Interaktionen zunehmend automatisiert und digitalisiert (Sampson und Chase 2020). Automatisierung und Digitalisierung setzen die Standardisierung des Prozesses voraus, wobei auch hier der gesamte Prozess oder aber nur Teilprozesse oder Aufgaben automatisiert oder digitalisiert werden können. *Kund:innenanrufe im Callcenter werden vorsortiert, indem Kund:innen zwischen verschiedenen Möglichkeiten wählen. Dabei werden sie nur dann zu einem/r Mitarbeiter:in durchgestellt, wenn es keine standardisierte Lösung für die Anfrage gibt.* Eine besondere Bedeutung wird dabei in Zukunft dem Einsatz von Robotern zukommen (van Doorn et al. 2017; Abschn. 9.6). *Die Medikamentenausgabe im Krankenhaus kann von einem Roboter durchgeführt werden, nachdem vorher die verschiedenen Medikamente und ihre patient:innenspezifischen Dosen über ein Programm eingegeben wurden.* Allerdings wirkt der Technologieeinsatz nur dann kostensenkend, wenn Arbeitslöhne und -gehälter hoch sind. Dies gilt insbesondere für westliche Industrieländer, während in Schwellen- und Entwicklungsländern Arbeitskosten ggf. niedriger sind als die Kosten des Technologieeinsatzes. Darüber hinaus ist zu bedenken, dass durch die Automatisierung und die Digitalisierung der persönliche Kontakt zum Kunden verloren geht, was sich negativ auf das Kundenvertrauen und die Loyalität des Kunden auswirken kann (Scherer et al. 2015). *So fanden Scherer et al. (2015) bei einem Pannendienst eine U-förmige Beziehung zwischen der Abwanderung von Kund:innen und dem Verhältnis von Self-Service zu persönlichem Service.*

Bei der **Externalisierung** werden Aktivitäten im Service Co-Creation-Prozess dem Kunden übertragen, die üblicherweise vom Anbieter ausgeführt werden (Corsten und Gössinger 2015, S. 333–334). Dies wird auch als **Self-Service** bezeichnet (Anitsal und Schumann 2007; Curran et al. 2003). *Beispiele sind die Selbstbedienung am Buffet im Restaurant oder die Nutzung eines Check-in-Automaten am Flughafen.* Da der Kunde Mitarbeiter des Anbieters ersetzt, kann der Anbieter hierdurch Kosten senken (Lovelock und Young 1979). Allerdings setzt Self-Service voraus, dass der Kunde fähig und motiviert ist die Aktivitäten auszuführen (Blut et al. 2016; Curran et al. 2003; Curran und Meuter 2007; Fließ 1996a; Leischnig und Enke 2011; van Tonder et al. 2020).

Schließlich können Kosten gesenkt werden, indem der Anbieter ausgewählte Aktivitäten an andere Anbieter auslagert (**Outsourcing**). Dabei wird von Outsourcing immer dann gesprochen, wenn zuvor vom Anbieter durchgeführte Aktivitäten nun von einer Drittpartei wahrgenommen werden. *So wird im Hotelbereich, aber auch in anderen Dienstleistungsunternehmen, beispielsweise die IT an IT-Spezialist:innen ausgelagert* (Gonzalez et al. 2011). Anbieter suchen insbesondere solche Drittparteien, die in Ländern mit einem geringeren Kostenniveau liegen, oder die aufgrund ihrer Spezialisierung Kostenvorteile haben, sog. **Offshoring** (Tate et al. 2009). *Ein Beispiel ist die Verlagerung von*

Callcentern nach Indien oder in osteuropäische Länder. Durch Outsourcing kann der Anbieter Wartezeiten reduzieren, das Warten für den Kunden angenehmer machen, Zugang zu zusätzlichem oder besser qualifiziertem Personal, zu weiteren Kapazitäten oder Innovationen erhalten, eigene Ressourcen entlasten, Risiken verteilen oder sich auf die Kernaktivitäten konzentrieren und so die Dienstleistung verbessern (Arias-Aranda et al. 2011; De Pourcq et al. 2021; Kranzbühler et al. 2019; Ziółkiewicz 2011). Allerdings stellen sich diese positiven Effekte nur ein, wenn die Drittpartei die Leistungen in vergleichbarer Qualität erbringt wie der Anbieter (De Pourcq et al. 2021).

Grundsätzlich ist zu unterscheiden, ob der Anbieter Drittparteien an den gemeinsamen Aktivitäten der joint sphere beteiligt oder ob es sich um autonome Aktivitäten des Anbieters hinter der Sichtbarkeitslinie handelt (Jacob et al. 1997). Im ersten Fall sind Drittparteien in die Kernaktivitäten des Dienstleistungsprozesses involviert und gewinnen durch ihre Aktivitäten Einfluss auf den Service Value des Kunden. Allerdings kann der Effizienzvorteil des Drittanbieters durch einen Effektivitätsnachteil kompensiert werden. *So obliegt die Durchführung der Urlaubsreise verschiedenen selbstständigen Unternehmen wie Airlines oder Hotels, die Qualität fällt aber auf den Reiseveranstalter zurück.* Im zweiten Fall unterstützen von Drittparteien übernommene Aktivitäten den Service Co-Creation-Prozess und können dies ggf. günstiger und wirtschaftlicher als der Anbieter selbst.

4.5   Hybride Strategien zur gleichzeitigen Erreichung von Service Exzellenz und Produktivität

In welchem Maße Effektivitätszielen oder Effizienzzielen der Vorzug gegeben wird, ist eine strategische Entscheidung des Unternehmens, die vom Unternehmensumfeld (Rust und Huang 2012) und der Wettbewerbsstrategie abhängt: Bei einer Strategie der Qualitätsführerschaft oder Differenzierung dominiert das Effektivitätsziel, bei einer Strategie der Kostenführerschaft oder Preis-Mengen-Strategie dominiert das Effizienzziel. Grundsätzlich setzen Effektivitätsmaßnahmen oberhalb der Line of Visibility an, während Effizienzmaßnahmen unterhalb der Line of Visibility greifen, sodass die **Line of Visibility als Trennlinie zwischen Effektivität und Effizienz** betrachtet werden kann. Diese Unterscheidung ist zum einen darauf zurückzuführen, dass insbesondere die wahrgenommene Qualität, die Kundenzufriedenheit und die Service Experience von der Wahrnehmung des Kunden bestimmt werden und die Aktivitäten oberhalb der Line of Visibility der Kundenwahrnehmung zugänglich sind, die Maßnahmen unterhalb der Line of Visibility nicht. Zum anderen tragen nicht alle Aktivitäten unterhalb der Line of Visibility zur Wertgenerierung des Kunden bei, sondern dienen auch der Verfolgung von Anbieterzielen (Grönroos und Voima 2013), sodass die Effizienz als Gestaltungsprinzip unterhalb dieser Linie dominiert.

Effektivitäts- und effizienzsteigernde Maßnahmen lassen sich in Form hybrider Strategien miteinander kombinieren, um Effektivität und Effizienz gleichzeitig zu erreichen

(Wirtz 2020b; Wirtz und Zeithaml 2018), wobei sich als Extremformen die beiden folgenden Strategien unterscheiden lassen:

- Bei der Strategie der Service Factory ist der Dienstleister ein Spezialist, der meist eine einzelne Dienstleistung für ein Kundensegment anbietet.
- Bei der dualen Strategie werden qualitativ hochwertige Dienstleistungen mit geringen Kosten erstellt.

Die Strategie der **Service Factory** ist durch die Konzentration des Anbieters auf eine Leistung für ein Kundensegment gekennzeichnet (Wirtz 2020b; Wirtz und Zeithaml 2018). Die Fokussierung auf ein Kundensegment ermöglicht es dem spezialisierten Anbieter, seine Kunden sehr gut kennenzulernen und dadurch Leistungen anzubieten, durch die der Kunde einen hohen Service Value erzielt. Die Co-Creation-Aktivitäten können auf die Fähigkeiten und Bedürfnisse der Kunden abgestimmt werden und dadurch eine hohe Service Experience, eine hohe (wahrgenommene) Qualität und eine hohe Kundenzufriedenheit erreichen. Die Spezialisierung sorgt dafür, dass Wiederholungen zu Economies of Scale führen und Prozesse mit zunehmender Erfahrung standardisiert und vereinfacht werden können, was die Effizienz steigert. *Beispiele sind die Konzentration eines Krankenhauses bzw. einer Arztpraxis auf Knieoperationen, Augenoperationen oder Zahnimplantate.*

Bei der **dualen Strategie** geht es darum gleichzeitig eine Kultur der Dienstleistungsexzellenz (service excellence) und der Kostenorientierung (cost-effectiveness) zu schaffen (Wirtz 2020a, b; Wirtz und Zeithaml 2018). Dies gelingt durch organisationale Ambidextrie (ambidexterity) (Wirtz 2020a). **Ambidextrie** bezeichnet die gleichzeitige Verfolgung konfligierender Zielsetzungen und wird in der Organisationsliteratur vor allem im Zusammenhang mit der Exploitation (Ausbeutung) und Exploration (Ausweitung) von Ressourcen behandelt (O'Reilly and Tushman 2013). In diesem Kontext geht es um die gleichzeitige Verfolgung von Effektivität und Effizienz. Ambidextrie tritt in Dienstleistungsunternehmen in folgenden Formen auf (Wirtz 2020a):

- **Ambidextrie der Führung** (leadership ambidexterity): Führungskräfte unterstützen die gleichzeitige Verfolgung von Effektivität und Effizienz, indem sie entsprechendes Verhalten vorleben, unterstützen, incentivieren und belohnen. Es dominiert eine Haltung des „Sowohl-als-auch" statt des „Entweder-oder". *Führungskräfte, Mitarbeiter:innen der internen Kommunikation und des Bereichs Weiterbildung und Training bei Singapore Airlines betonen, dass Gewinn sowohl eine Funktion von Service Excellence ist als auch der Kosten. Um diese Haltung zu untermauern, bietet das Unternehmen allen Mitarbeitenden einen Bonus von bis zu 50 %, wenn es Gewinn erzielt, und beteiligt die Mitarbeitenden mit einer Reduktion der Gehälter von bis zu 20 % an Verlusten.* Ambidextrie der Führung wirkt sich auf die anderen drei Formen der Ambidextrie aus.
- **Kontextuelle Ambidextrie** (contextual ambidexterity): Sie verlagert die Lösung von Zielkonflikten auf die Ebene des einzelnen Mitarbeiters. Mitarbeiter müssen dabei lernen, Zielkonflikte zu lösen, wenn die Situation dies erfordert. *Bei Singapore Airlines*

werden in der ersten Klasse zwei Champagnermarken angeboten. Um Kosten zu mini-
mieren, wird erst die bereits geöffnete Marke ausgeschenkt, es sei denn, ein:e Pass-
agier:in fordert speziell die andere Marke.

- **Strukturelle Ambidextrie** (structural ambidexterity): Sie bezieht sich darauf, dass unterschiedliche Bereiche unterschiedliche Ziele verfolgen und dadurch Zielkonflikte vermieden werden. *So konzentriert sich das Marketing auf den Customer Value und die Customer Experience, während die Produktion die Ziele der Produktivitätssteigerung und Kostensenkung verfolgt.* In Dienstleistungsunternehmen verläuft die Trennlinie im Dienstleistungsprozess entlang der Line of Visibility, wobei mit den für den Kunden sichtbaren Aktivitäten Effektivitätsziele verfolgt werden und mit den für den Kunden nicht sichtbaren Aktivitäten Effizienzziele. Bereiche, die mit Pre-Service-Aktivitäten befasst sind, verfolgen gleichzeitig Effektivitäts- und Effizienzziele. *So sind die Aktivitäten der Innovationsabteilung bei Singapore Airlines damit beschäftigt, Dienstleistungen und Dienstleistungsprozesse sowohl im Hinblick auf Effektivität als auch auf Effizienz weiterzuentwickeln.*

- **Ambidextrie hinsichtlich der Dienstleistungserbringung** (service delivery mode ambidexterity): Hierbei geht es um den abgestimmten Einsatz von Face-to-Face-Kontakten und authentischen Emotionen durch Kundenkontaktmitarbeiter einerseits und den Einsatz von Robotern und künstlicher Intelligenz bei hoher Skalierbarkeit und Produktivität andererseits. *Man denke an automatische Informationssysteme, z. B. bei der Zugauskunft und beim Fahrkartenkauf oder an den Robotereinsatz in Restaurants, Krankenhäusern und Rehazentren.*

Literatur

Adams JS (1965) Inequity in social exchange. Adv Exp Soc Psychol 2:267–299

Anderson EW (1998) Customer satisfaction and word of mouth. J Serv Res 1:5–17

Anderson EW, Fornell C, Lehmann DR (1994) Customer satisfaction, market share, and profitability: findings from Sweden. J Mark 58:53–66

Andreassen TW, Kristensson P, Lervik-Olsen L, Parasuraman A, McColl-Kennedy JR, Edvardsson B, Colurcio M (2016) Linking service design to value creation and service research. J Serv Manag 27:21–29

Anitsal I, Schumann DW (2007) Toward a conceptualization of customer productivity: the customer's perspective on transforming customer labor into customer outcomes using technology-based self-service options. J Mark Theory Pract 15:349–363

Arias-Aranda D, Bustinza OF, Barrales-Molina V (2011) Operations flexibility and outsourcing benefits: an empirical study in service firms. Serv Ind J 31:1849–1870

Babin BJ, James KW (2010) A brief retrospective and introspective on value. Eur Bus Rev 22:471–478

Becker L, Jaakkola E (2020) Customer experience: fundamental premises and implications for research. J Acad Mark Sci 1:630–648

Beltagui A, Sigurdsson K, Candi M, Riedel JC (2017) Articulating the service concept in professional service firms. J Serv Manag 28:593–616

Berry LL, Wall EA, Carbone LP (2006) Service clues and customer assessment of the service experience: lessons from marketing. Acad Manag Perspect 20:43–57

Bettencourt LA, Lusch RF, Vargo SL (2014) A service lens on value creation: marketing's role in achieving strategic advantage. Calif Manag Rev 57:44–66

Blau PM (1964) Exchange and power in social life. Wiley, New York

Blau PM (2008) Exchange and power in social life. With a new introduction by the author, 12. Aufl. Transaction, New Brunswick

Blut M, Wang C, Schoefer K (2016) Factors influencing the acceptance of self-service technologies. J Serv Res 19:396–416

Böhmann T, Zolnowski A (2017) Virtuelle Servicesysteme. In: Corsten H, Roth S (Hrsg) Handbuch Dienstleistungsmanagement. Vahlen, München, S 537–540

Bruhn M (2019) Qualitätsmanagement für Dienstleistungen. Springer, Berlin/Heidelberg

Bruhn M, Hadwich K (2014) Forum Dienstleistungsmanagement: Service Value als Werttreiber. Konzepte, Messung und Steuerung. Gabler, Wiesbaden

Bruns K, Jacob F (2016) Value-in-use: antecedents, dimensions, and consequences. Marketing ZFP 38:135–149

Bueno EV, Weber TBB, Bomfim EL, Kato HT (2019) Measuring customer experience in service: a systematic review. Serv Ind J 39:779–798

Carlborg P, Kindström D (2014) Service process modularization and modular strategies. J Bus Ind Mark 29:313–323

Chou T-Y, Liu A-C (2019) Analyzing the customer-perceived value of cultural and creative hotels. Int J Organ Innov 11:115–131

Collier JE, Sherrell DL (2010) Examining the influence of control and convenience in a self-service setting. J Acad Mark Sci 38:490–509

Corsten H, Gössinger R (2015) Dienstleistungsmanagement, 6. vollst. überarb. u. akt. Aufl. De Gruyter Oldenbourg, Boston

Cronin JJ Jr (2016) Retrospective: a cross-sectional test of the effect and conceptualization of service value revisited. J Serv Mark 30:261–265

Cronin JJ Jr, Brady MK, Brand RR, Hightower R, Shemwell DJ (1997) A cross-sectional test of the effect and conceptualization of service value. J Serv Mark 11:375–391

Curran JM, Meuter ML (2007) Encouraging existing customers to switch to self-service technologies: put a little fun in their lives. J Mark Theory Pract 15:283–298

Curran JM, Meuter ML, Surprenant CF (2003) Intentions to use self-service technologies: a confluence of multiple attitudes. J Serv Res 5:209–224

Davis MM, Vollmann TE (1990) A framework for relating waiting time and customer satisfaction in a service operation. J Serv Mark 4:61–69

De Keyser A, Verleye K, Lemon KN, Keiningham TL, Klaus P (2020) Moving the customer experience field forward: introducing the touchpoints, context, qualities (TCQ) nomenclature. J Serv Res 23:433–455

De Pourcq K, Verleye K, Larivière B, Trybou J, Gemmel P (2021) Implications of customer participation in outsourcing non-core services to third parties. J Serv Manag 32:438–458

De Vries J, Roy D, De Koster R (2018) Worth the wait? How restaurant waiting time influences customer behavior and revenue. J Oper Manag 63:59–78

van Doorn J, Mende M, Noble SM, Hulland J, Ostrom AL, Grewal D, Petersen JA (2017) Domo Arigato Mr. Roboto. J Serv Res 20:43–58

Eggert M, Fließ S (2015) Service Value aus Kundensicht – Kundenaktivitäten als Ausgangspunkt. In: Bruhn M, Hadwich K (Hrsg) Interaktive Wertschöpfung durch Dienstleistungen. Strategische Ausrichtung von Kundeninteraktionen, Geschäftsmodellen und sozialen Netzwerken. Forum Dienstleistungsmanagement. Gabler, Wiesbaden, S 113–131

Engelhardt WH, Kleinaltenkamp M, Reckenfelderbäumer M (1993) Leistungsbündel als Absatz-objekte – Ein Ansatz zur Überwindung der Dichotomie von Sach- und Dienstleistungen. Z Betriebswirtsch Forsch 45:395–426

Fließ S (1996a) Interaktionsmuster bei der Integration externer Faktoren. In: Meyer A (Hrsg) Grundsatzfragen und Herausforderungen des Dienstleistungsmarketing. Deutscher Universitäts-Verlag, Wiesbaden, S 1–19

Fließ S (1996b) Prozeßevidenz als Erfolgsfaktor der Kundenintegration. In: Kleinaltenkamp M, Fließ S, Jacob F (Hrsg) Customer Integration. Von der Kundenorientierung zur Kundenintegration. Gabler, Wiesbaden, S 91–103

Fließ S (2001) Die Steuerung von Kundenintegrationsprozessen. Effizienz in Dienstleistungsunternehmen. Deutscher Universitäts-Verlag, Wiesbaden

Fließ S (2006) Prozessorganisation in Dienstleistungsunternehmen. Kohlhammer, Stuttgart

Fließ S (2009) Dienstleistungsmanagement. Kundenintegration gestalten und steuern. Gabler, Wiesbaden

Fließ S, Volkers M (2020) Trapped in a service encounter. J Serv Manag 31:79–114

Fließ S, Fandel G, Eggert M, Wehler M (2011) Optimierung der allokativen und organisatorischen Effizienz von Dienstleistungsprozessen. In: Bruhn M, Hadwich K (Hrsg) Dienstleistungsproduktivität. Gabler, Wiesbaden, S 313–336

Fließ S, Nesper J, Bauer K (2012a) Self-Service versus persönlicher Service – eine empirische Studie aus der Finanzdienstleistungsbranche. In: Keuper F, Mehl R (Hrsg) Customer Management – Vertriebs- und Servicekonzepte für die Zukunft. Logos Verlag, Berlin, S 195–222

Fließ S, Wittko O, Schmelter M (2012b) Der Service Experience Value – Stand der Forschung, Konzeptualisierung und empirische Messung. In: Bruhn M, Hadwich K (Hrsg) Customer experience. Springer Gabler, Wiesbaden, S 161–184

Fließ S, Dyck S, Volkers M (2020) Calling for a multisensory perspective on customer service co-creation. In: Roth S, Horbel C, Popp B (Hrsg) Perspektiven des Dienstleistungsmanagements. Springer Fachmedien, Wiesbaden, S 77–104

Friedl B (2017) Prozesskostenrechnung für das Kostenmanagement im Dienstleistungsbereich. In: Corsten H, Roth S (Hrsg) Handbuch Dienstleistungsmanagement. Vahlen, München, S 1109–1127

Gahler M, Klein JF, Paul M (2023) Customer experience: conceptualization, measurement, and application in omnichannel environments. J Serv Res 26:191–211

Gallarza MG, Gil-Saura I, Holbrook MB (2011) The value of value: further excursions on the meaning and role of customer value. J Consum Behav 10:179–191

Gonzalez R, Llopis J, Gasco J (2011) What do we know about outsourcing in hotels? Serv Ind J 31:1669–1682

Gouldner AW (1960) The norm of reciprocity: a preliminary statement. Am Sociol Rev 25:161

Grönroos C (2008) Service logic revisited: who creates value? And who co-creates? Eur Bus Rev 20:298–314

Grönroos C, Gummerus J (2014) The service revolution and its marketing implications: service logic vs service-dominant logic. Manag Serv Qual Int J 24:206–229

Grönroos C, Ojasalo K (2004) Service productivity. J Bus Res 57:414–423

Grönroos C, Ravald A (2011) Service as business logic: implications for value creation and marketing. J Serv Manag 22:5–22

Grönroos C, Voima P (2013) Critical service logic: making sense of value creation and co-creation. J Acad Mark Sci 41:133–150

Han H, Kim Y (2010) An investigation of green hotel customers' decision formation: developing an extended model of the theory of planned behavior. Int J Hosp Manag 29:659–668

Heinonen K, Strandvik T (2015) Customer-dominant logic: foundations and implications. J Serv Mark 29:472–484

Helkkula A (2011) Characterising the concept of service experience. J Serv Manag 22:367–389

Helkkula A, Kelleher C, Pihlström M (2012) Characterizing value as an experience. J Serv Res 15:59–75

Heskett JL, Jones GW, Loveman GW, Sasser WE, Schlesinger LA (1994) Putting the service-profit chain to work. Harv Bus Rev 72:164–174

Hill AV, Collier DA, Froehle CM, Goodale JC, Metters RD, Verma R (2002) Research opportunities in service process design. J Oper Manag 20:189–202

Hogreve J, Iseke A, Derfuss K, Eller T (2017) The serviceprofit chain: a meta-analytic test of a comprehensive theoretical framework. J Mark 81:41–61

Holmqvist J, Visconti LM, Grönroos C, Guais B, Kessous A (2020) Understanding the value process: value creation in a luxury service context. J Bus Res 120:114–126

Homans GC (1961) Social behavior. Its elementary forms. Houcourt, New York

Homans GC (1972) Elementarformen sozialen Verhaltens. Social behavior, its elementary forms, 2. Aufl. Westdeutscher Verlag, Opladen

Huang M-H, Rust RT (2018) Artificial Intelligence in Service. J Serv Res 21:155–172

Hübner A (2017) Management der Dienstleistungsproduktivität. In: Corsten H, Roth S (Hrsg) Handbuch Dienstleistungsmanagement. Vahlen, München, S 1075–1090

Jaakkola E, Helkkula A, Aarikka-Stenroos L (2015) Service experience co-creation: conceptualization, implications, and future research directions. J Serv Manag 26:182–205

Jacob F (1995) Produktindividualisierung. Ein Ansatz zur innovativen Leistungsgestaltung im Business-to-Business-Bereich. Gabler, Wiesbaden

Jacob F, Kleinaltenkamp M, Leib R (1997) Outsourcing kaufmännischer Dienstleistungen. Beschaffung aktuell 10:34–36

Kabadayi S, Ali F, Choi H, Joosten H, Lu C (2019) Smart service experience in hospitality and tourism services. J Serv Manag 30:326–348

Kellogg DL, Youngdahl WE, Bowen DE (1997) On the relationship between customer participation and satisfaction: two frameworks. Int J Serv Ind Manag 8:206–219

Kleinaltenkamp M (1993) Investitionsgüter-Marketing als Beschaffung externer Faktoren. In: Thelen EM (Hrsg) Dienstleistungsmarketing. Eine Bestandsaufnahme; Tagungsband zum 2. Workshop für Dienstleistungsmarketing, Innsbruck, Februar 1993. Lang, Frankfurt am Main, S 101–126

Kleinaltenkamp M (1997) Kundenintegration. Wirtschaftswissenschaftliches Studium 26:350–355

Kranzbühler A-M, Kleijnen MHP, Verlegh PWJ (2019) Outsourcing the pain, keeping the pleasure: effects of outsourced touchpoints in the customer journey. J Acad Mark Sci 47:308–327

Kroeber-Riel W, Gröppel-Klein A (2019) Konsumentenverhalten, 11., vollst. überarb., akt. u. erg. Aufl. Franz Vahlen, München

Le HN, Pham T-AN, Pham TN (2022) The transformative outcomes of frontline employee adaptability for service value co-creation: a study of the banking sector. Int J Bank Mark 40:401–424

Lee J, Patterson PG, Ngo LV (2017) In pursuit of service productivity and customer satisfaction: the role of resources. Eur J Mark 51:1836–1855

Leischnig A, Enke M (2011) Dienstleistungsproduktivität und Selbstbedienungsangebote – eine kundenbezogene Perspektive. In: Bruhn M, Hadwich K (Hrsg) Dienstleistungsproduktivität. Gabler, Wiesbaden, S 457–473

Leroi-Werelds S, Streukens S, Brady MK, Swinnen G (2014) Assessing the value of commonly used methods for measuring customer value: a multi-setting empirical study. J Acad Mark Sci 42:430–451

Lipkin M (2016) Customer experience formation in today's service landscape. J Serv Manag 27:678–703

Lovelock CH, Young RF (1979) Look to consumers to increase productivity. Harv Bus Rev 57:168–178

Luria G, Yagil D, Gal I (2014) Quality and productivity: role conflict in the service context. Serv Ind J 34:955–973

Macdonald EK, Wilson HN, Martinez V, Toossi A (2011) Assessing value-in-use: a conceptual framework and exploratory study. Ind Mark Manag 40:671–682

Maleri R, Frietzsche U (2008) Grundlagen der Dienstleistungsproduktion, 5., vollst. überarb. Aufl. Springer, Berlin

Michaelis B, Wagner JD, Schweizer L (2015) Knowledge as a key in the relationship between high-performance work systems and workforce productivity. J Bus Res 68:1035–1044

Nenninger S, Dyck S (2022) Chronos and kairos: reconceptualizing temporality of customer experiences. In: o.V. (Hrsg) Proceedings of the QUIS17 – the 17th international research symposium on service excellence in management. Valencia, Spanien, S 519–528

Nesper J (2014) (Un)Fairnessbasierte Kundenabwanderung in Dienstleistungsbeziehungen. Erfolgsfaktoren und Strategien für das Churn-Management in der Telekommunikationsbranche. Dr. Kovač, Hamburg

Noone BM, Kimes SE, Mattila AS, Wirtz J (2009) Perceived service encounter pace and customer satisfaction. J Serv Manag 20:380–403

von Nordenflycht A (2010) What is a professional service firm? Toward a theory and taxonomy of knowledge-intensive firms. Acad Manag Rev 35:155–174

O'Reilly CA, Tushman ML (2013) Organizational ambidexterity: past, present, and future. Acad Manag Perspect 27:324–338

Oliver RL (1980) A cognitive model of the antecedents and consequences of satisfaction decisions. J Mark Res 17:460–469

Oliver RL (1981) Measurement and evaluation of satisfaction processes in retail settings. J Retail 57:25–48

Oliver RL (2014) Satisfaction. A behavioral perspective on the consumer, 2. Aufl. Taylor & Francis, Hoboken

Picot A, Dietl H, Franck E, Fiedler M, Royer S (2020) Organisation. Theorie und Praxis aus ökonomischer Sicht, 8., akt. u. überarb. Aufl. Schäffer-Poeschel, Stuttgart

Plinke W, Utzig BP (2021) Industrielle Kostenrechnung. Eine Einführung, 9. Aufl. Springer Vieweg, Berlin/Heidelberg

Rew D, Siguaw JA, Sheng X (2020) Service productivity, satisfaction, and the impact on service firm performance. Serv Mark Q 41:344–357

Rust RT, Huang M-H (2012) Optimizing service productivity. J Mark 76:47–66

Rust RT, Oliver RL (1994) Service quality: new directions in theory and practice. Sage Publications, Thousand Oaks

Salewski H (2017) Dienstleistungsmodularisierung. In: Corsten H, Roth S (Hrsg) Handbuch Dienstleistungsmanagement. Vahlen, München, S 405–421

Sampson SE, Chase RB (2020) Customer contact in a digital world. J Serv Manag 31:1061–1069

Scherer A, Wünderlich NV, von Wangenheim F (2015) The value of self-service: long-term effects of technology-based self-service usage on customer retention. MIS Q 39:177–200

Stabell CB, Fjeldstad ØD (1998) Configuring value for competitive advantage: on chains, shops, and networks. Strateg Manag J 19:413–437

Storbacka K, Strandvik T, Grönroos C (1994) Managing customer relationships for profit: the dynamics of relationship quality. Int J Serv Ind Manag 5:21–38

Sundbo J (2002) The service economy: standardisation or customisation? Serv Ind J 22:93–116

Tate WL, Ellram LM, Brown SW (2009) Offshore outsourcing of services. J Serv Res 12:56–72

Thibaut JW, Kelley HH (1959) The social psychology of groups. John Wiley & Sons Ltd., Hoboken

Thommen JP, Achleitner AK, Gilbert DU, Hachmeister D, Kaiser G (2017) Allgemeine Betriebswirtschaftslehre. Umfassende Einführung aus managementorientierter Sicht, 8., vollst. überarb. Aufl. Springer Gabler, Wiesbaden van Tonder E, Saunders SG, Farquhar JD (2020) Explicating the resource integration process during self-service socialisation: conceptual framework and research propositions. J Bus Res 121:516–523

Tran TBH, Vu AD (2021) From customer value co-creation behaviour to customer perceived value. J Mark Manag 37:993–1026

Triantafillidou A, Siomkos G (2014) Consumption experience outcomes: satisfaction, nostalgia intensity, word-of-mouth communication and behavioural intentions. J Consum Mark 31:526–540

Vargo SL, Lusch RF, Akaka MA, He Y (2010) Service-dominant logic. In: Malhotra NK (Hrsg) Review of marketing research, 6. Aufl. M. E. Sharpe, Armonk/London, S 125–167

Vogus TJ, McClelland LE, Lee YS, McFadden KL, Hu X (2021) Creating a compassion system to achieve efficiency and quality in health care delivery. J Serv Manag 32:560–580

Volkers M, Fließ S (2017) If you begin a service you must go the whole hog: a theoretical approach to social lock-in situations in service settings. In: Büttgen M (Hrsg) Beiträge zur Dienstleistungsforschung 2016. Springer Fachmedien, Wiesbaden, S 1–22

Weyers M, Louw L (2017) Framework for the classification of service standardisation. Serv Ind J 37:409–425

Wirtz J (2020a) Organizational ambidexterity: cost-effective service excellence, service robots, and artificial intelligence. Organ Dyn 49:100719

Wirtz J (2020b) Strategic pathways to cost-effective service excellence. In: Bridges E, Fowler K (Hrsg) The Routledge handbook of service research insights and ideas. Routledge, New York, S 257–279

Wirtz J, Lovelock CH (2016) Services marketing. People, technology, strategy, 8. Aufl. World Scientific, Hackensack/London/Singapore/Beijing/Shanghai/Hong Kong/Taipei/Chennai/Tokyo

Wirtz J, Lovelock CH (2022) Services marketing. People, technology, strategy, 9. Aufl. World Scientific, Hackensack

Wirtz J, Zeithaml VA (2018) Cost-effective service excellence. J Acad Mark Sci 46:59–80

Wittko O (2012) Service Experience Value. Eine empirische Analyse am Beispiel von Flugdienstleistungen. Springer Gabler, Wiesbaden

Woodruff RB, Gardial S (1996) Know your customers – new approaches to understanding customer value and satisfaction. Blackwell, Oxford

Zeithaml VA (1988) Consumer perceptions of price, quality, and value: a means-end model and synthesis of evidence. J Mark 52:2–22

Zeithaml VA, Verleye K, Hatak I, Koller M, Zauner A (2020) Three decades of customer value research: paradigmatic roots and future research avenues. J Serv Res 23:409–432

Ziółkiewicz M (2011) Outsourcing of service areas as a method of increasing the effectiveness of a company. E-Finanse: Financial Internet Quart 7:45–56

Zomerdijk LG, Voss CA (2010) Service design for experience-centric services. J Serv Res 13:67–82

Die Vorbereitungsaktivitäten des Anbieters in der Pre-Service-Phase

5

Zusammenfassung

Als Value Facilitator kann der Anbieter den Kunden bereits in der Pre-Service-Phase unterstützen. Hierzu dient zum einen das Erwartungsmanagement, das dem Kunden hilft, die Service-Phase kognitiv zu antizipieren, Vorfreude zu wecken sowie Sorgen und Unsicherheit zu reduzieren. Hierzu kann der Anbieter seine Kommunikationspolitik, aber auch die Gestaltung der Dienstleistungsumgebung nutzen. Darüber hinaus kann der Anbieter konkrete Hilfestellungen während der Vorbereitungsaktivitäten des Kunden leisten, indem er den Kunden informiert, ihn schult, ihm Ressourcen zur Verfügung stellt oder zugänglich macht und seine Bereitschaft zur Co-Creation erhöht.

5.1 Das Erwartungsmanagement des Anbieters

Die Vorbereitungsaktivitäten des Anbieters beziehen sich zum einen auf solche Aktivitäten, die das Servicesystem des Anbieters in Leistungsbereitschaft versetzen (Abb. 5.1), wie etwa das Eindecken von Tischen in einem Restaurant oder die Reinigung der Zimmer im Hotel. Da diese Aktivitäten dienstleistungsspezifisch sind und nicht allgemeiner Natur, werden sie hier nicht behandelt.

Zum anderen zählen zu den vorbereitenden Aktivitäten des Anbieters solche, die den Kunden bei seiner Kaufentscheidung unterstützen. Fehlen dem Kunden Ressourcen für die Durchführung der Praktiken in seiner Lebenswelt, so muss er diese fehlenden Ressourcen beschaffen, will er nicht auf die Durchführung der Praktik verzichten. Dabei kann der Dienstleister den Kunden bei der Kaufentscheidung unterstützen, indem er Informationen bereitstellt, die den Kunden dabei helfen, die Entscheidungsqualität zu erhöhen und somit ihre Unsicherheit abzubauen (Fließ 2009, S. 159–193). Diese umfassen die gesamte

S. Fließ et al., *Management von Dienstleistungsprozessen*,
https://doi.org/10.1007/978-3-658-44147-0_5

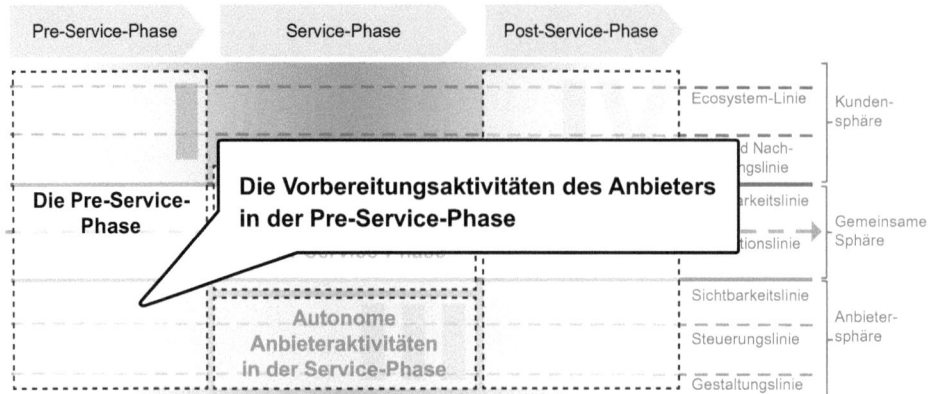

Abb. 5.1 Die Vorbereitungsaktivitäten des Anbieters in der Pre-Service-Phase – Einordnung im ServiceBlueprint

Kommunikationspolitik des Anbieters von Public Relations und Mediawerbung über Social Media bis hin zur persönlichen Kommunikation (Bruhn 2014, 2019). Dies wird hier nicht behandelt.

Schließlich umfassen die vorbereitenden Aktivitäten des Anbieters das Erwartungsmanagement und die Unterstützung des Kunden bei seinen Vorbereitungsaktivitäten.

Die Erwartungen des Kunden sind maßgebend dafür, ob es dem Anbieter gelingt einen Kundenvorteil zu realisieren (Abschn. 1.2.2): So hängt die Bewertung des Service Value neben den Zielen und Zwecken der Dienstleistung und dem Verhältnis von Nutzen und Opfer maßgebend davon ab, welche Erwartungen der Kunde im Hinblick auf die Zielerreichung und die Nutzen-Opfer-Relation hat. Darüber hinaus bestimmen die erwarteten Erfahrungen die Service Experience, die Erwartung der Dauer des Prozesses, einzelner Prozessphasen und Aktivitäten, die subjektiv wahrgenommene Zeit und die Erfüllung der Erwartung die Kundenzufriedenheit. Erwartungen spielen insbesondere bei der Bewertung der Qualität und der Entstehung von Zufriedenheit eine Rolle (Parasuraman et al. 1994; Zeithaml et al. 1993). Ist der Dienstleistungsprozess Teil der Praktiken des Kunden oder stellt er selbst eine Praktik dar (einkaufen, Essen gehen, Urlaub machen), so bestehen Erwartungen des Kunden im Hinblick darauf, wie sich der Dienstleistungsprozess in die Praktiken des Kunden einfügt bzw. mit diesen konsistent ist.

Erwartungen sind definiert als die Antizipation künftiger Konsequenzen basierend auf früheren Erfahrungen (Oliver 2014, S. 63–65). Erwartungen können verschiedene Niveaus aufweisen. Sie können niedrig sein und Minimalanforderungen repräsentieren oder einem hohen Niveau entsprechen (Oliver 2014, S. 66–69). Erwartungen können sich neben den bereits oben erwähnten Aspekten auch auf den Ablauf des Dienstleistungsprozesses beziehen, auf die einzubringenden Ressourcen, die Intensität der Mitwirkung oder die Service Experience.

Erwartungen werden zum einen durch vom Anbieter nicht direkt beeinflussbare Kontaktpunkte wie Word-of-Mouth anderer Kunden (Abschn. 16.2) und die Kommunikation von Drittanbietern wie Medien, Stiftung Warentest oder Stiftung Finanztest geweckt (Oliver 2014, S. 76).

Wie unter Abschn. 3.1 dargestellt, antizipiert der Kunde die Service-Phase kognitiv und emotional. Die Antizipation des Kunden lässt sich allgemein durch die **Kommunikationspolitik** des Anbieters beeinflussen (Fließ 2006, S. 73). Hierzu zählen Werbemaßnahmen, aber auch die persönliche Kommunikation vor oder zu Beginn der Service-Phase. So können Ankündigungen oder Versprechen die Erwartungen insbesondere dann beeinflussen, wenn sie noch nicht verfestigt sind (vage Erwartungen), z. B. das auf einer Tafel angekündigte Versprechen „keine Wartezeiten", oder durch Äußerungen oder Verhaltensweisen des Servicepersonals, z. B. „ich muss ganz kurz etwas erledigen, es dauert nicht lange".

Darüber hinaus kann der Anbieter durch seine Kommunikation dabei unterstützen, **Vorfreude** zu verspüren. Vichiengior et al. (2019) diskutieren drei Strategien, um die Vorfreude des Kunden zu fördern:

- Anbieter können den Kunden daran erinnern, was ihn erwartet, indem sie z. B. die Merkmale der Leistung noch einmal kommunizieren oder dem Kunden einen Einblick in die Vorbereitungen des Anbieters gewähren. *Beispielsweise zeigt ein Festivalorganisator den Ticketinhaber:innen anhand von Bildern und Videos, wie das Festivalgelände vorbereitet wird, postet Videos mit Willkommensgrüßen der Künstler:innen und gibt einen Vorgeschmack auf die verschiedenen weiteren Aktivitäten, die während des Festivals stattfinden werden.*
- Anbieter können im Rahmen von hedonistischen Erfahrungen zunächst nur Teilinformationen bereitstellen, um Neugier beim Kunden hervorzurufen und so die gedankliche Auseinandersetzung mit der Dienstleistung zu fördern. *So wird bei Reisen häufig der grobe Reiseablauf bei der Beschreibung der Reise veröffentlicht oder der/die Kund:in erhält nach der Buchung Zugang zu einem eigenen Reiseportal mit den Details der Reise und ggf. einem Reiseführer.*
- Anbieter können Kunden dabei helfen zu realisieren, dass die Antizipation einen Wert haben kann, indem der Kunde Vorfreude spürt, und dass er die Zeit bis zum Start der Service-Phase nicht als reine Wartezeit sehen soll.

Allerdings müssen Anbieter beim Fördern der Vorfreude darauf achten, nicht zu hohe Erwartungen zu wecken, da ein Nicht-Erfüllen der Erwartungen zu Unzufriedenheit führen kann (Chan und Mukhopadhyay 2010; Vichiengior et al. 2019). Entscheidend ist dabei das Erwartungsniveau des Kunden: Bestehen minimale Erwartungen, so führt die Übererfüllung eines gegebenen Leistungsversprechens zu höherer Zufriedenheit, als wenn hohe Erwartungen bestehen (Topaloglu und Fleming 2017). Darüber hinaus spielt die Art der Kommunikation des Anbieters eine Rolle: Wird das Versprechen über eine Website abgegeben, so führt die Übererfüllung des Versprechens bei minimalen Erwartungen zu einer leicht höheren Zufriedenheit als bei hohen Erwartungen. Demgegenüber führt die Übererfüllung bei einem Versprechen, das durch eine Person abgegeben wird, nur bei minimalen Erwartungen zu steigender Zufriedenheit, während die Zufriedenheit bei hohen Erwartungen sinkt (Topaloglu und Fleming 2017).

Außerdem können Anbieter versuchen, die **Sorgen** bzw. die **Unsicherheit** des Kunden über die Service-Phase zu verringern, indem sie den Kunden über den Ablauf informieren und ihn anhand von Anleitungen bei der Vorbereitung unterstützen (Harrison und Beatty 2011). Dies knüpft an die kognitive Antizipation des Kunden an. Je besser der Kunde auf den Dienstleistungsprozess vorbereitet ist, umso besser kann er im Prozess mitwirken. Er fühlt sich dann weniger unsicher. Außerdem erhöhen sich die Dienstleistungsqualität und die Effizienz des Dienstleistungsprozesses für den Kunden und für den Anbieter, wenn der Kunde gut vorbereitet ist (Kellogg et al. 1997).

Neben der Kommunikation können Anbieter auch die Gestaltung der **Dienstleistungsumgebung** nutzen, um Erwartungen beim Kunden zu wecken (vgl. im Detail Kap. 10). Bestimmte Farben oder Materialien, wie Holz, werden als hochwertig wahrgenommen, andere, wie etwa Plastik, als geringwertig (Kerfoot et al. 2003). Die Gestaltung des Restaurants mit natürlichen Materialien wie Holz unterstützt das Versprechen der Verwendung von Bio-Lebensmitteln, während die Nutzung von Plastik und Metall sowie grellen Farben nicht mit Bio-Lebensmitteln vereinbar ist (Lunardo et al. 2016). Darüber hinaus informieren Dienstleistungsumgebungen, die vor dem Betreten eingesehen werden können, über die Kapazitätsauslastung. Eine hohe Kapazitätsauslastung gilt als Qualitätsindikator (Giebelhausen et al. 2011; Schnittka 1998, S. 148–152).

5.2　Unterstützung der Vorbereitungsaktivitäten des Kunden

Die Vorbereitungsaktivitäten des Kunden sind bereits Teil seines Wertgenerierungsprozesses (Holmqvist et al. 2020). Damit der Kunde sich in geeigneter Weise auf die Service-Phase vorbereiten und in der Service-Phase mitwirken kann, muss dem Kunden das Service-Skript bekannt sein, da dieses die Grundlage für die Antizipation der Service-Phase bildet (Bitner et al. 1994; Shoemaker 1996). Dies trifft auf standardisierte Dienstleistungsprozesse wie Self-Service-Restaurants oder die Nutzung von Apps, aber umso mehr auf komplexe Dienstleistungen wie Beratungs- und Gesundheitsdienstleistungen zu (McColl-Kennedy et al. 2017). Ist dem Kunden das Skript nicht bekannt, weil er nicht über entsprechende Vorerfahrungen verfügt, muss er sich dieses zuerst aneignen (Gouthier 2003, S. 78–82). Es ist die Aufgabe des Anbieters, den Kunden beim Lernen eines neuen Skripts zu unterstützen (Shoemaker 1996). *Werden zum ersten Mal Online-Klausuren angeboten, müssen Studierende über den Ablauf des Prozesses hinreichend informiert werden, damit sie sich darauf vorbereiten können.*

Im Rahmen von Sozialisierungsprozessen und anhand von Informationen oder Trainings (z. B. Instruktionen, Demonstrationen, Videos, Workshops) lernen Kunden, wie der Prozess ablaufen wird, wie sie sich im Dienstleistungsprozess verhalten sollen und welche Werte und Normen gelten (Büttgen et al. 2012). *So können Anbieter im Vorfeld Anleitungen zur Vorbereitung bereitstellen, z. B. was der/die Kund:in mitnehmen oder bereithalten soll, wo der/die Kund:in parken kann, wie bezahlt werden muss und was er/sie tun und nicht tun darf* (Kellogg et al. 1997). Dies ermöglicht dem Kunden eine effektive Mitwirkung in der

Service-Phase und nimmt ihm die Unsicherheit. *So zeigt eine Studie, wie ein Training zu einem Selbstbedienungssystem das Selbstvertrauen im Umgang mit der Technologie sowie die tatsächliche Nutzung des Systems erhöht* (Zhao et al. 2008).

Entsprechend der Phase des Matching des Ressourcenintegrationprozesses (Abschn. 2.4.2) können Anbieter Kunden dabei unterstützen herauszufinden, ob die bei ihnen vorhandenen Ressourcen geeignet sind. *Reiseanbieter können Kund:innen über die körperlichen Anforderungen einer Wanderreise informieren und ihnen Checklisten zur Prüfung ihrer Fitness zur Verfügung stellen. Weitere Beispiele sind Einstufungstests für Sprachkurse oder Eignungstests für bestimmte Studiengänge oder das Fernstudium.*

Darüber hinaus können Anbieter die Kunden darüber informieren, welche Ressourcen sie genau für die Service-Phase benötigen und dass diese mitzubringen sind (physische Vorbereitung, Vorbereitung der Objekte; Abschn. 3.2). Der Anbieter informiert dann über die Anforderungen an die Ressourcen und/oder spezifiziert diese. *Ein Anbieter informiert darüber, dass der Yogakurs eine eigene Yogamatte, lockere Kleidung und ein Handtuch erfordert.*

Schließlich kann der Anbieter auch über das Prozedere informieren, wie die notwendigen Ressourcen zu beschaffen sind, mit entsprechenden Anbietern kooperieren oder dem Kunden anbieten, die Vorbereitungsaktivitäten zu übernehmen. *So kann der/die Kund:in bei Skikursen die Ausrüstung leihen und bei Kreativkursen gegen Entgelt aus vorhandenen Materialien (Farben, Stoffen, Wolle) wählen.*

Für die Service-Phase erforderliche Ressourcen sind im Zuge des Ressourcentransfers zum Ort der Dienstleistungserbringung zu transportieren, meist vom Standort des Kunden zum Standort des Dienstleisters. Hier kann der Anbieter entsprechende Transportmöglichkeiten anbieten. *Der Abholservice einer Autoreparaturwerkstatt, die Übernahme des Transports der Koffer zum Zug oder der Shuttle vom Flughafen zum Hotel sind solche Beispiele.*

Sind die Ressourcen in die joint sphere gelangt, so kann es erforderlich sein, diese für ihren Einsatz in der Service-Phase vorzubereiten. Diese Vorbereitung kann der Anbieter übernehmen, er kann dem Kunden aber auch Räume für die Vorbereitung zur Verfügung stellen und ihn durch entsprechende Hilfeleistungen unterstützen. *So besitzen Schwimmbäder und Fitnessstudios Umkleideräume, in denen sich der/die Kund:in umziehen kann.*

Anbieter können außerdem versuchen, die Bereitschaft des Kunden, sich in der Service-Phase einzubringen, zu steigern, sodass dieser überhaupt dazu bereit ist, sich auf den Prozess vorzubereiten und später im Prozess mitzuwirken (Kellogg et al. 1997). Die Bereitschaft mitzuwirken wird, analog zu den Motiven im Rahmen der Make-or-Buy-Entscheidung (Abschn. 2.5), durch intrinsische (Spaß, Stolz, Erfüllung) und extrinsische Faktoren beeinflusst (Dong et al. 2015; Meuter et al. 2005). Extrinsische Faktoren basieren auf dem wahrgenommenen Nutzen der Mitwirkung durch den Kunden, wie z. B. der Erhöhung der Dienstleistungsqualität durch präzise Angabe der Kundenwünsche, Zeitersparnis, wenn die Service-Phase durch die Übernahme von Aktivitäten durch den Kunden beschleunigt wird, oder monetäre Ersparnisse. Demnach können Anbieter die Vorteile der Mitwirkung für den Kunden betonen oder auch monetäre Anreize (z. B. Rabatte) setzen, wenn der Kunde bestimmte Aufgaben übernimmt (Gouthier 2003; Xia und Suri 2014). Dies ist insbesondere dann sinnvoll, wenn die Aktivitäten für den Kunden haupt-

sächlich mit Kosten wie Zeitverlust und Anstrengung verbunden sind und auch vom Anbieter hätten durchgeführt werden können, z. B. das Abholen einer Bestellung durch den
Kunden statt einer Lieferung durch den Anbieter.

Schließlich sollten Anbieter sich dessen bewusst sein, dass Kunden im Vorfeld der
Dienstleistung oft viele Aktivitäten durchführen und dabei weitere Personen oder Anbieter
miteinbeziehen. Anbieter können nach Möglichkeiten suchen, den Kunden auch bei solchen Aktivitäten zu unterstützen, um somit Wert zu generieren. Beispielsweise können
Anbieter Kooperationen mit anderen Anbietern eingehen, mit denen der Kunde verbundene Aktivitäten durchführt *(z. B. Sprachkursanbieter im Vorfeld der Pauschalreise)*
oder selbst Leistungen anbieten, die es vereinfachen, weitere Aktivitäten im Ecosystem
mit der Dienstleistung zu synchronisieren *(z. B. Babysitter-Service bei einem Luxushotel)*.

Literatur

Bitner MJ, Booms BH, Mohr LA (1994) Critical service encounters: the employee's viewpoint. J
    Mark 58:95–106
Bruhn M (2014) Unternehmens- und Marketingkommunikation. Handbuch für ein integriertes
    Kommunikationsmanagement, 3. Aufl. Franz Vahlen, München
Bruhn M (2019) Kommunikationspolitik. Systematischer Einsatz der Kommunikation für Unter-
    nehmen, 9., vollst. überarb. Aufl. Franz Vahlen, München
Büttgen M, Schumann JH, Ates Z (2012) Service locus of control and customer coproduction. J Serv
    Res 15:166–181
Chan E, Mukhopadhyay A (2010) When choosing makes a good thing better: temporal variations in
    the valuation of hedonic consumption. J Mark Res 47:497–507
Dong B, Sivakumar K, Evans KR, Zou S (2015) Effect of customer participation on service outco-
    mes. J Serv Res 18:160–176
Fließ S (2006) Prozessorganisation in Dienstleistungsunternehmen. Kohlhammer, Stuttgart
Fließ S (2009) Dienstleistungsmanagement. Kundenintegration gestalten und steuern. Gabler,
    Wiesbaden
Giebelhausen MD, Robinson SG, Cronin JJ Jr (2011) Worth waiting for: increasing satisfaction by
    making consumers wait. J Acad Mark Sci 39:889–905
Gouthier MHJ (2003) Kundenentwicklung im Dienstleistungsbereich. Deutscher Universitäts-
    Verlag, Wiesbaden
Harrison MP, Beatty SE (2011) Anticipating a service experience. J Bus Res 64:579–585
Holmqvist J, Visconti LM, Grönroos C, Guais B, Kessous A (2020) Understanding the value pro-
    cess: value creation in a luxury service context. J Bus Res 120:114–126
Kellogg DL, Youngdahl WE, Bowen DE (1997) On the relationship between customer participation
    and satisfaction: two frameworks. Int J Serv Ind Manag 8:206–219
Kerfoot S, Davies B, Ward P (2003) Visual merchandising and the creation of discernible retail
    brands. Int J Retail Distrib Manag 31:143–152
Lunardo R, Roux D, Chaney D (2016) The evoking power of servicescapes: consumers' inferences
    of manipulative intent following service environment-driven evocations. J Bus Res 69:6097–6105
McColl-Kennedy JR, Snyder H, Elg M, Witell L, Helkkula A, Hogan SJ, Anderson L (2017) The
    Changing Role of the Health Care Customer: Review, Synthesis and Research Agenda. Journal
    of Service Management 28:2–33

Meuter ML, Bitner MJ, Ostrom AL, Brown SW (2005) Choosing among alternative service delivery modes: an investigation of customer trial of self-service technologies. J Mark 69:61–83

Oliver RL (2014) Satisfaction. A behavioral perspective on the consumer, 2. Aufl. Taylor & Francis, Hoboken

Parasuraman A, Zeithaml VA, Berry LL (1994) Reassessment of expectations as a comparison standard in measuring service quality: implications for further research. J Mark 58:111–124

Schnittka M (1998) Kapazitätsmanagement von Dienstleistungsunternehmungen – Eine Analyse aus Anbieter- und Nachfragersicht. Gabler, Wiesbaden

Shoemaker S (1996) Scripts: precursor of consumer expectations. Cornell Hotel Restaur Adm Quart 37:42–53

Topaloglu O, Fleming DE (2017) Under-promising and over-delivering: pleasing the customer or strategic blunder? J Serv Mark 31:720–732

Vichiengior T, Ackermann C-L, Palmer A (2019) Consumer anticipation: antecedents, processes and outcomes. J Mark Manag 35:130–159

Xia L, Suri R (2014) Trading effort for money. J Serv Res 17:229–242

Zeithaml VA, Berry LL, Parasuraman A (1993) The nature and determinants of customer expectations of service. J Acad Mark Sci 21:1–12

Zhao X, Mattila AS, Eva Tao L-S (2008) The role of post-training self-efficacy in customers' use of self service technologies. Int J Serv Ind Manag 19:492–505

Teil II

Gemeinsame Aktivitäten von Kunde und Anbieter in der Service-Phase

Service Experience Management

6

Zusammenfassung

Die gemeinsame Wertgenerierung von Kunde und Anbieter findet in der Service-Phase statt und wird als Service Co-Creation-Prozess bezeichnet. Dieser zielt darauf ab, dem Kunden eine positive Service Experience zu ermöglichen. Die Service Experience entsteht aus der subjektiven Sichtweise des Kunden, die durch kognitive, affektive, physische, soziale und sensorische Erlebnisdimensionen geprägt ist. Der Anbieter gestaltet und steuert im Rahmen des Service Experience Management den Service Co-Creation-Prozess, um eine positive Service Experience zu ermöglichen. Hierfür werden das Kunden- und Anbieterskript aufeinander abgestimmt, um eine gemeinsame und geteilte Experience während der Service Co-Creation zu ermöglichen. Die Gestaltung der Service Experience umfasst utilitaristische und hedonistische Aspekte und wird durch ein funktionales und dramatisches Service-Skript mit verschiedenen Sinneinheiten als Szenen sowie einem Meta-, Play- und Subtext der Dramaturgie umgesetzt.

6.1 Konzeptionelles Verständnis von Service Experience

Service Experience bezieht sich auf die Erfahrungen und Erlebnisse, die der Kunde während eines Service Co-Creation-Prozesses macht. Dabei werden die Begriffe **Service Experience (Dienstleistungserlebnis)** und **Customer Experience (Kundenerlebnis)** in der Marketing- und Dienstleistungsforschung weitgehend synonym verwendet (Jaakkola et al. 2015; Jain et al. 2017). Allerdings betont die Service Experience explizit die Besonderheiten von Dienstleistungen in Bezug auf das Kundenerlebnis (Helkkula 2011; Jaakkola et al. 2015; Mahr et al. 2019). Aus der Betonung des Prozesscharakters der Service Experience ergibt sich, dass die Service-Phase (Abb. 6.1), also die Phase, in der

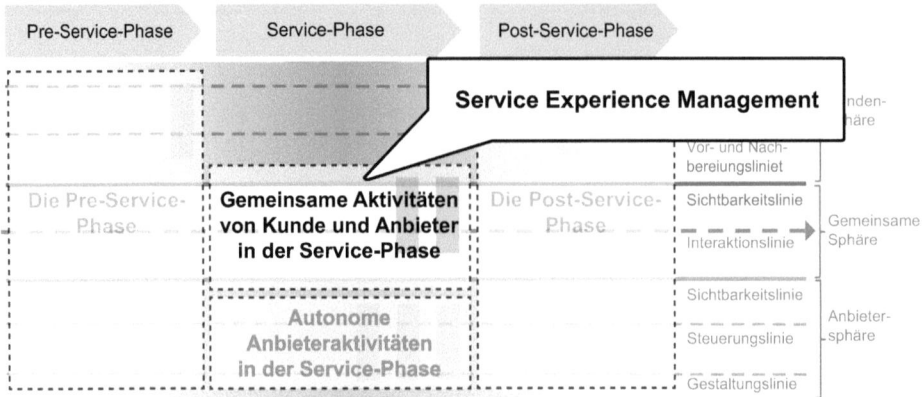

Abb. 6.1 Service Experience Management – Einordnung im ServiceBlueprint

Kunde und Anbieter co-kreieren, zentral für das Erlebnis ist (Helkkula 2011; Kranzbühler et al. 2018), weshalb beispielsweise auch vom „core service encounter" (Voorhees et al. 2017, S. 271) gesprochen wird. Aus Anbietersicht liegen hier die zentralen Kontaktpunkte, die vom Anbieter gestaltet und gesteuert werden können (McKechnie et al. 2011; Stein und Ramaseshan 2016; Voorhees et al. 2017; Wünderlich und Hogreve 2019).

Service Experience meint sowohl das **Erleben** – d. h. die Wahrnehmung und Verarbeitung dessen, was im Moment passiert – als auch das **Erfahren** – d. h. die Interpretation und Reflexion des Erlebten – (Palmer 2010) eines Kunden im Service Co-Creation-Prozess (Helkkula 2011; Palmer 2010; Schmitt und Zarantonello 2013). Service Experience wird in diesem Sinne als subjektive Wahrnehmung der durch die Interaktion mit der Umwelt – d. h. anderen Akteuren, Objekten und der Umgebung – entstehenden sensorischen Reize (Erleben) und deren Interpretation und Beurteilung (Erfahren) verstanden (Becker und Jaakkola 2020; Jain et al. 2017; Kemppainen und Uusitalo 2022). **Subjektivität** bezieht sich darauf, dass die Service Experience von Kunde zu Kunde und abhängig vom Kontext, in dem ein und derselbe Kunde etwas erlebt, individuell und persönlich ist (De Keyser et al. 2020). Die Unterscheidung in *Erleben* und *Erfahren* spiegelt sich auch in den unterschiedlichen theoretischen Sichtweisen – der **umweltpsychologischen Perspektive**, der **Embodiment-Perspektive** und der **Sensemaking-Perspektive** – auf die Entstehung des Erlebnisses wider (Becker und Jaakkola 2020; Lipkin 2016; Zha et al. 2022). Diese werden im Folgenden in Bezug auf ihren Beitrag zum Verständnis der Entstehung der Service Experience betrachtet.

6.1.1   Service Experience als Ergebnis der Verarbeitung von Umwelt-Cues

Die **umweltpsychologische Perspektive** sieht die Entstehung sämtlicher Erlebnisse eines lebenden Organismus als Ergebnis der Interaktion mit der Umwelt. Dabei geht es grundlegend um die Wechselwirkung zwischen Informationen aus der Umwelt, die durch die Sinne erfasst werden, und dem daraus resultierenden Verhalten eines Organismus (Barker 1968; Gibson 1966, 1986; Mehrabian und Russell 1974). In dieser Sichtweise steht der individuelle Verarbeitungsprozess von Sinnesreizen im Vordergrund (Lipkin 2016). Diese Reize aus der Umwelt werden auch als **Cues** (oder **Clues**) bezeichnet (Berry et al. 2006; Brocato et al. 2012; Fließ et al. 2020). Cues resultieren aus der sozialen Interaktion mit Personen (Kundenkontaktpersonal, anderen Kunden) und der Interaktion mit Objekten (Maschinen, Automaten, Dienstleistungsumgebung und Einrichtungsgegenständen) (Berry et al. 2006; Brocato et al. 2012; Fließ et al. 2020; Hultén et al. 2009; Spence 2018).

Ein zentrales Modell, das verdeutlicht, wie Umwelteinflüsse eine Folge von Reaktionen und Verhaltensweisen in einem Organismus in Gang setzen, stellt das umweltpsychologische Stimulus-Organismus-Response-Modell (SOR-Modell) von Mehrabian und Russell (1974) dar. Der Prozess der Wahrnehmung und Verarbeitung vollzieht sich in mehreren Schritten (Solomon et al. 2016, S. 125): Treffen Sinnesreize wie Licht, Farbe, Gerüche und Geräusche aus der Umwelt auf die menschlichen Sinnesrezeptoren bzw. -organe, so werden diese als **Sinneseindrücke (sensation)** erfasst (Solomon et al. 2016, S. 125). Individuelle Wahrnehmungsschwellen der Sinnesorgane (Bi und Ennis 1998; Ward 2019) – z. B. bei Personen mit Einschränkungen wie Seh- oder Hörschwäche (Cavazzana et al. 2018) – beeinflussen das Erfassen der Sinneseindrücke. Darüber hinaus unterliegen die Sinneseindrücke einem Selektionsprozess, indem einige dem Bewusstsein zugänglich gemacht und andere ignoriert werden. Dies wird als **Aufmerksamkeit (attention)** bezeichnet (Kroeber-Riel und Gröppel-Klein 2019, S. 60–61). Aufmerksamkeit auf bestimmte Sinneseindrücke wird durch existierende Schemata gelenkt (Axelrod 1973; Solomon et al. 2016, S. 126–127), was auch als selektive Wahrnehmung bezeichnet wird. *So fokussieren sich unsere Sinne – vor allem Hören und Sehen – in einer Umgebung, in der mehrere Gespräche eine undefinierte Geräuschkulisse bilden, sobald wir den eigenen Namen hören, in die Richtung, aus der wir diesen gehört haben. Alle anderen Geräusche werden ausgeblendet und lediglich als Hintergrundgeräusche wahrgenommen (der sog. Cocktail-Party-Effekt;* Pollack und Pickett 1957). *Ähnliches passiert beim Erkennen bekannter Gesichter oder Namen* (Shapiro et al. 1997).

Die Selektion erfolgt mit dem Ziel, nur die bedeutsamsten Sinneseindrücke zu verarbeiten und eine Überlastung des Gehirns zu verhindern. Sie findet sowohl bewusst als auch unbewusst bzw. unterbewusst statt (Berry et al. 2006; Schmitt und Zarantonello 2013). Treffen zu viele oder zu intensive sensorische Reize auf die Sinnesorgane, kommt es zu **Reizüberflutung (sensory overload)**. Dies führt dazu, dass die Sinnesreize nicht mehr oder nicht mehr fehlerfrei verarbeitet werden können (Lindsley 1965; Malhotra 1984). *Beispielsweise führt Lärm (wie in einem Flugzeug) dazu, dass der Geruchs- und Geschmackssinn beeinträchtigt werden* (Spence et al. 2014).

Für die Service Experience ergibt sich hieraus die zentrale Bedeutung der **sensorischen Dimension** des Erlebnisses (Stead et al. 2022; Zha et al. 2022). Carbone und Haeckel (1994, S. 8) bezeichnen diese als „a perception produced when humans consolidate sensory information". Im Vordergrund steht dabei die Multisensorik, d. h. die ganzheitliche, alle Sinne einbeziehende Wahrnehmung sensorischer Reize (Faivre et al. 2017; Fließ et al. 2020; Hultén et al. 2009; Krishna 2012; Spence 2018; Stead et al. 2022). Neben dem Sehsinn (sight, visual sense) und dem Hörsinn (audition, auditory sense), die die prominentesten Sinne darstellen, werden in einer multisensorischen Betrachtung auch der Tastsinn (touch, tactile sense), der Geruchssinn (smell, scent, olfactory sense) und der Geschmackssinn (taste, gustatory sense) einbezogen (Hultén et al. 2009; Stead et al. 2022). Eine Person oder ein Gegenstand kann dabei unterschiedliche Cues aussenden (Helmefalk und Hultén 2017). Beispielsweise senden Mitarbeiter oder andere Kunden Cues durch ihr Aussehen, ihren Geruch, aber auch durch das, was sie sagen, und ihre Mimik und Gestik (Berry et al. 2006; Brocato et al. 2012; Lim et al. 2017). Dabei müssen die Sinnesreize aber miteinander übereinstimmen (Freides 1974; Yu et al. 2019), um ihre Wirkung zu entfalten. Die Neuro- und Kognitionswissenschaften sprechen bei dem Vorgang, der die unterschiedlichen Sinneseindrücke zusammenführt, von übergreifender Integration (cross-modal integration) oder auch multisensorischer Integration (Angelaki et al. 2009; Driver und Noesselt 2008), weshalb die Service Experience auch als ganzheitliche (holistische) Erfahrung bezeichnet wird (Holbrook und Hirschman 1982; Lemon und Verhoef 2016). Dies entspricht dem Gedanken der **Ganzheitspsychologie**, die davon ausgeht, dass nicht einzelne Elemente, sondern Elemente in ihrem Zusammenspiel als Einheit wahrgenommen werden. Die Elemente stehen also in Beziehung zueinander, sodass ein neues Ganzes entsteht, das sich in seinen Eigenschaften von den isoliert wahrgenommenen Einzelelementen unterscheidet (Ehrenstein 1942; Wagoner 2011).

Die selektierten Reize werden im Gehirn weiterverarbeitet (Kroeber-Riel und Gröppel-Klein 2019, S. 60–61). Dieser innerliche Verarbeitungsprozess wird als **Wahrnehmung (perception)** bezeichnet, der die Auswahl, Strukturierung und Interpretation der Sinneseindrücke betrifft (Solomon et al. 2016, S. 125). er findet sowohl auf kognitiver als auch affektiver Ebene statt (Lin 2004), wobei diese Ebenen interdependent sind (De Luca und Botelho 2021; Dolcos et al. 2011; Ochsner und Phelps 2007; Storbeck und Clore 2007).

▶ **Erfassung von Sinneseindrücken (sensation)** bezieht sich auf die Wahrnehmung von Sinnesreizen durch die Sinnesorgane.

▶ **Aufmerksamkeit (attention)** bezieht sich auf die Fähigkeit, bestimmte Sinneseindrücke zu selektieren und andere zu ignorieren, um diese zur Grundlage von Wahrnehmung, Denken und Handlungen zu machen.

▶ **Wahrnehmung (perception)** ist der kognitive und affektive Verarbeitungsprozess der Auswahl, Strukturierung und Interpretation der Sinneseindrücke und dessen Ergebnis.

Während der **kognitiven Verarbeitung** werden Informationen zunächst in das Arbeitsgedächtnis aufgenommen, wo sie nur für kurze Zeit gespeichert werden. Ob die Informationen im Langzeitgedächtnis gespeichert und somit auch später noch erinnert werden, hängt insbesondere von der Verarbeitungstiefe ab. Die Verarbeitungstiefe bezeichnet das Ausmaß der kognitiven Aktivität, insbesondere die Herstellung von Assoziationen zwischen den Sinneseindrücken und dem vorhandenen Wissen, wie z. B. die Verknüpfung mit bestehenden Schemata (Kroeber-Riel und Gröppel-Klein 2019, S. 260–263).

In Bezug auf die Service Experience wird dies als die **kognitive Dimension** verstanden. Sie bezieht sich auf bewusste Prozesse des (kreativen) Denkens und Reflektierens (Gentile et al. 2007), die im Erlernen und Aneignen von Wissen und Fähigkeiten resultieren (Holbrook und Hirschman 1982). Die kognitive Dimension kann dominieren, wenn ein Service Co-Creation-Prozess Lernen zum Ziel hat (z. B. bei einem Sprachkurs). Der Kunde wird dann im Verlauf des Service Co-Creation-Prozesses fortwährend kognitiv gefordert. Darüber hinaus stellen Herausforderungen im Prozessverlauf – geplant (z. B. Lösen von Rätseln in einem Escape Game) oder ungeplant (z. B. einen neuen Plan für eine Reise entwickeln, da der Anschlusszug verpasst wurde) – einen weiteren Aspekt der kognitiven Erlebnisdimension dar und beziehen sich auf die gedanklichen Aktivitäten des Kunden (Fließ et al. 2014).

Der **affektive Verarbeitungsprozess** ermöglicht die Interpretation innerer Erregung. Diese kommt durch Aktivierung, d. h. erhöhte neuronale Aktivität für erhöhte Aufmerksamkeit und Wachheit (bis hin zu Nervosität), zustande (Kroeber-Riel und Gröppel-Klein 2019, S. 389). Affektive Verarbeitungsprozesse betreffen auch die Entstehung von Emotionen (Frijda et al. 1989; Russell 2003). Die Konstruktion von Emotionen beginnt mit einer Veränderung der Basisemotionen (core affect), die anschließend in einem kognitiven Beurteilungsprozess interpretiert werden (Russell 2003; Scherer und Moors 2019). Affektive Verarbeitung resultiert in affektiven Zuständen (Kaminakis et al. 2019; Lin und Worthley 2012) und einer Vielzahl an Emotionen (Arnould und Price 1993; Holbrook und Hirschman 1982; Kranzbühler et al. 2020).

▶ **Affekt (affect)** Sammelbegriff für mentale Prozesse wie Emotionen und Stimmungen. Teilweise bezeichnet Affekt die Valenz von Emotionen, d. h. positiver oder negativer Affekt (Scherer 2003, S. 170; Werth et al. 2020, S. 97). Affektiv (adj.) bedeutet emotionsbezogen.

▶ **Emotion (emotion)** Mentaler Zustand, der sich aus einer erheblichen Veränderung der Valenz und/oder Intensität der Basisemotionen ergibt und einen spezifischen Auslöser hat; drückt sich als (1) physiologischer Prozess oder neurophysiologisches Reaktionsmuster (z. B. erhöhte Pulsfrequenz bei Angst), (2) motorischer Ausdruck oder Gefühlsausdruck in Gesicht, Stimme und Gestik (z. B. geöffneter Mund, nach hinten und oben gezogene Mundwinkel, angehobene Oberlippe, Fältchen unter und neben den Augen bei Freude, (3) subjektives, bewusst erlebtes Gefühl, was auch als Reaktionstriade der Emotion bezeichnet wird, aus (Nerdinger 2011, S. 77; Scherer 2003, S. 170).

▶ **Basisemotionen/Primäreffekte (core affect)** Stets vorhandener, neurophysiologischer Zustand, der durch die Dimensionen Valenz (d. h. positiv – negativ) und Intensität (d. h. Aktivierung – Deaktivierung) beschrieben werden kann und der bewusst erlebt wird. Zu den Basisemotionen zählen Ärger (anger), Furcht (fear), Ekel (disgust), Traurigkeit (sadness) und Glück (happiness). Zum Teil werden auch Scham (shame), Überraschung (surprise) und Verlegenheit (embarrassment) zu den Basisemotionen gezählt (Kroeber-Riel und Gröppel-Klein 2019, S. 107), zum Teil werden Emotionen auch als Kombination von Basis- oder Primäremotionen angesehen, z. B. besteht Ehrfurcht aus Überraschung und Furcht (Kroeber-Riel und Gröppel-Klein 2019, S. 108). Emotionen können unterschiedliche Valenzen (positiv – negativ) und Intensitäten z. B. der Heiterkeit (geringe Intensität), Freude (mittlere Intensität) und der Begeisterung (hohe Intensität) annehmen (Kroeber-Riel und Gröppel-Klein 2019, S. 108).

▶ **Stimmung (mood)** Länger andauernder Zustand der Basisemotion, oft (aber nicht immer) weniger intensiv als Emotionen; hat in der Regel keinen klaren Auslöser (Scherer 2003, S. 171).

Im Zusammenhang mit der Service Experience wird dies als **affektive Dimension**, häufig auch als emotionale Dimension (vgl. Gentile et al. 2007; Lilja et al. 2010; McColl-Kennedy et al. 2015; Palmer 2010) benannt, bezeichnet (Godovykh und Tasci 2020; Jain et al. 2017; Kranzbühler et al. 2018). Affekte sind als Stimmung des Kunden bereits vorhanden. Im Service Co-Creation-Prozess kann sich diese Stimmung des Kunden durch kognitive und affektive Verarbeitung ändern (Moors et al. 2013; Scherer und Moors 2019). Emotion, die sich als „Hochs" und „Tiefs" im affektiven Erlebnis niederschlägt (Manthiou et al. 2020), entsteht durch spezifische Cues, die als Trigger fungieren und die **Valenz** und **Intensität** der Basisemotionen verändern (Fließ et al. 2014; Kranzbühler et al. 2020; Palmer 2010). Ihre herausgehobene Bedeutung hat die affektive Dimension aufgrund dessen, dass emotional aufgeladene Ereignisse besser erinnert (Abschn. 16.1.1) werden (LaTour und Carbone 2014; Rizvi und Popli 2021; Tyng et al. 2017).

6.1.2   Die Embodiment-Perspektive der Service Experience

Während die umweltpsychologische Perspektive den Ausgangspunkt der Entstehung des Erlebnisses bei der Wahrnehmung von Stimuli aus der Umwelt allein sieht, erweitert die **Embodiment-Perspektive** die Sicht dahingehend, dass die Körperwahrnehmung des Individuums einbezogen wird (Häfner 2013; Zha et al. 2022). Sie betont, dass Wahrnehmen und Verarbeiten eigener körperlicher Signale wesentliche Bestandteile des menschlichen Erlebens ausmachen (Herbert und Pollatos 2012). Dieser Sichtweise liegt das Verständnis der **Embodied Cognition** (körperliche Kognition) zugrunde, die statt einer dichotomen Sichtweise auf den Menschen – als Mensch mit einer physischen Sphäre (Körper) und einer mentalen Sphäre (Geist) – eine integrative Sichtweise einnimmt. Körperliche Prozesse stehen dementsprechend in wechselseitigem Zusammenhang mit mentalen Verarbeitungsprozessen (Borghi und Cimatti 2010; Fuchs 2020; Khatin-Zadeh et al. 2021; Lakoff und Johnson 1999). Statt einer rein vermittelnden Aufgabe zwischen der Außenwelt und den im Hirn stattfindenden Verarbeitungsprozessen (vgl. umweltpsychologische Sichtweise; Abschn. 10.2), also dem Erfassen von Sinneseindrücken durch die Sinnesorgane (Krishna 2012; Spence 2018), ist der menschlichen Körper in der Embodiment-Perspektive aktiver Bestandteil des Erlebens eines Individuums (Fuchs 2011; Stapleton und Froese 2016, S. 124). Die Kopplung sensomotorischer Prozesse der Innenwelt (Interozeption) und die Verarbeitung der Außenwelt (Reize durch sensorische Stimuli) erweitert die (multi)sensorische Dimension der Service Experience dahingehend, dass auch die Wahrnehmung (von Veränderungen) körperlicher Prozesse, d. h. physiologische Reaktionen (z. B. Schwitzen, Erröten) sowie Muskeltätigkeit durch Bewegung (z. B. Gestik, Mimik), Teil des Erlebens sind (Häfner 2013). Die eigene Körperwahrnehmung des Kunden ist somit als **physische Dimension** der Service Experience zu betrachten (Brakus 2008; Kuuru und Närvänen 2019; Varela et al. 2000; Yakhlef 2015). Dies ist insbesondere für Service Co-Creation-Prozesse von Bedeutung, da der Kunde körperlich beteiligt ist (Fließ et al. 2014; Gahler et al. 2023; Kuuru 2022): Er ist körperlich anwesend (z. B. Warten auf den Zug am Bahnsteig), bewegt sich, Körperteile oder Gegenstände (z. B. Einstieg in den Zug mit Gepäck), wird bewegt (z. B. Achterbahnfahrt), am Körper werden Tätigkeiten verrichtet (z. B. Haareschneiden, Fußpflege, Operation) und es wirken Dinge auf ihn ein (z. B. Nadel beim Blutabnehmen). Beim physischen Erlebnis geht es also um die Körperwahrnehmung des Kunden, während er körperliche Aktivitäten ausübt. *Beim Fahrradfahren spüren wir die Anspannung der Muskeln am Berg, den Fahrtwind im Gesicht, die Sonne auf der Haut, die Gerüche der Wiesen oder des Waldes, durch die wir fahren. Wir sehen die Landschaft, hören die Vögel zwitschern und verspüren Freude an der Bewegung und der Landschaft.* So beeinflusst das körperliche Erleben einerseits das kognitive und affektive Erlebnis, andererseits wirken sich kognitive und affektive Erlebnisse auch körperlich aus (Brakus 2008, S. 149–150; Lindberg et al. 2014).

Neben den eigenen körperlichen Aktivitäten stellen Interaktionen mit unterschiedlichen Akteuren und Objekten ein zentrales Element des Service Co-Creation-Prozesses dar (Albrecht et al. 2016; Echeverri und Salomonson 2017; Henkel et al. 2017; Kuuru und Närvänen 2019; Solomon et al. 1985). Die Interaktion mit anderen Akteuren – Kundenkontaktpersonal und anderen Kunden – bildet die **soziale Dimension** der Service Experience. Auch die reine Wahrnehmung anwesender Akteure, ohne dass mit ihnen interagiert wird, ist Teil der sozialen Dimension der Service Experience. Sie wird auch als relationale Erlebnisdimension bezeichnet (Gentile et al. 2007; Schmitt 1999) wodurch betont wird, dass der Kunde mit anderen Personen während der sozialen Interaktion in Beziehung steht (Gentile et al. 2007). Diese Beziehung drückt sich im Empfinden sozialer Präsenz (social presence) – das Empfinden von Nähe (intimacy) der Interaktionspartner (Short et al. 1976, S. 53) und von Unmittelbarkeit (immediacy) der Interaktion (Short et al. 1976, S. 72) – aus und führt zum Erleben von Gemeinschaft (Carlson et al. 2016; Heinonen et al. 2019). Soziale Präsenz entsteht sowohl in sozialen Interaktionen von Angesicht zu Angesicht (z. B. wenn ein Kunde beim Friseur ist) als auch in technologiemediierten sozialen Interaktionen (z. B. in einem Online-Meeting). Soziale Präsenz ist nicht nur auf soziale Interaktion zwischen menschlichen Akteuren beschränkt. Auch in Interaktionen mit Maschinen, die menschenähnlich wahrgenommen werden (z. B. ChatBots, Roboter) kann soziale Präsenz entstehen. Sie wird im Unterschied zur sozialen Präsenz zwischen Menschen (human social presence) als automatisierte soziale Präsenz (automated social presence) bezeichnet (van Doorn et al. 2017).

Es besteht innerhalb der Forschung grundsätzlich Einigkeit darüber, dass die Service Experience ein mehrdimensionales Konstrukt ist, das die dargestellten inhaltlichen **Erlebnisdimensionen** aufweist (Becker und Jaakkola 2020; Chevtchouk et al. 2021; De Keyser et al. 2020; Mahr et al. 2019). Sie charakterisieren die inhaltlichen Facetten des Erlebnisses und werden als sensorische, affektive, kognitive, physische und soziale Dimension bezeichnet (Becker und Jaakkola 2020; Brakus et al. 2009; Chevtchouk et al. 2021; De Keyser et al. 2020; Nysveen et al. 2013; Schmitt 1999). *Eine geführte Bergtour kann für die Wandernden körperliche Anstrengung (physisches Erlebnis), das Einatmen von klarer Bergluft, Kräuter- und Blütendüften, das Fühlen von Wind und Sonne auf der Haut (sensorisches Erlebnis), sich Orientieren und die Route festlegen und dabei etwas über die Umgebung lernen (kognitives Erlebnis), Freude und Stolz (affektives Erlebnis), gute Gespräche und das Gemeinschaftsgefühl, gemeinsam den Gipfel erreicht zu haben (soziales Erlebnis), beinhalten.* Dementsprechend können sie als Gestaltungsdimensionen der Service Experience verstanden werden, an denen sämtliche Aktivitäten und Interaktionen innerhalb des Service Co-Creation-Prozesses ausgerichtet werden, um einen möglichen Beitrag zu seiner Service Experience des Kunden zu leisten (Kranzbühler et al. 2018; Lipkin 2016).

▶ **Sensorische Erlebnisdimension** Multi-sensorisches Erfassen von Sinneseindrücken von Cues aus der Umwelt und Wahrnehmung körperlicher Prozesse des Kunden während des Service Co-Creation-Prozesses.

▶ **Affektive Erlebnisdimension** Emotionen, die im Service Co-Creation-Prozess durch die Verarbeitung der Sinneseindrücke ausgelöst werden.

▶ **Kognitive Erlebnisdimension** Reflexion und Strukturierung von Informationen, die durch Emotionen und (geplante oder ungeplante) Herausforderungen im Service Co-Creation-Prozess ausgelöst werden und in der Aktualisierung bestehender oder Entstehung neuer Schemata resultieren.

▶ **Physische Erlebnisdimension** Wahrnehmung der eigenen körperlichen Aktivitäten im Service Co-Creation-Prozess, die aus der Interaktion mit Personen (soziale Interaktion) und Objekten (objektbezogene Interaktion) resultieren.

▶ **Soziale Erlebnisdimension** Empfinden von sozialer Präsenz und Nähe durch die Interaktion mit Menschen und menschenähnlichen Akteuren.

Im Gegensatz zur umweltpsychologischen Perspektive und zur Embodiment-Perspektive, die den Schwerpunkt auf das Erleben legen, konzentriert sich die Sensemaking-Perspektive auf die Entstehung der Erfahrung aus dem Erlebten, indem dem Erlebten Bedeutung gegeben wird.

6.1.3 Die Bedeutung des Erlebnisses für den Kunden – die Sensemaking-Perspektive

Die **Sensemaking-Perspektive** betrachtet die Entstehung des Erlebnisses als einen Prozess, der Ereignisse und Stimuli, die aus dem eigenen Handeln und der Interaktion mit der Umwelt resultieren, durch Interpretation und (aktive) Einordnung Bedeutung zuschreibt (Harris 1994; Kemppainen und Uusitalo 2022; Lipkin 2016; Sandberg und Tsoukas 2020; Zhang und Soergel 2014). Der Sensemaking-Perspektive liegt der Grundgedanke des symbolischen Interaktionismus (Blumer 1969; Mead 1934) zugrunde, dass jeder Mensch Erfahrungen vor dem Hintergrund seiner subjektiven Sichtweise Bedeutung zuschreibt (Edvardsson et al. 2011; Flint 2006; Mead 1934). Der symbolische Interaktionismus betont, dass einem Bezugsobjekt, z. B. einem Gegenstand oder Erlebnis, nicht per se Bedeutung anhaftet, sondern dass ein Individuum einem Bezugsobjekt Bedeutung in einem fortwährenden Prozess (sozialer) Interaktion mit anderen Individuen und sich selbst zuschreibt (Blumer 1969, S. 2; Fine 1993). Dies geschieht, indem Menschen, Dinge (Objekte) und Ereignisse subjektiv vor dem Hintergrund bestehender Bedeutungen kontextbezogen interpretiert werden und ihnen somit Bedeutung zugeschrieben oder ihre Bedeutung verändert wird (Blumer 1969, S. 2). Die Interpretation findet vor dem Hintergrund bestehender Bedeutungen, die aus der Übereinkunft mit anderen in der sozialen Interaktion entstanden und kongruent mit bereits verinnerlichten **Schemata** sind, statt (Benford und Snow 2000; Berger und Luckmann 1967, S. 49) und verdeutlicht so die interaktionistische Perspektive des Sensemaking.

Schema/Schemata
Schemata (Singular: Schema) stellen mentale Abstraktionen der Realität in generischer Form dar. Dabei wird die in der Realität vorherrschende temporale Struktur aufgebrochen (Mandler 1982; Rumelhart und Ortony 1977). Es ist ein bleibendes, fest verankertes und strukturiertes mentales Modell, das menschliches Wahrnehmen, Denken und Handeln ermöglicht, indem es menschliche Wahrnehmungs- und Verarbeitungsprozesse unterstützt (Axelrod 1973). Schemata lenken durch Aktivierung und Aufmerksamkeit die Verarbeitung der über die Sinne wahrgenommene Reize (Vernon 1955) und unterstützen so das Sensemaking (Harris 1994). Unterschiedliche Arten von Schemata (z. B. Event-, Objekt-, Rollen-Schemata) leiten sich daraus ab, welchen Aspekt der Realität sie abbilden (Carlson und Carlson 1984). **Event-Schemata** repräsentieren Verhaltensmuster, die bei bestimmten Ereignissen befolgt werden (z. B. das Verhalten bei der Sicherheitskontrolle am Flughafen). **Objekt-Schemata** konzentrieren sich auf Objekte und deren Funktionsweise (z. B. um Geld am Automaten zu erhalten, muss die Bankkarte in den Kartenschlitz eingeführt, der Geldbetrag auf dem Touchbildschirm ausgewählt und die PIN auf dem Ziffernfeld eingegeben werden). **Rollen-Schemata** repräsentieren die Normen und Verhaltensregeln, die mit einer bestimmten Rolle in der Gesellschaft verbunden sind (z. B., dass Flugbegleiter:innen stets adrett gekleidet sind und höflich mit anderen umgehen, auch wenn sie gerade nicht im Dienst sind).

Damit beschreibt der symbolische Interaktionismus Sensemaking als einen dualen Prozess der durch soziale Interaktion und durch individuelle Interpretation ausgehandelten Bedeutung (Sandberg und Tsoukas 2020), weshalb auch von „participatory sense-making" (De Jaegher und Di Paolo 2007, S. 489) gesprochen wird.

Die Bedeutung (meaning), die durch das Sensemaking entsteht, stellt ihrerseits ein Geflecht der Beziehungen zwischen den wahrgenommenen Ereignissen und bereits Erlebtem dar (Proulx und Inzlicht 2012). Dieses Beziehungsgeflecht wird als **Schema** im Gedächtnis gespeichert (Harris 1994; Zhang und Soergel 2014). Dies geschieht, indem die Fülle an Informationen durch Cues (vgl. umweltpsychologische und Embodiment-Perspektive in Abschn. 6.1.1 und 6.1.2) während des Erlebens von Ereignissen in in sich geschlossenen Sinneinheiten – den Episoden – zusammengefasst wird (Zacks et al. 2007). Als **Episode** wird eine Abfolge von Ereignissen, die zu einem bestimmten Ergebnis führen, verstanden. Solange wahrgenommene Cues konsistent zum bestehenden Event-Schema sind, handelt es sich um eine Episode, also eine Sinneinheit. Episoden werden als Event-Schema im Gedächtnis gespeichert (Ezzyat und Davachi 2011; Hudson et al. 1992; Zacks et al. 2007). Weichen Cues vom bestehenden Schema ab, so entsteht eine neue Episode (Radvansky und Zacks 2017).

Beispiel für die Entstehung eines Schemas

Eine Gruppe von Freunden ist in einem Restaurant. Nachdem Speisen und Getränke bestellt (Episode – Bestellung) wurden und die Bedienung sich vom Tisch entfernt hat (neuer Cue – Bedienung geht) unterhalten sich die Freunde über den Tag. Die Bedienung bringt die Getränke zum Tisch (neue Cues – Hinzutreten der Bedienung mit Getränken), verteilt diese an die Anwesenden (Episode – Servieren der Getränke). Dann entfernt sie sich wieder (neuer Cue –Bedienung entfernt sich). Die Freunde unterhalten sich weiter, trinken einen Schluck und warten auf ihr Essen (Episode – Unterhalten und Warten auf das Essen). Die Bedienung kommt mit den bestellten Speisen an den Tisch (neue Cues – Bedienung tritt mit Speisen hinzu), die herrlich duften, und stellt diese in die Mitte des Tisches (Episode – Speisen Servieren). Sie erklärt kurz, welche Speisen sich auf welcher Platte befinden und wünscht einen guten Appetit. Danach entfernt sie sich wieder vom Tisch (neuer Cue – Bedienung entfernt sich). Die Freunde beginnen zu essen und unterhalten sich (Episode – Essen und Unterhalten). Während sie essen, kommt die Eigentümerin des Restaurants (neuer Cue – Hinzutreten der Eigentümerin), begrüßt die Gruppe persönlich und erkundigt sich, ob alles zur Zufriedenheit der Gäste ist. Sie unterhalten sich kurz über die vorzüglichen Speisen und die Eigentümerin erklärt, woher die Ideen für die Rezepturen stammen (Episode – Gespräch mit der Eigentümerin). Danach verabschiedet sie sich und geht zu einem anderen Tisch (neuer Cue –Eigentümerin entfernt sich). Die Freunde essen zu Ende und bitten dann um die Rechnung (Episode – Rechnungsstellung und Abräumen). Die Bedienung kommt mit der Rechnung an den Tisch (neue Cues – Bedienung mit Rechnung), räumt die Gedecke ab und bringt diese in die Küche (neuer Cue – Entfernen der Gedecke und der Bedienung). Einer der Freunde möchte für alle zahlen und bittet die Bedienung, die gerade wieder zurückgekommen ist (neuer Cue – Hinzutreten der Bedienung) um Kartenzahlung. Die Bedienung zückt ihr Smartphone (neuer Cue – Smartphone), mit dem sie die Karte kontaktlos lesen kann. Der Gast überreicht seine Karte (neuer Cue – Karte) und die Bedienung liest diese ein.

Sie überreicht dem Gast das Smartphone, damit dieser die Zahlung autorisieren kann. Nachdem er dies getan hat, gibt er das Smartphone wieder zurück. Die Freunde erheben sich und werden von der Bedienung verabschiedet (Episode – Kartenzahlung und Verabschiedung). Die Freunde gehen zur Tür (neuer Cue – Zur-Tür-Gehen) und verlassen das Restaurant (Episode – Verlassen des Restaurants). ◄

Ein Event-Schema wird bei neuen Informationen aus der Umwelt aktiv vom Individuum aktualisiert oder gar ein neues Schema konstruiert, sodass neue gebildet oder bestehende Event-Schemata verfestigt werden (Kemppainen und Uusitalo 2022; Zhang und Soergel 2014). Dies erfolgt auf Episoden-Ebene, sodass die einzelnen Episoden die Bausteine für das Erlebnis darstellen (Jüttner et al. 2013; Varnali 2019). Das Erlebnis wird also zu Erfahrung als Ergebnis des Sensemaking-Prozesses, bei dem Episoden gebildet und in Form eines Event-Schemas im Gedächtnis einer Person gespeichert werden (Palmer 2010; Pareigis et al. 2012). Diese individuelle Konstruktion von Bedeutung wird auch als phänomenologische Sichtweise der Service Experience bezeichnet (Grace 2021; Lipkin 2016). Diese liegt auch dem phänomenologischen Wertbegriff, der sich u. a. im Value-in-Experience niederschlägt, zugrunde und verdeutlicht, dass das Erlebnis und die (individuelle) Wertentstehung eng zusammenhängen (Helkkula et al. 2012; Helkkula und Kelleher 2010; Sandström et al. 2008).

Ob sich ein Erlebnis im Gedächtnis des Kunden verfestigt, d. h. ob ein Event-Schema entsteht, ist maßgeblich von der **Intensität**, d. h. der Wirkungsstärke auf den Kunden, des Erlebten abhängig (Becker und Jaakkola 2020; De Keyser et al. 2020). Die Intensität bezieht sich im Sinne der umweltpsychologischen und der Embodiment-Perspektive auf die Menge und Art der Cues. Ob etwas als intensiv, neuartig oder überraschend wahrgenommen wird, hängt von bisherigen Erfahrungen des Kunden, also seinem bestehenden Event-Schema, ab. Anhand ihrer Intensität lassen sich Erlebnisse auf einem Spektrum zwischen **gewöhnlichen, alltäglichen Erlebnissen (ordinary experiences)** und **außergewöhnlichen Erlebnissen (extraordinary experiences)** einordnen (Carù und Cova 2003; Schmitt 1999; Walls et al. 2011). Außergewöhnliche Erlebnisse kennzeichnet, dass Kunden diese beispielsweise körperlich (Kuuru und Närvänen 2019; Lindberg et al. 2014), gedanklich (Duerden et al. 2018) oder emotional (Arnould und Price 1993) intensiv wahrnehmen.

Basierend auf der umweltpsychologischen, der Embodiment- und der Sensemaking-Perspektive lässt sich Service Experience wie folgt definieren und anhand von Abb. 6.2 illustrieren:

▶ **Service Experience (Dienstleistungserlebnis)** Sie entsteht, indem ein Kunde im Service Co-Creation-Prozess körperliche Aktivitäten ausführt und mit Objekten (physische Dimension) sowie mit anderen Akteuren (soziale Dimension) interagiert. Dabei werden die Sinneseindrücke aus der Interaktion mit der Umwelt (umweltpsychologische Perspektive), die Wahrnehmung des eigenen Körpers und der Körper anderer Akteure (Embodiment-Perspektive) verarbeitet (sensorische Dimension) und kognitiv und affektiv (gedankliche Aktivitäten) verarbeitet. Dabei entstehen Emotionen (affektive Dimension) und Be-

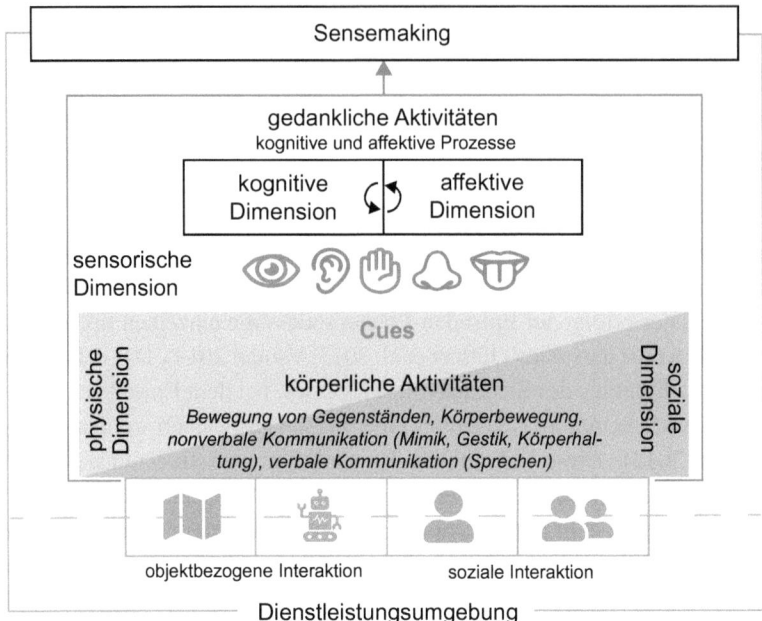

Abb. 6.2 Elemente und Entstehung der Service Experience

wertungen des Erlebten (kognitive Dimension), die dazu führen, dass der Kunden dem Erlebten Sinn zuschreibt (Sensemaking-Perspektive), sodass es zur Erfahrung wird, die im Gedächtnis gespeichert wird (Event-Schema).

Welche Gestaltungsmöglichkeiten der Anbieter hat und wie er das Zusammenspiel der Cues im Co-Creation-Prozess orchestrieren kann, um für den Kunden eine möglichst positive Service Experience zu ermöglichen, ist Gegenstand des Service Experience Designs.

6.2   Das Service Experience Design

Service Experience Design, auch als „experience staging" (Candi et al. 2013) oder „experience engineering" (Carbone und Haeckel 1994; Wiedenhoefer 2021) bezeichnet, stellt das Erlebnis und die Erfahrungen des Kunden während des Service Co-Creation-Prozesses in den Mittelpunkt der Gestaltung (Zomerdijk und Voss 2011). Das Ziel des Anbieters ist es, den Kunden durch positive Erlebnisse emotional zu binden, ihm dadurch einen im Vergleich zu konkurrierenden Angeboten besseren Service Value zu ermöglichen sowie Kundenzufriedenheit und Kundenloyalität zu erhöhen (Zomerdijk und Voss 2010, 2011). Dabei ist der Begriff des Service Experience Designs genau genommen nicht wirklich zutreffend, da das Erlebnis des Kunden nicht vom Anbieter geschaffen werden kann, sondern dieser nur Design-Merkmale im Sinne von Cues in den Prozess einbringt, die ein Erlebnis bzw. eine positive Erfahrung hervorrufen oder den Kunden bei seinen Erfahrungen und Erlebnissen unterstützen (Beltagui et al. 2016; Ponsignon et al. 2017).

Beim Service Experience Design ist zwischen der utilitaristischen und der hedonistischen Ebene zu unterscheiden.

6.2.1   Utilitaristische und hedonistische Ebene des Service Experience Designs

Bei der **utilitaristischen (instrumentellen, funktionalen) Gestaltungsebene** steht die Erreichung des gemeinsamen Ziels des Dienstleistungsprozesses im Vordergrund. Gemeinsames Ziel ist die Realisierung des instrumentellen oder funktionalen Werts (funktionaler Value-in-Use) der Dienstleistung für den Kunden (Bellos und Kavadias 2021; Beltagui et al. 2016; Chitturi et al. 2008). *Bei einer Autowerkstatt besteht das Ziel in der erfolgreichen Reparatur des Pkw, bei der Reinigung in der erfolgreichen Beseitigung von Flecken auf dem Kleidungsstück.*

Bei der **hedonistischen Gestaltungsebene** steht die Gestaltung der Cues im Vordergrund, die die sensorische Wahrnehmung des Kunden ansprechen sowie physische Erfahrungen und Emotionen hervorrufen. Die Gestaltung richtet sich auf den Prozess an sich, weniger auf das Ziel dieses Prozesses. *In einem Freizeitpark werden die verschiedenen Attraktionen nacheinander besucht und die Abfolge der Cues spricht die Sinne an, verursacht sinnliche Erfahrungen, Emotionen der Aufregung und Freude sowie physische Erlebnisse wie Gänsehaut, Freude an körperlicher Bewegung oder körperliche Anspannung.*

▶ **Utilitaristische Gestaltungsebene des Service Experience Designs**   Hier steht die Erreichung des instrumentellen oder funktionalen Werts des Kunden im Vordergrund.

▶ **Hedonistische Gestaltungsebene des Service Experience Designs**   Hier steht die sensorische Wahrnehmung des Kunden im Vordergrund, die emotionale und physische Erfahrungen hervorruft.

Dienstleistungsprozesse weisen sowohl eine utilitaristische als auch eine hedonistische Komponente auf. Daher sind Service Co-Creation-Prozesse sowohl utilitaristisch als auch hedonistisch zu gestalten. Allerdings kann die Bedeutung der beiden Dimensionen je nach Dienstleistungstyp (utilitaristisch, hedonistisch; Abschn. 2.5) variieren:

• So lassen sich zum einen Dienstleistungsprozesse für utilitaristische Dienstleistungen funktional und zielorientiert gestalten – die aufgabenbezogene Ebene der Gestaltung dominiert. *Ein Fast-Food-Restaurant etwa gestaltet die Bestellcounter zweckmäßig, verwendet technologische Lösungen für Bestellungen, stellt die angebotenen Gerichte gut lesbar dar, verwendet pflegeleichte und bruchsichere Materialien wie Kunststoffe sowie Wand- und Bodenfliesen, leicht abwischbare Oberflächen oder neutrale Farben wie Weiß, Grau und Beige.*

- Dienstleistungsprozesse für hedonistische Dienstleistungen werden demgegenüber erlebnisorientiert sowie die Sinne ansprechend gestaltet. *In einem Restaurant werden Naturmaterialien wie Holz oder Marmor verwendet, die Farben sind lebhaft und auf den Tischen finden sich Blumen oder Kräutertöpfe.*
- Da aber auch utilitaristische Dienstleistungen erfahren und erlebt werden, können in utilitaristischen Dienstleistungsprozessen ebenso hedonistische Gestaltungselemente verwendet werden. *So kann etwa ein Fast-Food-Restaurant auffällige Farben verwenden, die Wände mit ansprechenden Fotos schmücken oder die Uniformen der Bedienungen modern gestalten, während der Rest des Restaurants unauffällig und funktional gehalten ist.*
- Dementsprechend lassen sich in hedonistische Dienstleistungsprozesse auch utilitaristische, eher funktional orientierte Elemente integrieren, da auch der hedonistische Dienstleistungsprozess einem Ziel dient. *So können beispielsweise auch beim hedonistischen Restaurantbesuch Selbstbedienungsdienstleistungen, wie etwa ein Salat- oder Dessert-Buffet, oder Technologien, wie etwa Bestellungen über ein Tablet, integriert werden.*

6.2.2   Die Skripttheorie als Grundlage des Service Experience Designs

In der Literatur zum Service Experience Design werden meist vier Gestaltungsbereiche des Service Experience Designs unterschieden (Kwortnik und Thompson 2009; Ponsignon et al. 2017; Voss et al. 2008; Zomerdijk und Voss 2010):

- **Touchpoints** (Kontaktpunkte): Touchpoints beziehen sich auf die Kontaktpunkte des Kunden mit dem Dienstleister zu verschiedenen Zeitpunkten über verschiedene Kanäle (Zomerdijk und Voss 2010). Dies können Vertriebskanäle sein, aber auch die Elemente der Innenraumgestaltung oder die Kundenkontaktmitarbeiter.
- **Customer Journey**: Die Customer Journey umfasst alle Kontaktpunkte vom ersten Kontakt mit dem Anbieter in der Pre-Service-Phase über die Service-Phase bis hin zum letzten Kontakt mit dem Anbieter in der Post-Service-Phase (Lemon und Verhoef 2016).
- **Physical Servicescape** (Physische Dienstleistungsumgebung): Die Customer Journey und die Touchpoints befinden sich in einer physischen Dienstleistungsumgebung, die etwa die Architektur und die Inneneinrichtung, aber auch atomsphärische Merkmale wie Temperatur, Luftfeuchtigkeit und Geräuschpegel umfasst. Die physische Dienstleistungsumgebung kann auch eine virtuelle sein.
- **Social Servicescape** (Soziale Dienstleistungsumgebung): Die soziale Dienstleistungsumgebung bezieht sich auf die Menschen, die sich in der Dienstleistungsumgebung aufhalten, d. h. Mitarbeiter des Dienstleisters sowie andere Kunden (Tombs und McColl-Kennedy 2003).

Diese Perspektive fokussiert sich auf die Wahrnehmung des Kunden und greift für das Ziel des Service Experience Designs zu kurz: Zum einen folgt die Betrachtung der Customer Journey mit ihren Touchpoints einer eher deskriptiven Sichtweise, da sie keine Ansatzpunkte bildet, um über die Zahl, Lage oder Ausgestaltung der Touchpoints im Laufe der Customer Journey zu entscheiden. Zudem fokussiert sie sich lediglich auf die Kundenperspektive, sodass sie die für das Service Experience Design des Service Co-Creation-Prozesses notwendige Betrachtung von Aktivitäten der Kunden und Mitarbeiter vernachlässigt. Darüber hinaus ist die Betrachtung der Customer Journey und der Touchpoints zu allgemein. Für das Service Experience Design ist vielmehr eine detailliertere Betrachtung insbesondere der Akteure und Aktivitäten, ihrer Interaktion und Kommunikation erforderlich. Daher wird im Folgenden die **Skripttheorie** für das Service Experience Design herangezogen, die eine theoretische Basis für die Gestaltung des Service Co-Creation-Prozesses liefert und durch die Gestaltungselemente darüber hinaus detailliertere Ansatzpunkte für die Gestaltung bietet.

Ein Skript ist ein mentales Modell, d. h. **Event-Schema** (Erasmus et al. 2002; Abschn. 6.1.3), das Informationen über die für den Ablauf relevanten Elemente – d. h. die beteiligten Personen, Handlungen, Requisiten, die Zeit und den Ort – enthält (Abelson 1981; Tomkins 1979, S. 210). Das **Service-Skript** ist ein **Skript** für eine bestimmte Dienstleistung, das die mentale Vorstellung des Ablaufs dieses Dienstleistungsprozess umfasst (Victorino et al. 2013). Das Charakteristikum des Service-Skripts im Vergleich zu anderen Formen von Schemata ist, dass es aus einer Ansammlung von Aktivitäten besteht, die in einer zeitlichen und inhaltlichen Reihenfolge zusammengehören (Smith und Houston 1985, S. 214). Die Bezeichnung gründet sich auf die Analogie zu einem geschriebenen (Theater-)Skript, weshalb das Sinnbild der von Tomkins (1979) entwickelten, zugrunde liegenden Skripttheorie (script theory) das eines Menschen ist, der als Dramaturg sein individuelles Schauspiel konstruiert (Carlson und Carlson 1984). Skripte können demnach als handlungsbestimmendes Drehbuch verstanden werden (Abelson 1981).

Die Aufgabe eines Service-Skripts ist es, Informationen, die aus der Wahrnehmung entstehen, zu strukturieren und damit eine Interpretation auf kognitiver und affektiver Ebene zu ermöglichen (Carlson und Carlson 1984, S. 36; Smith und Houston 1985, S. 214), Ereignisse und Situationen zu verstehen (scripts in understanding; Abelson 1981) und dadurch das Sensemaking (Abschn. 6.1.3) des Kunden zu unterstützen (Klein et al. 2007, S. 119; Stead et al. 2021).

Skripte werden im Rahmen der Sozialisierung erlernt (Schank und Abelson 1977) und, wenn sie im weiteren Verlauf des Lebens durch Erfahrungen bestätigt werden, verfestigt. Ein verfestigtes Skript stellt dann einen Handlungsablauf für zukünftige ähnliche Situationen zur Verfügung (Bower et al. 1979; Graesser et al. 1979). Es erfüllt damit den Zweck, ein Individuum zum Handeln zu befähigen (scripts in behavior; Abelson 1981). Darüber hinaus tragen Skripte auch zum Verständnis des Handelns anderer bei (Taylor et al. 1991). Bezieht sich das Skript lediglich auf einen Akteur und dessen Handeln mit und an Objekten, so wird von einem instrumentellen Skript (instrumental script) gesprochen (Schank und Abelson 1977, S. 65). Das instrumentelle Skript betont die Zielgerichtetheit der Aktivitäten und kann sich auf die eigene Person oder andere Akteure beziehen. Bezieht es sich auf die eigene Person, so handelt es sich um ein persönliches Skript (personal script), das einzig in der Vorstellung eines Individuums, beispielsweise des Kunden oder eines

Kundenkontaktmitarbeiters, existiert und entspricht daher „private expectations about how things proceed" (Schank 1982, S. 80). Beide, das instrumentelle und das persönliche Service-Skript, stellen die Aktivitäten und deren Reihenfolge eines einzelnen Akteurs in den Vordergrund. Ein Service-Skript kann daher von Person zu Person variieren.

Wenngleich ein Service-Skript alle Personen und deren Handlungen berücksichtigt, so liegt bei jedem situativen Skript des gleichen Service Co-Creation-Prozesses ein Fokus auf der subjektiven Sicht dessen, der nach diesem Skript handelt. Deshalb kann auch von Kunden- und Anbieterskript entsprechend der Kunden- und Anbieterlogik (Abschn. 1.2) gesprochen werden. Das **Kundenskript** unterscheidet sich vom Anbieterskript insofern, als dass es neben Aktivitäten und Interaktionen, die die gemeinsame Sphäre betreffen, auch Aktivitäten beinhalten kann, die für den Service Co-Creation-Prozess aus Anbietersicht irrelevant sind. Dies sind vor allem mentale Kundenaktivitäten (z. B. nachdenken, beurteilen, Entscheidungen treffen) und für den Anbieter nicht sichtbare Kundenaktivitäten (z. B. ein Telefonat vor der Tür des Restaurants). Solche Aktivitäten sind zwar Teil des situativen persönlichen Kundenskripts und beinhalten daher auch im Sinne des persönlichen Skripts individuelle Ziele, sie stellen aber keinen Bestandteil des geteilten Service-Skripts aller Akteure dar. So können unterschiedliche Kunden unterschiedliche persönliche Skripte haben.

Auf Anbieterseite gibt es eine Entsprechung des Service-Skriptes, das **Anbieterskript**, wobei sich dies auf die Sicht einzelner Mitarbeiter, insbesondere Kundenkontaktmitarbeiter, bezieht. Auch hier existiert ein geteiltes Anbieterskript zwischen den Mitarbeitenden, da diese sonst nicht arbeitsteilig ihre Aufgabe im Service Co-Creation-Prozess erfüllen oder unterschiedliche Tätigkeiten übernehmen könnten. Das Anbieterskript kann auch weitere, für den einzelnen Kunden nicht relevante Elemente beinhalten. Wenn beispielsweise die Bedienung auch für das Zubereiten der Getränke – Bierzapfen, Drinks mixen – zuständig ist, so kommen als Ort die Theke und als Requisiten die Zapfanlage, Gläser und Barutensilien sowie Lebensmittel hinzu. Weitere Handlungen sind dann Bier zapfen und Getränke einschenken. Außerdem interagiert das Kundenkontaktpersonal mit dem Backoffice-Personal (z. B. in der Restaurantküche), sodass hier weitere Akteure Teil des Anbieterskripts sind. An dieser Stelle soll aber das reine Service-Skript des Service Co-Creation-Prozesses betrachtet werden, das sich im Kern um die Interaktionslinie und zwischen den Sichtbarkeitslinien bewegt und daher vor allem den Kunden, Kundenkontaktpersonal und andere Kunden im Fokus hat. Skripte existieren aber auch innerhalb des Servicesystems und auch auf Kundenseite in seinem Ecosystem.

Damit in einem Co-Creation-Prozess Kunde und Anbieter ihre Ziele erreichen können, muss aus einem persönlichen Service-Skript ein geteiltes situatives Skript (situational script) werden. Das bedeutet, dass das generelle Service-Skript auf einen spezifischen Service Co-Creation-Prozess, d. h. zeitlich und örtlich mit seinen Akteuren, Handlungen und Objekten festgelegten Dienstleistungsprozess angepasst wird. Dieses beinhaltet nicht nur das eigene Handeln, sondern auch erwartete, komplementäre Verhaltensweisen anderer – also die Interaktion zwischen dem Kunden und anderen Akteuren (Hsu und Chiang 2011; Solomon et al. 1985), die die Grundlage der Entstehung der Service Experience bilden

(Kap. 8). Das persönliche und das situative Skript unterscheiden sich darin, dass das durch das persönliche Skript gesteuerte Verhalten den eigenen Zielen folgt, während das situative Service-Skript das Verhalten aller relevanten Akteure berücksichtigt und somit auf die gemeinsame Wertgenerierung im Service Co-Creation-Prozess gerichtet ist. Ziele, die einem persönlichen Skript zugrunde liegen, können von denen eines situativen Skripts abweichen. Das persönliche, nicht das situative Skript, steuert in diesem Fall das Verhalten des Akteurs. *Während das situative Skript beim Geldabheben am Schalter einer Bank vorsieht, dass die/der Kund:in in der Schlange wartet, das Auszahlungsformular ausfüllt und unterschreibt, das Geld entgegennimmt und dann die Bank verlässt, sieht das persönliche Skript eines/r Bankräuber:in typischerweise vor, eine Waffe zu zeigen, die Kassierer aufzufordern, alles Geld aus den Kassenschubladen zu nehmen, sich das Geld zu schnappen und die Bank so schnell wie möglich zu verlassen* (Shoemaker 1996, S. 45).

Es handelt sich um ein **geteiltes Skript (shared script)**, wenn es zwischen Personen bezüglich relevanter Szenen und Elemente übereinstimmt (Nottenburg und Shoben 1980). Dadurch, dass das Skript einem Akteur wiederholt im Rahmen sozialer Interaktion begegnet, wird es vom persönlichen zum geteilten Skript. Dies erst ermöglicht Service Co-Creation. Wird ein Skript durch Sinnesreize aktiviert, so fungiert das Skript als Rahmen, um relevante Informationen zu filtern und einzuordnen (Bower et al. 1979).

▶ **Service-Skript** Ein Service-Skript ist ein geteiltes, situatives Skript aller beteiligten Akteure für einen spezifischen Dienstleistungsprozess, das aus mehreren Szenen besteht, die in sich geschlossene Sinneinheiten (sog. Episoden) bilden. Jede dieser Szenen ist durch eine Kombination von Elementen – Aktivitäten und Interaktionen (Handlungen), Akteuren (Personen), Objekten (Requisiten) innerhalb der Dienstleistungsumgebung (Ort) zu einem spezifischen Zeitpunkt (Zeit) – geprägt. Kunden- und Anbieterskript unterscheiden sich hinsichtlich der persönlich relevanten Elemente, die nicht relevant für das geteilte Skript sind.

Aus Sicht der Skripttheorie stellen Szenen als grundlegende Strukturierung eines Skripts Sinneinheiten dar und bilden somit die unterschiedlichen Episoden (Hudson et al. 1992). *Ein Restaurantbesuch besteht aus den Szenen „Restaurant betreten", „Getränke und Speisen auswählen und bestellen", „essen und trinken", „Rechnung bezahlen" und „Restaurant verlassen".* Eine **Szene** stellt, analog zum Manuskript eines Theaterstücks, eine Abfolge und Kombination von Szenen-Elementen dar. Dies sind im Einzelnen Handlungen (actions), Personen (people), Requisiten (props), Orte (places), sowie die zeitliche Anordnung dieser Elemente (time) (Abelson 1981, S. 717; Tomkins 1979, S. 210).

Jede Szene besteht aus verschiedenen Handlungen der unterschiedlichen Akteure an unterschiedlichen Orten und mit unterschiedlichen Requisiten. *So beinhaltet die Episode „Getränke und Speisen auswählen" bei einem Restaurantbesuch das Entgegennehmen (Handlung) der Speisekarte (Requisite) am Tisch (Ort), deren Aufschlagen und Lesen, das Überlegen und Entscheiden, welches Getränk und welche Speise gewählt wird, und das Schließen der Karte (Handlungen) als Signal an die Bedienung (Person), dass die Be-*

stellung nun aufgenommen werden kann. Um die Bestellung aufzugeben, spricht der Gast mit der Bedienung (Handlung). Die Bedienung (Person) notiert sich mit einem Stift auf einem Notizblock (Requisiten) die Bestellung des Gastes.

Eine Szene bildet eine Sinneinheit dadurch, dass die ausgelösten Affekte (vgl. „Affekt" in Abschn. 6.1.1), die bei der Wahrnehmung und Verarbeitung der durch die Elemente ausgesendeten Sinnesreize während des Erlebens entstehen, verbunden sind (Tomkins 1979, S. 210). *Ein:e Reisende:r empfindet Anspannung (Affekt – 1. Szene), während sie/er am Bahnsteig (Ort) aufgrund eines verspätet (Zeit) eingetroffenen Zugs gerade noch so selbst (Person) mit samt ihres/seines Koffers (Objekt) den Anschlusszug (Ort) besteigen kann (Handlung). Erleichtert (Affekt – 2. Szene), dass sie/er (Person) den Anschlusszug (Ort) erwischt hat, lehnt sie/er sich (Handlung) erst einmal im Gang an die Wand (Objekt) und lässt erleichtert (Affekt) den Koffer (Objekt) aus der Hand gleiten (Handlung).* Demnach ist eine Szene als **Affekt-Element-Verbindung** zu verstehen, wobei ein oder mehrere Elemente mit einem Affekt verbunden sein können (Tomkins 1979, S. 210). Die Bedeutung von Affekten für die Entstehung einer Szene spiegelt sich auch bei der Entstehung der Service Experience und der Bedeutung der affektiven Erlebnisdimension wider. Erlebt ein Individuum mehrfach das Gleiche oder Ähnliches, bilden diese Erlebnisse eine hierarchische Struktur im Gedächtnis: das Skript (Nelson 1981) bzw. Event-Schema (Erasmus et al. 2002). Dies liegt darin begründet, dass sich Szenen zu Mustern beispielsweise anhand der beteiligten Personen und Orte oder der Intensität der affektiven Wirkung gruppieren lassen. Diese Muster bilden dann entsprechende Skripte, die das Verhalten bestimmen (Tomkins 1979, S. 210). Diese Sichtweise verdeutlicht die Bedeutung von Emotionen bei der Entstehung des Erlebnisses (Palmer 2010). Tab. 6.1 fasst die Elemente des Service-Skripts abschließend zusammen.

Zentrale Aufgabe des Anbieters ist es, ausgehend von der Überlegung, welche Art von Service Experience dem Kunden vermittelt werden soll, den Service Co-Creation-Prozess zu gestalten. Hinsichtlich der Kombination der Elemente ist die **Theatermetapher** hilfreich (Baron et al. 2001; Harris et al. 2011). Hiernach hat das Theaterstück eine Handlung, d. h. eine Abfolge von Aktivitäten, die verschiedene Akteure auf der Bühne ausführen und die einem bestimmten Ziel dient. Die Bühne stellt den Ort dar, an dem das Theaterstück aufgeführt wird, mit verschiedenen Requisiten und Kostümen. Diese Elemente sind im Skript niedergelegt, das beim Theater dem aufzuführenden Stück entspricht, im Rahmen von Service Co-Creation-Prozessen aber der mentalen Vorstellung über den Ablauf des Prozesses (Victorino et al. 2013). Damit bildet das Skript einerseits den Rahmen, der vom Anbieter gestaltet wird, andererseits enthält es einzelne Elemente, die selbst wiederum Gegenstand der Gestaltung durch den Anbieter sind. Dies sind die Aktivitäten, die Akteure und ihre Rollen, die soziale Interaktion und Kommunikation an den verschiedenen Touchpoints (Menschen, digitale und physische Objekte) innerhalb einer physischen und sozialen Dienstleistungsumgebung.

Tab. 6.1 Elemente des Service-Skripts

Szenen-Element/Cues	Elemente des Service-Skripts	Ansatzpunkte der Gestaltung des Service-Skripts
Handlungen (actions)	Körperliche und gedankliche Kunden- und Anbieteraktivitäten und Interaktionen	Inhaltliche Ausgestaltung der Aktivitäten und Interaktionen, deren Kombination und Reihenfolge im Zeitverlauf des Service Co-Creation-Prozesses; Aufteilung der Aktivitäten zwischen den Akteuren
Personen (people)	Akteure: der (fokale) Kunde, das Kundenkontaktpersonal, andere Kunden	Art und Anzahl der Akteure; Rollen und Rollensets der Akteure in einem konkreten Service Co-Creation-Prozess; Umfang und Art der Interaktion zwischen den Akteuren im Zeitverlauf des Service Co-Creation-Prozesses
Requisiten (props)	Objekte: physisch oder digital	Art und Anzahl der Objekte; Beschaffenheit der Objekte; Umfang und Art der Interaktion mit Objekten
Ort (place)	Servicescape oder Dienstleistungsumgebung: beim Kunden, beim Anbieter oder anderer Ort; physisch oder virtuell; natürlich oder künstlich	Art, Layout, Atmosphäre, Funktionalität, Orientierung; handlungssteuernd (behavioral setting)
Zeit (time)	Prozess, Zeitverlauf, Dauern von Handlungen	Zeitliche Festlegung (Dauer) und Anordnung (Sequenzierung) der Kombination der anderen Elemente – Personen, Handlung, Requisiten und Ort – im Verlauf des Service Co-Creation-Prozesses

6.2.3 Die Dramaturgie des Service Co-Creation-Prozesses

Als **Dramaturgie** wird die Kombination der verschiedenen Skript-Elemente bezeichnet, die „compositions in time and space of people, things, texts, movements, gestures, sounds, references, objects, set design, and everything else that can be part of performances" (Bleeker 2023, S. 11). Dramaturgie bezieht sich auf die „zeitliche Abfolge der Handlung, die Erzählstruktur, die Antwort auf die Frage: Was findet an welcher Stelle wie lange statt?" (Altenbeck 2021, S. 27). Dabei lassen sich ein funktionales und ein dramatisches Skript unterscheiden (Harris et al. 2003).

6.2.3.1 Funktionales und dramatisches Service-Skript

Das **funktionale Service-Skript** dient utilitaristischen Zwecken, also der gemeinsamen Schaffung der Dienstleistung. Es entspricht den einzelnen Aktivitäten im ServiceBlueprint, die als mentales Modell im Kopf von Kunde und Anbieter verankert sind oder – vor dem Hintergrund der Theatermetapher – dem geschriebenen Stück. *Im Restaurantbeispiel umfasst das funktionale Kundenskript die bereits oben dargestellten Aktivitäten „Restaurant betreten", „Getränke und Speisen auswählen und bestellen", „essen und trinken", „Rechnung bezahlen" und „Restaurant verlassen". Das funktionale Service-Skript des Kellners/der Kellnerin ist gegengleich gestaltet: „Gäste begrüßen", „Bestellung entgegennehmen", „Getränke und Speisen servieren", „Rechnung reichen" und „Geld entgegennehmen".*

Das **dramatische Service-Skript** ist auf die hedonistische Dimension des Service Co-Creation-Prozesses ausgerichtet und adressiert die angestrebte sensorische und emotionale Wirkung. Es erfüllt das funktionale Service-Skript mit Leben, indem es analog zur Theatermetapher den Akteuren Raum bietet, ihre jeweiligen Rollen zu spielen und mit den Requisiten auf der Bühne zu (inter)agieren. Dass Menschen auch im alltäglichen Leben „Theater spielen", kommt auch im symbolischen Interaktionismus von Goffman zum Tragen (Goffman 1983): Hiernach agieren Menschen auf einem Bühnenbild (Goffman 1983, S. 23), das die Dienstleistungsumgebung sein kann, z. B. Büro, Restaurant, Arztpraxis, aber auch die Wohnung oder ein öffentlicher Platz. In diesem Rahmen spielt jede Person eine Rolle, bei der sie durch ihre persönliche Fassade und ihr Verhalten sowie dessen dramatische Gestaltung in der Interaktion das zum Ausdruck bringt, was sie mitteilen will (Goffman 1983, S. 25–32). Die persönliche Fassade umfasst die Kleidung, aber auch die Haltung, die Sprechweise, den Gesichtsausdruck und die Gestik (Goffman 1983, S. 25). *So bringt die/der Ärztin/Arzt durch ihren/seinen weißen Arztkittel, ihre/seine aufrechte Haltung und ihren/seinen aufmerksamen Gesichtsausdruck ihre/seine Interpretation der Arztrolle zum Ausdruck.*

Während das funktionale Service-Skript vom Anbieter geplant und festgelegt wird, wird das dramatische Service-Skript geplant, geprobt und aufgeführt. Das dramatische Service-Skript lässt sich in die drei Ebenen des Metatexts, des Playtexts und des Subtexts unterteilen (Harris et al. 2003).

6.2.3.2 Metatext, Playtext und Subtext des dramatischen Service-Skripts

Der **Metatext** entspricht in der Theatermetapher der Interpretation des geschriebenen Stücks (Harris et al. 2003), d. h. der Service Experience, die durch das Zusammenwirken von funktionalem und dramatischem Service-Skript beim Kunden erreicht werden soll. Die angestrebte Service Experience kann aus der Mission, der Vision oder der Marke des Dienstleisters abgeleitet werden. So kommt der Metatext etwa im Markenslogan zum Ausdruck: *Wir machen den Weg frei (Finanzanlagen), Freude am Fahren (Pkw), La dolce Vita (Restaurant).* Alle Aktivitäten, Charaktere, Requisiten sowie die Gestaltung der Dienstleistungsumgebung und der Ablauf des gesamten Service Co-Creation-Prozesses zielen darauf ab, diesen Slogan umzusetzen, die Marke mit Leben zu füllen. Kuehnl et al. (2019) weisen darauf hin, dass bei der Gestaltung auf thematische Kohäsion, inhaltliche Konsistenz und Kontextsensitivität zu achten ist. Thematische Kohäsion wird durch ein durchgehendes Thema, abgeleitet aus der Markenidentität (Esch 2019, S. 97–100) erreicht, z. B. Simplicity bei Apple. Inhaltliche Konsistenz wird durch eine einheitliche Formensprache, ein an den Standards des Dienstleisters orientiertes Interaktionsverhalten umgesetzt, sodass der Kunde mit jedem Mitarbeiter vergleichbare Erfahrungen macht. Inhaltliche Konsistenz äußert sich darin, dass der Prozess störungsfrei durchlaufen werden kann und einer ersichtlichen logischen Abfolge der Touchpoints folgt (Kuehnl et al. 2019). Die Kontextsensitivität bezieht sich darauf, dass alle Gestaltungselemente den spezifischen Zielen des Kunden dienen, seinen Präferenzen entgegenkommen und seine Aktivitäten unterstützen (Epp und Price 2011; Kuehnl et al. 2019).

Der **Text des Stückes (playtext)** umfasst alle Informationen, die sich auf die Charaktere beziehen, die in dem Stück auftreten, etwa Kunde, Kundenkontaktpersonal und andere Kunden, was sie tun und sagen, die Bühne (servicescape), auf der das Stück aufgeführt wird inklusive der Atmosphäre, und den narrativen Kontext – die Story –, der der Service Experience zugrunde liegt. Hierbei wird das funktionale Skript angereichert durch die expliziten und impliziten Dialoge, die expliziten und impliziten Handlungen sowie die Charaktere. *So könnte in einem italienischen Restaurant der/die Kellner:in das Stereotyp des/r Italiener:in in Aussehen, Kleidung, Sprache, Mimik und Gestik verkörpern. Die Bilder an den Wänden zeigen Fotos von Italien. Auf den Tischen finden sich Töpfe mit typischen italienischen Kräutern. Die Bezeichnungen der Gerichte auf der Speisekarte sind auf Italienisch. Im Dialog wird auf tagesaktuelle, frische Speisen hingewiesen und explizit Italien erwähnt etc.* Dies entspricht der Goffmanschen Vorstellung, dass Personen in ihrem Leben und daher auch in Service Co-Creation-Prozessen als Teil ihres Lebens „Theater spielen" (Goffman 1983).

Der **Subtext** bezieht sich auf die Gedanken und Gefühle, die hinter den Worten und Handlungen liegen. Er liefert die Interpretation des Playtexts im Sinne des Metatextes. Der Subtext kommt zum Ausdruck, wenn das „Stück" auf der Bühne geprobt und später aufgeführt wird. *So lächelt der/die Kellner:in bei der Begrüßung der Gäste und lässt damit Freude über den Besuch erkennen. Ob Gäste das Lächeln als echt oder aufgesetzt empfinden, ist Bestandteil des Subtextes. Er/sie verbeugt sich vor den Gästen, die diese Verbeugung als ironisch interpretieren oder als einladend.*

Wie Metatext, Playtext und Subtext ineinandergreifen, sei an folgendem Beispiel verdeutlicht.

Beispiel: Metatext, Playtext und Subtext

Bei einer Autoreparatur lässt sich das übergreifende Service-Erlebnis in Übereinstimmung mit der Markenbotschaft der Automarke „Freude am Fahren" als das erwartete Service-Erlebnis „Seamless durch Technik" formulieren (Metatext). Diese Botschaft wird dadurch umgesetzt, dass an jedem Kontaktpunkt Technik zum Einsatz kommt und der Inspektionsvorgang für den/die Kund:in so einfach wie möglich gestaltet wird (thematische Kohäsion, inhaltliche Konsistenz), da ja das Nutzen des Pkws und nicht die Instandhaltung im Vordergrund steht (Playtext). Wartezeiten werden minimiert, Transaktionszeiten auch. So kann der/die Kund:in online über die Website oder innerhalb einer App (Technik) seinen/ihren Termin vereinbaren, wann und wo es ihm/ihr passt (personalisiert, kontextangepasst); er/sie muss nicht am Telefon warten

o. Ä. Gegebenenfalls kann der/die Kund:in dort auch einen Ersatzwagen buchen. Die Autoabgabe erfolgt persönlich im Autohaus in einem Empfangsbereich, sodass der/die Kund:in mit der Werkstatt nicht in Berührung kommt. Der Empfangsbereich ist in den Markenfarben gestaltet, zeigt das Logo und ist klar und funktional gehalten. Auch die Abholung erfolgt im Empfangsbereich. Die notwendigen Informationen werden aus dem Schlüssel ausgelesen (Technik), der Auftrag wird auf der Basis der hinterlegten Inspektionsdaten automatisch erzeugt (Technik). Der/die Kund:in muss nur unterschreiben (Erlebnis: effortless). Bei der Abholung wird ihm/ihr die Rechnung, insbesondere die erbrachten Leistungen, erläutert, wenn er/sie dies wünscht (Erlebnis: die Zeit des/der Kund:in ist kostbar). Die Rechnung ist bereits vorbereitet (Erlebnis: seamless, schnell). Sie ist klar und übersichtlich gestaltet und entspricht im Design der Marke. Bei der Zahlung kann der/die Kund:in wählen, ob ihm/ihr die Rechnung zugeschickt wird (Erlebnis: effortless) oder ob er/sie direkt im Autohaus bar oder per Karte zahlt. Ihm/ihr wird erläutert, wo er/sie das Auto findet, ggf. begleitet ihn/sie ein:e Mitarbeiter:in zum Wagen. Der Wagen ist innen gereinigt und außen gewaschen (Erlebnis. Komfort, Freude am Fahren). Der Subtext ergibt sich für jede:n Kund:in bei jeder Aufführung des Playtextes individuell. ◄

6.2.3.3 Szenen, Freiheitsgrade und dramatischer Aufbau des Service-Skripts

Neben den drei Ebenen – Metatext, Playtext und Subtext – wird das dramatische Service-Skript durch folgende Entscheidungen gestaltet:

- die Zahl und Dauer der **Szenen** oder **Episoden**, d. h. die Art und Kombination der Akteure, Handlungen und Orte im Zeitablauf,
- die **Freiheitsgrade** im Service-Skript – harte und weiche Skripte,
- die **zeitliche Dramaturgie** des Service-Skripts, d. h. der dramatische Aufbau mit der Zahl, Lage und Art der Höhepunkte.

Entsprechend dem Event-Schema wird der Service Co-Creation-Prozess in voneinander abgehobene **Episoden** oder **Szenen** unterteilt. Im funktionalen Skript werden die Episoden durch ihre zeitliche Lage, den Ort und die Unterschiede hinsichtlich der Aktivitäten voneinander getrennt. *Bei einer utilitaristisch orientierten Dienstleistung wie der Autoinspektion könnte der Service Co-Creation-Prozess aus den Episoden Terminvereinbarung, Auftragserteilung und Autoabgabe, Durchführung der Inspektion, Autoabholung und Zahlung der Rechnung sowie Abfahrt bestehen. Bei einer funktionalen Dienstleistung wie der Autoreparatur umfasst das funktionale Serviceskript etwa die Episoden der Auftragserteilung, der Reparatur und der Abholung. Bei einer hedonistischen Dienstleistung wie einem Museumsbesuch besteht eine Episode aus dem Raum oder Exponat, das betrachtet oder mit dem interagiert wird. Bei einem Freizeitpark entspricht jede Attraktion einer Episode. Die Episoden werden also zum einen durch die Art der Aktivität, aber auch räumlich voneinander getrennt. Eingerahmt werden sie durch die Episode Ankunft (Finden, Betreten, Bezahlen) und Abfahrt (Verlassen etc.).*

Hinsichtlich der **Gestaltung der Szenen** hat der Anbieter Gestaltungsfreiraum, indem er Akteure, Handlungen (Interaktion, Kommunikation), Objekte („Requisiten") und Orte miteinander kombiniert. Dabei werden der Rahmen durch das funktionale Service-Skript vorgegeben und die Entscheidung für die Auswahl und Kombination der Elemente durch das dramaturgische Skript ausgefüllt (vgl. das Beispiel der Autoinspektion oben). Die Entscheidung für ein Element kann dabei die Freiheitsgrade hinsichtlich der Gestaltung und Kombination anderer Elemente beeinträchtigen. *Entscheidet sich der Anbieter im Rahmen einer Autoreparatur für eine sog. Dialogannahme, so werden dem/der Kund:in an seinem/ihrem Pkw auf der Hebebühne die verschiedenen durchzuführenden Reparaturaktivitäten erläutert. Die Hebebühne benötigt dabei einen eigenen Raum. Die Tatsache, dass der/die Kund:in diesen Werkstattbereich betritt, stellt Anforderungen an Sauberkeit und Sicherheit.*

Die Wahl der entsprechenden Elemente des Skripts und deren Verknüpfung zu Szenen oder Episoden hat gleichzeitig einen hedonistischen Aspekt (dramaturgisches Skript), d. h., sie wirkt auf das Erleben des Kunden und kann die sinnliche, kognitive, physische, emotionale und physische Dimension der Service Experience beeinflussen. *Die Splittung in Auftragserteilung und Dialogannahme verändert das Service-Erlebnis. So wird in kognitiver Hinsicht etwa das Verständnis des/der Kund:in für die Aktivitäten des Anbieters (und indirekt auch für die Höhe der Rechnung) gefördert. Gleichzeitig versteht der/die Kund:in besser, worin die genaue Leistung des Anbieters besteht. Durch die Zeit, die der Anbieter aufwendet, fühlt der/die Kund:in sich wertgeschätzt und ernst genommen. Möglicherweise ist die physische Bewegung vom Auftragscounter zur Hebebühne der Dialogannahme auch der positiven Erinnerung förderlich und über die zusätzlichen visuellen Reize wird die sinnliche Wahrnehmung angereichert.*

Welche Elemente wie miteinander kombiniert werden, entscheidet über die Anzahl der Szenen oder Episoden im Service-Skript. Dabei kann eine Sinneinheit von Aktivitäten (Episode, Szene) durch den Wechsel von Elementen aufgebrochen und in zwei Episoden aufgesplittet werden. Dies kann durch folgende Entscheidungen erfolgen:

- **Aufnahme neuer Handlungen**: *Die Abgabe des Pkws zur Reparatur oder Inspektion wird durch die Einführung einer Dialogannahme (neue Handlung) in zwei Episoden aufgesplittet – Auftragserteilung und Dialogannahme.*
- **Wechsel des Akteurs auf der Anbieterseite**: *Der Restaurantgast wird von einem Somelier/einer Sommelière hinsichtlich seiner/ihrer Weinauswahl beraten, während der/die Kellner:in ihn/sie hinsichtlich des Menüs berät. Dadurch wird die Episode „Bestellung" in die beiden Episoden „Menübestellung" und „Weinbestellung" aufgesplittet.*
- **Wechsel des Ortes**: *Bei einem/r Friseur:in kann der/die Kund:in zwischen verschiedenen Pflegeprodukten an einer sog. Bar wählen, auf der die Produkte in verschiedenfarbigen Flaschen aufgereiht sind. Dadurch wird eine neue Episode „Auswahl von Pflegeprodukten" eingefügt.*
- **Wechsel der Requisite**: *Der/die Kund:in des Restaurants klappt die Speisekarte zu und legt sie zur Seite. Dies signalisiert der Bedienung, dass er/sie bereit ist zu bestellen – die nächste Episode beginnt.*

Wechsel betreffen häufig nicht nur ein Element, sondern ziehen Veränderungen weiterer Elemente nach sich: Ortswechsel gehen mit Objektwechseln einher, z. B. Pflegebar (Ort) und Pflegeprodukte (Requisite). Der Wechsel von Elementen verlängert Episoden und damit auch den Gesamtprozess, während die Kontinuität von Akteuren, Orten und Requisiten sowie die Konzentration auf die für das Ziel des Service Co-Creation-Prozesses relevanten Aktivitäten den Prozess verkürzen. Offen ist dabei, ob dies nur für die messbare Zeit, d. h. die tatsächliche Dauer der Aktivitäten, gilt oder auch für die wahrgenommene Zeitdauer aus Kundensicht. Wechsel stärken die hedonistische Dimension des Service Co-Creation-Prozesses, indem neue Cues gesetzt werden.

Service Co-Creation-Prozesse mit wenigen oder keinen Wechseln können als **Smooth-Journey-Modell** (Siebert et al. 2020) oder die **Seamless Journey** (Jaakkola und Terho 2021) bezeichnet werden. Hierbei kommt es auf den reibungslosen und in gewisser Hinsicht emotionsarmen Ablauf des Service Co-Creation-Prozesses an. Das Smooth-Journey-Modell zeichnet sich durch ein zyklisches Muster vorhersehbarer Erfahrungen und Erlebnisse aus. Der gesamte Prozess soll von den Kunden als konsistent, bequem und einfach erlebt werden und zu einem befriedigenden Dienstleistungserlebnis führen (Siebert et al. 2020). Das Smooth-Journey-Modell eignet sich vor allem für utilitaristische Dienstleistungen wie Bankdienstleistungen, Business-Hotels, Versicherungen, Post- und Paketdienste, Reparaturen, Telekommunikation, Transportunternehmen sowie Gas-, Strom- und Wasserversorger (Siebert et al. 2020).

Prozesse mit häufigen Wechseln sorgen für Abwechslung, Neuartigkeit und Überraschung. Dies wird als **Sticky-Journey-Modell** bezeichnet (Siebert et al. 2020). Das Sticky-Journey-Modell ist durch ein zyklisches Muster unvorhersehbarer Erlebnisse gekennzeichnet, das das Involvement des Kunden im Zeitablauf erhöht und den Kunden so in eine Involvement-Spirale zieht. Es erschwert dem Kunden, sich aus dem Service Co-Creation-Prozess herauszuziehen; vielmehr strebt er nach immer neuen Stimuli, Erfahrungen und Erlebnissen (Siebert et al. 2020) und befindet sich in einem Flow (Ozkara et al. 2017). Das Sticky-Journey-Modell eignet sich für hedonistische Dienstleistungen wie Dating-Apps, Dramaserien, Autoclubs, Content-Netzwerke wie Instagram, Fast Fashion, Fitnessstudios, Lifestyle-Medien oder Musikanbieter (Siebert et al. 2020). Abwechslung, Neuartigkeit und Überraschung können durch Abweichen vom Gewohnten erzeugt werden: So kann der Dienstleister bewusst Touchpoints, Interaktion oder Kommunikation anders gestalten als seine Konkurrenz. *Ein Restaurant lässt den/die Kund:in selbst bestellen, z. B. über das iPad, Mitarbeiter:innen im Restaurantbereich eines Zirkus tragen Clownskostüme (Pullman und Gross 2004) oder servieren auf Rollschuhen (Royal Dragon, Bangkok), die Dienstleistungsumgebung ist nach einem Thema gestaltet, das Essen wird im Dunkeln serviert etc.*

Sticky Journeys lassen sich auch durch den oben beschriebenen Wechsel von Handlungen, Akteuren, Orten oder Objekten auflockern: Ein Wechsel der Mitarbeiter bringt den Kunden dazu, sich auf eine neue Person einzustellen. Bei einem Wechsel des Servicescape stellen sich die Sinne auf neue Stimuli ein und der Kunde bewegt sich selbst, z. B. Wechsel bei einem Beratungsgespräch über Geldanlagen von der Eingangshalle in einen privaten Raum, Wechsel vom Frisiertisch zum Waschbecken beim Friseur, Auswahl von Pflege-produkten an einer „Bar". Bewegung im Raum lenkt die Aufmerksamkeit des Kunden auf andere Aspekte, z. B. neu hereingeführte Kunden.

Sowohl im Rahmen des Smooth-Journey-Modells als auch des Sticky-Journey-Modells trifft der Anbieter Entscheidungen über den Handlungsspielraum und die Individualisierung des Service-Skripts, die **Freiheitsgrade im Service-Skript**. Es lassen sich in den Extrem-ausprägungen starre und schwache Service-Skripte unterscheiden (Solomon et al. 1985).

- **Starke oder starre Service-Skripte (rigid service scripts)** sind dadurch gekenn-zeichnet, dass sämtliche Szenenelemente sowie die Reihenfolge der Szenen festgelegt sind. Dies kann so weit gehen, dass beispielsweise auch der Sprachstil der Kon-versationen, die Inhalte und auch das Verhalten der Mitarbeiter festgelegt sind (Chan und Chandra-Sagaran 2019; Fließ et al. 2003). Das hat zur Folge, dass Szenen, die das persönliche Skript der einzelnen Akteure beinhaltet, nicht in das situative Service-Skript eingepasst werden können. *Reisende, die am Flughafen die Sicherheitskontrolle pas-sieren, müssen ihr Handgepäck, metallische Gegenstände, Elektrogeräte und Flüssig-keiten und ggf. auch die Schuhe vom Körper entfernen, sodass diese durch das Röntgen-gerät laufen können. Sie selbst müssen durch den Metalldetektor, ggf. auch durch einen Ganzkörperscanner gehen.* Die Vorstellungen bezüglich der Abfolge der Handlungen (z. B. Schuhe ausziehen, Taschen entleeren), der involvierten Akteure (z. B. Sicher-heitsbeamte) und Objekte (z. B. Röntgengerät, Metalldetektor) sowie des Orts (Sicher-heitsschleuse) und des zeitlichen Ablaufs sind klar festgelegt. Starke Service-Skripte sind daher eher bei standardisierten Prozessen, die häufig als Wertkette (Abschn. 1.2.2) organisiert sind, vorzufinden. Die Handlungen sind routiniert, Interaktion kann hier mi-nimiert oder automatisiert werden.
- **Schwache Service-Skripte (weak service scripts)** spezifizieren die Elemente, setzen aber nicht notwendigerweise eine bestimmte Reihenfolge der Szenen voraus. Auch ist es möglich, dass Szenen ausgelassen werden. *Typische schwache Service-Skripte, die dem/der Kund:in großen Verhaltensspielraum der Reihenfolge und/oder der Art der Aktivitäten eröffnen, sind Festivals, Schwimmbäder oder Freizeitparks.* Das schwache Skript bietet Spielraum für die Ausgestaltung des Play- und Subtextes durch die Ak-teure. Dienstleistungsprozesse mit schwachen Skripten ermöglichen, dass der Service Co-Creation-Prozess in gewissem Maße zeitlich, örtlich und inhaltlich die Aktivitäten, Akteure und Objekte betreffend an die Bedürfnisse und Wünsche des Kunden an-gepasst, also individualisiert, werden kann. In Gegenzug ist mehr Interaktion zwischen den involvierten Akteuren erforderlich, um den Verlauf des Co-Creation-Prozesses – sprich die Reihenfolge der Szenen – ad hoc zu bestimmen und so ein situatives Skript zwischen den beteiligten Personen zu festigen. Schwache Skripte findet man ins-besondere bei komplexen Dienstleistungsprozessen, die häufig als Wertshop struktu-riert sind. Die Handlungen sind frei wählbar, Rollen werden ausgehandelt und Inter-aktion kann im Rahmen sozialer Normen frei gestaltet werden.

Da Service Co-Creation-Prozesse dynamische Prozesse darstellen, die sich über eine gewisse zeitliche Dauer erstrecken, kommt der **zeitlichen Dramaturgie des Service-Skripts** eine besondere Bedeutung zu. Die Handlung folgt dabei häufig einem ansteigenden Spannungsbogen mit einem Höhepunkt oder einer Abfolge von Entspannung und Spannung, um emotionale Effekte zu erzielen (Zomerdijk und Voss 2010). Andere Autoren sprechen von dem Rhythmus, der einem solchen Prozess zugrunde liegt und der die Stimmung des Kunden beeinflusst (Stickdorn und Schneider 2010, S. 41).

Bezüglich der zeitlichen Dramaturgie lassen sich aus verschiedenen empirischen Studien die folgenden, zum Teil widersprüchlichen Gestaltungsprinzipien ableiten (Verhoef et al. 2004):

- Intensive Erlebnisse am Anfang (early peak) schaffen den **ersten Eindruck** (Dixon und Victorino 2019, S. 57). Aus dem sog. primacy effect (Crano 1977) lässt sich ableiten, dass eine frühe Lage eines Hoch- oder Tiefpunkts im Verlauf der Customer Journey dazu beiträgt einen Referenzpunkt für weitere Erlebnisse zu setzen, mit dem die Stimmung gesetzt wird. Es ist sozusagen der sprichwörtliche „erste Eindruck", der für den Kunden zählt.
- **Positive Erlebnisse** sollten zu Beginn des Service Co-Creation-Prozesses liegen, da Menschen dazu neigen, die Summe der Werte künftiger Erlebnisse zu diskontieren, d. h., ein positiver Wert am Ende des Co-Creation-Prozesses wird höher geschätzt als ein positiver Wert zu Anfang des Prozesses.
- Die positive Bewertung sollte im weiteren Verlauf der Sequenzen ansteigen, d. h., der Wert der zweiten Sequenz sollte höher sein als der Wert der ersten Sequenz. **Steigerungen der Intensität von Erlebnissen im Zeitverlauf** sind geeignet, um den Spannungsbogen nachzuzeichnen (Das Gupta et al. 2016). Es wird vorgeschlagen, mit Erlebnissen positiver Valenz, aber schwacher Intensität zu beginnen und diese zu steigern, um einen Aufwärtstrend zu gestalten. Dies lässt sich nutzen, um auf den Höhepunkt hinzuarbeiten. Aber auch ein Abwärtstrend lässt sich insbesondere dann nutzen, wenn eine Customer Journey im Höhepunkt zu Flow-Zuständen (Drengner et al. 2018; Liberman und Trope 2008) – d. h. den Verlust des Gefühls für Raum und Zeit – führt und der Kunde zum Ende der Journey wieder in die Realität – das „Hier und Jetzt" – zurückgeführt werden soll.
- **Negative und positive Ergebnisse sollten voneinander getrennt und auf verschiedene Szenen verteilt werden**. *So kann eine Zahnarztbehandlung (schmerzhaftes, negatives Ergebnis) durch positive Erlebnisse beim Betreten (freundliche Begrüßung, hübsch gestaltetes Wartezimmer) und Verlassen der Praxis (freundliche Verabschiedung) eingerahmt werden.*
- **Erlebnisse mit negativer Valenz verstärken darauffolgende positive Erlebnisse**. Folgt auf ein Erlebnis negativer Valenz (z. B. die Pass- und Sicherheitskontrolle am Flughafen) eine Episode mit positiver Valenz (z. B. Shoppen im Duty-Free-Bereich und Genießen eines Kaffees in einem der Restaurants im Wartebereich) wird die Intensität des Erlebnisses mit positiver Valenz stärker empfunden (Kahneman et al. 1993).

- **Neue Stimuli** werden als positive oder negative Abweichungen von der Durchschnitts-erfahrung gewertet. Positive Abweichungen erhöhen dabei die Erwartungen hinsicht-lich der positiven Werte im weiteren Verlauf. *Eine leckere Vorspeise erhöht die Er-wartungen hinsichtlich des Hauptgerichts.*
- Personen präferieren **größere Veränderungen** gegenüber kleineren Veränderungen (Hsee und Abelson 1991).
- **Verzögerung von herausragenden Erlebnissen** (delayed peak) bieten sich an, wenn eine Antizipation (Abschn. 3.1) der nächsten Episode in deren intensiveren Wahr-nehmung resultiert (Loewenstein 1987).
- Ein **intensives Ende**, das für die Customer (Service) Journey von Bedeutung ist (Dala-kas 2006), wird durch einen intensiven Hoch- oder Tiefpunkt am Ende der Customer Journey geschaffen. Dies wird als recency effect bezeichnet (Crano 1977). Ein intensi-ves positives Ende führt zu einer positiven Gesamtbewertung des Prozesses.

Es ist schwierig, alle Gestaltungsregeln gleichzeitig umzusetzen. Studien, die zeigen, wann welche Regel im Dienstleistungsprozess wie wirkt, fehlen.

Zomerdijk und Voss (2010) regen an, ein **Sensory Design** für den Service Co-Creation-Prozess zu entwickeln, in dem den fünf Sinnen Rechnung getragen wird, sowie eine an den Dimensionen der Service Experience orientierte Gestaltung. Durch die Ansprache unterschiedlicher Sinne im Zeitverlauf des Service Co-Creation-Prozesses kann eine eigene Dramaturgie entwickelt werden. *Eine empirische Untersuchung verschiedener Produkte und Dienstleistungen zeigte beispielsweise, dass in der Wahrnehmung der Kund:innen IKEA als hedonistischer erlebt wurde als McDonald's. Dies mag beispiels-weise daran liegen, dass bei IKEA nicht nur Möbel präsentiert werden, sondern ganze Zimmereinrichtungen. Darüber hinaus wurde IKEA ein stärker kognitives Erlebnis attri-buiert als McDonald's und in sensorischer Hinsicht dominiert – wenig überraschend – bei McDonald's der Geschmack, der mit der Kernfunktionalität verbunden ist, während bei IKEA die optische Gestaltung, ebenfalls verbunden mit der Kernfunktionalität, im Vorder-grund stand* (Gentile et al. 2007). Um das Sensory Design umzusetzen, kann etwa die An-sprache unterschiedlicher Sinne im Verlauf des Service Co-Creation-Prozesses für eine dramatische Entwicklung sorgen, ebenso wie die Reihenfolge, in der die kognitive, affek-tive, emotionale und soziale Dimension der Service Experience adressiert wird. Die Gren-zen werden dabei durch das funktionale Service-Skript gezogen. *Beispielsweise zeigen* Verhulst et al. (2020) *in einer Studie, wie sich die Emotionen, in Echtzeit durch Sensoren gemessen, im Verlauf der Interaktion über verschiedene Kontaktpunkte hinweg verändern* (vgl. hierzu auch Abschn. 9.5).

Literatur

Abelson RP (1981) Psychological status of the script concept. Am Psychol 36:715–729
Albrecht C-M, Hattula S, Bornemann T, Hoyer WD (2016) Customer response to interactional ser-vice experience. J Serv Manag 27:704–729

Altenbeck D (2021) Inszenierung und Dramaturgie für gelungene Events. Springer Fachmedien, Wiesbaden

Angelaki DE, Gu Y, DeAngelis GC (2009) Multisensory integration: psychophysics, neurophysiology, and computation. Curr Opin Neurobiol 19:452–458

Arnould EJ, Price LL (1993) River magic: extraordinary experience and the extended service encounter. J Consum Res 20:24–45

Axelrod R (1973) Schema theory: an information processing model of perception and cognition. Am Polit Sci Rev 67:1248–1266

Barker RG (1968) Ecological psychology: concepts and methods for studying the environment of human behavior. Stanford University Press, Stanford, CA

Baron S, Harris K, Harris R (2001) Retail theater. J Serv Res 4:102–117

Becker L, Jaakkola E (2020) Customer experience: fundamental premises and implications for research. J Acad Mark Sci 1:630–648

Bellos I, Kavadias S (2021) Service design for a holistic customer experience: a process framework. Manag Sci 67:1718–1736

Beltagui A, Candi M, Riedel JC (2016) Setting the stage for service experience: design strategies for functional services. J Serv Manag 27:751–772

Benford RD, Snow DA (2000) Framing processes and social movements: an overview and assessment. Annu Rev Sociol:611–639

Berger PL, Luckmann T (1967) The social construction of reality: a treatise in the sociology of knowledge. Penguin Books, Harmondsworth

Berry LL, Wall EA, Carbone LP (2006) Service clues and customer assessment of the service experience: lessons from marketing. Acad Manag Perspect 20:43–57

Bi J, Ennis DM (1998) Sensory thresholds: concepts and methods. J Sens Stud 13:133–148

Bleeker M (2023) Doing dramaturgy. Thinking through practice. Springer International Publishing/ Imprint Palgrave Macmillan, Cham

Blumer H (1969) Symbolic interactionism: perspective and method. Prentice Hall, Englewood Cliffs

Borghi AM, Cimatti F (2010) Embodied cognition and beyond: acting and sensing the body. Neuropsychologia 48:763–773

Bower GH, Black JB, Turner TJ (1979) Scripts in memory for text. Cogn Psychol 11:177–220

Brakus JJ (2008) Embodied cognition, affordances and mind modularity: using cognitive science to present a theory of consumer experiences. In: Schmitt BH, Rogers DL (Hrsg) Handbook on brand and experience management. Edward Elgar Publishing/Elgar, Cheltenham/Northampton, S 144–162

Brakus JJ, Schmitt BH, Zarantonello L (2009) Brand experience: what is it? How is it measured? Does it affect loyalty? J Mark 73:52–68

Brocato ED, Voorhees CM, Baker JA (2012) Understanding the influence of cues from other customers in the service experience: a scale development and validation. J Retail 88:384–398

Candi M, Beltagui A, Riedel JCKH (2013) Innovation through experience staging: motives and outcomes. J Prod Innov Manag 30:279–297

Carbone LP, Haeckel SH (1994) Engineering customer experiences. Mark Manag 3:8–19

Carlson J, Rahman MM, Rosenberger PJ, Holzmüller HH (2016) Understanding communal and individual customer experiences in group-oriented event tourism: an activity theory perspective. J Mark Manag 32:900–925

Carlson L, Carlson R (1984) Affect and psychological magnification: derivations from Tomkins' script theory. J Pers 52:36–45

Carù A, Cova B (2003) Revisiting Consumption Experience Marketing Theory 3:267–286

Cavazzana A, Röhrborn A, Garthus-Niegel S, Larsson M, Hummel T, Croy I (2018) Sensory-specific impairment among older people. An investigation using both sensory thresholds and subjective measures across the five senses. PLoS One 13:1–15

Chan MY, Chandra-Sagaran U (2019) Scripted communication for service standardisation? What analysis of conversation can tell us about the fast-food service encounter. Discourse Commun 13:3–25

Chevtchouk Y, Veloutsou C, Paton RA (2021) The experience – economy revisited: an interdisciplinary perspective and research agenda. J Prod Brand Manag 30:1288–1324

Chitturi R, Raghunathan R, Mahajan V (2008) Delight by design: the role of hedonic versus utilitarian benefits. J Mark 72:48–63

Crano WD (1977) Primacy versus recency in retention of information and opinion change. J Soc Psychol 101:87–96

Dalakas V (2006) The importance of a good ending in a service encounter. Serv Mark Q 28:35–53

Das Gupta A, Karmarkar US, Roels G (2016) The design of experiential services with acclimation and memory decay: optimal sequence and duration. Manag Sci 62:1278–1296

De Jaegher H, Di Paolo E (2007) Participatory sense-making. Phenomenol Cogn Sci 6:485–507

De Keyser A, Verleye K, Lemon KN, Keiningham TL, Klaus P (2020) Moving the customer experience field forward: introducing the touchpoints, context, qualities (TCQ) nomenclature. J Serv Res 23:433–455

De Luca R, Botelho D (2021) The unconscious perception of smells as a driver of consumer responses: a framework integrating the emotion-cognition approach to scent marketing. AMS Rev 11:145–161

Dixon MJ, Victorino L (2019) The sequence of service: an affect perspective to service scheduling. In: Maglio PP, Kieliszewski CA, Spohrer JC, Lyons K, Patrício L, Sawatani Y (Hrsg) Handbook of service science. Springer, Cham, S 49–76

Dolcos F, Iordan AD, Dolcos S (2011) Neural correlates of emotion-cognition interactions: a review of evidence from brain imaging investigations. J Cogn Psychol 23:669–694

van Doorn J, Mende M, Noble SM, Hulland J, Ostrom AL, Grewal D, Petersen JA (2017) Domo Arigato Mr. Roboto. J Serv Res 20:43–58

Drengner J, Jahn S, Furchheim P (2018) Flow revisited: process conceptualization and a novel application to service contexts. J Serv Manag 29:703–734

Driver J, Noesselt T (2008) Multisensory interplay reveals crossmodal influences on 'sensory-specific' brain regions, neural responses, and judgments. Neuron 57:11–23

Duerden MD, Lundberg NR, Ward P, Taniguchi ST, Hill B, Widmer MA, Zabriskie R (2018) From ordinary to extraordinary: a framework of experience types. J Leis Res 49:196–216

Echeverri P, Salomonson N (2017) Embodied value co-creation: a turn-taking perspective on service encounter interactions. J Creat Value 3:33–49

Edvardsson B, Tronvoll B, Gruber T (2011) Expanding understanding of service exchange and value co-creation: a social construction approach. J Acad Mark Sci 39:327–339

Ehrenstein W (1942) Beiträge zur ganzheitspsychologischen Wahrnehmungslehre. Barth, Leipzig

Epp AM, Price LL (2011) Designing solutions around customer network identity goals. J Mark 75:36–54

Erasmus AC, Bishoff E, Rousseau GG (2002) The potential of using script theory in consumer behaviour research. J Family Ecol Consum Sci 30:1–9

Esch F-R (2019) Identität der Corporate Brand entwickeln und schärfen. In: Esch F-R, Tomczak T, Kernstock J, Langner T, Redler J (Hrsg) Corporate Brand Management. Marken als Anker strategischer Führung von Unternehmen, 4., überarb. u. erw. Aufl. Springer Gabler, Wiesbaden, S 89–105

Ezzyat Y, Davachi L (2011) What constitutes an episode in episodic memory? Psychol Sci 22:243–252

Faivre N, Arzi A, Lunghi C, Salomon R (2017) Consciousness is more than meets the eye: a call for a multisensory study of subjective experience. Neurosci Conscious 2017:1–8

Fine GA (1993) The sad demise, mysterious disappearance, and glorious triumph of symbolic inter-actionism. Annu Rev Sociol 19:61–87

Fließ S, Möller S, Momma SB (2003) „Sprachregelungen" für Mitarbeiter im Kundenkontakt – Möglichkeiten und Grenzen. Hagen

Fließ S, Dyck S, Schmelter M (2014) Mirror, mirror on the wall – how customers perceive their con-tribution to service provision. J Serv Manag 25:433–469

Fließ S, Dyck S, Volkers M (2020) Calling for a multisensory perspective on customer service co-creation. In: Roth S, Horbel C, Popp B (Hrsg) Perspektiven des Dienstleistungsmanagements. Springer Fachmedien, Wiesbaden, S 77–104

Flint DJ (2006) Innovation, symbolic interaction and customer valuing: thoughts stemming from a service-dominant logic of marketing. Mark Theory 6:349–362

Freides D (1974) Human information processing and sensory modality: cross-modal functions, in-formation complexity, memory, and deficit. Psychol Bull 81:284–310

Frijda NH, Kuipers P, Ter Schure E (1989) Relations among emotion, appraisal, and emotional ac-tion readiness. J Pers Soc Psychol 57:212–228

Fuchs T (2011) The brain – a mediating organ. J Conscious Stud 18:196–211

Fuchs T (2020) The circularity of the embodied mind. Front Psychol 11:1707

Gahler M, Klein JF, Paul M (2023) Customer experience: conceptualization, measurement, and ap-plication in omnichannel environments. J Serv Res 26:191–211

Gentile C, Spiller N, Noci G (2007) How to sustain the customer experience. Eur Manag J 25:395–410

Gibson JJ (1966) The senses considered as perceptual systems. Houghton Mifflin, Boston

Gibson JJ (1986) The ecological approach to visual perception. Lawrence Erlbaum Associates, Hillsdale

Godovykh M, Tasci AD (2020) Customer experience in tourism: a review of definitions, compo-nents, and measurements. Tour Manag Perspect 35:100694

Goffman E (1983) Wir alle spielen Theater. Die Selbstdarstellung im Alltag, 4. Aufl. Piper, München

Grace SC (2021) The intermingling of meanings in marketing: semiology and phenomenology in consumer culture theory. AMS Rev 11:70–80

Graesser AC, Gordon SE, Sawyer JD (1979) Recognition memory for typical and atypical actions in scripted activities: tests of a script pointer + tag hypothesis. J Verbal Learn Verbal Behav 18:319–332

Häfner M (2013) When body and mind are talking. Interoception moderates embodied cognition. Exp Psychol 60:255–259

Harris K, Harris R, Elliott D, Baron S (2011) A theatrical perspective on service performance eva-luation: the customer-critic approach. J Mark Manag 27:477–502

Harris R, Harris K, Baron S (2003) Theatrical service experiences. Int J Serv Ind Manag 14:184–199

Harris SG (1994) Organizational culture and individual sensemaking: a schema-based perspective. Organ Sci 5:309–321

Heinonen K, Campbell C, Ferguson S (2019) Strategies for creating value through individual and collective customer experiences. Bus Horiz 62:95–104

Helkkula A (2011) Characterising the concept of service experience. J Serv Manag 22:367–389

Helkkula A, Kelleher C (2010) Circularity of customer service experience and customer perceived value. J Cust Behav 9:37–53

Helkkula A, Kelleher C, Pihlström M (2012) Characterizing value as an experience. J Serv Res 15:59–75

Helmefalk M, Hultén B (2017) Multi-sensory congruent cues in designing retail store atmosphere: effects on shoppers' emotions and purchase behavior. J Retail Consum Serv 38:1–11

Henkel AP, Boegershausen J, Rafaeli A, Lemmink JG (2017) The social dimension of service inter-actions. J Serv Res 20:120–134

Herbert BM, Pollatos O (2012) The body in the mind: on the relationship between interoception and embodiment. Top Cogn Sci 4:692–704

Holbrook MB, Hirschman EC (1982) The experiential aspects of consumption: consumer fantasies, feelings, and fun. J Consum Res 9:132–140

Hsee CK, Abelson RP (1991) Velocity relation: satisfaction as a function of the first derivative of outcome over time. J Pers Soc Psychol 60:341–347

Hsu T-H, Chiang C-Y (2011) Script comparisons during service encounters in fast-food chains. Tour Hosp Res 11:19–29

Hudson JA, Fivush R, Kuebli J (1992) Scripts and episodes: the development of event memory. Appl Cogn Psychol 6:483–505

Hultén B, Broweus N, van Dijk M (2009) Sensory marketing. Palgrave Macmillan, London

Jaakkola E, Terho H (2021) Service journey quality: conceptualization, measurement and customer outcomes. J Serv Manag 32:1–27

Jaakkola E, Helkkula A, Aarikka-Stenroos L (2015) Service experience co-creation: conceptualiza-tion, implications, and future research directions. J Serv Manag 26:182–205

Jain R, Aagja J, Bagdare S (2017) Customer experience – a review and research agenda. J Serv Theory Pract 27:642–662

Jüttner U, Schaffner D, Windler K, Maklan S (2013) Customer service experiences. Developing and applying a sequential incident laddering technique. Eur J Mark 47:738–769

Kahneman D, Fredrickson BL, Schreiber CA, Redelmeier DA (1993) When more pain is preferred to less: adding a better end. Psychol Sci 4:401–405

Kaminakis K, Karantinou K, Koritos C, Gounaris S (2019) Hospitality servicescape effects on customer-employee interactions: a multilevel study. Tour Manag 72:130–144

Kemppainen T, Uusitalo O (2022) Introducing a sensemaking perspective to the service experience. J Serv Theory Pract 32:283–301

Khatin-Zadeh O, Eskandari Z, Cervera-Torres S, Ruiz Fernández S, Farzi R, Marmolejo-Ramos F (2021) The strong versions of embodied cognition: three challenges faced. Psychol Neurosci 14:16–33

Klein G, Phillips JK, Rall EL, Peluso DA (2007) A data-frame theory of sensemaking. In: Hoffman RR (Hrsg) Expertise out of context. Proceedings of the sixth international conference on natura-listic decision making. Psychology Press, New York, S 113–155

Kranzbühler A-M, Kleijnen MHP, Morgan RE, Teerling M (2018) The multilevel nature of customer experience research: an integrative review and research agenda. Int J Manag Rev 20:433–456

Kranzbühler A-M, Zerres A, Kleijnen MHP, Verlegh PWJ (2020) Beyond valence: a meta-analysis of discrete emotions in firm-customer encounters. J Acad Mark Sci 48:478–498

Krishna A (2012) An integrative review of sensory marketing: engaging the senses to affect percep-tion, judgment and behavior. J Consum Psychol 22:332–351

Kroeber-Riel W, Gröppel-Klein A (2019) Konsumentenverhalten, 11., vollst. überarb., akt. u. erg. Aufl. Franz Vahlen, München

Kuchnl C, Jozić D, Homburg C (2019) Effective customer journey design: consumers' conception, measurement, and consequences. J Acad Mark Sci 47:551–568

Kuuru T-K (2022) Embodied knowledge in customer experience: reflections on yoga. Consum Mark Culture 25:231–251

Kuuru T-K, Närvänen E (2019) Embodied interaction in customer experience: a phenomenological study of group fitness. J Mark Manag 35:1241–1266

Kwortnik RJ, Thompson GM (2009) Unifying service marketing and operations with service expe-rience management. J Serv Res 11:389–406

Lakoff G, Johnson M (1999) Philosophy in the flesh. The embodied mind and its challenge to Western thought. Basic Books, New York

LaTour KA, Carbone LP (2014) Sticktion: assessing memory for the customer experience. Cornell Hosp Q 55:342–353

Lemon KN, Verhoef PC (2016) Understanding customer experience throughout the customer journey. J Mark 80:69–96

Liberman N, Trope Y (2008) The psychology of transcending the here and now. Science 322:1201–1205

Lilja J, Eriksson M, Ingelsson P (2010) Commercial experiences from a customer perspective. TQM J 22:285–292

Lim EAC, Lee YH, Foo M-D (2017) Frontline employees' nonverbal cues in service encounters: a double-edged sword. J Acad Mark Sci 45:657–676

Lin IY (2004) Evaluating a servicescape: the effect of cognition and emotion. Int J Hosp Manag 23:163–178

Lin IY, Worthley R (2012) Servicescape moderation on personality traits, emotions, satisfaction, and behaviors. Int J Hosp Manag 31:31–42

Lindberg F, Hansen AH, Eide D (2014) A multirelational approach for understanding consumer experiences within tourism. J Hosp Market Manag 23:487–512

Lindsley DB (1965) Common factors in sensory deprivation, sensory distortion, and sensory overload. In: Solomon P, Kubzansky PE, Leiderman PH, Mendelson JH, Trumbull R, Wexler D (Hrsg) Sensory deprivation. A symposium held at Harvard Medical School, 2. Aufl. Harvard University Press, Cambridge, S 174–194

Lipkin M (2016) Customer experience formation in today's service landscape. J Serv Manag 27:678–703

Loewenstein G (1987) Anticipation and the valuation of delayed consumption. Econ J 97:666–684

Mahr D, Stead S, Odekerken-Schröder G (2019) Making sense of customer service experiences: a text mining review. J Serv Mark 33:88–103

Malhotra NK (1984) Information and sensory overload. Information and sensory overload in psychology and marketing. Psychol Mark 1:9–21

Mandler JM (1982) Recent research on story grammars. Adv Psychol 9:207–218

Manthiou A, Hickman E, Klaus P (2020) Beyond good and bad: challenging the suggested role of emotions in customer experience (CX) research. J Retail Consum Serv 57:102218

McColl-Kennedy JR, Gustafsson A, Jaakkola E, Klaus P, Radnor ZJ, Perks H, Friman M (2015) Fresh perspectives on customer experience. J Serv Mark 29:430–435

McKechnie DS, Grant J, Shabbir Golawala F (2011) Partitioning service encounters into touchpoints to enhance quality. Int J Qual Serv Sci 3:146–165

Mead GH (1934) Mind, self, and society. From the standpoint of a social Behaviorist, 19. verb. Aufl. University of Chicago Press, Chicago

Mehrabian A, Russell JA (1974) An approach to environmental psychology. MIT Press, Cambridge

Moors A, Ellsworth PC, Scherer KR, Frijda NH (2013) Appraisal theories of emotion: state of the art and future development. Emot Rev 5:119–124

Nelson K (1981) Social cognition in a script framework. In: Ross L, Flavell JH (Hrsg) Social cognitive development. Cambridge University Press, Cambridge, S 97–118

Nerdinger FW (2011) Psychologie der Dienstleistung. Hogrefe, Göttingen

Nottenburg G, Shoben EJ (1980) Scripts as linear orders. J Exp Soc Psychol 16:329–347

Nysveen H, Pedersen PE, Skard S (2013) Brand experiences in service organizations: exploring the individual effects of brand experience dimensions. J Brand Manag 20:404–423

Ochsner KN, Phelps E (2007) Emerging perspectives on emotion-cognition interactions. Trends Cogn Sci 11:317–318

Ozkara BY, Ozmen M, Kim JW (2017) Examining the effect of flow experience on online purchase: a novel approach to the flow theory based on hedonic and utilitarian value. J Retail Consum Serv 37:119–131

Palmer A (2010) Customer experience management: a critical review of an emerging idea. J Serv Mark 24:196–208

Pareigis J, Echeverri P, Edvardsson B (2012) Exploring internal mechanisms forming customer servicescape experiences. J Serv Manag 23:677–695

Pollack I, Pickett JM (1957) Cocktail party effect. J Acoust Soc Am 29:1262

Ponsignon F, Durrieu F, Bouzdine-Chameeva T (2017) Customer experience design: a case study in the cultural sector. J Serv Manag 28:763–787

Proulx T, Inzlicht M (2012) The five "A" s of meaning maintenance: finding meaning in the theories of sense-making. Psychol Inq 23:317–335

Pullman ME, Gross MA (2004) Ability of experience design elements to elicit emotions and loyalty behaviors. Decis Sci 35:551–578

Radvansky GA, Zacks JM (2017) Event boundaries in memory and cognition. Curr Opin Behav Sci 17:133–140

Rizvi IA, Popli S (2021) Emotions: the essence of customers' experience. In: Popli S, Rishi B (Hrsg) Crafting customer experience strategy. Lessons from Asia. Emerald Publishing, Bingley, S 47–64

Rumelhart DE, Ortony A (1977) The representation of knowledge in memory. In: Anderson RC, Spiro RJ, Montague WE (Hrsg) Schooling and the acquisition of knowledge. Lawrence Erlbaum Associates, Hillsdale, S 99–135

Russell JA (2003) Core affect and the psychological construction of emotion. Psychol Rev 110:145–172

Sandberg J, Tsoukas H (2020) Sensemaking reconsidered: towards a broader understanding through phenomenology. Organ Theory 1:1–34

Sandström S, Edvardsson B, Kristensson P, Magnusson P (2008) Value in use through service experience. Manag Serv Qual 18:112–126

Schank RC (1982) Dynamic memory. A theory of reminding and learning in computers and people. Cambridge University Press, Cambridge

Schank RC, Abelson RP (1977) Scripts, plans, goals and understanding. An inquiry into human knowledge structures. Lawrence Erlbaum Associates, Hillsdale

Scherer K (2003) Emotion. In: Stroebe W, Jonas K, Hewstone M, Reiss M (Hrsg) Sozialpsychologie. Eine Einführung, 4., überarb. u. erw. Aufl. Springer, Berlin, S 165–213

Scherer KR, Moors A (2019) The emotion process: event appraisal and component differentiation. Annu Rev Psychol 70:719–745

Schmitt BH (1999) Experiential marketing. J Mark Manag 15:53–67

Schmitt BH, Zarantonello L (2013) Consumer experience and experiential marketing: a critical review. In: Malhotra NK (Hrsg) Review of marketing research, 10. Aufl. Emerald Group Publishing Limited, Bradford, S 25–61

Shapiro KL, Caldwell J, Sorensen RE (1997) Personal names and the attentional blink: a visual "cocktail party" effect. J Exp Psychol Hum Percept Perform 23:504–514

Shoemaker S (1996) Scripts: Precursor of Consumer Expectations. Cornell Hotel & Restaurant Administration Quarterly 37:42–53

Short J, Williams E, Christie B (1976) The social psychology of telecommunications. Wiley, London

Siebert A, Gopaldas A, Lindridge A, Simões C (2020) Customer experience journeys: loyalty loops versus involvement spirals. J Mark 84:45–66

Smith RA, Houston MJ (1985) A psychometric assessment of measures of scripts in consumer memory. J Consum Res 12:214–224

Solomon MR, Surprenant CF, Czepiel JA, Gutman EG (1985) A role theory perspective on dyadic interactions: the service encounter. J Mark 49:99–111

Solomon MR, Bamossy GJ, Askegaard S, Hogg MK (2016) Consumer behaviour. A European perspective, 6. Aufl. Pearson, Harlow

Spence C (2018) Multisensory perception. In: Wixted JT (Hrsg) Stevens' handbook of experimental psychology and cognitive neuroscience. Wiley, Hoboken, S 1–56

Spence C, Puccinelli NM, Grewal D, Roggeveen AL (2014) Store atmospherics: a multisensory perspective. Psychol Mark 31:472–488

Stapleton M, Froese T (2016) The enactive philosophy of embodiment: from biological foundations of agency to the phenomenology of subjectivity. In: García-Valdecasas M, Murillo JI, Barrett NF (Hrsg) Biology and subjectivity: philosophical contributions to a non-reductive neuroscience. Springer International Publishing, Cham, S 113–129

Stead S, Odekerken-Schröder G, Mahr D (2021) Unraveling customer experiences in a new Servicescape: an ethnographic schema elicitation technique (ESET). J Serv Manag 32:612–641

Stead S, Wetzels RW, Wetzels M, Odekerken-Schröder G, Mahr D (2022) Toward multisensory customer experiences: a cross-disciplinary bibliometric review and future research directions. J Serv Res 25:440–459

Stein A, Ramaseshan B (2016) Towards the identification of customer experience touch point elements. J Retail Consum Serv 30:8–19

Stickdorn M, Schneider J (2010) This is service design thinking. BiS Publishers, Amsterdam

Storbeck J, Clore GL (2007) On the interdependence of cognition and emotion. Cognit Emot 21:1212–1237

Taylor SA, Cronin JJ Jr, Hansen RS (1991) Schema and script theory in channels research. Mark Theory Appl 2:15–24

Tombs AG, McColl-Kennedy JR (2003) Social-servicescape conceptual model. Mark Theory 3:447–475

Tomkins SS (1979) Script theory: the differential magnification of affects. In: Keasey C (Hrsg) Nebraska symposium on motivation. University of Nebraska Press, Lincoln, S 201–236

Tyng CM, Amin HU, Saad MNM, Malik AS (2017) The influences of emotion on learning and memory. Front Psychol 8:1454

Varela FJ, Thompson E, Rosch E (2000) The embodied mind. Cognitive science and human experience, 8. Aufl. MIT Press, Cambridge

Varnali K (2019) Understanding customer journey from the lenses of complexity theory. Serv Ind J 39:820–835

Verhoef PC, Antonides G, De Hoog AN (2004) Service encounters as a sequence of events. J Serv Res 7:53–64

Verhulst N, Vermeir I, Slabbinck H, Larivière B, Mauri M, Russo V (2020) A neurophysiological exploration of the dynamic nature of emotions during the customer experience. J Retail Consum Serv 57:102217

Vernon MD (1955) The functions of schemata in perceiving. Psychol Rev 62:180–192

Victorino L, Verma R, Wardell DG (2013) Script usage in standardized and customized service encounters: implications for perceived service quality. Prod Oper Manag 22:518–534

Voorhees CM, Fombelle PW, Grégoire Y, Bone SA, Gustafsson A, Sousa R, Walkowiak T (2017) Service encounters, experiences and the customer journey: defining the field and a call to expand our lens. J Bus Res 79:269–280

Voss C, Roth AV, Chase RB (2008) Experience, service operations strategy, and services as destinations: foundations and exploratory investigation. Prod Oper Manag 17:247–266

Wagoner B (2011) What happened to holism? Psychol Stud 56:318–324

Walls AR, Okumus F, Wang Y, Kwun DJ-W (2011) An epistemological view of consumer experiences. Int J Hosp Manag 30:10–21

Ward J (2019) Individual differences in sensory sensitivity: a synthesizing framework and evidence from normal variation and developmental conditions. Cogn Neurosci 10:139–157

Werth L, Denzler M, Mayer J (2020) Sozialpsychologie – das Individuum im sozialen Kontext. Wahrnehmen – Denken – Fühlen, 2., vollst. überarb. Aufl. Springer, Berlin/Heidelberg

Wiedenhoefer L (2021) Digital customer experience engineering. Strategies for creating effective digital experiences. Apress, Berkeley

Wünderlich NV, Hogreve J (2019) Configuring customer touchpoints: a fuzzy-set analysis of service encounter satisfaction. J Serv Manag Res 3:3–11

Yakhlef A (2015) Customer experience within retail environments. Mark Theory 15:545–564

Yu L, Cuppini C, Xu J, Rowland BA, Stein BE (2019) Cross-modal competition: the default computation for multisensory processing. J Neurosci 39:1374–1385

Zacks JM, Speer NK, Swallow KM, Braver TS, Reynolds JR (2007) Event perception: a mind-brain perspective. Psychol Bull 133:273–293

Zha D, Foroudi P, Jin Z, Melewar TC (2022) Making sense of sensory brand experience: constructing an integrative framework for future research. Int J Manag Rev 24:130–167

Zhang P, Soergel D (2014) Towards a comprehensive model of the cognitive process and mechanisms of individual sensemaking. J Assoc Inf Sci Technol 65:1733–1756

Zomerdijk LG, Voss CA (2010) Service design for experience-centric services. J Serv Res 13:67–82

Zomerdijk LG, Voss CA (2011) NSD processes and practices in experiential services. J Prod Innov Manag 28:63–80

Akteure der Service Co-Creation und ihre Rollen

7

Zusammenfassung

Kunden und Personal des Dienstleisters stellen Akteure, d. h. Handelnde, im Service Co-Creation-Prozess dar. Auf der Kundenseite wird zwischen dem betrachteten Kunden und anderen Kunden, auf der Anbieterseite zwischen Kundenkontaktpersonal und anderen Mitarbeitenden des Dienstleisters unterschieden. Jeder Akteur nimmt für eine bestimmte Episode eine spezifische Rolle im Service-Skript ein, die durch spezifische Handlungen und Verhaltensweisen geprägt ist. Für eine zielführende Service Co-Creation mit dem Ziel der Entstehung von Service Experience müssen die Rollen aller beteiligten Akteure in einem Rollenset aufeinander abgestimmt sein. Dies ist die Aufgabe des Anbieters, indem er Rollen und Anzahl der Akteure für das Service-Skript festlegt und durch interaktive Rollenaushandlung insbesondere seines Personals gegenüber den Kunden dafür sorgt, dass alle die für sie vorgesehene Rolle ausführen können.

7.1 Akteure auf Kunden- und Anbieterseite

Das Service-Skript, das dem Service Co-Creation-Prozess (Abb. 7.1) zugrunde liegt, wird von den involvierten Akteuren ausgeführt (Danatzis et al. 2022; Heinonen und Strandvik 2015; Pinho et al. 2014). Unter einem **Akteur** wird generell eine „entity capable of acting on potential resources to cocreate value" (Vargo und Lusch 2018, S. 740) verstanden, wodurch das Handeln mit dem Ziel der Wertgenerierung betont wird. Somit sind Akteure im Sinne des Service-Skripts die handelnden Personen. Im Kontext konsumtiver Dienstleistungen werden einzelne Personen als Akteure betrachtet (Becker et al. 2023).

Grundsätzlich lassen sich im Service Co-Creation-Prozess involvierte menschliche Akteure der Kunden- oder Anbieterseite zuordnen, sodass im einfachsten Fall zwei Akteure –

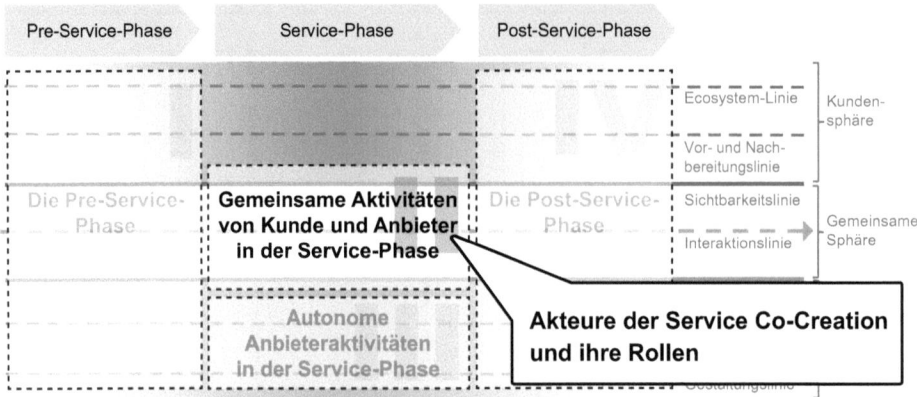

Abb. 7.1 Akteure der Service Co-Creation und ihre Rollen – Einordnung im ServiceBlueprint

ein Kunde und ein Mitarbeiter – involviert sind (Danatzis et al. 2022). Neben dieser dyadischen Perspektive (Broderick 1998; Solomon et al. 1985) lassen sich aber auch Service
Co-Creation-Prozesse mit mehr als zwei Akteuren unterscheiden (Becker et al. 2023;
Holmqvist et al. 2020). *Während einer Fahrstunde fährt ein:e Fahrschüler:in (Kunde) mit
einer/einem Fahrlehrer:in (Anbieter) im Auto. Bei einem Sprachkurs hingegen gibt es
zwar nur eine:n Sprachdozent:in (einzelner Akteur auf der Anbieterseite) aber mehrere
Schüler:innen (mehrere Akteure auf der Kundenseite); eine zahnärztliche Behandlung
einer/eines Patient:in (ein Akteur auf der Kundenseite) erfordert neben der/dem
Behandler:in noch eine Stuhlassistenz (mehrere Akteure auf der Anbieterseite).* Schließlich gibt es auch Service Co-Creation-Prozesse, bei denen lediglich ein Akteur – ein
Kunde, der Geld am Automaten abhebt (Selbstbedienungsprozesse) oder ein Mitarbeiter,
der eine Maschine wartet (vgl. Remote-Service) – beteiligt ist (Becker et al. 2023; Bitner 1992).

In Bezug auf die menschlichen Akteure (human actors) auf der Kundenseite lassen sich
der **Kunde (focal customer)** , aus dessen Sicht der Co-Creation-Prozess betrachtet wird,
und **andere Kunden (other customers)** unterscheiden (Abboud et al. 2021; Lipkin und
Heinonen 2022). Andere Kunden können für den betrachteten Kunden bekannte Personen,
die zusammen mit dem Kunden Teil des Service Co-Creation-Prozesses sind, oder gänzlich unbekannte Personen sein, auf die er erstmalig im Service Co-Creation-Prozess trifft
(Abboud et al. 2021; Heinonen und Nicholls 2022, S. 633). *Bei einem Kinobesuch mit
Freund:innen sind sowohl für den/die Kund:in bekannte Personen – die Freund:innen –
als auch unbekannte Personen – die anderen Kinobesucher:innen – Teil der Service
Co-Creation.*

▶ **Kunde (focal customer)** Er ist das zentrale Subjekt im Service Co-Creation-Prozess
auf der Kundenseite, der als Handelnder Aktivitäten, die zur Wertgenerierung beitragen,
ausführt und aus dessen (subjektiver) Sicht die Entstehung der Service Experience betrachtet wird.

▶ **Andere Kunden (other customers)** Dies sind die Kunden, die außer dem betrachteten Kunden (focal customer) Teil des Service Co-Creation-Prozesses sind. Sie lassen sich danach unterscheiden, in welchem Maß der Kunde diese anderen Kunden kennt.

In Bezug auf die Service Co-Creation-Prozesse mit mehreren Kunden lassen sich drei Typen ausgehend von der Bedeutung von Kunde(n) und Kontaktmitarbeiter(n) als Akteure der Service Co-Creation unterscheiden:

- **Gruppendienstleistungen (group services)** bestehen aus zwei oder mehr Kunden. Kennzeichen von Gruppendienstleistungen ist, dass die Kunden miteinander interagieren und sich so im Verlauf des Service Co-Creation-Prozesses überhaupt erst oder näher kennenlernen (Finsterwalder und Kuppelwieser 2011; Finsterwalder und Tuzovic 2010). Wenn die Kunden sich nicht schon vorher kennen, bildet sich durch die Interaktion ein Wir-Gefühl, weshalb von einer Gruppe gesprochen wird (Rihova et al. 2013). Der Wert für den einzelnen Kunden entsteht bei Gruppendienstleistungen dadurch, wie die Kunden miteinander interagieren. Der Wert steigt, wenn ein Gemeinschaftsgefühl bzw. Teamgeist entsteht oder Freundschaften geformt werden, während er sich verringert, wenn Konflikte entstehen (Arnould und Price 1993; Finsterwalder und Tuzovic 2010). Entsprechend muss der Service Co-Creation-Prozess bei Gruppendienstleistungen so ausgerichtet sein, dass er die Gruppendynamik fördert. Das bedeutet, dass Aktivitäten der Einzelnen auf die Interaktion und Durchführung gemeinsamer Praktiken (z. B. sich gegenseitig unterstützen, jemandem bei einer Aufgabe helfen) ausgerichtet sein sollten (Carù und Cova 2015). Dem Anbieter und seinem Personal kommt dabei die Aufgabe zu, die Interaktionen unter den Kunden zu gestalten, zu fördern und zu moderieren (Arnould und Price 1993). Er interagiert damit direkt mit den einzelnen Kunden der Kundengruppe als Akteur im Service Co-Creation-Prozess. Ebenso interagieren alle Kunden als aktive Akteure miteinander. Soziale Interaktion der Akteure stellt eine zentrale Erlebnisdimension dar (Carlson et al. 2016; Carù und Cova 2015; Heinonen et al. 2019). Entsprechend ist das Service-Skript vergleichsweise komplex, da – abhängig von der Gruppengröße – mehrere Akteure mit ihren Aktivitäten involviert sind und Aktivitäten, die auf Interaktion ausgerichtet sind, wesentlich für das Service-Skript sind. Ebenso kommt dem Anbieter die Aufgabe zu, die individuellen Kundenskripte mit dem Anbieterskript zu synchronisieren, sodass ein geteiltes Skript entsteht und das Erlebnis sowie der Wert entstehen können.
- Im Gegensatz dazu nehmen die Kunden bei **kollektiven Dienstleistungen (mass services)** eher als passive Teilnehmer am gemeinsamen Service Co-Creation-Prozess teil (Fließ 2009, S. 28; Ng et al. 2007). Der Fokus liegt darauf, dass der Anbieter bzw. sein Kundenkontaktpersonal als Akteur(e) für alle Kunden gleichzeitig dieselbe Leistung erbringt (z. B. Theater, Zugfahrt); während Kunden den An-

bieter und sein Personal als Interaktionspartner betrachten, sind andere Kunden in der Regel Fremde. Das Service-Skript ist vornehmlich auf Interaktion mit dem Anbieter ausgerichtet, die Interaktion zwischen Kunden ist nicht notwendigerweise Bestandteil des Co-Creation-Prozesses. Andere Kunden nehmen jedoch durch ihre Anwesenheit, ihr Aussehen und ihr Verhalten Einfluss auf die Service Experience (Grove und Fisk 1997; Tombs und McColl-Kennedy 2003, 2010). Das Service-Skript ist weniger komplex, da in Bezug auf das Kundenskript alle Kunden – unabhängig von der Anzahl – das gleiche Kundenskript haben (sollen). Entsprechend ist es die Aufgabe des Anbieters, den Kunden das erwünschte Kundenskript zu vermitteln. Das Kunden- und das Anbieterskript sind zudem weniger komplex, da die Kunden-Anbieter-Interaktion für alle Kunden im Wesentlichen gleich erfolgt. Die Service Experience besteht vornehmlich darin, dass der Anbieter für alle Kunden das gleiche Erlebnis schafft, dem der Kunde dann subjektiv seine Bedeutung (vgl. Sensemaking) gibt. Lediglich nicht skriptkonformes Verhalten (einzelner) anderer Kunden kann dazu führen, dass – bezogen auf die soziale Erlebnisdimension – ein anderes als das vom Anbieter intendierte Erlebnis entsteht.

- In **Wertnetzwerken (platform services)** bringt ein Anbieter Kunden über eine physische Plattform (z. B. Flohmarkt) oder virtuelle Plattform (z. B. Social Media, Online-Gaming) miteinander in Kontakt (Abschn. 1.2.2). Die Plattform dient dabei als zeitliche und/oder örtliche Möglichkeit, dass die Kunden miteinander Wert generieren, indem der Anbieter und/oder die Kunden Ressourcen zur Verfügung stellen und diese von den Kunden genutzt werden (Lusch et al. 2010). Die Aufgabe des Anbieters ist es, Kunden(gruppen) zu akquirieren und als Mittler oder Makler die Kunden(gruppen) miteinander in Kontakt und Interaktion zu bringen. Der Anbieter selbst ist aber nicht als aktiver Akteur im Service Co-Creation-Prozess involviert. Die Dienstleistung bzw. die Interaktion zwischen den Kunden wird größtenteils durch die Kunden selbst gestaltet und kann vom Anbieter nur wenig gesteuert werden. Allerdings können ein Verhaltenskodex aufgestellt und öffentliche Nachrichten kontrolliert werden.

Abb. 7.2 stellt für die drei Typen von Service Co-Creation-Prozessen verschiedene Beispieldienstleistungen mit bekannten und fremden Kunden illustrierend vor.

Auf der Anbieterseite kann zwischen Mitarbeitenden im direkten Kundenkontakt – **Kundenkontaktpersonal (frontline personnel)** oder **Kundenkontaktmitarbeiter (frontline employees)** – und Personal ohne Kundenkontakt – sogenannte **Backoffice-Mitarbeiter (back office employees)** oder **Supportmitarbeiter (support employees)** – unterschieden werden (Abschn. 13.2.2; Larsson und Bowen 1989). Analog zu den Kunden kann es sich um einen einzelnen Kontaktmitarbeiter oder um mehrere handeln, sodass ein Kunde ggf. mit mehreren Mitarbeitenden interagiert (z. B. im Krankenhaus).

Abb. 7.2 Typen von Service Co-Creation-Prozessen mit mehreren Kunden

Kundenkontaktpersonal (frontline personnel)/Kundenkontaktmitarbeiter (frontline employees)
Mitarbeiter des Anbieters, die im direkten Kundenkontakt stehen und im Rahmen der Service Co-Creation mit dem Kunden interagieren.

Backoffice-Mitarbeiter (back office employees)/Supportmitarbeiter (support employees)
Mitarbeiter des Anbieters, die keinen Kundenkontakt haben und somit den Service Co-Creation-Prozess zwischen Kunden und Kundenkontaktpersonal unterstützen.

Neben den menschlichen Akteuren werden auch Maschinen, die in einem gewissen Umfang eigenständig, d. h. autonom, handlungsfähig sind, als (soziale) Akteure angesehen (Ho et al. 2020; Koskela-Huotari und Siltaloppi 2020). Ihnen werden Menschenähnlichkeit (Anthropomorphismus) bezüglich physischer (z. B. Aussehen) und mentaler Eigenschaften (z. B. Empathie) zugeschrieben (Letheren et al. 2021; Liu-Thompkins et al. 2022). Gerade physischen **Service Robotern (service robots)** oder virtuellen Bots werden akteursähnliche Eigenschaften zugeschrieben (De Keyser und Kunz 2022; Ho et al. 2020). Deshalb wird in Bezug auf Maschinen analog zum Kundenkontaktpersonal auch von **Frontline Service Technologies**, also Technologien im Kundenkontakt, gesprochen (De Keyser et al. 2019; Robinson et al. 2020).

7.2   Rollen der Akteure für den Service Co-Creation-Prozess

Das Handeln der einzelnen im Service Co-Creation-Prozess involvierten Akteure – also das Ausführen von Aktivitäten und die Interaktion mit anderen Akteuren und Objekten – ist durch das Service-Skript, das dem spezifischen Service Co-Creation-Prozess zugrunde liegt, bestimmt (Solomon et al. 1985; Tronvoll 2017). Als geteiltes Skript sorgt es dafür, dass die Handlungen der Akteure aufeinander abgestimmt sind. Daher sind die Akteure im Service Co-Creation-Prozess im Sinne des Service-Skripts „role performer" (Koskela-Huotari und Siltaloppi 2020, S. 440), also Darstellende einer **Rolle** (Goffman 1967; Gross und Pullman 2012; Grove und Fisk 1992). Ebenso wie für die menschlichen Akteure wird argumentiert, dass Robotern aufgrund ihrer Autonomie im Handeln ebenfalls Rollen mit daran geknüpften Rollenerwartungen zugeschrieben werden (Belanche et al. 2020; Blaurock et al. 2022; Qiu et al. 2020).

Rollentheorien

Eine Rolle ist aus Sicht der **strukturfunktionalistischen Rollentheorie** eine an Personen gerichtete, durch die Position in der Gesellschaft geprägte Erwartung (Parsons 1986, S. 187). Die Rollen der Gesellschaft sind unterschiedlichster Art und ergeben sich aus den gesellschaftlichen Funktionen und den darauf beruhenden sozialen Beziehungen. Rollen basieren darauf, dass Personen sich auf verschiedene Funktionen innerhalb einer Gesellschaft spezialisieren (Parsons 1986, S. 205), um soziale Ziele zu erreichen (Durkheim 2012, S. 290). Die Gesellschaft besteht aus verschiedenen funktionalen Subsystemen (van Bertalanffy 2003) oder Bezugsfeldern (Dahrendorf 2006, S. 36), innerhalb derer Rollen existieren. *Beispiele sind die Subsysteme der Schule oder der Universität, des Sportvereins, der Partei oder der Familie.* Auch Organisationen wie Unternehmen stellen ein solches Subsystem dar (Parsons 1956). Personen können Mitglied unterschiedlicher Subsysteme sein und daher in ein Geflecht aus verschiedenen Rollen eingebunden sein (Merton 1957; Parsons 1986, S. 203). *So kann eine Person die Rolle als Arzt/Ärztin, Parteimitglied, Mutter/Vater oder Mitglied im Sportverein einnehmen.* Neben verwandtschaftlichen Rollen (Parsons 1986, S. 207) wie Vater, Mutter, Tante, Onkel, Kind oder Enkelkind gibt es auch Berufsrollen (Dahrendorf 2006, S. 30; Parsons 1986, S. 207). *Beispiele sind die Vermittlung von Bildung durch Lehrer:innen oder die Bedienung von Gästen durch Kellner:innen.* Diese funktionale Arbeitsteilung innerhalb der Gesellschaft entspricht dem Gedanken der Arbeitsteilung, der auch für die Ökonomie kennzeichnend ist (Smith 1776, S. 3–6). Die strukturfunktionalistische Rollentheorie sieht die Rolle als Rahmen, der von den Rolleninhabern interpretiert und in der Interaktion mit anderen ausgehandelt werden kann. Das bedeutet: Die jeweils geltenden Normen und Werte werden in der Interaktion mit anderen bestimmt (Feldmann und Immerfall 2021, S. 60). Rollen werden also, der Sicht des **symbolischen Interaktionismus** folgend, fortwährend zugeschrieben, angeeignet, ausgehandelt, bestätigt und verändert (Krappmann 1987, S. 60). Dieser Prozess hat das Ziel, die unterschiedlichen Rollenvorstellungen und -erwartungen in Übereinstimmung zu bringen, sodass ein Arbeitskonsens (working agreement) zustande kommt, um zielgerichtet miteinander zu interagieren und – im Rahmen des Service Co-Creation-Prozesses – Wert zu generieren. Der Arbeitskonsens kommt zustande, wenn sich die kognitiven Prozesse – d. h. die Rollenzuschreibung und -improvisation – des **Selbst**, also der eigenen Person, mit den expressiven Prozessen – d. h. der Selbstdarstellung und dem Altercasting – von **Alter** (lat. der andere), also dem anderen Interaktionspartner, weitgehend im Einklang befinden (McCall und Simmons 1966, S. 142).

Die an eine Rolle gestellten **Rollenerwartungen** beziehen sich nicht nur auf Handlungen und Verhaltensweisen, sondern auch auf Denkmuster, Einstellungen, Gefühle, Besitz oder den Kleidungsstil (Feldmann und Immerfall 2021, S. 59; Parsons 1986, S. 188). Die Erwartungen spiegeln die **Normen** und **Regeln** der Gesellschaft (Merton 1995, S. 128), weshalb auch von normativen Erwartungen gesprochen wird (Merton 1995, S. X). *Von einem/einer Kellner:in wird erwartet, dass er/sie sich nicht mit Gästen über seine/ihre privaten Probleme unterhält, Themen der Religion und der Politik vermeidet, sauber und unauffällig gekleidet ist. Diese Erwartungen gelten für alle Kellner:innen.* Erwartungen lassen sich in Muss-, Soll- und Kann-Erwartungen differenzieren (Dahrendorf 2006, S. 42–44):

- **Muss-Erwartungen** sind gesetzlich fixiert (Dahrendorf 2006, S. 42). *Hygienevorschriften, die in der EU-Verordnung (EG) Nr. 852/2004 über Lebensmittelhygiene festgelegt sind, müssen in der Restaurantküche eingehalten werden.*
- **Soll-Erwartungen** sind sozial erwünscht und werden bei Nicht-Einhaltung mit negativen Sanktionen belegt (Dahrendorf 2006, S. 43). *So stellt es eine Soll-Erwartung dar, dass ein:e Kellner:in den Gast nach kurzer Wartezeit bedient. Bei einer längeren Wartezeit reagiert der Gast mit einer negativen Sanktion und beschwert sich oder gibt kein oder nur ein geringes Trinkgeld).*
- **Kann-Erwartungen** sind eine soziale Voraussetzung, um in der Gesellschaft weiterzukommen, und werden mit positiven Sanktionen belohnt (Dahrendorf 2006, S. 43–44). *Serviert ein:e Kellner:in dem Gast zur Rechnung ein Getränk aufs Haus, so stellt dies eine Kann-Erwartung dar.*

Zu jeder Rolle gehört immer ein Pendant, da sonst keine Erwartungen an den Rolleninhaber formuliert werden können, z. B. Arzt/Ärztin – Patient:in, Kellner:in – Gast oder Lehrer:in – Schüler:in. In jeder dieser einzelnen Rollen hat es eine Person mit weiteren Rolleninhabern zu tun. Dies wird als **Rollenset** (**role-set**; Merton 1957) bezeichnet. *So besteht das Rollenset eines Arztes/einer Ärztin im Krankenhaus aus Patient:innen, ihren Angehörigen, anderen Ärzt:innen, Vorgesetzten, Pflegepersonal, Mitarbeiter:innen von Krankenkassen u. a.* Jeder Akteur ist sowohl auf der Ebene der verschiedenen Rollen in der Gesellschaft, innerhalb des spezifischeren Rollensets eines gesellschaftlichen Subsystems sowie auch in einem spezifischen Service Co-Creation-Prozess ein Rolleninhaber. Für jeden Service Co-Creation-Prozess existiert ein solches Rollenset, dass die Rollenerwartungen bezüglich der Aktivitäten und Interaktion für jeden der beteiligten Akteure enthält (Chen und Wang 2018; Grove et al. 1992; Grove und Fisk 1983; Koskela-Huotari und Siltaloppi 2020). Im Sinne des Rollensets beinhaltet das Service-Skript daher neben der eigenen Rolle die aufeinander bezogenen Rollenerwartungen der Komplementärrollen, die sich aus der Kunden- und Anbieterlogik ergeben (Solomon et al. 1985).

Dabei stellen die gesellschaftlichen Rollen (vgl. strukturfunktionalistische Rollentheorie) den Ausgangspunkt für die Rollen im Service Co-Creation-Prozess dar. Diese werden für das jeweilige Service-Skript spezifiziert. Im Vergleich zu den gesellschaftlichen Rollen sind die konkreten Rollen der Akteure im Service-Skript nicht statisch (vgl. symbolischer Interaktionismus); sie variieren zwischen Service Co-Creation-Prozessen, innerhalb dieser (Broderick 1998; Koskela-Huotari und Siltaloppi 2020) und von Akteur zu Akteur. Im Rahmen eines **Aushandlungsprozesses der Rollen** (Abb. 7.3) zwischen den beteiligten Akteuren werden die Rollenerwartungen aufeinander abgestimmt, sodass ein Arbeitskonsens erreicht wird, der es ermöglicht, dass die beteiligten Akteure das Service-Skript realisieren und somit im Rahmen der Service Co-Creation miteinander Wert generieren. Die ausgehandelte Rolle des Kunden bildet überdies den Hintergrund, vor dem er dem Erlebten Sinn zuschreibt (Bolton et al. 2018; Lindberg et al. 2014; Abschn. 6.1.3).

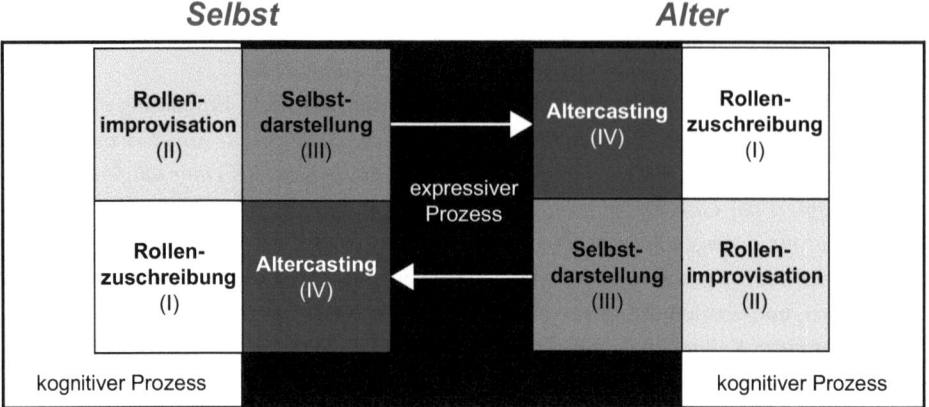

Abb. 7.3 Der Aushandlungsprozess der Rollen

Die Aushandlung der Rollen vollzieht sich in zwei Prozessen:

- Der **kognitive Prozess** vollzieht sich in der Gedankenwelt von Selbst – beispielsweise des Kunden – und Alter – beispielsweise eines anderen Kunden – und beinhaltet die **Rollenzuschreibung** (I) Selbsts gegenüber Alter. Selbst versetzt sich dabei in Alter, um die für die Rollenausgestaltung favorisierte Rollenidentität herauszufinden. Damit ist es Selbst möglich, die Handlungen Alters zu antizipieren und so Orientierung für das eigene Handeln zu erhalten (McCall und Simmons 1966, S. 131). Anhaltspunkte für die Rollenzuschreibung sind die äußere Erscheinungsform des Gegenübers (z. B. Kleidung und Aussehen; Creed et al. 2002; Kaiser 1983) sowie dessen Verhaltensweisen. Indem Selbst diese Verhaltensweisen zur Grundlage seiner Annahmen über Alters Rollenidentität macht, vollzieht Selbst den Prozess der Rollenübernahme. Der Prozess der Rollenübernahme ist meist kein bewusster, sondern ein unbewusster Vorgang. Es handelt sich dabei um einen selektiven Wahrnehmungsprozess der Handlungen Alters, in dem bestimmte Handlungen eine selektive Betonung – basierend auf Absichten, Gefühlen und Motiven – durch Selbst erfahren (McCall und Simmons 1966, S. 131–136). Der persönliche Erfahrungsschatz der Interaktionspartner und die Vertrautheit zwischen den Interaktionspartnern prägen die Erwartung an die Rolle und erleichtern die Rollenzuschreibung (Abels 2020, S. 129; McCall und Simmons 1966, S. 134). Hat Selbst sich nun auf eine Interpretation der Rolle Alters festgelegt – dabei ist es unwesentlich, ob die Rollenzuschreibung der tatsächlichen Rolle entspricht oder ob sich Selbst irrt –, improvisiert Selbst eine Rolle für die eigene Person. Die **Rollenimprovisation** (II) für Selbst ist die Antwort auf die Handlungen Alters. Es handelt sich um Improvisation, da Selbst seine eigenen Handlungen unter Berücksichtigung dessen, was Alters vermutete Handlungspläne für Selbst bedeuten, modifiziert (McCall und Simmons 1966, S. 136). So bildet sich jeder der Interaktionspartner durch Rollenzuschreibung und -improvisation eine Vorstellung davon, wie die Rolle von Selbst und Alter ausgestaltet ist: *Kai, der im Klassenraum am Tisch gegenübersitzt, sieht jung und sympathisch aus. Er ist im etwa gleichen*

Alter wie ich und wir mögen anscheinend beide die schwedische Sprache (Einschätzung von Alter). *Deshalb werden wir uns bestimmt gut verstehen und vielleicht auch gemeinsam nach dem Sprachkurs etwas trinken gehen* (Improvisation von Selbst). Bis zu diesem Punkt wissen aber beide Interaktionspartner noch nicht, welche Rolle der jeweils andere ihm und sich selbst zugedacht hat; es fanden bisher noch keine Kommunikationsprozesse, sondern lediglich Gedankenprozesse statt.

* Im Rahmen des **expressiven Prozesses** bietet Selbst einem anderen Akteur (Alter) eine Rolle seiner selbst und der Rollenerwartung an Alter an. Die für die eigene Person (Selbst) improvisierte Rolle wird durch **Selbstdarstellung** (III) Alter gegenüber mittels verbaler und nonverbaler Kommunikation ausgedrückt. Selbstdarstellung ist ebenso wie die Wahrnehmung des Gegenübers bei der Rollenzuschreibung ein selektiver Vorgang. Die Interaktionspartner stellen nicht alle Facetten ihrer Identität (Persönlichkeit), sondern die bei der Rollenimprovisation ausgewählte soziale Rollenidentität dar. Mit der Selbstdarstellung verdeutlicht Selbst seine Vorstellung davon, wie er seine Rolle ausgestaltet sehen möchte, um seine Ziele und Wünsche zu erreichen (Krappmann 1987, S. 37). Selbst modelliert mit seinem Verhalten der Selbstdarstellung gleichzeitig die Rolle von Alter. Dies wird als **Altercasting** (IV) bezeichnet. Indem er sich Alter gegenüber so verhält, als hätte dieser tatsächlich die ihm von Selbst im kognitiven Prozess der Rollenzuschreibung übertragene Rolle inne, vermittelt Selbst durch sein Handeln Alter gleichzeitig, wie er Alters Rolle sieht (McCall und Simmons 1966, S. 139–140). Grundsätzlich kann Alter die ihm vermittelte Rolle abweisen oder aber sich ihr gegenüber gleichgültig zeigen. Er reagiert damit auf die durch Selbst modellierte Rolle durch Improvisation der eigenen Rolle im kognitiven Prozess und schreibt ebenso Selbst als Gegenüber seine Rolle zu. Sieht Alter die von Selbst dargestellte Rolle vor dem Hintergrund seiner eigenen Interpretation als kongruent an, so schreibt er ihm die Rolle zu, die er bei Selbst vermutet. Alter setzt damit die für die eigene Person improvisierte Rolle auf expressiver Ebene um, indem er sich selbst darstellt und dabei gleichzeitig die Rolle Selbsts modelliert. Damit modelliert Alter durch Selbstdarstellung die Rolle für Selbst.

Es handelt sich also um einen wechselseitigen und fortwährenden Trial-and-Error-Prozess, der Bestätigung, Gleichgültigkeit und Ablehnung der jeweiligen dargestellten und zugeschriebenen Rollen umfasst, bis der Arbeitskonsens erreicht ist. In standardisierten oder routinierten Interaktionssituationen, wie beispielsweise in einem Fast-Food-Restaurant, wird der Arbeitskonsens schnell erreicht und aufrechterhalten werden können, da auch die Interaktion von kurzer Dauer ist und der Service Co-Creation-Prozess standardisiert und weitgehend linear ist (vgl. Wertkette; Abschn. 1.2.2). In komplexen Interaktionssituationen mit unklarem Verlauf und vager Dauer des Service Co-Creation-Prozesses (vgl. Wertshop; Abschn. 1.2.2), etwa bei einer medizinischen Behandlung oder einer Rechtsberatung, wird es in der Regel länger dauern, bis die Interaktionspartner einen Arbeitskonsens hergestellt haben, da auch die Ziele der Interaktionspartner heterogener und komplexer sind.

Ist ein Arbeitskonsens erreicht worden, so liegt **Rollenkongruenz (role congruity)** vor. Das bedeutet, dass das Rollenverständnis Selbsts über sich selbst und Alter sowie das

Rollenverständnis Alters über sich und Selbst übereinstimmen (Broderick 1998; Solomon et al. 1985). Verhält sich ein Akteur konsensgemäß, also gemäß der ausgehandelten Rolle und den daran gebundenen Rollenerwartungen, spricht man von **rollenkonformem Verhalten** (**in-role behavior** oder **within-role behavior**). Rollenkonformes Verhalten ermöglicht, dass das Service-Skript zielgerichtet in die Tat umgesetzt wird und durch den Service Co-Creation-Prozess für die beteiligten Akteure Wert generiert wird. Dies zeigt die Interdependenz der Akteure: Die Ergänzungsfähigkeit der Akteure (actor complementarity) beeinflusst individuelle Faktoren der Bereitschaft und Fähigkeiten zur Service Co-Creation (Danatzis et al. 2022). In Bezug auf zielführende Service Co-Creation zwischen Kunden bedeutet dies, dass der Anbieter Kundenkompatibilität (customer compatibility) gewährleisten muss (Martin und Pranter 1989).

Tab. 7.1 gibt einen Überblick über mögliche Rollen (Abboud et al. 2021; Bowen 2016; Moeller et al. 2013) von Kunde, Kundenkontaktpersonal sowie anderen Kunden und stellt die Konsequenzen für die Ausgestaltung der Rollen im Rollenset dar.

Tab. 7.1 Mögliche Rollen der Akteure im Service Co-Creation-Prozess

Rolle	Ausübung der Rolle	Anforderungen an das Rollenset	Beispiel
Kunde (focal customer)			
Unabhängiger (bargain-hunting independent)	übernimmt einen großen Umfang an Aktivitäten im Service Co-Creation-Prozess mit dem Ziel Kosten zu reduzieren; benötigt keine Unterstützung durch andere Akteure	eigene Rolle (Selbst) von zentraler Bedeutung, um die Aktivitäten auszuführen; Rollen anderer Akteure (Alter) von geringerer Bedeutung	*Ein Fahrgast, der eine Bahnfahrkarte am Automaten kauft*
Individualisierer (self-reliant customizer)	übernimmt einen großen Umfang an Aktivitäten im Service Co-Creation-Prozess mit dem Ziel Einfluss auf die Ausgestaltung des Service Co-Creation-Prozesses zu nehmen	eigene Rolle (Selbst) von zentraler Bedeutung; Rollen anderer Akteure (Alter) sollen durch Selbst geprägt werden, um Einfluss auf die Ausgestaltung der Service Co-Creation zu nehmen	*Ein:e Urlaubsreisende:r, die/ der während des Aufenthalts am Urlaubsort entscheidet, statt im Hotelrestaurant zu essen, in die Stadt zu gehen und Ausflüge auf eigene Faust mit dem Mietwagen macht*
Hilfesuchender (comprehensive help seeker)	interagiert intensiv mit anderen Akteuren, um die eigene Rolle zu erlernen und Wert zu generieren	eigene Rolle (Selbst) muss erst erlernt werden; Komplementärrollen anderer Akteure (Alter) von Bedeutung	*Ein Fluggast, der am Self-Check-in Automaten andere Flugreisende um Hilfe beim Aufgeben von Gepäck und Anbringen der Banderole bittet*

(Fortsetzung)

Tab. 7.1 (Fortsetzung)

Rolle	Ausübung der Rolle	Anforderungen an das Rollenset	Beispiel
Problemlöser (engaged problem solver)	sieht den Anbieter als zentralen Akteur; interagiert mit dem Kundenkontaktpersonal, um komplexe Aufgaben zu bewältigen; eigene Fähigkeiten reichen nicht aus	eigene Rolle (Selbst) sowie die Rolle anderer Akteure (Alter), insbesondere des Kundenkontaktpersonals, sind von Bedeutung; die eigene Rolle ist bekannt; die Komplementärrollen der anderen Akteure ergänzen die eigene Rolle; Rollenkongruenz ist zentral	*Ein:e Mandant:in, der/die eine/n Steuerberater:in aufsucht, um seine/ihre Steuererklärung für seine/ihre unterschiedlichen Einkommen (Immobilienvermietung, nicht-selbstständige Arbeit, Gewerbebetrieb) zu erstellen*
Netzwerker (technology-savvy networker)	sieht andere Kunden als zentrale Akteure	eigene Rolle (Selbst) ist klar; die Rollen anderer Kunden (Alter) müssen zur eigenen Rolle passen; Kundenkompatibilität ist von hoher Bedeutung; die Rolle des Anbieters von untergeordneter Bedeutung	*Teilnehmer:innen einer Konferenz oder Nutzer:innen von Wertnetzwerken (z. B. Social-Media-Plattformen, Airbnb)*
Kundenkontaktpersonal (frontline employees)			
Repräsentant (differentiator)	stellt durch sein Verhalten und Aussehen einen menschlichen Cue dar	eigene Rolle (Selbst) von zentraler Bedeutung, um die Aktivitäten auszuführen; Rollen anderer Akteure (Alter) von geringerer Bedeutung	*Ein Messehost, der Gäste am Eingang begrüßt*
Befähiger (enabler)	hilft anderen Akteuren ihre Aktivitäten auszuüben	eigene Rolle (Selbst) klar; Rolle des/der Kunden (Alter) wird durch Selbst geprägt	*Ein:e Personal-Trainer:in, der/die seinen/ihren Kunden in einem individuellen Training begleitet*
Innovator (innovator)	hilft dem Kunden durch Individualisierung und Verbesserung des Service Co-Creation-Prozesses	eigene Rolle (Selbst) durch die Rollen des/der Kunden (Alter) geprägt; Adaption der Rollenerwartungen des Kunden an den Kundenkontaktmitarbeiter	*Ein:e Raumgestalter:in, der die Ideen seines Kunden zur Gestaltung der Inneneinrichtung aufgreift und Vorschläge für ein einzigartiges Gestaltungskonzept macht*
Koordinator (coordinator)	unterstützt andere Akteure dabei, dass diese im Rahmen der Service Co-Creation miteinander interagieren können	eigene Rolle (Selbst) von untergeordneter Bedeutung; Rollen der anderen Akteure (Alter) müssen bekannt sein, um unterstützen zu können; Kompatibilität der Rollen anderer Akteure erforderlich	*Ein:e Moderator:in, der/die einen In-House-Workshop moderiert*

(Fortsetzung)

Tab. 7.1 (Fortsetzung)

Rolle	Ausübung der Rolle	Anforderungen an das Rollenset	Beispiel
Andere Kunden (other customers)			
Zuschauer (bystander)	beobachtet die Service Co-Creation-Aktivitäten anderer Akteure	eigene Rolle (Selbst) ist von geringer Komplexität; Rollen anderer Akteure (Alter) von geringerer Bedeutung	*Ein Fluggast, der in der Warteschlange steht und den Check-in Vorgang der Passagiere vor ihm beobachtet*
Unterstützer (endorser)	unterstützt andere Akteure mit Informationen, praktischer Hilfe oder emotional bei der Service Co-Creation	eigene Rolle (Selbst) von Bedeutung; Rollen der anderen Akteure (Alter) müssen bekannt sein, um unterstützen zu können	*Ein Fahrgast, der einem anderen Fahrgast im Zug hilft, den Koffer in der Gepäckablage zu verstauen*
Partner (partner)	führt zusammen mit anderen Akteuren Aktivitäten im Rahmen des Service Co-Creation-Prozesses aus	eigene Rolle (Selbst) orientiert sich stark an den Rollen der anderen Akteure (Alter); Rollenkongruenz muss gegeben sein	*Teilnehmer:innen eines Chorworkshops, die gemeinsam mit dem/der Chorleiter:in und den anderen Sänger:innen ein Lied einstudieren*

Wie die Beispiele zeigen, gibt es zwischen den kunden- und anbieterbezogenen Rollen Wechselbeziehungen, die die Ergänzungsbedürftigkeit unter den Akteuren verdeutlichen. So interagiert beispielsweise der Hilfesuchende (Kunde) mit anderen Kunden, die die Partner-Rolle einnehmen. Ein Kunde in der Individualisierer-Rolle wird ggf. die Unterstützung des Kundenkontaktpersonals in der Rolle als Innovator benötigen.

Negatives, von der Rolle abweichendes Verhalten wird in der Literatur als **Anti-Rollenverhalten (anti-role behavior)** bezeichnet (Nerdinger 2000, S. 156). Weitere Begriffe sind **Sabotage (sabotage), abweichendes, dysfunktionales oder Fehlverhalten (deviant, dysfunctional behavior oder misbehavior)**. Anti-Rollenverhalten existiert sowohl bei Mitarbeitenden als auch auf der Kundenseite (Fisk et al. 2010; Fullerton und Punj 2004; Harris und Ogbonna 2002; Lugosi 2019). Ausprägungen von Anti-Rollenverhalten sind beispielsweise Diebstahl, Zerstörung von Einrichtungsgegenständen, Missbrauch vertraulicher Informationen, Manipulation von Daten, Arbeitszeit und -ressourcen für andere als die vorgesehenen Zwecke zu nutzen, von Vorgaben, Regeln oder Normen abzuweichen (u. a. Alkohol- und Drogenkonsum, aber auch die eigenen Kompetenzen überschreitendes Handeln), Nichterscheinen sowie unangemessene Kommunikation (z. B. sexualisierte, vulgäre oder aggressive Ausdrucksweise) und unangemessenes Verhalten (z. B. körperliche Übergriffigkeit) gegenüber anderen Akteuren (Fombelle et al. 2020; Gruys und Sackett 2003). Derartiges Verhalten führt zu negativen Erlebnissen und in der Folge zu Wertzerstörung (Hendricks et al. 2021).

Als **Extra-Rollenverhalten (extra-role behavior)** wird jegliches Verhalten der Akteure bezeichnet, das formal nicht festgelegt ist, nach eigenem Ermessen und über die

Rolle hinaus erfolgt und für einzelne oder alle beteiligten Akteure einen Wert hat (Bettencourt und Brown 1997; Gong und Yi 2021; Nerdinger 2000, S. 155). Auch der Begriff des **prosozialen Verhaltens (prosocial behavior)**, das auf die Hilfsbereitschaft eines Individuums abzielt, spiegelt dies wider (Bettencourt und Brown 1997; Coenen 2006). Zeigen Mitarbeitende solches Verhalten zugunsten des Anbieters, wird von **Organizational Citizenship Behavior (OCB)** gesprochen (Organ 1988). Organizational Citizenship Behavior zielt grundsätzlich auf positives Verhalten von Mitarbeitern gegenüber Akteuren innerhalb der Organisation (z. B. Kolleg:innen und Vorgesetzten helfen und motivieren) ab (Bienstock et al. 2003). Darüber hinaus können Mitarbeitende im Kundenkontakt auch Extra-Rollenverhalten gegenüber Kunden zeigen (Schmitz 2007, S. 408), was als **Extra-Role Customer Service (ERCS)** bezeichnet wird (Bettencourt und Brown 1997; Moliner et al. 2008). *Ein:e Mitarbeiter:in eines Hotels hilft Kund:innen, den schnellsten Weg zum Bahnhof zu finden. Eine Pflegekraft holt ein Eis für eine:n Patient:in.* Extra-Role Customer Service kann für das Unternehmen förderlich sein, da es die Kundenzufriedenheit steigern kann. Allerdings kann es auch vorkommen, dass Mitarbeiter den Kunden zu sehr bevorteilen (z. B. zu hohe Rabatte gewähren), sodass die Kosten für das Unternehmen den Nutzen übersteigen (Beatty et al. 2016; Brady et al. 2012). *Ein:e Mitarbeiter:in eines Versicherungsunternehmens rät dem/der Kund:in, die Autoversicherung auf den Namen seines/ihres Vaters abzuschließen, sodass die Prämie deutlich geringer ausfällt.* Auch Kunden können Verhalten zeigen, das über ihre Rolle als Kunde hinausgeht. In dem Fall wird von **Customer Citizenship Behavior (CCB)** gesprochen (Yi und Gong 2013). Customer Citizenship Behavior kann auf den Anbieter (z. B. dem Anbieter beim Service Co-Creation-Prozess helfen; dem Anbieter Feedback geben) oder auf andere Kunden (z. B. anderen Kunden bei der Bedienung von Geräten helfen) gerichtet sein (Gong und Yi 2021). Wie sich Extra-Rollenverhalten von Kunde und Kundenkontaktpersonal äußern kann, wird beispielhaft in Tab. 7.2 illustriert. Extra-Rollenverhalten der Mitarbeitenden – also ERCS –

Tab. 7.2 Beispiele für Extra-Rollenverhalten von Kunde und Kundenkontaktpersonal

Extra-Rollenverhalten	Kunde (CCB)	Kundenkontaktpersonal (ERCS)
Feedback	Lob, Trinkgeld und konstruktive Kritik (z. B. Verbesserungsvorschläge) gegenüber dem Anbieter	Lob (*z. B. ein:e Finanzberater:in lobt den/die Kund:in für die schnelle Übermittlung von Unterlagen*) und proaktive Kommunikation gegenüber dem Kunden (*z. B. frühzeitige Kommunikation einer Terminänderung*)
Helfen	Unterstützung anderer Kunden bei ihren Aktivitäten (z. B. Hilfe am Self-Check-in); Unterstützung des Dienstleistungspersonals	Unterstützung des Kunden bei seinen Aktivitäten (*z. B. ein:e Taxifahrer:in erklärt dem Fahrgast, welche Bahnlinie sie/er für den Weg vom Hotel zum Tagungsort nutzen sollte*)
Übernahme von Aktivitäten	Freiwillige Übernahme einer Aktivität des Anbieters (z. B. den Koffer selbst tragen, statt ihn vom Kofferpagen tragen zu lassen)	Freiwillige Übernahme einer Aktivität des Kunden (*z. B. ein:e Taxifahrer:in trägt den Koffer des Fahrgastes bis in die Wohnung hoch*)

trägt dazu bei, dass Kunden positive Erfahrungen machen, in gewisser Weise auch überrascht werden, da Extra-Rollenverhalten nicht Teil der ausgehandelten Rolle und somit nicht antizipiert wird.

7.3   Gestaltung des Rollensets in Bezug auf die Service Experience

Aus Sicht des Service Experience Designs ist es erforderlich, dass sich der Anbieter zunächst vor dem Hintergrund der Dramaturgie der Service Experience Gedanken darüber macht, wie die soziale Erlebnisdimension ausgestaltet sein soll. Dabei muss auf der utilitaristischen Gestaltungsebene berücksichtigt werden, wie viele und welche Akteure erforderlich sind, um die für die Zielsetzung der Service Co-Creation erforderlichen Aktivitäten und Interaktionen im Service-Skript umzusetzen. Entscheidungen des Anbieters bezüglich der **Art und Anzahl von Akteuren** können nicht unabhängig von der hedonistischen Gestaltungsebene der Service Experience getroffen werden, sodass die Ausgestaltung des **Rollensets** – welche Rollen von den beteiligten Akteuren eingenommen werden sollen oder können und wie viele Rollenwechsel im Verlauf des Service Co-Creation-Prozesses stattfinden – und die Festlegung der Art und Anzahl beteiligter Akteure sich gegenseitig bedingen. Das Rollenset bildet die Grundlage für das Sensemaking. Wie also die eigene Rolle zu den komplementären Rollen anderer beteiligter Akteure passt, d. h., wie die Rollencharaktere und zugehörigen Handlungen zur Service Co-Creation beitragen, hat insbesondere auf die soziale Erlebnisdimension Auswirkungen (Bolton et al. 2018). Die eigene Rolle im Rollenset bildet einen Interpretationsrahmen für das Sensemaking (Cornelissen 2012) und prägt so die Service Experience des einzelnen Kunden (individual experience) sowie das geteilte Erlebnis (shared experience) der Akteure im Rollenset (Becker et al. 2023; Bhargave und Montgomery 2013; Li et al. 2023).

Entsprechend muss der Anbieter der Gestaltung des Rollensets im Hinblick auf die Service Experience Aufmerksamkeit widmen. Vor dem Hintergrund der Zielsetzung der Service Co-Creation muss zunächst festgelegt werden, welche der möglichen Rollen (Tab. 7.1) das Rollenset beinhalten soll. Welche Rolle sollen Kunde, Kundenkontaktpersonal und etwaige andere Kunden in welcher Episode des Service-Skripts einnehmen? Ausgehend von der Kundenrolle können dann die Rollen der anderen Akteure – Kundenkontaktpersonal und/oder anderer Kunden – festgelegt werden. Beispielsweise handeln andere Kunden im Rahmen von Gruppendienstleistungen in der Rolle als Partner im Service Co-Creation-Prozess. Die Rolle des Kundenkontaktpersonals ist dann eher auf die des Repräsentanten oder Koordinators beschränkt. Bei kollektiven Dienstleistungen hingegen nehmen die anderen Kunden weitgehend die Rolle des Zuschauers ein, während dem Kundenkontaktpersonal die für das Erlebnis relevante Rolle des Repräsentanten zukommt.

Die an jede der Rollen gestellte **Rollenerwartung** unterliegt einem gewissen Ausgestaltungsspielraum (vgl. Muss-, Soll-, Kann-Erwartungen), die im Rahmen des Aushandlungsprozesses zwischen den Akteuren festgelegt werden. Hierbei legt der Anbieter vor dem Hintergrund der Zielsetzung des Service Co-Creation-Prozesses fest, wie viel Freiheit die Akteure in der Ausgestaltung der Rolle haben. So können die Muss-Erwartungen dominieren, was starre Rollenvorgaben bedingt, die den Akteuren implizit oder explizit kommuniziert werden müssen. Wenige Vorgaben an Muss- und Soll-Erwartungen ermöglichen Spielraum in der Rolleninterpretation, sodass die eigene Identität der Akteure die Ausgestaltung der Rolle stärker prägen kann und die Akteure ihre eigenen Rollen aushandeln dürfen und können (vgl. Extra-Rollenverhalten). *Darf ein Gast mit der Bedienung flirten oder Späßchen machen? Darf ein Gast im Café sitzen, auch wenn sie/er nichts mehr zu essen oder trinken bestellt? Soll die Bedienung die Teller abräumen, auch wenn die Gäste noch nicht gezahlt haben?* Hier kann der Anbieter durch die Festlegung der Rollenerwartungen und deren Kommunikation Entscheidungen treffen, die die Service Experience des Kunden beeinflussen, indem Verhalten, das der Rolle widerspricht (Anti-Rollenverhalten), möglichst unterbunden wird. Dabei können Entscheidungen bzgl. der Freiheitsgrade der Rollenausgestaltung auf Kunden- und Anbieterseite unterschiedlich ausfallen, was durch die für das Setting geltenden Regeln und Normen (Abschn. 9.3.1) bedingt ist. *Eine charmant flirtende Bedienung kann als authentisch, sympathisch und am Gast interessiert (positiv) wahrgenommen werden. Ein Flirten kann aber auch als grenzüberschreitend und beschämend (negativ) wahrgenommen werden.* Neben den Rollen von Kunde und Kundenkontaktpersonal muss der Anbieter auch dem Rollenverhalten anderer Kunden Aufmerksamkeit widmen, da auch die Rollenausübung anderer Kunden die Service Experience des einzelnen Kunden beeinträchtigen kann. *Laut redende Gäste am Nachbartisch in einem Restaurant verhindern, dass man selbst sich mit den Personen am eigenen Tisch unterhalten kann.*

Bezogen auf die eigene Rolle des Kunden können **Rollenambiguität und -konflikte** (Abschn. 14.1.2) die Service Experience des Kunden beeinträchtigen (Blut et al. 2019). Ist dem Kunden seine eigene Rolle unklar oder gänzlich unbekannt (Rollenambiguität), so bleibt auch unklar, welche Handlungen von ihm erwartet werden. Dies betrifft die Aktivitäten und Interaktion und damit die physische und soziale Erlebnisdimension. Darüber hinaus fehlen dem Kunden auch Informationen für den Interpretationsrahmen (vgl. Meta-, Play- und Subtext) für das Erlebte, sodass das Sensemaking ggf. nicht in einer vom Anbieter intendierten und/oder für den Kunden zielführenden Richtung erfolgt. Entsprechend ist es Aufgabe des Anbieters, dem Kunden dabei zu helfen, seine Rolle zu erlernen. Dabei kann der Anbieter die anderen Akteure als Referenz für die zu erlernende Rolle des Kunden nutzen (Ramanathan und McGill 2007; Tumbat und Belk 2013). Durch ihr Verhalten (vgl. Selbstdarstellung und Altercasting) prägen sie das Rollenverständnis (vgl. Rollenzuschreibung und -improvisation; Abschn. 7.2) des Kunden.

Bei Rollenkonflikten stehen die erwarteten Handlungen der Akteure im Rollenset oder die an die eigene Rolle gestellten Erwartungen mit Erwartungen von anderen Akteuren im Kunden-Ecosystem im Widerspruch. Dies wiederum beeinträchtigt das Sensemaking. *Der/die Manager:in, der/die sich am Wochenende einen Tag Entspannung in der Therme mit Sauna und Massage gönnen will, muss ständig an das Meeting denken, das er/sie am Montagmorgen hat. Entspannung kommt am Wochenende bei ihm/ihr nicht auf.* Hier kann der Anbieter durch gezielte Abgrenzung der Rollen (role segmentation) die unterschied-lichen Rollen voneinander trennen und den Rollenwechsel (role transition) durch ge-eignete Riten das gezielte Heraustreten aus einer Rolle und das Eintreten in eine andere Rolle unterstützen (Ashforth et al. 2000). *Wird der/die Kund:in einer fernöstlichen Massage mit einer typischen Verbeugung begrüßt, so hilft ihm/ihr dies, sich auf seine/ihre Rolle einzulassen. Entkleiden, Duschen und Umlegen eines Handtuchs vor der Massage dienen ebenfalls dem Eintauchen in die neue Rolle.* Andere Akteure sowie symbolisch ge-ladene Objekte und Ortswechsel fördern den Rollenwechsel (Ashforth et al. 2000).

Welche und wie viele Rollen die Akteure im Service Co-Creation-Prozess einnehmen, hat Auswirkung darauf, wie komplex das Service-Skript ist, und wirkt sich unmittelbar auf die Aktivitäten und Interaktion aus (Brocato et al. 2012; Miao et al. 2011; Parker und Ward 2000).

Literatur

Abboud L, As'ad N, Bilstein N, Costers A, Henkens B, Verleye K (2021) From third party to signi-ficant other for service encounters: a systematic review on third-party roles and their implicati-ons. J Serv Manag 32:533–559

Abels H (2020) Soziale Interaktion. Springer Fachmedien, Wiesbaden

Arnould EJ, Price LL (1993) River magic: extraordinary experience and the extended service en-counter. J Consum Res 20:24–45

Ashforth BE, Kreiner GE, Fugate M (2000) All in a day's work: boundaries and micro role transiti-ons. Acad Manag Rev 25:472–491

Beatty SE, Ogilvie J, Northington WM, Harrison MP, Holloway BB, Wang S (2016) Frontline ser-vice employee compliance with customer special requests. J Serv Res 19:158–173

Becker L, Karpen IO, Kleinaltenkamp M, Jaakkola E, Helkkula A, Nuutinen M (2023) Actor expe-rience: bridging individual and collective-level theorizing. J Bus Res 158:113658

Belanche D, Casaló LV, Flavián C, Schepers JJL (2020) Robots or frontline employees? Exploring customers' attributions of responsibility and stability after service failure or success. J Serv Manag 31:267–289

van Bertalanffy L (2003) General system theory. Foundations, development, applications, 14., rev. Aufl. Brazdiller, New York

Bettencourt LA, Brown SW (1997) Contact employees: relationships among workplace fairness, job satisfaction and prosocial service behaviors. J Retail 73:39–61

Bhargave R, Montgomery NV (2013) The social context of temporal sequences: why first impressi-ons shape shared experiences. J Consum Res 40:501–517

Bienstock CC, DeMoranville CW, Smith RK (2003) Organizational citizenship behavior and service quality. J Serv Mark 17:357–378

Bitner MJ (1992) Servicescapes: the impact of physical surroundings on customers and employees. J Mark 56:57–71

Blaurock M, Čaić M, Okan M, Henkel AP (2022) Robotic role theory: an integrative review of human-robot service interaction to advance role theory in the age of social robots. J Serv Manag 33:27–49

Blut M, Heirati N, Schoefer K (2019) The dark side of customer participation: when customer par-ticipation in service co-development leads to role stress. J Serv Res 32:156–173

Bolton RN, McColl-Kennedy JR, Cheung L, Gallan AS, Orsingher C, Witell L, Zaki M (2018) Customer experience challenges: bringing together digital, physical and social realms. J Serv Manag 29:776–808

Bowen DE (2016) The changing role of employees in service theory and practice: an interdisciplinary view. Hum Resour Manag 26:4–13

Brady MK, Voorhees CM, Brusco MJ (2012) Service sweethearting: its antecedents and customer consequences. J Mark 76:81–98

Brocato ED, Voorhees CM, Baker JA (2012) Understanding the influence of cues from other customers in the service experience: a scale development and validation. J Retail 88:384–398

Broderick AJ (1998) Role theory, role management and service performance. J Serv Mark 12:348–361

Carlson J, Rahman MM, Rosenberger PJ, Holzmüller HH (2016) Understanding communal and individual customer experiences in group-oriented event tourism: an activity theory perspective. J Mark Manag 32:900–925

Carù A, Cova B (2015) Co-creating the collective service experience. J Serv Manag 26:276–294

Chen Y-M, Wang M-Y (2018) Applying dramaturgy theory in computer maintenance services. Serv Mark Q 39:35–48

Coenen C (2006) Die Bedeutung Prosozialen Dienstleisterverhaltens für die Interaktionszufriedenheit des Kunden. In: Ringlstetter M, Kaiser S, Müller-Seitz G (Hrsg) Positives management. Deutscher Universitäts-Verlag, Wiesbaden, S 71–90

Cornelissen JP (2012) Sensemaking under pressure: the influence of professional roles and social accountability on the creation of sense. Organ Sci 23:118–137

Creed WED, Scully MA, Austin JR (2002) Clothes make the person? The tailoring of legitimating accounts and the social construction of identity. Organ Sci 13:475–496

Dahrendorf R (2006) Homo Sociologicus. Ein Versuch zur Geschichte, Bedeutung und Kritik der Kategorie der sozialen Rolle, 16. Aufl. VS Verlag für Sozialwissenschaften, Wiesbaden

Danatzis I, Karpen IO, Kleinaltenkamp M (2022) Actor ecosystem readiness: understanding the nature and role of human abilities and motivation in a service ecosystem. J Serv Res 25:260–280

De Keyser A, Kunz WH (2022) Living and working with service robots: a TCCM analysis and considerations for future research. J Serv Manag 33:165–196

De Keyser A, Köcher S, Alkire L, Verbeeck C, Kandampully J (2019) Frontline service technology infusion: conceptual archetypes and future research directions. J Serv Manag 30:156–183

Durkheim E (2012) Über soziale Arbeitsteilung. Studie über die Organisation höherer Gesellschaften. Suhrkamp, Berlin

Feldmann K, Immerfall S (2021) Soziologie kompakt. Eine Einführung, 5. Aufl. Springer Fachmedien/Springer VS, Wiesbaden

Finsterwalder J, Kuppelwieser VG (2011) Co-creation by engaging beyond oneself: the influence of task contribution on perceived customer-to-customer social interaction during a group service encounter. J Strateg Mark 19:607–618

Finsterwalder J, Tuzovic S (2010) Quality in group service encounters. Manag Serv Quality Int J 20:109–122

Fisk RP, Grove SJ, Harris LC, Keeffe DA, Daunt KL, Russell-Bennett R, Wirtz J (2010) Customers behaving badly: a state of the art review, research agenda and implications for practitioners. J Serv Mark 24:417–429

Fließ S (2009) Dienstleistungsmanagement. Kundenintegration gestalten und steuern. Gabler, Wiesbaden

Fombelle PW, Voorhees CM, Jenkins MR, Sidaoui K, Benoit S, Gruber T, Gustafsson A, Abosag I (2020) Customer deviance: a framework, prevention strategies, and opportunities for future research. J Bus Res 116:387–400

Fullerton RA, Punj G (2004) Repercussions of promoting an ideology of consumption: consumer misbehavior. J Bus Res 57:1239–1249

Goffman E (1967) Interaction ritual. Essays in face-to-face behavior. Aldine, New Brunswick/London

Gong T, Yi Y (2021) A review of customer citizenship behaviors in the service context. Serv Ind J 41:169–199

Gross MA, Pullman M (2012) Playing their roles. J Manag Inq 21:43–59

Grove SJ, Fisk RP (1983) The dramaturgy of services exchange: an analytical framework for services marketing. In: Emerging perspectives on services marketing, S 45–49

Grove SJ, Fisk RP (1992) The service experience as Theater. In: Sherry JF, Sternthal B (Hrsg) Advances in consumer research. Association for Consumer Research, Provo, S 455–461

Grove SJ, Fisk RP (1997) The impact of other customers on service experiences: a critical incident examination of "getting along". J Retail 73:63–85

Grove SJ, Fisk RP, Bitner MJ (1992) Dramatizing the service experience: a managerial approach. Adv Serv Mark Manag 1:91–121

Gruys ML, Sackett PR (2003) Investigating the dimensionality of counterproductive work behavior. Int J Sel Assess 11:30–42

Harris LC, Ogbonna E (2002) Exploring service sabotage. J Serv Res 4:163–183

Heinonen K, Nicholls R (2022) Customer-to-customer interactions in service. In: Edvardsson B, Tronvoll B (Hrsg) The Palgrave handbook of service management. Springer International Publishing, Cham, S 629–654

Heinonen K, Strandvik T (2015) Customer-dominant logic: foundations and implications. J Serv Mark 29:472–484

Heinonen K, Campbell C, Ferguson S (2019) Strategies for creating value through individual and collective customer experiences. Bus Horiz 62:95–104

Hendricks J, Schmitz G, Ates Z, Büttgen M (2021) Value co-creation and co-destruction in health care: analyzing citizenship and dysfunctional patient behavior in nurse-patient encounters. J Serv Manag Res 5:196–214

Ho TH, Tojib D, Tsarenko Y (2020) Human staff vs. service robot vs. fellow customer: does it matter who helps your customer following a service failure incident? Int J Hosp Manag 87:1–10

Holmqvist J, Wirtz J, Fritze MP (2020) Luxury in the digital age: a multi-actor service encounter perspective. J Bus Res 121:747–756

Kaiser SB (1983) Toward a contextual social psychology of clothing: a synthesis of symbolic interactionist and cognitive theoretical perspectives. Cloth Text Res J 2:1–9

Koskela-Huotari K, Siltaloppi J (2020) Rethinking the actor in service research: toward a processual view of identity dynamics. J Serv Theory Pract 30:437–457

Krappmann L (1987) Soziologische Dimensionen der Identität: Strukturelle Bedingungen für die Teilnahme an Interaktionsprozessen, 7. Aufl. Klett-Cotta, Stuttgart

Larsson R, Bowen DE (1989) Organization and customer: managing design and coordination of services. Acad Manag Rev 14:213–233

Letheren K, Jetten J, Roberts J, Donovan J (2021) Robots should be seen and not heard…sometimes: anthropomorphism and AI service robot interactions. Psychol Mark 38:2393–2406

Li K, Ji C, He Q, Rastegar R (2023) Understanding the sense-making process of visitor experience in the integrated resort setting: investigating the role of experience-centric attributes. Int J Tour Res 25:491–505

Lindberg F, Hansen AH, Eide D (2014) A multirelational approach for understanding consumer experiences within tourism. J Hosp Market Manag 23:487–512

Lipkin M, Heinonen K (2022) Customer ecosystems: exploring how ecosystem actors shape customer experience. J Serv Mark 36:1–17

Liu-Thompkins Y, Okazaki S, Li H (2022) Artificial empathy in marketing interactions: bridging the human-AI gap in affective and social customer experience. J Acad Mark Sci 50:1198–1218

Lugosi P (2019) Deviance, deviant behaviour and hospitality management: sources, forms and drivers. Tour Manag 74:81–98

Lusch RF, Vargo SL, Tanniru M (2010) Service, value networks and learning. J Acad Mark Sci 38:19–31

Martin CL, Pranter CA (1989) Compatibility management: customer-to-customer relationships in service environments. J Serv Mark 3:5–15

McCall GJ, Simmons JL (1966) Identities and interactions. An examination of human association in everyday life. The Free Press, New York

Merton RK (1957) The role-set: problems in sociological theory. Br J Sociol 8:106–120

Merton RK (1995) Soziologische Theorie und soziale Struktur. De Gruyter, Berlin/New York

Miao L, Mattila AS, Mount D (2011) Other consumers in service encounters: a script theoretical perspective. Int J Hosp Manag 30:933–941

Moeller S, Ciuchita R, Mahr D, Odekerken-Schröder G, Fassnacht M (2013) Uncovering collaborative value creation patterns and establishing corresponding customer roles. J Serv Res 16:471–487

Moliner C, Martínez-Tur V, Ramos J, Peiró JM, Cropanzano R (2008) Organizational justice and extrarole customer service: the mediating role of well-being at work. Eur J Work Organ Psy 17:327–348

Nerdinger FW (2000) Extra-Rollenverhalten. Operationalisierung des Konstrukts und Überprüfung affektiver Antezedenzien. Gruppe. Interaktion. Organisation. Zeitschrift für Angewandte Organisationspsychologie 31:155–167

Ng S, Russell-Bennett R, Dagger T (2007) A typology of mass services: the role of service delivery and consumption purpose in classifying service experiences. J Serv Mark 21:471–480

Organ DW (1988) Organizational citizenship behavior: the good soldier syndrome. Lexington Books, Lexington

Parker C, Ward P (2000) An analysis of role adoptions and scripts during customer-to-customer encounters. Eur J Mark 34:341–359

Parsons T (1956) Suggestions for a sociological approach to the theory of organizations II. Adm Sci Q 1:225–239

Parsons T (1986) Aktor, Situation und normative Muster. Ein Essay zur Theorie sozialen Handelns. Suhrkamp, Frankfurt am Main

Pinho N, Beirão G, Patrício L, Fisk RP (2014) Understanding value co-creation in complex services with many actors. J Serv Manag 25:470–493

Qiu H, Li M, Shu B, Bai B (2020) Enhancing hospitality experience with service robots: the mediating role of rapport building. J Hosp Market Manag 29:247–268

Ramanathan S, McGill AL (2007) Consuming with others: social influences on moment-to-moment and retrospective evaluations of an experience. J Consum Res 34:506–524

Rihova I, Buhalis D, Moital M, Beth Gouthro M (2013) Social layers of customer-to-customer value co-creation. J Serv Manag 24:553–566

Robinson S, Orsingher C, Alkire L, De Keyser A, Giebelhausen M, Papamichail KN, Shams P, Temerak MS (2020) Frontline encounters of the AI kind. an evolved service encounter framework. J Bus Res 116:366–376

Schmitz G (2007) Ansatzpunkte einer auf die Erzielung von Kundenvorteilen ausgerichteten Steuerung des Kundenkontaktpersonals. In: Gouthier MHJ, Coenen C, Schulze HS, Wegmann C (Hrsg) Service Excellence als Impulsgeber. Strategien – Management – Innovationen – Branchen. Gabler, Wiesbaden, S 423–440

Smith A (1776) An inquiry into the nature and causes of the wealth of nations. Methuen, London

Solomon MR, Surprenant CF, Czepiel JA, Gutman EG (1985) A role theory perspective on dyadic interactions: the service encounter. J Mark 49:99–111

Tombs AG, McColl-Kennedy JR (2003) Social-servicescape conceptual model. Mark Theory 3:447–475

Tombs AG, McColl-Kennedy JR (2010) Social and spatial influence of customers on other customers in the social-servicescape. Australas Mark J 18:120–131

Tronvoll B (2017) The actor: the key determinator in service ecosystems. Systems 5:38

Tumbat G, Belk RW (2013) Co-construction and performancescapes. J Consum Behav 12:49–59

Vargo S, Lusch R (2018) The SAGE handbook of service-dominant logic. Sage Publications, London

Yi Y, Gong T (2013) Customer value co-creation behavior: scale development and validation. J Bus Res 66:1279–1284

Aktivitäten – die Handlungen der Akteure im Service Co-Creation-Prozess

8

Zusammenfassung

Aktivitäten bilden die Grundlage für den Service Co-Creation-Prozesses. Sie lassen sich inhaltlich in Bezug auf ihre Bedeutung für die Service Experience in körperliche und gedankliche Aktivitäten, sichtbare und nicht sichtbare Aktivitäten sowie obligatorische und freiwillige Aktivitäten einteilen. Sie müssen vom Anbieter geplant und im Sevice-Skript in eine sinnvolle Reihenfolge gebracht und auf die beteiligten Akteure aufgeteilt werden, damit sie zur Wertgenerierung von Kunde und Anbieter beitragen. Bei der Aufteilung der Aktivitäten spielen die unterschiedlichen Fähigkeiten der Akteure eine Rolle, sodass der Anbieter diese bei der Aufteilung berücksichtigen muss.

8.1 Arten von Aktivitäten

Aktivitäten beziehen sich auf das, *was* im Verlauf des Service Co-Creation-Prozesses *wie* – also in welcher Art und Weise – von den beteiligten Akteuren (Kap. 7) getan werden soll bzw. getan wird (Fließ et al. 2014). Im Sinne des Service-Skripts (Abschn. 6.2.2) sind Aktivitäten Handlungen eines einzelnen Akteurs und können auf den Akteur selbst (z. B. stehen, sitzen, gehen, etwas hören, sehen, nachdenken), auf andere Akteure (z. B. mit jemandem sprechen, jemanden an der Hand führen) und/oder auf Objekte (z. B. ein Tablett tragen, sich auf einen Stuhl setzen) gerichtet sein. Aktivitäten bilden den Ausgangspunkt der gemeinsamen Wertgenerierung, der Service Co-Creation in der Service-Phase (Heinonen et al. 2010; Moeller et al. 2013; Abb. 8.1). Sie sind somit integra-

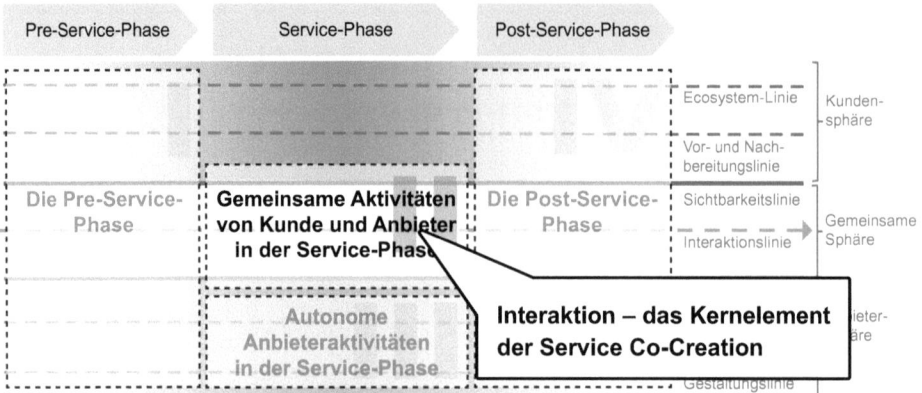

Abb. 8.1 Aktivitäten im Service Co-Creation-Prozess – Einordnung im ServiceBlueprint

tiv, d. h., sie stellen auf Zusammenarbeit und Interaktion zur Erreichung der Ziele des Kunden und Anbieters ab. Werden Aktivitäten im Service Co-Creation-Prozess betrachtet, so muss dies aus der jeweiligen Sicht dessen, der die Aktivität ausführt – also sowohl für die Akteure der Kundenseite als auch für die der Anbieterseite – erfolgen (Edvardsson et al. 2011; Eichentopf et al. 2011; Kleinaltenkamp et al. 2012).

Vor dem Hintergrund ihres Beitrags zur Service Experience des Kunden (Abschn. 6.1) lassen sich Aktivitäten nach deren Art in körperliche und gedankliche Aktivitäten sowie nach ihrer Sichtbarkeit für die anderen Akteure in sichtbare und nicht sichtbare Aktivitäten einteilen.

- **Körperliche Aktivitäten (physical activities)** beziehen sich auf die eigene Person, aber auch auf die Interaktion mit Personen und Objekten. Sinneswahrnehmungen von Cues (die sensorische Erlebnisdimension betreffend), körperliche Anwesenheit, das Bewegen von Objekten und seiner selbst (die physische Erlebnisdimension betreffend) sowie verbale und nonverbale Kommunikation (die soziale Erlebnisdimension betreffend) stellen körperliche Aktivitäten dar (Fließ et al. 2014).
- **Gedankliche Aktivitäten (mental activities)** stellen kognitive und affektive Verarbeitungsprozesse im Kopf des Kunden dar (Heinonen et al. 2010, S. 542; Ledoux 1989, S. 277–281). Sie betreffen somit die kognitive und affektive Erlebnisdimension. Das Verarbeiten von Informationen, die Bewertung von Situationen und Ergebnissen, die Antizipation und der Umgang mit (unvorhergesehenen) Ereignissen sowie das Treffen von Entscheidungen stellen gedankliche Aktivitäten dar (Fließ et al. 2014).

Körperliche und gedankliche Aktivitäten bedingen sich gegenseitig (Fließ et al. 2015, 2020). *Möchte ein:e Kund:in dem/der Friseur:in mitteilen (körperliche Aktivität), wie die Frisur aussehen soll, so geht dies mit der Überlegung einher, sich vorzustellen, wie die Frisur aussehen soll, und eine Auswahl zwischen verschiedenen Haarschnitten zu treffen (gedankliche Aktivität).* Aktivitäten sind damit nicht losgelöst voneinander zu betrachten, sondern stellen im Service-Skript Sequenzen miteinander verbundener Einzelaktivitäten dar, die eine Handlung bilden.

- **Sichtbare Aktivitäten** liegen in der gemeinsamen Sphäre zwischen der Sichtbarkeitslinie des Kunden und der Sichtbarkeitsline des Anbieters (vgl. Service Blueprint; Abschn. 1.4). Sie werden im Sinne des Service-Skripts auch als **Frontstage-Aktivitäten (frontstage activities)** bezeichnet, da sie gewissermaßen „auf der Bühne" der Service Co-Creation für alle (potenziell) sichtbar und wahrnehmbar stattfinden (Grove und Fisk 1992). *Beispielsweise kann ein:e Kund:in den/die Friseur:in im Spiegel beobachten, wie er/sie seine/ihre Haare oder die eines/einer anderen Kund:in frisiert.* Potenziell beobachtbar meint in diesem Zusammenhang, dass, sofern Anbieter oder Kunde es wünschen, die Aktivitäten sichtbar gemacht werden könnten, was eine Verschiebung der jeweiligen Sichtbarkeitslinie mit sich bringt. *So kann ein:e Patient:in seine/ihre Operation auf einem Bildschirm verfolgen, sofern dies technisch möglich ist. Das Show Cooking-Konzept nutzt genau dies für das Erlebnis, indem vor den Augen der Gäste oder in einer offenen Küche eines Restaurants gekocht wird.* Ein Anbieter kann ebenfalls Aktivitäten des Kunden für sich sichtbar machen: *Loggt eine Bank das Klickprofil ihrer Kund:innen im Online-Banking mit, so kann sie den Kund:innen bei ihren Aktivitäten im Online-Banking beobachten. Auch die Aufzeichnung von Bewegungsprofilen der Kund:innen in Dienstleistungsumgebungen mittels Kameratechnik oder Mobilfunk-Logdaten macht Kund:innenaktivitäten sichtbar.* Die potenzielle Wahrnehmbarkeit bezieht sich aber auch auf die Frage, ob der Kunde die Anbieteraktivitäten (oder umgekehrt) bewusst wahrnimmt. So kann das Kundenkontaktpersonal zwar Aktivitäten oberhalb der Sichtbarkeitslinie ausführen, der Kunde bemerkt sie aber nicht oder ist auf etwas anderes, z. B. seine eigenen Aktivitäten, konzentriert. Dies hat vor allem mit der eigenen sensorischen Wahrnehmungsschwelle und Aufmerksamkeit zu tun (Cioffi 1991; Hollingworth et al. 2010). *Ein Fahrgast bemerkt den/die Zugbegleiter:in erst, als diese:r sich ihm/ihr nähert und ihn/sie hört, wie er/sie andere Fahrgäste bittet, das Ticket vorzuzeigen.* Sichtbare Aktivitäten liefern folglich, sofern sie wahrgenommen werden, einen Beitrag zur Service Experience.
- **Nicht sichtbare Aktivitäten** sind für andere Akteure nicht wahrnehmbar; lediglich der ausführende Akteur kann diese Aktivitäten wahrnehmen. *Ein Gast denkt darüber nach, welches Dessert sie/er wählt (gedankliche Aktivität) oder macht sich auf dem WC frisch (körperliche Aktivität), ohne, dass er/sie dabei von der Bedienung oder anderen Mitarbeiter:innen des Restaurants gesehen werden kann.* Deshalb werden nicht sichtbare Aktivitäten auch als **Backstage-Aktivitäten (backstage activities)** bezeichnet, da sie quasi „hinter den Kulissen" stattfinden (Grove und Fisk 1992). Nicht sichtbare Anbieteraktivitäten können zwar nicht direkt beobachtet werden, sie tragen dennoch zur Service Experience des Kunden bei, indem sie zu gedanklichen Aktivitäten des Kunden werden. *Der Gast macht sich Gedanken darüber, warum es so lange dauert, bis das Essen fertig ist, und stellt Vermutungen darüber an: Vielleicht wurde meine Bestellung vergessen, vielleicht ist es angebrannt?*

8.2   Gestaltung der Aktivitäten vor dem Hintergrund der Service Experience

Die Art der Aktivitäten und ihre Sichtbarkeit für andere Akteure stellen bezüglich der Service Co-Creation einen entscheidenden Faktor für das subjektive Erlebnis des Kunden dar (Holbrook 2006; Patterson et al. 2008). Bezüglich des Service Experience Designs wirkt sich die Unterscheidung von sichtbaren und nicht sichtbaren Aktivitäten auf den Umfang und die Intensität der Service Experience des Kunden aus. Die Unterteilung von körperlichen und gedanklichen Aktivitäten sagt etwas über die angesprochenen Erlebnisdimensionen aus. Die unterschiedlichen körperlichen Aktivitäten wirken sich auf die physische, sensorische und soziale Erlebnisdimension aus. Gedankliche Aktivitäten betreffen die kognitive und affektive Erlebnisdimension. Wie intensiv körperliche und gedankliche Aktivitäten wahrgenommen werden, wirkt sich auf das Erlebnis aus (Fließ et al. 2014), wobei sich die Erlebnisdimensionen gegenseitig beeinflussen (Gupta und Vajic 2000; Nysveen et al. 2013).

Aus der vorherigen Klassifizierung von Aktivitäten ergeben sich für den Anbieter Gestaltungs- und Handlungsmöglichkeiten des Service-Skripts. Dazu muss der Anbieter sich vor dem Hintergrund seines geplanten Prozesses und der intendierten Service Experience die Frage nach der Bedeutung der einzelnen Aktivitäten für das Service-Skript und die Service Experience des Kunden stellen.

8.2.1   Beitrag der Aktivitäten zur Service Experience

Eine erste Entscheidung betrifft die Frage, *welche* Aktivitäten für die Zielerreichung der Service Co-Creation und die Service Experience notwendig sind. Im Hinblick auf die Bedeutung der Aktivitäten lassen sich Aktivitäten dahingehend unterscheiden, ob es sich um obligatorische (erforderliche) oder freiwillige (optionale) Aktivitäten handelt (Corsten 2000, S. 151–152; Dong und Sivakumar 2017; Fließ et al. 2014).

- **Obligatorische Aktivitäten (mandatory activities)** sind Aktivitäten, die für die gemeinsame Service Co-Creation erforderlich sind. Da ohne obligatorische Aktivitäten keine gemeinsame Wertgenerierung zustande kommt, stellen diese das Mindestmaß an Aktivitäten des Kunden und des Anbieters dar, das für die Service Co-Creation und die damit verbundene Wertgenerierung notwendig ist. *So müssen sich Gäste im Restaurant an den Tisch begeben, ihre Bestellung aufgeben und essen, damit das Ziel – Essengehen – erreicht wird. Gleichermaßen müssen die/der Restaurantbetreiber:in und seine/ihre Mitarbeiter:innen die Gäste empfangen, das bestellte Essen zubereiten und servieren sowie am Schluss kassieren.* Diese Aktivitäten sind erforderlich, damit der gemeinsame Wertgenerierungsprozess überhaupt stattfinden und auch zu Ende geführt werden kann. *Geben die Gäste keine Bestellung auf, so kann das Essen nicht zubereitet werden. Wird das Essen nicht serviert, so können die Gäste dieses nicht zu sich nehmen.* Obligatorische Aktivitäten tragen zu instrumentellem Wert bei und bilden die Grundlage zur Gestaltung der utilitaristischen Ebene der Service Experience (Abschn. 6.2.1).

Werden diese nicht hinreichend im Service-Skript antizipiert und umgesetzt, so kann der Wert nicht entstehen oder wird gar zerstört. Dies wirkt sich im Sinne von Service Failure (Abschn. 15.4.1) auch negativ auf die Service Experience aus.

- Demgegenüber stellen **freiwillige Aktivitäten (voluntary activities)** solche Aktivitäten dar, die nicht für die funktionale, auf das Ziel ausgerichtete Service Co-Creation notwendig sind. Freiwillige Aktivitäten zielen insbesondere darauf ab, die Service Experience anzureichern und eine positive Beurteilung zu erzielen. Sie können aus Sicht des Anbieters als potenzielle Aktivitäten im Anbieterskript vorgesehen sein. Damit sind sie zwar Teil der Rolle des Kundenkontaktpersonals (vgl. In-Role Behavior; Abschn. 7.2), stellen aber keinen Bestandteil des Kundenskripts und der von ihm für das Kontaktpersonal antizipierten Rolle dar. Im (gemeinsamen) Service-Skript werden sie daher nur bei Bedarf ausgeführt. *Beispielsweise stellt die Frage eines Gastes nach einer Weinempfehlung zum Essen eine freiwillige Aktivität des/der Kund:in dar. Für den Anbieter ist sie aber Teil der Kund:innenrolle des speisenden Gastes und in der Rolle des Kundenkontaktpersonals (Bedienung) antizipiert.* Der umgekehrte Fall, dass ein Kundenskript antizipierte freiwillige Aktivitäten enthält, ist natürlich auch denkbar. Andererseits können freiwillige Aktivitäten auch gänzlich ungeplant und daher von allen Akteuren improvisiert sein. Dies stellt eine Abweichung vom Service-Skript dar, was auch als Extra-Role Customer Service (Abschn. 7.2) gesehen wird. Wenn freiwillige Aktivitäten ausgeführt werden, tragen diese aus Sicht des Kunden zum unabsichtlichen bzw. auftauchenden Wert (Abschn. 1.2.1) bei. Es entsteht eine positive Service Experience durch Anreicherung und die hedonistische Ebene der Service Experience wird geprägt (Abschn. 6.2.1).

Welche Aktivitäten für den Service Co-Creation-Prozess obligatorisch und welche freiwillig sind, muss der Anbieter vor dem Hintergrund seiner Zielsetzung in Bezug auf Effektivität und Effizienz (Abschn. 4.2) und der daraus resultierenden, intendierten Service Experience entscheiden. Für die utilitaristische Ebene der Service Experience sind die obligatorischen Aktivitäten von Bedeutung. Steht also die Effizienz im Vordergrund, so besteht das Service-Skript im Extremfall rein aus obligatorischen Aktivitäten. *Für ein Essen im Restaurant könnte das ServiceBlueprint dann beispielsweise wie in* Abb. 8.2 *dargestellt aussehen. Sowohl die Aktivitäten des/der Kund:in als auch die des Anbieters sind auf ein Mindestmaß in einem rein auf obligatorische Aktivitäten ausgerichteten Service Co-Creation-Prozess reduziert.*

Weiterhin hat der Anbieter die Möglichkeit, durch sogenanntes **Framing** Einfluss auf als negativ eingeschätzte obligatorische Aktivitäten zu nehmen, um diese zu einer positiven Service Experience werden zu lassen (Manthiou et al. 2020; McColl et al. 2022; Odekerken-Schröder et al. 2000). *So sagt der Arzt/die Ärztin vor dem Setzen einer Spritze beispielsweise, dass es gleich ein unangenehmes Piken, vielleicht sogar einen unangenehmen Druck, geben wird.* Dies hilft dem Kunden, die körperliche Wahrnehmung einzuordnen. Gleiches gilt für gedankliche Aktivitäten. *Der/die Anästhesist:in, der/die einem vor der Sedierung erläutert, was gleich nach der Verabreichung des Narkosepräparats passieren wird, nimmt der/dem Patienten:in vor der Operation die Angst und hilft ihm/ihr*

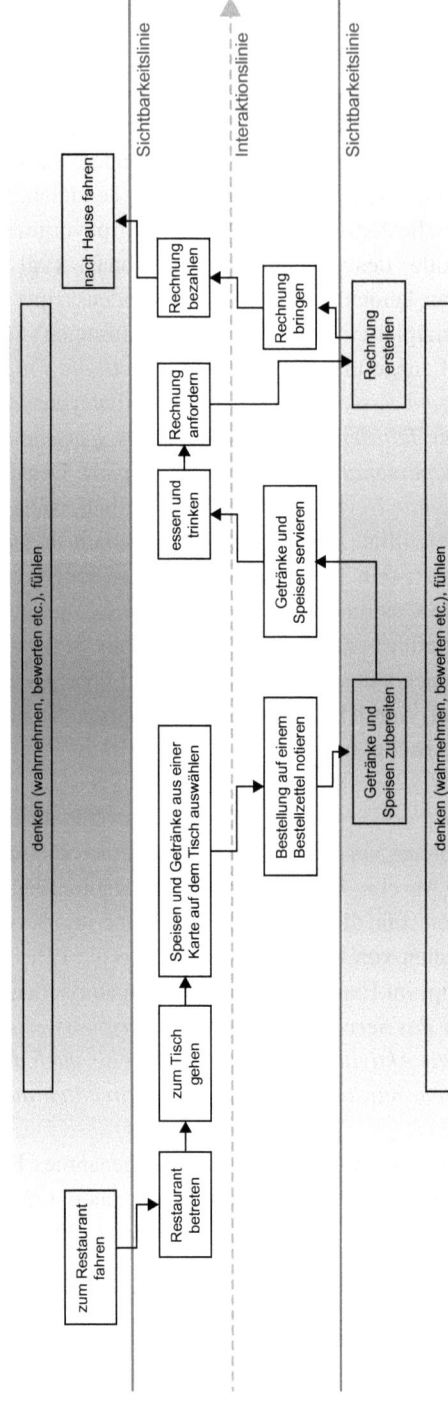

Abb. 8.2 ServiceBlueprint für ein Essen im Restaurant mit ausschließlich obligatorischen Aktivitäten

sich auf die Narkose und die folgende OP einzulassen. Damit unterstützt der Anbieter den Kunden beim Sensemaking (Abschn. 6.1.3).

Verfolgt ein Anbieter das Ziel, die hedonistische Ebene der Service Experience ausgeprägter zu adressieren, so kann er den Service Co-Creation-Prozess mit freiwilligen Aktivitäten anreichern. Die Effektivität tritt dementsprechend vor der Effizienz in den Vordergrund. *Der Service Co-Creation-Prozess für das Essen im Restaurant beinhaltet dann weitere Aktivitäten, die nicht zwingend für das Essen erforderlich sind* (Abb. 8.3; *freiwillige Aktivitäten sind in der Abbildung grau hinterlegt*).

Gleichzeitig muss zur Entscheidung, welche Aktivitäten das Service-Skript enthalten soll, auch die Entscheidung getroffen werden, welche Akteure diese (obligatorischen und/oder freiwilligen) Aktivitäten übernehmen sollen.

8.2.2 Aufteilung der Aktivitäten auf die beteiligten Akteure

Es geht bei der Aufteilung der Aktivitäten um die Arbeitsteilung, also um die Frage, wer welche Aktivitäten übernimmt. Dies hängt eng mit der Frage der Anzahl und Art der Akteure zusammen und geht über die dyadische Betrachtung der Arbeitsteilung zwischen Kunde und Kundenkontaktpersonal (auf Anbieterseite) hinaus. Diese Entscheidung bedingt vor allem, welche Aktivitäten für den Kunden sichtbar und wahrnehmbar sind und sich somit auf seine Service Experience auswirken. Aus Sicht des Kunden geht es also auch um das Verhältnis der eigenen obligatorischen und freiwilligen Aktivitäten und damit um den Schwerpunkt des Erlebnisses. Ist beispielsweise der Anteil obligatorischer im Vergleich zu den freiwilligen Aktivitäten höher, überwiegt die utilitaristische Ebene der Service Experience. Ist das Verhältnis hingegen umgekehrt, so wird die hedonistische Ebene des Erlebnisses deutlicher adressiert.

Dazu muss der Anbieter zunächst eine Entscheidung treffen, wie die Aktivitäten grundsätzlich zwischen Akteuren auf der Kundenseite und Akteuren auf der Anbieterseite aufgeteilt sein sollen. Die Grenze bildet die Interaktionslinie, die Kunden- und Anbieteraktivitäten voneinander trennt. Damit wird auch gleichzeitig festgelegt, wie viel Interaktion zu welchem Zeitpunkt zwischen Kunde und Kundenkontaktpersonal oder zwischen Kunden im Verlauf des Service Co-Creation-Prozesses erforderlich wird. Der Entscheidung der Aufteilung von Aktivitäten liegt das Abwägen von Effektivitäts- und Effizienzaspekten vor dem Hintergrund der Zielsetzung der Dienstleistung (Abschn. 4.2) und der intendierten Service Experience zugrunde. Einerseits kann die Übernahme von Aktivitäten durch Kunden zu Produktivitätssteigerung und Reduktion monetärer und nicht-monetärer Kosten sowie Zeiteinsparungen für den Anbieter führen (Dabholkar 1996; Lasshof 2006, S. 193–201; Lovelock und Young 1979; Risch Rodie und Schultz Kleine 2000). Darüber hinaus kann die Übertragung von Aktivitäten an den Kunden zu Qualitätssteigerungen führen, da Kunden motiviert sind, für sich die bestmögliche Qualität zu erzielen (Kellogg et al. 1997; Risch Rodie und Schultz Kleine 2000). Auf Kundenseite kann die Übernahme von Aktivitäten ebenfalls zu positiven Effekten führen, die zur Service Ex-

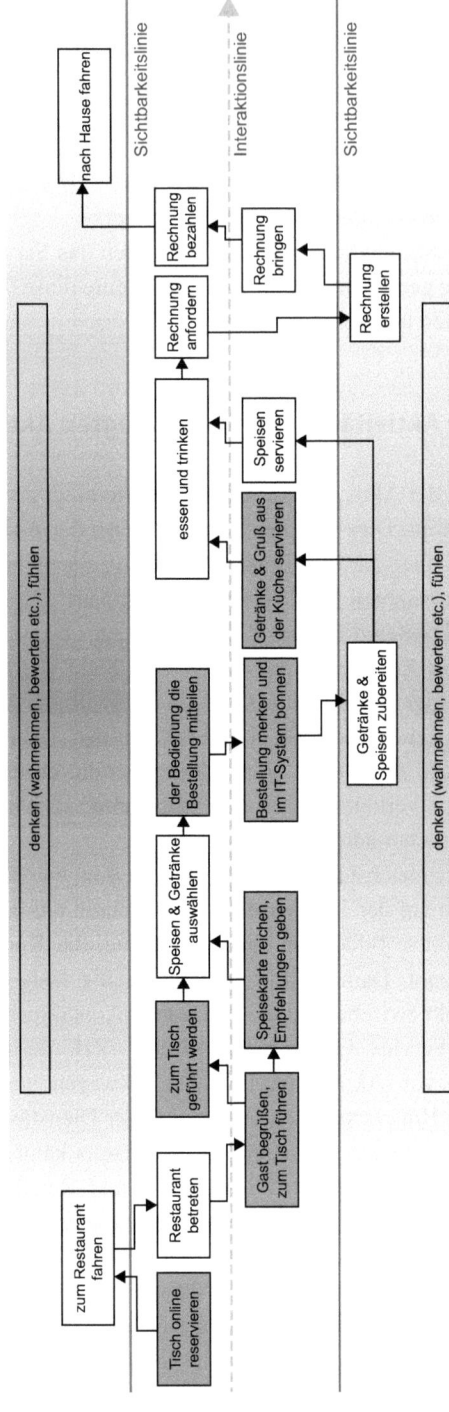

Abb. 8.3 ServiceBlueprint für ein Essen im Restaurant mit anreichernden, freiwilligen Aktivitäten

perience beitragen. Empfinden von Autonomie und wahrgenommener Kontrolle, das Gefühl, etwas geleistet zu haben, Vergnügen, Gemeinschaftsgefühl und persönliches Wachstum sowie Selbstausdruck und -verwirklichung durch die Nutzung eigener Fähigkeiten und daraus resultierendes Prestige sind nur einige Aspekte (Bateson 2000; Etgar 2008; Risch Rodie und Schultz Kleine 2000). Es handelt sich dabei im Wesentlichen um die gleichen Aspekte, die auch die Make-or-Buy-Entscheidung beeinflussen (Abschn. 2.5).

Folgende drei Grundtypen der Arbeitsteilung von Service Co-Creation-Prozessen lassen sich hinsichtlich der Lage der Aktivitäten auf Kunden- oder Anbieterseite unterscheiden (Bitner 1992, S. 58–59):

- Bei **Selbstbedienungsprozessen (self-service co-creation)** ist im Wesentlichen der Kunde aktiv, während der Anbieter weitgehend passiv bleibt und lediglich die Infrastruktur (Dienstleistungsumgebung) für die Aktivitäten des Kunden und die Interaktion mit Objekten zur Verfügung stellt. Selbstbedienungsprozesse variieren in Art und Umfang der Aktivitäten (z. B. Geld abheben am Bankautomaten, Self-Check-in am Flughafen, Auswahl von Speisen an einem Buffet im Restaurant, Nutzung verschiedener Sportgeräte in einem Fitnessstudio) und darin, in welchem Umfang Technologien (z. B. Automaten, Websites, Bots) eingesetzt werden (Abschn. 9.6). Der Kunde ist der Hauptakteur, Kundenkontaktpersonal auf der Anbieterseite wird vermieden. Lediglich Supportpersonal wird benötigt, um die stete Einsatzfähigkeit der Infrastruktur zu gewährleisten. Das Service-Skript ist durch die technischen und ggf. rechtlichen Rahmenbedingungen (z. B. Funktionsweise von Automaten) oder durch die Verfügbarkeit und zweckmäßige Verwendbarkeit der Einrichtung und Objekte (z. B. Sportgeräte im Fitnessstudio) festgelegt (vgl. systemdominierte Service Co-Creation-Prozesse). Die Wahrnehmung der eigenen Aktivitäten des Kunden bilden bei Selbstbedienungsprozessen die Grundlage für die Entstehung der Service Experience sowohl auf utilitaristischer Ebene (z. B. Geld abheben am Bankautomaten) als auch auf hedonistischer Ebene (z. B. selbstbestimmte Auswahl der Speisen am Buffet). Die Aktivitäten des Anbieters liegen in der Regel unterhalb seiner Sichtbarkeitslinie, sodass sie für die Experience des Kunden keine Rolle spielen.
- Das gegenteilige Extrem stellen **Remote-Service Co-Creation-Prozesse (remote service co-creation)** dar. Aktivitäten werden hauptsächlich vom Personal des Anbieters ausgeführt, wobei gerade bei technologiebasierten Interaktionen kein direkter Kontakt mit dem Kunden (soziale Interaktion), aber mit dessen Objekten (objektbezogene Interaktion) erforderlich ist. *Remote-Services reichen von der Bearbeitung eines Schadensfalls durch eine Versicherung bis hin zur Überwachung und (Fern-)Wartung der IT-Infrastruktur eines Unternehmens.* Das Service-Skript beinhaltet hauptsächlich Anbieteraktivitäten, wobei das Personal des Anbieters der Hauptakteur ist. Mögliche Kundenaktivitäten betreffen lediglich die Initiierung des Remote-Services (z. B. *Meldung eines Schadensfalls bei der Versicherung oder Meldung von IT-Problemen*), wobei dies auch technologiegestützt automatisiert erfolgen kann. Im Wesentlichen besteht die Experience hier auf utilitaristischer Ebene, da nur die eigenen Aktivitäten

wahrgenommen werden können. Diese sind aber von geringem Umfang und vornehmlich zur Initiierung des Remote-Service erforderlich. Die Anbieteraktivitäten werden in der Regel nicht wahrgenommen.

- Sind sowohl Akteure auf der Kunden- als auch auf der Anbieterseite in gleichem oder unterschiedlichem Umfang involviert, spricht man von **persönlich-interaktiven Co-Creation-Prozessen (interpersonal service co-creation)**. Sie zeichnen sich dadurch aus, dass Aktivitäten von Kunde und Kundenkontaktpersonal gleichermaßen erforderlich sind und häufig in sozialer Interaktion stattfinden. Entsprechend beinhaltet das Service-Skript sowohl Kunden- als auch Anbieteraktivitäten, wobei der Umfang und der Schwerpunkt im Verlauf des Prozesses variieren können. Die Aktivitäten sind aufeinander bezogen, sodass ein höheres Maß an Interaktion als bei Selbstbedienungsprozessen und Remote-Services erforderlich ist. Das Service-Skript kann dabei wenige Aktivitäten und Interaktionen (z. B. Fast-Food-Restaurant) oder viele Aktivitäten und Interaktionen (z. B. Nachhilfeunterricht) umfassen. Andere Kunden als Akteure können ebenso involviert sein (z. B. in einem Sprachkurs), was zur Folge hat, dass nicht nur die Aktivitäten zwischen einem Kunden und dem Kundenkontaktpersonal, sondern zwischen drei oder mehr Akteuren abgestimmt werden müssen. Die Service Experience wird sowohl durch die Wahrnehmung der eigenen Aktivitäten als auch durch die Wahrnehmung der Aktivitäten der anderen Akteure bestimmt, sodass andere Kunden passiv durch Anwesenheit oder aktiv durch Interaktion mit ihnen (Abschn. 7.1) zur Experience beitragen. Das Kundenkontaktpersonal trägt aktiv als Interaktionspartner zur Entstehung der Service Experience bei.

In welchem Umfang die beteiligten Akteure Aktivitäten übernehmen sollen, ist zunächst von ihren Fähigkeiten abhängig. Damit die beteiligten Akteure überhaupt effektiv die von ihnen im Rahmen ihrer Rolle innerhalb des Service-Skripts geforderten Aktivitäten zielführend ausführen können, benötigen sie entsprechendes Wissen, Fähigkeiten und die Bereitschaft, ihre Rolle auszuüben (Danatzis et al. 2022; Etgar 2008; Fließ 1996a, b, 2001, S. 68–74; Fließ et al. 2014, 2015, S. 188; Gremler und Gwinner 2008; Meuter et al. 2005; Parasuraman 2000; Yakhlef und Rietveld 2020). Diese betreffen kognitive, emotionale, soziale, körperliche, technologiebezogene und motivationale Aspekte und werden in Tab. 8.1 dargestellt.

Fähigkeiten können aufgrund von körperlichen oder mentalen Einschränkungen der Akteure eingeschränkt sein. Deshalb fordern Fisk et al. (2018), Service Co-Creation inklusiv (service inclusion) zu gestalten. Das beinhaltet, bei der Gestaltung der Rollen die Diversität der Akteure zu berücksichtigen (Arsel et al. 2022). Entsprechend müssen in Bezug auf die Rollenerwartungen etwaige körperliche und/oder psychische Einschränkungen von Kunden (vulnerable consumers) berücksichtigt werden, damit der Service Co-Creation-Prozess gelingt. Dies betrifft sowohl die utilitaristische Ebene der Gestaltung (z. B. Rampen für Rollstuhlfahrer bei der Nutzung des ÖPNV) als auch die hedonistische Ebene des Experience Design (z. B. Vermeidung von Reizüberflutung für Personen mit Aufmerksamkeitsdefizit-/Hyperaktivitätsstörung oder die Verwendung einer verständlichen Sprache für Kunden aus unterschiedlichen Milieus).

Tab. 8.1 Anforderungen an die Akteure

Kognitive Fähigkeiten: die auf die gedankliche Mitwirkung abzielenden Voraussetzungen	
Zielklarheit	Die Fähigkeit, die eigenen Aktivitäten auf die mit dem Service Co-Creation-Prozess verfolgten Ziele auszurichten
Prozessklarheit (Prozessevidenz)	Zu wissen, welche Aktivitäten, Fähigkeiten und Ressourcen in welchem Umfang zu welchem Zeitpunkt eingebracht werden müssen, damit die Ziele des Service Co-Creation-Prozesses erreicht werden
Entscheidungsfähigkeit	Die Fähigkeit, Akteure und deren Ressourcen, die für den Service Co-Creation-Prozesses benötigt werden, auszuwählen
Gedankliche Flexibilität	Die Fähigkeit, mental mit neuen/unerwarteten Situationen umzugehen
Körperliche Fähigkeiten: die auf die körperliche Mitwirkung abzielenden Voraussetzungen	
Körperbewusstsein	Die Fähigkeit, eigene körperliche Bedürfnisse und physische Grenzen oder Einschränkungen wahrzunehmen
Uneingeschränktheit	Körperlich in der Lage zu sein, die geforderten Aktivitäten für die Dauer des Service Co-Creation-Prozesses durchzuführen
Emotionale Fähigkeiten: Fähigkeiten, mit der eigenen und der Gefühlslage anderer umzugehen	
Emotionsregulierung	Die Fähigkeit, die erlebten Emotionen wahrzunehmen, zu kontrollieren und deren Auswirkungen für sich selbst und auf andere Akteure zu regulieren
Empathie	Die Fähigkeit, Stimmungen und Emotionen anderer Akteure zu erkennen und angemessen darauf zu reagieren
Soziale Fähigkeiten: Fähigkeiten, sich im sozialen Kontext zielführend zu verhalten	
Beziehungsfähigkeit (Rapport)	Die Fähigkeit, soziale Bindung zu den beteiligten Akteuren aufzubauen
Interaktivität	Die Fähigkeit, sinnvoll und effektiv mit anderen Akteuren zu kommunizieren
Regelkonformität	Die Fähigkeit, sich im Rahmen der Interaktion mit anderen Akteuren an Normen und Regeln (institutioneller Rahmen) anzupassen
Motivation: der Antrieb, sich mit seinen Fähigkeiten und seinem Wissen einzubringen	
Willensbereitschaft	Die intrinsische oder extrinsische Motivation, sich im Service Co-Creation-Prozess einzubringen
Erwartung eines Ergebnisses	Die bewusste oder unbewusste Erwartung, dass ein bestimmtes Verhalten zu einem bestimmten gewünschten Ergebnis führen wird
Selbstwirksamkeit	Das Vertrauen in die eigene Fähigkeit, bestimmte Aktivitäten oder Aufgaben zu bewältigen
Technologiebereitschaft: die grundsätzliche Neigung, Technologien zu nutzen, um persönliche und/oder berufliche Ziele zu erreichen.	
Innovativität	Das Selbstverständnis, ein Vorreiter und Vordenker in Bezug auf Technologien zu sein
Technologie-Optimismus	Die Überzeugung, dass die Nutzung von Technologie positive Auswirkungen hat (z. B. Kontrollgewinn, Flexibilität, Effizienzsteigerung)

Die Frage der Fähigkeiten hängt eng damit zusammen, inwieweit der Anbieter oder der Kunde Kontrolle über den Prozess haben muss. Kontrolle meint in diesem Zusammenhang die eigene Überzeugung eines Akteurs, inwiefern ihm selbst oder anderen Akteuren (agent) ein bestimmtes Mittel (means) zur Verfügung steht, um Kontrolle über die Erreichung seiner Ziele (ends) zu haben (Guo et al. 2016, S. 40). Dabei geht es also weniger um die tatsächliche Kontrolle, sondern um **wahrgenommene Kontrolle (perceived control)** , also einerseits die Selbstwirksamkeit des Akteurs, aber auch die Wirksamkeit des Handelns anderer. Wahrgenommene Kontrolle bezieht sich auf (1) die Verhaltensebene (behavioral control) – welche Möglichkeiten hat ein Akteur, um Einfluss auf die Handlungen der beteiligten Akteure einzuwirken? –, (2) die Entscheidungsebene (decisional control) – welche Möglichkeiten hat ein Akteur, durch verschiedene Entscheidungen Einfluss auf eine Situation zu nehmen? – und (3) die kognitive Ebene (cognitive control) – welche Möglichkeiten hat ein Akteur, um Ereignisse zu antizipieren? – (Bateson 1985; Hui und Toffoli 2002). Wahrgenommene Kontrolle bedeutet folglich, dass ein Akteur seine körperlichen und gedanklichen Aktivitäten als wirksam in Bezug auf die Zielerreichung der Service Co-Creation wahrnimmt.

▶ **Wahrgenommene Kontrolle** ist die Überzeugung eines Akteurs, dass seine körperlichen und gedanklichen Aktivitäten dazu beitragen, die Ziele der Service Co-Creation zu erreichen.

Gerade das Fehlen bestimmter Fähigkeiten (means) und die daraus resultierende geringe wahrgenommene Kontrolle muss der Anbieter bei der Gestaltung der Aktivitäten berücksichtigen. Fehlt beispielsweise Technologiebereitschaft, so muss der Anbieter ein alternatives Service-Skript schaffen, das ohne den Einsatz von Technologien auskommt, um das Ziel der Service Co-Creation zu erreichen, oder durch die Preisgestaltung einen monetären Anreiz schaffen, um die Kunden dazu zu bewegen, Technologie zu nutzen. Andernfalls führen technologiebasierte Aktivitäten und Interaktion bei Akteuren mit geringer Technologiebereitschaft zu negativer Service Experience. Für Akteure mit körperlichen und/oder geistigen Beeinträchtigungen stellen übliche Anforderungen an die Aktivitäten möglicherweise unüberwindbare Herausforderungen dar (Kuppelwieser und Klaus 2020; Pavia und Mason 2014).

> **Beispiel: Anforderungen an Aktivitäten für Menschen mit Beeinträchtigungen**
>
> Kuppelwieser und Klaus (2020, S. 751) illustrieren dies am Beispiel einer/s Kunden:in mit Autismus: Menschen mit Autismus haben typischerweise Schwierigkeiten mit sozialer Interaktion, insbesondere verbaler und nonverbaler Kommunikation, und sind auch in ihren Verhaltensweisen, Interessen und Aktivitäten häufig eingeschränkt (Geschwind und Levitt 2007). Sinneswahrnehmung und Kommunikation als körperliche Aktivitäten stellen Kunden mit Autismus demzufolge vor eine große Herausforderung, da sie Gestik, Mimik, Tonalität der Stimme u. Ä. oft nicht verstehen oder selbst Gestik

und Mimik unangemessen einsetzen (Kuppelwieser und Klaus 2020, S. 751). In einer Studie zu Mobilität von Rollstuhlfahrern, also körperlich eingeschränkten Kunden, zeigten Echeverri und Salomonson (2019, S. 374–376) unterschiedliche Aspekte der Schwierigkeiten im Service Co-Creation-Prozess auf. Kunden berichteten u. a. von körperlichem Unwohlsein (z. B. Erschöpfung aufgrund fehlender Hilfe) und Desorientierung aufgrund fehlender Unterstützung durch das Kundenkontaktpersonal (z. B. Busfahrer). Aber auch emotionale Aspekte, wie das Gefühl entmenschlicht zu werden, weil das Kundenkontaktpersonal statt mit dem Kunden mit der Begleitperson interagiert, werden herausgestellt. ◄

Somit sind komplexe körperliche und/oder gedankliche Aktivitäten oder gar ein komplexes Service-Skript für Menschen mit körperlichen und/oder geistigen Einschränkungen nicht oder nur schwer auszuführen. Dies gilt es in Bezug auf die Aufteilung der Aktivitäten auf die Akteure im Sinne der Inklusion zu berücksichtigen (Alkire et al. 2020; Fisk et al. 2018; Kuppelwieser und Klaus 2020; Rosenbaum et al. 2017).

Der Anbieter muss bei der Zuordnung der Aktivitäten zu Akteuren nicht nur zwischen obligatorischen und freiwilligen Aktivitäten unterscheiden, sondern auch überlegen, welche Aktivitäten austauschbar sind, d. h. von unterschiedlichen Akteuren bzw. Rollen ausgeführt werden können (Corsten 1985, S. 194; Dong und Sivakumar 2017; Lasshof 2006). Die Frage der **Austauschbarkeit** muss vor dem Hintergrund der Fähigkeiten des Akteurs die Aktivität auszuführen und andererseits vor dem Wertbeitrag der Aktivität für den Akteur betrachtet werden. Kann ein Akteur die Aktivität aufgrund fehlender Fähigkeiten (means) nicht ausführen, so kann die Aktivität im Service Co-Creation-Prozess keinen Wertbeitrag leisten (end). Eine Übernahme der Aktivität durch einen anderen Akteur führt folglich zur Entlastung und beeinflusst die Service Experience positiv. Möglicher Ansatzpunkt ist auch der Einsatz von Technologien (z. B. Robotern), die die Aktivitäten übernehmen. Dies führt auch dazu, dass Teile des Service-Skripts automatisiert, d. h. durch Maschinen, durchgeführt werden, ohne dass Interaktion mit anderen Akteuren erforderlich ist (z. B. Geldabheben am Bankautomaten). Dies wiederum erfordert andere Fähigkeiten von den mit der Technologie interagierenden Akteuren. Fehlen auf Anbieterseite Fähigkeiten bei den Akteuren, bietet sich die Auslagerung (Outsourcing) der Aktivität an einen anderen, spezialisierten Anbieter an (De Pourcq et al. 2021; Kranzbühler et al. 2019). *Ein Beispiel hierfür ist die Auslagerung der Personenauthentifizierung bei der Online-Eröffnung von Girokonten, Depots oder Online-Portalen von Versicherungen und Krankenkassen an spezialisierte Dienstleister.*

Insofern ist die differenzierte Betrachtung der Aufteilung von Aktivitäten relevant, als sich anhand der austauschbaren Aktivitäten entscheidet, welcher Akteur in welchem Umfang in die Ausführung des Service-Skripts involviert ist und den Service Co-Creation-Prozess somit dominiert (Fließ 1996a). Damit wird auch gleichzeitig das Verhältnis von obligatorischen und freiwilligen Aktivitäten für jeden der beteiligten Akteure festgelegt. Ausgehend von dieser Fragestellung ergeben sich drei Idealtypen von Service Co-

Creation-Prozessen als Grundlage für das Service-Skript (Bateson 1985), die Ähnlichkeit mit Grundtypen der Arbeitsteilung von Service Co-Creation-Prozessen aufweisen. Dabei steht hier der den Akteuren zugestandene Verhaltensspielraum im Vordergrund.

- Bei **systemdominierten Prozessen** wird das Service-Skript maßgeblich durch rechtliche und institutionelle Vorgaben (z. B. Gesetze, Normen, Verhaltenskodizes) oder organisatorische Rahmenbedingungen des Anbieters (z. B. Effizienzstreben des Anbieters) bestimmt. *Das Öffnen eines* Bankschließfachs *nach gegebenen Sicherheitsstandards, die Vorbereitung eines/einer Patient:in auf eine Operation unter Berücksichtigung der Hygienestandards sind Beispiele dafür.* Typischerweise besteht das Service-Skript aus obligatorischen Aktivitäten und ist starr. Damit wird der Verhaltensspielraum der beteiligten Akteure eingeschränkt. Der wesentliche Teil an Aktivitäten liegt bei Akteuren des Anbieters (z. B. Kundenkontaktpersonal), da sie die Vorgaben und Bestimmungen in Routinehandlungen erlernt haben und kennen, und/oder wird durch Technologien automatisiert. Der Service Co-Creation-Prozess ist daher hochgradig standardisiert (vgl. Wertkette; Abschn. 1.2.2). Gerade bei systemdominierten Prozessen bietet sich der Einsatz von Technologien und Automatisierung an. In Bezug auf die Service Experience wird vor allem die utilitaristische Ebene adressiert, sodass ein friktionsfreier Ablauf (vgl. Smooth bzw. Seamless Journey; Abschn. 6.2.3.3) entsteht.
- **Kontaktpersonaldominierte Prozesse** bieten Einflussmöglichkeiten des Kundenkontaktpersonals auf das Service-Skript. Dies hat zur Folge, dass im Anbieterskript neben obligatorischen Aktivitäten auch freiwillige Aktivitäten der Akteure des Anbieters enthalten sein können. Kontrolle und Einflussmöglichkeiten auf den Service Co-Creation-Prozess obliegen dem Kundenkontaktpersonal, während das Kundenskript wenig Verhaltensspielräume bietet. Die Aufgabe des Kundenkontaktpersonals besteht darin, dem Kunden dabei zu helfen dem Skript zu folgen, damit die Service Co-Creation zielführend ablaufen kann. Dies ist darin begründet, dass Fähigkeiten, Wissen und ggf. tangible Ressourcen im Sinne des Ressourcenintegrationsansatzes (Abschn. 2.4.2) beim Kundenkontaktpersonal gebündelt sind. Damit hat das Kundenkontaktpersonal durch die situative Einbindung freiwilliger Aktivitäten einen wesentlichen Beitrag daran, dass für den einzelnen Kunden ein individuelles Erlebnis entstehen kann (Bettencourt und Gwinner 1996). Dies gilt für Service Co-Creation-Prozesse, die die utilitaristische Gestaltungsebene der Experience betonen. *Beispiele hierfür sind die Rechtsberatung durch einen Anwalt/eine Anwältin, die Inspektion und Reparatur eines Fahrzeugs in der Werkstatt.* Auch Service Co-Creation-Prozesse, die die hedonistische Ebene des Erlebnisses betonen, können kontaktpersonaldominiert sein. Die Umsetzung des Service-Skripts wird dabei durch den Anbieter und sein Personal vorgegeben, Kunden werden vom Personal durch den Prozess und die von ihnen geforderten Aktivitäten geführt (z. B. Grillseminar) oder sind hauptsächlich anwesend (z. B. Theateraufführung).

- Der **kundendominierte Prozess** stellt den umgekehrten Fall zum kontaktpersonaldominierten Prozess dar. Wissen, Fähigkeiten und Ressourcen liegen beim Kunden, sodass dieser den größten Einfluss auf die Ausgestaltung des Service-Skriptes hat. Das Anbieterskript für das Kundenkontaktpersonal muss daher ein schwaches sein, um auf die Vorgaben des Kunden reagieren zu können. Obligatorische und freiwillige Aktivitäten werden durch Wünsche und Ziele des Kunden festgelegt und von seinen Vorstellungen über den Prozessverlauf bestimmt. *Ein Beispiel stellt die Durchführung einer Hochzeit durch eine Veranstaltungsagentur dar. Das Brautpaar entscheidet, wie die Trauung und/oder Feier verläuft und die Veranstaltungsagentur muss ggf. auch auf kurzfristige Wünsche des Brautpaars reagieren.* Der Kunde tritt hier – anders als in den anderen beiden Fällen – als aktiver Mitgestalter seiner Service Experience auf. Auf utilitaristischer Ebene betrifft dies z. B. den Ablauf und obligatorische Aktivitäten, während es auf der hedonistischen Ebene um deren Ausgestaltung geht (Jaakkola et al. 2015).

Durch die Festlegung der Aktivitäten im Service-Skript und die Zuordnung zu den Akteuren ergibt sich auch der Interaktionsbedarf. Beispielsweise ist bei kunden- und kontaktpersonaldominierten Prozessen ein höherer Interaktionsbedarf erforderlich als bei systemdominierten Prozessen.

Literatur

Alkire L, Mooney C, Gur FA, Kabadayi S, Renko M, Vink J (2020) Transformative service research, service design, and social entrepreneurship. J Serv Manag 31:24–50

Arsel Z, Crockett D, Scott ML (2022) Diversity, equity, and inclusion (DEI) in the journal of consumer research: a curation and research agenda. J Consum Res 48:920–933

Bateson JEG (1985) Perceived control and the service encounter. In: Czepiel JA, Solomon MR, Surprenant CF (Hrsg) The service encounter. Managing employee/customer interaction in service businesses. Lexington Books, Lexington, S 67–82

Bateson JEG (2000) Perceived control and the service experience. In: Swartz TA, Iacobucci D (Hrsg) Handbook of services marketing & management. Sage Publications, Thousand Oaks, S 127–144

Bettencourt LA, Gwinner KP (1996) Customization of the service experience: the role of the frontline employee. Int J Serv Ind Manag 7:3–20

Bitner MJ (1992) Servicescapes: the impact of physical surroundings on customers and employees. J Mark 56:57–71

Cioffi D (1991) Sensory awareness versus sensory impression: affect and attention interact to produce somatic meaning. Cognit Emot 5:275–294

Corsten H (1985) Die Produktion von Dienstleistungen. Grundzüge einer Produktionswirtschaftslehre des tertiären Sektors. Schmidt, Berlin

Corsten H (2000) Der Integrationsgrad des externen Faktors als Gestaltungsparameter in Dienstleistungsunternehmungen – Voraussetzungen und Möglichkeiten der Externalisierung und Internalisierung. In: Bruhn M, Stauss B (Hrsg) Dienstleistungsqualität. Konzepte – Methoden – Erfahrungen. Gabler, Wiesbaden, S 145–168

Dabholkar PA (1996) Consumer evaluations of new technology-based self-service options: an investigation of alternative models of service quality. Int J Res Mark 13:29–51

Danatzis I, Karpen IO, Kleinaltenkamp M (2022) Actor ecosystem readiness: understanding the nature and role of human abilities and motivation in a service ecosystem. J Serv Res 25:260–280

De Pourcq K, Verleye K, Larivière B, Trybou J, Gemmel P (2021) Implications of customer participation in outsourcing non-core services to third parties. J Serv Manag 32:438–458

Dong B, Sivakumar K (2017) Customer participation in services: domain, scope, and boundaries. J Acad Mark Sci 45:944–965

Echeverri P, Salomonson N (2019) Consumer vulnerability during mobility service interactions: causes, forms and coping. J Mark Manag 35:364–389

Edvardsson B, Tronvoll B, Gruber T (2011) Expanding understanding of service exchange and value co-creation: a social construction approach. J Acad Mark Sci 39:327–339

Eichentopf T, Kleinaltenkamp M, van Stiphout J (2011) Modelling customer process activities in interactive value creation. J Serv Manag 22:650–663

Etgar M (2008) A descriptive model of the consumer co-production process. J Acad Mark Sci 36:97–108

Fisk RP, Dean AM, Alkire L, Joubert A, Previte J, Robertson N, Rosenbaum MS (2018) Design for service inclusion: creating inclusive service systems by 2050. J Serv Manag 29:834–858

Fließ S (1996a) Interaktionsmuster bei der Integration externer Faktoren. In: Meyer A (Hrsg) Grundsatzfragen und Herausforderungen des Dienstleistungsmarketing. Deutscher Universitäts-Verlag, Wiesbaden, S 1–19

Fließ S (1996b) Prozeßevidenz als Erfolgsfaktor der Kundenintegration. In: Kleinaltenkamp M, Fließ S, Jacob F (Hrsg) Customer Integration. Von der Kundenorientierung zur Kundenintegration. Gabler, Wiesbaden, S 91–103

Fließ S (2001) Die Steuerung von Kundenintegrationsprozessen. Effizienz in Dienstleistungsunternehmen. Deutscher Universitäts-Verlag, Wiesbaden

Fließ S, Dyck S, Schmelter M (2014) Mirror, mirror on the wall – how customers perceive their contribution to service provision. J Serv Manag 25:433–469

Fließ S, Dyck S, Schmelter M, Volkers MJD (2015) Kundenaktivitäten in Dienstleistungsprozessen – die Sicht der Konsumenten. In: Fließ S, Haase M, Jacob F, Ehret M (Hrsg) Kundenintegration und Leistungslehre. Integrative Wertschöpfung in Dienstleistungen, Solutions und Entrepreneurship. Springer Gabler, Wiesbaden, S 181–204

Fließ S, Dyck S, Volkers M (2020) Calling for a multisensory perspective on customer service co-creation. In: Roth S, Horbel C, Popp B (Hrsg) Perspektiven des Dienstleistungsmanagements. Springer Gabler, Wiesbaden, S 77–104

Geschwind DH, Levitt P (2007) Autism spectrum disorders: developmental disconnection syndromes. Curr Opin Neurobiol 17:103–111

Gremler DD, Gwinner KP (2008) Rapport-building behaviors used by retail employees. J Retail 84:308–324

Grove SJ, Fisk RP (1992) The service experience as theater. In: Sherry JF, Sternthal B (Hrsg) Advances in consumer research. Association for Consumer Research, Provo, S 455–461

Guo L, Lotz SL, Tang C, Gruen TW (2016) The role of perceived control in customer value cocreation and service recovery evaluation. J Serv Res 19:39–56

Gupta S, Vajic M (2000) The contextual and dialectical nature of experiences. In: Fitzsimmons J, Fitzsimmons MJ (Hrsg) New service development: creating memorable experiences. Sage Publications, Thousand Oaks, S 33–51

Heinonen K, Strandvik T, Mickelsson K-J, Edvardsson B, Sundström E, Andersson P (2010) A customer-dominant logic of service. J Serv Manag 21:531–548

Holbrook MB (2006) Consumption experience, customer value, and subjective personal introspection: an illustrative photographic essay. J Bus Res 59:714–725

Hollingworth A, Simons DJ, Franconeri SL (2010) New objects do not capture attention without a sensory transient. Atten Percept Psychophys 72:1298–1310

Hui MK, Toffoli R (2002) Perceived control and consumer attribution for the service encounter. J Appl Soc Psychol 32:1825–1844

Jaakkola E, Helkkula A, Aarikka-Stenroos L (2015) Service experience co-creation: conceptualization, implications, and future research directions. J Serv Manag 26:182–205

Kellogg DL, Youngdahl WE, Bowen DE (1997) On the relationship between customer participation and satisfaction: two frameworks. Int J Serv Ind Manag 8:206–219

Kleinaltenkamp M, Brodie RJ, Frow P, Hughes T, Peters LD, Woratschek H (2012) Resource integration. Mark Theory 12:201–205

Kranzbühler A-M, Kleijnen MHP, Verlegh PWJ (2019) Outsourcing the pain, keeping the pleasure: effects of outsourced touchpoints in the customer journey. J Acad Mark Sci 47:308–327

Kuppelwieser VG, Klaus P (2020) Viewpoint: a primer for inclusive service marketing theory. J Serv Mark 34:749–756

Lasshof B (2006) Produktivität von Dienstleistungen. Mitwirkung und Einfluss des Kunden. Deutscher Universitäts-Verlag GWV Fachverlage GmbH, Wiesbaden

Ledoux JE (1989) Cognitive-emotional interactions in the brain. Cognit Emot 3:267–289

Lovelock CH, Young RF (1979) Look to consumers to increase productivity. Harv Bus Rev 57:168–178

Manthiou A, Hickman E, Klaus P (2020) Beyond good and bad: challenging the suggested role of emotions in customer experience (CX) research. J Retail Consum Serv 57:102218

McColl R, Mattsson J, Charters K (2022) Memoryscape: how managers can create lasting customer experiences. J Bus Strateg 43:397–405

Meuter ML, Bitner MJ, Ostrom AL, Brown SW (2005) Choosing among alternative service delivery modes: an investigation of customer trial of self-service technologies. J Mark 69:61–83

Moeller S, Ciuchita R, Mahr D, Odekerken-Schröder G, Fassnacht M (2013) Uncovering collaborative value creation patterns and establishing corresponding customer roles. J Serv Res 16:471–487

Nysveen H, Pedersen PE, Skard S (2013) Brand experiences in service organizations: exploring the individual effects of brand experience dimensions. J Brand Manag 20:404–423

Odekerken-Schröder G, van Birgelen M, Lemmink J, De Ruyter K, Wetzels M (2000) Moments of sorrow and joy. Eur J Mark 34:107–125

Parasuraman A (2000) Technology readiness index (TRI). A multiple-item scale to measure readiness to embrace new technologies. J Serv Res 2:307–320

Patterson A, Hodgson J, Shi J (2008) Chronicles of 'customer experience': the downfall of Lewis's foretold. J Mark Manag 24:29–45

Pavia TM, Mason MJ (2014) Vulnerability and physical, cognitive, and behavioral impairment. J Macromark 34:471–485

Risch Rodie A, Schultz Kleine S (2000) Customer participation in services production and delivery. In: Swartz TA, Iacobucci D (Hrsg) Handbook of services marketing & management. Sage Publications, Thousand Oaks, S 111–125

Rosenbaum MS, Seger-Guttmann T, Giraldo M (2017) Commentary: vulnerable consumers in service settings. J Serv Mark 31:309–312

Yakhlef A, Rietveld E (2020) Innovative action as skilled affordance-responsiveness: an embodied-mind approach. Creat Innov Manag 29:99–111

Interaktion – das Kernelement der Service Co-Creation

9

Zusammenfassung

Interaktion erfüllt aufgabenbezogene und beziehungsorientierte Zwecke. Soziale Interaktion vollzieht sich zwischen den im Service Co-Creation-Prozess beteiligten Akteuren und bedarf verbaler und nonverbaler Kommunikation. Für die Experience von Bedeutung ist, dass Akteure durch soziale Interaktion Emotionen im Gegenüber hervorrufen oder verstärken können. Soziale Interaktion wird durch soziale und kulturelle Gemeinsamkeiten und Unterschiede der Akteure geprägt, die somit Einfluss auf die Service Experience nehmen. Objektbezogene Interaktion bezieht sich auf Aktivitäten mit physischen oder digitalen Objekten. Technologie kann in der Interaktion die soziale Interaktion mediierend oder anreichernd eingesetzt werden oder kann soziale durch objektbezogene Interaktion ersetzen. Aufgabe des Anbieters ist es, die Interaktion in Bezug auf das Zusammenwirken sozialer, physischer und technologischer Aspekte vor dem Hintergrund der angestrebten Service Experience zu gestalten.

9.1 Aufgabe der Interaktion bei der Service Co-Creation

Interaktion stellt den Kern der Service Co-Creation dar, sie ist zentral für die gemeinsame Sphäre von Kunden und Anbieter (Larivière et al. 2017; Abb. 9.1). Durch Interaktion entsteht die Service Experience (Kap. 6). **Interaktion** meint körperliche und gedankliche Aktivitäten eines Akteurs, die auf Aktivitäten mit mindestens einem anderen Akteur und/oder Objekt bezogen sind.

Da es um die gemeinsame Wertgenerierung von Kunden und Anbieter geht, erfolgt Interaktion im Service Co-Creation-Prozess ziel- und aufgabenorientiert (Solo-

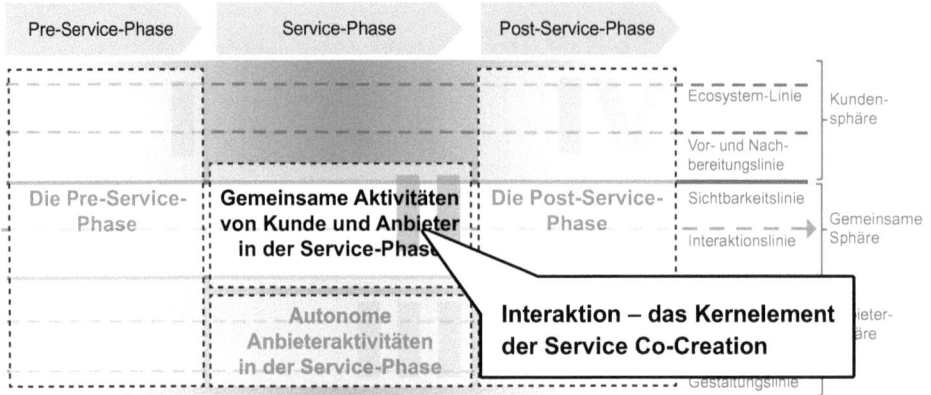

Abb. 9.1   Interaktion – Einordnung im ServiceBlueprint

mon et al. 1985, S. 103). Dabei kann zwischen der instrumentellen und der sozialen
Ebene der Interaktion unterschieden werden (Nerdinger 2019a, S. 633).

- **Interaktion auf aufgabenbezogener Ebene** ist intentional auf die Erfüllung der Ziele
  der Wertgenerierung im Service Co-Creation-Prozess durch die involvierten Akteure
  gerichtet (Möller 2004; Nerdinger 2019a, S. 633–634). Sie bezieht sich auf das Problem, das gelöst werden soll, bzw. auf den Kundenwunsch, der erfüllt werden soll. Dadurch wird das für den konkreten Service Co-Creation-Prozess spezifische Service-
  Skript auf die Ziele und Wünsche des Kunden mit dem Ziel der Wertgenerierung ausgerichtet und kompatibel gemacht (Abschn. 6.2.2) und die beteiligten Akteure werden
  befähigt, die mit ihren Rollen im Service-Skript verbundenen Aktivitäten und Interaktionen zielführend durchzuführen (Karpen et al. 2012). In Bezug auf die Interaktion
  mit Objekten betrifft die aufgabenbezogene Ebene die physischen und physikalischen
  Eigenschaften eines Objekts (Hocking 1997). Sie bestimmen die Nutzung der Objekte
  für einen bestimmten Zweck. *Mit einer Gabel kann man nur schwer Suppe essen.*
  Einerseits geht es um die sensorische Wahrnehmung physikalischer Eigenschaften
  (z. B. Form, Farbe, Textur, Größe, Geruch) und andererseits um deren Veränderung.
  Werden an einem Objekt Aktivitäten ausgeführt, d. h., wird mit ihm interagiert, so wird
  es verändert. *Das Backen eines Brotes verändert die physikalischen Eigenschaften der
  Zutaten.* Weiterhin kann auch ein Objekt durch Interaktion erschaffen werden, d. h.
  seine physikalischen Eigenschaften werden durch Interaktion überhaupt erst festgelegt;
  meist unter Verwendung anderer Objekte. *Ein:e Fotograf:in, der/die mithilfe seiner/
  ihrer Kamera ein (digitales) Foto macht und dieses anschließend als Abzug drucken
  lässt, erstellt ein Objekt.*
- **Interaktion auf beziehungsorientierter Ebene** ist auf die Etablierung und den Erhalt
  der sozialen Beziehung zwischen den Akteuren ausgerichtet. Sie dient dazu, die Zusammenarbeit der am Service Co-Creation-Prozess beteiligten Akteure zu initiieren
  und aufrechtzuerhalten (Nerdinger 2019a, S. 635–636). Die beziehungsorientierte

Ebene der Interaktion trägt dazu bei, dass Normen, Regeln und ethische Standards gesetzt und die Akteure motiviert werden, sich zielführend zu verhalten (Karpen et al. 2012). So wird auch durch die Interaktion die soziale und emotionale Beziehung zwischen den beteiligten Akteuren gefördert (Karpen et al. 2012). Insofern bildet die Interaktion auf der beziehungsorientierten Ebene die Grundlage dafür, dass aufgabenbezogene Interaktion zielführend erfolgen kann. Als Beispiel kann hier die Freundlichkeit des Kundenkontaktpersonals angeführt werden. So können Kundenkontaktmitarbeiter durch Humor, Small Talk, positive Stimmung, Aufgeschlossenheit und Freundlichkeit in der Kommunikation positiv Einfluss auf die Beziehung nehmen (Boninsegni et al. 2021). *Die zuvorkommende, freundliche Umgangsart der immer lächelnden Flugbegleiterinnen, die sog. „Singapore Girls", mit ihrer traditionell-malaysischen Uniform, dem Sarong Kebaya mit seinem asiatischen Batik-Motiv, veranschaulichen dies.* Ebenso wird bei der Interaktion mit Objekten diesen eine Bedeutung sowohl persönlich (z. B. man schätzt ein Bild, weil man es von seiner Tochter geschenkt bekommen hat, wert) als auch gesellschaftlich (vgl. Praktik; Abschn. 2.3.1) zugeschrieben. Die Bedeutung kann sowohl sozial als auch kulturell geprägt sein (Hocking 1997). Die soziale Bedeutung von Objekten umfasst die Vorstellungen darüber, wie und von wem das Objekt vorrangig genutzt werden darf, welche verwandtschaftliche oder freundschaftliche Beziehung oder welche soziale Symbolik (z. B. ein Sportwagen bedeutet Luxus) es widerspiegelt. Die kulturelle Bedeutung bezieht sich auf einen universellen Referenzpunkt. Zum Beispiel werden Objekte als heilig oder profan, männlich oder weiblich, öffentlich oder privat wahrgenommen (Rapoport 1990, S. 116). Hierbei wird insbesondere die Bedeutungsebene angesprochen, sodass die symbolische Ebene der Interaktion vor allem Wirkung auf die affektive und kognitive Erlebnisdimension hat und die Grundlage für das eigene Sensemaking bildet.

Interaktion findet immer auf der aufgabenorientierten und der beziehungsorientierten Ebene gleichzeitig statt (Gremler und Gwinner 2008). Interaktion erfüllt damit zum einen aufgabenbezogene, zum anderen soziale Ziele. Die aufgabenbezogene Ebene der Interaktion ist auf die Aufgabe, die Erreichung der Ziele im Service Co-Creation-Prozess gerichtet. Die beziehungsorientierte Ebene der Interaktion richtet sich auf Beziehung und Zusammenarbeit der Interaktionspartner und das Sensemaking.

9.2 Formen der Interaktion

Interaktion beinhaltet auf ein Bezugsobjekt ausgerichtete Aktivitäten eines Akteurs (Ramaswamy und Ozcan 2018). Bezugsobjekte von Interaktionen können sowohl menschliche Akteure (soziale Interaktion) als auch Objekte (objektbezogene Interaktion) sein.

Soziale Interaktion findet zwischen Personen, also den beteiligten Akteuren, statt. Dabei wird zwischen dem Kunden, dem Kundenkontaktpersonal und anderen Kunden (Abschn. 7.1) unterschieden. Letztere wird auch als **Kunden-Kunden-Interaktion**

(**C2C-Interaction**) bezeichnet und trägt im Rahmen des Service Co-Creation-Prozesses ebenso wie die Interaktion mit dem Kontaktpersonal – die **Kunden-Kontaktpersonal-Interaktion** – zur Wertgenerierung bei (Grove und Fisk 1997; Nguyen und Rosmaninho Menezes 2021).

Weil Menschen den Drang haben, sich mit den Dingen um sich herum zu beschäftigen (Wilcock 1995), interagieren sie mit Objekten. Sie befriedigen dadurch Bedürfnisse, entwickeln ihre Fähigkeiten und strukturieren ihre Umwelt (Hocking 1997). **Objektbezogene Interaktion** richtet sich auf den Umgang mit Objekten. Objekte werden auch als Artefakte bezeichnet (Ramaswamy und Ozcan 2018, S. 198), die in der realen, materiellen Welt und der digitalen, intangiblen Welt existieren können (van Campenhout et al. 2013). **Physische Objekte** sind also Artefakte in der realen, materiellen Welt, mit denen interagiert werden kann. Diese können in der Natur vorkommende Dinge wie Wasser, Pflanzen und Tiere, aber auch künstlich erschaffene Gegenstände, wie Stühle und Tische, sein (Hocking 1997). Bei **digitalen Objekten** handelt es sich im Gegensatz dazu um Artefakte in der digitalen, nicht-greifbaren (intangiblen) Welt, mit denen die Interaktion erfolgt. Eine Sonderform objektbezogener Interaktion stellen reine Objekt-Objekt-Interaktionen (De Keyser et al. 2019) dar, bei der die Interaktion über Sensoren, Vernetzung und Datenaustausch (z. B. Webhooks, APIs) erfolgt. Dabei wird bei physischen Objekten auch von Maschine-zu-Maschine-Kommunikation (z. B. der Maut-Pager, der mit dem Sensor an der Mautstation interagiert) gesprochen.

9.3   Der soziale Kontext der Interaktion

Der **soziale Kontext**, in dem sich die Interaktion vollzieht, bestimmt, wie die Akteure miteinander interagieren. Als sozialer Kontext sind kulturelle und gesellschaftliche Aspekte zu verstehen, die zur Beschreibung einer Gruppe und zur Abgrenzung von anderen Gruppen herangezogen werden (Turner et al. 1994). Damit bestimmt der soziale Kontext beispielsweise, welche sozialen Rollen (Abschn. 7.2) im jeweiligen Kontext existieren und welche Rollenerwartungen mit ihr verbunden sind. Der soziale Kontext wird durch Merkmale wie das soziale Geschlecht (gender), Alter, die Ethnizität (ethnicity), den sozialen Status (social status) und das soziale Milieu (social class) sowie durch Religion und kulturelle Identität bestimmt (Arsel et al. 2022). Der soziale Kontext nimmt auf die Wahrnehmung und das Sensemaking Einfluss und bestimmt somit die Service Experience (Li et al. 2023; Verhoef et al. 2009). Beispielsweise bestehen in kollektivistisch geprägten Kulturen andere Werte und ein anderes Selbstverständnis als in eher individualistisch geprägten Kulturen des Westens: Menschen in individualistischen Kulturen betrachten sich als voneinander getrennt und legen Wert auf ihre Eigenwahrnehmung, während Menschen in kollektivistischen Kulturen sich als Mitglieder von Gruppen sehen und versuchen, den Gruppennormen zu entsprechen (Oyserman und Lee 2008). Das Sensemaking findet also bei individualistisch geprägten Menschen individuell statt, während bei kollektivistisch geprägten Menschen „participatory sense-making" (De Jaegher und Di Paolo 2007, S. 489) eine größere Rolle spielt.

9.3.1 Soziale Normen

Soziale Normen stellen ungeschriebene Verhaltensregeln einer Gesellschaft dar (Cialdini et al. 1990). Normen erleichtern die Interaktion, indem sie Rollenerwartungen (Abschn. 7.2) der einzelnen Akteure prägen (Bicchieri und McNally 2018). Sie beschreiben, was übereinstimmend gedacht, gefühlt und erwartet wird (Cialdini 2009; Melnyk et al. 2010). Soziale Normen enthalten implizite und explizite Handlungsanweisungen innerhalb einer Gruppe oder Gesellschaft. Sie basieren auf unausgesprochenen Erwartungen (z. B. älteren Personen den Vortritt lassen, Müll in Mülleimern entsorgen) sowie allgemeingültigen Gesetzen (z. B. Notausgänge nicht abschließen, Feuerwehrzufahrten freihalten) und Vorschriften (z. B. Baderegeln). Ihr normativer Charakter rechtfertigt Sanktionen, sofern sie nicht eingehalten werden (van Kleef et al. 2019). So zeigte Söderlund (2020), dass normverletzendes Verhalten durch Kundenkontaktpersonal zu geringerer wahrgenommener Sympathie, geringerer wahrgenommener Kompetenz, höherer Abscheu und mehr Entmenschlichung des Kundenkontaktpersonals führte und in der Folge die Kundenzufriedenheit minderte. Da ihre Verletzung negative Folgen hat, stellen soziale Normen ein Anreizinstrument für das Verhalten in Interaktionen dar. Soziale Normen treten als subjektive und deskriptive Normen auf, die sich hinsichtlich unterschiedlicher Motivationsquellen für deren Einhaltung unterscheiden (Cialdini et al. 1990):

- **Subjektive Normen**, auch als injunktive Normen bezeichnet, sind situationsübergreifend und bestimmen somit auch das Verhalten in anderen Kontexten (Reno et al. 1993). *So sollte eine Begrüßung oder Verabschiedung des Gegenübers grundsätzlich, unabhängig vom Kontext, erwidert werden.* Ihre Einhaltung ist durch die Erwartung einer sozialen Referenzgruppe (z. B. Familie, Freunde, Arbeitskollegen, die Gesellschaft im Allgemeinen) darüber, wie die betreffende Person sich verhalten sollte, was sie empfinden sollte und denken darf, motiviert (Jacobson et al. 2011). Erwünschtes Verhalten wird durch moralisch akzeptiertes Verhalten der Gesellschaft oder der Referenzgruppe bestimmt; wird davon abgewichen, drohen soziale Sanktionen (z. B. Ausschluss aus der Gruppe, Ächtung), weshalb versucht wird, sie einzuhalten (Cialdini et al. 1990; Rimal und Lapinski 2015). Subjektive Normen gelten entsprechend in unterschiedlichen Interaktionen und in verschiedenen Service Co-Creation-Prozessen. Sie können also verhaltenssteuernd eingesetzt werden, um grundsätzlich erwünschtes Rollenverhalten bzw. Fehlverhalten (Anti-Rollenverhalten) von Kunden und Mitarbeitenden zu motivieren. *Beispiele für die Verletzung subjektiver Normen sind: sich vordrängeln, sich zu laut unterhalten, Dreck hinterlassen, oder auch Straftaten wie Diebstahl oder die Anwendung von Gewalt.*
- **Deskriptive Normen** beschreiben, was die meisten Menschen in einer bestimmten Situation tun. Ihre Einhaltung ist dadurch motiviert, mit dem Verhalten anderer übereinzustimmen (Schultz et al. 2008). Die Verhaltensweisen anderer fungieren folglich als „decisional shortcut when one is choosing how to behave in a given situation" (Cialdini et al. 1990, S. 1015), sodass das Verhalten anderer für das eigene Verhalten normativ wird und

Nachahmung bewirkt (Cialdini 2009). Entsprechend wirkt sich das Verhalten anderer Akteure normativ und damit verhaltenssteuernd auf den Kunden aus (Albrecht et al. 2017; Goldstein et al. 2008). Deskriptive Normen sind situationsspezifisch; sie werden durch das wahrgenommene Verhalten anderer in einer konkreten Situation gebildet und beeinflussen das Verhalten auch nur in dieser (Reno et al. 1993). Deskriptive Normen dienen in einer spezifischen Dienstleistungsinteraktion dazu, das Verhalten zu beeinflussen. *Je mehr Kund:innen beispielsweise ihren Müll nicht aufräumen, desto höher ist die Wahrscheinlichkeit, dass andere Kund:innen dies auch nicht tun* (Schaefers et al. 2016).

Entsprechend ist es die Aufgabe des Anbieters durch das Rollenset deutlich zu machen, welche subjektiven und deskriptiven Normen gelten. Im Rahmen der Interaktion kommt daher für die Vermittlung von Normen dem Aushandlungsprozess (Abschn. 7.2) eine wichtige Bedeutung zu, durch den das Kundenkontaktpersonal die Gültigkeit sozialer Normen vermitteln und deren Einhaltung motivieren kann. Dies geschieht durch Kommunikation. Normkonformes (erwartetes, erlaubtes) und normverletzendes, in der Regel unerwünschtes oder sogar verbotenes Verhalten wird durch explizite und implizite Verhaltensregeln kommuniziert. Explizite Verhaltensregeln werden durch Hinweisschilder mitgeteilt, z. B. Kennzeichnung einer Tür als Notausgang, Nicht-Rauchen-Schilder. Implizite Regeln sind im sog. Behavioral Setting enthalten (Tombs und McColl-Kennedy 2003).

9.3.2 Behavioral Setting

Welche deskriptiven und subjektiven Normen in einer bestimmten Interaktion gelten, wird zum Großteil durch das sog. Behavioral Setting bestimmt (Tombs und McColl-Kennedy 2003). Das **Behavioral Setting** bezeichnet ein soziales System, bestehend aus Menschen und physischen Elementen wie Objekten und Symbolen (Barker 1968), mit denen Verhaltensmuster, sog. action patterns, verknüpft sind (Aarts und Dijksterhuis 2003), die im Rahmen der Sozialisation erlernt werden. *So wird in Kirchen, aber auch im Lesesaal von Bibliotheken erwartet, dass Menschen schweigen, sich leise unterhalten, wenn eine Unterhaltung notwendig ist, und nicht essen oder trinken* (Tombs und McColl-Kennedy 2003). Eine bestimmte Dienstleistungsumgebung, z. B. Bibliothek, Café, Hotel, Museum, aktiviert somit gelernte subjektive Normen (Aarts und Dijksterhuis 2003; Volkers 2021). Gleichzeitig passen sich Menschen in einem Behavioral Setting an das Verhalten anderer an (deskriptive Normen), insbesondere wenn sie die Regeln bzw. das Skript noch nicht so gut kennen. Nach Foxall und Greenley (1999) unterscheiden sich Behavioral Settings darin, wie umfangreich das Verhalten durch soziale Normen eingeschränkt ist, in offene und geschlossene Settings. In offenen Settings können sich die Akteure weitgehend frei verhalten, während ihr Verhalten in geschlossenen Settings aufgrund von sozialen Normen eingeschränkt ist (Foxall und Greenley 1999). *Beispielsweise können Festivalbesucher:innen auf dem Gelände frei herumlaufen, singen, tanzen und auf der Wiese liegen (offenes Setting), während Zuschauer:innen in einem Theater auf ihren Plätzen sitzen und zuhören sollten (geschlossenes Setting).*

Die Offenheit bzw. Geschlossenheit des Behavioral Settings beeinflusst zudem, wie frei sich die Akteure, insbesondere Kunden, im Hinblick auf die Entscheidung fühlen, sich der Interaktion zu entziehen oder gar die Dienstleistungsumgebung zu verlassen, bevor der Service Co-Creation-Prozess abgeschlossen ist. Auf der Kundenseite kann dieser Wunsch vor allem dann entstehen, wenn der Kunde sich im Service Co-Creation-Prozess unwohl fühlt bzw. wenn dieser nicht seinen Erwartungen entspricht. Wird das Behavioral Setting in dieser Situation eher als geschlossen wahrgenommen, so wird das vorzeitige Beenden des Prozesses als Verletzung einer sozialen Norm verstanden, was den Kunden davon abhält, den Service Co-Creation-Prozess zu beenden. Dies wird als **social lock-in** bezeichnet (Fließ und Volkers 2020; Volkers 2021). *Beispielsweise wird es oft als unhöflich angesehen, eine Theateraufführung frühzeitig zu verlassen, obwohl dies rein theoretisch möglich wäre.* So zeigte Volkers (2021), dass Kunden eher eine nicht zufriedenstellende Situation aushalten, wenn die Service Co-Creation in einem geschlossenen Setting (z. B. Aufführung in einem Theater) stattfindet, und eher bereit sind, diese zu verlassen, wenn es sich um ein offenes Setting (z. B. Open-Air-Aufführung mit Laufpublikum) handelt.

Anbieter können durch die Gestaltung der Dienstleistungsumgebung (Kap. 10), aber auch durch die Auswahl der Akteure und die Etablierung der sozialen Normen Einfluss darauf nehmen, wie offen oder geschlossen ein Behavioral Setting von den Akteuren wahrgenommen wird. In dieser Hinsicht spielen insbesondere die wahrgenommene Ähnlichkeit der Anwesenden und die soziale Distanz eine Rolle.

9.3.3   Wahrgenommene Ähnlichkeit

Aus der Soziologie ist bekannt, dass Individuen es vorziehen, mit anderen sozialen Akteuren zu interagieren, die sie als ähnlich zu sich selbst wahrnehmen (Lazarsfeld und Merton 1954). **Wahrgenommene Ähnlichkeit**, auch **Homophilie** genannt (McPherson et al. 2001), hat folglich einen Einfluss darauf, ob und wie intensiv die Akteure miteinander im Service Co-Creation-Prozess interagieren (Line et al. 2012; Streukens und Andreassen 2013). Wahrgenommene Ähnlichkeit bezieht sich darauf, dass ein Akteur Eigenschaften in anderen Akteuren, einer einzelnen Person oder einer Gruppe von Menschen, erkennt, die er selbst auch hat (Oveis et al. 2010).

Auf den ersten Blick wird Ähnlichkeit über körperliche Merkmale (z. B. Größe, Gewicht, Körperstatur, Hautfarbe, Haarfarbe) durch Beobachtung wahrgenommen (Lichtenthal und Tellefsen 2001). Weitere äußere Merkmale, die erst in der Interaktion entdeckt werden können, sind Daten und Fakten (z. B. Geburtsdatum oder -ort, Name), in denen sich die Akteure gleichen (Jiang et al. 2010). Vor dem Hintergrund des sozialen Kontextes stellen aber vor allem soziale Merkmale – die äußere Erscheinung, der Kleidungsstil sowie die Sprache und das Verhalten (z. B. extrovertierte Personen) – den Vergleichsstandard für wahrgenommene Ähnlichkeit dar (Suls et al. 2002). Sie sind Ausdruck der Zugehörigkeit zum gleichen sozio-kulturellen Milieu, was die Grundlage für eine zielführende Interaktion insbesondere auf der Beziehungsebene bildet (Johnson und Grier 2013; Line und Hanks 2019; Paswan und Ganesh 2005).

Diese Eigenschaften stellen auf der sozialen Ebene Voraussetzungen für eine gelingende Interaktion dar und bedingen auch, ob die Akteure sich sympathisch sind. Ob **Sympathie** zwischen den Akteuren besteht, zeigt sich in ähnlicher Körperbewegung und Gestik (movement synchrony), Spiegeln der Körperhaltung (posture mirroring), Nachahmen von Gesichtsausdrücken (mimicry) oder dem Angleichen der Lautstärke und Tonlage (Altmann 2013, S. 3), weshalb dies auch als Chamäleon-Effekt bezeichnet wird (Chartrand und Bargh 1999). *Beispielsweise zeigten* Kaplan et al. (1983), *dass Blickkontakt zwischen Personen, die sich sympathisch sind, erfolgte, während Personen, die sich nicht sympathisch waren, den Blickkontakt vermieden.*

9.3.4 Soziale Distanz

Sympathie drückt sich auch darin aus, wie nah sich die Akteure gestatten, körperlich und mental (psychologisch) zu kommen. Dies ist Ausdruck der Beziehungsebene der Interaktion. *Eine Pflegekraft, die weit vom Bett entfernt eines/r Patient:in steht (körperliche Distanz), drückt im Vergleich zu einer Pflegekraft, die an das Bett herantritt, empfundene Distanz zwischen sich und dem/r Patient:in aus (psychologische Distanz).* **Menschliches Nähe-Distanz-Verhalten** (**human proxemic behavior**), d. h. die körperliche und psychologische Distanz zwischen Personen und in Gruppen (Firestone 1977; Kaplan 1977; Kaplan et al. 1983; Mehta 2020), drückt aus, in welcher Beziehung die Akteure zueinander stehen. Dadurch wird deutlich, welche **soziale Nähe bzw. Distanz** die Akteure einander zugestehen, was Auswirkungen auf die Interaktion und damit auf die soziale Erlebnisdimension hat (Rovai 2002). Hall (1963, 1966) unterscheidet vier Zonen der räumlichen Distanz, die das soziale Verhältnis der Akteure zueinander beschreiben:

- Die **öffentliche Distanzzone** (Abstand von mehr als 3 m zwischen den Akteuren) spiegelt Begegnungen im öffentlichen Raum (z. B. Bahnhofshalle, auf einem Marktplatz oder in Parks) wider, bei denen die Akteure nicht miteinander in Beziehung stehen. Beispielsweise stellen andere Kunden keine Interaktionspartner, sondern sind lediglich Teil der Dienstleistungsumgebung, das sog. Social Servicescape (Abschn. 10.1) dar. Die Akteure verwenden lediglich gleiche Räumlichkeiten (z. B. Flughafen), eine Interaktion ist aber nicht intendiert.
- Die **soziale Distanzzone** (1,2–3 m Abstand zwischen den Akteuren) ermöglicht es, dass Akteure miteinander auf Entfernung durch Kommunikation interagieren. Dabei sind die Akteure einander in der Regel unbekannt. Dies ist beispielsweise der Fall, wenn ein Kunde zum ersten Mal in Kontakt mit dem Kundenkontaktpersonal oder anderen Kunden tritt. In einigen Fällen kann der Abstand kürzer ausfallen, da Einrichtungsgegenstände (z. B. Bedienschalter und -tresen, Schreibtische) oder gar von Personen gehaltene und bewegte Gegenstände (z. B. ein in den Händen gehaltenes Tablett) als künstliche Barrieren zwischen ihnen und dem Gegenüber wahrgenommen werden. Derartige künstliche Barrieren schaffen gerade in beschränkten räumlichen Si-

tuationen eine Unterscheidung zwischen der sozialen und der persönlichen Distanzzone und sorgen so für hinreichend Distanz.

- Die Interaktion mit einzelnen Akteuren, z. B. ein Kundengespräch, findet meist in der
  persönlichen Distanzzone (0,6–1,2 m zwischen den Akteuren) statt. Der Abstand in
  der persönlichen Zone variiert in Abhängigkeit davon, wie vertraut die Interaktionspartner miteinander sind. Typischerweise ist der Abstand etwa eine Armlänge, um sich
  zu unterhalten und Gesten (z. B. Händeschütteln) auszutauschen. Diese Distanz wird
  auch eingenommen, um sich in einer kleinen Gruppe zu unterhalten. In der Regel begegnen sich Stammkunden und Kundenkontaktmitarbeiter in dieser Distanz.

- Gerade wenn Körperkontakt in der Interaktion bei körpernahen Dienstleistungen erforderlich ist, wird die **intime Distanzzone** (0–0,6 m zwischen den Interaktionspartnern) eingenommen. Hier ist die Vertrautheit der Akteure am größten. Entscheidend
  ist hier nicht nur die räumliche Distanz, sondern auch die Dauer, in der das Gegenüber
  gestattet, sich in der intimen Distanzzone aufzuhalten. Dieser Raum, besonders der
  15-cm-Abstand zum Gegenüber, ist wie eine private Luftblase.

Im Verlauf des Service Co-Creation-Prozesses können diese Abstände variieren. So ist bei
einander unbekannten Akteuren davon auszugehen, dass zunächst die öffentliche oder soziale Distanzzone eingenommen wird. Sind die räumlichen Gegebenheiten eingeschränkt,
werden durch Objekte künstliche räumliche Barrieren errichtet (z. B. Sitzreihen im Theater), um die Distanzzonen zu wahren. Für zielführende, wertgenerierende Interaktionen
zwischen Kunden ist somit ein angemessenes Nähe-Distanz-Verhältnis sinnvoll, das je
nach Intensität der Interaktion variieren kann. Für eine Gruppentherapie ist Nähe bis zu
einem gewissen Grad erforderlich, darf aber nur punktuell die persönliche Distanzzone
überschreiten. Hier wird in der Regel das Distanzverhältnis im Zeitverlauf enger.

Welche Distanzzone eingenommen wird und wann eine Verletzung dieses Abstands
zwischen Personen erfolgt, wird durch soziale Normen (Abschn. 9.3.1), die im jeweiligen
kulturellen Kontext gelten, bestimmt. Das Nähe-Distanz-Verhältnis ist auch dadurch bestimmt, wie sympathisch sich die Akteure sind. Akteure, die einander sympathisch finden,
distanzieren sich weniger voneinander als einander Unsympathische. Problematisch ist,
wenn ein Akteur eine engere Distanz wählt, als der andere als angenehm empfindet, und
so den Status der Beziehung missinterpretiert. Zu einer solchen Situation tragen auch
unterschiedliche soziale und kulturelle Prägungen bei (Sorokowska et al. 2017). *Franzo-
sen grüßen einander beispielsweise mit einem (angedeuteten) Wangenkuss (intime
Distanzzone, 15 cm), während es in Deutschland üblich ist, sich die ausgestreckte Hand zu
reichen (persönliche Distanzzone) oder gar ohne Berührung – nur durch ein „Hallo" und
Winken – zu grüßen (soziale Distanzzone).*
Im Kontext von Service Co-Creation-Prozessen, bei denen es auf die Interaktion zwischen Kunden ankommt (z. B. Sprachkurs), müssen daher kompatible Akteure, d. h. einander sympathische Akteure, zusammengebracht werden. Dies bedeutet beispielsweise
für persönlich-interaktive Prozesse (z. B. Therapie), dass durch Sympathie Vertrauen zwischen Kunde und Kundenkontaktmitarbeiter geschaffen werden kann, sodass die Distanz

zwischen den Interaktionspartnern im Interaktionsverlauf verringert werden kann. Bei körperbezogenen Dienstleistungen (z. B. Massage) finden Körperberührungen statt, sodass der Kundenkontaktmitarbeiter sich zeitweise in der intimen Distanzzone des Kunden aufhält. Dies wird durch das für diese Dienstleistung relevante Behavioral Setting (Abschn. 9.3.2) geregelt. Indem der Kunde sich entschieden hat, diese Dienstleistung in Anspruch zu nehmen, hat er dem in der Situation geltenden Behavioral Setting zugestimmt. Der entstandene social lock-in sorgt dafür, dass Kunde und/oder Kundenkontaktpersonal die körperliche Nähe als unbehaglich empfinden. Durch Vermeidungsrituale (z. B. nicht direkt in die Augen sehen oder das Gegenüber nicht mit dem Namen anreden) wird soziale Distanz geschaffen, die einen Ausgleich zur körperlichen Nähe schafft (Goffman 1986, S. 70–77).

9.4   Kommunikation in der sozialen Interaktion

Im Rahmen der sozialen Interaktion kommt der Kommunikation besondere Bedeutung zu (Nerdinger 2019b, S. 64). Sie ermöglicht den wechselseitigen Bezug der Aktivitäten unterschiedlicher Akteure aufeinander. **Kommunikation** ist die Übermittlung bzw. der Austausch von Informationen (Graumann 1972). Sie erfolgt auf einer Inhalts- oder Sachebene und einer Beziehungsebene, die nicht voneinander getrennt werden können (Watzlawick et al. 2011, S. 62).

- Die **Inhaltsebene** vermittelt objektiv Inhalte bzw. Fakten – also das Was. *Der Friseur:intermin, die Haarfarbe und Kosten eines Haarschnitts oder die Bezeichnung eines Gerichts und dessen Zubereitungsdauer stellen Informationen auf der Inhaltsebene dar.*
- Auf der **Beziehungsebene** wird vermittelt, wie die übermittelten Informationen zu interpretieren, also zu verstehen, sind. Das Sprichwort „Der Ton macht die Musik" spiegelt dies wider. Die Beziehungsebene beeinflusst also auch den faktischen Inhalt einer Information. Über die Beziehungsebene wird somit beispielsweise Ironie erst erkennbar. Sie transportiert auch Emotionen. Inhalts- und Beziehungsebene beschränken sich nicht nur auf die mündliche Kommunikation im Gespräch, sondern beziehen sich auch auf die Textform (z. B. in Briefen, Chats, Foren, E-Mails). Stilmittel wie Satzbau und Wortwahl beeinflussen die Aufnahme durch den Leser. *„ZAHLUNGSERINNERUNG!!!" als Betreff eines Mahnschreibens ist ein Beispiel dafür, wie die Beziehungsebene die Lesart der Inhaltsebene (Mahnung) beeinflusst.* Gerade bei schwierigen, emotionsgeladenen Themen (z. B. Beschwerden) wird die Bedeutung der Beziehungsebene deutlich und sie wirkt sich auf die Verständigung der Interaktionspartner aus.

Dies setzt beim Kundenkontaktpersonal unterschiedliche Fähigkeiten voraus, die zum Teil durch Training erlernt werden können, zum Teil aber auch in der Persönlichkeit begründet sind (Hurley 1998; Licata et al. 2003). Aber auch die organisationalen Rahmenbedingungen des Anbieters – z. B. Empowerment der Mitarbeitenden (Abschn. 13.3.2) – müssen dafür gegeben sein (Wilder et al. 2014).

Im Rahmen der Kommunikation enkodiert ein Sender (vgl. Selbst im Aushandlungsprozess; Abschn. 7.2) eine Information, d. h., er übersetzt seine Gedanken in eine Nachricht auf der Sach- und Beziehungsebene. Diese Nachricht wird über einen Kommunikationskanal (z. B. Gespräch, Brief, E-Mail, SMS) an einen Empfänger (vgl. Alter) übermittelt und von ihm dekodiert, d. h., die eingehenden Informationen von ihm auf der Sach- und Beziehungsebene interpretiert (Shannon und Weaver 1976, S. 16). Bei diesem Prozess der Enkodierung, Übermittlung und Dekodierung können Störungen auftreten, die die Eindeutigkeit der Nachricht beeinträchtigen. Zu den Störquellen zählen Wahrnehmungsverzerrungen, sprachliche Barrieren oder kulturelle Unterschiede (Nerdinger 2019b, S. 70; Stauss und Mang 1999, S. 332). *So haben bestimmte Gesten – z. B. das OK-Zeichen (zum Kreis geformter Zeigefinger und Daumen bei ausgestreckten Fingern – in den verschiedenen Kulturen unterschiedliche Bedeutungen: Während diese Geste in weiten Teilen Europas und den USA meist als „in Ordnung" oder „bestens" verstanden wird, bedeutet sie in Frankreich und Belgien „null" oder „nutzlos", in vielen Teilen Südeuropas, Südamerikas, im Nahen Osten sowie in Russland wird die Geste sogar als Beschimpfung gegenüber Homosexuellen verstanden.*

Kommunikation lässt sich in aufgabenbezogene und rituelle Kommunikation unterscheiden (Nerdinger 1998, S. 1180):

- **Aufgabenbezogene Kommunikation** richtet sich auf die aufgabenbezogene Ebene der Interaktion, die dazu dient, Informationen auszutauschen, die dazu notwendig sind instrumentellen Wert zu generieren (Abschn. 1.2.1). Dabei handelt es sich um **steuernde Prozessinformationen**, die für die korrekte Ausführung der Aktivitäten relevant sind (Kleinaltenkamp 1997, S. 90; Möller 2004, S. 151). *So teilen Friseur:innen etwa den Kund:innen mit, wann sie den Kopf drehen, neigen oder ruhig halten oder wann sie zum Waschbecken gehen sollen. Die Kund:innen äußern Wünsche über den Haarschnitt, die Länge und ggf. Haarfarbe.* Die aufgabenbezogenen Kommunikationsaktivitäten, die sich auf den Austausch von steuernden Prozessinformationen beziehen, stellen obligatorische Aktivitäten dar, da ohne sie keine Service Co-Creation stattfinden kann. Das bedeutet, dass durch Kommunikation konfligierende Vorstellungen (Erwartungen) von Kunde und Anbieter bezüglich der Zielsetzung des Service Co-Creation-Prozesses gemindert werden können und Ziele sowie für die Zielerreichung relevante Elemente des Service-Skripts aufeinander abgestimmt werden können. Aufgabenbezogene Kommunikation variiert je nach Komplexität des Service-Skripts (Meyer 1996, S. 84). *Während der/die Service-Mitarbeiter:in in einer Autowerkstatt eher standardisiert kommuniziert, um beispielsweise den Reparaturtermin und die Fahrzeugannahme mit dem/der Kund:in abzustimmen, muss der/die Mechaniker:in oder gar der/die Werkstattmeister:in komplexere Sachverhalte, wie den Schaden oder Reparaturbedarf an einem Fahrzeug, gegenüber dem/der Kund:in vermitteln.* In Bezug auf die Kunden-Kunden-Interaktion kommunizieren Kunden untereinander, um gemeinsam eine Aufgabe zu erledigen (Colm et al. 2017). *Ein:e Studierende:r bearbeitet zusammen mit Kommiliton:innen eine Aufgabe.*

- **Rituelle Kommunikation** beinhaltet den Austausch **nicht steuernder Prozessinformationen**. Sie ist dazu da, im Sinne der beziehungsorientierten Ebene der Interaktion den Service Co-Creation-Prozess zu unterstützen. Es handelt sich dabei um freiwillige (Kommunikations-)Aktivitäten, die aber für die Etablierung und Aufrechterhaltung der Interaktion von Bedeutung sind und damit erst die aufgabenbezogene Kommunikation ermöglichen. Rituelle Kommunikation wird oft auch als Small Talk bezeichnet, der als unbeabsichtigter Wert zur Wertgenerierung des Kunden beitragen kann (Abschn. 1.2.1). *Erfährt der/die Kund:in beim Friseur den neusten Klatsch und Tratsch aus dem Ort, so kann dies für ihn/sie von Wert sein, da diese Information für ihn/sie persönlich oder in einer anderen Interaktion, z. B. beim nächsten Kaffeetrinken, relevant ist.* Auch unter Kunden ist rituelle Kommunikation von Bedeutung. *Bei einer Konferenz stellt der Begrüßungsempfang, bei dem die Teilnehmer:innen sich an Stehtischen mit einem Getränk und Häppchen über Herkunft und Beruf unterhalten ein solches Ritual dar.*

Im Rahmen ritueller Kommunikation werden häufig **Interaktionsrituale** (Goffman 1986) eingesetzt, die auf sozialen Normen (Abschn. 9.3.1) gründen. Sie geben den Akteuren Orientierung, wie sie sich einander gegenüber verhalten sollen und welches Verhalten sie vom Gegenüber erwarten können (Goffman 1998). Sie bilden, so Goffman (1982, S. 119), die „Klammern für eine Vielfalt von gemeinsamen Aktivitäten", sorgen so dafür, dass sich die Akteure in der Interaktion wohl fühlen, und helfen den Akteuren dabei, das Service-Skript zu initiieren und zielführend fortzuführen. *In einem Wiener Edelrestaurant wird die Dame mit angedeutetem Handkuss, der Herr mit einer Verneigung begrüßt, bevor sie an ihren Tisch geleitet werden (Zugänglichkeitsritual der Begrüßung, vgl. Goffman 1982, S. 111).*

Neben der verbalen, d. h. der mündlichen und schriftlichen, Kommunikation wird auch über nonverbale Kommunikation, d. h. Körpersprache, Gestik und Mimik, Information vermittelt (Nerdinger 2019b, S. 67; Yule 2014).

▶ **Verbale Kommunikation** Mündliche oder schriftliche Übermittlung von Informationen von einem Sender an eine oder mehrere Personen, die diese akustisch (mündliche Kommunikation) oder visuell (schriftliche Kommunikation) empfängt.

▶ **Nonverbale Kommunikation** Übermittlung von Informationen durch Körperhaltung, Gestik und Mimik von einem Sender an eine oder mehrere Empfängerpersonen.

9.4.1 Verbale Kommunikation: Sprache und Sprachstil

Verbale Kommunikation bildet zusammen mit den Handlungen der Akteure den Playtext für die Service Experience (Abschn. 6.2.3.2). Dazu wird Sprache genutzt, die ein zentrales Element der Interaktion im Service Co-Creation-Prozess darstellt (Holmqvist et al. 2017; Holmqvist und Grönroos 2012).

Im Service Co-Creation-Prozess hat Sprache folgende Funktionen (Krappmann 1987, S. 12–13):

- Sprache dient als Problemlösungsinstrument und vermittelt auf der Inhaltsebene der Kommunikation. Dies entspricht der aufgabenbezogenen Kommunikation.
- Sprache übersetzt und vermittelt die Erwartungen der beteiligten Akteure; sie ist Mittel der Selbstdarstellung und des Altercasting und trägt somit zur Klärung der Beziehungsebene der Kommunikation bei. Dies entspricht der rituellen Kommunikation.
- Sprache gibt sogenannte Überschussinformationen weiter, d. h., sie ist nicht nur Medium der Erwiderung, sondern kennzeichnet gleichzeitig die Einstellung des Empfängers zum Inhalt einer erhaltenen Mitteilung auf der Beziehungsebene. Auch dies entspricht der rituellen Kommunikation.

Oft wird Sprache im Zusammenhang mit dem Service Co-Creation-Prozess in Bezug auf die Interaktion von Menschen aus unterschiedlichen Ländern und Kulturen und die daraus resultierenden Sprachbarrieren und Missverständnisse betrachtet (Kenesei und Stier 2017; Zolfagharian et al. 2018). Sprache kann auch Quelle von empfundener Diskriminierung sein (Malik und Paswan 2023). Dies verdeutlicht, dass Sprache für die Service Experience eine zentrale Rolle spielt. Vor dem Hintergrund des sozialen Kontexts der Akteure stellen der Sprachstil und die gewählte Sprache daher zentrale Entscheidungen dar, die sich auf die Service Experience auswirken (Kraak und Holmqvist 2017).

Dabei legt der gewählte **Sprachstil (language or speech style)** fest, wie sich die Akteure selbst darstellen und welche Ebene der Kommunikation – die Sach- oder Beziehungsebene – im Vordergrund steht: Ein wörtlicher Sprachstil verwendet Wörter entsprechend ihrer konventionell akzeptierten Bedeutungen (Sachebene), während ein bildhafter (figurativer) Sprachstil Wörter mittels rhetorischer Mittel anders als üblich verwendet, um die Komplexität der Bedeutung zu reduzieren oder eine Bedeutung zu betonen. *Das Hotel ist schöner als in tausend und einer Nacht. Die Aussicht wird Sie umhauen. Sie werden verwöhnt, als wäre es das Paradies auf Erden.* Choi et al. (2019) konnten zeigen, dass sowohl Mitarbeitende als auch Roboter, die einen wörtlichen Sprachstil (statt eines bildhaften Stils) verwenden, für den Kunden glaubhafter erscheinen und die Kunden daher die Interaktion positiver bewerteten.

Der **Akzent** oder **Dialekt** einer Person ist eine Sprachmodalität, die leicht zu erkennen ist. Das führt dazu, dass sich Menschen eher auf den Akzent als auf das Aussehen verlassen, um Rückschlüsse auf die ethnische Herkunft des Gegenübers zu ziehen (Rakić et al. 2011). Der Akzent nimmt Einfluss darauf, inwieweit jemand mit einem Akzent als glaubwürdig angesehen wird (Tombs und Rao Hill 2014). *So gab eine Kundin zu, dass sie den Anruf ihrer Bank nicht für echt hielt, weil der Mitarbeiter am Telefon einen Akzent hatte* (Rao Hill und Tombs 2011, S. 658). Der Akzent stellt ein Signal dar, wie kulturell ähnlich oder unähnlich sich die Akteure sind, und bestimmt somit, wie wohl man sich dabei fühlt, mit dem Gegenüber zu interagieren (Sharma et al. 2009). Akzente triggern also kulturelle Stereotype (Rao Hill und Tombs 2011) und bestimmen, ob man dem Gegenüber eher aufgeschlossen oder ablehnend gegenübersteht (Cuddy et al. 2008). Damit beeinflusst der Akzent vornehmlich die Beziehungsebene der Kommunikation und wirkt sich auf der sozialen Ebene der Interaktion aus. Der Akzent kann Teil der Rolle sein, sodass er zur Service Experience beiträgt, wobei die Authentizität von Bedeutung ist (Bourdin et al. 2023). *Ein:e gebürtige:r Schwabe/Schwäbin, der/die als Bedienung in einem italienischen Restaurant arbeitet und versucht einen italienischen Akzent zu imitieren, unterstützt möglicherweise nicht den Metatext „Cucina della nonna" (Omas Küche) der Service Experience.*

Neben Sprachstil und Dialekt stellt auch die tatsächliche Wahl der Sprache ein entscheidendes Kriterium für das Gelingen der Interaktion dar (Holmqvist und van Vaerenbergh 2013; Sparks und Callan 1992; Zolfagharian et al. 2018). Für die Sprachwahl ist entscheidend, welche Sprache der Kunde spricht (Callahan 2005). Entsprechend sollte der Anbieter eine Sprache wählen, die der Kunde möglichst ohne Missverständnisse versteht. Dies ist in der Regel die **Muttersprache** (z. B. Deutsch in Deutschland, Österreich und der Schweiz) des Kunden. Ist dies nicht möglich, sollte auf eine bekannte **Verkehrssprache** (z. B. Englisch als erste Fremdsprache, die in vielen Ländern als Amtssprache genutzt wird) ausgewichen werden. Dies betrifft auch die geschriebene Sprache – z. B. Kundenpost und -mails sowie Beschilderungen und Informationstafeln – neben der gesprochenen Sprache (Touchstone et al. 2017).

Die Sprachwahl inklusive des Sprachstils und Dialektes wirkt sich einerseits auf der aufgabenbezogenen Ebene der Interaktion aus, sodass die Verständigung zwischen den Akteuren überhaupt erst möglich ist. Andererseits können gerade Akzente dazu führen, dass die Akteure sich nicht oder zumindest nicht richtig verstehen, sodass es zu Service Failure kommen kann (Rao Hill und Tombs 2022). Auf der beziehungsorientierten Ebene schafft Sprache Verbundenheit, sofern über die Sprache ein (kulturell-ethnisches) Zusammengehörigkeitsgefühl (soziale Erlebnisdimension) geschaffen werden kann. *Der/die deutsch sprechende Taxifahrer:in mit osteuropäischem Akzent wird von einem Fahrgast mit dem gleichen kulturellen Hintergrund als freundlich empfunden. Der Fahrgast kommt ins Gespräch und stellt Fragen zu Herkunft und Lebensgeschichte des/der Taxifahrer:in.* Andererseits kann Sprache, insbesondere ein Akzent, auch ausgrenzend wirken, da sie beim Gegenüber Stereotype weckt, denen entweder auf das Gegenüber oder auf die eigene Person bezogen ablehnend begegnet wird.

Das Ziel der Wahl einer geeigneten Sprache und eines angemessenen Sprachstils ist, die Kommunikation für die Akteure verständlich zu machen, damit Interaktion gelingt sowie Akteure nicht diskriminiert und so von der zielführenden Wertgenerierung im Service Co-Creation-Prozess ausschließt (Holmqvist und Grönroos 2012). Daher ist es für viele Service Co-Creation-Prozesse wichtig, die Wahl der Sprache und des Sprachstils im Service-Skript festzulegen. Neben den sprachlichen und kommunikativen Fähigkeiten der Akteure (vgl. Interaktivität; Abschn. 8.2.2) als Voraussetzung stellt auch die grundsätzliche Ausgestaltung des instrumentellen und dramatischen Service-Skripts den Ausgangspunkt für die Kommunikation dar. So sind in einigen Unternehmen, wie beispielsweise bei Starbucks oder IKEA, Sprache und Sprachstil – die Corporate Language oder der

Corporate Code (Dunkl 2015) – Teil des Erlebnisses. Dies kann sogar so weit gehen, dass ganze Kommunikationsverläufe als sog. **Kommunikationsskripte (communication scripts)** – die Art und Weise der Kommunikation im Anbieterskript – vorgegeben werden (Chan und Chandra-Sagaran 2019; Schau et al. 2009; Victorino et al. 2013). Abhängig ist dies einerseits davon, in welchem Maß das Service-Skript auf hedonistische Aspekte der Service Experience abzielt. Steht dies im Vordergrund, so kann durch bildhafte Sprache (z. B. Begrüßung der Gäste in einem orientalisch gestalteten Hotel mit den Worten „Sie werden sich fühlen wie in tausend und einer Nacht") oder Dialekte (z. B. ein mit arabischem Akzent sprechender Barbier bei der Bartrasur) ein dramaturgisch kohärentes Erlebnis entstehen. Grundsätzlich ist der Grad, in dem Kommunikation standardisiert wird, ob ein Kommunikationsskript im Detail vorgegeben oder weitgehend dem Kontaktpersonal überlassen ist, davon abhängig, wie starr oder weich das Service-Skript überhaupt ist. Die Ausprägung der Kommunikation kann aber in unterschiedlichen Episoden des Service-Skripts variieren (Fließ et al. 2003). Folgt der Prozess einem standardisierten, anbietergeprägten Service-Skript, so empfiehlt sich auch standardisierte Kommunikation, um effizient mit dem Kunden zu kommunizieren. Dies ist möglich, da wenige steuernde Prozessinformationen seitens des Kunden erforderlich sind. Die Kommunikation bezieht sich im Wesentlichen auf die aufgabenbezogene Ebene der Interaktion, was von Holme (1991, S. 145–147) als „Leistungsorientierte Käuferansprache" bezeichnet wird. Handelt es sich um einen Service Co-Creation-Prozess, der in der Lösung eines Kundenproblems liegt (vgl. Wertshop; Abschn. 1.2.2), so kommt es im Wesentlichen darauf an, dass das Kundenkontaktpersonal auf den Kunden im Dialog eingehen kann (Fließ et al. 2003, S. 45). Holme (1991, S. 152–154) bezeichnet dies als „Wirkungsorientierte, problemlösungsorientierte Käuferansprache", um steuernde Prozessinformationen vonseiten des Kunden zu erhalten. Dies bedeutet aber nicht unweigerlich, dass es keinerlei Kommunikationsskripte geben kann. Möglich sind Kommunikationsformen in der Begrüßung (z. B. „Firma XY, mein Name ist …, guten Tag, was kann ich für Sie tun?") oder auch eine standardisierte Beschwerdebearbeitung anhand vorformulierter Textbausteine oder Leitfragen, die es ermöglichen Beschwerden strukturiert zu erfassen. Insgesamt kann im Verlauf des Service Co-Creation-Prozesses die Kommunikation zwischen standardisiert und dialogisch ausgestalteter Kommunikation variieren. Das ist abhängig davon, in welchem Umfang – bezogen auf die funktionale Ebene der Service Experience – steuernde Prozessinformationen notwendig sind und die Kommunikation auf der dramatischen Ebene der Service Experience von zentraler Bedeutung ist.

9.4.2 Nonverbale Elemente der Kommunikation

Nonverbale Kommunikation ist im weitesten Sinne Kommunikation, die über das geschriebene oder gesprochene Wort hinausgeht. Ihr Schwerpunkt liegt, anders als bei der Sprache, nicht auf der Vermittlung von Inhalten (Sachebene), sondern auf deren Interpretation auf der Beziehungsebene. Damit unterstützt sie, den Subtext der Service Experience in Bezug auf die Interaktion zu vermitteln, um das Gesagte zu interpretieren. Zusammen mit verbaler Kommunikation (Sprache) eingesetzt, erlauben nonverbale Cues den Gesprächspartnern, Missverständnisse zu vermeiden und das Gesagte eindeutiger zu verstehen. Sie können aber auch fehlinterpretiert (Cahn und Frey 1992) oder gar als Täuschung verwendet werden (Vrij et al. 2019).

Nonverbale Kommunikation umfasst eine Reihe von Aspekten der Körpersprache wie Gesichtsausdruck, Blickkontakt, Körperhaltung, Gestik und Berührungen. Hinzu kommt eine Reihe von Modalitäten wie Betonung, Lautstärke und Intonation, die mit der Sprache selbst zusammenhängen (Gabbott und Hogg 2001, S. 6; Sundaram und Webster 2000, S. 380). Diese **nonverbalen Cues** können in fünf Bereiche eingeteilt werden (Gabbott und Hogg 2001; Sundaram und Webster 2000), die in Tab. 9.1 zusammengefasst werden.

Beispielsweise gibt die Gestik, die eine Äußerung oder eine längere Rede begleitet, Aufschluss über den emotionalen Zustand des Kommunizierenden (Dael et al. 2012). *Spielt er/sie beispielsweise mit Gegenständen oder gestikuliert sehr heftig, zeigt dieses Verhalten seine/ihre Nervosität. Viele Handbewegungen deuten aber auch auf Enthusiasmus, einen dominierende:n Partner:in oder darauf, dass das Gegenüber über seinen Eindruck nur wenig besorgt ist.* Welche Bedeutung den hier isoliert betrachteten Cues zukommt, ergibt sich erst aus ihrem Zusammenspiel. So kann häufiger Blickkontakt beispielsweise Unsicherheit, aber auch persönliches Engagement signalisieren. In Kombination verändern nonverbale Cues die Bedeutung des Inhalts von Kommunikation. So wird durch andersartige Betonung beispielsweise Ironie deutlich, Gesichtsausdruck und Blick – sogenannte Mikroexpressionen – geben Aufschluss darüber, wie sich eine Person fühlt und ob sie ggf. lügt (Porter und ten Brinke 2008). Anders als das gesprochene Wort ist nonverbale Kommunikation konstant und wird über eine Vielzahl von Cues gesendet und empfangen. Weiterhin spielen persönliche, situative und soziale Faktoren wie Persönlichkeitsmerkmale, das Geschlecht und der kulturelle Hintergrund eine Rolle bei der Nutzung und Interpretation von Gestik (Ekman und Friesen 1972).

Im Rahmen der Kommunikation erfüllen nonverbale Cues vier verschiedene Aufgaben für den Sender (Scherer 1979, S. 26–28): (1) **Substitution** (Ersetzen sprachlicher Äußerungen, z. B. Kopfnicken statt „ja" zu sagen), (2) **Amplifikation** (Betonung und Verdeutlichung von Gesagtem, z. B. durch Unterstreichen des Gesagten mit einer Handbewegung), (3) **Kontradiktion** (Widerspruch zwischen dem Gesagten und der eigenen Meinung ver-

Tab. 9.1 Nonverbale Cues

Bereich	Nonverbale Cues
Sprachmodalitäten/Parasprache (para-language, vocalics)	Tonhöhe, Betonung, Lautstärke, Klangfarbe, Tempo, Rhythmus, Intensität
Körperhaltung und -bewegung (kinesics)	Gesichtsausdruck, Mimik, Körperhaltung, Gestik
Blickkontakt (oculesics)	Blick, Augenbewegung
Berührungen (touch)	Art und Intensität der Berührung

deutlichen, z. B. Kopfschütteln oder Zurückweichen) und (4) **Modifikation** (Abschwächen der Bedeutung des Gesagten, z. B. verbale Ablehnung eines angebotenen Kaffees begleitet von einem Lächeln). Amplifikation, Kontradiktion und Modifikation erfolgen zum einen durch Sprachmodalitäten wie die Veränderung des Sprechtempos und -rhythmus, Nutzung von Pausen oder Betonungen. Zum anderen kann aber auch durch Gestik, Mimik und Körperhaltung die Aussage einer Nachricht verändern werden. An der nonverbalen Kommunikation des Empfängers lässt sich die Wirkung nonverbaler Cues ablesen (Scherer 1979, S. 32). So werden **Aufmerksamkeit** beispielsweise durch Blickkontakt, **Verständnis** des Gesagten durch Kopfnicken (bzw. Nicht-Verstehen durch Stirnrunzeln) und **Zustimmung** durch Nicken (bzw. Ablehnung durch Kopfschütteln oder Gleichgültigkeit durch Schulterzucken) bekundet. Sie erfüllt damit eine Feedbackfunktion, die für das Aufrechterhalten der Interaktion sorgt.

Neben der Kommunikation stellen Emotionen ein weiteres Gestaltungsmittel der Interaktion dar, um die Service Experience zu beeinflussen und das Sensemaking zu unterstützen.

9.5   Emotionen in der sozialen Interaktion

Affekte treten als **Stimmungen** auf, die die Akteure bereits in den Service Co-Creation-Prozess mitbringen, und als **Emotionen**, die während dieses Prozesses entstehen (zur Unterscheidung vgl. Abschn. 6.1.1). Die Stimmung eines Akteurs, mit der er in den Prozess kommt, beeinflusst die Emotionen im Prozess (Fließ et al. 2014). *Eine Studie mit 352 Kunden-Mitarbeiter-Dyaden in 169 Schuhgeschäften Taiwans zeigte, dass die positive Stimmung eines/einer Kund:in, bevor er/sie das Geschäft betrat, einen hohen Einfluss auf seine/ihre positive Stimmung während seines/ihres Aufenthaltes im Geschäft hatte und auch die wahrgenommene Freundlichkeit der Mitarbeiter:innen positiv beeinflusste* (vgl. ähnlich Liu et al. 2019; Tsai und Huang 2002).

Stimmungen und Emotionen beeinflussen in psychologischer Hinsicht die Wahrnehmung (sensorische Erlebnisdimension) und Bewertung (kognitive und affektive Erlebnisdimension) von Situationen, Sachverhalten und Personen, die Art und Weise, wie Informationen verarbeitet werden (Gedächtnis, Lernen) sowie die Durchführung von Aufgaben (Werth et al. 2020, S. 98), wie etwa die Aktivitäten (physische Erlebnisdimension), die im Rahmen der Service Co-Creation vom Kunden übernommen werden. Schließlich regulieren Emotionen die Interaktion (soziale Erlebnisdimension) zwischen Personen (Hareli und Rafaeli 2008; Scherer 2003, S. 174). Emotionen nehmen damit direkten Einfluss auf die Service Experience des Kunden.

Emotionen werden über Trigger-Ereignisse (auch Trigger-Events) ausgelöst (Weiss und Cropanzano 1996). Sie können sowohl interner – Erinnerungen oder Gedanken des Akteurs (z. B. die Erinnerung an den Urlaub oder an eine unfreundliche Bedienung) – als auch externer – Cues aus der Umgebung (z. B. Auftritt einer Musikgruppe in der Shoppingmall oder sich streitende Menschen) – Natur sein.

Emotionen haben nicht nur eine Wirkung auf den Akteur, der sie empfindet, sie können auch auf andere Akteure übergreifen, wenn sie ausgedrückt werden. Dieser Vorgang vollzieht sich analog zum Aushandlungsprozess von Rollen (Abschn. 7.2) in kognitiven und expressiven Prozessen der Akteure (van Kleef 2009). Insgesamt dienen expressive und kognitive Prozesse dazu, die Emotionen des Interaktionspartners zu erfassen und zu entschlüsseln, sein Verhalten zu prognostizieren sowie das eigene Verhalten darauf abzustimmen, die Emotionen des Interaktionspartners und darüber auch dessen Verhalten zu beeinflussen (Wang und Groth 2014).

Durch Kommunikation (Pugh 2001; Abschn. 9.4) drückt Selbst positive Emotionen (z. B. Lächeln, höfliche und freundliche Wortwahl, kontrolliertes Sprechtempo und Tonhöhe) oder negative Emotionen (z. B. finstere Mimik, laute Stimme, ausfallende Wortwahl) aus (expressiver Prozess). Emotionen werden dabei über mehr als einen verbalen und nonverbalen Ausdruck geäußert (z. B. Tonfall und Körperhaltung oder Wortwahl und Tonfall). Auch die Beobachtung von Verhalten oder Emotionen führt zu Reaktionen bei dem oder den Beobachtenden, die ebenfalls mit Emotionen (*Ärger über den/die sich unhöflich verhaltende:n Kund:in, Scham*) reagieren können (Hareli und Rafaeli 2008). Alter versucht nun, den emotionalen Ausdruck von Selbst im Hinblick auf den Umgang miteinander im Rahmen der Interaktion zu interpretieren (kognitiver Prozess; van Kleef 2009). Gleichzeitig wird durch den Emotionsausdruck von Selbst bei Alter ein affektiver Verarbeitungsprozess angestoßen (van Kleef 2009): In der Interaktion werden automatisch nonverbale Cues imitiert. Die Imitation des emotionalen Ausdrucks von Selbst führt bei Alter zu einer Rückmeldung aus dem Körper an das Gehirn (vgl. Embodiment-Perspektive; Abschn. 6.1.2), deren Bewertung das entsprechende Gefühl auslöst (mimicry, Werth et al. 2020, S. 122). Darüber hinaus synchronisieren Personen ihren eigenen Ausdruck mit dem der anderen Person, z. B. reagiert Alter auf ein Lächeln von Selbst ebenfalls mit einem Lächeln oder Alter passt sein Sprechtempo dem Tempo seines Gesprächspartners an (feedback; Hatfield et al. 1993). Dieser Prozess der Imitation und Synchronisation wird als **emotionale Ansteckung (emotional contagion)** bezeichnet (Hatfield et al. 2014).

▶ **Emotionale Ansteckung (emotional contagion)** Die Tendenz, automatisch Gesichtsausdrücke, Sprechweisen, Körperhaltungen und Bewegungen einer anderen Person nachzuahmen (mimicry) und den eigenen Gesichtsausdruck, die eigene Sprechweise, Körperhaltung und Bewegungen mit denen einer anderen Person zu synchronisieren (feedback) und daraus folgend sich emotional anzunähern.

Die richtige Interpretation von Gesichtsausdrücken sowie die emotionale Ansteckung sind dabei unabhängig von Kultur, Geschlecht und Ähnlichkeit der Personen, gleicher oder unterschiedlicher Gruppenmitgliedschaft oder einem bestehenden Gefühl der Verbundenheit (Hatfield et al. 2014).

Alter wiederum äußert seine Emotionen gegenüber Selbst in einem expressiven Prozess, worauf Selbst wiederum mit kognitiven und affektiven Prozessen reagiert, die er wiederum gegenüber Alter ausdrückt. Diese Abfolge von Nachahmung (mimicry) und Reaktion (feedback) führt zu einem positiven oder negativen **Emotionszyklus** (Hareli und Rafaeli 2008; Liu et al. 2019). *Ein Beispiel für einen negativen Emotionszyklus ist etwa* *das Hochschaukeln der Emotionen zwischen einem/einer Kund:in, der/die sich in lauter und aggressiver Weise über das Verhalten eines/einer Mitarbeiter:in beschwert. Diese:r rechtfertigt sich erst mit leiser, dann mit zunehmend lauterer Stimme, worauf Kund:in und Mitarbeiter:in immer ausfallender werden, bis der Streit eskaliert.* Die Interaktionspartner können aber auch mit unterschiedlichen Emotionen aufeinander reagieren und dadurch die oben beschriebene Emotionsspirale durchbrechen. *So kann der/die Mitarbeiter:in auf den sich beschwerenden Gast (negative Emotion) bewusst mit leiser Stimme, ruhigem Gesichtsausdruck und offener Körperhaltung reagieren, um diesen zu beschwichtigen (positive Emotion).* Dieser kann sich durch Beobachtung und emotionale Ansteckung auf ganze Gruppen ausdehnen (Hareli und Rafaeli 2008).

Gerade bei negativen Emotionszyklen führt konvergentes Verhalten – die Akteure reagieren mit dem Ausdruck der gleichen Emotionen (beide zeigen Ärger) – zu negativer Service Experience. Daher stellt divergentes Verhalten – Selbst drückt abweichende Emotionen gegenüber Alter aus (*Ärger trifft auf Freundlichkeit*) – einen Weg dar, um die Abwärtsspirale des negativen Emotionszyklus zu unterbrechen. Vor diesem Hintergrund ist es nicht verwunderlich, dass „Service with a Smile" zu einem Postulat in Dienstleistungsinteraktionen geworden ist (Hennig-Thurau et al. 2006). Mitarbeiter, die lächeln, versetzen ihre Kunden in eine positive Stimmung, die es wiederum erleichtert, den Service Co-Creation-Prozess erfolgreich abzuschließen und dem Kunden ein positives Dienstleistungserlebnis zu vermitteln (Hennig-Thurau et al. 2006). Konvergentes Verhalten seitens des Kundenkontaktpersonals erfordert allerdings, etwaige negative Emotionen, die aus der Interaktion mit Kunden entstehen (expressiver Prozess) kognitiv und affektiv zu verarbeiten, um dann mit divergentem Verhalten auf den Emotionsausdruck zu reagieren und durch emotionale Ansteckung positiven Einfluss auf den oder die Kunden und seine Experience zu nehmen. Dies wird unter dem Aspekt der Emotionsarbeit (emotional labor, Abschn. 14.1.1) behandelt.

9.6 Technologienutzung in der Interaktion

Um miteinander zu interagieren, benötigen Unternehmen und Kunden gemeinsame Schnittstellen, die die Kommunikation und Zusammenarbeit während des gesamten Service Co-Creation-Prozesses ermöglichen. Diese Schnittstellen sind in der Regel eine Kombination aus menschlichen Akteuren (z. B. Kundenkontaktpersonal) und Technologien (Bitner et al. 2000; De Keyser et al. 2019; Singh und Bridge 2023; Steinhoff und Martin 2023). Bei der Art der Schnittstellen bestehen Variations- oder Wahlmöglichkeiten in jeder Interaktionsepisode sowie im Verlauf des Service Co-Creation-Prozesses (Singh und Bridge 2023). Werden Technologien eingesetzt, so wird ganz allgemein von technologiebasierten Interaktionen gesprochen (Bitner et al. 2000; De Keyser et al. 2019; Kunz et al. 2019; Meuter et al. 2000). *So kann beispielsweise die Reservierung eines Tisches für ein Essen in einem Restaurant über die Website oder telefonisch erfolgen, das Essen selbst findet vor Ort im Restaurant statt, wobei die Bestellung über ein iPad oder herkömmlich bei der Bedienung und die Bezahlung kontakt- und bargeldlos mittels NFC-Kartenlesegerät oder in bar erfolgen können.*

Die im Service Co-Creation-Prozess genutzten Technologien lassen sich in solche, die die Akteure in der Interaktion unterstützen (**augmenting technologies**), und solche, die die Akteure ersetzen (**substituting technologies**), unterscheiden (Breidbach et al. 2018; De Keyser et al. 2019; Larivière et al. 2017; Marinova et al. 2017). Dabei wird unterschieden, ob die Technologie auf Kunden- und/oder Anbieterseite eingesetzt wird, was Auswirkung auf die Einflussnahme durch den Anbieter hat (Gummerus et al. 2019). Sie unterstützen als Assistenzsysteme den Kunden (z. B. KI-basierte Echtzeitübersetzung von Texten, die über die Smartphone-Kamera oder Datenbrille aufgenommen werden) oder das Kundenkontaktpersonal (z. B. elektronische Bestellsysteme auf dem Tablet im Restaurant oder eine AR-Datenbrille mit CRM-Informationen). Wird Technologie beidseitig eingesetzt, so kann sie einerseits die (direkte) soziale Interaktion unterstützen (z. B. die Echtzeitübersetzung von Gesprächen mit KI-gestützten In-Ear-Kopfhörern) oder andererseits die soziale Interaktion überhaupt erst ermöglichen (z. B. Online-Events in virtuellen Räumen, Fern-Operationen mittels Roboter, Nutzung von Telefon und E-Mail-Kommunikation). In diesem Fall wird auch von technologiemediierten Interaktionen gesprochen, die räumliche Distanz überbrücken (Larivière et al. 2017). Inwieweit eine Technologie unterstützen oder gar einen Akteur ersetzen kann, hängt von der Komplexität der Aktivitäten und den daraus resultierenden Anforderungen an die Fähigkeiten der Akteure und der Technologie, insbesondere an die menschliche Intelligenz (Pantano und Scarpi 2022; Sternberg 2018) und die künstliche Intelligenz (Belk et al. 2023; Huang und Rust 2018; Robinson et al. 2020), ab. Bislang haben Menschen und Maschinen weiterhin unterschiedliche Stärken und Schwächen bei der Ausführung ihrer Intelligenz gezeigt (Steinhoff und Martin 2023), sodass Technologien mit unterschiedlicher Intelligenz genutzt werden können, um menschliche Intelligenz zu unterstützen oder zu ersetzen, um den menschlichen Akteur zu entlasten. Huang und Rust (2021) schlagen drei Arten von Intelligenz – mechanische, denkende und fühlende Intelligenz – vor, die unterschiedliche Entwicklungsstufen von Fähigkeiten mit sich bringen (Meyer et al. 2020). Höhere Intelligenzen, die typischerweise bei Menschen vorhanden sind, können von künstlicher Intelligenz nur schwer nachgeahmt werden; stattdessen erwirbt die künstliche Intelligenz die verschiedenen Arten von Intelligenzen schrittweise von niedrigeren zu höheren Entwicklungsstufen (Huang und Rust 2018). Ersetzende Technologien reichen von physischen Objekten mit keiner oder nur geringer Ausprägung von (künstlicher) Intelligenz (z. B. Geldautomat, Smartphone) bis hin zu intelligenten Maschinen (autonome Roboter oder Bots).

Weiterhin lassen sich die Erscheinungsformen der Technologie dahingehend unterscheiden, ob die Interaktion durch Nutzung der Technologie in der **physischen Realität** – als reality bezeichnet – oder der **virtuellen Realität** (**virtual reality**) – als virtuality bezeichnet – stattfindet (Holz et al. 2009; Rauschnabel et al. 2022). Möglich ist dabei auch, dass sich die physische und virtuelle Realität überlagern. In diesem Fall wird von phygitalen Settings – einer Mischung aus physisch und digital – gesprochen (Batat und Hammedi 2023). *So kann ein:e Architekt:in dem/der Kund:in in einer digitalen Simulation mittels AR-Brille (augmenting technology) eine Führung durch sein/ihr schlüsselfertiges und eingerichtetes Haus geben, während sie gemeinsam im Rohbau (reality) stehen. Ist das ganze Objekt noch in der Planungsphase, so könnten die Avatare von Kund:in und Architekt:in (augmenting techno-*

logy) sich auch im Metaverse (virtuality), einer virtuellen Welt, treffen, während beide eine VR-Brille und Controler verwenden, um sich durch das virtuelle Haus zu bewegen. Schließlich wäre es auch möglich, dass der/die Kund:in mit einem virtuellen Bot des/der Architekt:in (substituting technology) im Metaverse (virtuality) kommuniziert, um Informationen über das Bauvorhaben weiterzugeben. An diesem Beispiel wird auch deutlich, dass aufgrund der Vielzahl von Ausprägungsformen der Technologien die Grenze zwischen der physischen, digitalen und biologischen Sphäre immer stärker verwischt (Huang und Rust 2018, S. 155), was sich auch in den folgenden Beispielen zeigt. Aus diesen Unterscheidungskriterien ergeben sich unterschiedliche Auswirkungen auf die Service Experience (Bolton et al. 2018; Flavián et al. 2019; Grewal et al. 2020; Hoyer et al. 2020), die in Tab. 9.2 exemplarisch dargestellt werden.

Tab. 9.2 Typen von Technologien und ihre Bedeutung für die Service Experience

Technologie	Auswirkung auf die Service Experience
Self-Service-Technologien (Selbstbedienungstechnologien; SST) *Check-in-Automaten am Flughafen, Selbstbedienungskassensysteme im Einzelhandel, Online-Banking-Portal, App für die Schadensmeldung bei der Versicherung*	
Technologie (z. B. Maschine, Internetanwendung), die dem Kunden Service Co-Creation ohne einen Akteur auf der Anbieterseite ermöglicht. Soziale Interaktion (zwischen Kunde und Kundenkontaktpersonal) wird durch objektbezogene Interaktion (mit der Technologie) ersetzt (Fließ et al. 2012; Gummerus et al. 2019; Meuter et al. 2000)	Physische und kognitive Dimension des Erlebnisses werden durch die vom Kunden erforderlichen Aktivitäten angesprochen und variieren je nach Intensität der Aktivitäten. Emotion als Begleiterscheinung der Aktivitäten betrifft die affektive Erlebnisdimension. Sensorische Aspekte werden sowohl bei physischen als auch virtuellen SST angesprochen, allerdings in unterschiedlichem Maß
Smart Services (intelligente, technologiebasierte Dienstleistungen) *Smart Fitness Watch, Sensoren zum Messen des Blutzuckerspiegels, Smart T-Shirt mit Herzfrequenzmesser; Smart-Home-Anwendungen zur Steuerung von Rollläden, Heizung, Mähroboter etc.; Broker-Apps, die mithilfe von künstlicher Intelligenz die Finanztransaktionen und Verträge von Kunden analysieren und Vorschläge zur Optimierung der Finanzsituation bieten*	
SST, die KI nutzt, um den Kunden bei der Ausführung von Aktivitäten zu unterstützen und zu entlasten (Beverungen et al. 2019; Föhr und Germelmann 2022, S. 351). Smart Services sind weitgehend in Hardware (Smart Objects, Smart Devices) beim Kunden eingebettet (Gonçalves et al. 2020; Gummerus et al. 2019; Paluch 2017). Smart Services überwachen mithilfe von Sensoren den eigenen Status sowie die Umwelt, sammeln Nutzungsdaten und/oder tauschen Informationen mit anderen smarten Objekten oder einer intelligenten IT-Infrastruktur aus (Alter 2020; Paluch 2017). Smart Services ersetzen damit nicht nur Anbieter-, sondern auch Kundenaktivitäten	Vereinfachung der Aktivitäten wirkt sich im Sinne von Entlastung physisch, kognitiv, sensorisch aus

(Fortsetzung)

Tab. 9.2 (Fortsetzung)

Technologie	Auswirkung auf die Service Experience
Service Roboter (Service Robots) *Pflegeroboter zur Gabe von Medikamenten, Umbetten von Patient:innen, Servieren von Mahlzeiten, Gesprächspartner:innen* (Čaić et al. 2018), *Concierge im Hotel oder Flughafen* (Paluch et al. 2020)	
Autonome, virtuelle Objekte (z. B. Bots oder Avatare) oder physische Objekte, die mit Kunden interagieren und für sie einen Wert liefern können. Sie können komplexe Handlungen ausführen und auf Basis von Daten, die sie mittels Sensoren oder anderen Quellen sammeln, eigenständig Entscheidungen treffen (Wirtz et al. 2018). Mittels künstlicher Intelligenz bzw. maschinellen Lernens können sie außerdem aus früheren Situationen lernen (Huang und Rust 2018). Service Roboter werden bei der Interaktion mit Kunden eingesetzt und unterstützen oder ersetzen somit das Kundenkontaktpersonal (McLeay et al. 2021; Odekerken-Schröder et al. 2022). Sie haben dadurch eine Art soziale Präsenz, sodass der Kunde das Gefühl hat, dass er mit einer sozialen Entität interagiert (van Doorn et al. 2017)	Als Interaktionspartner haben Roboter Einfluss auf die physische und kognitive Erlebnisdimension, da der Kunde gemeinsam mit ihnen Aktivitäten ausführt. Durch ihre Akteursähnlichkeit (Anthropomorphismus) und Fähigkeiten der KI (insbesondere Kommunikation) ist in gewissem Umfang auch (pseudo)soziale Interaktion möglich, die sich auf die affektive und soziale Erlebnisdimension auswirkt
Exoskelett *Pflegekräfte bei der Umlagerung von Patient:innen; ermöglicht Kund:innen mit körperlichen Einschränkungen (z. B. Lähmung), an körperlich intensiven Dienstleistungen (z. B. Bergtour) teilzunehmen*	
Äußerlich am Körper des Akteurs angelegte (nicht autonome) Orthesen, die die natürlichen körperlichen Bewegungen des Akteurs (z. B. Heben, Laufen, Hocken) durch dessen eigene Bewegung direkt mechanisch (nicht-motorisiert) unterstützen (Grewal et al. 2020; Tarbit et al. 2023)	Erleichtert, erweitert oder ermöglicht das Ausführen körperlicher Aktivitäten, die im Rahmen der Rollenerwartung an den Akteur gestellt werden (physische Erlebnisdimension)
Augmented Reality (AR) *Restaurants projizieren ein unterhaltsames Animationsvideo auf den Teller des/der Kund:innen, bei dem es so aussieht, als ob eine kleine Figur (Le Petit Chef) das Essen direkt am Tisch zubereitet (Batat 2021). Im Delta-Terminal am Detroit Metropolitan Airport werden personalisierte Fluggastinformationen auf den Displays im Flughafen angezeigt, sodass die Fluggäste leichter und schneller den Weg zum Gate finden (Andrejevic 2022).*	

(Fortsetzung)

Tab. 9.2 (Fortsetzung)

Technologie	Auswirkung auf die Service Experience
AR-Technologien ermöglichen es, digitale Objekte (z. B. Abbildungen, Video, Audio oder Text) in die physische Realität des Akteurs einzubetten (Gäthke 2020). Die eingesetzte Technologie (z. B. Smartphone, SmartWatch, Tablet, Datenbrille, Kontaktlinse, Head-up-Display, Kopfhörer, Projektoren, 360-Grad-Beschallung) stellt dem Akteur damit zusätzlich zu den Informationen, die er aus der realen Umwelt über seine Sinne wahrnimmt, weitere (digitale) Informationen zur Verfügung, die ebenfalls sensorisch verarbeitet werden. AR-Technologien werden im Service Co-Creation-Prozess u. a. eingesetzt, um Kunden die Orientierung in der Dienstleistungsumgebung zu erleichtern, um Informationen über Objekte in der Umgebung zu vermitteln (Gäthke 2020), sodass sie die aufgabenbezogene Ebene der Interaktion unterstützen. Weiterhin lassen sich über AR besondere Erlebnisse gestalten (Smink et al. 2019)	AR-Technologien bieten die Möglichkeit ein angereichertes, multisensorisches Erlebnis zu schaffen (Chylinski et al. 2020). Dabei können durch die Realität und durch digitale Objekte dieselben (z. B. Hören) oder unterschiedliche Sinnesreize (z. B. Hören, Sehen und Riechen) angesprochen werden. Durch ihre Funktion wird auch die physische und kognitive Erlebnisdimension angesprochen. Die Nutzung für die Anreicherung mit hedonistischen Elementen betrifft auch die affektive Erlebnisdimension

Virtual Reality (VR)

Online-Spiele, Konferenzen, Lehrveranstaltungen und Meetings auf 3D-Online-Plattformen

VR-Technologien verlagern die Interaktion in die Virtualität (Hollebeek et al. 2020; Hudson et al. 2019) durch Hardware (z. B. VR-Brillen, Controler, Kopfhörer). Sie blenden die Realität aus und helfen dem Akteur, sich in der virtuellen Welt zu bewegen, mit den Avataren (Watanabe und Ho 2023) – künstlichen Personas der Akteure – im virtuellen Raum und künstlich simulierten Objekten zu interagieren. Daher bewirken VR-Technologien einen hohen Grad an Immersion (Hudson et al. 2019; Rauschnabel et al. 2022). Das Metaverse stellt den Prototyp der VR dar (Dwivedi et al. 2023)	Bei der Nutzung von VR-Technologien entsteht die Service Experience bei der Nutzung der Hardware (physische Erlebnisdimension), wobei diese aufgrund der Immersion in die virtuelle Welt in den Hintergrund tritt; die Experience in der synthetisch erzeugten, virtuellen Welt steht somit im Vordergrund (Golf-Papez et al. 2022)

(Human) Digital Twins

Patient:innen können verschiedene Medikamente und Behandlungen in der virtuellen Welt testen, um die individuelle Wirkung auf den Heilungsprozess zu ergründen (Elayan et al. 2021). Bei einem virtuellen Besuch von Veranstaltungen wie Konzerten, Museen und Ausstellungen spiegeln Digital Twins solcher Veranstaltungen sowohl die Eventlocation als auch die Aktivitäten und den zeitlichen Ablauf wider, sodass Akteure mit ihren digitalen Zwillingen als Avatare voll und ganz an der Veranstaltung teilnehmen und die Avatare virtuell miteinander interagieren (Ario et al. 2022)

(Fortsetzung)

Tab. 9.2 (Fortsetzung)

Technologie	Auswirkung auf die Service Experience
Ein Digital Twin ist eine virtueller „Zwilling" – also eine nahezu identische, konstruierte Kopie – eines physischen Objekts oder (humanen) Akteurs, wobei Informationen über Zustände und Veränderungen zwischen dem physischen und dem virtuellen Abbild synchronisiert werden (van der Valk et al. 2022). So lassen sich geplante Interaktionen in der Realität virtuell simulieren und testen, ohne dass dabei Risiken oder gar Verletzungen der realen Akteure entstehen können. Ebenso können sozial schwierige Interaktionen getestet werden (Bomström et al. 2022)	Die physische, kognitive, affektive, sensorische und soziale Erlebnisdimension können sowohl in der Realität als auch virtuell oder in Kombination angesprochen werden. Wirkungen von Cues können in der Virtuality simuliert und damit getestet werden, bevor ein Experience Design in der Realität umgesetzt wird

Entscheidend für die Wirkung der Technologie auf die Service Experience des einzelnen Kunden ist außerdem, welche Fähigkeiten die Technologienutzung von den Akteuren erfordert (vgl. Technologiebereitschaft; Abschn. 8.2.2). Technologiebereitschaft wird als Voraussetzung für Technologieakzeptanz (Lin et al. 2007) bzw. Technologieakzeptanz als Folge der -bereitschaft (Blut et al. 2016) aufgefasst. Parasuraman (2000, S. 308) definiert **Technologiebereitschaft (technology readiness, TR)** als grundsätzliche Neigung eines Akteurs, Technologien zu nutzen, um persönliche und/oder berufliche Ziele zu erreichen. In Bezug auf die Neigung der Person wird in der Literatur betont, dass es sich um eine dauerhafte Disposition der Bereitschaft zur Technologienutzung, die einem Persönlichkeitsmerkmal ähnelt, handelt. Technologiebereitschaft ist folglich eine stabile Eigenschaft eines Akteurs (Parasuraman 2000; Westjohn et al. 2009). Technologiebereitschaft setzt sich aus positiv wirkenden Faktoren, den Treibern (motivators) Innovativität und Optimismus, und negativ wirkenden Faktoren, den Hindernissen (inhibitors) Unsicherheit und Unbehagen, zusammen (Parasuraman 2000). Das Verhältnis von Treibern und Hindernissen stellt das Maß der Neigung eines Akteurs, Technologien zu nutzen, dar (Blut und Wang 2020).

Technologieakzeptanz folgt im Wesentlichen den Wirkungszusammenhängen der Theory of Planned Behavior (Abschn. 2.7), wobei sich die Treiber und Hindernisse auf die wahrgenommene Nützlichkeit (perceived usefullness) und wahrgenommene Benutzerfreundlichkeit (perceived ease of use) auswirken. Wahrgenommene Benutzerfreundlichkeit ist das Ausmaß, in dem ein Akteur die Nutzung einer Technologie als frei von Anstrengung empfindet. Wahrgenommene Nützlichkeit betrifft die Frage, inwieweit die Nutzung einer (spezifischen) Technologie einen (potenziellen) Akteur bei seiner Tätigkeit unterstützt bzw. sie ihm erleichtert. Wie in Abb. 9.2 dargestellt (Blut und Wang 2020; Davis et al. 1989; Lin et al. 2007), werden die tatsächliche Nutzung durch die Nutzungsintention und diese wiederum über zwei Wege beeinflusst: Einerseits wirken die wahrgenommene Nützlichkeit und die wahrgenommene Benutzerfreundlichkeit, die von der Technologiebereitschaft beeinflusst werden, mediiert durch die Einstellung gegenüber der Nutzung auf die Nutzungsintention, andererseits wird die Nutzungsintention auch direkt über die wahrgenommene Benutzerfreundlichkeit beeinflusst. Zudem wirkt die wahrgenommene Nützlichkeit auf die wahrgenommene Benutzerfreundlichkeit, sodass die wahrgenommene Benutzerfreundlich-

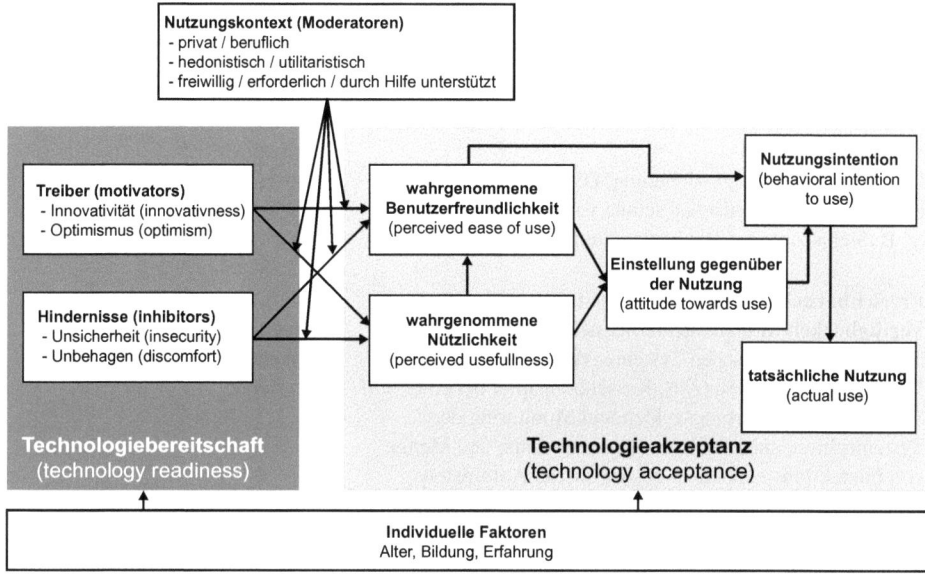

Abb. 9.2 Zusammenhang zwischen Technologiebereitschaft und -akzeptanz

keit und die Einstellung gegenüber der Nutzung Mediatoren zwischen wahrgenommener Nützlichkeit und Nutzungsintention darstellen. Diese Zusammenhänge werden im Technologieakzeptanz-Modell (technology acceptance model, TAM; Davis 1989; Davis et al. 1989) postuliert, das eine Kontextualisierung der Zusammenhänge der Theory of Planned Behavior für die Nutzung von Informationstechnologien darstellt (Ajzen 2020; Lin et al. 2007, S. 643). Das Modell stellt also den Zusammenhang zwischen Faktoren der nutzerseitigen subjektiven Bedeutung der Technologie – eben ihrer Bedienerfreundlichkeit und Nützlichkeit – und der Nutzungsabsicht dar, was insgesamt als **Technologieakzeptanz (technology acceptance)** bezeichnet wird (Lin et al. 2007). Diese Beziehungen werden vom Nutzungskontext, d. h. ob die Technologie privat (z. B. Musikstreaming-Dienste) oder beruflich (z. B. Reisekostenabrechnung per App), freiwillig oder unfreiwillig und/oder für hedonistische (z. B. Online-Shopping) oder utilitaristische Zwecke (z. B. Online-Banking) genutzt wird, (moderierend) beeinflusst (Blut und Wang 2020). Ebenso wirken sich individuelle Faktoren (Alter, Bildung, Erfahrung) sowohl auf die Technologieakzeptanz als auch auf die -bereitschaft aus (Blut und Wang 2020).

Darüber hinaus wird betont, dass die Technologieakzeptanz kontextabhängig für eine spezifische Ausprägung von Technologie und für einen konkreten Nutzungsfall ist (Ajzen 2020, S. 322; Blut und Wang 2020). Das bedeutet, dass Akteure, die in einem Service Co-Creation-Prozess eine bestimmte Technologie nutzen, in einer anderen Situation die gleiche Technologie ablehnen könnten. Auch lässt sich bis auf die grundsätzliche Aussage der Technologiebereitschaft keine Aussage in Bezug auf die Nutzung unterschiedlicher Technologien treffen (Legris et al. 2003). *Ein:e Kund:in, der/die Online-Banking nutzt, ist nicht gleichzeitig auch bereit mit Robotern in Interaktion zu treten.*

Tab. 9.3 Interaktionsrelevante Gestaltungsaspekte für Technologien. (Quelle: in Anlehnung an Belanche et al. 2020; Blut et al. 2021; Lin und Hsieh 2011; Zhang et al. 2010)

Utilitaristische Gestaltungsebene	Hedonistische Gestaltungsebene
Sicherheit, Datenschutz, Korrektheit und Vollständigkeit von Informationen Datenspeicherung und -sicherung, DSGVO-Konformität, physischer und technischer Schutz vor Datendiebstahl (z. B. Sichtschutz bei Bankautomaten, Firewall)	**Benutzerfreundlichkeit und Bequemlichkeit** Intuitive Menüführung, Mehrsprachigkeit, Sprachsteuerung, Sprachausgabe, Lesbarkeit von Text
Erreichbarkeit, Funktionsfähigkeit, Zuverlässigkeit, Verfügbarkeit und Reaktionsschnelligkeit Stabilität der technischen Systeme, Verfügbarkeit von Verbrauchsmaterialien (z. B. Kassenbonpapier bei einer Self-Service-Kasse), Wartungszyklen und Monitoring der Systeme, hinreichende Kapazität der Systeme und Menge von Interaktionspunkten (z. B. Anzahl der Automaten, Reaktionsschnelligkeit)	**Design, Ästhetik und Attraktivität** Farbgebung, Ikonografie, Schriftarten
Personalisierbarkeit und Anpassbarkeit des Systems Möglichkeit der Eingabe und Speicherung persönlicher Daten, Interaktionshistorie, Lernen aus der Interaktionshistorie für Voraussagen (auch unter Einsatz von künstlicher Intelligenz)	**Anthropomorphismus/ Menschenähnlichkeit (insbesondere bei Robotern)** Aussehen (Kopf, Gesicht und Körper) Sprachfähigkeit, Stimmfarbe; Blicke, Gestik, Mimik

Da technologiebasierte Interaktion vielfältige Formen annehmen kann, werden in Tab. 9.3 grundsätzliche Gestaltungshinweise vor dem Hintergrund interaktionsrelevanter Aspekte auf utilitaristischer und hedonistischer Gestaltungsebene in Bezug auf das Service Experience Design aufgezeigt (Abschn. 6.2.1). Dabei ist zu beachten, dass die Gestaltungsaspekte nicht losgelöst voneinander zu betrachten sind, da es sich dabei immer um die Gestaltung eines soziotechnischen Systems handelt, das sowohl die Akteure als auch die Technologie in ihrem Nutzungskontext betrifft (Bock et al. 2020).

9.7 Gestaltung der Interaktion in Bezug auf die Service Experience

9.7.1 Gestaltungsdimensionen der Interaktion

Nachdem die Mittel der Interaktion und ihre Ausgestaltung betrachtet wurden, sollen nun vor dem Hintergrund der unterschiedlichen Formen der Interaktion – soziale vs. objektbezogene Interaktion mit und ohne Technologie – entsprechende Gestaltungsempfehlungen im Hinblick auf die Service Experience gegeben werden.

Gerade in Bezug auf die Interaktion – das zentrale Element – der Service Experience bedingen sich die Gestaltungsentscheidungen allerdings gegenseitig. Dies wird darin deutlich, dass die soziale, objektbezogene und die Technologie-Dimension von Bolton et al. (2018) als drei zusammenhängende Dimensionen des Experience Managements herausgestellt werden:

- Die soziale Sphäre bildet die Relevanz der sozialen Interaktion für die Service Experience ab.
- Die physische Sphäre adressiert die Bedeutung physischer Objekte in der Interaktion.
- Die digitale Sphäre bezieht sich auf die Frage, in welchem Umfang Technologie im Service Co-Creation-Prozess eingesetzt wird und welche Art von Technologie dies ist.

Die **soziale Sphäre** wird durch die Gestaltung der sozialen Interaktionen bestimmt. Soziale Interaktion lässt sich nach der Anzahl der Akteure systematisieren (Kern 1990, S. 18). Zunächst kann unterschieden werden, ob es sich um eine **dyadische Interaktion** zwischen einem Kunden und einem Kundenkontaktmitarbeiter oder zwischen zwei Kunden oder um eine **Multi-Akteur-Interaktion** handelt (Abels 2019, S. 190; Möller 2004, S. 90). Bei diesen kann die Interaktion zwischen mehreren Kunden und mehreren Mitarbeitenden (n-zu-m), zwischen einem Kunden und mehreren Mitarbeitenden (1-zu-m) oder zwischen mehreren Kunden und einem Mitarbeiter (n-zu-1) stattfinden. *Ein:e Dozent:in kann einzelne Studierende im Online-Seminar ansprechen (1-zu-1) oder die ganze Gruppe auf einem Whiteboard Schlagwörter zu einer Frage notieren lassen (1-zu-m). Führt ein Dozent:innenteam eine Frage-und-Antwort-Veranstaltung durch, so stellen viele Studierende Fragen und unterschiedliche Dozent:innen antworten (n-zu-m).*
Die Kunden-Kundenkontaktpersonal-Interaktion wird als kritischer Faktor für ein herausragendes Erlebnis angesehen (Zomerdijk und Voss 2010), da sie dazu beiträgt, die Service Experience zu individualisieren (Bettencourt und Gwinner 1996). Cues betreffen das **Aussehen und Verhalten** des Kundenkontaktpersonals – so z. B. äußeres Erscheinungsbild, Kleidung, Körpersprache, Wortwahl und Tonfall (Fließ et al. 2020, S. 88). Die verbalen und nonverbalen Elemente der Kommunikation stellen also in Bezug auf das Dienstleistungserlebnis einen zentralen Faktor dar (Holmqvist und Grönroos 2012; Lim et al. 2017). Gleichermaßen kann Kunden-Kunden-Interaktion zu einer herausragenden Service Experience beitragen: Kunden können andere Kunden **beobachten**, mit ihnen **kommunizieren** oder sich von ihrer Anwesenheit und ihrem Verhalten **beeinflussen** lassen (Colm et al. 2017).
Die Bedeutung der objektbezogenen Interaktion für die Service Experience, die sich in der **physischen Sphäre** widerspiegelt, ist vom Nutzungskontext abhängig (Hocking 1997). Die objektbezogene Interaktion beinhaltet, dass Objekte tatsächlich physisch bzw. physikalisch (instrumentelle Ebene) oder in ihrer Bedeutung (symbolisch, die Beziehungsebene betreffend) so genutzt und/oder verändert werden, dass sie für die Nutzung im spezifischen Kontext geeignet sind. Erst bei der Kontextualisierung für einen Anwendungszweck wird also festgelegt, welche Bedeutung – eher utilitaristisch (instrumentelle Ebene) oder eher hedonistisch (symbolische Ebene) oder beides in gleichem Maße – ein Objekt für die Service Experience hat. *Stühle werden als Sitzgelegenheiten für Gäste im Restaurant verwendet.*

Sie können aber auch als reine Dekoelemente und Abstellflächen in einem Blumenladen genutzt werden oder dienen den Mitarbeitenden als Leiterersatz (instrumentelle Ebene). Wird beispielsweise Gold als Farbe bei der Wandgestaltung oder für Möbel verwendet, so suggeriert dies dem/der Kund:in eine exponierte Stellung (Drèze und Nunes 2009; Lee et al. 2018) – *nach dem Motto „der Kunde ist König" (symbolische Ebene).* Die kontextuelle Nutzungsebene bestimmt also, wie die Interaktion mit einem bestimmten Objekt in einer spezifischen Episode eines Service-Skripts zu interpretieren ist. Erst bei der Kontextualisierung als Requisite in einer spezifischen Episode des Service-Skripts zeigt sich also, inwieweit das Objekt geeignet ist, seinen Zweck und Wertbeitrag zur Service Co-Creation (vgl. instrumentelle und soziale Ebene der Interaktion; Abschn. 9.1) zu erfüllen.

Technologienutzung in der Interaktion (Abschn. 9.6) betrifft die **digitale Sphäre**. Der Einsatz von Technologie ist vor dem Hintergrund des Ersatzes von menschlichen Akteuren durch Technologie und damit des Ersatzes von sozialer durch objektbezogene Interaktion (ersetzende Technologien) oder der Anreicherung der sozialen Interaktion (anreichernde Technologien) zu betrachten. Im Fall ersetzender Technologien wird das Erlebnis von der sozialen auf die körperliche Dimension verlagert, da nun Interaktion mit Objekten (z. B. Automaten, Robotern) statt mit anderen menschlichen Akteuren (z. B. Kundenkontaktpersonal) erfolgt. Dies ist dann sinnvoll, wenn die utilitaristische Ebene der Service Experience im Vordergrund steht. *So haben viele Bibliotheken ihre Buchausleihe und -rückgabe gänzlich als Selbstbedienungskonzept mit Automaten und Buchscannern umgesetzt.* Buchausleihe und -rückgabe stellen im Service-Skript Episoden dar, die vor allem formalen Vorgaben folgen müssen und daher Teil der utilitaristischen Gestaltungsebene der Service Experience sind. Es geht insgesamt darum, die Dauer dieser Interaktionen gering zu halten, was durch den Technologieeinsatz ermöglicht wird. Das Kundenkontaktpersonal kann dann seine Zeit für Beratung und Hilfe bei der Recherche nutzen.

Bei Technologie, die anreichernd eingesetzt wird, besteht auf hedonistischer Ebene die Möglichkeit, die Service Experience des Kunden zu prägen. Die Technologie selbst ermöglicht dabei andere als die gekannten Formen der Interaktion, was insbesondere auf die sensorische Erlebnisdimension wirkt (z. B. beim Einsatz von VR-Brillen). Andererseits kann Technologie auch zusätzlich zu menschlichen Akteuren eingesetzt werden (Odekerken-Schröder et al. 2022; Wirtz et al. 2018), wie das häufig bei Service Robotern der Fall ist (z. B. Bedienung von Kunden in einem Restaurant durch Roboter und Kellner). Wirtz et al. (2018) zeigen unterschiedliche Szenarien auf, in denen der Einsatz von Robotern (objektbezogene Interaktion) und Kundenkontaktpersonal (soziale Interaktion) sinnvoll erscheint. Der kombinierte Einsatz von Kundenkontaktpersonal zusätzlich zu Technologie (z. B. Roboter) ist insbesondere dann sinnvoll, wenn die Interaktion auf beziehungsorientierter Ebene den Ausdruck und Umgang mit Emotionen (Abschn. 9.5) erfordert. Da Roboter alleine nicht die Fähigkeit besitzen, komplexe emotionale und soziale Aufgaben, die Empathie erfordern, zu bewältigen, ist Kundenkontaktpersonal erforderlich (Huang et al. 2019; Huang und Rust 2018). *So ist bei der körperlichen Pflege von Patient:innen durch Roboter auch die Interaktion mit dem Pflegepersonal erforderlich, um den Patient:innen auf emotionaler und sozialer Ebene zu begegnen und ihnen Sicherheit und das Gefühl, gut aufgehoben zu sein, zu geben.*

Diese integrative Betrachtung von Interaktionen setzt somit sowohl die Bedeutung der Technologie (digitale Sphäre), der sozialen Interaktion (soziale Sphäre) als auch der objektbezogenen Interaktion (physische Sphäre) in Beziehung und ermöglicht damit eine differenziertere Analyse und Ableitung von Implikationen für deren Gestaltung.

9.7.2 Interaktionen als Teil der Handlungen im Service-Skript

Der grundsätzliche Umfang der Interaktionen im Service-Skript lässt sich aus dem funktionalen und dem dramatischen Service-Skript ableiten (Abschn. 6.2.3.1). Dabei müssen zunächst grundsätzlich die Aktivitäten (Kap. 8) betrachtet werden, um das Verhältnis von individuell ausgeführten Aktivitäten der Akteure und aufeinander ausgerichtete Aktivitäten, die Interaktion erfordern, herauszustellen. Dazu werden einerseits der Beitrag der Aktivitäten zur Service Experience (Abschn. 8.2.1) und andererseits die Aufteilung der Aktivitäten auf die Akteure (vgl. Grundtypen von Service Co-Creation-Prozessen; Abschn. 8.2.2) herangezogen.

Aus der zeitlichen Perspektive des Service-Skripts sind **Interaktionshäufigkeit und -dauer** bedeutend für die Ausgestaltung der Interaktion. Durch den Beginn und das Ende von Interaktionen können beispielsweise Sinneinheiten (Episoden) für die Service Experience geschaffen werden. Die Anzahl der Interaktionen – also die Interaktionshäufigkeit – nimmt also Einfluss auf die Anzahl von Episoden (Fließ 2006, S. 82–86). Häufigkeit und Dauer bestimmen auch das empfundene Tempo und den Rhythmus der Service Experience (Nenninger und Dyck 2022). Ausgehend vom zeitlichen Ausmaß der Interaktion können drei Szenarien unterschieden werden (Grund 1998, S. 44–47; Möller 2004, S. 101):

- **Start-Stopp-Interaktionen** zeichnen sich dadurch aus, dass sie dazu dienen, die gemeinsame Wertgenerierung und damit das Aufeinandertreffen von Kunde und Anbieter in der gemeinsamen Sphäre (joint sphere) anzustoßen und zu beenden (Fließ 2006, S. 84–85). *Dies ist bspw. der Fall, wenn ein Kunde seinen Pkw zur Reparatur in die Autowerkstatt bringt (Start) und das Fahrzeug nach Abschluss dieser wieder in der Werkstatt abholt (Stopp).* Bei Start-Stopp-Interaktionen markiert die Interaktion häufig derselben Akteure den Beginn und das Ende der Service Co-Creation und bildet die Auftakt- und Abschlussepisode der Service Experience für den Kunden. Der Fokus muss also darauf liegen, diese beiden Episoden so zu gestalten, dass die Aufmerksamkeit auf die zentralen Aspekte der Service Experience gelegt werden, und abschließend das Erlebte positiv abzurunden. Die Nicht-Interaktionszeit im Service Co-Creation-Prozess ist für die Service Experience des Kunden insofern von Bedeutung, als dass er entweder wartend anwesend und daher mit mentalen Aktivitäten beschäftigt oder sogar abwesend ist und Aktivitäten in seinem Ecosystem (z. B. Arbeiten, Einkaufen) nachgeht. Entsprechend liegt der Fokus darauf, die erste und die letzte Interaktionsepisode so zu gestalten, dass weitere Interaktionen nicht nötig sind. Es steht vorwiegend die utilitaristische Ebene der Service Experience im Vordergrund, da häufig eine Problemlösung das Ziel der Service Co-Creation ist. Als prototypisch ist hier der Remote-

Service Co-Creation-Prozess, bei dem das Gros der Aktivitäten beim Anbieter und seinem Personal liegt, anzusehen (Abschn. 8.2.2). Der Fokus liegt hier vor allem auf der Entlastung des Kunden auf kognitiver und affektiver Ebene (kognitive und affektive Erlebnisdimension), sodass auch die körperlichen Aktivitäten und damit verbunden die sensorische, körperliche und soziale Erlebnisdimension – die Aktivitäten und Interaktion betreffend – so gestaltet werden sollten, dass sie geringe kognitive und affektive Aktivierung fordern. Vor dem Hintergrund des Prozesses geht es hier darum, die für die Service Co-Creation notwendige Zeit gering zu halten.

- Bei **kontinuierlichen Interaktionen** ist die Zeitdauer der Interaktion identisch mit der Gesamtdauer des Service Co-Creation-Prozesses. Sämtliche Aktivitäten der Akteure sind auf die Zusammenarbeit ausgerichtet und bedürfen der Interaktion, sodass das Zusammenarbeiten der Akteure wesentlicher Teil der Wertgenerierung ist. Der Kunde muss seine Ressourcen und sich als Person einbringen. *Dies ist beispielsweise in einem Sprachkurs der Fall. Soziale Interaktion mit den anderen Kursteilnehmenden, dem/der Sprachdozent:in sowie die Interaktion mit Arbeitsmaterialien und Medien tragen dazu bei, dass der/die Kursteilnehmer:in die Sprache aktiv erlernt.* Bei kontinuierlicher Interaktion sind sowohl die utilitaristische Ebene (z. B. die erlernte Sprache) als auch die hedonistische Ebene (z. B. das Lernen im Gruppenkontext) der Service Experience von Bedeutung. Die Interaktion sowohl mit Objekten (z. B. Medienmaterial) als auch anderen Akteuren (z. B. Kursteilnehmer:innen) trägt dabei auf aufgabenbezogener Ebene (z. B. Lernen des Einzelnen) zum kognitiven und affektiven Erlebnis bei (z. B. Herausforderung und Anstrengung beim Lernen). Auf der Beziehungsebene werden durch die soziale Interaktion sowohl die affektive als auch die soziale Erlebnisdimension angesprochen. Prototypisch sind hier die persönlich-interaktiven Service Co-Creation-Prozesse (Abschn. 8.2.2). Die Interaktion findet weitgehend mit den gleichen Akteuren statt, es gibt meist keine Wechsel. Dabei geht es auch um die Frage, wie die physische und die soziale Erlebnisdimension im Verhältnis stehen sollen (Abschn. 6.1). Dies hängt mit der Zielsetzung der Service Co-Creation zusammen. Es kann wie bei Workshops und Sportkursen die körperliche Erlebnisdimension betont werden, sodass vor allem die eigene Körperwahrnehmung und die Interaktion mit dem Körper als Objekt im Vordergrund steht (vgl. Embodiment, Abschn. 6.1.2; Kuuru 2022; Kuuru und Närvänen 2019). Im Fall von kognitivem Lernen, wie bei Sprachkursen, steht eher die soziale Erlebnisdimension – daher häufig auch als Multi-Akteur-Interaktion in Form von Gruppendienstleistungen – im Vordergrund. Der verbalen Kommunikation kommt eine besondere Bedeutung zu.

- Neben diesen beiden Extremausprägungen – Start-Stopp- und kontinuierlicher Interaktion – stellen **punktuelle Interaktionen** die Mehrheit von Interaktionen dar. Interaktion findet zu mehreren Zeitpunkten im Verlauf des Service Co-Creation-Prozesses statt, fortwährende Interaktion ist nicht erforderlich. Es gibt mehrere Interaktionsepisoden, häufig mit wechselnden Akteuren (Multi-Akteur-Interaktion), im Service Co-Creation-Prozess. *Ein Beispiel hierfür ist der Hotelaufenthalt. Gäste interagieren beim Check-in mit dem Rezeptionspersonal oder nutzen die Self-Check-in-Möglichkeiten.*

Sie trinken etwas an der Hotelbar und unterhalten sich mit dem/der Barkeeper:in. Das Hotelzimmer nutzen sie zum Übernachten. Sie frühstücken im Restaurant des Hotels, essen mittags und abends aber auswärts. Geschäftsreisende nutzen vielleicht den Zimmerservice und interagieren dabei mit dem Personal. Die Interaktion stellt damit ein wesentliches Element für die Service Experience des Kunden dar, ist aber anders als bei kontinuierlichen Interaktionen nicht einziges und zentrales Element der Service Co-Creation. Dabei prägt die Vielfalt der Interaktionen – sowohl sozialer Interaktion mit dem Kundenkontaktpersonal als auch mit anderen Kunden und Interaktion mit Objekten – die Service Experience. Die soziale und die physische Erlebnisdimension können, je nach Verhältnis von sozialer und objektbezogener Interaktion, unterschiedlich ausgeprägt sein (Abschn. 9.2). Bei Self-Service-Prozessen (Abschn. 8.2.2) wird beispielsweise die physische Erlebnisdimension durch objektbezogene Interaktion – sowohl mit physischen als auch mit digitalen Objekten – in den Vordergrund gestellt. Steht die utilitaristische Ebene der Experience im Vordergrund, so sind standardisierte Interaktionen mit wenigen Akteuren zu empfehlen, um möglichst wenige Erlebnisepisoden zu prägen und dadurch die Intensität des kognitiven Erlebnisses gering zu halten. Soll ein eindrückliches Erlebnis entstehen, so können häufige Wechsel der Akteure zu vielen Episoden führen, sodass das Erlebnis als reichhaltig empfunden wird.

Literatur

Aarts H, Dijksterhuis A (2003) The silence of the library: environment, situational norm, and social behavior. J Pers Soc Psychol 84:18–28

Abels H (2019) Einführung in die Soziologie. Band 2: Die Individuen in ihrer Gesellschaft, 5., grundl. überarb. u. akt. Aufl. Springer VS, Wiesbaden

Ajzen I (2020) The theory of planned behavior: frequently asked questions. Hum Behav Emerg Technol 2:314–324

Albrecht AK, Walsh G, Brach S, Gremler DD, van Herpen E (2017) The influence of service employees and other customers on customer unfriendliness: a social norms perspective. J Acad Mark Sci 45:827–847

Alter S (2020) Making sense of smartness in the context of smart devices and smart systems. Inf Syst Front 22:381–393

Altmann U (2013) Synchronisation nonverbalen Verhaltens. Weiterentwicklung und Anwendung zeitreihenanalytischer Identifikationsverfahren. Springer Fachmedien, Wiesbaden

Andrejevic M (2022) Meta-surveillance in the digital enclosure. Surveillance & Society 20:390–396

Ario MK, Santoso YK, Basyari F, Edbert FM, Panggabean FM, Satria TG (2022) Towards an implementation of immersive experience application for marketing and promotion through virtual exhibition. Software Impacts 14:100439

Arsel Z, Crockett D, Scott ML (2022) Diversity, equity, and inclusion (DEI) in the journal of consumer research: a curation and research agenda. J Consum Res 48:920–933

Barker RG (1968) Ecological psychology: concepts and methods for studying the environment of human behavior. Stanford University Press, Stanford

Batat W (2021) How augmented reality (AR) is transforming the restaurant sector: investigating the impact of "Le Petit Chef" on customers' dining experiences. Technol Forecast Soc Chang 172:121013

Batat W, Hammedi W (2023) The extended reality technology (ERT) framework for designing customer and service experiences in phygital settings: a service research agenda. J Serv Manag 34:10–33

Belanche D, Casaló LV, Flavián C, Schepers J (2020) Service robot implementation: a theoretical framework and research agenda. Serv Ind J 40:203–225

Belk RW, Belanche D, Flavián C (2023) Key concepts in artificial intelligence and technologies 4.0 in services. Serv Bus 17:1–9

Bettencourt LA, Gwinner KP (1996) Customization of the service experience: the role of the frontline employee. Int J Serv Ind Manag 7:3–20

Beverungen D, Müller O, Matzner M, Mendling J, vom Brocke J (2019) Conceptualizing smart service systems. Electron Mark 29:7–18

Bicchieri C, McNally P (2018) Shrieking sirens: schemata, scripts, and social norms. How change occurs. Soc Philos Policy 35:23–53

Bitner MJ, Brown SW, Meuter ML (2000) Technology infusion in service encounters. J Acad Mark Sci 28:138–149

Blut M, Wang C (2020) Technology readiness: a meta-analysis of conceptualizations of the construct and its impact on technology usage. J Acad Mark Sci 48:649–669

Blut M, Wang C, Schoefer K (2016) Factors influencing the acceptance of self-service technologies. J Serv Res 19:396–416

Blut M, Wang C, Wünderlich NV, Brock C (2021) Understanding anthropomorphism in service provision: a meta-analysis of physical robots, chatbots, and other AI. J Acad Mark Sci 48:632–658

Bock DE, Wolter JS, Ferrell OC (2020) Artificial intelligence: disrupting what we know about services. J Serv Mark 34:317–334

Bolton RN, McColl-Kennedy JR, Cheung L, Gallan AS, Orsingher C, Witell L, Zaki M (2018) Customer experience challenges: bringing together digital, physical and social realms. J Serv Manag 29:776–808

Bomström H, Annanperä E, Kelanti M, Xu Y, Mäkelä S-M, Immonen M, Siirtola P, Teern A, Liukkunen K, Päivärinta T (2022) Digital twins about humans – design objectives from three projects. J Comput Inf Sci Eng. https://doi.org/10.1115/1.4054270

Boninsegni MF, Furrer O, Mattila AS (2021) Dimensionality of frontline employee friendliness in service encounters. J Serv Manag 32:346–382

Bourdin D, Sichtmann C, Davvetas V (2023) The influence of employee accent on customer participation in services. J Serv Res. https://doi.org/10.1177/10946705231171740

Breidbach CF, Choi S, Ellway BPW, Keating BW, Kormusheva K, Kowalkowski C, Lim C, Maglio PP (2018) Operating without operations: how is technology changing the role of the firm? J Serv Manag 29:809–833

Cahn DD, Frey LR (1992) Listeners' perceived verbal and nonverbal behaviors associated with communicators' perceived understanding and misunderstanding. Percept Mot Skills 74:1059–1064

Čaić M, Odekerken-Schröder G, Mahr D (2018) Service robots: value co-creation and co-destruction in elderly care networks. J Serv Manag 29:178–205

Callahan L (2005) 'Talking both languages': 20 perspectives on the use of Spanish and English inside and outside the workplace. J Multiling Multicult Dev 26:275–295

van Campenhout LDE, Frens JW, Overbeeke KJ, Standaert A, Peremans H (2013) Physical interaction in a dematerialized world. Int J Des 7:1–18

Chan MY, Chandra-Sagaran U (2019) Scripted communication for service standardisation? What analysis of conversation can tell us about the fast-food service encounter. Discourse Commun 13:3–25

Chartrand TL, Bargh JA (1999) The chameleon effect: the perception-behavior link and social interaction. J Pers Soc Psychol 76:893–910

Choi S, Liu SQ, Mattila AS (2019) "How may I help you?" says a robot: examining language styles in the service encounter. Int J Hosp Manag 82:32–38

Chylinski M, Heller J, Hilken T, Keeling DI, Mahr D, De Ruyter K (2020) Augmented reality marketing: a technology-enabled approach to situated customer experience. Australas Mark J 28:374–384

Cialdini RB (2009) Influence: the psychology of persuasion. HarperCollins, New York

Cialdini RB, Reno RR, Kallgren CA (1990) A focus theory of normative conduct: recycling the concept of norms to reduce littering in public places. J Pers Soc Psychol 58:1015–1026

Colm L, Ordanini A, Parasuraman A (2017) When service customers do not consume in isolation. J Serv Res 20:223–239

Cuddy AJ, Fiske ST, Glick P (2008) Warmth and competence as universal dimensions of social perception: the stereotype content model and the BIAS map. Adv Exp Soc Psychol 40:61–149

Dael N, Mortillaro M, Scherer KR (2012) Emotion expression in body action and posture. Emotion 12:1085–1101

Davis FD (1989) Perceived usefulness, perceived ease of use, and user acceptance of information technology. MIS Q 13:319–340

Davis FD, Bagozzi RP, Warshaw PR (1989) User acceptance of computer technology: a comparison of two theoretical models. Manag Sci 35:982–1003

De Jaegher H, Di Paolo E (2007) Participatory sense-making. Phenomenol Cogn Sci 6:485–507

De Keyser A, Köcher S, Alkire L, Verbeeck C, Kandampully J (2019) Frontline service technology infusion: conceptual archetypes and future research directions. J Serv Manag 30:156–183

van Doorn J, Mende M, Noble SM, Hulland J, Ostrom AL, Grewal D, Petersen JA (2017) Domo Arigato Mr. Roboto. J Serv Res 20:43–58

Drèze X, Nunes JC (2009) Feeling superior: the impact of loyalty program structure on consumers' perceptions of status. J Consum Res 35:890–905

Dunkl M (2015) Corporate code. Springer Fachmedien, Wiesbaden

Dwivedi YK, Hughes L, Wang Y, Alalwan AA, Ahn SJ, Balakrishnan J, Barta S, Belk R, Buhalis D, Dutot V, Felix R, Filieri R, Flavián C, Gustafsson A, Hinsch C, Hollensen S, Jain V, Kim J, Krishen AS, Lartey JO, Pandey N, Ribeiro-Navarrete S, Raman R, Rauschnabel PA, Sharma A, Sigala M, Veloutsou C, Wirtz J (2023) Metaverse marketing: how the metaverse will shape the future of consumer research and practice. Psychol Mark 40:750–776

Ekman P, Friesen WV (1972) Hand Movements. J Commun 22:353–374

Elayan H, Aloqaily M, Guizani M (2021) Digital twin for intelligent context-aware IoT healthcare systems. IEEE Internet Things J 8:16749–16757

Firestone IJ (1977) Reconciling verbal and nonverbal models of dyadic communication. Environ Psychol Nonverbal Behav 2:30–44

Flavián C, Ibáñez-Sánchez S, Orús C (2019) The impact of virtual, augmented and mixed reality technologies on the customer experience. J Bus Res 100:547–560

Fließ S (2006) Prozessorganisation in Dienstleistungsunternehmen. Kohlhammer, Stuttgart

Fließ S, Volkers M (2020) Trapped in a service encounter. J Serv Manag 31:79–114

Fließ S, Möller S, Momma SB (2003) Sprachregelungen für Mitarbeiter im Kundenkontakt – Möglichkeiten und Grenzen. Diskussionsbeitrag, FernUniversität in Hagen, Hagen

Fließ S, Nesper J, Bauer K (2012) Self-Service versus persönlicher Service – eine empirische Studie aus der Finanzdienstleistungsbranche. In: Keuper F, Mehl R (Hrsg) Customer Management – Vertriebs- und Servicekonzepte für die Zukunft. Logos Verlag, Berlin, S 195–222

Fließ S, Dyck S, Schmelter M (2014) Mirror, mirror on the wall – how customers perceive their contribution to service provision. J Serv Manag 25:433–469

Fließ S, Dyck S, Volkers M (2020) Calling for a multisensory perspective on customer service co-creation. In: Roth S, Horbel C, Popp B (Hrsg) Perspektiven des Dienstleistungsmanagements. Springer Fachmedien, Wiesbaden, S 77–104

Föhr J, Germelmann CC (2022) When smartness comes from the analogue – the hybrid context dimension of smart services. In: Bruhn M, Hadwich K (Hrsg) Smart Services. Band 2: Geschäftsmodelle – Erlösmodelle – Kooperationsmodelle. Springer Fachmedien, Wiesbaden, S 335–359

Foxall GR, Greenley GE (1999) Consumers' emotional responses to service environments. J Bus Res 46:149–158

Gabbott M, Hogg G (2001) The role of non-verbal communication in service encounters: a conceptual framework. J Mark Manag 17:5–26

Gäthke J (2020) The impact of augmented reality on overall service satisfaction in elaborate servicescapes. J Serv Manag 31:227–246

Goffman E (1982) Das Individuum im öffentlichen Austausch. Mikrostudien zur öffentlichen Ordnung. Suhrkamp, Frankfurt am Main

Goffman E (1986) Interaktionsrituale. Über Verhalten in direkter Kommunikation. Suhrkamp, Frankfurt am Main

Goffman E (1998) Interaktionsrituale. In: Belliger A, Krieger DJ (Hrsg) Ritualtheorien. VS Verlag für Sozialwissenschaften, Wiesbaden, S 323–338

Goldstein NJ, Cialdini RB, Griskevicius V (2008) A room with a viewpoint: using social norms to motivate environmental conservation in hotels. J Consum Res 35:472–482

Golf-Papez M, Heller J, Hilken T, Chylinski M, De Ruyter K, Keeling DI, Mahr D (2022) Embracing falsity through the metaverse: the case of synthetic customer experiences. Bus Horiz 65:739–749

Gonçalves L, Patrício L, Grenha Teixeira J, Wünderlich NV (2020) Understanding the customer experience with smart services. J Serv Manag 31:723–744

Graumann CF (1972) Interaktion und Kommunikation. In: Graumann CF (Hrsg) Sozialpsychologie. Handbuch der Psychologie. Hogrefe, Göttingen, S 1109–1262

Gremler DD, Gwinner KP (2008) Rapport-building behaviors used by retail employees. J Retail 84:308–324

Grewal D, Kroschke M, Mende M, Roggeveen AL, Scott ML (2020) Frontline cyborgs at your service: how human enhancement technologies affect customer experiences in retail, sales, and service settings. J Interact Mark 51:9–25

Grove SJ, Fisk RP (1997) The impact of other customers on service experiences: a critical incident examination of "getting along". J Retail 73:63–85

Grund MA (1998) Interaktionsbeziehungen im Dienstleistungsmarketing. Gabler, Wiesbaden

Gummerus J, Lipkin M, Dube A, Heinonen K (2019) Technology in use – characterizing customer self-service devices (SSDS). J Serv Mark 33:44–56

Hall ET (1963) A system for the notation of proxemic behavior. Am Anthropol 65:1003–1026

Hall ET (1966) The hidden dimension. Garden City, New York

Hareli S, Rafaeli A (2008) Emotion cycles: on the social influence of emotion in organizations. Res Organ Behav 28:35–59

Hatfield E, Cacioppo JT, Rapson RL (1993) Emotional contagion. Curr Dir Psychol Sci 2:96–100

Hatfield E, Bensman L, Thornton PD, Rapson RL (2014) New perspectives on emotional contagion: a review of classic and recent research on facial mimicry and contagion. Interpers Int J Pers Relatsh 8:159–179

Hennig-Thurau T, Groth M, Paul M, Gremler DD (2006) Are all smiles created equal? How emotional contagion and emotional labor affect service relationships. J Mark 70:58–73

Hocking C (1997) Person-object interaction model: understanding the use of everyday objects. J Occup Sci 4:27–35

Hollebeek LD, Clark MK, Andreassen TW, Sigurdsson V, Smith D (2020) Virtual reality through the customer journey: framework and propositions. J Retail Consum Serv 55:102056

Holme P (1991) Neue Wege zur Käuferzentrierung. Kauf und Verkauf im Abschlußprozeß. FGM-Verlag, Augsburg

Holmqvist J, Grönroos C (2012) How does language matter for services? Challenges and propositions for service research. J Serv Res 15:430–442

Holmqvist J, van Vaerenbergh Y (2013) Perceived importance of native language use in service encounters. Serv Ind J 33:1659–1671

Holmqvist J, van Vaerenbergh Y, Grönroos C (2017) Language use in services: recent advances and directions for future research. J Bus Res 72:114–118

Holz T, Dragone M, O'Hare GMP (2009) Where robots and virtual agents meet. Int J Soc Robot 1:83–93

Hoyer WD, Kroschke M, Schmitt BH, Kraume K, Shankar V (2020) Transforming the customer experience through new technologies. J Interact Mark 51:57–71

Huang M-H, Rust RT (2018) Artificial intelligence in service. J Serv Res 21:155–172

Huang M-H, Rust RT (2021) Engaged to a robot? The role of AI in service. J Serv Res 24:30–41

Huang M-H, Rust RT, Maksimovic V (2019) The feeling economy: managing in the next generation of artificial intelligence (AI). Calif Manag Rev 61:43–65

Hudson S, Matson-Barkat S, Pallamin N, Jegou G (2019) With or without you? Interaction and immersion in a virtual reality experience. J Bus Res 100:459–468

Hurley RF (1998) Service disposition and personality: a review and a classification scheme for understanding where service disposition has an effect on customers. Adv Serv Mark Manag 7:159–191

Jacobson RP, Mortensen CR, Cialdini RB (2011) Bodies obliged and unbound: differentiated response tendencies for injunctive and descriptive social norms. J Pers Soc Psychol 100:433–448

Jiang L, Hoegg J, Dahl DW, Chattopadhyay A (2010) The persuasive role of incidental similarity on attitudes and purchase intentions in a sales context. J Consum Res 36:778–791

Johnson GD, Grier SA (2013) Understanding the influence of cross-cultural consumer-to-consumer interaction on consumer service satisfaction. J Bus Res 66:306–313

Kaplan KJ (1977) Structure and process in interpersonal "distancing". Environ Psychol Nonverbal Behav 1:104–121

Kaplan KJ, Firestone IJ, Klein KW, Sodikoff C (1983) Distancing in dyads: a comparison of four models. Soc Psychol Q 46:108–115

Karpen IO, Bove LL, Lukas BA (2012) Linking service-dominant logic and strategic business practice. J Serv Res 15:21–38

Kenesei Z, Stier Z (2017) Managing communication and cultural barriers in intercultural service encounters. J Vacat Mark 23:307–321

Kern E (1990) Der Interaktionsansatz im Investitionsgütermarketing. Duncker & Humblot, Berlin

van Kleef GA (2009) How emotions regulate social life. Curr Dir Psychol Sci 18:184–188

van Kleef GA, Gelfand MJ, Jetten J (2019) The dynamic nature of social norms: new perspectives on norm development, impact, violation, and enforcement. J Exp Soc Psychol 84:103814

Kleinaltenkamp M (1997) Integrativität als Kern einer umfassenden Leistungslehre. In: Backhaus K, Günter B, Kleinaltenkamp M, Plinke W, Raffée H (Hrsg) Marktleistung und Wettbewerb. Gabler, Wiesbaden, S 83–114

Kraak JM, Holmqvist J (2017) The authentic service employee: service employees' language use for authentic service experiences. J Bus Res 72:199–209

Krappmann L (1987) Soziologische Dimensionen der Identität: Strukturelle Bedingungen für die Teilnahme an Interaktionsprozessen, 7. Aufl. Klett-Cotta, Stuttgart

Kunz WH, Heinonen K, Lemmink JG (2019) Future service technologies: is service research on track with business reality? J Serv Mark 33:479–487

Kuuru T-K (2022) Embodied knowledge in customer experience: reflections on yoga. Consum Mark Cult 25:231–251

Kuuru T-K, Närvänen E (2019) Embodied interaction in customer experience: a phenomenological study of group fitness. J Mark Manag 35:1241–1266

Larivière B, Bowen DE, Andreassen TW, Kunz WH, Sirianni NJ, Voss C, Wünderlich NV, De Keyser A (2017) "Service encounter 2.0": an investigation into the roles of technology, employees and customers. J Bus Res 79:238–246

Lazarsfeld PF, Merton RK (1954) Friendship as a social process: a substantive and methodological analysis. In: Berger M (Hrsg) Freedom and control in modern society. Van Nostrand, New York, S 18–66

Lee NY, Noble SM, Biswas D (2018) Hey big spender! A golden (color) atmospheric effect on tipping behavior. J Acad Mark Sci 46:317–337

Legris P, Ingham J, Collerette P (2003) Why do people use information technology? A critical review of the technology acceptance model. Inf Manag 40:191–204

Li K, Ji C, He Q, Rastegar R (2023) Understanding the sense-making process of visitor experience in the integrated resort setting: investigating the role of experience-centric attributes. Int J Tour Res 25:491–505

Licata JW, Mowen JC, Harris EG, Brown TJ (2003) On the trait antecedents and outcomes of service worker job resourcefulness: a hierarchical model approach. J Acad Mark Sci 31:256–271

Lichtenthal JD, Tellefsen T (2001) Toward a theory of business buyer-seller similarity. J Pers Sell Sales Manag 21:1–14

Lim EAC, Lee YH, Foo M-D (2017) Frontline employees' nonverbal cues in service encounters: a double-edged sword. J Acad Mark Sci 45:657–676

Lin C-H, Shih H-Y, Sher PJ (2007) Integrating technology readiness into technology acceptance: the TRAM model. Psychol Mark 24:641–657

Lin J-SC, Hsieh P-L (2011) Assessing the self-service technology encounters: development and validation of SSTQUAL scale. J Retail 87:194–206

Line ND, Hanks L (2019) The social servicescape: a multidimensional operationalization. J Hosp Tour Res 43:167–187

Line ND, Runyan RC, Costen W, Frash R, Antun JM (2012) Where everybody knows your name: homophily in restaurant atmospherics. J Hosp Market Manag 21:1–19

Liu X-Y, Chi N-W, Gremler DD (2019) Emotion cycles in services: emotional contagion and emotional labor effects. J Serv Res 22:285–300

Malik AZ, Paswan A (2023) Linguistic racism in inter-culture service encounter. J Consum Mark 40:585–596

Marinova D, De Ruyter K, Huang M-H, Meuter ML, Challagalla GN (2017) Getting smart. J Serv Res 20:29–42

McLeay F, Osburg VS, Yoganathan V, Patterson A (2021) Replaced by a robot: service implications in the age of the machine. J Serv Res 24:104–121

McPherson M, Smith-Lovin L, Cook JM (2001) Birds of a feather: homophily in social networks. Annu Rev Sociol 27:415–444

Mehta V (2020) The new proxemics: COVID-19, social distancing, and sociable space. J Urban Des 25:669–674

Melnyk V, van Herpen E, van Trijp HCM (2010) The influence of social norms in consumer decision making: a meta-analysis. In: Campbell MC, Inman J, Pieters R (Hrsg) NA – advances in consumer research. Association for Consumer Research, Duluth, S 463–464

Meuter ML, Ostrom AL, Roundtree RI, Bitner MJ (2000) Self-service technologies: understanding customer satisfaction with technology-based service encounters. J Mark 64:50–64

Meyer A (1996) Dienstleistungs-Marketing. Erkenntnisse und praktische Beispiele, 7. Aufl. FGM Verlag, München

Meyer C, Cohen D, Nair S (2020) From automats to algorithms: the automation of services using artificial intelligence. J Serv Manag 31:145–161

Möller S (2004) Interaktion bei der Erstellung von Dienstleistungen. Die Koordination der Aktivitäten von Anbieter und Nachfrager. Deutscher Universitäts-Verlag, Wiesbaden

Nenninger S, Dyck S (2022) Chronos and kairos: reconceptualizing temporality of customer experiences. In: o.V. (Hrsg) Proceedings of the QUIS17 – the 17th international research symposium on service excellence in management. Valencia, Spanien, S 519–528

Nerdinger FW (1998) Interaktionsmanagement – Verbale und nonverbale Kommunikation als Erfolgsfaktor in den Augenblicken der Wahrheit. In: Meyer A (Hrsg) Handbuch Dienstleistungs-Marketing. Schäffer-Poeschel, Stuttgart, S 1177–1193

Nerdinger FW (2019a) Dienstleistungstätigkeiten. In: Nerdinger FW, Blickle G, Schaper N (Hrsg) Arbeits- und Organisationspsychologie, 4. Aufl. Springer, Berlin/Heidelberg, S 629–647

Nerdinger FW (2019b) Interaktion und Kommunikation. In: Nerdinger FW, Blickle G, Schaper N (Hrsg) Arbeits- und Organisationspsychologie, 4. Aufl. Springer, Berlin/Heidelberg, S 63–80

Nguyen NB, Rosmaninho Menezes JC (2021) The thirty-year evolution of customer-to-customer interaction research: a systematic literature review and research implications. Serv Bus 15:391–444

Odekerken-Schröder G, Mennens K, Steins M, Mahr D (2022) The service triad: an empirical study of service robots, customers and frontline employees. J Serv Manag 33:246–292

Oveis C, Horberg EJ, Keltner D (2010) Compassion, pride, and social intuitions of self-other similarity. J Pers Soc Psychol 98:618–630

Oyserman D, Lee SWS (2008) Does culture influence what and how we think? Effects of priming individualism and collectivism. Psychol Bull 134:311–342

Paluch S (2017) Smart Services – Analyse von strategischen und operativen Auswirkungen. In: Bruhn M, Hadwich K (Hrsg) Dienstleistungen 4.0: Geschäftsmodelle – Wertschöpfung – Transformation. Band 2. Forum Dienstleistungsmanagement. Springer Fachmedien, Wiesbaden, S 161–182

Paluch S, Wirtz J, Kunz WH (2020) Service robots and the future of service. In: Bruhn M, Burmann C, Kirchgeorg M (Hrsg) Marketing Weiterdenken – Zukunftspfade für eine marktorientierte Unternehmensführung, 2. Aufl. Springer Fachmedien, Wiesbaden, S 423–435

Pantano E, Scarpi D (2022) I, robot, you, consumer: measuring artificial intelligence types and their effect on consumers emotions in service. J Serv Res 25:583–600

Parasuraman A (2000) Technology readiness index (TRI). A multiple-item scale to measure readiness to embrace new technologies. J Serv Res 2:307–320

Paswan AK, Ganesh G (2005) Cross-cultural interaction comfort and service evaluation. J Int Consum Mark 18:93–115

Porter S, ten Brinke L (2008) Reading between the lies: identifying concealed and falsified emotions in universal facial expressions. Psychol Sci 19:508–514

Pugh SD (2001) Service with a smile: emotional contagion in the service encounter. Acad Manag J 44:1018–1027

Rakić T, Steffens MC, Mummendey A (2011) Blinded by the accent! The minor role of looks in ethnic categorization. J Pers Soc Psychol 100:16–29

Ramaswamy V, Ozcan K (2018) What is co-creation? An interactional creation framework and its implications for value creation. J Bus Res 84:196–205

Rao Hill S, Tombs AG (2011) The effect of accent of service employee on customer service evaluation. Manag Serv Qual Int J 21:649–666

Rao Hill S, Tombs AG (2022) When does service employee's accent matter? Examining the moderating effect of service type, service criticality and accent service congruence. Eur J Mark 56:1985–2013

Rapoport A (1990) The meaning of the built environment. A nonverbal communication approach. University of Arizona Press, Tucson

Rauschnabel PA, Felix R, Hinsch C, Shahab H, Alt F (2022) What is XR? Towards a framework for augmented and virtual reality. Comput Hum Behav 133:107289

Reno RR, Cialdini RB, Kallgren CA (1993) The transsituational influence of social norms. J Pers Soc Psychol 64:104–112

Rimal RN, Lapinski MK (2015) A re-explication of social norms, ten years later. Commun Theory 25:393–409

Robinson S, Orsingher C, Alkire L, De Keyser A, Giebelhausen M, Papamichail KN, Shams P, Temerak MS (2020) Frontline encounters of the AI kind: an evolved service encounter framework. J Bus Res 116:366–376

Rovai AP (2002) Building sense of community at a distance. Int Rev Res Open Dis Learn. https://doi.org/10.19173/irrodl.v3i1.79

Schaefers T, Wittkowski K, Benoit S, Ferraro R (2016) Contagious effects of customer misbehavior in access-based services. J Serv Res 19:3–21

Schau HJ, Muñiz AM, Arnould EJ (2009) How brand community practices create value. J Mark 73:30–51

Scherer K (2003) Emotion. In: Stroebe W, Jonas K, Hewstone M, Reiss M (Hrsg) Sozialpsychologie. Eine Einführung, 4., überarb. u. erw. Aufl. Springer, Berlin, S 165–213

Scherer KR (1979) Die Funktionen des nonverbalen Verhaltens im Gespräch. In: Scherer KR, Wallbott HG (Hrsg) Nonverbale Kommunikation. Beltz, Weinheim, S 25–32

Schultz WP, Khazian AM, Zaleski AC (2008) Using normative social influence to promote conservation among hotel guests. Soc Influ 3:4–23

Shannon CE, Weaver W (1976) Mathematische Grundlagen der Informationstheorie. Oldenbourg, München

Sharma P, Tam JLM, Kim N (2009) Demystifying intercultural service encounters. J Serv Res 12:227–242

Singh J, Bridge RG (2023) Interfaces, interactions, time, and the frontline nexus: foundational constructs and focus for the field of organizational frontlines. J Serv Res 26:310–329

Smink AR, Frowijn S, van Reijmersdal EA, van Noort G, Neijens PC (2019) Try online before you buy: how does shopping with augmented reality affect brand responses and personal data disclosure. Electron Commer Res Appl 35:100854

Söderlund M (2020) Employee norm-violations in the service encounter during the corona pandemic and their impact on customer satisfaction. J Retail Consum Serv 57:1–6

Solomon MR, Surprenant CF, Czepiel JA, Gutman EG (1985) A role theory perspective on dyadic interactions: the service encounter. J Mark 49:99–111

Sorokowska A, Sorokowski P, Hilpert P, Cantarero K, Frackowiak T, Ahmadi K, Alghraibeh AM, Aryeetey R, Bertoni A, Bettache K, Blumen S, Błażejewska M, Bortolini T, Butovskaya M, Castro FN, Cetinkaya H, Cunha D, David D, David OA, Dileym FA, Del Domínguez Espinosa AC, Donato S, Dronova D, Dural S, Fialová J, Fisher M, Gulbetekin E, Hamamcıoğlu Akkaya A, Hromatko I, Iafrate R, Iesyp M, James B, Jaranovic J, Jiang F, Kimamo CO, Kjelvik G, Koç F, Laar A, De Araújo LF, Macbeth G, Marcano NM, Martinez R, Mesko N, Molodovskaya N, Moradi K, Motahari Z, Mühlhauser A, Natividade JC, Ntayi J, Oberzaucher E, Ojedokun O, Omar-Fauzee MSB, Onyishi IE, Paluszak A, Portugal A, Razumiejczyk E, Realo A, Relvas AP, Rivas M, Rizwan M, Salkičević S, Sarmány-Schuller I, Schmehl S, Senyk O, Sinding C, Stamkou E, Stoyanova S, Šukolová D, Sutresna N, Tadinac M, Teras A, Tinoco Ponciano EL, Tripathi R, Tripathi N, Tripathi M, Uhryn O, Yamamoto ME, Yoo G, Pierce JD (2017) Preferred interpersonal distances: a global comparison. J Cross-Cult Psychol 48:577–592

Sparks BA, Callan VJ (1992) Communication and the service encounter: the value of convergence. Int J Hosp Manag 11:213–224

Stauss B, Mang P (1999) "Culture shocks" in inter-cultural service encounters? J Serv Mark 13:329–346

Steinhoff L, Martin KD (2023) Putting data privacy regulation into action: the differential capabilities of service frontline interfaces. J Serv Res 26:330–350

Sternberg RJ (2018) The nature of human intelligence. Cambridge University Press, Cambridge

Streukens S, Andreassen TW (2013) Customer preferences for frontline employee traits: homophily and heterophily effects. Psychol Mark 30:1043–1052

Suls J, Martin R, Wheeler L (2002) Social comparison: why, with whom, and with what effect? Curr Dir Psychol Sci 11:159–163

Sundaram DS, Webster C (2000) The role of nonverbal communication in service encounters. J Serv Mark 14:378–391

Tarbit J, Hartley N, Previte J (2023) Exoskeletons at your service: a multi-disciplinary structured literature review. J Serv Mark 37:313–339

Tombs A, Rao Hill S (2014) The effect of service employees' accent on customer reactions. Eur J Mark 48:2051–2070

Tombs AG, McColl-Kennedy JR (2003) Social-servicescape conceptual model. Mark Theory 3:447–475

Touchstone EE, Koslow S, Shamdasani PN, D'Alessandro S (2017) The linguistic servicescape: speaking their language may not be enough. J Bus Res 72:147–157

Tsai W-C, Huang Y-M (2002) Mechanisms linking employee affective delivery and customer behavioral intentions. J Appl Psychol 87:1001–1008

Turner JC, Oakes PJ, Haslam SA, McGarty C (1994) Self and collective: cognition and social context. Personal Soc Psychol Bull 20:454–463

van der Valk H, Haße H, Möller F, Otto B (2022) Archetypes of digital twins. Bus Inf Syst Eng 64:375–391

Verhoef PC, Lemon KN, Parasuraman A, Roggeveen AL, Tsiros M, Schlesinger LA (2009) Customer experience creation: determinants, dynamics and management strategies. J Retail 85:31–41

Victorino L, Verma R, Wardell DG (2013) Script usage in standardized and customized service encounters: implications for perceived service quality. Prod Oper Manag 22:518–534

Volkers M (2021) "Can I go or should I stay?" a theoretical framework of social lock-in during unsatisfactory service encounters. J Serv Theory Pract 31:638–663

Vrij A, Hartwig M, Granhag PA (2019) Reading lies: nonverbal communication and deception. Annu Rev Psychol 70:295–317

Wang KL, Groth M (2014) Buffering the negative effects of employee surface acting: the moderating role of employee-customer relationship strength and personalized services. J Appl Psychol 99:341–350

Watanabe K, Ho BQ (2023) Avatar-mediated service encounters: impacts and research agenda. Serv Ind J 43:134–153

Watzlawick P, Bavelas JB, Jackson DD (2011) Menschliche Kommunikation. Formen, Störungen, Paradoxien, 12., unveränd. Aufl. Huber, Bern

Weiss HM, Cropanzano R (1996) Affective events theory: a theoretical discussion of the structure, cause and consequences of affective experiences at work. Res Organ Behav 18:1–74

Werth L, Denzler M, Mayer J (2020) Sozialpsychologie – das Individuum im sozialen Kontext. Wahrnehmen – Denken – Fühlen, 2., vollst. überarb. Aufl. Springer, Berlin/Heidelberg

Westjohn SA, Arnold MJ, Magnusson P, Zdravkovic S, Zhou JX (2009) Technology readiness and usage: a global-identity perspective. J Acad Mark Sci 37:250–265

Wilcock A (1995) The occupational brain: a theory of human nature. J Occup Sci 2:68–72

Wilder KM, Collier JE, Barnes DC (2014) Tailoring to customers' needs. J Serv Res 17:446–459

Wirtz J, Patterson PG, Kunz WH, Gruber T, Lu VN, Paluch S, Martins A (2018) Brave new world: service robots in the frontline. J Serv Manag 29:907–931

Yule G (2014) The study of language, 5. Aufl. Cambridge University Press, Cambridge

Zhang T, Kaber DB, Zhu B, Swangnetr M, Mosaly P, Hodge L (2010) Service robot feature design effects on user perceptions and emotional responses. Intell Serv Robot 3:73–88

Zolfagharian M, Hasan F, Iyer P (2018) Customer response to service encounter linguistics. J Serv Mark 32:530–546

Zomerdijk LG, Voss CA (2010) Service design for experience-centric services. J Serv Res 13:67–82

Die Dienstleistungsumgebung als Raum der Service Co-Creation

Zusammenfassung

Die Dienstleistungsumgebung (Servicescape) stellt den Raum dar, in dem Aktivitäten und Interaktion von den Akteuren im Verlauf des Service Co-Creation-Prozesses stattfinden werden. Sie erfüllt für Mitarbeitende und Kunden gleichermaßen aus einer individuell-psychologischen und einer gemeinschaftlich-soziologischen Sicht den Zweck, die Ausführung des Service-Skripts auf instrumenteller und dramatischer Ebene als Experiencescape zu unterstützen. Dies betrifft das Sensemaking sowie die Dimensionen der Service Experience. Dazu kann der Anbieter unterschiedliche physische und soziale Cues gestalten, um so die Entstehung der Experience auf der physischen, sozialen, sensorischen, kognitiven und affektiven Ebene zu stimulieren und damit das Sensemaking zu unterstützen.

10.1 Formen und Elemente von Dienstleistungsumgebungen

Der Raum, in dem die Aktivitäten und Interaktion im Rahmen des Service Co-Creation-Prozesses stattfinden (Abb. 10.1), wird als **Dienstleistungsumgebung (Servicescape)** bezeichnet (Bitner 1992; Fließ 2009, S. 223). Auch die Begriffe der Service Facilities und Factories (Tinnilä 2012; Turley und Fugate 1992) finden sich.

Entsprechend der Theatermetapher (Grove und Fisk 1992; Harris et al. 2003), dem symbolischen Interaktionismus von Goffman (1983, S. 23) und der Skripttheorie (Abschn. 6.2.2) stellt die Dienstleistungsumgebung die Bühne dar, auf der das Stück aufgeführt wird, wobei verschiedene Szenen auch durchaus in unterschiedlichen Räumen spielen können (Abschn. 6.2.3). Entsprechend der unterschiedlichen Wahrnehmung von Kunden- und Anbieter- bzw. Mitarbeiterskript lassen sich die **Kunden-Umgebung (cus-**

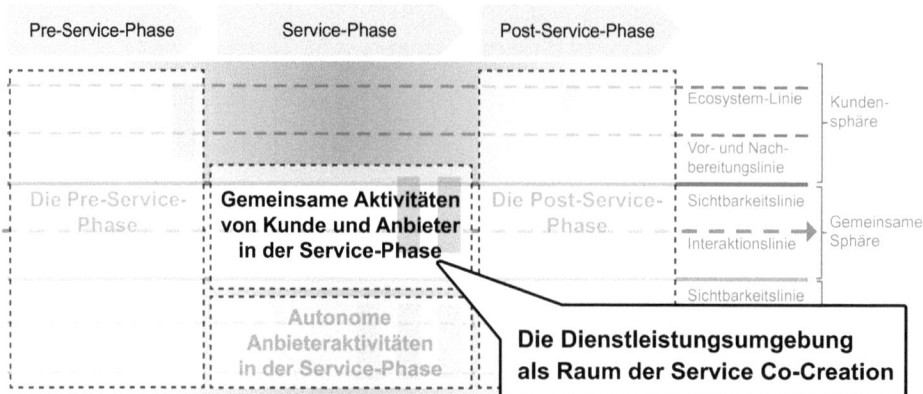

Abb. 10.1 Die Dienstleistungsumgebung als Raum der Service Co-Creation – Einordnung im ServiceBlueprint

tomer servicescape) und die **Mitarbeiter-Umgebung (employee servicescape)** unterscheiden (Line und Hanks 2019a). Aus Kundensicht entspricht die Dienstleistungsumgebung dem durch die Sinne wahrnehmbaren Bereich (Fließ et al. 2020, S. 84–88; Pareigis et al. 2012), in dem sich der Service Co-Creation-Prozess vollzieht. Aus Sicht der Mitarbeitenden stellt die Dienstleistungsumgebung den Arbeitsplatz dar (Bitner 1992; Turley und Fugate 1992).

Es lassen sich verschiedene Formen und Elemente von Dienstleistungsumgebungen differenzieren.

Üblicherweise bezieht sich der Begriff der Dienstleistungsumgebung auf die **physische Umgebung**, die auch als tangible Umgebung oder Umwelt (physical surrounding, physical environment, physical/tangible evidence) bezeichnet wird (Bitner 1992). Die physische Umgebung beeinflusst die Service Experience des Kunden in Form mechanischer Cues (mechanic cues; Berry et al. 2006; Jain et al. 2017; Zomerdijk und Voss 2010). Darüber hinaus umfasst die Dienstleistungsumgebung auch die Personen (andere Kunden, Mitarbeiter), die sich dort aufhalten. Dies wird als **soziale Dienstleistungsumgebung (social servicescape)** bezeichnet (Tombs und McColl-Kennedy 2003). Die soziale Dienstleistungsumgebung sendet menschliche oder soziale Cues aus (social, humanic cues; Baker et al. 2002) und beeinflusst darüber die Service Experience (Brocato et al. 2012; Ittamalla und Srinivas Kumar 2019).

Interagieren Kunden mit der Dienstleistungsumgebung, so wird im Hinblick auf die Service Experience auch von **Touchpoints** zwischen Dienstleister und Kunde gesprochen (Dhebar 2013; Patrício et al. 2008; Ponsignon et al. 2017). Hierbei werden menschliche, physische und digitale Touchpoints unterschieden (De Keyser et al. 2020).

Daher kann es sich auch um **virtuelle Dienstleistungsumgebungen** handeln. Für Electronic Services haben sich dabei auch die Begriffe E-Servicescape oder E-Scape (Ezeh und Harris 2007; Hopkins et al. 2009; Mari und Poggesi 2013), Online-Servicescape (Harris und Goode 2010) und Cyberscape (Williams und Dargel 2004) herausgebildet. Für

Umgebungen, die die physische Interaktion mit Technologien bzw. digitalen Interfaces wie Websites, Apps und smarten Geräten ermöglichen, werden in der Literatur die spezifischen Begriffe M-Servicescape für Mobile Servicescape (Lee 2018) und Smart Servicescape (Kang et al. 2019; Roy et al. 2019) verwendet. All diesen Begriffen gemein ist, dass sie den physischen oder den virtuellen Raum meinen, in oder an denen sich die soziale und objektbezogene Interaktion vollzieht (Clarke und Schmidt 1995; Kaminakis et al. 2019; Nilsson und Ballantyne 2014).

Dienstleistungsumgebungen werden darüber hinaus auch in künstliche und natürliche Umgebungen differenziert (Bitner 1992, 2000; Ezeh und Harris 2007). **Künstliche Dienstleistungsumgebungen** sind solche, die von Menschen geschaffen wurden, und beziehen sich zumeist auf bebaute oder umbaute Umgebungen, wie etwa Gebäude. **Natürliche Dienstleistungsumgebungen** sind Umgebungen der Natur, wie Wiesen, Wälder, Flüsse oder das Meer, die allerdings zum Teil auch von Menschen geschaffen werden, z. B. Parks, künstliche Inseln oder Stauseen.

Tab. 10.1 zeigt die Ausgestaltungsformen der Elemente für physische, natürliche und virtuelle Dienstleistungsumgebungen.

Tab. 10.1 Gestaltungselemente der Dienstleistungsumgebung

Cue-Kategorien	Physische Umgebung	Natürliche Umgebung	Virtuelle Umgebung
Externe Elemente	Form, Maße/Größe des Gebäudes, der Räume, Außenanlagen, Grünflächen Zugangsmöglichkeiten, z. B. Rampen, Treppen Farbgebung Material der Oberflächen (Böden, Wände, Decken)	Topologie Farben Elemente (Erde, Wasser, Feuer, Luft) Bauten (Zäune, Wege, Mauern) Zugänge, z. B. Tore, Treppen, Rampen	Raum, in dem sich das Interface/Gerät zur virtuellen Umgebung befindet
Interne Einrichtungsgegenstände	Art der Objekte und Einrichtungsgegenstände, z. B. Sitzmöbel, Regale, Automaten	Pflanzen, z. B. Bäume, Büsche, Blumen, Gräser Tiere, angesiedelt, z. B. Tiere in einem Zoo, oder natürlich vorkommend, z. B. Vögel, Insekten	Stabilität/Lauffähigkeit der Technik Verlinkungen, Menüführung
Layout und Designmerkmale	Material der Oberflächen und Gegenstände Farben	Gestaltete Gärten, Grünflächen, in Form geschnittene Sträucher, Tierparks und Zoos Wege, z. B. gepflastert, asphaltiert, Kies	Layout Gestaltung, Farbgebung Anordnung von Fenstern, Benutzeroberflächen Barrierefreiheit

(Fortsetzung)

Tab. 10.1 (Fortsetzung)

Cue-Kategorien	Physische Umgebung	Natürliche Umgebung	Virtuelle Umgebung
Atmosphärische Elemente	Beleuchtung, Helligkeit Belüftung, Luftqualität Temperatur Geräusche/Musik Gerüche	Tag/Nacht, Helligkeit/ Dunkelheit Wetter Temperatur Geräusche, z. B. Vogelgezwitscher	Haptik der Oberflächen (z. B. taktiles Feedback durch Vibration) Lesbarkeit (u. a. Schriftgröße, -art, -farbe
Signale, Symbole, Artefakte	Dekorationsgegenstände, Hinweisschilder, Bilder und Fotos, Logos	Hinweisschilder, Verbotsschilder, Informationstafeln, Figuren und Plastiken	Icons, blinkende Elemente, sich in der Größe verändernde Elemente, Bannerwerbung
Personen und ihre Merkmale	Größe, Geschlecht, Ethnie der Person Äußeres Erscheinungsbild der Person (Kleidung, Haarfarbe etc.) Auswahl (Kompatibilität) der Personen Anzahl und physische Nähe (persönliche Distanz) der Personen	Auswahl (Kompatibilität) der Personen, insbesondere Vermeidung der Anwesenheit inkompatibler Personen (da es sich teilweise um die Nutzung öffentlicher Flächen handelt) Anzahl und physische Nähe (persönliche Distanz) der Personen	Auswahl (Kompatibilität) der Personen Anzahl und soziale Nähe (soziale Präsenz) der Personen

Üblicherweise wird der Service Co-Creation-Prozess in den Räumen des Anbieters durchgeführt, aber er kann auch beim Kunden stattfinden, z. B. Reparatur der Waschmaschine, Putzen oder Streichen der Wohnung. Schließlich kann er an einem dritten Ort stattfinden, der weder der Ort des Anbieters noch des Kunden ist. *Zu denken ist hier beispielsweise an Yoga im Park oder eine Versicherungsberatung, bei der sich Kund:in und Anbieter im Restaurant treffen.* Eine Besonderheit stellen Service Co-Creation-Prozesse dar, die zum Ziel haben, geografische Räume zu durchqueren (Frietzsche und Maleri 2003, S. 212), z. B. Rundreisen, Kreuzfahrten, Stadtführungen, Wandertouren, Fallschirmspringen oder Logistikdienstleistungen.

Den größten Gestaltungsspielraum hat der Anbieter bei künstlichen, eigenen Räumen sowie virtuellen Dienstleistungsumgebungen, da er hier alle Gestaltungselemente (vgl. Tab. 10.1) frei wählen kann. Eingeschränkter sind seine Gestaltungsmöglichkeiten bei natürlichen Dienstleistungsumgebungen, bei Dienstleistungsumgebungen, die der Kunde zur Verfügung stellt, oder solche, die sich an einem dritten Ort befinden.

▶ **Dienstleistungsumgebung (Servicescape)** Dienstleistungsumgebungen stellen physische oder virtuelle Räume beim Anbieter, Kunden oder an einem dritten Ort dar, die durch ihre Gestaltung (bei künstlichen Umgebungen) und Nutzung (bei natürlichen Umgebungen) die für den Service Co-Creation-Prozess erforderliche Ausführung von Aktivitäten und Interaktion der Akteure – Kunde, Mitarbeiter und andere Kunden – zum Zweck der gemeinsamen Wertgenerierung ermöglichen.

10.2   Umweltpsychologische und soziologische Konzepte des Raumes

Akteure wie Kunden und Kundenkontaktmitarbeiter in Service Co-Creation-Prozessen werden durch Dienstleistungsumgebungen, seien es künstliche oder natürliche, virtuelle oder physische, beeinflusst und beeinflussen diese auch selbst durch ihre Handlungen.

In der **umweltpsychologischen Perspektive** steht die Beeinflussung des Menschen durch die Dienstleistungsumgebung im Vordergrund (Abb. 10.2). Der umweltpsychologische Ansatz basiert auf einem S-O-R-Modell, bei dem die Stimuli der Umgebung über die sensorische Wahrnehmung die affektiven, kognitiven und physiologischen Prozesse der Akteure beeinflussen und als Folge daraus Handlungen entstehen (Bitner 1992).

Als **Stimuli** wirken die Elemente der Dienstleistungsumgebung, d. h. physischen und sozialen Cues (Tab. 10.1).

Sie werden über die **Sinne** aufgenommen, wobei lediglich der visuelle, akustische, taktile und olfaktorische Sinn relevant sind; der Geschmackssinn wird nicht adressiert, da er nicht direkt Bestandteil der Dienstleistungsumgebung ist (Mari und Poggesi 2013). Über die sensorische Wahrnehmung lösen die Stimuli affektive und kognitive Prozesse aus.

Als **affektive Prozesse** werden dabei Aktivierung oder Erregung (arousal), Freude (pleasure) und Dominanz (dominance) unterschieden (Donovan und Rossiter 1982; Mehrabian und Russell 1974b, S. 18–19; 96–124). **Aktivierung** kann verschiedene Intensitäten annehmen und bezieht sich auf das Ausmaß, in dem eine Person angeregt, stimuliert, aufmerksam, wach, aktiv, entspannt oder schläfrig ist (Mehrabian und Russell 1974b, S. 22–28). Dabei reagieren Personen unterschiedlich. Sog. High Sensation Seekers haben ein größeres Bedürfnis nach Stimulation, bevorzugen komplexe und reizstarke Umgebungen, während Low Sensation Seekers reizarme Umgebungen präferieren (Donovan und Rossiter 1982). **Freude** bezieht sich auf das Ausmaß, in dem sich eine Person gut, froh oder glücklich fühlt und Freude verspürt (Mehrabian und Russell 1974b, S. 22–28).

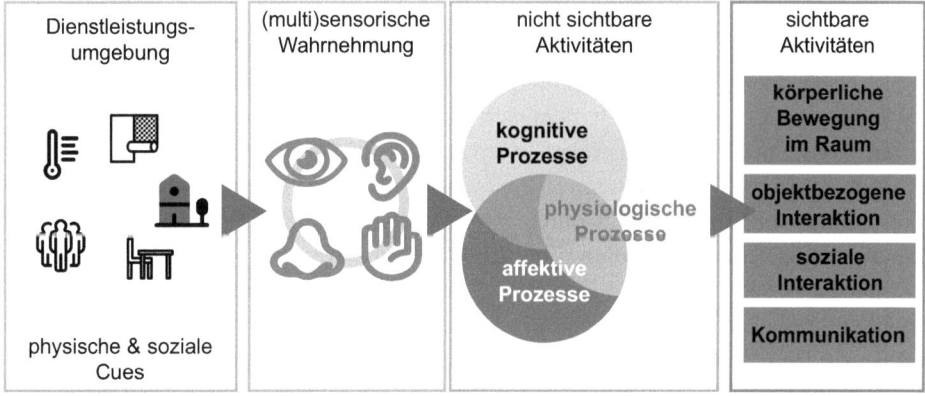

Abb. 10.2 Das umweltpsychologische Wirkungsmodell der Dienstleistungsumgebung aus Sicht eines Akteurs

Dominanz bezeichnet das Gefühl einer Person, die Situation zu kontrollieren und frei zu handeln (Mehrabian und Russell 1974b, S. 22–28).

Dienstleistungsumgebungen senden Signale (Cues) aus, die im Rahmen **kognitiver Prozesse** verarbeitet werden. So werden Informationen aufgenommen und interpretiert. Die Signale der Umgebung prägen die Erwartungen des Kunden, welche Dienstleistung angeboten oder welches Preisniveau zu erwarten ist (Bitner 1992), welche Rolle er einnimmt und welches Verhalten von ihm im Service Co-Creation-Prozess erwartet wird. *Das Vorhandensein von Automaten im Eingangsbereich einer Bank signalisiert, dass hier Selbstbedienung erwartet wird.*

Menschen reagieren auch körperlich auf die Dienstleistungsumgebung (Bitner 1992). Als Folge zu lauter Geräusche stellen sich Ohrenschmerzen ein, zu niedrige Temperaturen führen zu Frösteln und zu schlechte Luftqualität kann zu Atembeschwerden führen (**physiologische Prozesse**).

Das Ergebnis der affektiven, kognitiven und physiologischen Prozesse ist Annäherungs- oder Vermeidungsverhalten (Bitner 1992; Mehrabian und Russell 1974b, S. 96–124). **Annäherungsverhalten** äußert sich in dem Wunsch, sich physisch in der Dienstleistungsumgebung aufzuhalten, diese zu erforschen, sich also körperlich im Raum zu bewegen, mit Personen und Objekten zu interagieren, entsprechende Aufgaben auszuführen und mit anderen Personen in diesem Umfeld zu kommunizieren (Donovan und Rossiter 1982; Fließ et al. 2005; Mehrabian und Russell 1974b, S. 96). **Vermeidungsverhalten** ist das genaue Gegenteil: Akteure betreten den Raum nicht, verlassen ihn schnell oder interagieren nicht. Dabei fördert moderate Aktivierung in einer neutralen Umgebung das Annäherungsverhalten, während sehr geringe oder sehr hohe Aktivierung Vermeidungsverhalten hervorruft. In einer angenehmen Umgebung ist das Annäherungsverhalten umso wahrscheinlicher, je höher die Aktivierung ist. In einer als unangenehm empfundenen Umgebung ist das Vermeidungsverhalten umso wahrscheinlicher, je höher die Aktivierung ist (Donovan und Rossiter 1982). In Abb. 10.2 wird nur das Annäherungsverhalten dargestellt.

Während beim umweltpsychologischen Modell Akteure den Umweltstimuli passiv ausgesetzt sind und auf sie reagieren, sieht die **Raumsoziologie** den Akteur in einer aktiven Rolle. Dabei ändert sich die Vorstellung von Raum: Statt eines sog. Container-Modells, das Dinge und Menschen enthält, dominiert eine relativistische Vorstellung, in der Räume sozial konstituiert und konstruiert werden (Löw 2017, S. 17–18, 134; Schroer 2019, S. 13–15): „(Sozialer) Raum ist ein (soziales) Produkt" (Lefebvre 2013, S. 26). Die Konstitution von Raum erfolgt durch zwei Prozesse, das Spacing und die Syntheseleistung, die gleichzeitig ablaufen (Löw 2017, S. 159–160).

Spacing bezieht sich auf das Errichten, Bauen oder Positionieren von sozialen Gütern und Menschen in einer relationalen Beziehung zueinander (Löw 2017, S. 158). Materielle Güter, wie Tische, Stühle, Wände, besitzen sowohl physische als auch symbolische Eigenschaften. Aufgrund ihrer symbolischen Eigenschaften werden sie von Löw als soziale Güter bezeichnet (Löw 2017, S. 153). So hat ein Hinweisschild eine materielle Dimension (das Schild selbst) sowie eine symbolische (das, was auf dem Schild steht). Je nach Tätigkeit steht die materielle oder die symbolische Eigenschaft stärker im Vordergrund. Beim Spacing dominiert der materielle Charakter der sozialen Güter, z. B. die Anordnung von Tischen und Stühlen, das Anbringen von Hinweis- oder Verbotsschildern. Eine Anordnung ist aber nur verständlich, wenn auch die symbolische Dimension entziffert werden kann, z. B. dass ein Stuhl zum Sitzen dient (Löw 2017, S. 153–154). Das Spacing bezieht sich auf die Einordnung eines Gebäudes in ein Umfeld, die Ausstattung eines Raumes mit Möbeln, z. B. die Anordnung von Regalen in einem Supermarkt. Es umfasst auch die Platzierung von Personen im Raum und die Positionierung relativ zu anderen Personen, z. B. die Beanspruchung von Raum durch eine Gruppe von Personen, die sich mitsamt ihrem Gepäck in einer Hotellobby ausbreitet und sie gewissermaßen in Besitz nimmt. Eine Person abseits dieser Gruppe wird nicht als Gruppenmitglied erkannt. Raum wird dadurch konstituiert, dass soziale Güter und Menschen angeordnet werden bzw. sich anordnen und miteinander verknüpft sind bzw. werden (Löw 2017, S. 158–161).

Mittels der **Syntheseleistung** werden (An)Ordnungen über Wahrnehmungs-, Vorstellungs- oder Erinnerungsprozesse zu Räumen zusammengefasst (Löw 2017, S. 159). So machen eine bestimmte Anordnung von Möbeln, aber auch die dort ausgeführten Tätigkeiten ein Wohnzimmer zum Wohnzimmer. Banken können als Banken, aber auch als Büros oder Geschäfte wahrgenommen werden, je nachdem, welche Anordnungen von Möbeln, welche Art von Materialien, Farben etc. für Objekte, Böden und Wände gewählt werden (Reinares und Garcia 2012). Spacing und Syntheseleistung laufen gleichzeitig ab (Löw 2017, S. 159). Spacing ist ohne Syntheseleistung nicht denkbar (Löw 2017, S. 159), denn bei der Anordnung z. B. von Möbeln zu Gruppen wird die Syntheseleistung bereits mitgedacht, z. B. „das ist eine Sitzecke".

Durch den Prozess des Anordnens entsteht eine Ordnung oder Struktur des Raumes (Löw 2017, S. 166), die durch Routinen oder Praktiken (Abschn. 2.3.1) produziert und reproduziert wird (Lefebvre 2013, S. 33). Spacing ist daher nicht nur statisch, sondern auch prozessual zu verstehen: Räume werden im Handlungsverlauf durch Praktiken produziert und reproduziert. *Macht eine Gruppe in einer Sporthalle Sport, indem sie für ein Zirkeltraining Sportgeräte aufbaut und dann das Zirkeltraining durchführt, so wird Raum produziert. Auch ein Volleyballspiel, ein Basketballspiel oder Bodenturnen produzieren den Raum. Reproduktion findet statt, wenn die Sporthalle wiederholt für diverse Sportarten genutzt wird. Gleiches gilt für Einkaufscenter, Reinigungen oder Restaurants.* So wird durch die Ausübung der Shoppingpraktik einem Raum eine Bedeutung zu geschrieben und Sinn verliehen (Rabbiosi 2016), was einer ständigen Reproduktion des Raumes entspricht. Die Dualität des Anordnens im Sinne der relationalen Beziehungen und des Prozesses im Sinne des Schaffens von Ordnung wird in dem Begriff der (An)Ordnung zum Ausdruck gebracht (Löw 2017, S. 166). Hieran anknüpfend lassen sich Ort und Raum unterscheiden: Ort bezeichnet einen geografischen Punkt, während Raum durch die Anordnung sozialer Güter und Menschen entsteht (Löw 2017, S. 166). Wird die (An)Ordnung aufgegeben und Raum nicht mehr produziert und reproduziert, so wird aus dem Raum wieder ein Ort, der für andere Nutzungen und damit durch (An)Ordnung geschaffene Strukturen offen ist (Löw 2017, S. 198).

Durch den Service Co-Creation-Prozess wird Raum produziert und durch die Wiederholung der Service Co-Creation-Prozesse wird er reproduziert.

Im Folgenden findet sich die Syntheseleistung des Raumes in der Sensemaking- und Sensegiving-Perspektive sowie der kognitiven Dimension des Raumes wieder. Die Anordnung sozialer Güter und Menschen sowie die räumliche Praxis weisen eine Verbindung zur physischen Gestaltungsdimension des Experiencescape auf. Die umweltpsychologische Perspektive spiegelt sich in der Gestaltung der physischen, sensorischen, affektiven und kognitiven Dimension der Dienstleistungsumgebung. Die soziale Dimension vereint das soziologische und das umweltpsychologische Konzept. Alle Dimensionen zusammen stellen das Experiencescape dar.

10.3   Die Gestaltung des Experiencescape

Für den Kunden stellt die Dienstleistungsumgebung in Bezug auf das Dienstleistungserlebnis eine **Erlebnisumgebung (experiencescape)** dar (Kandampully et al. 2023; Pizam und Tasci 2019; Tasci und Pizam 2020). Entsprechend den beiden Ebenen des Service Experience Designs lassen sich eine utilitaristische (instrumentelle, funktionale) und eine hedonistische Gestaltungsebene unterscheiden (Abschn. 6.2.1). In ihrer **utilitaristischen Funktion** unterstützt die Dienstleistungsumgebung als „Ermöglicher" (facilitator) den Service Co-Creation-Prozess und die damit verbundenen Aktivitäten und Interaktionen (Zeithaml et al. 2017, S. 289). Die utilitaristische Funktion korrespondiert vor allem mit der physischen und der kognitiven Ebene der Service Experience. In ihrer **hedonistischen Funktion** wird die Dienstleistungsumgebung als angenehm, überraschend oder entspannend erlebt. Mit der hedonistischen Funktion sind vor allem die sensorische und die emotionale Dimension, aber auch die soziale Dimension der Service Experience angesprochen.

Im Rahmen des **Service Experiencescape Designs** – manchmal auch als **Context Design** bezeichnet (Gupta und Vajic 2000; Pullman und Gross 2004) – werden die physischen und sozialen Cues gestaltet. Während die physischen Cues vollständig seinen eigenen Entscheidungen unterliegen, hat der Anbieter bei der Gestaltung der sozialen Stimuli vor allem Einfluss auf das Erscheinungsbild seiner Kundenkontaktmitarbeiter; soziale Stimuli, die von anderen Kunden ausgehen, entziehen sich seiner vollständigen Kontrolle. So kann er im Sinne der Segmentierung Signale aussenden, die dazu führen, dass sich die Zielgruppe wohlfühlt, während nicht zur Zielgruppe gehörende Personen sich abgeschreckt fühlen. Er kann festlegen, wie viele Kunden sich in der Dienstleistungsumgebung aufhalten dürfen und er kann bei bestimmten Dienstleistungen Vorschriften oder Empfehlungen geben, wie sich Kunden kleiden oder verhalten sollen, z. B. Dinner in White, Kleiderordnung in einem Club oder Restaurant, Verhaltensregeln in einem Flugzeug. Ob sich die Kunden aber an diese Regeln halten, ist eine Entscheidung der Kunden. Die physischen und sozialen Cues generieren über die Sinne (sensorische Cues; Berry et al. 2002) kognitive und emotionale Wirkungen, deren Gesamtheit das Sensemaking prägt. Diese Zusammenhänge veranschaulicht Abb. 10.3.

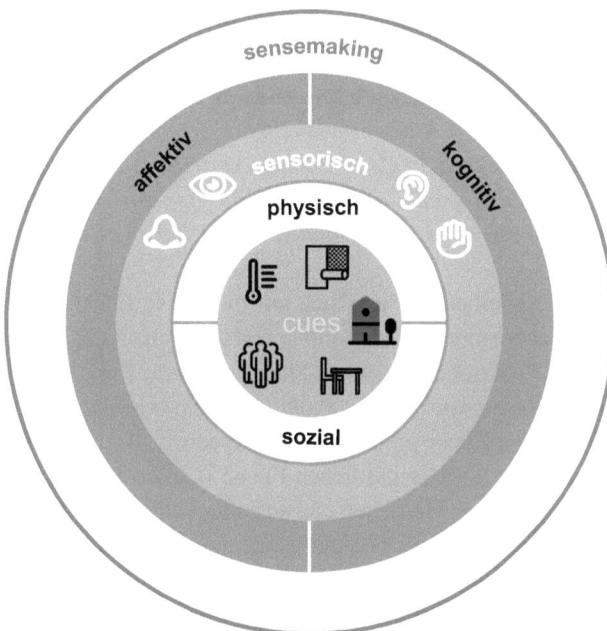

Abb. 10.3 Dimensionen der Service Experience und Ansatzpunkte der Gestaltung des Experiencescape

10.3.1 Sensemaking und Sensegiving der Dienstleistungsumgebung

Sensemaking (Sinn haben, machen) leitet sich aus der soziologischen Perspektive des Raumes ab, der sozial konstruiert wird (Abschn. 6.1.3). Dabei geht es darum, aus der Anordnung von Elementen im Sinne der Syntheseleistung bzw. der Repräsentation im Raum Funktionen zu erkennen. Im Zusammenwirken von sensorischer und kognitiver Ebene werden Cues interpretiert und zu einem sinnvollen Ganzen zusammengeführt. Diese Sensemaking-Funktion dient der Verfolgung der eigenen Ziele des Kunden bzw. dem erfolgreichen Service Co-Creation-Prozess. *So müssen Buspläne verstanden und interpretiert werden, um daraus einen Plan für die eigene Fortbewegung zu entwickeln* (Pareigis et al. 2012).

Zum Sensemaking trägt die **Lesbarkeit** (legibility) eines Platzes oder Raumes bei (Li und Klippel 2016). Die Lesbarkeit bezieht sich dabei zum einen auf die Einfachheit, mit der Menschen das Layout eines Raumes oder Ortes verstehen, und auf die mentale Vorstellung eines Raumes oder Ortes in Form einer kognitiven Karte (Abschn. 10.3.5). Zum anderen umfasst sie die Summe der Cues, um das System als Ganzes im Sinne des Sensemaking zu verstehen (Long und Baran 2012). Lesbarkeit liegt der Syntheseleistung nach Löw (2017, S. 159) zugrunde. Merkmale der Lesbarkeit sind beispielsweise markante Punkte der Topografie, z. B. besondere Form eines Berges, unverwechselbare Gebäudearchitektur, aber auch generelle Markierungspunkte des Umfeldes, die es erleichtern seinen Weg in einem Gebäude zu finden und sich daran zu erinnern (Stöhr 2004). Zur Lesbarkeit kann der Dienstleister auch durch das Layout, durch Designmerkmale, Signale, Symbole und Artefakte beitragen. *Die Anordnung von Sesseln und niedrigen Tischen mit Stühlen und höheren Tischen im Raum ermöglicht die Erkennung eines Lounge- und eines Essbereichs im Vergleich zu einer ungleichmäßigen Verteilung hoher und niedriger Tische, Sessel und Stühle. Farbige Blumenbilder in einem Flur des stark verzweigten und unübersichtlichen Untergeschosses eines Krankenhauses ermöglichen es, den Weg zu beschreiben und wiederzufinden.*

Sensegiving (Sinn verleihen) bezieht sich auf die aktive Funktion der Zuschreibung von Bedeutung zu einer bestimmten Anordnung von Menschen und sozialen Gütern, etwa indem sie bestimmten Funktionen dienen und hier bestimmte Praktiken ausgeübt werden. *So ist der Sinn eines Restaurants in der Praktik des Essengehens zu sehen.* Bedeutung kann auf der individuellen Ebene zugeschrieben werden, z. B. aufgrund spezifischer Erlebnisse, aber auch auf der gesellschaftlichen Ebene (Goller und Richter 2004, S. 124). Räume oder Anordnungen von Menschen und sozialen Gütern können aufgrund ihrer gesellschaftlichen Bedeutung Symbolcharakter gewinnen. *Das XY-Hotel hat für Carlos und Manuela eine besondere Bedeutung, da sie dort geheiratet haben. Die Freiheitsstatue hat symbolische Bedeutung, indem sie den Zugang zum „freien" Amerika symbolisiert. Die Demonstrierenden auf dem Tahir-Platz in Kairo sind ein Symbol des Arabischen Frühlings.*

Eine besondere Ausprägung des Sensegiving kommt im Konzept des **Third Place** zum Ausdruck. Third Place meint dabei den Ort zwischen Wohnung und Arbeitsplatz (Rosenbaum et al. 2007), an dem sich Personen besonders häufig aufhalten und viel Zeit verbringen. Third Places sind häufig Cafés, Restaurants, Bars oder Kneipen (Eckkneipe, Stammkneipe). Es können aber auch Sporthallen, Spielplätze oder Schwimmbäder sein oder virtuelle Orte wie Online Communities (Parkinson et al. 2022). Third Places gewinnen ihre Bedeutung für Kunden aus den physischen, sozialen und emotionalen Dimensionen, die verschiedene physische, soziale und emotionale Bedürfnisse erfüllen (Rosenbaum 2006; Rosenbaum et al. 2007). Daraus ergeben sich eine praktische Bedeutung (place-as-practical), eine Bedeutung als Begegnungsstätte (place-as-gathering) und/oder als Heimatstätte (place-as-home) (Rosenbaum et al. 2007).

Sensemaking und Sensegiving werden durch das Konzept des Dienstleisters, wie der Raum zu verstehen und zu nutzen ist, unterstützt. Dabei ermöglichen Räume den Kunden unterschiedliche Formen der **Aneignung** (Aubert-Gamet 1997; Lefebvre 2013, S. 164–168), indem die Kunden von dem Raum Besitz ergreifen und Kontrolle über ihn ausüben: Sie richten sich dort ein (nesting behavior), markieren ihn (stamping behavior) oder erforschen ihn (investigating behavior) (Aubert-Gamet 1997). *Personen, die sich mit ihrem Laptop in einem Café einrichten, zeigen Nesting Behavior. Das Markieren einer Strandliege als Besitz, indem man ein Handtuch darauf platziert, stellt Stamping Behavior dar und führt ggf. zu Konflikten, wenn andere Gäste dadurch keine freie Liege mehr finden. Das Stöbern in einem Bekleidungsgeschäft oder Buchladen, das Rennen in einer Hotellobby durch Kinder entspricht Investigating Behavior.*

Raumkonzepte und Strategien der Dienstleister bieten dabei unterschiedliche Freiheits-grade für die Ausübung von Aneignungspraktiken (Aubert-Gamet 1997) im Sinne der räum-lichen Praxis nach Lefebvre (Lefebvre 2013, S. 33). Es lassen sich Strategien der Vor-schreibung (prescription), der Verlockung (seduction) und des Vorschlags (suggestion) unterscheiden (Aubert-Gamet 1997). Die **Strategie der Vorschreibung** wird verfolgt, wenn der Kunde gezwungen wird und sich verpflichtet fühlt, bestimmte Verhaltensweisen zu zei-gen (geringes Potenzial der Aneignung). *Die Anordnung der möblierten Räume bei IKEA zwingt den/die Kund:in den gesamten Ausstellungsbereich zu durchqueren. Nur der/die kun-dige Besucher:in findet Abkürzungen.* Bei der **Strategie der Verlockung** offeriert der Dienst-leister unterschiedliche Bedeutungen und Nutzungen (mittleres Potenzial der Aneignung), die den Service Co-Creation-Prozess unterstützen sollen. *In einem Museum wurden Besu-cher:innen von einem besonders attraktiven Ausstellungsstück angezogen und sahen daher nicht alle Exponate der Ausstellung (Strategie der Verlockung), was zu Unzufriedenheit führte. Die Gruppierung von Exponaten zu verschiedenen Inseln (Strategie des Vorschlags) ermöglichte es den Besucher:innen selbst festzulegen, welche Ausstellungsstücke sie be-trachten wollten und welche nicht* (Klein 1993; MacLeod et al. 2015). Bei der **Strategie des Vorschlags** offeriert der Dienstleister verschiedene Räume und Raumkonzepte (größtes Potenzial der Aneignung). *In einem Urlaubsresort lädt die Poolbar zum Sundowner ein, die Liegewiese zum Entspannen, die Wasserrutsche und das Nichtschwimmerbecken zum Spie-len und Toben, wobei die Gäste völlig frei sind, was sie nutzen und was nicht.* Die Strategien ermöglichen es unterschiedlichen Kundentypen sich im Raum zu orientieren, Elemente im Rahmen der Syntheseleistung zu gruppieren und ihnen Funktionen und damit Sinn zuzu-weisen. *So können beispielsweise Kund:innen, die sich unsicher fühlen, durch die Strategie der Vorschreibung dabei unterstützt werden sich am Service Co-Creation-Prozess zu be-teiligen. Kund:innen, die sich gerne frei bewegen und einen Raum erforschen möchten, wer-den durch die Strategie des Vorschlags bei ihrem Ziel unterstützt.*

Darüber hinaus trägt das **Branding** (**Markierung**) zum Sensemaking und Sensegiving bei. Das Branding ist Teil des Markenmanagements eines Dienstleisters. Es vermittelt durch verschiedene Merkmale, die über die Sinne wahrgenommen werden, ein unver-wechselbares Bild der Dienstleistung oder des Unternehmens (Homburg 2020, S. 675; 681–683). Zur Markierung können alle Servicescape-Elemente genutzt werden. So kann die Architektur ein unverwechselbares Erscheinungsbild vermitteln, z. B. Peek & Cloppen-burg in Köln, Casinos in Las Vegas oder das Guggenheim-Museum in Bilbao. Designelemente im Innenraum, Materialien, Farbpalette oder Anordnung von Möbeln, aber auch die Lage, z. B. im Zentrum, können zur Wiedererkennung und zum Sensema-king beitragen. Nicht umsonst weisen Hotelketten an allen Standorten die gleichen cha-rakteristischen Merkmale auf, um das Sensemaking zu erleichtern und überall auf der Welt die gleiche Orientierung zu ermöglichen. Die Nutzung natürlicher Elemente und Bilder (Landschaft, Hühner, Kühe u. Ä.), natürlicher Materialien (Holz) und der Verzicht auf Plastik u. Ä. können die Wahrnehmung als ökologisch orientiert unterstützen und so zum Sensemaking beitragen (Kauppinen-Räisänen et al. 2014).

10.3.2 Die physische Dimension der Dienstleistungsumgebung

Die physische Dimension unterstützt die utilitaristische Funktion der Dienstleistungsumgebung, indem sie den Raum bildet, in dem der Dienstleistungsprozess abläuft. Sie
wird auch als **substanzielle oder instrumentelle Dienstleistungsumgebung** bezeichnet
und umfasst die physischen und atmosphärischen Bedingungen, wie etwa das Layout und
seine Funktionalitäten, aber auch Temperatur, Geräuschpegel, Luftqualität oder Beleuchtung (Blümelhuber 1998; Song et al. 2021). Die physische Dimension bezieht sich
auch auf virtuelle Dienstleistungsumgebungen. Die Art und Weise, wie Maschinen, Objekte und Einrichtungsgegenstände arrangiert sind, ist aktivitätsorientiert und dient der
Unterstützung der Durchführung der Dienstleistung und der Erreichung des gemeinsamen
Ziels (Bitner 1992).

Neben der Gestaltung der Sinneswahrnehmung muss es dem Anbieter darum gehen,
notwendige objektbezogene Interaktion und für den Service Co-Creation-Prozess erforderliche Aktivitäten der Kunden und Mitarbeiter zu ermöglichen. *Beim Sprachkurs muss beispielsweise ein Dozent:innentisch oder -pult möglichst aus dem Weg geräumt werden, um
keine Barriere für die Interaktion mit den Schüler:innen darzustellen. Das Whiteboard oder
die Tafel müssen gut beleuchtet und im Raum für alle gut sichtbar angebracht sein, damit
die Lehrperson schnell etwas daran anschreiben kann und die Schüler:innen es gut lesen
können.* Dies ist vor allem relevant, da die Dienstleistungsumgebung auch die Arbeits-
umgebung des Dienstleisters und seiner Mitarbeiter darstellt (Bitner 1992).

In der Dienstleistungsumgebung werden neben den für die Interaktion relevanten
Aktivitäten auch nicht sichtbare Aktivitäten (Abschn. 8.1) durchgeführt. Diese sollen, da
sie eben i. d. R. nicht zur Wertgenerierung des Kunden beitragen, unterhalb der Sichtbarkeitslinie liegen. *So kann sich beispielsweise ein Restaurantbetreiber dafür entscheiden,
die Essenszubereitung in einer offenen Küche für den Kunden sichtbar zu machen. Damit
werden bestimmte Aktivitäten in den sichtbaren Bereich verlegt und wirken als Cues auf
die sensorische Wahrnehmung. Das Spülen und Entsorgen der Essensreste, was ggf. mit
extremen Gerüchen, Lärm von klimperndem Geschirr und Besteck und auch eher
unansehnlichem Aussehen verbunden ist, wird eher für den/die Kund:in nicht wahrnehmbar in einer abgeschlossenen und nicht einsehbaren Spülküche stattfinden.*

Die Gestaltung der physischen Dimension bezieht sich auf

- die räumliche Kapazität oder Größe des Raumes,
- das Layout,
- das Design einzelner Elemente.

Die **räumliche Kapazität** beinhaltet die Zahl von Personen, die gleichzeitig an einem
Service Co-Creation-Prozess teilnehmen können. *In einem Restaurant oder Flugzeug be-
zieht sie sich auf die Zahl der Plätze, in einem Museum, einem Freizeitpark oder einem
Tourismusgebiet auf die Zahl der Besucher, die sich dort gleichzeitig aufhalten können,*

und bei einer Website auf die Zahl der Nutzer. Die räumliche Kapazität kann durch gesetzliche Vorgaben oder Sicherheitsregeln, wie etwa Feuerschutzbestimmungen oder Sicherheitsabstände, aber auch durch die räumlichen Gegebenheiten eines Gebäudes beschränkt sein.

Das Verhältnis von Raumgröße zu Zahl der Personen bezeichnet die **Dichte** (density) der Personen im Raum (Blut und Iyer 2020). Bei einer hohen Dichte kann der Service Co-Creation-Prozess u. U. nicht mehr den Anforderungen entsprechend ablaufen; Menschen werden in ihrer physischen Bewegung behindert. *Daher ist in Restaurants Platz zu planen, damit Kellner:innen sich zwischen den Tischen bewegen und die Speisen und Getränke servieren können. Zu viele Besucher:innen in einer Ausstellung können dazu führen, dass die Ausstellungsstücke nicht mehr gesehen werden können.* Eine höhere Dichte bedeutet, dass dem einzelnen Akteur weniger Platz zur Verfügung steht. Menschen passen sich diesen Begrenzungen dadurch an, dass sie kleinere Bewegungen ausführen, ihre physische Kontrolle erhöhen, sich langsamer bewegen und soziale Interaktion vermeiden (Xu und Albarracín 2016).

Das **Layout** meint die Anordnung der für die Durchführung des Service Co-Creation-Prozesses notwendigen Elemente. Abgeleitet aus dem Serviceskript können verschiedene Szenen in unterschiedlichen Räumen spielen. So kann der Raum in Zonen unterteilt werden, wobei jede dieser Zonen unterschiedlichen Funktionen dient. Die Zonen können eigene Räume bilden, aber auch optisch durch den Abstand zwischen den Möbeln, andersartigen Fußbodenbelag oder Raumteiler voneinander getrennt werden. *So gibt es bei Banken häufig einen Selbstbedienungsbereich mit Geldautomaten, Kontoauszugsdruckern, Überweisungs- und Einzahlungsautomaten, einen Bereich der schnellen Information und Beratung, meist mit Stehtischen, sowie einen Bereich für vertrauliche, längere Gespräche, z. B. für Anlageberatung oder Kreditbeantragung. Dabei liegt der Selbstbedienungsbereich direkt hinter dem Eingang, der Kurzberatungsbereich direkt hinter dem Selbstbedienungsbereich und der Beratungsbereich im hinteren Bereich des Gebäudes.*

Der zur Verfügung stehende Platz kann durch Möbel und Einrichtungsgegenstände, z. B. Regale in einem Supermarkt, begrenzt werden. Der wahrgenommene zur Verfügung stehende Raum wird als **räumliches Crowding** (spatial crowding) bezeichnet (Eroglu et al. 2005). Ein Raum kann als großzügig und offen (geringes räumliches Crowding) oder als eng bzw. einengend (starkes räumliches Crowding, overcrowding) empfunden werden. Zu wenig Raum beeinträchtigt die Ausführung von Aktivitäten und Bewegungen im Raum (Blut und Iyer 2020) und schränkt dadurch die Beteiligung am Co-Creation-Prozess ein. Die wahrgenommene Kontrolle (Abschn. 8.2.2) wird reduziert; Menschen fühlen sich eher ausgeliefert und weniger „Herr" der Lage. Darüber hinaus sinkt die Zufriedenheit (Blut und Iyer 2020) und schließlich können zu volle Räume zu einer negativen Service Experience führen.

Die Bewegung durch den Raum kann auch mit körperlichen Wirkungen verbunden sein (Bagnall 2015), denen der Dienstleister bei seiner Gestaltung Rechnung tragen muss. *So kann ein Museumsbesuch durchaus körperlich anstrengend sein, wenn Besucher:innen*

Treppen steigen wie in den Uffizien in Florenz oder in der National Gallery in London lange Wege zurücklegen und sich darüber hinaus in einer den Anforderungen der Exponate angepassten Temperatur und Luftqualität bewegen. Darüber hinaus ist das Stehen vor Exponaten das hervorstechende Merkmal der Bewegung in Museen (Klein 1993). *Möglichkeiten sich auszuruhen, Exponate über längere Zeit auch sitzend zu betrachten sowie eine Cafeteria oder ein Restaurant, um Hunger und Durst zu löschen* (Bagnall 2015), *gehören dann zu den Anforderungen an die Gestaltung der physischen Dimension der Dienstleistungsumgebung.* Schließlich ist auch an Personen mit kleinen Kindern und an Personen mit körperlichen Einschränkungen zu denken, z. B. Personen in Rollstühlen und gehbehinderte Personen. Die räumliche Gestaltung muss im Sinne der Inklusion den körperlichen Einschränkungen Rechnung tragen (Fisk et al. 2018), sodass auch diese Personen Zugang zum Service Co-Creation-Prozess erhalten, etwa Rampen oder Fahrstühle statt Treppen, und in ihm mitwirken können, z. B. Breite der Gänge zwischen Tischen im Restaurant oder Regalen im Supermarkt. Darüber hinaus wirken sich die atmosphärischen Elemente wie Temperatur, Luftqualität, Geräuschpegel u. Ä. physiologisch aus. *Bei schlechter Luft fällt das Atmen schwer und ein hoher Geräuschpegel kann zu Kopfschmerzen führen.* Im Interesse der Gesundheit seiner Kunden hat der Anbieter auch auf diese Wirkungen zu achten.

Neben räumlicher Gestaltung und Layout ist das **Design der einzelnen Elemente** Gegenstand der Gestaltung. So sind Maschinen, Objekte und Einrichtungsgegenstände funktionsgerecht zu gestalten, damit sie von den entsprechenden Akteuren einfach und zielgerichtet genutzt werden können. *Auf Sitzmöbeln sollten beispielsweise auch Kinder sitzen können, wenn diese zur Zielgruppe gehören.* Anbieter- und Kundenziele können dabei durchaus im Konflikt zueinanderstehen. *In einem Fast-Food-Restaurant oder Imbiss sind Stühle meist weniger bequem als in einem „normalen" Restaurant, damit Kund:innen nicht zu lange bleiben.* Die Form von Einrichtungsgegenständen kann die Service Experience positiv oder negativ beeinflussen. Runde Formen werden mit Wärme und Freude, eckige Formen mit Kompetenz assoziiert (Liu et al. 2018b). *In einem Experiment in einem Restaurant- und einem Krankenhauskontext zeigen* Liu et al. (2018b), *dass runde und eckige Formen bei Personen, die auf die Dienstleistung warten unterschiedliche Wirkungen zeigen. Runde Formen führen zu höherer Kundenzufriedenheit, wenn nur wenige Gäste bzw. Patienten anwesend sind. Eckige Formen führen demgegenüber zu höherer Kundenzufriedenheit, wenn der Wartebereich voll ist.*

Eine besondere Rolle spielt dabei die Ergonomie. Ergonomie bezieht sich auf die Wechselwirkungen zwischen dem Akteur und den Elementen des Dienstleistungssystems mit dem Ziel insbesondere die Ausführung einer Aufgabe zu erleichtern, Sicherheit zu bieten und das Wohlbefinden des Benutzers zu fördern (Schmauder und Spanner-Ulmer 2022, S. 17). *So zeigen etwa* Cardoso et al. (2022) *in einer Studie zur Ergonomie von Krankenhausstühlen, dass Patient:innen, die diese Stühle längere Zeit nutzen, Wert auf eine leichte Handhabung der Steuerung legen, auf eine Fernbedienung und eine bewegliche Armstütze. Patient:innen, die den Stuhl eine mittlere bis kurze Zeit nutzen, sind Kopfstütze, Höhenverstellbarkeit und eine längere Sitzfläche wichtiger.*

10.3.3 Die soziale Dimension der Dienstleistungsumgebung

Die soziale Dimension der Dienstleistungsumgebung bezieht sich auf die sozial-atmosphärischen Elemente, die die soziale Interaktion zwischen Kunde und Kundenkontaktpersonal sowie zwischen Kunden beeinflussen (Zeithaml et al. 2017, S. 292). Hierbei lassen sich folgende Aspekte unterscheiden (Colm et al. 2017; Gupta und Verma 2021; Line und Hanks 2019b):

- die reine Anwesenheit anderer Akteure (Kunden, Mitarbeiter),
- die Beobachtung des Verhaltens anderer Akteure (Kunden, Mitarbeiter),
- die Beobachtung der Interaktion anderer Kunden mit anderen Akteuren,
- die Interaktion mit anderen Kunden.

Letzteres wird hier ausgespart, da es bereits in Kap. 9 behandelt wurde. Die ersten drei Punkte werden auch unter dem Begriff der **passiven Interaktion** zusammengefasst (Line und Hanks 2019b), während der letzte Punkt sich auf die aktive Interaktion bezieht.

Die **Social Facilitation Theory** besagt, dass die reine Abwesenheit oder Anwesenheit anderer Menschen einen Einfluss auf menschliches Verhalten ausübt (Zajonc 1965). Bezogen auf Dienstleistungsumgebungen nimmt die **Anwesenheit anderer Akteure** über ihre physischen Attribute wie etwa Aussehen, Kleidungsstil oder Kulturzugehörigkeit Einfluss auf die soziale Erlebnisdimension aus und trägt darüber zur gesamten Service Experience bei (Bolton et al. 2018; Brocato et al. 2012; Hanks et al. 2021; Tombs und McColl-Kennedy 2003). Dabei spielt die **wahrgenommene Ähnlichkeit** mit anwesenden Personen eine besondere Rolle und beeinflusst das Dienstleistungserlebnis positiv (Hanks et al. 2021; Ittamalla und Srinivas Kumar 2019; Abschn. 9.3.3). Nach der **Theorie der sozialen Identität** (**Social Identity Theory**; Tajfel 1981) basiert die soziale Identität auf der Zugehörigkeit zu einer bestimmten sozialen Gruppe. Dementsprechend umgeben sich Kunden gerne mit Personen, die ihnen ähnlich sind, und vermeiden Räume, in denen sich ihnen unähnliche Personen aufhalten (Brocato et al. 2012; Montoya und Horton 2014).

Neben der wahrgenommenen Ähnlichkeit von Personen kommt auch der wahrgenommenen Menge an Personen in der Dienstleistungsumgebung besondere Bedeutung für die soziale Dimension des Dienstleistungserlebnisses zu (Tombs und McColl-Kennedy 2003, 2010). Dabei wird zwischen sozialer Dichte und Crowding unterschieden: Die **soziale Dichte** gibt objektiv die Anzahl von Personen in einer Dienstleistungsumgebung an (Hui und Bateson 1991). Demgegenüber bezieht sich **Crowding**, auch als menschliches Crowding im Gegensatz zum räumlichen Crowding (Abschn. 10.3.2) bezeichnet, auf die wahrgenommene soziale Dichte (Hui und Bateson 1990). Ob soziale Dichte als Crowding oder sogar Overcrowding wahrgenommen wird, hängt von der sozialen Distanz (Abschn. 9.3.4) ab (Hui und Bateson 1990): Je näher sich einander unbekannte Personen kommen, als desto unangenehmer wird die soziale Dichte empfunden, da andere in die persönliche Distanzzone eindringen.

Crowding wird durch räumliche, soziale, persönliche und kulturelle Faktoren beeinflusst (Blut und Iyer 2020; Kim et al. 2010). Zu den räumlichen Faktoren zählt etwa die Größe des Raumes, zu den sozialen Faktoren die soziale Distanz, persönliche Faktoren umfassen beispielsweise die Vorliebe für oder Abneigung gegen Menschenmassen, während kulturelle Faktoren etwa die Zugehörigkeit zu einem Kulturkreis beinhalten. Wie relevant die soziale Dichte ist, ist aber auch von der Art der Service Co-Creation abhängig; so spielt sie bei kollektiven und Gruppendienstleistungen eine größere Rolle als bei individuellen Dienstleistungen (Abschn. 7.1).

In virtuellen Dienstleistungsumgebungen ist das Pendant zur sozialen Dichte die **soziale Präsenz** (social presence) (Ballantyne und Nilsson 2017; Bolton et al. 2018; Hollebeek et al. 2021). Soziale Präsenz bezieht sich auf die Fähigkeit einer virtuellen Umgebung, soziale Nähe durch die Übermittlung sozialer Cues zu schaffen (Gooch und Watts 2015). Soziale Präsenz wird durch Intimität (intimacy), die von den Nutzern wahrgenommene Fähigkeit einer virtuellen Umgebung, Wärme, Nähe oder Zugehörigkeit zu anderen Interaktionspartnern zu erzeugen, und Unmittelbarkeit (immediacy), die vom Nutzer wahrgenommene Fähigkeit einer virtuellen Umgebung, der Interaktion Dringlichkeit oder Bedeutung zu verleihen, bedingt und variiert zwischen verschiedenen virtuellen Umgebungen (Hollebeek et al. 2021).

Die **Beobachtung des Verhaltens anderer Kunden** kann einen wesentlichen Teil der Service Experience ausmachen. *So gehört etwa bei einem Besuch im Café das Beobachten von Passant:innen auf der Straße oder im Café zur Service Experience dazu.* Während im Cafébeispiel die Beobachtung absichtlich erfolgt, kann eine solche auch unabsichtlich sein. *Kund:innen stehen in der Warteschlange und beobachten die Interaktion zwischen dem/der Kundenkontaktmitarbeiter:in und dem/der Kund:in vor ihnen.* Wie Ludwig et al. (2017) in ihrer Studie zeigen, kann die Beobachtung, dass andere Kunden einen besonderen Service genießen und sich freuen, bei den Beobachtenden zu positiven (Freude) und negativen Emotionen (Neid, wahrgenommene Ungerechtigkeit) und auch zu positivem (Wiederkauf) oder negativem Verhalten (Beschwerden) führen.

Normkonformes Verhalten wirkt sich positiv auf das Dienstleistungserlebnis aus (Brocato et al. 2012; Colm et al. 2017; Abschn. 9.3.1). *Ein Restaurant der gehobenen Kategorie, in dem die Gäste angemessen gekleidet sind, gute Tischmanieren haben und sich leise unterhalten, trägt zu einem positiven Dienstleistungserlebnis bei.* Demgegenüber führt von Normen abweichendes, peinliches, störendes und dysfunktionales Verhalten zu negativen Dienstleistungserlebnissen (Kilian et al. 2018; Miao und Mattila 2013). Dabei gilt, dass Kunden, die abweichendes Verhalten aus einer größeren Distanz beobachten, z. B. am Ende des Restaurants, spontan weniger negativ reagieren als Personen, die dieses Verhalten in nächster Nähe, z. B. am Nebentisch, beobachten (Miao und Mattila 2013). Welche Normen gelten, darüber gibt das **Behavioral Setting** Auskunft (Foxall und Greenley 1999; Volkers 2021): In offenen Settings können Menschen sich vergleichsweise frei verhalten, sie können sich distanzieren oder die Dienstleistungsumgebung ganz verlassen, während geschlossene Settings die Personen aufgrund sozialer Normen zwingen, zu bleiben (Fließ und Volkers 2020; Volkers 2021). Darüber hinaus prägt die Art des Settings die Vorstellung einer angemessenen sozialen Dichte (Hui und Bateson 1991).

Nicht nur die Beobachtung des Verhaltens anderer Kunden, sondern auch die **Beobachtung der Interaktion anderer Kunden mit dem Anbieter** beeinflusst die soziale Erlebnisdimension. So konnte Nesper (2014, S. 128–155, 168–176, 246–268) in einer Laborstudie zeigen, dass ein Kunde, der eine bessere Behandlung eines anderen Kunden durch einen Kundenkontaktmitarbeiter beobachtet, sich unfair behandelt fühlt und in Erwägung zieht, den Anbieter zu wechseln.

Vor diesem Hintergrund lassen sich die folgenden Empfehlungen ableiten, um die Cues für die soziale Dimension des Dienstleistungserlebnisses zu gestalten:

- Um eine zu hohe soziale Dichte und damit ein Overcrowding zu vermeiden, kann die Zahl der anwesenden Kunden begrenzt werden. Dies lässt sich durch das Layout, die Zahl der Plätze und verschiedene Räume erreichen. *So kann etwa der Wartebereich vom Bereich der Service Co-Creation getrennt werden.* Darüber hinaus kann die Zahl der Kunden geplant werden, etwa durch Anmeldungen (Arzt), Reservierungen (Restaurant), Wartelisten (Seminare), den Ticketkauf (Theater, Konzert) oder Eingangskontrollen (Clubs, Ausstellungen).
- Um einander ähnliche Personen anzuziehen, können Dienstleister in der Werbung in der Pre-Service-Phase, in Videos und auf Fotos in sozialen Medien die gewünschte Zielgruppe zeigen. Darüber hinaus können die physischen Cues so gestaltet werden, dass sie eine bestimmte Personengruppe anziehen (Brocato et al. 2012; Olson und Park 2019), z. B. signalisieren hochwertige Materialien eine höhere Dienstleistungsqualität und damit auch einen höheren Preis und ziehen so eher kaufkräftige Kunden an. Auch das Vorschreiben eines Dresscodes ist hilfreich (Hanks et al. 2021). *So ist es beispielsweise in bestimmten Urlaubshotels vorgeschrieben, zum Dinner nicht in Badekleidung oder kurzer Hose zu erscheinen.*
- Um normen- und rollenkonformes Verhalten zu unterstützen oder hervorzurufen, können Hinweisschilder, schriftliche Instruktionen, aufgezeichnete Video- oder Audiobotschaften oder verbale Instruktionen durch Kundenkontaktmitarbeiter dazu beitragen, ein gemeinsames Verständnis des erwünschten, erlaubten und verbotenen Verhaltens zu erzeugen (Grove und Fisk 1997). *So wurde auf Bali ein Regelbuch (Good Tourist Guidebook) veröffentlicht, um zu verhindern, dass sich Tourist:innen beispielsweise nackt oder wenig bekleidet an heiligen Stätten fotografieren (lassen). Die grundsätzlichen Benimmregeln erhalten Bali-Tourist:innen bei der Einreise* (Tinz 2023).

10.3.4 Die sensorische Dimension der Dienstleistungsumgebung

Jede Dienstleistungsumgebung sendet Reize aus, die Kunden und Mitarbeiter über ihre Sinne aufnehmen. Die gezielt auf die Sinne des Kunden ausgerichtete Gestaltung der Cues adressiert die **sensorische Funktion** der Dienstleistungsumgebung. Individuelle Unterschiede zwischen Kunden, wie etwa das Alter (Cavazzana et al. 2018) oder das Bedürfnis, Dinge zu berühren (Peck und Childers 2003), führen zu unterschiedlichen Sinneseindrücken (sensations) und beeinflussen das Verhalten von Kunden und Mitarbeitern sowie den Verlauf des Co-Creation-Prozesses.

Physische und virtuelle Dienstleistungsumgebungen wirken sich unmittelbar auf die sinnliche Erfahrung aus: Virtuelle Dienstleistungsumgebungen schränken den Tastsinn ein (Petit et al. 2019) und Cues, die den Geruchs- und Geschmackssinn betreffen, können nur mit sehr aufwendiger Technologie imitiert werden (Cornelio et al. 2021). Wenngleich es erste Versuche gibt, die unterrepräsentierten Sinne – Geruchs-, Geschmacks- und Tastsinn – in der virtuellen Umgebung verfügbar zu machen, werden aktuell hauptsächlich audiovisuelle Cues genutzt (Cornelio et al. 2021). Dies hat zur Folge, dass sich das multisensorische Spektrum verringert. Gleichzeitig wirkt sich dies auch auf die Intensität der Sinneswahrnehmungen aus: Gehör- und Sehsinn werden intensiver angesprochen als der Tastsinn (Marucci et al. 2021). Dies bedeutet auch, dass diesen beiden Sinnen bei der Gestaltung besondere Aufmerksamkeit geschenkt werden muss.

Je nachdem, welcher Sinn im Mittelpunkt steht, lassen sich die visuelle (visual servicescape), die akustische (soundscape), die taktile (touchscape) und die olfaktorische Dienstleistungsumgebung (scentscape) unterscheiden (Fließ et al. 2020, S. 85–88).

Die **visuelle Gestaltung der Dienstleistungsumgebung** (**visual servicescape**) umfasst Farben, Licht, Layout und Funktionalitäten, Signale, Symbole und Artefakte (Fließ et al. 2020, S. 85), aber auch die Menschen, die sich in der Umgebung aufhalten – eben alles, was gesehen werden kann. Visuelle Cues haben einen starken Einfluss auf Erregung und Freude und beeinflussen darüber das Co-Creation-Verhalten (Lin 2016). Studien zur Wirkung von Farben zeigen, dass warme Farben wie Rot zu einer größeren physischen Erregung führen als kühle Farben wie Blau (Bellizzi et al. 1983; Bellizzi und Hite 1992; Mehrabian und Russell 1974b, S. 59–61, 75). In einer Hotellobby werden warme Wandfarben als angenehmer empfunden als kühle Farben (Geng et al. 2023). Generell erhöhen warme Farben die Aktivierung, führen aber zu geringerer Zufriedenheit (Roschk et al. 2017). Kühles Licht verbessert die kognitive Leistungsfähigkeit und beeinflusst die Stimmung, die Freude und das Well-Being positiv (Guido et al. 2017). In hellem Licht fühlen sich Menschen wärmer, sie bewerten positive Äußerungen positiver, aber negative auch negativer und schätzen aggressives Verhalten als aggressiver ein (Xu und Labroo 2014). In einem Restaurant mit hellerem Licht wählen Personen gesündere Gerichte (Biswas et al. 2017). Auch die Anordnung der Elemente beeinflusst die Wahrnehmung und Bewertung der Kunden. So fand man heraus, dass in einem gut besuchten Fast-Food-Restaurant mit rechteckiger Anordnung der Tische Kunden die Kompetenz des Dienstleisters höher einschätzen, während die kreisförmige Anordnung der Tische in einer ruhigen Zeit ein Gefühl der Wärme und des Willkommens auslöste (Liu et al. 2018b).

Jede Dienstleistungsumgebung lässt sich durch eine typische Geräuschkulisse, die **akustische Dienstleistungsumgebung** (**soundscape**), charakterisieren. *So ist ein Restaurant beispielsweise durch Gelächter, Stimmengewirr, das Klappern von Geschirr und Besteck und ggf. Hintergrundmusik gekennzeichnet* (Lindborg 2016). Generell lassen sich natürliche, menschliche und Geräusche von Maschinen unterscheiden, die dominant oder im Hintergrund wirken (Lindborg 2016). In Studien werden meist isolierte Geräusche untersucht, wobei die Studien zur Wirkung von Musik besonders zahlreich sind. Dabei wirken Tempo, Lautstärke, Tongeschlecht (Dur, Moll), die Art der Musik (Pop, Klassik etc.), ob

Kunden die Musik mögen, ob die Musik zur Dienstleistungsumgebung passt und ob Kunden sie kennen, in unterschiedlichem Maße auf die Aktivierung, die Emotionen und das Verhalten in der Dienstleistungsumgebung (Michel et al. 2017 und die dort angegebenen Quellen). So aktiviert schnelle Musik stärker als langsame Musik, aber dies muss nicht notwendigerweise zu positiven Gefühlen führen (Michel et al. 2017). In einem Supermarkt löste schnelle Musik bei Männern positive Gefühle aus, bei Frauen hatte langsame Musik diese Wirkung (Andersson et al. 2012). Laute Musik hat eher negative Effekte: So verbrachten Kunden in einem Supermarkt und auch in einem Restaurant weniger Zeit und gaben in einem Restaurant weniger Geld aus, wenn die Musik laut war (Michel et al. 2017). Maßgebend für die positive Wirkung von Musik ist auch, dass Kunden die Musik mögen und sie als passend zur Dienstleistungsumgebung einstufen: In einer Bank hatten Kunden positivere Gefühle während der Wartezeit, wenn sie die Musik mochten (Hul et al. 1997), in einem Kaufhaus und in einem Restaurant blieben die Kunden länger (Caldwell und Hibbert 2002; Yalch und Spangenberg 1990). Passt die Musik zur Dienstleistungsumgebung, so fühlen sich Kunden wohler, sie bleiben länger (Vida et al. 2007), die Dienstleistungsumgebung, z. B. das Restaurant, wird positiver bewertet (Wilson 2003) und in einer Bar gaben Kunden mehr Geld aus, wenn Trinklieder gespielt wurden (Jacob 2006). Während der Dienstleister nicht auf alle Geräusche Einfluss hat, z. B. Lautstärke der Gäste, kann er durch die Wahl der Musik die Emotionen der Kunden positiv beeinflussen und das Kundenverhalten stimulieren. Allerdings ist zu beachten, dass Musik nicht in allen Dienstleistungsumgebungen gespielt werden kann, z. B. in Krankenhäusern oder Schulen (Fließ et al. 2020, S. 86). Und in manchen Dienstleistungsumgebungen trägt gerade die Stille zu einem besonderen Dienstleistungserlebnis bei (Dehling 2023), z. B. Ruheräume, Kloster.

Auch natürliche Dienstleistungsumgebungen besitzen eine Geräuschkulisse, z. B. Tier- und Windgeräusche, Getöse von Wasserfällen oder Geplätscher von Bächen, aber auch Geräusche der anwesenden Menschen. Die Geräuschkulisse beeinflusst die Zufriedenheit von Touristen (Jiang et al. 2018; Liu et al. 2018a), wobei menschliche Geräusche sich störend auf die Service Experience auswirken können (He et al. 2019).

Taktilen oder haptischen Cues (touchscape) können Kunden passiv ausgesetzt sein, z. B. der Temperatur oder dem Luftstrom der Klimaanlage (Bitner 1992), sie können aber auch aktiv darauf reagieren, z. B. Oberflächen berühren (Song et al. 2016). Mittlere Temperaturen werden als angenehm empfunden (Mehrabian und Russell 1974b, S. 61, 76). Dabei beeinflusst die Umgebung das Temperaturempfinden: Wie eine Laborstudie zeigte, nahmen Kunden in einem Möbelgeschäft warme Temperaturen als weniger warm wahr als in einem Bekleidungsgeschäft und in einer Buchhandlung (Briand Decré und Pras 2013). In allen drei Geschäften assoziierten Kunden eine mittelwarme Temperatur mit einer entspannenden Umgebung und gaben an, mehr Zeit in dem Geschäft verbringen zu wollen (Briand Decré und Pras 2013). Berührungen von Personen helfen Beziehungen aufzubauen und werden genutzt, um emotionale Unterstützung zu vermitteln (Haans et al. 2014 und die dort angegebenen Quellen). Darüber hinaus beeinflussen Berührungen die Emotionen, Mitarbeiter werden positiver bewertet und Kunden sind eher geneigt Vorschläge anzunehmen (Fließ et al. 2020, S. 90). Positive Wirkungen sind auch dann zu verzeichnen, wenn Kunden die Berührung nicht bewusst wahrnehmen (Crusco und Wetzel 1984). Die Wirkung von Berührungen ist dabei auch kontextabhängig. *So empfinden Patienten Berührungen durch Pflegepersonal als mütterlich, fürsorglich und mitfühlend, sie drücken Menschlichkeit aus und durchbrechen die soziale Isolation im Krankenhaus* (Kelly et al. 2018). Allerdings sollten Berührungen vorsichtig eingesetzt werden, da sie auch als Belästigung und Machtausübung wahrgenommen werden können (Kelly et al. 2018). Darüber hinaus sind kulturelle Unterschiede zu beachten, die Beziehung zwischen den Personen sowie die Geschlechteridentität (Fließ et al. 2020, S. 90; van Erp und Toet 2013). Berührungen finden sich auch in virtuellen Dienstleistungsumgebungen: Eine Laborstudie zeigte, dass Personen, die bei der Buchung eines Stadtrundgangs in New York einen Touchscreen statt eines Touchpads oder einer Maus benutzten, eine höhere Kaufbereitschaft und eine höhere Preisbereitschaft aufwiesen (Brasel und Gips 2014). Auch Roboter, die Menschen berühren, können dadurch Emotionen kommunizieren (van Erp und Toet 2013).

Olfaktorische Cues (scentscape) sind direkt mit Emotionen verbunden. Gerüche führen bewusst und unbewusst zu direkten körperlichen Reaktionen (Cerulo 2018). Gerüche, die als positiv empfunden werden, führen zu positiven Empfindungen, tragen zu einem positiven Dienstleistungserlebnis bei und führen über die positiven Emotionen dazu, dass Kunden sich länger in der Dienstleistungsumgebung aufhalten und mehr Geld ausgeben (Ogruk et al. 2018). Positive Effekte treten auch in virtuellen Dienstleistungsumgebungen auf, etwa wenn Personen beim Online-Shoppen positiven Gerüchen ausgesetzt werden (Vinitzky und Mazursky 2011) oder Reiseziele in einer Virtual Reality anschauen und dabei passende Düfte wahrnehmen (Flavián et al. 2021). Düfte können Erinnerungen direkt wieder heraufbeschwören (Krishna 2012; Rimkute et al. 2016). *So erinnern Parfüms an Gelegenheiten, bei denen diese getragen wurden, oder Umgebungsgerüche lassen die Erinnerung an den Italienurlaub aufkommen.* In einer Langzeitstudie in Deutschland wurde ein Nahverkehrszug mehrfach beduftet. Der als positiv wahrgenommene Duft führt zu einer positiveren Service Experience und – auf einem geringeren Niveau – zu einer besseren Bewertung der Dienstleistungsqualität und des Service Value. Es konnte gezeigt werden, dass die positiven Effekte des angenehmen Duftes sich auch dann hielten, wenn der Duft gar nicht mehr ausgebracht wurde (Girard et al. 2019). Die Beduftung von Dienstleistungsumgebungen wird in den letzten Jahren verstärkt genutzt, z. B. in Hotellobbys (Denizci Guillet et al. 2019). Auch der Geruch von Personen (Eigengeruch, Parfüm) kann als angenehm oder unangenehm wahrgenommen werden und die Bereitschaft zur Interaktion beeinflussen (Fließ et al. 2020, S. 91 und die dort angegebenen Quellen).

Die sensorische Dienstleistungsumgebung ist im Hinblick auf das gewünschte Dienstleistungserlebnis zu gestalten: Ist mit negativen Emotionen zu rechnen, wie etwa im Krankenhaus oder bei Beschwerden, so sollte die Dienstleistungsumgebung beruhigend gestaltet werden. Dazu können visuelle Cues, z. B. Farben, Anordnung der Elemente im Raum, akustische Cues, z. B. Musik, olfaktorische Cues, z. B. stimmungsaufhellende Gerüche, und haptische Cues, z. B. glatte Oberflächen, genutzt werden. Auch bei positiven zu erwartenden Emotionen ist auf Kongruenz der Cues zu achten, da kongruente Cues die Aufmerksamkeit, die Informationsverarbeitung und die Bewertung positiv beeinflussen können (Krishna et al. 2010). Inkongruente Cues, z. B. rhythmische Unterhaltungsmusik mit Gesang in einem Luxus-Restaurant, können als Störfaktor empfunden werden, wenn sie nicht absichtlich als Mittel der Aufmerksamkeit verwendet werden, z. B. ein lauter Gong im Theater zur Ankündigung des Pausenendes. Allerdings werden inkongruente Cues nicht immer negativ bewertet (Bosmans 2006). Generell wird ein optimales Niveau an sensorischer Stimulation unterstellt (Guido et al. 2007; Steenkamp und Baumgartner 1992); wird dieses Niveau überschritten, kommt es zu einem „sensory overload", der trotz der Kongruenz der Stimuli zu negativen Effekten führt (Spence et al. 2014). Die meisten der hier vorgestellten Ergebnisse basieren auf Studien mit jüngeren Personen, häufig Studierenden. Ob die Ergebnisse beispielsweise auch auf ältere Personen übertragbar sind, die schlechter sehen, hören und riechen, ist kritisch zu hinterfragen (Bateson 2021).

Die in der Dienstleistungsumgebung enthaltenen Cues können sich sowohl auf Kunden als auch auf Mitarbeiter negativ auswirken (Demoulin und Willems 2019; Parish et al. 2008). *Dies kann beispielsweise der Fall sein, wenn während der ganzen Arbeitszeit immer wieder die gleiche Hintergrundmusik, wie in manchen Restaurants oder Hotels, oder sich wiederholende Werbespots, wie es im Einzelhandel der Fall ist, läuft. Auch gedimmtes Licht oder ein undefiniertes Stimmenwirrwarr, wie es in einem gutbesuchten Restaurant der Fall sein kann, erschweren die Konzentration und die Ausführung der Aktivitäten.* Der Anbieter muss daher durch geeignete Gestaltung der Umgebung sowohl die funktionell-materielle als auch die kommunikative Funktion sowohl für den Kunden als auch für die Mitarbeitenden gewährleisten (Line und Hanks 2019a).

Die Verarbeitung der sensorischen Reize führt zu kognitiven und affektiven Wirkungen, die wiederum Verhaltenstendenzen hervorrufen.

10.3.5 Die kognitive Dimension der Dienstleistungsumgebung

Als **kognitive Prozesse** sind dabei zunächst Informationsverarbeitungsprozesse zu nennen. Im Hinblick auf die Informationsverarbeitung, die vom Kunden geleistet werden muss, lassen sich reizarme und reizstarke Umgebungen unterscheiden (Mehrabian und Russell 1973). **Reizstarke Umgebungen** weisen eine hohe, **reizarme Umgebungen** eine niedrige Informationsrate auf (Mehrabian und Russell 1974a). Die Informationsrate gibt an, als wie neu, dynamisch und komplex eine Umgebung vom Kunden wahrgenommen wird (Mehrabian und Russell 1974a). Dabei stellen reizarme Umgebungen geringere Anforderungen an die Informationsverarbeitungskapazitäten, während reizstarke Umgebungen hohe Anforderungen stellen und auch zu Reizüberflutung und Informationsüberlastung führen können (Kroeber-Riel und Gröppel-Klein 2019, S. 394). Umgebungen, in denen komplexe Aufgaben ausgeführt werden sollen, sind daher eher reizarm zu gestalten, während Umgebungen für wenig komplexe Aufgaben reizstark gestaltet werden sollten. *So fördern beispielsweise reizarme Räume in Schulen, Universitäten und Weiter-*

bildungseinrichtungen das Lernen, da die Personen nicht durch eine Vielzahl von Reizen abgelenkt werden. Demgegenüber kann eine Kindertagesstätte reizstärker gestaltet werden, um die Kinder zu stimulieren.

Entsprechend dem Verlauf des Service Co-Creation-Prozesses übernimmt die Dienstleistungsumgebung für den Kunden zunächst eine Orientierungsfunktion. Die **Orientierungsfunktion** bezieht sich auf das Zurechtfinden in der Umgebung und im Service Co-Creation-Prozess (Bonfanti et al. 2017; Fewings 2001; MacLeod et al. 2015; Vigolo et al. 2020). Die Orientierung kann dabei räumlich erfolgen – was ist wo und wie komme ich dahin? – als auch verhaltensbezogen – was ist erlaubt, was nicht? Was tue ich wann wo im Service Co-Creation-Prozess?

Die räumliche Orientierung bezieht sich zum einen darauf, einen Überblick über die physische Anordnung von Objekten und Personen im Raum zu gewinnen (vgl. auch Abschn. 10.3.2 und 10.3.4). Sie dient zum anderen dem Auffinden und Erreichen eines bestimmten örtlichen Zieles, z. B. eines Zimmers in einem Krankenhaus, des Parkplatzes im Parkhaus oder des Gates auf dem Flughafen. Dies wird als **Wayfinding** bezeichnet (Fließ und Tetzner 2009). Insbesondere in komplexen Dienstleistungsumgebungen wie Flughäfen oder Krankenhäusern ist dies nicht immer einfach (Li und Klippel 2016).

Wayfinding basiert zum einen auf kognitiven Karten, zum anderen auf Beschilderungen, Zeichen und Signalen (Baskaya et al. 2004; Downs et al. 1982). **Kognitive Karten** stellen räumliche Schemata dar (Baskaya et al. 2004). Sie entstehen dadurch, dass Menschen Informationen über ihre räumliche Umgebung sammeln, ordnen, speichern, abrufen und anwenden (Stöhr 2004, S. 94). Auf kognitiven Karten finden sich markante Punkte, sog. Landmarken, die es einer Person erlauben, ihren Weg zu finden oder zu planen, um ihr Ziel zu erreichen (Stöhr 2004). Auch Personen, die sich in einer ihnen unbekannten Dienstleistungsumgebung befinden, können sich orientieren, indem sie auf die kognitiven Karten ähnlicher Dienstleistungsumgebungen zurückgreifen (Baskaya et al. 2004). *So besteht in einem Museum etwa die Vorstellung, sich in der Reihenfolge der Räume durch das Gebäude zu bewegen. Entspricht das Museum aufgrund seiner architektonischen Besonderheit nicht diesem Muster, so sind Besucher:innen irritiert, sehen nicht alle Exponate und fühlen sich unzufrieden* (McIntyre 2009). Neben kognitiven Karten stützt sich das Wayfinding auf Hinweisschilder, Wegweiser, Signale, Farbabgrenzungen oder Anordnungen im Raum. *So weisen etwa auf einem Golfplatz Hinweisschilder auf den nächsten Abschlag. In einem Museum zeigen Hinweisschilder die Richtung zu den nächsten Räumen oder Ausstellungsstücken. In einem Flughafen sind Check-in-Schalter und Gates ausgewiesen.* Auch andere Cues, die der Kunde entsprechend interpretiert, tragen zum Wayfinding bei. Diese sind dabei häufig visueller Art, aber auch Gerüche (Essensgeruch, Blumen), haptische Merkmale (Kennzeichnungen für Blinde auf Bahnsteigen) oder Geräusche (Ampel-Signal für Blinde; Lautstärke einer Menschenmenge) können der Orientierung dienen.

Wayfinding insbesondere in komplexen Dienstleistungssituationen hat einen wesentlichen Einfluss auf die Service Experience. Dienstleister sollten daher Kunden bei ihrer räumlichen Orientierung und ihren Orientierungs- und Wayfindingprozessen unterstützen. Hierzu dienen die folgenden Maßnahmen:

Maßnahmen des Dienstleisters zur Unterstützung des Wayfindings
- Anordnung von Elementen im Raum im Sinne der Spacing- und Syntheseleistung (Abschn. 10.2) sowie der Lesbarkeit eines Raumes (Abschn. 10.3.1), sodass Funktionseinheiten erkennbar werden
- Strategien der Vorschreibung, der Verlockung und des Vorschlags (Abschn. 10.3.1)
- Geführte Touren, z. B. Werkbesichtigungen, Museumsführungen oder Wanderungen. *So folgten einer empirischen Studie zufolge zwei Drittel aller Besucher:innen den Routenvorschlägen im Deutschen Museum in München, während das andere Drittel durch ein besonders attraktives Ausstellungsstück vom Weg abgelenkt wurde* (Klein 1993)
- Abgrenzung von Funktionseinheiten z. B. über Farben oder Texturen
- Raumpläne auf Tafeln, Übersichten, in Papier- oder digitaler Form sowie die Übersicht über den Aufbau einer Website
- Beschilderungen, z. B. Hinweisschilder, Wegweiser oder Piktogramme
- Signale, z. B. Farben in einem Parkhaus
- Apps des Dienstleisters mit Navigationsmöglichkeiten, z. B. für Flughäfen. Je detailgetreuer die virtuelle Dienstleistungsumgebung die reale Umgebung abbildet, desto besser können sich Personen orientieren und ihren Weg finden (Wallet et al. 2011)
- Informationsschalter und Auskunftspersonal, wobei hier demografische Unterschiede zu berücksichtigen sind. So fanden Chebat et al. (2005) in einer Studie in einem Einkaufszentrum, dass Frauen persönliche Auskünfte bevorzugten, während sich Männer eher über Hinweisschilder orientierten

Neben der kognitiven Dimension ist auch die affektive Dimension der Dienstleistungsumgebung zu gestalten.

10.3.6 Die affektive Dimension der Dienstleistungsumgebung

Die Sinneswahrnehmung der physischen und sozialen Reize der Umgebung lösen Emotionen positiver (Glück, Überraschung) und negativer Valenz (Ärger, Furcht, Ekel, Traurigkeit, Scham, Verlegenheit) in unterschiedlicher Intensität aus (Kroeber-Riel und Gröppel-Klein 2019, S. 107–108). Bei der Gestaltung der affektiven Dimension der Dienstleistungsumgebung ist es das Ziel, positive Emotionen zu wecken und dadurch zu einem positiven Dienstleistungserlebnis beizutragen.

Grundsätzlich führt die sorgfältige Gestaltung der substanziellen Dienstleistungsumgebung mit ihren mechanischen Cues (Möblierung, Beschilderung, Beleuchtung, Sauberkeit etc.; Abschn. 10.3.2) zu positiven Emotionen (Antwi et al. 2022; Song et al. 2021), während eine inadäquate Ausstattung Beklemmungen, Besorgnis und Ängste hervorruft (Jeon und Kim 2012). So kann das Design im Einzelhandel dazu führen, dass es Kunden schwer fällt ihren Weg oder spezifische Produkte zu finden, dass es zu voll ist und dass Gerüche, Geräusche, Luftqualität und Temperatur sowie Schmutz negative Emotionen wie Ärger, Ekel, Enttäuschung oder Nervosität auslösen (Demoulin und Willems 2019). Wie Bujisic et al. (2017) in ihrer Flughafenstudie zeigen, fördert die hedonistische Dimension der Dienstleistungsumgebung (Design, Duft) positive Gefühle. Dienstleister sollten also die substanzielle Dienstleistungsumgebung pflegen und in Schuss halten, um negative Gefühle zu vermeiden und positive Gefühle zu erzeugen.

Positive Emotionen lassen sich durch spezifische Designelemente fördern. Neben der funktionalen, utilitaristischen Gestaltung kann die **ästhetische Gestaltung** als besondere Form der hedonistischen Dimension der Dienstleistungsumgebung positive Gefühle auslösen (Alfakhri et al. 2018; Kumar et al. 2017; Lin 2016). Grundlegende Prinzipien ästhetischer Gestaltung sind beispielsweise Struktur, Harmonie und ausgeglichene Proportionen (Kim 2006). Darüber hinaus werden sowohl in physischen als auch in virtuellen Dienstleistungsumgebungen klassische Merkmale wie eine klare, saubere Struktur und Organisation, Einfachheit und ansprechende Farbgestaltung sowie expressive Merkmale in Form künstlerischer, moderner, effektvoller, herausfordernder und faszinierender Gestaltung unterschieden (Kim et al. 2020; Lavie und Tractinsky 2004; Moshagen und Thielsch 2010). Personen, denen im Rahmen einer empirischen Studie Fotos von luxuriösen Hotelzimmern mit unterschiedlich farbigen Wänden gezeigt wurden, sahen blaue Wände als besonders ästhetisch (elegant, kultiviert, kreativ, innovativ und behaglich) an, während grüne Wände den geringsten ästhetischen Wert hatten. Klassische ästhetische Gestaltung (elegant, behaglich, handgefertigt) wirkte sich bei luxuriösen Hotelzimmern positiv auf Aktivierung (arousal), Freude (pleasure) und Dominanz (dominance) aus, während eine expressive ästhetische Gestaltung (kultiviert, kreativ, innovativ) negative Effekte zeigte (Lin 2016). In der Unterteilung von Pine, II. und Gilmore (2013, S. 30) stellt die Ästhetik eine eigene Kategorie der Experience dar, die durch das Eintauchen in eine Umgebung eine passive Partizipation gekennzeichnet ist. So genießen Touristen die natürliche Umgebung, ohne die sie umgebende Natur verändern zu wollen, und werden dadurch selbst Teil des Erlebnisses (Oh et al. 2007).

Auch **biophile oder biomorphe Designs** haben einen positiven Einfluss auf Emotionen. Biophile oder biomorphe Designs nutzen Pflanzen, Wasser, Licht, Farben, natürliche Materialien und natürliches Licht oder imitieren diese, z. B. durch Fototapeten, Bilder von Tieren und Pflanzen oder stilisierte Blätter und Blumen (Kumar et al. 2020; Purani und Kumar 2018). Menschen haben eine Präferenz für eine biomorphe Gestaltung der Dienstleistungsumgebung, können dort besser abschalten und fühlen sich dort wohler. Darüber hinaus fühlen sie sich einem solchen Raum stärker physisch und mental verbunden. Diese Wirkungen konnten in einem Experiment für Krankenhäuser, Hotellobbys und Bekleidungsgeschäfte nachgewiesen werden (Kumar et al. 2020). Zudem führen biophile Dienstleistungsumgebungen bei Dienstleistungen, die vor allem durch Erfahrungseigenschaften gekennzeichnet sind (Restaurant, Spa), zu Erregung (excitement) und Freude (pleasure). Bereits eine einzelne Topfpflanze führt zu signifikant mehr Freude gegenüber einer neutralen, utilitaristischen Umgebung oder einer Vase als Dekorationselement (Tifferet und Vilnai-Yavetz 2017). Allerdings ist dieser Effekt bei hedonistischen Dienstleistungen stärker ausgeprägt als bei utilitaristischen (Purani und Kumar 2018).

Dienstleistungsumgebungen können **erholsam** sein, indem sie Kunden erlauben, aus dem Alltag abzutauchen, von allem wegzukommen, abzuschalten, sich abzulenken, sich zugehörig zu fühlen und in eine andere Umgebung einzutauchen (Rosenbaum 2009). Dazu tragen neben der Gestaltung der Dienstleistungsumgebung auch die Möglichkeiten der Nutzung dieser Umgebung bei, z. B. Dinge zu tun, die man mag (Rosenbaum und Smallwood 2011). Dienstleistungsumgebungen werden insbesondere durch eine biophile Gestaltung erholsam und erlauben es den Kunden, Stress zu reduzieren und mentaler Ermüdung entgegenzuwirken (Joye et al. 2010; Rosenbaum et al. 2016; Rosenbaum et al. 2018). Bei einer Studie in einem Supermarkt zeigte sich, dass die als erholsam empfundene Umgebung half sich ruhiger zu fühlen, die Konzentrationsfähigkeit und die Vitalität zu erhöhen, die Gedanken zu klären und Vertrauen in die Zukunft zu entwickeln (Rosenbaum et al. 2020). Ähnliche Ergebnisse zeigten sich auch in einem Seniorenzentrum (Rosenbaum et al. 2014) und einem Krebszentrum. Insgesamt wirken erholsame Dienstleistungsumgebungen damit auf das Well-Being und die Gesundheit ihrer Besucher bzw. Nutzer (Rosenbaum et al. 2018; Rosenbaum und Smallwood 2011) und tragen dadurch zu einem erholsamen Dienstleistungserlebnis bei.

Eine besondere Rolle spielt nicht erst seit COVID-19 die **Sicherheit** einer Dienstleistungsumgebung, denn das Gefühl von Sicherheit ist ein Basisbedürfnis (Siguaw et al. 2019) und beeinflusst das emotionale Dienstleistungserlebnis (Bonfanti 2016). Dabei lassen sich die Maßnahmen danach unterteilen, ob sie den Zugang zur Dienstleistungsumgebung regulieren oder die Sicherheit während des Aufenthalts gewährleisten sollen (Bove und Benoit 2020). Eingangskontrollen wie am Flughafengate, bei Festivals oder ggf. auch Sportveranstaltungen sollen sicherstellen, dass Personen keine gefährlichen Gegenstände mitbringen. Technische Maßnahmen in der substanziellen Dienstleistungsumgebung wie Überwachungskameras, Sicherheitsschlösser, Notrufsäulen und -knöpfe, Safes, Brandschutztüren in Gebäuden oder feuerfeste Materialien verhindern, dass Personen und ihre Besitztümer im Falle von Feuer, Überfällen oder Diebstählen zu Schaden kommen. Kommunikative Maßnahmen wie Beschilderung von Notausgängen oder Sicherheitsinstruktionen wirken auf das Verhalten von Kunden und Mitarbeitern und tragen so zur Sicherheit bei. Personalmaßnahmen wie Sicherheitspersonal schützen den Dienstleister, aber auch Kunden vor Schäden durch normenabweichendes Verhalten, Gewalt oder Diebstahl. Neben diesen direkten Maßnahmen sorgen indirekte Maßnahmen dafür, dass sich ein Gefühl von Sicherheit einstellt (Bonfanti 2016; Enz 2009; Siguaw et al. 2019). Beleuchtung in der Dunkelheit, Sauberkeit oder die Anwesenheit anderer Menschen tragen dazu bei, dass sich Menschen sicher fühlen. In virtuellen Dienstleistungsumgebungen kommt der **Cybersicherheit (cybersecurity)** eine besondere Bedeutung zu. Dabei werden in Deutschland insbesondere der Datenschutz und die Privatsphäre, z. B. Weitergabe von Kundendaten, Schutz von Kindern, sowie der Umgang mit technischen Problemen, z. B. Hackerattacken, Zertifizierung, adressiert (Schallbruch und Skierka 2018, S. 5–8). Verletzungen der Cybersecurity führen zu Besorgnis, Vertrauensverlust, Angst und sogar Panik (Budimir et al. 2021).

Literatur

Alfakhri D, Harness D, Nicholson J, Harness T (2018) The role of aesthetics and design in hotelscape: a phenomenological investigation of cosmopolitan consumers. J Bus Res 85:523–531

Andersson PK, Kristensson P, Wästlund E, Gustafsson A (2012) Let the music play or not: the influence of background music on consumer behavior. J Retail Consum Serv 19:553–560

Antwi CO, Ren J, Zhang W, Owusu-Ansah W, Aboagye MO, Affum-Osei E, Agyapong RA (2022) I am here to fly, but better get the environment right! Passenger Response Airport Servicescape Sustainability 14:10114

Aubert-Gamet V (1997) Twisting servicescapes: diversion of the physical environment in a re-appropriation process. Int J Serv Ind Manag 8:26–41

Bagnall G (2015) Performance and performativity at heritage sites. Mus Soc 1:87–103

Baker JA, Parasuraman A, Grewal D, Voss GB (2002) The influence of multiple store environment cues on perceived merchandise value and patronage intentions. J Mark 66:120–141

Ballantyne D, Nilsson E (2017) All that is solid melts into air: the servicescape in digital service space. J Serv Mark 31:226–235

Baskaya A, Wilson C, Özcan YZ (2004) Wayfinding in an unfamiliar environment. Environ Behav 36:839–867

Bateson J (2021) Researcher or respondent: a personal commentary on ageing and the servicescape. J Serv Mark 35:7–13

Bellizzi JA, Hite RE (1992) Environmental color, consumer feelings, and purchase likelihood. Psychol Mark 9:347–363

Bellizzi JA, Crowley AE, Hasty RW (1983) The effects of color in store design. J Retail 59:21–45

Berry LL, Carbone LP, Haeckel SH (2002) Managing the total customer experience. Sloan Manag Rev 43:85–89

Berry LL, Wall EA, Carbone LP (2006) Service clues and customer assessment of the service experience: lessons from marketing. Acad Manag Perspect 20:43–57

Biswas D, Szocs C, Chacko R, Wansink B (2017) Shining light on atmospherics: how ambient light influences food choices. J Mark Res 54:111–123

Bitner MJ (1992) Servicescapes: the impact of physical surroundings on customers and employees. J Mark 56:57–71

Bitner MJ (2000) The servicescape. In: Swartz TA, Iacobucci D (Hrsg) Handbook of services marketing & management. Sage Publications, Thousand Oaks, S 37–50

Blümelhuber C (1998) Über die Szenerie der Dienstleistung: Aufgaben, Wahrnehmungs- und Gestaltungsaspekte von „Geschäftsräumen". In: Meyer A (Hrsg) Handbuch Dienstleistungs-Marketing. Schäffer-Poeschel, Stuttgart, S 1194–1218

Blut M, Iyer GR (2020) Consequences of perceived crowding: a meta-analytical perspective. J Retail 96:362–382

Bolton RN, McColl-Kennedy JR, Cheung L, Gallan AS, Orsingher C, Witell L, Zaki M (2018) Customer experience challenges: bringing together digital, physical and social realms. J Serv Manag 29:776–808

Bonfanti A (2016) Customers' needs and expectations on servicescape surveillance management. TQM J 28:887–906

Bonfanti A, Vigolo V, Douglas J, Baccarani C (2017) Servicescape navigation. TQM J 29:546–563

Bosmans A (2006) Scents and sensibility: when do (in)congruent ambient scents influence product evaluations? J Mark 70:32–43

Bove LL, Benoit S (2020) Restrict, clean and protect: signaling consumer safety during the pandemic and beyond. J Serv Manag 31:1185–1202

Brasel SA, Gips J (2014) Tablets, touchscreens, and touchpads: how varying touch interfaces trigger psychological ownership and endowment. J Consum Psychol 24:226–233

Briand Decré G, Pras B (2013) Simulating in-store lighting and temperature with visual aids: methodological propositions and S-O-R effects. Int Rev Retail Distrib Consum Res 23:363–393

Brocato ED, Voorhees CM, Baker JA (2012) Understanding the influence of cues from other customers in the service experience: a scale development and validation. J Retail 88:384–398

Budimir S, Fontaine JRJ, Roesch EB (2021) Emotional experiences of cybersecurity breach victims. Cyberpsychol Behav Soc Netw 24:612–616

Bujisic M, Bogicevic V, Yang W, Cobanoglu C, Bilgihan A (2017) "Hobson's choice" servicescape: consumer anxiety and enjoyment. J Consum Mark 34:577–590

Caldwell C, Hibbert SA (2002) The influence of music tempo and musical preference on restaurant patrons' behavior. Psychol Mark 19:895–917

Cardoso RB, Brust-Renck PG, Fogliatto FS, Tortorella GL, Samson D (2022) User-centered requirement elicitation for the procurement of medical equipment used by different services and types of end-users. Hum Factors Ergon Manuf Serv Ind 32:214–227

Cavazzana A, Röhrborn A, Garthus-Niegel S, Larsson M, Hummel T, Croy I (2018) Sensory-specific impairment among older people. An investigation using both sensory thresholds and subjective measures across the five senses. PLoS One 13:1–15

Cerulo KA (2018) Scents and sensibility: olfaction, sense-making, and meaning attribution. Am Sociol Rev 83:361–389

Chebat J-C, Gélinas-Chebat C, Therrien K (2005) Lost in a mall, the effects of gender, familiarity with the shopping mall and the shopping values on shoppers' wayfinding processes. J Bus Res 58:1590–1598

Clarke I, Schmidt RA (1995) Beyond the servicescape. J Retail Consum Serv 2:149–162

Colm L, Ordanini A, Parasuraman A (2017) When service customers do not consume in isolation. J Serv Res 20:223–239

Cornelio P, Velasco C, Obrist M (2021) Multisensory integration as per technological advances: a review. Front Neurosci 15:652611

Crusco AH, Wetzel CG (1984) The Midas touch: the effects of interpersonal touch on restaurant tipping. Personal Soc Psychol Bull 10:512–517

De Keyser A, Verleye K, Lemon KN, Keiningham TL, Klaus P (2020) Moving the customer experience field forward: introducing the touchpoints, context, qualities (TCQ) nomenclature. J Serv Res 23:433–455

Dehling N (2023) Silence in the consumer experience: a conceptualization and research agenda. J Bus Res 165:114033

Demoulin N, Willems K (2019) Servicescape irritants and customer satisfaction: the moderating role of shopping motives and involvement. J Bus Res 104:295–306

Denizci Guillet B, Kozak M, Kucukusta D (2019) It's in the air: aroma marketing and affective response in the hotel world. Int J Hosp Tour Adm 20:1–14

Dhebar A (2013) Toward a compelling customer touchpoint architecture. Bus Horiz 56:199–205

Donovan RJ, Rossiter JR (1982) Store atmosphere: an environmental psychology approach. J Retail 58:31–57

Downs RM, Stea D, Geipel R (1982) Kognitive Karten. Die Welt in unseren Köpfen. Harper & Row, New York

Enz CA (2009) The physical safety and security features of U.S. hotels. Cornell Hosp Q 50:553–560

Eroglu SA, Machleit KA, Barr TF (2005) Perceived retail crowding and shopping satisfaction: the role of shopping values. J Bus Res 58:1146–1153

van Erp JB, Toet A (2013) How to touch humans: guidelines for social agents and robots that can touch. In: Humaine association conference on affective computing and intelligent interaction (ACII), 2013. Piscataway, S 780–785

Ezeh C, Harris LC (2007) Servicescape research: a review and a research agenda. Mark Rev 7:59–78

Fewings R (2001) Wayfinding and airport terminal design. J Navig 54.177–184

Fisk RP, Dean AM, Alkire L, Joubert A, Previte J, Robertson N, Rosenbaum MS (2018) Design for service inclusion: creating inclusive service systems by 2050. J Serv Manag 29:834–858

Flavián C, Ibáñez-Sánchez S, Orús C (2021) The influence of scent on virtual reality experiences: the role of aroma-content congruence. J Bus Res 123:289–301

Fließ S (2009) Dienstleistungsmanagement. Kundenintegration gestalten und steuern. Gabler, Wiesbaden

Fließ S, Tetzner S (2009) Wayfindingprozesse in Parksituationen – eine empirische Analyse. Hagen

Fließ S, Volkers M (2020) Trapped in a service encounter. J Serv Manag 31:79–114

Fließ S, Hogreve J, Nonnenmacher D (2005) Wie Schaufenster Den Kunden Beeinflussen. Science Factory 7:56

Fließ S, Dyck S, Volkers M (2020) Calling for a multisensory perspective on customer service co-creation. In: Roth S, Horbel C, Popp B (Hrsg) Perspektiven des Dienstleistungsmanagements. Springer Fachmedien, Wiesbaden, S 77–104

Foxall GR, Greenley GE (1999) Consumers' emotional responses to service environments. J Bus Res 46:149–158

Frietzsche U, Maleri R (2003) Dienstleistungsproduktion. In: Bullinger H-J, Scheer A-W (Hrsg) Service engineering. Springer, Berlin/Heidelberg, S 195–225

Geng Z, Le W, Guo B, Yin H (2023) Analysis of factors affecting visual comfort in hotel lobby. PLoS One 18:e0280398

Girard A, Lichters M, Sarstedt M, Biswas D (2019) Short- and long-term effects of nonconsciously processed ambient scents in a servicescape: findings from two field experiments. J Serv Res 22:440–455

Goffman E (1983) Wir alle spielen Theater. Die Selbstdarstellung im Alltag, 4. Aufl. Piper, München

Goller K, Richter PG (2004) Raumsymbolik. In: Richter PG (Hrsg) Architekturpsychologie. Eine Einführung, 2., durchges. u. korr. Aufl. Pabst Science Publishing, Lengerich/Berlin/Bremen/Viernheim/Wien, S 121–141

Gooch D, Watts L (2015) The impact of social presence on feelings of closeness in personal relationships. Interact Comput 27:661–674

Grove SJ, Fisk RP (1992) The service experience as theater. In: Sherry JF, Sternthal B (Hrsg) Advances in consumer research. Association for Consumer Research, Provo, S 455–461

Grove SJ, Fisk RP (1997) The impact of other customers on service experiences: a critical incident examination of "getting along". J Retail 73:63–85

Guido G, Capestro M, Peluso AM (2007) Experimental shopping analysis of consumer stimulation and motivational states in shopping experiences. Int J Mark Res 49:365–386

Guido G, Piper L, Prete MI, Mileti A, Trisolini CM (2017) Effects of blue lighting in ambient and mobile settings on the intention to buy hedonic and utilitarian products. Psychol Mark 34:215–226

Gupta N, Verma HV (2021) Other customers in shared servicescape: a systematic review and future research agenda. J Serv Res 21:189–239

Gupta S, Vajic M (2000) The contextual and dialectical nature of experiences. In: Fitzsimmons J, Fitzsimmons MJ (Hrsg) New service development: creating memorable experiences. Sage Publications, Thousand Oaks, S 33–51

Haans A, De Bruijn R, IJsselsteijn WA (2014) A virtual midas touch? touch, compliance, and confederate bias in mediated communication. Environ Psychol Nonverbal Behav 38:301–311

Hanks L, Line ND, Zhang L (2021) Expanding the methodological approach to the social servicescape: moving from measurement to manipulation. Cornell Hosp Q 62:157–168

Harris LC, Goode MM (2010) Online servicescapes, trust, and purchase intentions. J Serv Mark 24:230–243

Harris R, Harris K, Baron S (2003) Theatrical service experiences. Int J Serv Ind Manag 14:184–199

He M, Li J, Li J, Chen H (2019) A comparative study on the effect of soundscape and landscape on tourism experience. Int J Tour Res 21:11–22

Hollebeek LD, Clark MK, Macky K (2021) Demystifying consumer digital cocreated value: social presence theory-informed framework and propositions. Recherche Et Applications En Marketing (English Edition) 36:24–42

Homburg C (2020) Marketingmanagement. Strategie – Instrumente – Umsetzung – Unternehmensführung, 7., überarb. u. erw. Aufl. Springer Gabler, Wiesbaden

Hopkins CD, Grove SJ, Raymond MA, LaForge MC (2009) Designing the E-servicescape: implications for online retailers. J Internet Commer 8:23–43

Hui MK, Bateson JE (1990) Testing a theory of crowding in the service environment. Adv Consum Res 17:866–873

Hui MK, Bateson JEG (1991) Perceived control and the effects of crowding and consumer choice on the service experience. J Consum Res 18:174–184

Hul MK, Dube L, Chebat J-C (1997) The impact of music on consumers' reactions to waiting for services. J Retail 73:87–104

Ittamalla R, Srinivas Kumar DV (2019) The impact of social cues on passengers' travel experience. Serv Ind J 39:299–318

Jacob C (2006) Styles of background music and consumption in a bar: an empirical investigation. Hosp Manag 25:716–720

Jain R, Aagja J, Bagdare S (2017) Customer experience – a review and research agenda. J Serv Theory Pract 27:642–662

Jeon S, Kim M (2012) The effect of the servicescape on customers' behavioral intentions in an international airport service environment. Serv Bus 6:279–295

Jiang J, Zhang J, Zhang H, Yan B (2018) Natural soundscapes and tourist loyalty to nature-based tourism destinations: the mediating effect of tourist satisfaction. J Travel Tour Mark 35:218–230

Joye Y, Willems K, Brengman M, Wolf K (2010) The effects of urban retail greenery on consumer experience: reviewing the evidence from a restorative perspective. Urban For Urban Green 9:57–64

Kaminakis K, Karantinou K, Koritos C, Gounaris S (2019) Hospitality servicescape effects on customer-employee interactions: a multilevel study. Tour Manag 72:130–144

Kandampully J, Bilgihan A, Amer SM (2023) Linking servicescape and experiencescape: creating a collective focus for the service industry. J Serv Manag 34:316–340

Kang H-J, Kim B, Kwon GH (2019) The smart servicescape framework in smart home healthcare service experience. Des Manag J 14:50–59

Kauppinen-Räisänen H, Rindell A, Åberg C (2014) Conveying conscientiousness: exploring environmental images across servicescapes. J Retail Consum Serv 21:520–528

Kelly MA, Nixon L, McClurg C, Scherpbier A, King N, Dornan T (2018) Experience of touch in health care: a meta-ethnography across the health care professions. Qual Health Res 28:200–212

Kilian T, Steinmann S, Hammes E (2018) Oh my gosh, I got to get out of this place! A qualitative study of vicarious embarrassment in service encounters. Psychol Mark 35:79–95

Kim D, Hyun H, Park J (2020) The effect of interior color on customers' aesthetic perception, emotion, and behavior in the luxury service. J Retail Consum Serv 57:102252

Kim D-Y, Wen L, Doh K (2010) Does cultural difference affect customer's response in a crowded restaurant environment? A comparison of American versus Chinese customers. J Hosp Tour Res 34:103–123

Kim N (2006) A history of design theory in art education. J Aesthet Educ 40:12–28

Klein H-J (1993) Tracking visitor circulation in museum settings. Environ Behav 25:782–800

Krishna A (2012) An integrative review of sensory marketing: engaging the senses to affect perception, judgment and behavior. J Consum Psychol 22:332–351

Krishna A, Elder RS, Caldara C (2010) Feminine to smell but masculine to touch? Multisensory congruence and its effect on the aesthetic experience. J Consum Psychol 20:410–418

Kroeber-Riel W, Gröppel-Klein A (2019) Konsumentenverhalten, 11., vollst. überarb., akt. u. erg. Aufl. Franz Vahlen, München

Kumar DS, Purani K, Sahadev S (2017) Visual service scape aesthetics and consumer response: a holistic model. J Serv Mark 31:556–573

Kumar DS, Purani K, Viswanathan SA (2020) The indirect experience of nature: biomorphic design forms in servicescapes. J Serv Mark 34:847–867

Lavie T, Tractinsky N (2004) Assessing dimensions of perceived visual aesthetics of web sites. Int J Hum Comput Stud 60:269–298

Lee SA (2018) M-servicescape: effects of the hotel mobile app servicescape preferences on customer response. J Hosp Tour Technol 9:172–187

Lefebvre H (2013) The production of space, 33. Aufl. Blackwell Publishing, Malden

Li R, Klippel A (2016) Wayfinding behaviors in complex buildings. Environ Behav 48:482–510

Lin IY (2016) Effects of visual servicescape aesthetics comprehension and appreciation on consumer experience. J Serv Mark 30:692–712

Lindborg P (2016) A taxonomy of sound sources in restaurants. Appl Acoust 110:297–310

Line ND, Hanks L (2019a) The social servicescape: a multidimensional operationalization. J Hosp Tour Res 43:167–187

Line ND, Hanks L (2019b) The social servicescape: understanding the effects in the full-service hotel industry. Int J Contemp Hosp Manag 31:753–770

Liu A, Wang XL, Liu F, Yao C, Deng Z (2018a) Soundscape and its influence on tourist satisfaction. Serv Ind J 38:164–181

Liu SQ, Bogicevic V, Mattila AS (2018b) Circular vs. angular servicescape: "shaping" customer response to a fast service encounter pace. J Bus Res 89:47–56

Long Y, Baran PK (2012) Does intelligibility affect place legibility? Understanding the relationship between objective and subjective evaluations of the urban environment. Environ Behav 44:616–640

Löw M (2017) Raumsoziologie, 9. Aufl. Suhrkamp, Frankfurt am Main

Ludwig NL, Barnes DC, Gouthier M (2017) Observing delightful experiences of other customers: the double-edged sword of jealousy and joy. J Serv Theory Pract 27:145–163

MacLeod S, Dodd J, Duncan T (2015) New museum design cultures: harnessing the potential of design and 'design thinking' in museums. Mus Manag Curatorsh 30:314–341

Mari M, Poggesi S (2013) Servicescape cues and customer behavior: a systematic literature review and research agenda. Serv Ind J 33:171–199

Marucci M, Di Flumeri G, Borghini G, Sciaraffa N, Scandola M, Pavone EF, Babiloni F, Betti V, Aricò P (2021) The impact of multisensory integration and perceptual load in virtual reality settings on performance, workload and presence. Sci Rep 11:4831

McIntyre C (2009) Museum and art gallery experience space characteristics: an entertaining show or a contemplative bathe? Int J Tour Res 11:155–170

Mehrabian A, Russell JA (1973) A measure of arousal seeking tendency. Environ Behav 5:315–333

Mehrabian A, Russell JA (1974a) A verbal measure of information rate for studies in environmental psychology. Environ Behav 6:233–252

Mehrabian A, Russell JA (1974b) An approach to environmental psychology. MIT Press, Cambridge

Miao L, Mattila AS (2013) The impact of other customers on customer experiences. J Hosp Tour Res 37:77–99

Michel A, Baumann C, Gayer L (2017) Thank you for the music – or not? The effects of in-store music in service settings. J Retail Consum Serv 36:21–32

Montoya RM, Horton RS (2014) A two-dimensional model for the study of interpersonal attraction. Personal Soc Psychol Rev 18:59–86

Moshagen M, Thielsch MT (2010) Facets of visual aesthetics. Int J Hum Comput Stud 68:689–709

Nesper J (2014) (Un)Fairnessbasierte Kundenabwanderung in Dienstleistungsbeziehungen. Erfolgsfaktoren und Strategien für das Churn-Management in der Telekommunikationsbranche. Dr. Kovač, Hamburg

Nilsson E, Ballantyne D (2014) Reexamining the place of servicescape in marketing: a service-dominant logic perspective. J Serv Mark 28:374–379

Ogruk G, Anderson TD, Nacass AS (2018) In-store customer experience and customer emotional state in the retail industry. Journal of Research for Consumers 32:110–141

Oh H, Fiore AM, Jeoung M (2007) Measuring experience economy concepts: tourism applications. J Travel Res 46:119–132

Olson E, Park H (2019) The impact of age on gay consumers' reaction to the physical and social servicescape in gay bars. Int J Contemp Hosp Manag 31:3683–3701

Pareigis J, Echeverri P, Edvardsson B (2012) Exploring internal mechanisms forming customer servicescape experiences. J Serv Manag 23:677–695

Parish JT, Berry LL, Lam SY (2008) The effect of the servicescape on service workers. J Serv Res 10:220–238

Parkinson J, Schuster L, Mulcahy R (2022) Online third places: supporting well-being through identifying and managing unintended consequences. J Serv Res 25:108–125

Patrício L, Fisk RP, Falcão e Cunha J (2008) Designing multi-interface service experiences. J Serv Res 10:318–334

Peck J, Childers TL (2003) Individual differences in haptic information processing: the "need for touch" scale. J Consum Res 30:430–442

Petit O, Velasco C, Spence C (2019) Digital sensory marketing: integrating new technologies into multisensory online experience. J Interact Mark 45:42–61

Pine BJ II., Gilmore JH (2013) The experience economy: past, present and future. In: Sundbo J, Sørensen F (Hrsg) Handbook on the experience economy. Edward Elgar Publishing, Cheltenham/Northampton, S 21–44

Pizam A, Tasci AD (2019) Experienscape: expanding the concept of servicescape with a multi-stakeholder and multi-disciplinary approach. Int J Hosp Manag 76:25–37

Ponsignon F, Durrieu F, Bouzdine-Chameeva T (2017) Customer experience design: a case study in the cultural sector. J Serv Manag 28:763–787

Pullman ME, Gross MA (2004) Ability of experience design elements to elicit emotions and loyalty behaviors. Decis Sci 35:551–578

Purani K, Kumar DS (2018) Exploring restorative potential of biophilic servicescapes. J Serv Mark 32:414–429

Rabbiosi C (2016) Itineraries of consumption: co-producing leisure shopping sites in Rimini. J Consum Cult 16:412–431

Reinares P, Garcia L (2012) Methods of improving the physical spaces of banking establishments. Int J Bank Mark 30:376–389

Rimkute J, Moraes C, Ferreira C (2016) The effects of scent on consumer behaviour. Int J Consum Stud 40:24–34

Roschk H, Loureiro SMC, Breitsohl J (2017) Calibrating 30 years of experimental research: a meta-analysis of the atmospheric effects of music, scent, and color. J Retail 93:228–240

Rosenbaum MS (2006) Exploring the social supportive role of third places in consumers' lives. J Serv Res 9:59–72

Rosenbaum MS (2009) Restorative servicescapes: restoring directed attention in third places. J Serv Manag 20:173–191

Rosenbaum MS, Smallwood JA (2011) Cancer resource centres: transformational services and restorative servicescapes. J Mark Manag 27:1404–1425

Rosenbaum MS, Ward JC, Walker BA, Ostrom AL (2007) A cup of coffee with a dash of love. J Serv Res 10:43–59

Rosenbaum MS, Sweeney JC, Massiah C (2014) The restorative potential of senior centers. Manag Serv Qual Int J 24:363–383

Rosenbaum MS, Losada-Otalora M, Contreras-Ramírez G (2016) The restorative potential of shopping malls. J Retail Consum Serv 31:157–165

Rosenbaum MS, Ramirez GC, Camino JR (2018) A dose of nature and shopping: the restorative potential of biophilic lifestyle center designs. J Retail Consum Serv 40:66–73

Rosenbaum MS, Friman M, Ramirez GC, Otterbring T (2020) Therapeutic servicescapes: restorative and relational resources in service settings. J Retail Consum Serv 55:102078

Roy SK, Singh G, Hope M, Nguyen B, Harrigan P (2019) The rise of smart consumers: role of smart servicescape and smart consumer experience co-creation. J Mark Manag 35:1480–1513

Schallbruch M, Skierka I (2018) Cybersecurity in Germany. Springer International Publishing, Cham

Schmauder M, Spanner-Ulmer B (2022) Ergonomie. Grundlagen zur Interaktion von Mensch, Technik und Organisation, 2., überarb. Aufl. Hanser, München

Schroer M (2019) Räume der Gesellschaft. Springer Fachmedien, Wiesbaden

Siguaw JA, Mai E, Wagner JA (2019) Expanding servicescape dimensions with safety: an exploratory study. Serv Mark Q 40:123–140

Song J, Lim JH, Yun MH (2016) Finding the Latent Semantics of Haptic Interaction Research: A Systematic Literature Review of Haptic Interaction Using Content Analysis and Network Analysis. Human Factors and Ergonomics in Manufacturing & Service Industries 26:577–594

Song S, Suess C, Mody MA, Dogru T (2021) Comparing the influence of substantive and communicative servicescape on healthcare traveler emotions: the moderating effect of accommodation type and interior design style. Int J Contemp Hosp Manag 33:1–26

Spence C, Puccinelli NM, Grewal D, Roggeveen AL (2014) Store atmospherics: a multisensory perspective. Psychol Mark 31:472–488

Steenkamp J-BEM, Baumgartner H (1992) The role of optimum stimulation level in exploratory consumer behavior. J Consum Res 19:434–448

Stöhr M (2004) Kognitive Karten. In: Richter PG (Hrsg) Architekturpsychologie. Eine Einführung, 2., durchges. u. korr. Aufl. Pabst Science Publishing, Lengerich/Berlin/Bremen/Viernheim/Wien, S 93–119

Tajfel H (1981) Human groups and social categories. Cambridge University Press, Cambridge

Tasci AD, Pizam A (2020) An expanded nomological network of experienscape. Int J Contemp Hosp Manag 32:999–1040

Tifferet S, Vilnai-Yavetz I (2017) Phytophilia and service atmospherics: the effect of indoor plants on consumers. Environ Behav 49:814–844

Tinnilä M (2012) A classification of service facilities, servicescapes and service factories. Int J Serv Oper Manag 11:267–291

Tinz M (2023) Benimmregeln auf Bali: Insel verteilt Leitfaden an Reisende. https://www.reise-reporter.de/reisenews/benimmregeln-auf-bali-insel-verteilt-leitfaden-an-reisende-LHH5XBFZVRCKPEZZ734UYBOHSU.html. Zugegriffen am 13.07.2023

Tombs AG, McColl-Kennedy JR (2003) Social-servicescape conceptual model. Mark Theory 3:447–475

Tombs AG, McColl-Kennedy JR (2010) Social and spatial influence of customers on other customers in the social-servicescape. Australas Mark J 18:120–131

Turley LW, Fugate DL (1992) The multidimensional nature of service facilities. J Serv Mark 6:37–45

Vida I, Obadia C, Kunz M (2007) The effects of background music on consumer responses in a high-end supermarket. Int Rev Retail Distrib Consum Res 17:469–482

Vigolo V, Bonfanti A, Sallaku R, Douglas J (2020) The effect of signage and emotions on satisfaction with the servicescape: an empirical investigation in a healthcare service setting. Psychol Mark 37:408–417

Vinitzky G, Mazursky D (2011) The effects of cognitive thinking style and ambient scent on online consumer approach behavior, experience approach behavior, and search motivation. Psychol Mark 28:496–519

Volkers M (2021) "Can I go or should I stay?" a theoretical framework of social lock-in during unsatisfactory service encounters. J Serv Theory Pract 31:638–663

Wallet G, Sauzéon H, Pala PA, Larrue F, Zheng X, N'Kaoua B (2011) Virtual/real transfer of spatial knowledge: benefit from visual fidelity provided in a virtual environment and impact of active navigation. Cyberpsychol Behav Soc Netw 14:417–423

Williams R, Dargel M (2004) From servicescape to "cyberscape". Mark Intell Plan 22:310–320

Wilson S (2003) The effect of music on perceived atmosphere and purchase intentions in a restaurant. Psychol Music 31:93–112

Xu AJ, Albarracín D (2016) Constrained physical space constrains hedonism. J Assoc Consum Res 1:557–568

Xu AJ, Labroo AA (2014) Incandescent affect: turning on the hot emotional system with bright light. J Consum Psychol 24:207–216

Yalch R, Spangenberg E (1990) Effects of store music on shopping behavior. J Consum Mark 7:55–63

Zajonc RB (1965) Social facilitation. Science 149:269–274

Zeithaml VA, Bitner MJ, Gremler DD (2017) Services marketing. Integrating customer focus across the firm, 7. Aufl. McGraw-Hill Education, New York

Zomerdijk LG, Voss CA (2010) Service design for experience-centric services. J Serv Res 13:67–82

Zusammenfassung

Für die Gestaltung des instrumentellen und dramatischen Service-Skripts bilden die Zielgruppe – für welche Kunden soll die Service Experience geschaffen werden? – und der Kontext – welche Bedeutung hat die Service Experience in der Wertgenerierung des Kunden und im Kontext seines Ecosystems? – den Ausgangspunkt. Von der Zielgruppe und vom Kontext ausgehend kann der Anbieter die angestrebte Service Experience festlegen und darauf aufbauend die Elemente des utilitaristischen und dramatischen Service-Skripts gestalten. Aktivitäten und Akteure bilden den Ausgangspunkt für die Planung der sozialen Interaktion einerseits und der objektbezogenen Interaktion andererseits. Als Rahmen dieser Handlungen muss schließlich die Dienstleistungsumgebung mit ihren Elementen geplant werden.

Ausgangspunkt der Entwicklung des Service Experience Designs bildet die Zielgruppe (De Keyser et al. (2015); Tab. 11.1). Die **Zielgruppe** entspricht den Kunden, für die die Customer Experience geschaffen wird. Wie die vorangegangenen Ausführungen verdeutlichen, können unterschiedliche Kundengruppen dabei unterschiedliche Erwartungen an den Service Co-Creation-Prozess und ihre Mitwirkung haben (Abb. 11.1). So können sich Kundenskripte zwar in den groben Kategorien ähneln, sich im Hinblick auf das konkrete, erwartete Service-Skript unterscheiden. Kunden können in unterschiedlichem Maße bereit oder befähigt sein, Aktivitäten im Service Co-Creation-Prozess zu übernehmen und unterschiedliche Vorstellungen der Rollenausübung besitzen, sowohl was ihre eigene Rolle als auch was die Rolle/n des Personals betrifft. Darüber hinaus gibt es unterschiedliche Präferenzen hinsichtlich der Art der Interaktion. Auch darüber, was als angemessenes Verhalten gilt und welche Normen und Regeln gelten, können Meinungen auseinandergehen.

Tab. 11.1 Service Experience Design – Vorgehensweise und Beispiele

	Restaurant hedonistisch		Restaurant utilitaristisch	
Zielgruppe z. B. Senioren, Jugendliche; Frauen, Männer, Familien; hohes, mittleres, niedriges Einkommen, Lifestyle etc.			**Kontext** Individueller Kontext, sozialer Kontext, Marktkontext, Umweltkontext	
angestrebte Service Experience	*gehobenes Restaurant:* leckere Speisen und Getränke in exzellenter Zubereitung; *Familienrestaurant:* ein schöner Abend mit Familie und Freunden *Themenrestaurant:* Essen im Weltraum, mexikanisch		*Fast Food Restaurant:* schnelles Essen	
	funktional	*dramatisch*	**funktional**	*dramatisch*
Service-Skript		*Sticky Journey*		*Smooth, seamless journey*
Aktivitäten				
welche?	ergänzende Aktivitäten, z. B. Empfehlungen geben	*Inszenierung besonderer Auftritte, z. B. zum Tisch führen, mehrere Kellner servieren die Speisen gleichzeitig, Brennender Nachtisch*	nur notwendige Aktivitäten, z. B. Bestellung, Essen und Getränke, Bezahlung	*Aktivitäten werden in kurzer Zeit ausgeführt*
sichtbar/nicht sichtbar	nicht sichtbar: kochen	*normalerweise nicht sichtbare Aktivitäten werden sichtbar gemacht, z. B. Auswahl der Zutaten (Fleisch, Fisch) mit dem/durch den Gast, kochen am Tisch*	nicht sichtbar: Essenszubereitung	*sichtbare Aktivitäten werden perfekt ausgeführt*
körperliche Aktivitäten	Gast isst und trinkt, alles andere übernimmt das Personal	*Tanz- und/oder Gesangseinlagen des Personals, Gäste tanzen*	Kunde holt selbst Essen und Getränke, räumt selbst ab	
obligatorische Aktivitäten	bestellen und bezahlen		bestellen, bezahlen, Getränke, Speisen tragen, Tisch abräumen	
freiwillige Aktivitäten	großzügig einschenken, Malsachen für Kinder bringen			

Akteure				
wechselnde Personen; themenspezifische Rollen und Rollenbesetzungen, z. B. mexikanischer Koch, Kelner; besonders gut aussehende Menschen	Person 1: nimmt die Bestellung auf und kümmert sich um die Gäste Person 2: bringt das Essen und räumt ab	welche?	Kunde: selbst Person 1: nimmt Getränkebestellung auf und bringt Getränke; Bedienung Person 2: räumt Tische ab, füllt Buffet auf	
Rollenspiel: flirten, Witze machen; Rollentypen definieren, z. B. der Gitarre spielende Spanier Extra-Role Behavior	Extra-Role Behavior	Rollen	funktionale Rollen; Persönlichkeit verschwindet hinter der Rollenausübung rollenkonformes Verhalten	
Interaktion				
	Soziale Interaktion überwiegt	soziale Interaktion	soziale Interaktion nur dort, wo unbedingt erforderlich	*rollenkonforme Interaktion, neutrales Verhalten*
Einsatz von Robotern als besonderes dramaturgisches Element; besondere Fähigkeiten des Roboters; Wechsel von Requisiten	objektbezogene Interaktion als hedonistisches Element, z. B. Bestellung über Tablet, Roboter bringt Essen	objektbezogene Interaktion	objektbezogene Interaktion dominiert, z. B. Bestellung am Kiosksystem	*keine technischen Ausfälle oder Mängel*
Normen und Regeln				
es gelten andere Regeln, z. B. Essen mit den Fingern statt mit Besteck, besondere Kleiderordnung, z. B. Dinner in Weiß	höfliches Verhalten, am Tisch bleiben, leise sprechen, angemessene Kleidung		höhere Lautstärke, schlechte Tischmanieren werden toleriert, jegliche Art von Kleidung ist o. k.	*Beachtung von Regeln und Normen durch Personal und Kunden, Ahndung von Verstößen*
Kommunikation				
besondere Betonung, besonderer Sprachstil, besondere Akzente Erlebnisorientierte Sprache, z. B. spezifische Begriffe, Namen der Gerichte auf der Karte, Beschreibung der Gerichte, eher Adjektive und Verben statt Substantive	relativ flexibles Kommunikationsskript Beschreibung der Gerichte	verbal	starres Kommunikationsskript	*leicht verständliche, nüchterne Sprache*

(Fortsetzung)

Tab. 11.1 (Fortsetzung)

	Berührungen im Rahmen normaler Kommunikation erlaubt	nonverbal	Berührungen nicht erlaubt	
		Servicescape		
ungewohnte Anordnungen Wechsel von Räumen Kunde als Dramaturg Branding	einfache Lesbarkeit viele Möglichkeiten der Aneignung; Strategien der Verlockung und des Vorschlags Branding	sensemaking und sensegiving	einfache Lesbarkeit wenige Möglichkeiten der Aneignung Branding	*Orientierung am Üblichen Strategie der Vorschreibung Branding*
Wechsel von Requisiten	ungewöhnliches oder harmonisches Layout und Design	physisch (Kapazität, räumliche Dichte, Layout, Design)	ausreichend Platz, funktionales Layout und Design	*Sauberkeit*
Besonderer Kleidungsstil, z. B. Tracht; besondere Requisiten, z. B. Rollschuhe	Kleidung des Personals, die Signale sendet, z. B. in Bezug auf die Restaurantkategorie; kein Crowding	sozial (Aussehen, Crowding, Ähnlichkeit, normkonformes Verhalten anderer Kunden)	Uniform in Übereinstimmung mit dem Branding; Crowding erlaubt	*saubere, lockere Kleidung*
Optische Hingucker; z. B. Weinflaschen-Regal, Magnumflaschen, besondere Pflanzen; Lifemusik;	warme Farben, leise, passende Musik, dezente Düfte, Töpfe mit Kräutern, Blumen; gute Lüftung	sensorisch (visual servicescape, soundscape, touchscape, scentscape)	klare Farben, keine Musik, leicht sauber zu haltende Oberflächen, ggf. Essensgeruch	*Geräusche der Maschinen und Automaten*
Gedichte, literarische Zitate, Songtexte o. Ä. an den Wänden	ästhetische Beschilderung	kognitiv (Orientierung, Wayfinding)	klare Beschilderung, Ausweis von Funktionsbereichen	
besonders große oder ausgefallene Pflanzen; Tiere; Türsteher; Einlasskontrollen	naturnahe Gestaltung mit Pflanzen, Blumen,	affektiv (ästhetisch, biomorph, erholsam, sicher)	ästhetische Gestaltung	*keine Pflanzen*

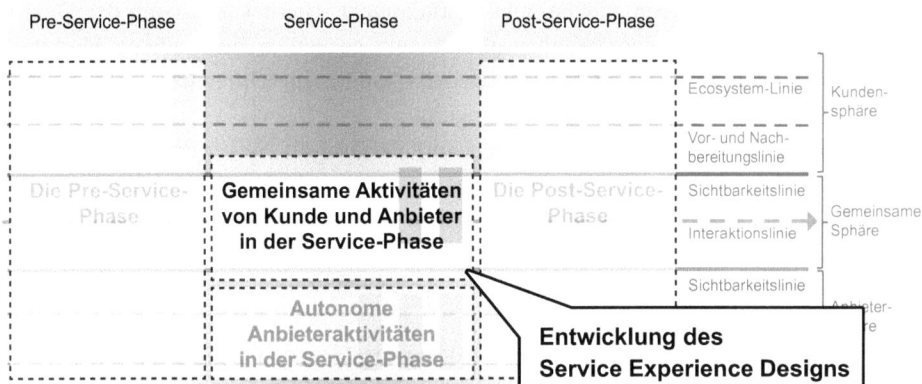

Abb. 11.1 Entwicklung des Service Experience Designs – Einordnung im ServiceBlueprint

Schließlich unterscheiden sich Kunden hinsichtlich ihrer Bereitschaft und Fähigkeit zu kommunizieren (Sprachkenntnisse, Ausdrucksfähigkeit) sowie ihres nonverbalen Verhaltens. Kunden kommen in unterschiedlichen Stimmungen in Dienstleistungsumgebungen und reagieren mit unterschiedlichen Emotionen auf Situationen und Verhalten. Schließlich gibt es unterschiedliche Präferenzen Technologien zu nutzen. Diesen zielgruppenspezifischen Erwartungen, Präferenzen und Verhaltensweisen ist im Rahmen des Service Process Designs bzw. des Service Experience Designs Rechnung zu tragen. *So ist beispielsweise eine Restaurantumgebung, die junge Gäste ansprechen soll, anders zu gestalten als eine Umgebung für Ältere, z. B. Art und Lautstärke der Musik.*

Neben der Zielgruppe ist bei der Gestaltung der Service Experience der Kontext zu beachten. Als **Kontext** werden alle Faktoren bezeichnet, die eine bestimmte Situation zu einem bestimmten Zeitpunkt an einem bestimmten Ort kennzeichnen (De Keyser et al. 2020). Dabei lassen sich verschiedene Ebenen unterscheiden (De Keyser et al. 2020):

- Der **individuelle Kontext** bezieht sich auf die persönliche Situation, in der eine Person den Service Co-Creation-Prozess erlebt, z. B. die Stimmung, mit der ein Kunde in den Prozess geht, frühere gute oder schlechte Erfahrungen mit dem Dienstleister, der Customer Journey, einzelnen Interaktionen oder Touchpoints. Auch die Erwartungen an die Dienstleistung und das Erlebnis beeinflussen die Service Experience, ebenso wie physische Faktoren, z. B. körperliche Einschränkungen, und ökonomische Faktoren, z. B. verfügbares Budget.
- Der **soziale Kontext** bezieht sich auf soziale Gruppen und die in ihnen herrschenden Regeln und Normen. So wird die Service Experience dadurch beeinflusst, ob der Kunde allein oder in einer Gruppe, mit Familie, Freunden oder Arbeitskollegen eine Dienstleistung in Anspruch nimmt.
- Der **Marktkontext** bezieht sich auf Cues, die andere Marktteilnehmer, z. B. andere Dienstleister, in ihrem Service Experience Design nutzen und die die Erwartungen von Kunden prägen. Aber auch Influencer auf Social-Media-Kanälen, die eigene Service

Experiences beschreiben, zählen zum Marktkontext. Hierbei muss sich der Dienstleister entsprechend seiner Wettbewerbsstrategie gegenüber den anderen Marktteilnehmern positionieren. Er hebt sich entweder von ihnen ab (Differenzierungsstrategie) oder lehnt sich an sie an (Imitationsstrategie).

- Der **Umweltkontext** bezieht sich auf die natürliche Umwelt (Wetter, Temperaturen), auf ökonomische Faktoren (Einkommensänderungen, Wirtschaftswachstum, Arbeitslosenquote, Inflationsrate), die den mentalen Kontext von Personen beeinflussen. Darüber hinaus spielen öffentliche Faktoren (z. B. Infrastruktur, die die Erreichbarkeit von Dienstleistern bestimmt), und politische Faktoren (Sicherheit, Krieg, Unruhen) eine Rolle.

Vor dem Hintergrund der Zielgruppe und der Kontextfaktoren ist die **angestrebte Service Experience** zu gestalten. Dabei sind die Positionierung und insbesondere der angestrebte Service Value als Rahmen heranzuziehen.

Bei der Gestaltung der Service Experience sind die folgenden drei Dimensionen zu berücksichtigen:

- Die Gestaltungselemente, d. h. das Service-Skript mit den Aktivitäten, Akteuren und Rollen, die Frage nach dem Verhältnis und der Ausgestaltung der sozialen und objektbezogenen Interaktion, die Gestaltung der verbalen und nonverbalen Kommunikation sowie die Gestaltung der Dienstleistungsumgebung mit den Dimensionen des Sensemaking und Sensegiving sowie der physischen, sozialen, sensorischen, kognitiven und affektiven Dimension
- Das Verhältnis von utilitaristischen und hedonistischen Elementen
- Die Gestaltung des instrumentellen und des dramaturgischen Service-Skripts

Tab. 11.1 zeigt den schematischen Ablauf der Gestaltung der Service Experience durch die drei Dimensionen des Service Experience Designs. Dabei werden in der Mitte die Gestaltungselemente und die Reihenfolge des Gestaltungsablaufs dargestellt, wobei bei der Gestaltung Rückkopplungsschleifen dafür sorgen, dass der Kunde ein kongruentes, positives Dienstleistungserlebnis erfährt. Auf der linken Seite sind Beispiele für eine hedonistische Dienstleistung, etwa eines gehobenen Restaurants, eines Familienrestaurants oder eines Themenrestaurants gegeben. Auf der rechten Seite finden sich Beispiele für die Gestaltung einer utilitaristischen Dienstleistung, eines Fast-Food-Restaurants. Auf beiden Seiten wird zwischen dem funktionalen und dem dramatischen Service-Skript unterschieden. Dabei ist zu beachten, dass auch bei utilitaristischen Dienstleistungen (rechts) die Service Experience durch hedonistische Dienstleistungselemente angereichert werden kann. Dementsprechend können bei der Gestaltung der Service Experience im Fast-Food-Restaurant auch hedonistische Elemente eingesetzt werden. So kann die Selbstbedienung durchbrochen werden, indem Speisen und Getränke an den Tisch gebracht werden, die Interaktion mit Robotern kann ein spielerisches Element integrieren und die Gestaltung der Dienstleistungsumgebung kann durch Fotos oder Pflanzen hedonistische Elemente erreichen.

Literatur

De Keyser A, Lemon KN, Klaus P, Keiningham TL (2015) A framework for understanding and managing the customer experience. Marketing Science Institute working paper series

De Keyser A, Verleye K, Lemon KN, Keiningham TL, Klaus P (2020) Moving the customer experience field forward: introducing the touchpoints, context, qualities (TCQ) nomenclature. J Serv Res 23:433–455

Teil III

Autonome Anbieteraktivitäten in der Service-Phase

Gegenstand der autonomen Aktivitäten des Anbieters

12

Zusammenfassung

Die autonomen Aktivitäten des Anbieters sind solche, die ohne Einfluss des Kunden stattfinden und unabhängig sind von den vorangegangenen Aktivitäten des Kunden. Die autonomen Anbieteraktivitäten in der Service-Phase umfassen die Koordinations- und die Motivationsaufgabe. Diese beiden Aufgaben werden kurz skizziert. Im Mittelpunkt von Koordination und Motivation stehen die Mitarbeitenden des Dienstleisters. Ihre Bedeutung für die Wertgenerierung von Anbieter und Kunde wird herausgestellt.

12.1 Die Koordinations- und Motivationsaufgabe

Die Anbietersphäre umfasst die autonomen Aktivitäten des Anbieters in der Pre-Service-, Service- und Post-Service-Phase. Autonome Anbieteraktivitäten sind solche Aktivitäten, die ohne Einfluss des Kunden stattfinden und unabhängig sind von den vorangegangenen Aktivitäten des Kunden. Hier werden die autonomen Anbieteraktivitäten in der Service-Phase behandelt (Abb. 12.1) (vgl. zu den autonomen Anbieteraktivitäten in der Pre-Service-Phase Kap. 4, zu denen in der Post-Service-Phase Kap. 15 und 16).

Autonome Anbieteraktivitäten lassen sich in **Gestaltungs- und Steuerungsaktivitäten** unterscheiden (Abschn. 1.3). Die Gestaltungsaktivitäten des Anbieters finden sich im ServiceBlueprint unterhalb der Gestaltungslinie, die Steuerungsaktivitäten zwischen der Steuerungslinie und der Gestaltungslinie. Die Gestaltungs- und Steuerungsaktivitäten des Anbieters richten sich auf das Servicesystem.

© Der/die Autor(en), exklusiv lizenziert an Springer Fachmedien Wiesbaden GmbH, ein Teil von Springer Nature 2024
S. Fließ et al., *Management von Dienstleistungsprozessen*,
https://doi.org/10.1007/978-3-658-44147-0_12

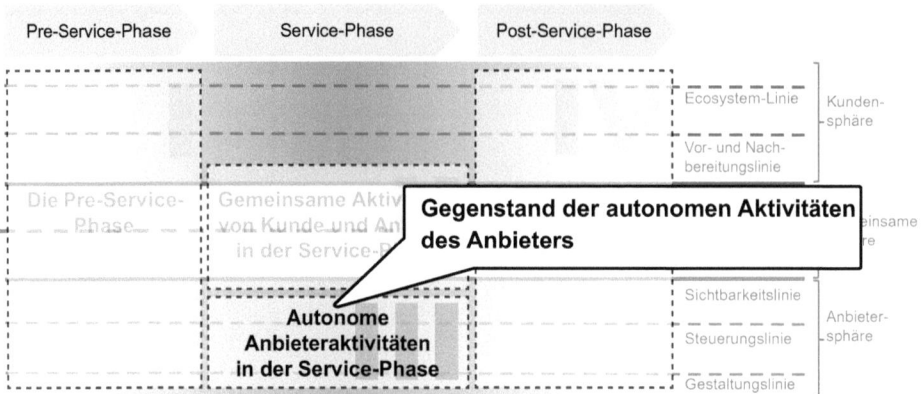

Abb. 12.1 Autonome Aktivitäten des Anbieters – Einordnung im ServiceBlueprint

▶ **Servicesystem** Dies umfasst alle Elemente, die während des Service Co-Crea-tion-Prozesses in der gemeinsamen Sphäre dazu beitragen, Wert für den Kunden und den Anbieter zu generieren, z. B. Personen, Maschinen, Software, Gebäude.

▶ **Steuerung des Servicesystems** Die Steuerungsaktivitäten des Servicesystems um-fassen alle Aktivitäten, die zur Vorbereitung, Aufrechterhaltung und Nachbereitung des Servicesystems erforderlich sind.

Service Co-Creation-Prozesse sind auf der Anbieterseite i. d. R. durch Arbeitsteilung gekennzeichnet, insbesondere wenn es sich nicht um Einzelkaufleute, sondern um Unter-nehmen handelt, z. B. Arztpraxen, Hotels, Restaurants, Versicherungen oder Banken. Die **Arbeitsteilung** ermöglicht die Spezialisierung der Mitarbeitenden auf bestimmte Auf-gaben (Smith 1776). *So ist beispielsweise der/die Rezeptionist:in im 5-Sterne-Hotel für den Empfang der Gäste zuständig, während der Page die Koffer aufs Zimmer bringt und die Reinigungskräfte für die Sauberkeit des Hotels sorgen.* Die Arbeitsteilung erfordert die Koordination der Aktivitäten. Die **Koordinationsaufgabe** bezieht sich auf die Ab-stimmung der verschiedenen Aktivitäten des Anbieters im Hinblick auf ein gemeinsames Ziel (Jost 2014, S. 266). Das gemeinsame Ziel der Koordination besteht darin, durch den Service Co-Creation-Prozess zusammen mit dem Kunden Wert zu generieren. Der Wert manifestiert sich in der Kundenlogik im Service Value, der auch für den Anbieter Ziel-charakter hat (Abschn. 4.1) sowie in der Service Experience während des Service Co-Creation-Prozesses (Kap. 6).

Nun führen Mitarbeitende ihre Aufgaben nicht immer so aus, dass sie mit ihrem Ver-halten zur Erreichung des Ziels des Dienstleistungsprozesses beitragen. Mitarbeitende verfolgen eigene Zielsetzungen, die nicht notwendigerweise mit den Unternehmensziel-setzungen kompatibel sind (Jost 2014, S. 285). Die Verfolgung eigener Ziele, die im Konflikt zu den Unternehmenszielen oder, wie hier, den Zielen des Service Co-Creation-Prozesses stehen, führt dazu, dass Mitarbeitende durch ihr Verhalten die Zielerreichung im Dienstleistungsprozess behindern oder verhindern können. *Ein:e Mitarbeiter:in schätzt zwar, dass er/sie bei einem renommierten Dienstleister beschäftigt ist, sieht aber in seiner/ihrer Arbeit eher eine Möglichkeit des Geldverdienens als der Selbstverwirklichung. Kommt etwa ein:e Kund:in kurz vor Ladenschluss ins Geschäft, wird er/sie nur noch lustlos bedient, damit der/die Mitarbeiter:in schnell Feierabend machen kann. Dies widerspricht dem Ziel eine positive Service Experience für den/die Kund:in zu schaffen* (Kap. 6), *sorgt für geringe Kund:innenzufriedenheit und ggf. dafür, dass der/die Kund:in nicht wiederkommt.*

Aus den divergenten Zielsetzungen von Mitarbeitenden und Unternehmen resultiert die **Motivationsaufgabe** des Unternehmens. Die Motivation bezieht sich auf die Behebung des **Nicht-Wollens** der Mitarbeitenden. Im Mittelpunkt steht dabei die Aufgabe, Mitarbeitenden dazu zu bewegen, die für die Erreichung der Ziele des Dienstleistungsprozesses notwendige Arbeitsleistung (job performance) zu erbringen.

12.2 Die Bedeutung der Mitarbeitenden für die Wertgenerierung von Anbieter und Kunde

Mitarbeitende im Dienstleistungsprozess (service employees) sind aus verschiedenen Gründen für die Wertgenerierung von Kunde und Anbieter von entscheidender Bedeutung.

Bei persönlich erbrachten Dienstleistungen interagieren sie mit dem Kunden (Abschn. 9.1), sind aus Kundensicht zentraler Bestandteil der Dienstleistung und während des Dienstleistungsprozesses für den Kunden sichtbar (Hennig-Thurau et al. 2004). Sie prägen daher die Wahrnehmung der Dienstleistungsqualität sowie die tatsächliche Qualität der Dienstleistung (Dagger et al. 2013), haben entscheidenden Einfluss auf den Service Value des Kunden und die Kundenzufriedenheit (Heskett et al. 1994; Hogreve et al. 2017), formen das Kundenerlebnis mit der Dienstleistung bzw. dem Dienstleistungsprozess (Wirtz und Jerger 2016), fördern oder behindern Word-of-Mouth (Bock et al. 2016) und beeinflussen die Kundenbindung (Frank et al. 2014; Paparoidamis et al. 2019).

Auch Mitarbeitende, die nicht mit dem Kunden interagieren, nehmen Einfluss auf den Wert des Dienstleistungsprozesses für Anbieter und Kunde. Sie erstellen die Dienstleistung im für den Kunden nicht sichtbaren Bereich (Remote Services wie Reparaturen, Zubereitung des Essens im Restaurant) oder schaffen die Voraussetzungen, damit die Wertgenerierung von Anbieter und Kunde stattfinden kann (Spülen des Geschirrs im Restaurant, Update der Software bei E-Services oder Nachfüllen des Geldautomaten).

Als Träger der Dienstleistung sind sie gleichzeitig Träger der Dienstleistungsmarke und bestimmen entscheidend, wie der Kunde die Marke wahrnimmt (Fliess und Maeß 2008; Maeß 2013).

Durch ihre Arbeitsweise generieren sie Wert für den Anbieter, indem sie die Marketing- und Wettbewerbsstrategie des Anbieters umsetzen und auch Anregungen für innovative

Dienstleistungen geben (Larivière et al. 2017; Möller 2004; Wirtz und Jerger 2016). Sie übernehmen die Rolle des Verkäufers im Prozess und sorgen dadurch für Umsatz im Dienstleistungsunternehmen. Schließlich beeinflussen Mitarbeitende durch ihre Arbeitsweise Effektivität und Effizienz im Service Co-Creation-Prozess (Wirtz und Jerger 2016). Wie auch die Service-Profit-Chain zeigt (Heskett et al. 1994; Hogreve et al. 2017), sind Mitarbeiterzufriedenheit, Mitarbeiterbindung und Mitarbeiterproduktivität entscheidend für den Erfolg des Dienstleistungsunternehmens. Mitarbeitende können aber auch negative Beiträge im Service Co-Creation-Prozess leisten und den Wert für den Kunden und den Anbieter mindern, etwa wenn sie sich gegenüber den Kunden über ihr eigenes Unternehmen beschweren (Locander et al. 2020), wenn sie die im Service Co-Creation-Prozess eingesetzte Technologie nicht akzeptieren (Meyer et al. 2020) oder wenn sie nicht fähig oder willens sind, im Service Co-Creation-Prozess entsprechend mitzuwirken und dadurch die Wertgenerierung des Kunden beinträchtigen (Pimpakorn und Patterson 2010).

Insbesondere das Kundenkontaktpersonal, das während des Service Co-Creation-Prozesses mit dem Kunden interagiert, handelt an der **organizational frontline** (Schneider und Bowen 2019), d. h. an der Grenze zwischen Anbieterunternehmen und Kunde. Diese Personen werden auch als **Boundary Spanners** bezeichnet, die **Boundary Roles** innehaben (Fließ et al. 2015, S. 171; Subramony et al. 2021; Wirtz und Jerger 2016). Der Boundary Spanner vermittelt zwischen Kunden- und Anbieterinteressen; dabei kann er sich stärker für die Kundenziele als die Ziele seines Arbeitgebers einsetzen.

Mitarbeitende sind in verschiedenen Vertragsverhältnissen für einen Dienstleister tätig: Angestellte können als Teilzeit- oder Vollzeitkräfte eingestellt sein, von Zeitarbeitsfirmen kommen, Mitarbeitende anderer Unternehmen sein, die im Rahmen des Outsourcings (Abschn. 4.4.2) Aktivitäten im Service Co-Creation-Prozess übernehmen oder als freie Mitarbeiter, sog. Free Lancer, für den Dienstleister arbeiten (Subramony und Groth 2021). Wir werden uns im Folgenden auf Mitarbeitende in Angestelltenverhältnissen konzentrieren.

Damit Mitarbeitende zusammenarbeiten und den Wertgenerierungsprozess von Kunde und Anbieter während der Service Co-Creation ermöglichen und unterstützen, bedarf es der Koordination und der Motivation der Beteiligten, die in den folgenden Kapiteln behandelt werden.

Literatur

Bock DE, Folse JAG, Black WC (2016) When frontline employee behavior backfires. J Serv Res 19:322–336

Dagger TS, Danaher PJ, Sweeney JC, McColl-Kennedy JR (2013) Selective halo effects arising from improving the interpersonal skills of frontline employees. J Serv Res 16:488–502

Fliess S, Maeß R (2008) Der Kontaktmitarbeiter als Nutzer der Dienstleistungsmarke. In: Bruhn M, Stauss B (Hrsg) Dienstleistungsmarken: Forum Dienstleistungsmanagement. Gabler, Wiesbaden, S 275–299

Fließ S, Johnston WJ, Sichtmann C (2015) Business buying behavior. In: Kleinaltenkamp M, Plinke W, Wilkinson IF, Geiger I (Hrsg) Fundamentals of business-to-business marketing. Springer International Publishing, Cham, S 171–226

Frank B, Herbas Torrico B, Enkawa T, Schvaneveldt SJ (2014) Affect versus cognition in the chain from perceived quality to customer loyalty: the roles of product beliefs and experience. J Retail 90:567–586

Hennig-Thurau T, Gwinner KP, Walsh G, Gremler DD (2004) Electronic word-of-mouth via consumer-opinion platforms: what motivates consumers to articulate themselves on the internet? J Interact Mark 18:38–52

Heskett JL, Jones GW, Loveman GW, Sasser WE, Schlesinger LA (1994) Putting the service-profit chain to work. Harv Bus Rev 72:164–174

Hogreve J, Iseke A, Derfuss K, Eller T (2017) The service – profit chain: a meta-analytic test of a comprehensive theoretical framework. J Mark 81:41–61

Jost P-J (2014) The economics of motivation and organization. An introduction. Edward Elgar Publishing, Cheltenham

Larivière B, Bowen DE, Andreassen TW, Kunz WH, Sirianni NJ, Voss C, Wünderlich NV, De Keyser A (2017) "Service encounter 2.0": an investigation into the roles of technology, employees and customers. J Bus Res 79:238–246

Locander JA, White A, Newman CL (2020) Customer responses to frontline employee complaining in retail service environments: the role of perceived impropriety. J Bus Res 107:315–323

Maeß R (2013) Probleme der Markenbildung bei Dienstleistungen: eine ökonomisch-semiotische Analyse. Dr. Kovač, Hamburg

Meyer P, Jonas JM, Roth A (2020) Frontline employees' acceptance of and resistance to service robots in stationary retail – an exploratory interview study. J Serv Manag Res 4:21–34

Möller S (2004) Interaktion bei der Erstellung von Dienstleistungen. Die Koordination der Aktivitäten von Anbieter und Nachfrager. Deutscher Universitäts-Verlag, Wiesbaden

Paparoidamis NG, Tran HTT, Leonidou CN (2019) Building customer loyalty in intercultural service encounters: the role of service employees' cultural intelligence. J Int Mark 27:56–75

Pimpakorn N, Patterson PG (2010) Customer-oriented behaviour of front-line service employees: the need to be both willing and able. Australas Mark J 18:57–65

Schneider B, Bowen DE (2019) Perspectives on the organizational context of frontlines: a commentary. J Serv Res 22:3–7

Smith A (1776) An inquiry into the nature and causes of the wealth of nations. Methuen, London

Subramony M, Groth M (2021) Enacting service work in a changing world: time for a dialogue. J Serv Res 24:226–229

Subramony M, Groth M, Hu X, Wu Y (2021) Four decades of frontline service employee research: an integrative bibliometric review. J Serv Res 24:230–248

Wirtz J, Jerger C (2016) Managing service employees: literature review, expert opinions, and research directions. Serv Ind J 36:757–788

Die Koordinationsaufgabe – die Organisationsstruktur des Service Co-Creation-Prozesses

13

Zusammenfassung

Arbeitsteilung ermöglicht die Spezialisierung von Mitarbeitern und damit die Optimierung von Produktionskosten. Arbeitsteilung erfordert aber auch die Koordination der spezialisierten Aktivitäten im Hinblick auf das gemeinsame Ziel des Service Co-Creation-Prozesses durch die Organisationsstruktur (horizontale/vertikale Differenzierung) und ihre Koordinationsinstrumente. Es werden die funktionale und die prozessorientierte Organisationsstruktur sowie verschiedene Zwischenformen dargestellt und aufgezeigt, unter welchen Bedingungen welche Organisationsstruktur sinnvoll ist. Dabei wird auch auf die dienstleistungsspezifische Besonderheit von Front- und Back-Office eingegangen. Die vertikale Differenzierung legt den Grad der Entscheidungsautonomie fest. Es wird gezeigt unter welche Bedingungen eine hohe oder eine niedrige Entscheidungsautonomie sinnvoll ist. Dabei wird auf die Besonderheit des Empowerment von Mitarbeitern eingegangen.

13.1   Grundlagen der Koordination

Arbeitsteilung (division of labor) ermöglicht die **Spezialisierung** der Mitarbeitenden auf bestimmte Aufgaben (Smith 1776). Die Vorteile der Spezialisierung liegen darin, dass durch die wiederholte Ausführung gleicher oder ähnlicher Aufgaben Erfahrungen gesammelt werden, die es ermöglichen, die Tätigkeiten schneller auszuführen, sodass die Produktivität steigt (Kogut und Zander 1996) und die **Produktionskosten** bei der Erstellung der Dienstleistung sinken (Fließ 2001, S. 103–109). *Eine Person, die sich in einem Sterne-Restaurant auf die Zubereitung von Saucen spezialisiert, sammelt Wissen über die Saucenzubereitung an und kann dadurch die Zeit, die für die Zubereitung einer Sauce be-*

© Der/die Autor(en), exklusiv lizenziert an Springer Fachmedien Wiesbaden GmbH, ein Teil von Springer Nature 2024
S. Fließ et al., *Management von Dienstleistungsprozessen*,
https://doi.org/10.1007/978-3-658-44147-0_13

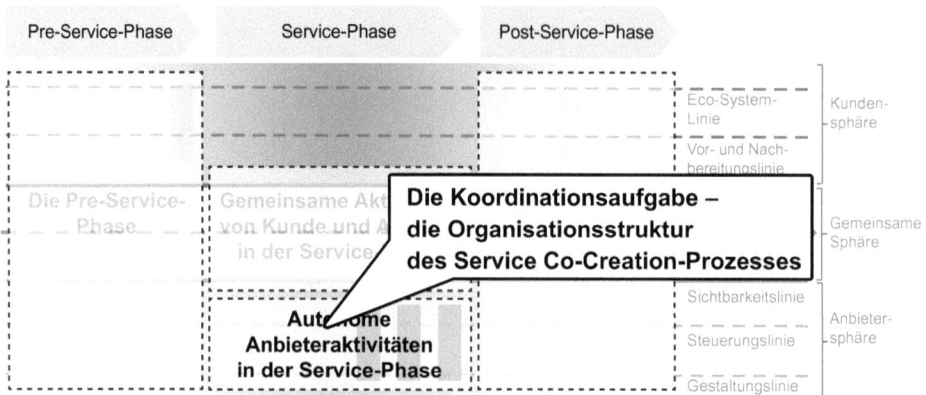

Abb. 13.1 Die Koordinationsaufgabe – Einordnung im ServiceBlueprint

nötigt wird, reduzieren. Spezialisierung kann auch dazu führen, dass die Qualität der Aufgabenergebnisse steigt, da das kumulierte Wissen zu besseren Ergebnissen führt. *Ein:e spezialisierte:r Saucenkoch/-köchin bereitet ggf. schmackhaftere Saucen zu als ein nicht spezialisierter Koch/eine nicht spezialisierte Köchin.*

Die Zerlegung eines Prozesses in verschiedene Arbeitsschritte, die von unterschiedlichen Personen ausgeführt werden, erfordert die **Koordination** der Aktivitäten (Abb. 13.1). Die Abstimmung der Aktivitäten im Service Co-Creation-Prozess (Koordination) verursacht Koordinationskosten (Fließ 2001, S. 97). Als **Koordinationskosten** werden alle Kosten bezeichnet, die entstehen, um das Nicht-Wissen der am Service Co-Creation-Prozess Beteiligten zu überbrücken (Milgrom und Roberts 1992, S. 92). *So werden beispielsweise Checklisten, Plänen, Meetings oder Gespräche zur Koordination eingesetzt. Die Erstellung von Checklisten und Plänen, die Planung und Durchführung von Meetings und Gesprächen verursachen Kosten (meist Personalkosten), die als Koordinationskosten bezeichnet werden.*

Zwischen Produktionskosten und Koordinationskosten besteht ein gegenläufiger Effekt (Fließ 2001, S. 103–104): Je ausdifferenzierter die Spezialisierung ist, desto geringer sind die Produktionskosten und desto höher sind die Koordinationskosten, da mit zunehmender Spezialisierung der Abstimmungsbedarf zwischen den Stellen steigt. Je geringer die Spezialisierung ist, desto geringer sind die Koordinationskosten und desto höher sind die Produktionskosten, da die Lerneffekte aufgrund der Spezialisierung fehlen. Damit geht es bei der Lösung der Koordinationsaufgabe darum, die Organisationsstruktur zu finden, die das Verhältnis von Produktionskosten zu Koordinationskosten optimiert.

Die **formale Organisationsstruktur** umfasst drei Aspekte (Jost 2014, S. 7–8):

- Die **horizontale Differenzierung** legt die Arbeitsteilung zwischen Organisationseinheiten (Stellen, Abteilungen, Divisionen) der gleichen Ebene fest. *Die Arbeitsteilung zwischen Rezeptionist:in und Reinigungspersonal entspricht der horizontalen Differenzierung.*

- Die **vertikale Differenzierung** legt fest, welche Stellen ausführende und welche Stellen leitende Tätigkeiten im Dienstleistungsprozess übernehmen. *Um beispielsweise zu koordinieren, welche Reinigungskraft wann welche Zimmer säubert, kann eine vorgesetzte Stelle (Leitungsstelle, Instanz) eingerichtet werden, z. B. die der Hausdame (leitende Tätigkeit).*
- Die Festlegung und der Einsatz der **Koordinationsinstrumente** beziehen sich auf die Maßnahmen, die der Anbieter ergreift, um die Aktivitäten innerhalb des Service Co-Creation-Prozesses aufeinander abzustimmen. *Um die Reinigungskräfte zu koordinieren, gibt es einen Einsatzplan, in dem festgelegt ist, wer welche Zimmer reinigt und auch welche Arbeiten durchzuführen sind.*

▶ **Koordinationsaufgabe des Anbieters** Überbrückung des Nicht-Wissens der Mitarbeitenden durch die formale Organisationsstruktur.

▶ **Koordination** Abstimmung von Aktivitäten bei arbeitsteiliger Aufgabenausführung im Hinblick auf ein gemeinsames Ziel.

▶ **Formale Organisationsstruktur** Die formale Organisationsstruktur umfasst die horizontale und vertikale Differenzierung sowie die Gestaltung und den Einsatz von Koordinationsinstrumenten.

13.2   Die horizontale Differenzierung

Die **horizontale Differenzierung** fragt nach der Spezialisierung der Organisationseinheiten, d. h. danach, wie viele und welche Aufgaben eine Organisationseinheit innerhalb des Dienstleistungsprozesses übernehmen soll. Organisationseinheiten können Stellen, aber auch Abteilungen oder ganze Unternehmensbereiche sein, wobei im Folgenden die Stellen im Vordergrund stehen (zur Abteilungsbildung vgl. beispielsweise Bea und Göbel 2019, S. 264–268; Scherm und Pietsch 2007, S. 163–164).

▶ **Horizontale Differenzierung** Die horizontale Differenzierung, auch als Arbeitsteilung oder Spezialisierung bezeichnet, (Kieser und Walgenbach 2010, S. 71), legt die Arbeitsteilung zwischen Organisationseinheiten (Stellen, Abteilungen, Divisionen) der gleichen Ebene im Service Co-Creation-Prozess fest.

▶ **Stelle** Eine Stelle „wird definiert als ein Aufgabenkomplex, der von einer dafür qualifizierten Person unter normalen Umständen bewältigt werden kann" (Picot et al. 2020, S. 231).

▶ **Abteilung** Eine Abteilung umfasst eine „Gruppierung mehrerer Stellen, die jeweils nach einem Kriterium dauerhaft gebildet und von einer Instanz geleitet wird" (Picot et al. 2020, S. 232). Als Instanz wird die Stelle des/der Vorgesetzten bezeichnet.

13.2.1 Funktionsorientierung und Prozessorientierung

Im Rahmen der horizontalen Differenzierung von Service Co-Creation-Prozessen stehen grundsätzlich zwei Möglichkeiten zur Verfügung: die funktionsorientierte Stellenbildung und die prozessorientierte Stellenbildung (Picot et al. 2020). Bei der **funktionsorientierten oder funktionalen Stellenbildung** sind Stellen auf eine Tätigkeit spezialisiert, die dann in mehreren Dienstleistungsprozessen ausgeübt wird. *Die Zubereitung eines Latte Macchiato mit einem Schuss Vanillesirup besteht aus den folgenden Tätigkeiten, die sich in unterschiedlicher Reihenfolge organisieren lassen: Annahme der Bestellung, Zubereitung des Espressos, Aufschäumen von Milch, Hinzufügen von Sirup, Versehen des Kaffees mit einem Deckel beim Coffee-to-go, Bezahlung, Aushändigung des Kaffees. In amerikanischen Coffee-Shops werden diese Tätigkeiten nach dem Konzept der funktionsorientierten Stellenbildung von verschiedenen Personen durchgeführt: Um die Tätigkeiten zu koordinieren, wird von der ersten Person ein Kaffeebecher mit dem vom Kunden/von der Kundin angegebenen Namen beschriftet.* Die Spezialisierung auf einzelne Tätigkeiten führt zu niedrigeren Produktionskosten, verursacht aber höhere Koordinationskosten.

Bei der **Prozessorientierung oder prozessorientierten Stellenbildung** werden alle konsekutiven Tätigkeiten eines Prozesses in einer Stelle zusammengefasst. Diese Organisationsform wird meist bei einfachen Standardprozessen benutzt, die kein auf verschiedene Personen verteiltes, spezifisches Know-how erfordern und die ggf. durch IT-Systeme unterstützt werden Picot et al. (2015, S. 386). *In deutschen Coffee-Shops wird die Zubereitung eines Latte Macchiato mit einem Schuss Vanillesirup von einer Person durchgeführt, die alle Tätigkeiten von der Bestellung bis zur Aushändigung übernimmt.* Die prozessorientierte Stellenbildung verursacht aufgrund geringerer Spezialisierung höhere Produktionskosten und bei einem Massenansturm eine geringere Produktivität, aber niedrigere Koordinationskosten als die funktionsorientiere Stellenbildung. *So kann der/die nächste Kund:in erst bedient werden, wenn der/die Vorherige seinen/ihren Kaffee erhalten hat.*

Die reine Funktionsorientierung und die reine Prozessorientierung stellen Extrempunkte eines Organisationsspektrums dar (Abb. 13.2), zwischen denen verschiedene **Mischformen** existieren (Fließ 2006, S. 121–130; Picot et al. 2020, S. 291–297).

Bei der **funktionalen Spezialisierung mit prozessorientierten Stabstellen** übernehmen eine oder mehrere unterstützende Stellen (Stabstellen) die Koordination der Funktionen. *Der/die Case-Manager:in im Gesundheitsbereich dar, auch als Service Orchestrator bezeichnet , (Breidbach et al. 2016) koordiniert die Zusammenarbeit zwischen dem/der*

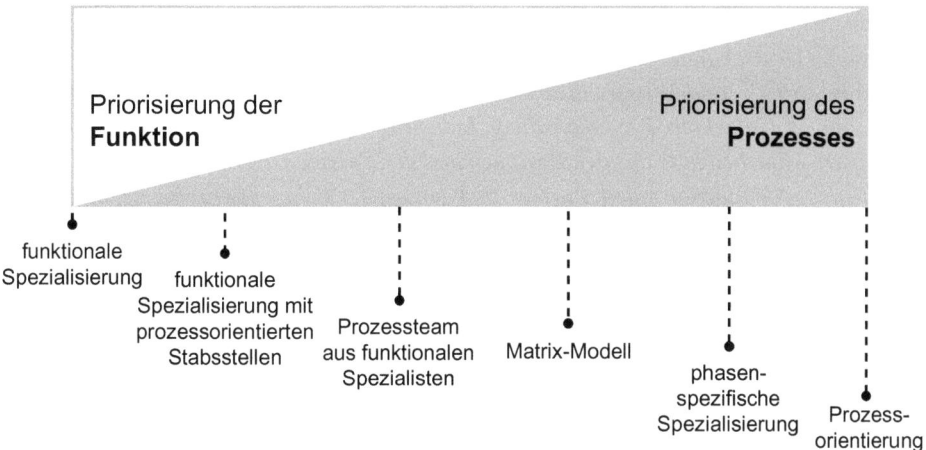

Abb. 13.2 Formen der horizontalen Differenzierung im Service Co-Creation-Prozess

Patient:in und den verschiedenen Stellen eines Krankenhauses. Er/sie begleitet Patient:innen zu Terminen, unterstützt die Interaktion mit Ärzt:innen oder vereinbart Reha-Maßnahmen. Breidbach et al. untersuchten die Wirkung dieses/dieser Koordinator:in in einem Krankenhauskonzern mit 700 Betten, 1.500 Mitarbeiter:innen und 14 klinischen Abteilungen und stellten fest, dass diese:r nicht nur einen positiven Einfluss auf die Zufriedenheit des/der Patient:in hatte, sondern auch die Beteiligung des/der Patient:in im Prozess verbessert wurde (Co-Creation) und sich über die verbesserte Mitarbeit der Patient:innen im Prozess auch die Produktivität und die Arbeitszufriedenheit der befragten Mitarbeitenden erhöhte (Breidbach et al. 2016).

Beim **Prozessteam aus funktionalen Spezialisten** wird ein feststehendes Team durch Personen mit unterschiedlicher Spezialisierung gebildet. *So setzt sich das Prüfungs- und Betreuungsteam an einem Lehrstuhl aus dem/der Prüfer:in, dem/der Betreuer:in und einer Wissenschaftlichen Hilfskraft zusammen. Sie stellen gemeinsam den zeitlichen Betreuungsplan pro Semester auf, legen die Themen der Tutorien fest, beantworten Fragen in Moodle, bestimmen die Prüfungsthemen, erstellen und korrigieren die Klausuren und stimmen die Noten ab.*

Sind Prozesse insgesamt zu komplex, so können auch Teile eines Prozesses in Form einer **phasenspezifischen Spezialisierung** in einer Stelle zusammengefasst werden („stage-based specialization" Gittell et al. 2008a). *Ein Beispiel hierfür stellt die Zusammenfassung von Aktivitäten der Pflege in der Akutversorgung, der Notversorgung, der Erstversorgung nach einer Operation oder der Rehabilitationspflege dar* (Gittell et al. 2008a).

Die **Zusammenarbeit zwischen funktions- und prozessspezialisierten Organisationseinheiten nach dem Matrixmodell** ist dadurch gekennzeichnet, dass sich zwei Organisationsformen – die funktionale Organisation und die Organisation nach einem anderen Kriterium, meistens Kundengruppen oder -segmenten – wie in einer Matrix überlappen (Jost 2009, S. 328–333). Diese Organisationsform findet sich meist bei Großunternehmen und Konzernen. *So ist beispielsweise die DEKRA SE einerseits in sechs Regionen gegliedert (Deutschland, Ost- und Mitteleuropa, Nordwest-Europa, Süd-West-Europa, Amerikas, APEC), andererseits in acht Service Divisions (Fahrzeugprüfung, Schadensregulierung & Gutachten, Produktprüfung, Industrieprüfung, Consulting, Audit, Training, Zeitarbeit). Mitarbeitende aus den Regionen und den Service Divisions übernehmen dann verschiedene Aufgaben in einem Prozess. So kann bei der Fahrzeugprüfung der Fahrzeugflotte eines Autovermieters des/der Kundenmanager:in (Division Deutschland) die Prüfungstermine vereinbaren und sich mit dem Kunden über das Flottenmanagement austauschen, während die Mitarbeiter:innen der Fahrzeugprüfung (Service Division) die Prüfung durchführen.*

Darüber hinaus kann die Arbeit zeitlich und örtlich differenziert werden (Miller 1959). **Zeitliche Arbeitsteilung** findet statt, wenn die insgesamt anfallenden Tätigkeiten zeitlich verteilt werden, z. B. nach Tages- und Nachtschichten, Wochen-, Monats- oder Jahresarbeitszeiten. *In einem Krankenhaus arbeiten Pfleger:innen in Schichten. Bei Halbtagstätigkeiten können diese auf verschiedene Wochentage konzentriert werden, z. B. dienstags, donnerstags und ein halber Freitag.* Bei **örtlicher Arbeitsteilung** werden Aktivitäten an verschiedenen Standorten ausgeführt. *Unternehmensberater:innen arbeiten von montags bis donnerstags beim Kundenunternehmen und am Freitag im Büro der Unternehmensberatung oder zu Hause.*

Ob sich ein Dienstleister im Hinblick auf die Effizienz des Dienstleistungsprozesses für eine prozess- oder eine funktionsorientierte Organisation oder eine ihrer Mischformen entscheidet, hängt von der Höhe der Produktions- und Koordinationskosten ab, deren Summe minimiert werden soll. Produktions- und Koordinationskosten lassen sich aus verschiedenen Gründen nicht direkt messen (vgl. hierzu Fließ 2001, S. 106–108 und die dort angegebene Literatur). Daher werden als Näherungsgrößen die **Merkmale der Aufgabe** herangezogen (Milgrom und Roberts 1992, S. 30; Picot et al. 2020, S. 106–108). Hierbei sind die folgenden Aufgabenmerkmale ausschlaggebend (Picot et al. 2020, S. 106–108):

- die Interdependenzen zwischen den Teilaufgaben,
- das Stadium der wissensökonomischer Reife der jeweiligen Aufgabe und
- die Messbarkeit der durch die Aufgabenerfüllung erreichten Ergebnisse.

Interdependenzen zwischen Teilaufgaben können in verschiedener Form bestehen (Picot et al. 2020, S. 97; Stabell und Fjeldstad 1998; Thompson 1967, S. 54–55):

- Bei **sequenziellen Interdependenzen** stellt der Output einer Aufgabe bzw. Aufgabensequenz den Input einer anderen Aufgabe bzw. Aufgabensequenz dar. Der Abschluss der vorangehenden Aktivität(sfolge) ist Voraussetzung für den Beginn der folgenden Aktivität(sfolge). Dies ist typisch für **Wertketten** (Abschn. 1.2.2). *Bei einer Wäscherei erfolgen erst die Annahme der Wäsche, dann die Prüfung der Wäsche, die Festlegung der Reinigungsprozedur, die Durchführung der Reinigung, die Verpackung der gereinigten Wäsche und die Aushändigung.*

- Bei **reziproken Interdependenzen** sind die Aktivitäten wechselseitig voneinander abhängig, d. h. Aktivität A ist der Input für Aktivität B und Aktivität B ist der Input für Aktivität A. Dies ist typisch für kundenindividuelle Dienstleistungen, die auf dem **Wertshop** (Abschn. 1.2.2) beruhen. So ist die Definition des Problems durch verschiedene Interaktionen zwischen Kunde und Anbieter oder zwischen verschiedenen Mitarbeitenden auf Anbieterseite gekennzeichnet und auch die Entwicklung einer Problemlösung erfordert die mehrfache Interaktion der Mitarbeitenden. *Ein Beispiel sind etwa komplexe Kreditvergaben an Unternehmen, bei denen mehrere Expert:innen interagieren, um die beste Lösung für Kund:innen zu finden.*
- Bei **gepoolten Interdependenzen** greifen alle Aufgaben auf die gleichen Ressourcen zu, um das Ziel des Dienstleistungsprozesses zu erreichen. Gepoolte Interdependenzen sind typisch für **Wertnetzwerke**. (Abschn. 1.2.2) *So greifen bei AirBnB Nachfrager:innen von Wohnungen und Anbieter:innen von Wohnungen auf die gleiche Plattform zu und bei Banken konkurrieren Kreditnachfrager:innen um die Ressource Geld.*
- Bei **teamorientierten Interdependenzen** werden mehrere Aktivitäten gleichzeitig ausgeübt, wobei die Beteiligten im Team zusammenarbeiten. *Ein Beispiel ist etwa das Team aus Ärzt:innen und Pfleger:innen im Krankenhaus.* Teamorientierte Interdependenzen können sowohl bei Wertketten als auch bei Wertshops und Wertnetzwerken auftreten.

Je höher der Grad der Interdependenzen zwischen den Teilbereichen ist (von (1) nach (4) ansteigend), desto eher müssen die Aufgaben in einer Stelle oder einer Abteilung zusammengefasst werden.

Bei der **Sales-Service-Ambidexterity** stellt sich die Frage, ob Mitarbeitende an der Schnittstelle zum Kunden gleichzeitig Verkaufs- und Servicetätigkeiten übernehmen sollen, um stärker zum finanziellen Erfolg des Unternehmens beizutragen, oder ob sie sich entweder auf Verkaufs- oder auf Servicetätigkeiten konzentrieren sollen (Hughes und Ogilvie 2020; Mullins et al. 2020; Rapp et al. 2017). Beides hat Vor- und Nachteile für das Unternehmen und den Mitarbeiter (Gabler et al. 2017; Yu et al. 2013). Beide Tätigkeiten sind zusammenzufassen, wenn Interdependenzen zwischen Vertrieb (sales) und Dienstleistungserbringung (service) bestehen. So können Bankmitarbeiter beide Tätigkeiten wahrnehmen, da das gleiche Know-how für die Beratung und den Verkauf benötigt wird; es liegen gepoolte Interdependenzen vor. Bei Friseur:innen können die Tätigkeiten ebenfalls zusammengefasst werden, da der Verkauf von Haarpflegeprodukten und Dienstleistungen eng mit den Aktivitäten des Haareschneidens verbunden ist (teamorientierte Interdependenzen). In größeren, komplexen Projekten wie dem Anlagenbau werden Vertrieb und Abwicklung in der Regel getrennt, wenn für die Abwicklung spezifisches technisches Know-how erforderlich ist und für den Vertrieb spezifische Vertriebs- und Akquisitionsstrategien (keine oder nur geringe Interdependenzen). Bestehen reziproke Interdependenzen, werden Akquisition und Abwicklung zusammengelegt. Dann übernimmt die gleiche Person, die den Auftrag akquiriert hat, auch die Abwicklung und wechselt nach Abschluss wieder zur Vertriebstätigkeit zurück. Die reziproken Interdependenzen ergeben sich daraus, dass der Vertrieb die Rahmenbedingungen für die Abwicklung festlegt, und die technischen Realisierungsmöglichkeiten in der Abwicklung bestimmen, was der Vertrieb dem Kunden versprechen kann. Diesen reziproken Interdependenzen muss sonst durch Koordination Rechnung getragen werden.

Das **Konzept der wissensökonomischen Reife** stellt auf die dynamischen Transaktionskosten ab. **Dynamische Transaktionskosten** entstehen durch die Aneignung von Wissen, das notwendig ist, um einen Dienstleistungsprozess durchführen zu können (Langlois und Robertson 1995, S. 35). Hierzu zählen beispielsweise Kosten, die mit der Anwendung einer neuen Technologie verbunden sind (Einarbeitungskosten, Lernkosten) oder die durch die Übertragung von Informationen entstehen, die zur weiteren Bearbeitung des Vorgangs notwendig sind. Die dynamischen Transaktionskosten sind dann besonders hoch, u. U. sogar prohibitiv hoch, wenn es nicht gelingt, Wissen zu kodifizieren, zu artikulieren und damit zu übertragen, wie dies bei sog. **implizitem Wissen** (Polanyi 1985, S. 13 ff.) gegeben ist. Wissensökonomische Reife haben solche Leistungen erlangt, die weiterverwendet werden können, ohne dass auf das zu ihrer Erstellung notwendige Wissen zurückgegriffen werden muss (Dietl 1993, S. 171–179). Dem Konzept entsprechend sind Aufgaben – vereinfacht gesagt – so in einer Stelle zusammenzufassen, dass eine Übertragung des impliziten Wissens möglichst nicht notwendig ist (Picot et al. 2020, S. 230–231). Damit kommt dem jeweiligen Know-how der entsprechenden Stellen bzw. Abteilungen bezüglich der Dienstleistungserbringung erhebliche Bedeutung zu.

Ist eine Zusammenfassung der Aufgaben beispielsweise aus Kapazitätsgründen nicht möglich – ein Mitarbeiter kann nicht alle Aufgaben übernehmen, die einen Grad unzureichender ökonomischer Reife aufweisen –, ist ein Transfer des Wissens erforderlich. *So umfasst der Vertrag mit seinen diversen Anlagen bei komplexen Anlageprojekten mehrere hundert Seiten, in denen das (Wissens-)Ergebnis der Akquisitionsphase festgelegt ist. Der Vertrag entspricht einem hohen Grad wissensökonomischer Reife. Der/die Projektmanager:in der Abwicklungsphase stützt sich auf dieses Vertragswerk. Allerdings kann nicht das gesamte Wissen der Akquisitionsphase expliziert werden; warum bestimmte Lösungen und Konditionen Eingang in den Vertrag gefunden haben, wird nicht im Vertrag festgelegt. Aus diesem Grund kann – in Kombination mit den Interdependenzen der Teilaufgaben – die Arbeitsteilung nach Vertragsabschluss erfolgen, wobei der Vertrag die Koordination zwischen Akquisition und Abwicklung übernimmt. Sind die Vorteile der Spezialisierung höher als die Koordinationskosten, wird zwischen Akquisition und Abwicklung getrennt; sind die Koordinationskosten höher, werden beide Tätigkeiten in einer Stelle zusammengefasst.*

Ist die **Messung des Ergebnisses einer Aktivität** schwierig, so kann der Erfolg dieser Aktivität nicht eindeutig einer Organisationseinheit zugerechnet werden. Somit steigt der Aufwand bei der Lösung des Motivationsproblems (Alchian 1984; Alchian und Demsetz 1972; Fama und Jensen 1983). Daher sollten Aufgaben so zusammengefasst werden, dass ihr Ergebnis eindeutig der Organisationseinheit (Stelle, Abteilung) zugerechnet werden kann, die mit der Durchführung betraut wurde (Jost 2009, S. 430–431). *Im Beispiel der Trennung von Vertrieb und Abwicklung ist das Ergebnis der Vertriebstätigkeit messbar, wobei je nach Zielsetzung eine entsprechende Messgröße gewählt wird (Auftragserhalt, Umsatz, Deckungsbeitrag). Auch das Ergebnis der Abwicklung ist eindeutig messbar, z. B. Fertigstellungstermin, Projektergebnis. Beides spricht für eine mögliche Trennung von Vertrieb und Abwicklung.*

Sofern gemischte Aufgabenstrukturen vorliegen – sowohl Aufgaben mit leicht messbarem als auch Aufgaben mit schwer messbarem Ergebnis – müssen geeignete Anreizstrukturen gefunden werden, um die Mitarbeiter zur Erledigung beider Aufgaben gleichermaßen zu motivieren. Eine wesentliche Rolle kommt hierbei der Motivation zu (Kap. 14). *So könnte etwa der/die Friseur:in zusätzlich zu seinem/ihrem Festgehalt eine Umsatzprovision für den Verkauf der Pflegeprodukte erhalten, die nicht zu hoch sein darf, da der Schwerpunkt ja auf der Dienstleistungserbringung liegt. Deren Qualität honoriert der/die Kund:in in Deutschland mit einem Trinkgeld, dessen Höhe teilweise an seiner/ihrer Zufriedenheit ausgerichtet ist* (Abschn. 15.3).

Zusammenfassend gilt, dass die Aufgaben umso eher zusammenzulegen sind, je größer die Interdependenzen zwischen den Aufgaben sind, je weniger sie eine wissensökonomische Reife aufweisen und je schlechter das Ergebnis beurteilt werden kann (Picot et al. 2020, S. 97). Bei Mischformen ist die Bedeutung der drei Kriterien gegeneinander abzuwägen.

Durch horizontale Differenzierung kann der Prozess vor dem Hintergrund der drei Aufgabenmerkmale **effizient** gestaltet werden. Vor dem Hintergrund der **Effektivität** sind bei der Organisation der Aktivitäten aber auch Service Value, Service Experience, Kundenzufriedenheit und Zeit zu berücksichtigen. *Im Beispiel der Trennung oder Zusammenlegung von Verkaufs- und Dienstleistungsaufgaben spielt auch das Prinzip des „one-face-to-the-customer" eine Rolle, das den Service Value erhöhen soll, indem die Transaktionskosten der Kund:innen reduziert werden* (Rapp et al. 2017). *Angestrebt wird auch eine höhere Kund:innenzufriedenheit. Im obigen Coffee-Shop-Beispiel hat die funktionsorientierte Stellenbildung auch eine Marketingkomponente im Sinne des Effektivitätsziels: die Bedeutung des/der Barista:s als einem/einer Kaffee(zubereitungs-)spezialist:in wird durch die Arbeitsteilung hervorgehoben. Damit soll der Service Value erhöht werden. Ob dies gelingt, hängt von der Beurteilung durch den/die Kund:in ab.*

13.2.2 Front-Office und Back-Office

Eine Besonderheit von Service Co-Creation-Prozessen stellt die Unterteilung zwischen Front- und Back-Office-Aktivitäten dar (Chase und Tansik 1983; Zomerdijk und De Vries 2007). Front-Office-Aktivitäten werden vom Kundenkontaktpersonal oberhalb der Line of Visibility des Service-Blueprints i. d. R. in Interaktion mit dem Kunden durchgeführt, während Back-Office-Aktivitäten solche sind, die das Personal des Dienstleisters hinter der Line of Visibility durchführt (Fließ und Kleinaltenkamp 2004; Wikner et al. 2017). Hierbei geht es zum einen um die Entscheidung, welche Aktivitäten für den Kunden sichtbar sein sollen und welche nicht, zum anderen um die Arbeitsteilung zwischen Front- und Back-Office. Grundsätzlich können Front- und Back-Office-Aktivitäten von einer Person durchgeführt werden. Front-Office-Aktivitäten können aber auch von einer Person bzw. Stelle übernommen werden, während eine andere Person bzw. Stelle Back-Office-Aktivitäten ausführt.

Maßgebend sind dabei die folgenden Aspekte (Wikner et al. 2017; Zomerdijk und De Vries 2007):

- **Der Kontakt mit dem Kunden:** (Larsson und Bowen 1989) differenzieren die Bedeutung von Front- und Back-Office-Aktivitäten je nach der Diversität der Nachfrage und dem Ausmaß der Co-Creation. Die Diversität der Nachfrage bezieht sich auf die Heterogenität der Kunden, ihrer Anforderungen und Wünsche sowie ihrer zu lösenden Probleme. Das Ausmaß der Co-Creation bezieht sich auf die Notwendigkeit der Kundenmitwirkung, die Fähigkeit und/oder Bereitschaft zur Mitwirkung oder den Wunsch nach Mitwirkung (Abschn. 8.2). Je höher Diversität und Ausmaß der Co-Creation sind, desto mehr Aktivitäten sind in das Front-Office zu verlagern. *Beispiele hierfür sind Psychotherapie oder Rechtsberatung: Jede:r Kund:in ist anders und seine/ihre Mitwirkung ist notwendig.* Je niedriger Diversität und je geringer das Ausmaß der Co-Creation ist, desto weniger bedeutsam ist der Kundenkontakt und desto mehr Aktivitäten können in das Back-Office verlagert werden. *Beispiele hierfür sind Fast-Food-Restaurants, Fluggesellschaft oder Remote Services wie technologiebasierte Wartung oder Überwachung.*
- **Die Entkopplungsentscheidung**: Für die Entkopplungsentscheidung spielen neben dem Kundenkontakt auch Umsatz- und Kostenüberlegungen des Anbieters eine Rolle. Das Front-Office-Personal übernimmt die kundenbezogenen und stärker variierenden Aufgaben, z. B. Kundenberatung, während Im Back-Office Aktivitäten zu uniformeren, standardisierbaren Aufgabenbündeln zusammengefasst werden können, z. B. Abarbeitung von Aufträgen (Wikner et al. 2017). Dadurch lassen sich im Back-Office Produktionskostenvorteile durch Economies of Scale realisieren, während im Front-Office die Koordinationskosten im Sinne einer Prozessorientierung minimiert werden. Im Front-Office dominiert das Effektivitätsziel, während im Back-Office Effizienz-überlegungen im Vordergrund stehen. Sollen durch den direkten Kundenkontakt Cross-Selling-Potentiale genutzt werden oder sollen Service Co-Creation-Prozesse personalisiert oder individualisiert werden, sind Aktivitäten im Front-Office durchzuführen. Stehen demgegenüber Kostenvorteile, insbesondere Produktionskosten-senkungen, im Vordergrund, übernimmt das Back-Office die Aktivitäten (Zomerdijk und De Vries 2007). Front-Office- und Back-Office-Aktivitäten werden in einer Hand zusammengefasst, wenn hohe Flexibilität und schnelle Reaktionen realisiert werden (Zomerdijk und De Vries 2007) oder wenn Aktivitäten nicht parallelisiert werden können und der Kunde Wartezeiten hätte, die im Sinne eines hohen Service Values und einer positiven Service Experience zu vermeiden sind.
- **Organisation von Front-Office und Back-Office**: Grundsätzlich können Front-Office-Aktivitäten in einer Abteilung oder einem Team zusammengefasst werden, sie können aber auch in zwei verschiedenen Abteilungen organisiert werden (Zomerdijk und De Vries 2007). Hierbei spielen die bereits bei der Funktions- und Prozess-orientierung dargestellten Kriterien eine Rolle: die Interdependenzen zwischen den Teilaufgaben, dem Stadium der wissensökonomischen Riefen und der Messbarkeit der Ergebnisse.

13.3 Die vertikale Differenzierung

Gegenstand der vertikalen Differenzierung ist der **Grad der Entscheidungsautonomie**. Grundsätzlich können ausführende und leitende Tätigkeiten bzw. Stellen unterschieden werden. **Ausführenden Stellen** obliegen die operativen Tätigkeiten, z. B. die Bedienung des Kunden, während **leitende Stellen** für die Koordination und Motivation der ihnen unterstellten Mitarbeitenden zuständig sind (Jost 2009, S. 316) und sowohl Gestaltungs- als auch Steuerungsaufgaben übernehmen, z. B. Personaleinsatzplanung, Bewertung und Motivation der Mitarbeitenden.

Die Notwendigkeit der vertikalen Differenzierung, d. h. der Einrichtung von leitenden Stellen, resultiert zum einen aus der Notwendigkeit, die vielfältigen Aufgaben im Hinblick auf ein zentrales Ziel zu koordinieren. Das Ausmaß, in dem Aufgaben koordiniert werden müssen, entscheidet über die Notwendigkeit eine spezialisierte Koordinationsfunktion einzurichten, eine leitende Stelle (Jost 2014, S. 8). Darüber hinaus bildet die vertikale Differenzierung das Ausmaß der Entscheidungsautonomie der Stellen ab (Jost 2009, S. 295). In diesem Zusammenhang wird auch von **Delegation** gesprochen (Bea und Göbel 2019, S. 280–282; Picot et al. 2020, S. 234). Je mehr Entscheidungsautonomie delegiert wird, desto flacher sind die Hierarchien und desto weniger differenziert ist das Unternehmen in vertikaler Hinsicht.

▶ **Vertikale Differenzierung** Die vertikale Differenzierung, auch als Konfiguration oder Leitungssystem bezeichnet (vgl. Kieser und Walgenbach 2010, S. 71), legt fest, wer ausführende und wer leitende Tätigkeiten im Dienstleistungsprozess übernimmt.

13.3.1 Bestimmungsfaktoren der vertikalen Differenzierung

Das Ausmaß, in dem vertikal differenziert wird, hängt von den Merkmalen der Aufgaben ab. Hierbei sind vor allem die folgenden Merkmale entscheidend (Jost 2009, S. 313–321; Picot et al. 2020, S. 227–228):

- Messbarkeit des Ergebnisses der Aufgabe,
- Strukturiertheit der Aufgabe,
- Veränderlichkeit der Aufgabe,
- Ausmaß des spezifischen Wissens, das für die Ausführung der Aufgabe notwendig ist.

Ist die **Messbarkeit des Ergebnisses einer Aufgabe** einfach, so kann die Entscheidungsautonomie delegiert werden, da schnell festgestellt werden kann, ob die Entscheidungen richtig gewesen sind (Jost 2009, S. 431).

Die **Strukturiertheit der Aufgabe** bezieht sich darauf, ob konkrete Vorgaben für die Durchführung der Aufgabe gegeben werden können (Picot et al. 2020, S. 227). Bei vollständiger Strukturiertheit können Aufgaben standardisiert und automatisiert werden. Je schlechter die Aufgabe strukturiert ist, desto mehr Handlungsspielraum benötigen die

Stelleninhaber, sodass bei schlecht strukturierten Aufgaben die Entscheidungsautonomie eher delegiert werden sollte.

Die **Veränderlichkeit der Aufgabe** bezieht sich darauf, ob sich die Aufgabeninhalte immer wieder ändern oder ob sie weitgehend gleichbleiben (Jost 2009, S. 436; Picot et al. 2020, S. 228). Je neuer auftretende Anforderungen sind, je unerwarteter sie sind und je häufiger sich die Anforderungen ändern, je größer also die Unsicherheit ist, desto größer die Veränderlichkeit der Aufgabe. Bei stark veränderlichen Aufgaben sollte die Entscheidungsautonomie delegiert werden, da sonst zu häufige Abstimmungen zwischen leitender und ausführender Stelle notwendig sind und dadurch die Koordinationskosten steigen.

Spezifisches Wissen ist solches Wissen, das für die Erledigung der betrachteten Aufgabe notwendig ist, für andere Aufgaben aber kaum verwendet werden kann (Jost 2014, S. 277). Die Spezifität des Wissens ist dabei umso höher, je geringer der Nutzen dieses Wissens in anderen Verwendungen ist (Williamson 1979, S. 55). Je spezifischer das Wissen ist, das für die Entscheidungsfindung notwendig ist, desto eher sollte die Entscheidungsautonomie der ausführenden Stelle übertragen werden (Jost 2009, S. 313). Andernfalls muss die ausführende Stelle der übergeordneten Stelle das für die Entscheidungen notwendige Wissen übertragen, was dynamische Transaktionskosten verursacht. Im Sinne einer effizienten Organisation des Dienstleistungsprozesses sollte daher die ausführende Stelle die notwendigen Entscheidungen selbst treffen. Dementsprechend gilt auch der Umkehrschluss: Je weniger spezifisch das Wissen ist, desto eher kann eine übergeordnete Stelle die Entscheidung treffen.

Zusammenfassend lässt sich festhalten, dass die Delegation der Entscheidungsautonomie umso eher zu empfehlen ist, je höher die Messbarkeit des Ergebnisses ist, je weniger strukturiert und je veränderlicher die Aufgabe ist und je spezifischer das notwendige Wissen zur Aufgabenausführung ist (Tab. 13.1).

Die Delegation von Entscheidungsautonomie wird auch als Empowerment bezeichnet (Jost 2009, S. 313). Empowerment hat gerade in Dienstleistungsorganisationen besondere Aufmerksamkeit erfahren.

13.3.2 Empowerment in Dienstleistungsorganisationen

Empowerment oder **psychologisches Empowerment** (Seibert et al. 2011)bezieht sich auf das Engagement und das Selbstmanagement von Mitarbeitenden im Dienstleistungsprozess.

Tab. 13.1 Delegation von Entscheidungsautonomie und Merkmale der Aufgabe

	niedrige Delegation	hohe Delegation
Strukturiertheit der Aufgabe	●	○
Veränderlichkeit der Aufgabe	○	●
Messbarkeit des Ergebnisses	○	●
Spezifität des Wissens	○	●

● = hohe Ausprägung; ○ = geringe Ausprägung

▶ **Empowerment** Überzeugung, dass ein Mitarbeiter über die Autorität und Verantwortung verfügt, um über seine Aktivitäten im Dienstleistungsprozess selbst zu entscheiden (Mathieu et al. 2006; Yu et al. 2013)

Es können verschiedene Ausprägungen des Empowerments unterschieden werden (Bowen und Lawler 1992), wobei der kontrollorientierte und der Commitment- oder Involvement-orientierte Ansatz die beiden Extrempunkte bilden (Yu et al. 2013):

- Beim **kontrollorientierten Empowerment** werden die Verhaltensspielräume der Mitarbeitenden durch enge Aufgabenbeschreibungen, einen hohen Spezialisierungsgrad und eine starke Bürokratisierung in Form von Regeln und Routinen sehr stark eingeschränkt. Im Prinzip entspricht dies einem geringen Delegationsgrad von Entscheidungsautonomie.
- Beim **commitment- oder high-involvementorientierten Empowerment** sind die Mitarbeitenden frei, die Art und Weise, wie sie ihre Aufgaben erledigen, selbst zu bestimmen. Dies entspricht einem hohen Delegationsgrad von Entscheidungsautonomie.
- Das **Suggestion Involvement** basiert auf dem kontrollorientierten Involvement, sieht aber Vorschläge (suggestions) zur Verbesserung vor.
- Das **Job Involvement** ist dem commitment-orientierten Empowerment ähnlich, Mitarbeitende verfügen aber nicht über ganz so weitreichende Entscheidungsbefugnisse.

Empowerment bezieht sich vor allem auf Entscheidungsspielräume im Kundenkontakt. Es können jedoch auch Mitarbeitende im Back-Office davon profitieren, wenn nämlich Teams durch Job Involvement mehr Kompetenzen verliehen werden. Hier entscheiden dann Teams gemeinsam, was getan werden soll (Bowen und Lawler 1992). *Zum Beispiel entscheiden bei Banken oder Versicherungen bei größeren Summen häufig Teams über die Kreditvergabe oder die Höhe der Entschädigungen im Versicherungsfall.*

Die **Vorteile eines hohen Empowerment** liegen vor allem in Folgendem (Bowen und Lawler 1992): Mitarbeitende können schnell und flexibel auf Kundenwünsche eingehen und insbesondere unzufriedene Kunden schnell zufriedenstellen (Abschn. 15.4.3). Empowerment wirkt sich auf das Verhalten der Kunden im Prozess aus. So zeigen Liang et al. (2020) für Dienstleistungen aus verschiedenen Bereichen (Friseur, Kosmetikbehandlung, Mode-Einzelhandel, Optiker, Fitnesstraining), dass engagiertes Mitarbeiterverhalten auch zu engagiertem Verhalten von Kunden führt: Kunden fragen nach, regen Diskussionen an, machen Vorschläge, überwachen den Prozess und bringen sich insgesamt aktiv in den Dienstleistungsprozess ein. Empowerment der Mitarbeitenden führt zu höherer Kundenzufriedenheit und als zufriedene Kunden empfehlen sie das Unternehmen eher weiter (Bowen und Lawler 1992, vgl. auch Word of Mouth, Teil II und V). Auch auf die Mitarbeitenden hat Empowerment positive Wirkungen: Mitarbeitende sind zufriedener, fühlen sich dem Unternehmen stärker verbunden, empfinden sich als weniger stark belastet und können ihre Aufgaben besser ausführen, wie Seibert et al. (2011) in einer Metaanalyse von 142 Studien zeigen konnten. Darüber hinaus entwickeln sie Ideen für verbesserte Dienstleistungsprozesse und Dienstleistungen (Cadwallader et al. 2010; Ye et al. 2012) und können auch den Unternehmenserfolg beeinflussen (Seibert et al. 2011; Wirtz und Jerger 2016).

Mit Empowerment können aber auch die folgenden **Nachteile** verbunden sein: Kunden werden ggf. aus für andere nicht erkennbaren Gründen unterschiedlich behandelt (vgl. zur Gerechtigkeit auch Abschn. 4.3.1), sodass die sich benachteiligt fühlenden Kunden unzufrieden sind. Oder Mitarbeitende treffen Entscheidungen, die das Unternehmen schädigen (Bowen und Lawler 1992). So zeigten Chan et al. (2010) am Beispiel von Immobilienmanagern, dass zu starkes Streben nach Erfolg die Dienstleistungsqualität senkt.

Zudem sind auch **Voraussetzungen des Empowerments** zu beachten. Je stärker das Empowerment ausgebildet wird, desto sorgfältiger müssen die Mitarbeitenden ausgewählt werden und desto besser müssen sie ausgebildet sein (Bowen und Lawler 1992; Wirtz und Jerger 2016). Dadurch steigen die Personalkosten und ggf. auch die mit den Entscheidungen verbundenen Kosten. Voraussetzung für ein funktionierendes Empowerment ist daher, dass Mitarbeitende die Auswirkungen ihrer Entscheidungen auf den Unternehmenserfolg oder zumindest die Ziele des Dienstleistungsprozesses einschätzen können. Die positiven Effekte lassen sich eher erreichen, wenn sie an den Erfolgen (und Misserfolgen) ihrer Entscheidungen beteiligt werden, z. B. über Prämien und Boni (Abschn. 14.2) oder über Unternehmensbeteiligungen.

Wie D'Innocenzo et al. (2016) am Beispiel eines Krankenhauses zeigen, wird die positive Wirkung des psychologischen Empowerment auf den Unternehmenserfolg verstärkt, wenn auch auf der Abteilungsebene Empowerment besteht. Darüber hinaus üben eine positive Mitarbeiter-Vorgesetzten-Beziehung, die durch Respekt und gegenseitige Wertschätzung gekennzeichnet ist, sowie die wahrgenommene Fairness im Unternehmen einen positiven Einfluss auf das Empowerment aus, wie Kang et al. (2012) am Beispiel von Pflegekräften in vier koreanischen Krankenhäusern verdeutlichen konnten. Weitere Einflussfaktoren der positiven Wirkung von Empowerment sind organisationale Faktoren wie Dezentralisierung, das Teilen von Informationen, partizipative Entscheidungsfindung, Trainings, erfolgsabhängige Entlohnung, der Zugang zu den für die Arbeit notwendigen Ressourcen, die Unterstützung durch Vorgesetzte und eine kundenorientierte Unternehmenskultur (Seibert et al. 2011).

Ob Empowerment ein sinnvoller Ansatz eines Dienstleistungsunternehmens ist, hängt vor allem von den folgenden Faktoren ab (Bowen und Lawler 1992):

- Das Unternehmen verfolgt eine Differenzierungsstrategie und bietet personalisierte oder individualisierte Dienstleistungen an. Gerade bei diesen Dienstleistungen steht die Erfüllung kundenindividueller Wünsche im Vordergrund, sodass Mitarbeitende entsprechenden Entscheidungsspielraum benötigen.
- Das Unternehmen verfolgt langfristige Geschäftsbeziehungen. Mitarbeitende benötigen Entscheidungsfreiräume, um Kunden zu binden.
- Das Unternehmen operiert in einer unsicheren Umwelt. In dieser Situation müssen Mitarbeitender schnell auf Unvorhergesehenes reagieren, wie beispielsweise bei Verspätungen von Flugzeugen oder Zügen.

- Es werden komplexe, nicht-routinisierte Technologien eingesetzt, die die Aufgaben der Mitarbeiter nicht begrenzen, sondern unterstützen.
- Das Unternehmen verfügt über entsprechende Typen von Mitarbeitenden und Vorgesetzten. Mitarbeitende profitieren von Empowerment, wenn sie ein starkes Selbstverwirklichungsbedürfnis haben und über hohe soziale Kompetenzen verfügen. Um diese Mitarbeitenden im Unternehmen zu halten, ist ein Aufgabenumfeld, das Freiräume bietet, von besonderer Bedeutung. Vorgesetzte geben ihren Mitarbeitenden gerne Freiräume und tendieren nicht zu starker Kontrolle.

Empowerment ist umso empfehlenswerter, je stärker diese fünf Faktoren ausgeprägt sind.

13.4   Koordinationsinstrumente bei horizontaler und vertikaler Differenzierung

Mitarbeitende in einem Prozess müssen wissen, wie sie zur Erreichung des Ziels bzw. der Ziele des Service Co-Creation-Prozesses beitragen (Barnard 1938, S. 42–43; Milgrom und Roberts 1992, S. 25). Hierzu dient insbesondere die Koordination. Bereits die Organisationsstruktur mit der horizontalen und vertikalen Differenzierung übt eine koordinierende Wirkung aus, indem sie vorgibt, welche Organisationseinheiten für welche Aufgaben zuständig sind (Jost 2014, S. 7–8; Okhuysen und Bechky 2009). Allerdings bleiben hierbei immer noch Lücken, die durch den Einsatz von Koordinationsinstrumenten geschlossen werden müssen (Scherm und Pietsch 2007, S. 201). Nach dem zeitlichen Aspekt können die Vorauskoordination und die Ad-hoc- oder Feedback-Koordination unterschieden werden. Bei der **Vorauskoordination** wird – wie der Name sagt – im Voraus bestimmt, welche Koordinationsbedarfe wie geregelt werden, während bei der **Ad-hoc- oder Feedback-Koordination** in dem Moment, in dem Koordinationsbedarf auftritt, eine Lösung gefunden wird (Kieser und Walgenbach 2010, S. 98–99; Scherm und Pietsch 2007, S. 201–202; Vahs 2019, S. 105). Hinsichtlich der Art der Koordinationsinstrumente kann zwischen **formaler** und **informaler oder relationaler Koordination** unterschieden werden (Schreyögg 2003, S. 14–16; Vahs 2019, S. 113 und S. 121) (vgl. zu anderen Differenzierungen Bea und Göbel 2019, S. 284).

▶ **Koordinationsinstrumente** Maßnahmen zur Abstimmung der Aktivitäten aller Beteiligten (Stellen, Abteilungen) im Hinblick auf ein gemeinsames Ziel.

13.4.1 Formale Koordination

Die **formale Koordination** beruht auf Regelungen, die vom Unternehmen explizit festgelegt werden. Insbesondere der deutschsprachigen Organisationsliteratur entsprechend stützt sich die formale Koordination auf Ziele, Pläne, Programme, persönliche Weisungen und Selbstabstimmung (Kieser und Walgenbach 2010, S. 100–101; Vahs 2019, S. 113). Insbesondere in der amerikanischen Literatur werden darüber hinaus auch Rollen sowie Objekte und ihre Repräsentationen zu den formalen Koordinationsmechanismen gezählt (Okhuysen und Bechky 2009, S. 474).

Ziele wirken koordinierend (Watzka 2016, S. 88), da sie den Handlungen der Organisationseinheit eine Richtung vorgeben. Vor dem Hintergrund des jeweiligen Ziels kann dann die Organisationseinheit entscheiden, welche Handlung geeignet ist das Ziel zu erreichen. Die Koordination durch Zielvorgaben wird auch als Management-by-Objectives bezeichnet (Watzka 2016, S. 4).

Pläne entsprechen Vorgaben, die für einen bestimmten Zeitraum gelten und meist im Rahmen eines institutionalisierten Planungsprozesses entwickelt werden. Pläne umfassen Ziele und auch mehr oder weniger detaillierte formulierte Vorgaben (Zeitpläne, Listen, Behandlungspläne, Therapiepläne, Umsetzungspläne u. Ä., um diese Ziele zu erreichen (Kieser und Walgenbach 2010, S. 112; Okhuysen und Bechky 2009, S. 473; Thompson 1967, S. 56; Vahs 2019, S. 115). *Bankangestellt:innen kann beispielsweise vorgegeben werden, welches Abschlussvolumen bei Krediten und Wertanlagen erreicht werden soll, aber auch welche Kund:innen hierzu gezielt Informationen erhalten und welche Produkte verkauft werden sollen. Beispiele sind aber auch Fahrpläne oder Zeitpläne.*

Unter dem Begriff der **Programme** werden relativ dauerhafte standardisierte Vorgehensweisen verstanden, die sich als Folge von Lernprozessen in Form von Routinen etabliert haben, aber auch schriftlich fixierte Regeln, Verfahrensrichtlinien oder Handbücher, die für die Handelnden verbindlich sind (Kieser und Walgenbach 2010, S. 107–108). **Regeln** stellen explizit formulierte Vorgaben dar, die für Mitarbeitende verbindlich sind. So werden für Mitarbeiter im Kundenkontakt sog. **Display Rules** formuliert, die vorgeben, welche Emotionen in welcher Situation gezeigt werden sollen (Grandey 2000; Grandey und Melloy 2017). **Routinen** stellen wiederholte, wiedererkennbare Muster von Aktivitäten dar, die von mehreren Akteuren ausgeführt werden (Feldman und Pentland 2003, S. 95). Sie können auch als unternehmensspezifische **Praktiken** aufgefasst werden (Schatzki 2006); vgl. zu den Praktiken auch Abschn. 2.3). Routinen und Praktiken können vom Unternehmen vorgegeben und von den Ausführenden erlernt werden. Im Laufe der Ausübung können sich Routinen und Praktiken aber auch verändern und einen anderen als den geplanten Charakter annehmen, da sie eine Dualität aus Struktur und Agency (Archer 2000; vgl. Abschn. 2.3.1) beinhalten (Feldman und Pentland 2003). Die Etablierung von Routinen und Regeln wird in der englischsprachigen Organisationsliteratur auch als **Standardisierung** bezeichnet (Thompson 1967, S. 56). Auch Skripte (Abschn. 6.2.2) sind unter Programme oder Standardisierung zu fassen (Feldman und Pentland 2003), die durch das SeviceBlueprint expliziert werden. Die Koordination erfolgt dadurch, dass den Handlungen Einzelner diese standardisierten Vorgehensweisen zugrunde liegen, die meist während der Einarbeitungszeit in einem Unternehmen erlernt und dann auch so ausgeübt werden. Wenn jede Person ihre Aktivitäten gemäß diesen Richtlinien ausführt, kann die andere Person daran anknüpfen und besondere Koordinationsaktivitäten sind nur notwendig, wenn Unvorhergesehenes passiert. *So sieht beispielsweise das ServiceBlueprint vor, dass der/die Empfangschef:in die Gäste empfängt* *und zum Tisch führt, der/die Kellner:in ihnen dann die Speise- und Getränkekarte reicht, die Bestellung aufnimmt, eine weitere Bedienung Getränke und Essen serviert, der/die Kellner:in die Rechnung reicht, die Zahlung entgegennimmt und die Gäste verabschiedet. Da jede:r weiß, was er/sie zu tun hat, werden die Aktivitäten durch das Skript koordiniert. Selbst wenn der Gast sich beschwert, kann das Skript ein Verfahren enthalten, wie mit dieser Beschwerde umzugehen ist. Fallweise Koordination ist dann ggf. notwendig, wenn sich herausstellt, dass der Gast sein Portemonnaie vergessen hat.* Programme können auch in Form von IT-Programmen für Koordination sorgen. *Beispiele sind die Aufnahme von Bestellungen über Handhelds in Restaurants, auf deren Basis dann auch gleich die Rechnung erstellt wird, oder Buchungsprogramme in Hotels.*

Persönliche Weisungen entsprechen individuellen Entscheidungen eines Vorgesetzten im Rahmen der vertikalen Kommunikation (Kieser und Walgenbach 2010, S. 102; Vahs 2019, S. 113). In einer stärker partizipativ ausgerichteten Organisation im Vergleich zu einer streng hierarchischen können sie auch die Form eines Konsultationsgesprächs annehmen, in dessen Verlauf der Vorgesetzte eine Entscheidung trifft. Persönliche Weisungen sollten nur fallweise zur Koordination eingesetzt werden, wenn die stärker standardisierten Koordinationsinstrumente nicht greifen (Kieser und Walgenbach 2010, S. 103). Dementsprechend eignen sich persönliche Weisungen insbesondere für die Ad-hoc- oder Feedbackkoordination.

Im Rahmen der **Selbstabstimmung** oder **Selbstkoordination** entscheiden Organisationseinheiten selbst, wie sie ihre Koordinationsprobleme lösen. In der amerikanischen Organisationsliteratur wird dies auch gegenseitige Anpassung (coordination by mutual adjustment) bezeichnet (Thompson 1967, S. 56). Kennzeichnend ist dabei, dass die Organisation diese Selbstabstimmung explizit vorsieht (Kieser und Walgenbach 2010, S. 104). Es können verschiedene Formen der Selbstabstimmung unterschieden werden (Kieser und Walgenbach 2010, S. 104–106):

- Bei der **institutionalisierten Interaktion** erfolgt dies über Komitees, Ausschüsse, Arbeitskreise, Besprechungen oder Meetings, die sich regelmäßig oder fallweise in Präsenz oder virtuell treffen und für längerfristige und grundlegende (Komitees etc.) oder fallweise Koordinationsprobleme Lösungen finden. *Beispiele sind regelmäßige Abteilungsbesprechungen, Übergabebesprechungen bei Schichtwechsel oder die Besprechung von Therapien und Behandlungsplänen in Team-Meetings (Aristidou und Barrett 2018).*
- Bei der **themenspezifischen Interaktion** stimmen sich die betroffenen Organisationseinheiten miteinander ab, wobei die Teilnehmenden explizit festgelegt werden. *Beispiele sind die Einarbeitung neuer Mitarbeiter:innen oder der Umgang mit Beschwerden.*
- Bei der **fallweisen Interaktion** gibt es keine explizit festgelegten Regelungen, sondern Organisationseinheiten, die Koordinationsbedarf feststellen, interagieren mit den beteiligten Stellen, um das Problem zu lösen. Die Übergänge zwischen institutionalisierten, themenspezifischen und fallweisen Interaktionen sind fließend und hängen vom Zentralisierungs- bzw. Dezentralisierungsgrad der Organisation ab.

Objekte haben instrumentelle, symbolische und ästhetische Funktionen, wobei die instrumentelle Funktion für die Koordination von besonderer Bedeutung ist (Rafaeli und Vilnai-Yavetz 2004). Objekte, wie Skizzen, Moodboards in der Werbung, technische Zeichnungen, Grafiken, Tabellen, Dokumentationen, Verträge, Prototypen, Modelle u. Ä. ermöglichen aufgrund des in ihnen enthaltenen Wissens den Austausch von Informationen und entfalten dadurch ihre koordinierende Wirkung (Endrissat et al. 2016; Okhuysen und Bechky 2009). Darüber hinaus helfen insbesondere Repräsentationen wie Modelle (z. B. Architekturmodelle) den Beteiligten eine gemeinsame Perspektive zu entwickeln (Fließ 2004; Okhuysen und Bechky 2009). Objekte sind als Ressourcen Teil von Praktiken. Sie erleichtern das gemeinsame Sensemaking, unterstützen kognitive, emotionale und sensorische Prozesse und erleichtern es, Wissen von einer Person zur anderen zu übertragen (Endrissat et al. 2016).

Welches Koordinationsinstrument gewählt wird, hängt nach Thompson (1967, S. 56) von den Interdependenzen zwischen den zu koordinierenden Aufgaben ab (vgl. auch Abschn. 13.2). Bei gepoolten Interdependenzen, bei denen alle Aufgaben gleichermaßen zum Ziel beitragen, ist die Koordination durch Programme oder Standardisierung adäquat. Halten sich die Organisationsmitglieder an die Regeln und Routinen, wird das angestrebte Ziel erreicht. Bei sequenziellen Interdependenzen sind Handlungspläne mit Zielen und Aktivitäten sinnvoll, um jeweils den Output zu erstellen, der dann den Input für die folgende Sequenz darstellt. Bei reziproken Interdependenzen sind Selbstkoordination bzw. gegenseitige Anpassungen geeignet, da die Organisationsmitglieder bei ihren Tätigkeiten wechselseitig voneinander abhängig sind. Je größer und komplexer eine Organisation ist, desto mehr Interdependenzen treten auf und desto mehr Koordinationsinstrumente werden eingesetzt (Thompson 1967, S. 55). Es lässt sich festhalten, dass Koordinationsinstrumente, die das Verhalten stärker reglementieren wie Programme, Routinen oder Praktiken, tendenziell eher für standardisierte Dienstleistungsprozesse einzusetzen sind. Koordinationsinstrumente, die eher auf die fallweise Abstimmung von Aktivitäten setzen, wie Ziele, persönliche Weisungen, Selbstkoordination oder Objekte, tendenziell eher für individualisierte Dienstleistungsprozesse geeignet sind.

13.4.2 Informale Koordination

Die Organisationsstruktur eines Unternehmens besteht nicht nur aus der formalen, d. h. festgelegten und geplanten Struktur, sondern Unternehmen sind auch soziale Systeme (Bea und Göbel 2019, S. 91). Dies bedeutet, dass die Organisationsstruktur auch durch soziale Beziehungen zwischen Mitgliedern bestimmt wird. Aus den sozialen Beziehungen der Individuen entsteht die informale Organisationsstruktur, die sich nur teilweise mit der formalen Organisationsstruktur deckt (Barnard 1938, S. 114).

Auch die informale Organisationsstruktur wirkt koordinierend, insbesondere durch Rollen, die Kommunikation der Mitarbeitenden untereinander und die Organisationskultur (Bechky 2006; Gittell 2012; Sackmann 2017, S. 2).

Rollen (Abschn. 7.2) entsprechen in der strukturfunktionalistischen Rollentheorie den normativen Erwartungen, die sich an den Inhaber einer Position richten. Solche Positionen existieren auch in Unternehmen, sodass Unternehmen als System von Rollen betrachtet werden können (Katz und Kahn 1978, S. 187). Rollenerwartungen werden innerhalb einer Organisation gebildet (strukturfunktionalistische Rollentheorie), aber auch im Laufe der sozialen Interaktion von Mitgliedern einer Organisation ausgehandelt (symbolisch-interaktionistische Rollentheorie), sodass für jedes Unternehmen spezifische, vom Positionsgefüge innerhalb des Unternehmens abhängige und im Rahmen der Interaktion ausgehandelte Rollen entstehen. Katz und Kahn beschreiben diesen Prozess als Prozess der Rollenübernahme (role taking), der – ähnlich wie in der symbolisch-interaktionistischen Rollentheorie – aus einer Abfolge von Rollenerwartungen (role expectations), gesendeter Rolle (role sending), erhaltener Rolle (received role) und Rollenverhalten (role behavior) besteht und durch persönliche Faktoren, die Beziehungen zwischen den Handelnden und organisationale Faktoren beeinflusst wird (Katz und Kahn 1978, S. 199). Die Rollenerwartungen an einen Abteilungsleiter sind danach zwar zum einen unternehmensübergreifend, in ihren spezifischen Erwartungen jedoch auch unternehmensindividuell. *So wird generell von einem/einer Abteilungsleiter:in erwartet, dass er Ziele vorgibt und in Konfliktsituationen entscheidet. Dies ist Teil der Führungsaufgabe. Welcher Führungsstil jedoch gezeigt wird, d. h. wie die Rolle ausgestaltet wird, hängt vom spezifischen Unternehmen ab und prägt die Erwartungen seiner Mitarbeitenden an die Rolle.* Rollen wirken über die Erwartungen koordinierend, da Mitarbeitende lernen, wie sie selbst und andere sich verhalten, indem sie andere beobachten und ihr Verhalten entsprechend anpassen (Okhuysen und Bechky 2009). Darüber hinaus helfen Rollen eine gemeinsame Perspektive zu entwickeln, die koordinierend wirkt (Okhuysen und Bechky 2009).

Eine Verbindung zwischen formaler und informaler Organisationsstruktur wird durch die **Rollenorganisation** versucht zu schaffen (Nonnenmacher 2007). Im Gegensatz zur formalen Organisationsstruktur mit ihren Stellenbeschreibungen wird bei der Rollenorganisation neben der Aufgabenbeschreibung auch die Erwartung expliziert, die mit der Rolle verbunden ist (Fließ et al. 2004; Fließ 2006, S. 110–111). Während die Aktivitätenzuordnung die Aufgaben der Rolle fokussiert (das „Was" der Rolle), illustrieren die an eine Rolle gerichteten Erwartungen die Ausführungsweise der Aufgaben, das „Wie" der Rolle (Fließ et al. 2004; Fließ 2006, S. 110–111).

Rollenerwartungen werden durch **Kommunikation** (Abschn. 9.4) vermittelt und über Kommunikation wird auch Feedback zur Rollenausübung gegeben, indem das Rollenverhalten verbal oder nonverbal kritisiert oder verstärkt wird (Bechky 2006). Kommunikation dient aber auch der Koordination von Aktivitäten im Service Co-Creation-Prozess und ist insbesondere dann von besonderer Bedeutung, wenn Fehler passieren oder unvorhergesehene Ereignisse auftreten. In solchen Fällen gilt es schnell eine Lösung zu suchen. Gittell und Co-Autor:innen bezeichnen diese Art der Koordination als **relationale Koordination** (Gittell 2000, 2002; Gittell et al. 2008b, 2013; Gittell und Douglass 2012; Havens et al. 2010).

▶ **Relationale Koordination** Dies ist häufige, rechtzeitige, genaue und problemlösungsorientierte Kommunikation, die auf den Beziehungen der Handelnden untereinander beruht und sich auf gemeinsame Ziele, geteiltes Wissen und gegenseitigen Respekt stützt
(Gittell 2006, S. 85).

Die Beziehungen der Mitarbeitenden untereinander ermöglichen die Herausbildung
einer kollektiven Identität (Gittell 2006), die die Koordination erleichtert, indem die Kommunikation der Personen frühzeitig erfolgt, rechtzeitig und gezielt Probleme anspricht und
nach Lösungen sucht. Bamber et al. (2009) *demonstrieren dies am Beispiel von Southwest
Airlines. Wird festgestellt, dass zu wenige Personen da sind, um das Gepäck auszuladen,
wird dies rechtzeitig angesprochen und die Lösung besteht darin, dass auch der/die
Pilot:in mal mit anpackt.*
    Als gemeinsame Ziele gelten solche, die mit den Zielen des Dienstleistungsprozesses
und damit denen des Unternehmens übereinstimmen. Beispiele für entsprechende Ziele
sind eine hohe Kunden- und Serviceorientierung, die Gewährleistung einer hohen Dienstleistungsqualität oder die Einhaltung von Terminen. Gemeinsame Ziele ermöglichen es,
die Aktivitäten auf dieses gemeinsame Ziel auszurichten und dadurch aufeinander abzustimmen. *Im Beispiel von Southwest Airlines arbeiten die verschiedenen Personen
(Pilot:innen, Flugbegleiter:innen, Gepäckabfertiger:innen, Caterer, Belader:innen,
Reinigungspersonal etc.) koordiniert zusammen, um das Flugzeug rechtzeitig wieder an
den Start zu bringen. Ist das Flugzeug gelandet, müssen alle zusammenarbeiten, um die
Passagiere aus dem Flugzeug zu geleiten, das Gepäck auszuladen und zur Gepäck-
abfertigung zu bringen, das Flugzeug zu säubern, aufzutanken, die Funktionen zu checken
und zum Einstieg der neuen Passagiere bereitzumachen* (Bamber et al. 2009, S. 87). *Dies
ist nur möglich, weil alle das gleiche Ziele haben.*
    Geteiltes Wissen bezieht sich auf die Kenntnis des gesamten Prozesses und nicht nur
auf die Aufgabe, die es zu erledigen gilt (Gittell 2006, S. 81). Es geht aber auch darum, die
Arbeit des anderen in ihrer Bedeutung für den Prozess zu verstehen (Gittell 2006, S. 81)
und die Auswirkungen der eigenen Aktivitäten auf den Verlauf des Prozesses und die Zielerreichung einzuschätzen (Gittell et al. 2008b). Darüber hinaus bezieht sich geteiltes Wissen aber auch auf die Bereitschaft, Informationen weiterzugeben, damit Probleme gelöst
werden können (Gittell et al. 2008b). *Der/die Pilot:in kann nur sinnvoll beim Ausladen
helfen, wenn er/sie den Prozess kennt, und erfährt nur dann, dass Not am Mann bzw. an
der Frau ist, wenn die Informationen auch an ihn/sie weitergegeben werden.*
    Gegenseitiger Respekt bezieht sich auf die Achtung vor der Arbeit anderer (Gittell
2006, S. 82). Dies beinhaltet auch die Überwindung von Statusgrenzen. *So ist die Arbeit des/
derjenigen, der/die das Gepäck entlädt genauso wichtig wie die Arbeit des/der Flugbeglei-
ter:in oder des/der Pilot:in. Auf niemanden wird herabgeschaut, keine Arbeit ist minderwertig.*
    Das Gegenteil relationaler Koordination besteht in seltener, verspäteter, ungenauer
Kommunikation. Beteiligte suchen nach Schuldigen statt Probleme zu lösen (Gittell
2012). Mitarbeitende verfolgen statt gemeinsamer Ziele lediglich ihre eigenen aufgabenbezogenen Ziele, teilen ihr Wissen nicht, sondern behalten es für sich und schützen es vor

Zugriffen anderer. Sie zeigen einen Mangel an Respekt vor anderen Personen, insbesondere dann, wenn deren Status als auf einer niedrigeren Stufe stehend wahrgenommen wird (Bamber et al. 2009, S. 89; Gittell 2012).

Relationale Koordination ist besonders effektiv bei hoch interdependenten Aufgaben, hoher Unsicherheit und Zeitdruck, wie er beispielsweise bei der Abfertigung von Flugzeugen am Flughafen oder in Krankenhäusern vorherrscht (Gittell 2002, 2006; Gittell et al. 2008a). *So konnte am Beispiel von Krankenhäusern gezeigt werden, dass die relationale Koordination die von Patient:innen in einem Krankenhaus wahrgenommene Qualität, aber auch die tatsächliche Qualität der Pflege erhöhte und die Aufenthaltsdauer verkürzte* (Cramm und Nieboer 2015; Gittell et al. 2008b; Havens et al. 2010). *In einem Altenheim erhöhte sich die Lebensqualität der zu Pflegenden und die Arbeitszufriedenheit der Altenpfleger:innen* (Gittell et al. 2010). *Bei Fluggesellschaften führt relationale Koordination zu geringeren Kundenbeschwerden, weniger Zeit des Personals pro Passagier und geringeren Aufenthaltszeiten des Flugzeugs am Boden* (Bamber et al. 2009, S. 90).

Relationale Koordination kann bei funktionsorientierter Stellenbildung (Abschn. 13.2.1) unterstützt werden durch funktionsübergreifende Maßnahmen, wie funktionsübergreifende Belohnungen und Anreize, Teambildung, funktionsübergreifende Leistungsmessung, funktionsübergreifende Meetings oder Lösung von Konflikten. Diese Maßnahmen werden von Gittell et al. (2010) als **High-Performance Work Practices** bezeichnet. Sie wirken sich gemeinsam mit der relationalen Koordination positiv auf die Qualität des Dienstleistungsergebnisses und die Motivation der Mitarbeitenden sowie deren Leistung aus (McDermott et al. 2019). Darüber hinaus wird relationale Koordination durch Teamstrukturen erleichtert (Gittell et al. 2015). Sie wirken insbesondere deshalb koordinationsfördernd, da sich gezeigt hat, dass die relationale Koordination zwischen Personen höher ist, mit denen man häufiger zusammenarbeitet, z. B. unter Mitarbeitenden einer Schicht oder eines Standortes in Krankenhäusern im Vergleich zu Mitarbeitenden unterschiedlicher Schichten (Cramm et al. 2014; Gittell et al. 2008a).

Relationale Koordination, insbesondere in Verbindung mit den High-Performance Work Practices, führt zu höheren Qualitätsniveaus, einer größeren Effizienz und Arbeitsproduktivität (Bolton et al. 2021; Gittell 2000, 2002; Gittell et al. 2008b, 2010, 2013). Relationale Koordination führt den meisten Studien zufolge auch zu höherer Arbeitszufriedenheit, zu weniger Stress und zu geringerem Burnout, da die Personen ihre Arbeit effektiv ausführen können, sie befriedigende Beziehungen zu anderen Menschen am Arbeitsplatz aufbauen und weniger Stress empfinden, da sie Unterstützung durch andere erfahren (Bolton et al. 2021; Gittell et al. 2008a, b, 2013). In Teams führt relationale Koordination zu höherer Teamleistung (Raineri und Valenzuela-Ibarra 2022). Relationale Koordination kann durch Technologie unterstützt werden, z. B. Online-Analytics, Digitalisierung, künstliche Intelligenz, Expertensysteme oder datenbasierte Entscheidungsunterstützungssysteme (Claggett und Karahanna 2018). Diese technologische Unterstützung fördert die Teilung von Wissen (Malik et al. 2023). Werden Technologien nicht unterstützend eingesetzt, sondern ersetzen sie den persönlichen Kontakt, wird relationale Koordination dadurch eher behindert (Bolton et al. 2021).

Die **Unternehmens- oder Organisationskultur** gilt als weiterer Faktor, der die Koordination der an einem Service Co-Creation-Prozess Beteiligten unterstützt und erleichtert (Sackmann 2017, S. 79). Die Unternehmenskultur ist charakterisiert durch gemeinsame Überzeugungen der Organisationsmitglieder, die ihre Wahrnehmung, ihr Denken, Handeln und Fühlen beeinflussen (Sackmann 2017, S. 42). Es lassen sich drei Ebenen der Unternehmenskultur differenzieren (Schein und Schein 2017, S. 14–21):

- **Artefakte**: „Phänomene, die man sehen, hören oder fühlen kann, wenn man eine neue Gruppe mit einer fremden Kultur kennenlernt" (Schein und Schein 2017, S. 14). Hierzu zählen die Architektur eines Unternehmens und die Einrichtung der Büros, die unternehmenstypische Sprache, die Technologie, Stellenbeschreibungen und Dokumente, der Kleidungsstil, die Routinen und Verhaltensweisen, die Mythen und Geschichten, die erzählt werden, die Zeremonien und Rituale.
- **Gewählte Überzeugungen und Werte**: Diese sind nicht sichtbar. Es handelt sich um Ideale, Ziele, Ideologien, Überzeugungen und Logiken.
- **Grundlegende Annahmen**: Diese liegen den gewählten Überzeugungen und Werten zugrunde und bestimmen die Wahrnehmung, das Denken, Handeln und Fühlen. Sie sind meist unbewusst und gelten als selbstverständlich. Hierzu zählen beispielsweise nicht hinterfragte Glaubenssätze oder die Bewertung, was als richtig oder falsch anzusehen ist.

Die Artefakte entsprechen den sichtbaren Manifestationen der kollektiven Überzeugungen, Werte und grundlegenden Annahmen (Sackmann 2017, S. 44). Da Artefakte Ausdruck der Überzeugungen, Werte und grundlegenden Annahmen sind, haben sie symbolischen Charakter, d. h., ihnen wohnt eine festgelegte Bedeutung inne. Dieser Symbolcharakter erschließt sich Außenstehenden, z. B. neu eingestellten Mitarbeitenden, meist erst im Laufe eines Lernprozesses, d. h. ihrer Sozialisation im Unternehmen.

Die Unternehmenskultur wirkt koordinierend, da sie den Mitarbeitenden eine „kognitive Landkarte" zur Verfügung stellt, anhand derer sie entscheiden können, welches Verhalten in welcher Situation als angebracht und richtig einzustufen ist (Sackmann 2017, S. 62). *Wann schaltet man den/die Vorgesetzte:n ein, wann entscheidet man selbst? Welche Problemlösung ist im Unternehmen akzeptiert? Wie ist mit Konflikten umzugehen? Welche Handlungsweisen werden priorisiert?* Die Unternehmenskultur liefert Informationen über akzeptable Ziele, Pläne und Programm, über typische Routinen und Verfahrensweisen, d. h., die formalen Koordinationsinstrumente sind implizit in ihr enthalten.

Literatur

Alchian AA (1984) Specificity, specialization, and coalitions. Zeitschrift Für Die Gesamte Staatswissenschaft/J Inst Theor Econ 140:34–49

Alchian AA, Demsetz H (1972) Production, information costs, and economic organization. Am Econ Rev 62:777–795

Archer M (2000) Being human: the problem of agency. Cambridge University Press, Cambridge

Aristidou A, Barrett M (2018) Coordinating service provision in dynamic service settings: a position-practice relations perspective. Acad Manag J 61:685–714

Bamber GJ, Gittell JH, Kochan TA (2009) Up in the air. How airlines can improve performance by engaging their employees. Cornell University Press, Ithaca

Barnard CI (1938) The functions of the executive. Harvard University Press, Cambridge

Bea FX, Göbel E (2019) Organisation. Theorie und Gestaltung, 5., vollst. überarb. Aufl. UVK, München

Bechky BA (2006) Gaffers, gofers, and grips: role-based coordination in temporary organizations. Organ Sci 17:3–21

Bolton R, Logan C, Gittell JH (2021) Revisiting relational coordination: a systematic review. J Appl Behav Sci 57:290–322

Bowen DE, Lawler EE III (1992) The empowerment of service workers: what, why, how and when. Sloan Manag Rev 33:31–39

Breidbach CF, Antons D, Salge TO (2016) Seamless service? On the role and impact of service orchestrators in human-centered service systems. J Serv Res 19:458–476

Cadwallader S, Jarvis CB, Bitner MJ, Ostrom AL (2010) Frontline employee motivation to participate in service innovation implementation. J Acad Mark Sci 38:219–239

Chan CKT, Ng YNK, Casimir G (2010) The diminished effect of psychological empowerment on the self-empowered. Manag Serv Qual Int J 20:531–543

Chase RB, Tansik DA (1983) The customer contact model for organization design. Manag Sci 29:1037–1050

Claggett JL, Karahanna E (2018) Unpacking the structure of coordination mechanisms and the role of relational coordination in an era of digitally mediated work processes. Acad Manag Rev 43:704–722

Cramm JM, Nieboer AP (2015) The importance of productive patient-professional interaction for the well-being of chronically ill patients. Qual Life Res Int J Qual Life Asp Treat Care Rehab 24:897–903

Cramm JM, Hoeijmakers M, Nieboer AP (2014) Relational coordination between community health nurses and other professionals in delivering care to community-dwelling frail people. J Nurs Manag 22:170–176

Dietl H (1993) Institutionen und Zeit. Mohr, Tübingen

D'Innocenzo L, Luciano MM, Mathieu JE, Maynard MT, Chen G (2016) Empowered to perform: a multilevel investigation of the influence of empowerment on performance in hospital units. Acad Manag J 59:1290–1307

Endrissat N, Islam G, Noppeney C (2016) Visual organizing: balancing coordination and creative freedom via mood boards. J Bus Res 69:2353–2362

Fama EF, Jensen MC (1983) Separation of ownership and control. J Law Econ 26:301–325

Feldman MS, Pentland BT (2003) Reconceptualizing organizational routines as a source of flexibility and change. Adm Sci Q 48:94–118

Fließ S (2001) Die Steuerung von Kundenintegrationsprozessen. Effizienz in Dienstleistungsunternehmen. Deutscher Universitäts-Verlag, Wiesbaden

Fließ S (2004) Qualitätsmanagement bei Vertrauensgütern Marketing ZFP 26:33–44

Fließ S (2006) Prozessorganisation in Dienstleistungsunternehmen. Kohlhammer, Stuttgart

Fließ S, Kleinaltenkamp M (2004) Blueprinting the service company: managing service processes efficiently. J Bus Res 57:392–404

Fließ S, Nonnenmacher D, Schmidt H (2004) ServiceBlueprint als Methode zur Gestaltung und Implementierung von innovativen Dienstleistungsprozessen. In: Bruhn M, Stauss B (Hrsg) Dienstleistungsinnovationen. Gabler, Wiesbaden, S 173–201

Gabler CB, Ogilvie JL, Rapp A, Bachrach DG (2017) Is there a dark side of ambidexterity? Implications of dueling sales and service orientations. J Serv Res 20:379–392

Gittell JH (2000) Organizing work to support relational co-ordination. Int J Hum Resour Manag 11:517–539

Gittell JH (2002) Coordinating mechanisms in care provider groups: relational coordination as a mediator and input uncertainty as a moderator of performance effects. Manag Sci 48:1408–1426

Gittell JH (2006) Relational coordination: coordinating work through relationships of shared goals, shared knowledge and mutual respect. In: Kyriakidou O, Özbilgin M (Hrsg) Relational perspectives in organizational studies. A research companion. Edward Elgar Publishing, Cheltenham/Northampton, S 74–94

Gittell JH (2012) New directions for relational coordination theory. In: Cameron KS, Spreitzer GM (Hrsg) The Oxford handbook of positive organizational scholarship. Oxford University Press, New York, S 400–411

Gittell JH, Douglass A (2012) Relational bureaucracy: structuring reciprocal relationships into roles. Acad Manag Rev 37:709–733

Gittell JH, Weinberg DB, Bennett AL, Miller JA (2008a) Is the doctor in? A relational approach to job design and the coordination of work. Hum Resour Manag 47:729–755

Gittell JH, Weinberg DB, Pfefferle S, Bishop C (2008b) Impact of relational coordination on job satisfaction and quality outcomes: a study of nursing homes. Hum Resour Manag J 18:154–170

Gittell JH, Seidner R, Wimbush J (2010) A relational model of how high-performance work systems work. Organ Sci 21:490–506

Gittell JH, Godfrey M, Thistlethwaite J (2013) Interprofessional collaborative practice and relational coordination: improving healthcare through relationships. J Interprof Care 27:210–213

Gittell JH, Beswick J, Goldmann D, Wallack SS (2015) Teamwork methods for accountable care: relational coordination and TeamSTEPPS®. Health Care Manag Rev 40:116–125

Grandey AA (2000) Emotional regulation in the workplace: a new way to conceptualize emotional labor. J Occup Health Psychol 5:95–110

Grandey AA, Melloy RC (2017) The state of the heart: emotional labor as emotion regulation reviewed and revised. J Occup Health Psychol 22:407–422

Havens DS, Vasey J, Gittell JH, Lin W-T (2010) Relational coordination among nurses and other providers: impact on the quality of patient care. J Nurs Manag 18:926–937

Hughes DE, Ogilvie JL (2020) When sales becomes service: the evolution of the professional selling role and an organic model of frontline ambidexterity. J Serv Res 23:22–32

Jost P-J (2009) Organisation und Koordination. Eine ökonomische Einführung, 2. Aufl. Gabler, Wiesbaden

Jost P-J (2014) The economics of motivation and organization. An introduction. Edward Elgar Publishing, Cheltenham

Kang D, Stewart J, Kim H, Lim J (2012) Unravelling the impact of psychological empowerment on customer service behaviours as a consequence of 'leader-member exchange'. Serv Ind J 32:1791–1809

Katz D, Kahn RL (1978) The social psychology of organizations, 2. Aufl. Wiley, New York

Kieser A, Walgenbach P (2010) Organisation, 6., überarb. Aufl. Schäffer-Poeschel, Stuttgart

Kogut B, Zander U (1996) What firms do? Coordination, identity, and learning. Organ Sci 7:502–518

Langlois RN, Robertson PL (1995) Firms, markets, and economic change. A dynamic theory of business institutions. Routledge, London/New York

Larsson R, Bowen DE (1989) Organization and customer: managing design and coordination of services. Acad Manag Rev 14:213–233

Liang H-Y, Chu C-Y, Lin J-SC (2020) Engaging customers with employees in service encounters. J Serv Manag 31:1071–1105

Malik A, Kumar S, Basu S, Bebenroth R (2023) Managing disruptive technologies for innovative healthcare solutions: the role of high-involvement work systems and technologically-mediated relational coordination. J Bus Res 161:113828

Mathieu JE, Gilson LL, Ruddy TM (2006) Empowerment and team effectiveness: an empirical test of an integrated model. J Appl Psychol 91:97–108

McDermott AM, Conway E, Cafferkey K, Bosak J, Flood PC (2019) Performance management in context: formative cross-functional performance monitoring for improvement and the mediating role of relational coordination in hospitals. Int J Hum Resour Manag 30:436–456

Milgrom PR, Roberts J (1992) Economics, organization and management. Prentice Hall, Englewood Cliffs

Miller EJ (1959) Technology, territory, and time. Hum Relat 12:243–272

Mullins R, Agnihotri R, Hall Z (2020) The ambidextrous sales force: aligning salesperson polychronicity and selling contexts for sales-service behaviors and customer value. J Serv Res 23:33–52

Nonnenmacher D (2007) Organisation von Dienstleistungsprozessen. Rollen als Grundlage der Organisationsgestaltung. Eul, Lohmar

Okhuysen GA, Bechky BA (2009) 10 coordination in organizations: an integrative perspective. Acad Manag Ann 3:463–502

Picot A, Dietl H, Franck E, Fiedler M, Royer S (2015) Organisation. Theorie und Praxis aus ökonomischer Sicht, 7., akt. Aufl. Schäffer-Poeschel, Stuttgart

Picot A, Dietl H, Franck E, Fiedler M, Royer S (2020) Organisation. Theorie und Praxis aus ökonomischer Sicht, 8., akt. u. überarb. Aufl. Schäffer-Poeschel, Stuttgart

Polanyi M (1985) Implizites Wissen. Suhrkamp, Frankfurt am Main

Rafaeli A, Vilnai-Yavetz I (2004) Emotion as a connection of physical artifacts and organizations. Organ Sci 15:671–686

Raineri A, Valenzuela-Ibarra S (2022) The role of inter-team relational coordination in the high-performance work systems-team performance linkage. Int J Hum Resour Manag 33:3662–3702

Rapp AA, Bachrach DG, Flaherty KE, Hughes DE, Sharma A, Voorhees CM (2017) The role of the sales-service interface and ambidexterity in the evolving organization. J Serv Res 20:59–75

Sackmann SA (2017) Unternehmenskultur: Erkennen – Entwickeln – Verändern. Erfolgreich durch kulturbewusstes Management, 2., vollst. überarb. und erw. Aufl. Springer Gabler, Wiesbaden

Schatzki TR (2006) On organizations as they happen. Organ Stud 27:1863–1873

Schein EH, Schein P (2017) Organizational culture and leadership, 5. Aufl. Wiley, Hoboken

Scherm E, Pietsch G (2007) Organisation. Theorie, Gestaltung, Wandel. De Gruyter, Berlin/Boston

Schreyögg G (2003) Organisation. Grundlagen moderner Organisationsgestaltung, 4., vollst. überarb. u. erw. Aufl. Gabler, Wiesbaden

Seibert SE, Wang G, Courtright SH (2011) Antecedents and consequences of psychological and team empowerment in organizations: a meta-analytic review. J Appl Psychol 96:981–1003

Smith A (1776) An inquiry into the nature and causes of the wealth of nations. Methuen, London

Stabell CB, Fjeldstad ØD (1998) Configuring value for competitive advantage: on chains, shops, and networks. Strateg Manag J 19:413–437

Thompson JD (1967) Organizations in action. Social science bases of administrative theory. Mc Craw-Hill Book Company, New York

Vahs D (2019) Organisation. Ein Lehr- und Managementbuch, 10., überarb. Aufl. Schäffer-Poeschel, Stuttgart

Watzka K (2016) Zielvereinbarungen in Unternehmen. Grundlagen, Umsetzung, Rechtsfragen, 2. Aufl. Springer Fachmedien, Wiesbaden

Wikner J, Yang B, Yang Y, Williams SJ (2017) Decoupling thinking in service operations: a case in healthcare delivery system design. Production Planning & Control 28:387–397

Williamson OE (1979) Transaction-cost economics: the governance of contractual relations. J Law Econ 22:233–261

Wirtz J, Jerger C (2016) Managing service employees: literature review, expert opinions, and research directions. Serv Ind J 36:757–788

Ye J, Marinova D, Singh J (2012) Bottom-up learning in marketing frontlines: conceptualization, processes, and consequences. J Acad Mark Sci 40:821–844

Yu T, Patterson PG, De Ruyter K (2013) Achieving service-sales ambidexterity. J Serv Res 16:52–66

Zomerdijk LG, De Vries J (2007) Structuring front office and back office work in service delivery systems. Int J Oper Prod Manag 27:108–131

Die Motivationsaufgabe – die Steuerung der Leistung des Personals

14

Zusammenfassung

Die Motivationsaufgabe dient der Harmonisierung von Unternehmens- und Mitarbeiterzielen. Dabei sind Anstrengung, Leistung und Mitarbeiterzufriedenheit die Zielgrößen, die vom Anbieter durch entsprechende Maßnahmen gefördert werden. Im Folgenden werden Maßnahmen zur Unterstützung bei der Emotionsregulierung, der Rollenwahrnehmung und der Behebung von Rollenkonflikten der Kundenkontaktmitarbeiter behandelt. Darüber hinaus werden ausgewählte Qualifikationsmaßnahmen sowie Grundlagen der Personalentlohnung und Personalführung vorgestellt, um Anstrengung, Leistung und Mitarbeiterzufriedenheit zu fördern.

14.1 Ein Motivationsmodell für Mitarbeitende im Kundenkontakt

Mitarbeitende verfolgen Ziele, die nicht immer mit den Zielen des Unternehmens im Service Co-Creation-Prozess kompatibel sind (Jost 2014, S. 285). Hierzu zählt zum einen die Tendenz sich aufgrund ihrer Rolle als Boundary Spanner in den Dienst des Kunden zu stellen, zum anderen streben Mitarbeitende nach der Erreichung eigener Ziele. Damit die Verfolgung von Kundenzielen und persönlichen Zielen nicht zulasten der Erreichung von Unternehmenszielen geht, müssen Mitarbeitende motiviert werden, die Erreichung der Unternehmensziele anzustreben. Dies entspricht der Motivationsaufgabe des Anbieters (Abb. 14.1).

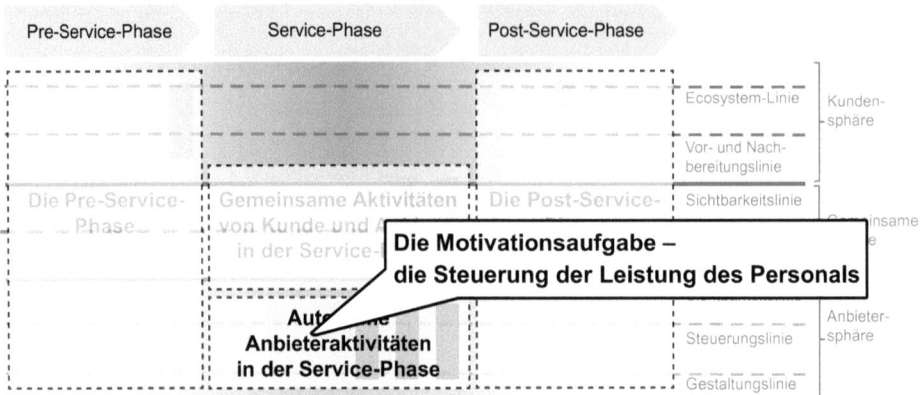

Abb. 14.1 Die Motivationssaufgabe – Einordnung im ServiceBlueprint

▶ **Motivation** Eine Motivation bzw. Zielsetzung basiert auf Bedürfnissen bzw. Emotionen und Trieben, die mit einer kognitiven Zielorientierung verknüpft sind (Kroeber-Riel und Gröppel-Klein 2019, S. 54). Eine Motivation entsteht also, wenn zum Bedürfnis „eine durch das Wissen um mögliche Problemlösungen bestimmte Handlungsorientierung hinzukommt" (Kuss und Tomczak 2007, S. 44).

▶ **Motivationsaufgabe des Anbieters** Im Unternehmenskontext entsteht ein Motivationsproblem, wenn Mitarbeitende ihre eigenen Ziele stärker verfolgen als die Ziele des Anbieters. Der Anbieter muss dann das Nicht-Wollen der Mitarbeitenden, die Anbieterziele mindestens genauso zu verfolgen wie die eigenen Ziele, überbrücken.

Motivation ist nicht unabhängig von der Koordination, sondern beide bedingen sich gegenseitig (Jost 2014, S. 306). So kann beispielsweise die horizontale und vertikale Differenzierung dazu beitragen, die Mitarbeiterziele mit den Unternehmenszielen zu harmonisieren. *Ein:e Mitarbeiter:in verfügt im Rahmen seiner/ihrer Aufgaben über umfassende Entscheidungsbefugnisse, was seinem/ihrem Ziel der Selbstverwirklichung entgegenkommt.*

Um zu erklären, wie Mitarbeiter motiviert werden können, lassen sich **Motivationstheorien** heranziehen. Motivationstheorien können in Inhalts- und Prozesstheorien unterschieden werden (Berthel und Becker 2017, S. 61 und 68; Oechsler und Paul 2018, S. 353). **Inhaltstheorien** beantworten die Frage, *was* Mitarbeitende motiviert. Beispiele für Inhaltstheorien sind die Bedürfnispyramide nach Maslow oder die Zwei-Faktoren-Theorie nach Herzberg (Berthel und Becker 2017, S. 61–67). **Prozesstheorien** geben Antwort auf die Frage, *wie* Motivation entsteht (Oechsler und Paul 2018, S. 353). Beispiele für Prozesstheorien sind die Erwartungs-Wert-Theorie von Vroom, das Motivationsmodell von Porter und Lawler oder die Zielsetzungstheorie von Locke (Berthel und Becker 2017, S. 69–75). Das Motivationsmodell von Porter und Lawler fasst verschiedene Theorien zusammen

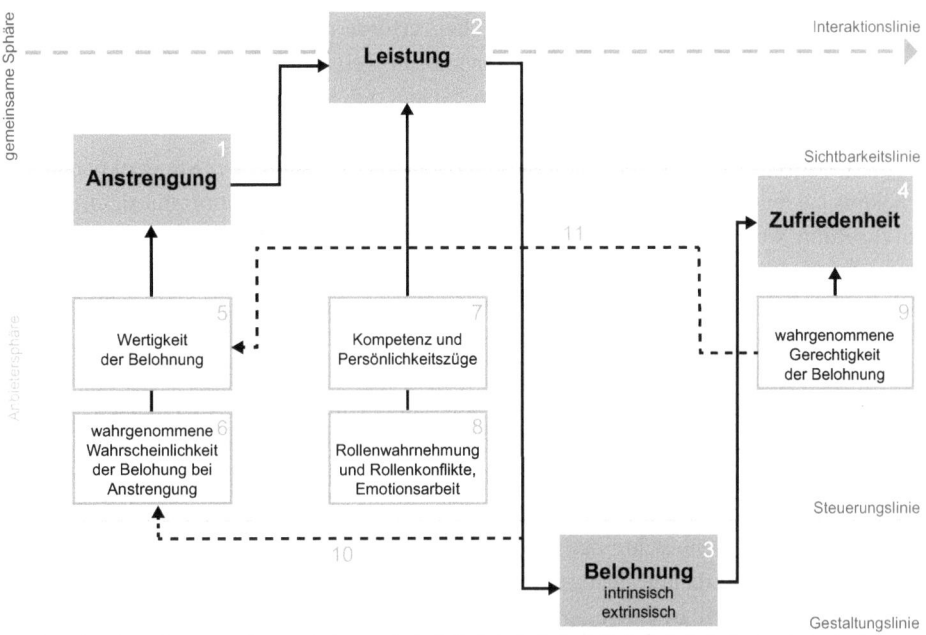

Abb. 14.2   Ein einfaches Motivationsmodell für Mitarbeitende im Kundenkontakt

und zeigt, welche Faktoren Einfluss auf die Motivation von Mitarbeitenden ausüben (Porter und Lawler 1968, S. 7–14). Basierend auf diesem Modell wird im Folgenden ein auf Kundenkontaktmitarbeiter und das ServiceBlueprint adaptiertes Modell vorgestellt (Abb. 14.2).

Den Kern des Modells bildet der Prozess aus Motivation zur **Anstrengung (1)**, die zur **Leistung (2)** führt und über die entsprechende **Belohnung (3)** zur **Zufriedenheit (4)** einer Person. Die Motivation zur Anstrengung hängt von der Belohnung ab, die eine Person durch eine Leistung erreichen kann, und wenn die Person die Belohnung erhalten hat, ist sie zufrieden. *Eine Person, die befördert werden möchte (Belohnung), ist motiviert sich anzustrengen, um durch entsprechende Leistung (Kund:innen zufriedenstellen) befördert zu werden. Hat sie die Beförderung erreicht, ist sie zufrieden.* Die Kernelemente sind in Abb. 14.2 den verschiedenen Ebenen des ServiceBlueprints zugeordnet. Die Einflussfaktoren sind den mentalen Aktivitäten des Kundenkontaktpersonals zuzurechnen und befinden sich daher unterhalb der Sichtbarkeitslinie.

Die **Anstrengung (1)** bezieht sich auf das Ausmaß der Energie, die jemand aufwendet, um eine bestimmte Leistung zu erbringen (Holtbrügge 2018, S. 23). Anstrengung umfasst – je nach Art der Leistung – physische, kognitive und emotionale Energie. Einen Lkw ohne Hilfsmittel wie einen Gabelstapler zu beladen, erfordert physische Anstrengung, Menschen an der Universität zu unterrichten erfordert kognitive Anstrengung und auf

Kundenbedürfnisse und -wünsche einzugehen erfordert emotionale Anstrengung. Die physischen Anstrengungen sind für den Kunden zum Teil sichtbar, z. B. schwer heben, die mentalen und emotionalen Anstrengungen lassen sich nur indirekt an Körperhaltung, Mimik oder Gestik ablesen und sind daher nur zum Teil sichtbar.

Die **Leistung (2)** ist die vom Unternehmen definierte Leistung. Bei Kundenkontaktmitarbeitern handelt es sich i. d. R. um Leistungen, die in der Interaktion mit dem Kunden durchgeführt werden. Daher ist die Leistung in Abb. 14.2 auf der Interaktionslinie eingetragen. In der englischsprachigen Literatur wird analog zum In-Role und Extra-Role Behavior (Abschn. 7.2) zwischen der In-Role Service Performance und der Extra-Role Service Performance unterschieden (Bettencourt und Brown 1997; Moliner et al. 2008; Wang et al. 2018a).

In-Role Service Performance entspricht der Erfüllung der allgemeinen Rollenerwartungen und wird daher auch als **allgemeine Service-Leistung** (general service performance; Raub und Liao 2012) eines Mitarbeiters bezeichnet. Die Erwartungen werden vom Anbieter mehr oder weniger explizit formuliert. Explizit formulierte Erwartungen schlagen sich in Stellenbeschreibungen nieder (Wang et al. 2018a). Die Leistung kann vom Arbeitgeber eher verhaltensbezogen oder eher ergebnisbezogen definiert werden. Die Genauigkeit, in der Mitarbeiter eine Ausgabe ausführen, die Schnelligkeit, mit der sie diese Aufgabe ausführen, die Sorgfalt, die sie darauf verwenden, oder die vollständige und fehlerfreie Erledigung stellen verhaltensbezogene Leistungen dar (Sawyerr et al. 2009; Singh 2000). Die Lösung von Kundenproblemen (Agnihotri et al. 2014), der Abschluss von Kaufverträgen oder die Zahl der zu bedienenden Kunden sind ergebnisbezogene Leistungen.

Extra-Role Service Performance (Übererfüllung der Rollenanforderung), geht über die Rollenerwartungen der Stellenbeschreibung hinaus. Sie bezieht sich auf die „Extra-Meile", die Mitarbeitende gehen, um „ihren Job zu machen" und Kunden zufriedenzustellen. **Proactive Customer Service Performance** gründet sich auf die Eigeninitiative des Mitarbeitenden, indem dieser aus eigenem Antrieb Leistung zeigt, die über die Erwartungen von Kunden oder Vorgesetzten hinausgeht. Sie beinhaltet antizipierende Verhaltensweisen, indem auf Kundenwünsche eingegangen wird, die diese noch gar nicht geäußert haben, und schließt die Aufforderung ein Feedback zu geben, um festzustellen, ob der Kunde wirklich zufriedengestellt werden konnte (Rank et al. 2007; Raub und Liao 2012). Auch die Kreativität von Mitarbeitenden bei der Suche nach Kundenlösungen und Möglichkeiten, den Kunden zufriedenzustellen, ist ein Merkmal von Extra-Role Service Performance (Sok et al. 2018). Allerdings können Mitarbeitende auch zu weit dabei gehen Kundenwünsche zu erfüllen, sodass sie dem Anbieterziel der Effizienz nicht mehr genügen (Sok et al. 2018).

Sowohl In-Role Service Performance als auch Extra-Role Service Performance können im Rahmen von Personal- oder Leistungsbeurteilungen bewertet werden (vgl. zu Personal- und Leistungsbeurteilungen beispielsweise Oechsler und Paul 2018, S. 393–405; Stock-Homburg und Groß 2019, S. 450). An die Leistung auf der Basis von Leistungsbeurteilungen können Belohnungen wie die Vergütung, aber auch Gehaltssteigerungen oder Beförderungen geknüpft werden (Oechsler und Paul 2018, S. 394).

Belohnungen (3) stellen sich als Folge der Leistung ein. Sie werden vom Dienstleister konzipiert und dienen der Steuerung des Mitarbeiterverhaltens. Daher sind sie in Abb. 14.2 unterhalb der Steuerungslinie eingezeichnet. Es lassen sich intrinsische und extrinsische Belohnungen unterscheiden. **Intrinsische Belohnungen** liegen in der Tätigkeit selbst und umfassen Erfolgserlebnisse bei der Arbeit, den Arbeitsinhalt, der – je nach Motivation – als einfach oder komplex, interessant und abwechslungsreich erlebt wird, die empfundene Verantwortung und die Möglichkeit der Selbstverwirklichung durch die Tätigkeit (Olesch 2020, S. 211; Stock-Homburg und Groß 2019, S. 522). **Extrinsische Belohnungen** setzen demgegenüber auf äußere Anreize, wie beispielsweise Entlohnung (Gehalt, Prämien, Dienstwagen etc.) oder Lob und Anerkennung durch andere (Stock-Homburg und Groß 2019, S. 522). Personen, die sich durch intrinsische Belohnungen motivieren lassen, werden auch als intrinsisch motiviert bezeichnet, während Personen, die durch extrinsische Belohnungen motiviert werden, als extrinsisch motiviert gelten (Holtbrügge 2018, S. 14).

Zufriedenheit (4) entsteht, wenn die tatsächlichen Belohnungen den erwarteten Belohnungen entsprechen.

Auf die Motivation zur Anstrengung (1) wirken zwei Faktoren ein: die **Wertigkeit der Belohnung (5)** und die **wahrgenommene Wahrscheinlichkeit der Belohnung bei Anstrengung (6)**. Eine Person strengt sich also nur dann an, wenn die in Aussicht gestellte Belohnung einen so hohen Wert für sie hat, dass sich die Anstrengung lohnt, und wenn die Belohnung durch Anstrengung erreicht werden kann. Welche Belohnungen als wertig angesehen werden, wird durch die Bedürfnisse und Motive der Person bestimmt. *Liegt dem Handeln ein Selbstverwirklichungsbedürfnis zugrunde, so ist eine Tätigkeit, die entsprechende Freiräume bietet, besonders attraktiv. Dominiert das Machtmotiv, so sind vielleicht Führungstätigkeiten oder Tätigkeiten auf einer höheren Hierarchiestufe, auf der Einfluss ausgeübt werden kann, besonders wertig.* Die Wahrscheinlichkeit der Belohnung wird durch die Erwartung, dass durch entsprechende Leistung die Belohnung auch erreicht werden kann, bestimmt. *Glaubt die Person, dass sie die Beförderung durch entsprechende Leistungen erreichen kann, schätzt sie die Wahrscheinlichkeit als hoch ein und strengt sich entsprechend an.*

Ist die Beziehung zwischen Leistung und Belohnung positiv, so setzt ein sich selbst verstärkender **Rückkopplungseffekt (10)** ein: Die Leistung hat zur erwünschten Belohnung geführt. Daraus resultiert eine hohe Wahrscheinlichkeit der Belohnung bei Anstrengung und die Anstrengung wird beibehalten oder erhöht, was wiederum zur entsprechenden Leistung führt, die belohnt wird, was die wahrgenommene Wahrscheinlichkeit der Belohnung bei Anstrengung erhöht etc. Dieser Kreislauf greift so lange, wie die erwünschte Belohnung erreicht wird. Wird die Belohnung nicht erreicht oder nicht gewährt, so wird die Anstrengung reduziert (Walumbwa et al. 2019). *So können das Inaussichtstellen einer interessanteren Arbeit (intrinsische Belohnung), einer Beförderung oder eines höheren Gehalts oder das Loben und Aussprechen von Anerkennung (extrinsische Belohnung) Mitarbeitende zu entsprechenden Anstrengungen und Leistungen motivieren. Bleibt aber die Beförderung trotz der Anstrengung und der vom Mitarbeitenden wahrgenommenen Leistung aus, so wird in der Folge die Anstrengung reduziert. Dies kann zur* *inneren Kündigung und zu vermehrten Fehlzeiten führen, aber auch zum Wechsel des/der Arbeitgeber:in* (Sawyerr et al. 2009).

Die Leistung ist nicht nur von der Anstrengung abhängig, sondern auch von den **Kompetenzen (7)** der Person. *Besteht die Leistung darin, die Kunden im Restaurant hinsichtlich der Essens- und Getränkeauswahl zu beraten, so ist hierfür beispielsweise die Kenntnis der Gerichte und Getränke auf der Karte notwendig (Fähigkeit).* Ohne entsprechende Fähigkeiten ist auch die größte Anstrengung vergeblich und führt nicht zu Leistung. Welche Fähigkeiten bei Kundenkontaktmitarbeitenden notwendig sind, wird bei der Betrachtung der Qualifikation (Abschn. 14.2.1) aufgegriffen.

Neben den Kompetenzen wirken sich auch **Persönlichkeitsmerkmale (7)** auf die Leistung aus. Nach der **Leistungsmotivationstheorie** von McClelland setzen sich Personen mit hoher Leistungsmotivation eigene Qualitäts- und Leistungsstandards, die sie erreichen oder sogar übertreffen wollen, und nehmen hierfür auch ineffektive Handlungen in Kauf – die sog. 110%, die erbracht werden, obwohl 98% es auch getan hätten – (Berthel und Becker 2017, S. 78; Stock-Homburg und Groß 2019, S. 96). Studien zeigen, dass insbesondere Führungskräfte eine hohe Leistungsmotivation aufweisen (Staehle 2014, S. 229) und auch bei Pflegekräften wirkt sich die Leistungsmotivation positiv auf ihre Leistung aus (Stock-Homburg und Groß 2019, S. 96). Darüber hinaus hat sich in einer Metaanalyse gezeigt, dass auch die Persönlichkeit ein valider Prädiktor der Leistung ist (Salgado und Táuriz 2014; Sawyerr et al. 2009; vgl. auch Abschn. 14.2.1).

Zusätzlich zu den Kompetenzen und Persönlichkeitsfaktoren haben auch die **Emotionsarbeit** sowie die **Rollenwahrnehmung und Rollenkonflikte (8)** einen Einfluss auf die Leistung. Aufgrund ihrer Bedeutung gerade für das Kundenkontaktpersonal werden diese unten gesondert erläutert.

Damit Zufriedenheit (4) entsteht, muss die Belohnung die **wahrgenommene Gerechtigkeit (9)** aus Sicht der Mitarbeitenden erfüllen. Gerechtigkeit bezieht sich darauf, welche Belohnung angesichts der erbrachten Leistung und im Vergleich zu anderen Personen als angemessen wahrgenommen wird (vgl. hierzu Abschn. 4.3.1 und 14.2.2). Da die Betrachtung, welche Belohnung als angemessen anzusehen ist, von Person zu Person variiert, kann es bei einer Verletzung der wahrgenommenen Gerechtigkeit auch zu Unzufriedenheit kommen. *Person A findet, dass sie eine wesentlich bessere Leistung erbringt als Person B und daher auch mehr verdienen müsste als Person A. Die Belohnung (Gehalt) wird als unangemessen und ungerecht wahrgenommen.* Von der wahrgenommenen Gerechtigkeit der Belohnung gibt es eine **Rückkopplung (11)** über die Wertigkeit der Belohnung zur Anstrengung: Je höher (niedriger) die wahrgenommene Wertigkeit der Belohnung ist, desto höher (niedriger) fällt die Anstrengung aus. *Person B nimmt ihr Gehalt als ungerecht wahr, sodass die Wertigkeit der Belohnung (Gehalt) sinkt und daraufhin die Anstrengung reduziert wird.*

Im Folgenden werden die Emotionsarbeit sowie die Rollenwahrnehmung und die Rollenkonflikte von Kundenkontaktmitarbeitenden näher beleuchtet.

14.1.1 Die Emotionsarbeit des Kundenkontaktpersonals

Die soziale Interaktion mit Kunden stellt hohe Anforderungen an das Dienstleistungs-
personal, insbesondere was den Umgang mit den Emotionen des Kunden und ihren eigenen Emotionen betrifft. Entsprechend der **Affective Events Theory** (Weiss und Cropanzano 1996) verändern Ereignisse im Arbeitskontext, z. B. sich beschwerende ärgerliche
Kunden, die Stimmung und die Gefühle von Mitarbeitenden. Da es nicht angebracht ist, in
solchen Situationen seine tatsächlichen Gefühle zu zeigen, wird **Emotionsarbeit** erforderlich. Emotionsarbeit ist insbesondere dann erforderlich, wenn **emotionale Dissonanz** besteht (Ashforth und Humphrey 1993; Hülsheger et al. 2015; Lee und Madera 2019a). Mitarbeitende regulieren ihre Emotionen, indem sie diese entweder verändern (Strategie der
Emotionsregulierung; **Deep Acting**) oder den Ausdruck ihrer Gefühle manipulieren und
den Erfordernissen anpassen (Strategie der Reaktionsregulierung; **Surface Acting**; Grandey 2000; Hochschild 1990, S. 55 ff.).

▶ **Emotionsarbeit** Emotionsarbeit ist die Regulierung von Gefühlen und Gefühlsaus-
drücken, um in einer Interaktion mit anderen Personen, insbesondere Kunden, angemessene Gefühle zu zeigen, sei es durch Deep Acting oder durch Surface Acting (Grandey 2000; Hochschild 1990, S. 53–60).

▶ **Emotionale Dissonanz** Abweichung zwischen sichtbaren und tatsächlichen Emotionen oder zwischen geforderten und tatsächlichen Emotionen (Ashforth und Humphrey 1993).

▶ **Deep Acting** Strategie der Emotionsregulierung, bei der die geforderten Emotionen
tatsächlich empfunden und gezeigt werden (Grandey 2000; Hochschild 1990, S. 56–60).

▶ **Surface Acting** Strategie der Reaktionsregulierung, bei der die geforderten Emotionen
nicht empfunden, sondern nur gezeigt werden (Grandey 2000; Hochschild 1990, S. 55–56).

Die beiden Emotionsregulierungsstrategien – Surface Acting und Deep Acting – haben
unterschiedliche Auswirkungen auf den Mitarbeitenden und das Unternehmen. Entsprechend der **Conservation of Resources Theory** verbrauchen Surface Acting und Deep
Acting Ressourcen, z. B. Energie. Dabei wird Surface Acting ein größerer Ressourcenverbrauch zugeschrieben als dem Deep Acting (Grandey und Melloy 2017; Hülsheger und
Schewe 2011). Surface Acting erfordert die ständige Überwachung der eigenen Emotionen und die Anpassung des Gefühlsausdrucks, was mentale Ressourcen beansprucht
(Hülsheger und Schewe 2011). Aufgrund begrenzter mentaler Ressourcen stehen die Ressourcen, die durch Surface Acting beansprucht werden, nicht mehr für die Erfüllung aufgabenbezogener Ziele und soziale Interaktionen zur Verfügung (Hülsheger und Schewe
2011). Das kann zu Stress bei den Kundenkontaktmitarbeitern führen und sowohl ihr
Wohlbefinden (Hülsheger und Schewe 2011) als auch die Interaktion mit den Kunden und

die Erbringung der Dienstleistung beeinträchtigen. Neben der Ansicht, dass Surface Acting mehr kognitive Ressourcen verbraucht, wird auch die Sichtweise vertreten, dass in realen Arbeitszusammenhängen Deep Acting eine starke Motivation, ein hohes Engagement und eine Internalisierung der Rolle in der Dienstleistungsinteraktion erfordert, was wiederum in erheblichem Maße kognitive Ressourcen bindet (Hülsheger und Schewe 2011). In einer Metaanalyse von 105 Studien stellte sich heraus, dass Surface Acting die Aufgabenerfüllung etwas stärker beeinträchtigt als Deep Acting (Hülsheger und Schewe 2011), was tendenziell die Ansicht unterstützt, dass Surface Acting mehr kognitive Ressourcen beansprucht. Allerdings sind die Unterschiede relativ gering (Hülsheger und Schewe 2011). Hur et al. (2022) zeigen in ihrer Hotelstudie in Südkorea, dass Deep Acting sogar zu einer besseren Arbeitsleistung führt.

Affective Events Theory (Weiss und Cropanzano 1996)
Ereignisse im Arbeitskontext führen zu affektiven Reaktionen, die sowohl die Stimmung als auch die Gefühle von Mitarbeitenden beeinflussen. Dabei stellt das Individuum zuerst fest, wie bedeutsam das Ereignis für das Individuum ist (z. B. ärgerlicher sich beschwerender Kunde, sich angegriffen fühlen), worauf dann eine affektive Reaktion (z. B. Ärger) erfolgt. Die affektiven Reaktionen wiederum beeinflussen das Verhalten des Individuums und seine Einstellung gegenüber der Arbeit.

Resource Conservation Theory (Hobfoll 1989)
Grundsätzlich versuchen Personen Ressourcen aufzubauen, zu erhalten und zu schützen. Der drohende Verlust von Ressourcen, der tatsächliche Verlust von Ressourcen oder nicht vorhandene Ressourcen verursachen Stress. Ressourcen sind definiert als Objekte (materieller Besitz wie Auto, Haus, Wohnung u. ä.), persönliche Charakteristika (Kenntnisse, Fähigkeiten und Fertigkeiten, Selbstachtung und Selbstwertgefühl, Stressresistenz, Status u. Ä.), Zustände (Ehe, Festanstellung, Betriebszugehörigkeit, Gesundheit u. Ä.) oder Energie (Zeit, Geld, Wissen), die von einer Person um ihrer selbst willen geschätzt werden oder die als Mittel dienen, um Objekte, persönliche Eigenschaften, Zustände oder Energie zu erreichen. Ressourcen haben sowohl einen instrumentellen Wert, da sie dazu dienen etwas zu erreichen, als auch einen symbolischen Wert, da sie für die Identität einer Person von Bedeutung sind.

Emotionsarbeit kann zu **Stress** führen, was auf der individuellen Ebene der Mitarbeitenden die Gesundheit beeinträchtigen, die Beziehungen im privaten Umfeld belasten und über emotionale Erschöpfung bis zum **Job Burnout** führen kann (Sohn et al. 2016; Trumpold et al. 2021). Im Hinblick auf die Arbeitsleistung sind Mitarbeitende, die unter dauerhaftem Stress stehen, nicht in der Lage ihre Aufgaben in der vom Unternehmen und vom Kunden erwarteten Art und Weise auszuüben, was vom Verlust ihrer Kreativität beim Umgang mit Kundenproblemen bis hin zu Sabotagetendenzen reichen kann (Grandey und Melloy 2017; Lee und Madera 2019a). Auf der Organisationsebene kann Emotionsarbeit die Arbeitszufriedenheit beeinträchtigen, die Mitarbeiterbindung an das Unternehmen verringern und Wechselabsichten befördern (Grandey und Melloy 2017; Lee und Madera 2019a).

Job Burnout
Job Burnout besteht aus drei Komponenten: (1) emotionaler Erschöpfung, (2) Depersonalisierung und (3) verringerter Leistungsfähigkeit (Maslach und Jackson 1981; Maslach und Leiter 2008; Maslach und Zimbardo 1982). Emotionale Erschöpfung bezieht sich auf das Gefühl der Überforderung

und der Erschöpfung der eigenen Ressourcen. Depersonalisierung bezieht sich auf die Unempfindlichkeit, Verhärtung oder Abstumpfung gegenüber Gefühlen, was dazu führt, dass Personen gewissermaßen als Objekte gesehen und daher depersonalisiert werden. Die verringerte Leistungsfähigkeit bezieht sich auf das Gefühl der Inkompetenz, fehlender Produktivität und fehlender Leistungskraft.

Emotionsarbeit wirkt sich auch auf die Interaktion mit Kunden aus, denn Kunden können zwischen Surface Acting und Deep Acting unterscheiden (Zhao et al. 2014). Dabei hat Surface Acting einen eher negativen Einfluss, indem es negative Emotionen des Kunden verstärkt (Liu et al. 2019), den Kunden dazu bringt, die Mitarbeiter des Anbieters schlecht zu behandeln (Zhan et al. 2016), weniger Trinkgeld oder generell weniger Geld auszugeben (Chi et al. 2011; Lee und Madera 2019b). Demgegenüber hat Deep Acting positive Wirkungen (Grandey und Melloy 2017): Es schwächt die negativen Emotionen des Kunden ab (Liu et al. 2019), verstärkt seine positiven Emotionen (Gong et al. 2020), lässt ihn den Mitarbeiter besser behandeln (Zhan et al. 2016) und führt dazu, dass er höhere Trinkgelder und generell mehr Geld ausgibt (Seger-Guttmann und Medler-Liraz 2016, 2020). Darüber hinaus sind die wahrgenommene Dienstleistungsqualität und die Kundenzufriedenheit bei Deep Acting höher als bei Surface Acting (Hülsheger und Schewe 2011; Hur et al. 2015; Lee und Madera 2019b; Moreo et al. 2019; Shi et al. 2023; Wang und Lang 2019; Zhao et al. 2014). Deep Acting und Surface Acting wirken nicht nur im einzelnen Service Co-Creation-Prozess. Vielmehr werden Wiederkaufwahrscheinlichkeit und die Weiterempfehlungsabsicht bei Deep Acting höher eingestuft als bei Surface Acting (Chi und Chen 2019; Gong et al. 2020; Gountas et al. 2007).

Allerdings sind die Wirkungen von Deep Acting und Surface Acting nicht in allen Studien eindeutig und können auch durch weitere Einflussgrößen abgeschwächt oder sogar umgekehrt werden. *So zeigte eine Untersuchung von 107 Telefonaten mit Kund:innen, in denen Finanzinformationen und technische Unterstützung vermittelt wurden, dass Surface Acting einen positiven Einfluss auf die von Kund:innen wahrgenommene Dienstleistungsqualität hatte, während Deep Acting keinen Einfluss ausübte. Der positive Effekt des Surface Acting wurde umgekehrt, wenn der/die Kund:in den Eindruck gewann, der Dienstleister sei ihm gegenüber „feindlich" eingestellt; in diesem Fall wurde die Dienstleistungsqualität negativ bewertet* (Medler-Liraz und Seger-Guttmann 2015). *Die Autorinnen der Studie erklären den negativen Effekt von Surface Acting und der Feindseligkeit des Dienstleisters wie folgt: Surface Acting erfordert die Unterdrückung der tatsächlichen (negativen) Gefühle des Servicemitarbeiters, die sich aber dennoch Bahn brechen und zu dem Eindruck der Feindseligkeit des Dienstleisters führen.* Die Strategie des Surface Acting ist somit ein zweischneidiges Schwert.

Generell ist Emotionsarbeit umso häufiger erforderlich, je intensiver, häufiger und länger die Interaktionen mit Kunden stattfinden, je mehr Emotionen in dieser Situation geäußert werden (müssen) und je stärker Kunden in ihrem Verhalten von allgemeinen Regeln abweichen (Grandey und Melloy 2017; Hu et al. 2017; Morris und Feldman 1996). *Dies gilt für Kellner:innen, Verkäufer:innen, Friseur:innen, Krankenpfleger:innen, Ärzt:innen, Sozialarbeiter:innen, Polizist:innen, Wächter:innen und Türsteher:innen* (Humphrey et al.

2015). Persönliche Merkmale von Mitarbeitenden haben einen Einfluss darauf, ob Emotionsarbeit als anstrengend oder weniger anstrengend empfunden wird (Grandey und Melloy 2017; Lee und Madera 2019a). Interessanterweise konnten keine geschlechtsspezifischen Unterschiede festgestellt werden (Grandey und Melloy 2017).

Emotionsarbeit kann vom Unternehmen unterstützt werden (Grandey und Melloy 2017), beispielsweise durch Job-Autonomie, wie sie die Grundlage des Empowerment bildet (Abschn. 13.3.2), entsprechende Weiterbildung, Unterstützung von Mitarbeitenden und Vorgesetzten (Hong et al. 2021) sowie eine dienstleistungsorientierte Unternehmenskultur (Bowen 2021).

14.1.2 Rollenwahrnehmung und Rollenkonflikte

Die Wahrnehmung der Rolle entscheidet darüber, wie die Rolle ausgeübt wird, d. h. ob lediglich In-Role Service Performance gezeigt wird oder auch Extra-Role Service Performance. Eine Metaanalyse von 105 Studien zeigt, dass Rollenerwartungen von Vorgesetzten, Kollegen und der Unternehmung insgesamt Extra-Role Behavior von Kundenkontaktmitarbeitern fördern, während sie auf In-Role Behavior keinen Einfluss haben (Schepers und van der Borgh 2020). Demgegenüber wirken sich Rollenerwartungen des Kunden eher auf das In-Role Behavior aus (Schepers und van der Borgh 2020)

Darüber hinaus können **Rollenkonflikte** entstehen.

▶ **Rollenkonflikt** gleichzeitiges Auftreten von divergierenden Rollenerwartungen, sodass der Rolleninhaber nicht beide Rollenerwartungen vollständig erfüllen kann (Katz und Kahn 1978, S. 204).

Rollenkonflikte werden in Intra-Sender-Konflikte, Inter-Sender-Konflikte, Inter-Rollen-Konflikte und Person-Rollen-Konflikte unterschieden (vgl. Abb. 14.3); Katz und Kahn 1978, S. 204–207; Nerdinger 2011, S. 43–47).

Intra-Sender-Konflikte entstehen, wenn mehrdeutige Rollenerwartungen eines Rollensenders an die Zielperson gerichtet werden und diese Rollenerwartungen inkompatibel sind. Dadurch wird dem Rolleninhaber nicht klar, welches Rollenverhalten genau erwartet wird. Dies wird auch als **Rollenambiguität** bezeichnet. *Ein:e Vorgesetzte:r gibt einem/einer Kundenkontaktmitarbeiter:in unterschiedliche Anweisungen, sodass diese:r nicht mehr weiß, welche der Anweisungen er/sie befolgen soll.*

Beim **Inter-Sender-Konflikt** senden verschiedene Rollensender des Rollensets (Abschn. 7.2) unterschiedliche Rollenerwartungen, die einander widersprechen. Dies wird auch als **Two Bosses-Dilemma** bezeichnet (Shamir 1980). Im Dienstleistungskontext betrifft dies häufig die Anforderungen des Kunden und die Anforderungen des Unternehmens, die im Konflikt zueinander stehen, z. B. wenn die Ressourcen und die steigenden Anforderungen des Jobs einander nicht entsprechen, aber auch wenn Qualitäts- und Produktivitätsanforderungen nicht kompatibel sind (Luria et al. 2014) *Ein klassischer Fall*

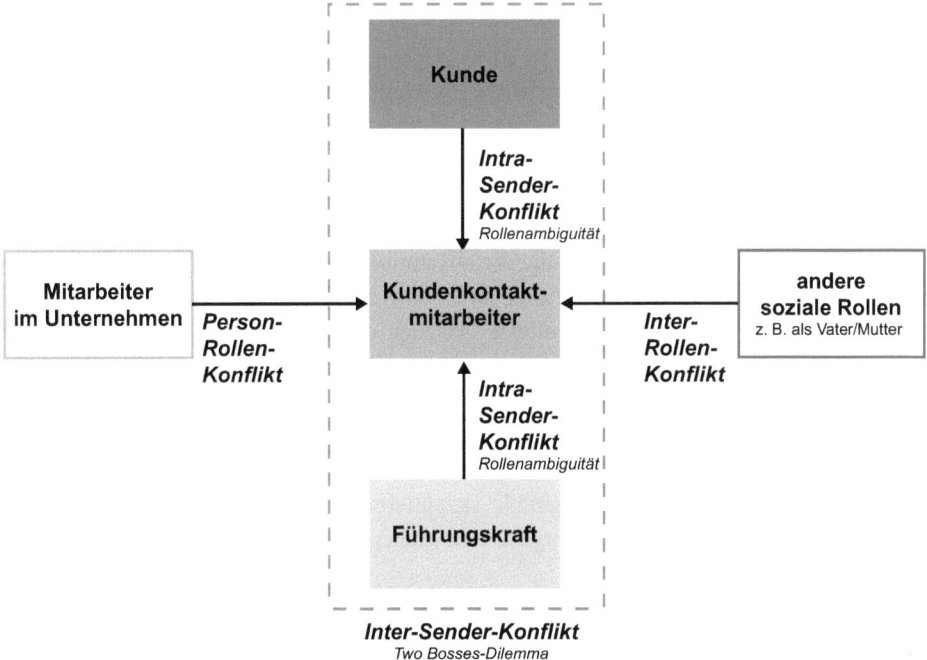

Abb. 14.3 Rollenkonflikte

ist der/die Bankkund:in, der/die eine Anlage mit den höchsten Zinsen für das zu in-
vestierende Geld möchte, während der/die Mitarbeiter:in von der Bank Vorgaben erhält,
welche Produkte er/sie bevorzugt zu verkaufen hat.

Inter-Rollen-Konflikte entstehen aus verschiedenen Rollen, die eine Person innehat.
Die Krankenpflegerin ist nicht nur Angestellte des Krankenhauses, sondern auch Ehefrau
und Mutter. Die Vorgesetzte erwartet Überstunden, was mit der Familienrolle kollidiert.
Eine Studie bei Restaurants und im Einzelhandel in Taiwan zeigt, dass der Konflikt zwi-
schen Familien- und Arbeitsrolle vor allem bei Frauen besteht, während sich ein solcher
Zusammenhang für Männer nicht fand (Huang und Cheng 2012).

Der **Person-Rollen-Konflikt** entsteht, wenn Vorstellungen der Person von sich selbst
oder ihre Identität mit den Rollenerwartungen kollidiert (Hannah et al. 2020). So können
Rollenerwartungen mit der zur Verfügung stehenden Zeit in Konflikt stehen, etwa wenn
sich Pflegekräfte nicht genügend Zeit für Patienten nehmen können, weil schon die nächste
Arbeit wartet, was mit der eigenen Berufsauffassung im Konflikt steht. Rollenwartungen
können unmoralisch sein, z. B. verlangt die Rolle dem Kunden Informationen zu ver-
schweigen, was dem Selbstverständnis als moralischer und ehrlicher Mensch entgegensteht.

Rollenkonflikte, die nicht gelöst werden, verursachen bei den Mitarbeitenden Stress
und führen zu verminderter Leistung, zu Burnout, zu geringerer Identifikation mit dem
Arbeitgeber und zur Absicht den Arbeitgeber zu wechseln (Chenet et al. 2000; Singh
2000). Rollenambiguität wirkt sich auch negativ auf die Zusammenarbeit von Mit-

arbeitenden aus (Chenet et al. 2000). Entsprechend der Resource Conservation Theory können Rollenkonflikte verhindert oder abgeschwächt werden, wenn Mitarbeitende Unterstützung durch das Unternehmen erfahren. So führt etwa wahrgenommene Kontrolle (Abschn. 8.2.2) im Rahmen der Ausgabenausführung zu vermindertem Stress, etwa wenn Mitarbeitende aufgrund von Empowerment selbst entscheiden können, wie und wann sie Aufgaben ausführen (Singh 2000). Darüber hinaus führt auch die Unterstützung durch Vorgesetzte im Rahmen ihrer Führungsaufgabe zur Verhinderung von Rollenkonflikten (Singh 2000). Allerdings wirkt sich die organisatorische Unterstützung vor allem in individualistischen und maskulinen Kulturen sowie in Kulturen, in denen ein starkes Machtgefälle besteht, im Gegensatz zu kollektivistischen oder femininen Länderkulturen mit einem geringen Machtgefälle fördernd auf das Rollenverhalten aus (Schepers und van der Borgh 2020). Individualistische Kulturen sind dadurch gekennzeichnet, dass Menschen sich unabhängig fühlen und sich selbst um sich kümmern. Für maskuline Kulturen sind materieller Erfolg, Ehrgeiz, Heldentum und Durchsetzungsvermögen charakteristisch. Kulturen mit einem starken Machtgefälle akzeptieren Regeln und Vorgehensweisen bei Personen, die Macht haben, z. B. Vorgesetzten (Schepers und van der Borgh 2020).

14.2   Ansatzpunkte der Motivationssteuerung

Nach dem oben dargestellten Motivationsmodell für Mitarbeitende im Kundenkontakt bieten sich die Einflussfaktoren der Anstrengung und der Leistung sowie die Belohnung als Ansatzpunkte der Motivationssteuerung an. Abb. 14.4 zeigt, über welche Maßnahmen der Anbieter auf die Modellkomponenten einwirken kann.

Dabei handelt es sich in erster Linie um Maßnahmen im Rahmen des Personalmanagements:

- Die **Kompetenzen und Persönlichkeitszüge (7)** werden einerseits im Rahmen von Maßnahmen der **Personalselektion**, die bei Einstellungen, aber auch bei Beförderungen von Bedeutung sind, berücksichtigt. Insbesondere Fähigkeiten und Kompetenzen werden durch die **Weiterbildung** des Unternehmens gebildet und gefördert. Diese Aspekte werden im folgenden Kapitel behandelt.
- Welche **Belohnungen (3)** angeboten werden, welche **Wertigkeit (5)** sie haben, ob sie **erreichbar (6) und gerecht (9)** sind, wird durch eine Vielzahl ineinandergreifender Maßnahmen bestimmt: die **Entgeltpolitik** des Unternehmens bestimmt über die Höhe und Art der Entlohnung und über Unterschiede zwischen Beschäftigten. Im Rahmen der **Personalführung** spenden Vorgesetzte Anerkennung und Lob und belohnen dadurch die Mitarbeitenden; sie können aber auch bestrafen, z. B. Lob und Anerkennung, Beförderung und höhere Entlohnung verweigern. Sofern die Belohnung darin besteht, eine anspruchsvollere Aufgabe im Unternehmen zu übernehmen (intrinsische Belohnung), spielt auch die Personalentwicklung mit den Karrierepfaden und Aufstiegsmöglichkeiten im Unternehmen eine Rolle.

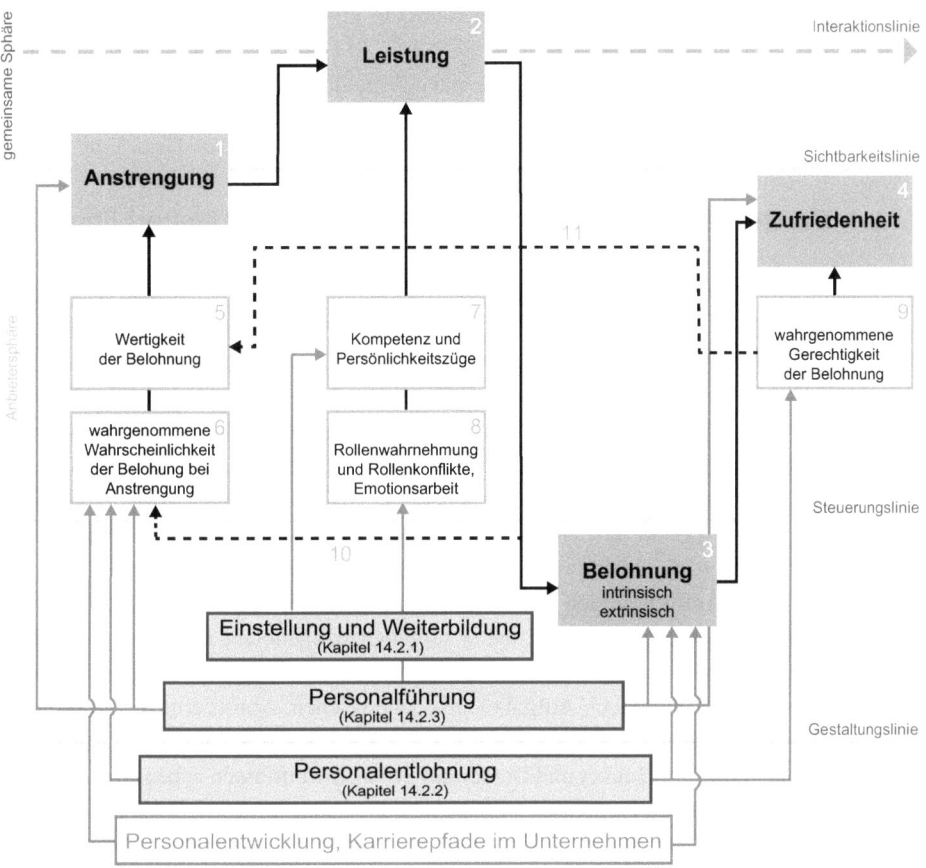

Abb. 14.4 Personalmanagement und Motivation von Kundenkontaktmitarbeitenden

- Auf **Rollenwahrnehmung** und insbesondere auf **Rollenkonflikte (8)** können Vorgesetzte im Rahmen der Personalführung Einfluss nehmen, z. B. indem sie Mitarbeitende bei der Lösung von Konflikten unterstützen.

Neben diesen indirekten Einflussgrößen können die Anstrengung und die Leistung auch direkt beeinflusst werden. Dies ist insbesondere über die Personalführung möglich.

Neben den hier angesprochenen Maßnahmen wirkt auch die **Organisationsstruktur**, die ja die Lösung der Koordinationsaufgabe zum Gegenstand hat, auf die Leistung von Mitarbeitenden ein. Tätigkeiten so zu gestalten, dass sie von Mitarbeitern zu bewältigen sind, für entsprechende Arbeitsmittel und einen ausreichend ausgestatteten Arbeitsplatz zu sorgen, den Prozess so zu designen, dass trotz Arbeitsteilung die Koordinationsfunktion erfüllt werden kann, ist Gegenstand der Gestaltung der Organisationsstruktur und wirkt über die Anstrengung auf die Leistung. Gleichzeitig gibt die Organisationsstruktur den Rahmen möglicher intrinsischer Belohnungen in Form von Job Enrichment, Job Enlargement und Job Involvement vor. Gleichzeitig entscheidet die Organisationsstruktur über die

Aufstiegsmöglichkeiten. In einer flachen Hierarchie gibt es weniger Aufstiegsmöglichkeiten als in einer steilen Hierarchie.

Im Folgenden werden ausgewählte, relevante Aspekte des Personalmanagements betrachtet, die auf die Arbeitsleistung der Mitarbeitenden im Kundenkontakt einwirken.

14.2.1 Die Qualifikation des Personals: Einstellung und Weiterbildung

Empirische Studien zeigen, dass die Passung von Qualifikation und Aufgabe (employee-job fit) die Qualität der erbrachten Dienstleistung beeinflusst (Chenet et al. 2000). Die **Job-Demands-Resources-Theorie** geht davon aus, dass Mitarbeitende über entsprechende Ressourcen verfügen müssen, um den Anforderungen der Stelle gewachsen zu sein (Bakker et al. 2003; Bakker und Demerouti 2017). **Anforderungen** beziehen sich auf physische, psychologische, soziale oder organisationale Aspekte der Aufgaben, die Anstrengungen erfordern und daher mit physischen und psychologischen Kosten verbunden sind (Bakker und Demerouti 2017). Die Anforderungen, die an Mitarbeitende im Kundenkontakt gestellt werden, können in fachspezifische und interaktionsspezifische Anforderungen sowie Anforderungen an die Persönlichkeit unterteilt werden. Diesen stehen entsprechende **Ressourcen** gegenüber, die in aufgabenbezogene und persönliche Ressourcen unterteilt werden können (Bakker und Demerouti 2017). Aufgabenbezogene Ressourcen (job resources) helfen dabei, Aufgabenziele zu erreichen, Anforderungen zu reduzieren, psychologische und physiologische Kosten zu senken oder die persönliche Entwicklung zu unterstützen (Bakker und Demerouti 2017). Sie umfassen neben Kompetenzen auch Autonomie, Leistungsfeedback und Möglichkeiten sich weiterzuentwickeln (Bakker und Demerouti 2017). Für Kundenkontaktmitarbeiter sind vor allem fachspezifische und interaktionsspezifische Kompetenzen relevant. Persönliche Ressourcen beziehen sich auf das Ausmaß, in dem Personen überzeugt sind, ihre Umgebung zu kontrollieren und den Ausgang von Ereignissen beeinflussen zu können (Bakker und Demerouti 2017). Sie schlagen sich in den persönlichen Kompetenzen nieder. Kompetenzen beziehen sich dabei auf die situationsgerechte Anwendung der Kenntnisse, Fähigkeiten und Fertigkeiten.

Zu den **fachspezifischen Kompetenzen** gehören alle Kenntnisse, Fähigkeiten und Fertigkeiten, die erforderlich sind, um die Tätigkeiten innerhalb des Dienstleistungsprozesses auszuführen (Noch 1995, S. 196). Diese umfassen beispielsweise technische Kenntnisse, d. h. die Beherrschung von Arbeitsmaterialien, die Bedienung von Geräten, die Kenntnis von Softwareprogrammen (Varca 2004) oder Sprachkenntnisse. Dazu zählen aber auch unternehmensspezifische Kenntnisse, z. B. der Regeln, Routinen und Vorgehensweisen oder Branchenkenntnisse. Diese Kompetenzen können im Rahmen einer formalen Ausbildung, z. B. Lehre oder Studium, erworben werden, aber auch durch Erfahrung im Berufsalltag (Döring 2017, S. 57). Sie richten sich auf die aufgabenbezogene Ebene der Interaktion (Abschn. 9.1).

Die **interaktionsspezifischen Kompetenzen** beziehen sich auf den Umgang mit Kunden, sind aber auch in der internen Interaktion mit Kollegen und Vorgesetzten bzw. aus der

Sicht von Vorgesetzten in der Interaktion von Mitarbeitenden von Bedeutung. Sie werden auch als **soziale Kompetenz** bezeichnet. Sie umfassen Kommunikations- und Kooperationskompetenzen sowie Kunden- und Serviceorientierung (Lings und Greenley 2010; Noch 1995, S. 196) und beinhalten etwa die Fähigkeiten zuzuhören, Anliegen zu verstehen, sich an unterschiedliche Kunden anzupassen, eine Beziehung zum Kunden aufzubauen, Lösungen zu finden und umzusetzen und ggf. auch Kollegen um Hilfe zu bitten (Döring 2017, S. 56; Varca 2004).

Die **persönlichen Kompetenzen** beinhalten Fähigkeiten des Selbstmanagements, der Widerstandsfähigkeit gegen Stress (Resilienz) oder der Stresstoleranz, aber auch persönliche Zustände wie Gesundheit, Kraft oder Einstellungen (Bardzil und Slaski 2003; Varca 2004), die im Prinzip nicht im Rahmen von Weiterbildungsmaßnahmen vermittelt werden können. Hierzu zählen auch Energie, Charme, der Arbeitsethos, die Einstellung zur Arbeit generell, zum eigenen Beruf oder gegenüber Kunden (Wirtz und Jerger 2016). Darüber hinaus spielt auch die Persönlichkeit eine Rolle. Die Persönlichkeit wird häufig durch das **Fünf-Faktoren-Modell** (five-factor model), auch als **Big-Five Typologie** bezeichnet (Oechsler und Paul 2018, S. 293), beschrieben (Digman 1990; Mount und Barrick 1998):

- Extrovertiertheit (extraversion): kontaktfreudig, energiegeladen, gesprächig, gesellig und enthusiastisch
- Angenehmes Wesen (agreeableness): kooperativ, vertrauenswürdig, flexibel und fürsorglich
- Gewissenhaftigkeit (conscientiousness): hart arbeitend, verantwortungsvoll, sorgfältig und ausdauernd
- Emotionale Stabilität (emotional stability): entspannt, stabil, stresstolerant und in sich ruhend
- Offenheit gegenüber neuen Erfahrungen (openness to new experiences): großzügig, fantasievoll, einfallsreich, intellektuell und neugierig.

Eine groß angelegte Studie mit mehr als 2000 Mitarbeitenden aus dem Servicebereich im Vergleich zu mehr als 7000 Mitarbeitenden in anderen Berufen zeigte, dass Servicemitarbeitende vor allem durch ein höheres Niveau an Gewissenhaftigkeit, emotionale Stabilität und Extrovertiertheit gekennzeichnet sind (Lounsbury et al. 2012). Insbesondere die Persönlichkeitsfaktoren sind nicht nur Teil der persönlichen Kompetenz, sondern haben auch einen Einfluss auf die soziale Kompetenz (Abb. 14.5).

Soziale und persönliche Kompetenz richten sich auf die beziehungsorientierte Ebene der Interaktion (Abschn. 9.1).

Besondere Bedeutung hat in der Dienstleistungsliteratur die **emotionale Intelligenz** erfahren, die sowohl Teil der persönlichen als auch der sozialen Kompetenz ist. Emotionale Intelligenz besteht aus den drei Komponenten: (1) Wahrnehmung der Kundenemotionen, (2) Verstehen der Kundenemotionen und (3) Regulierung der Kundenemotionen (Delcourt et al. 2016). Dabei sind die Wahrnehmung und Regulierung bedeutsamer als das Verstehen (Delcourt et al. 2016). Emotionale Intelligenz weist eine Verbindung zu bestimmten

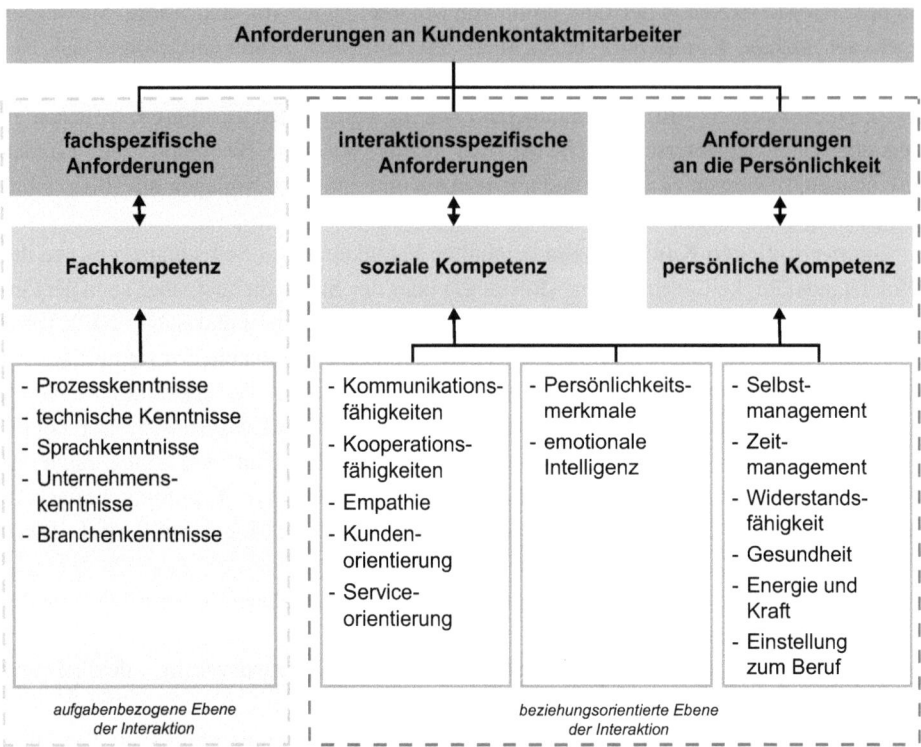

Abb. 14.5 Anforderungen und Kompetenzen von Kundenkontaktmitarbeitern

Persönlichkeitsmerkmalen auf, z. B. zu Extrovertiertheit und Gewissenhaftigkeit (Bardzil und Slaski 2003; Joseph und Newman 2010). Sie hilft Personen bei der Bewältigung ihrer Aufgaben: So zeigen Personen mit hoher emotionaler Intelligenz bei der Emotionsarbeit eher Deep Acting als Surface Acting (Kim et al. 2012). In einer Metaanalyse von 87 Studien konnte gezeigt werden, dass emotionale Intelligenz einen guten Prädiktor der Arbeitsleistung darstellt (Joseph und Newman 2010). Am Beispiel eines koreanischen Hotels konnte außerdem gezeigt werden, dass emotionale Intelligenz die Erschöpfung reduziert und daher Burnout vorbeugt (Kim et al. 2012). Darüber hinaus hat emotionale Intelligenz einen signifikanten Effekt auf die Arbeitszufriedenheit und die Wechselabsicht, wie eine Studie in Casinos in Macau zeigt (Prentice und King 2011).

Während emotionale Intelligenz nur das Potenzial beschreibt, geht es in Dienstleistungsinteraktionen vor allem um die Realisierung dieses Potenzials, d. h. um das Zeigen entsprechender Verhaltensweisen (Delcourt et al. 2016). Dies wird als **emotionale Kompetenz** bezeichnet (Delcourt et al. 2016). Wie eine Studie in spanischen Fitnesscentern zeigen konnte, beeinflusst die emotionale Kompetenz die Beziehung zwischen Mitarbeitendem und Kunde, das Vertrauen zum Mitarbeitenden sowie die Bindung des Kunden an den Mitarbeitenden (Matute et al. 2018) und stellt somit einen Einflussfaktor der Leistung dar.

Ob Mitarbeitende über die notwendigen Kompetenzen verfügen, kann zunächst im Rahmen des **Einstellungs- oder Selektionsprozesses**, auch als **Bewerberauswahl** bezeichnet, festgestellt werden (Holtbrügge 2018, S. 125–139; Wirtz und Jerger 2016). Hierbei geht es darum, einen möglichst guten „Fit" zwischen den Anforderungen der Stelle und den Kompetenzen der Bewerber zu erreichen (Holtbrügge 2018, S. 125). Zur Bewertung der Eignung der Bewerber für die vorgesehene Stelle werden insbesondere die folgenden Verfahren eingesetzt: Prüfung von Bewerbungsunterlagen und Selbstpräsentationen in sozialen Netzwerken, Personalfragebögen (insbesondere zur Vorselektion), Testverfahren (Leistungstests, Persönlichkeitstests) sowie Vorstellungsgespräche in verschiedenen Formen (Einzelinterview, Gruppendiskussion, Arbeitsproben, Präsentationen, Assessment Center) (Holtbrügge 2018, S. 127137; Oechsler und Paul 2018, S. 227; Scherm und Süß 2016, S. 55–68; Stock-Homburg und Groß 2019, S. 208). Dabei hängen die eingesetzten Verfahren davon ab, welche Stelle zu besetzen ist. Je komplexer die Anforderungen sind, desto komplexer sind auch die genutzten Verfahren. Ziel ist es festzustellen, ob die Person für die entsprechende Stelle geeignet und motiviert ist und die erwartete Leistung erbringen wird.

Nicht immer bringen die Einzustellenden bereits alle Kompetenzen mit, um ihre Aufgaben zu erfüllen. Darüber hinaus können sich im Laufe der Tätigkeit die Anforderungen an das Personal ändern, etwa wenn der Dienstleistungsprozess aufgrund verschiedener Erfordernisse (Marketing, Wettbewerber, Umstrukturierungen, Technologieeinführung etc.) geändert wird, sich dadurch das Aufgabenspektrum ändert oder die Anforderungen der Aufgaben steigen. In diesen Fällen entsteht eine Lücke zwischen den Anforderungen und den Kompetenzen, die durch **Weiterbildung** als Teil der **Personalentwicklung** geschlossen wird. Dabei bezieht sich Weiterbildung nicht nur auf die Vermittlung von Fachwissen und die Erweiterung der erforderlichen Fähigkeiten, sondern auch soziale Kompetenzen und Merkmale der persönlichen Kompetenz können verändert werden (Holtbrügge 2018, S. 144). So gibt es beispielsweise Hinweise in der Literatur, das emotionale Intelligenz entwickelt werden kann (Bardzil und Slaski 2003). *Eine iranische Bank, die ein entsprechendes Trainingsprogramm auflegte, konnte zeigen, dass sich die emotionale Intelligenz in der Einschätzung der Trainingsteilnehmer:innen verbesserte. Das an sich ist nicht weiter verwunderlich, aber es zeigte sich in der Studie auch, dass sich die Bewertung der 150 befragten Kund:innen im Hinblick auf die Zuverlässigkeit, die Reaktionsfähigkeit, die Leistungskompetenz und das Einfühlungsvermögen dieser Mitarbeiter:innen im Vergleich zur Kontrollgruppe, die kein Training erhalten hatte, verbesserte* (Arroyo-López et al. 2017).

▶ **Weiterbildung** Maßnahmen, um die Lücke zwischen den Arbeits- oder Tätigkeitsanforderungen und den Kompetenzen der Mitarbeitenden zu schließen

Grundsätzlich können Kompetenzen auf verschiedene Weise erworben, erweitert und verfestigt werden (Holtbrügge 2018, S. 145): on the Job, near the Job, along the Job, und off the Job.

Weiterbildung on the Job entspricht der Einarbeitung durch Kollegen und Vorgesetzte, beinhaltet aber auch die Mitwirkung an tätigkeitsbezogenen Projekten sowie die sukzessive Übernahme von zusätzlichen oder neuen Aufgaben als Teil der Stelle. Die wichtigsten Methoden sind Job Rotation, Job Enlargement und Job Enrichment (Holtbrügge 2018, S. 146; Oechsler und Paul 2018, S. 468–469).

▶ **Job Rotation** „der systematisch geplante Wechsel von Arbeitsplätzen hinsichtlich Aufgaben, Kompetenzen und Verantwortung" (Oechsler und Paul 2018, S. 468).

▶ **Job Enrichment** Anreicherung des Aufgabenspektrums durch qualitativ höherwertige Aufgaben

▶ **Job Enlargement** Erweiterung des Aufgabenspektrums durch im Prozess vor- oder nachgelagerte Aufgaben

Weiterbildung near the Job bezieht sich auf Tätigkeiten, die, anders als bei der Weiterbildung on the job, nicht Teil der Arbeitsaufgabe sind, sondern lediglich zeitlich befristet übernommen werden (Holtbrügge 2018, S. 147). *Die Mitwirkung in Arbeitsgruppen, Qualitätszirkeln oder Projekten, die über die eigentliche Arbeitsaufgabe hinausgehen, sind Beispiele für Weiterbildung near the job.*

Weiterbildung along the Job bezieht sich auf Tätigkeiten als Assistent, Stellvertreter oder Nachfolger, die Mitarbeitenden die Gelegenheit geben sollen in künftige, meist Führungstätigkeiten, hineinzuschnuppern und zu zeigen, ob bzw. dass sie den Anforderungen gewachsen sind. Auch die Teilnahme an Mentoring (-Programmen), bei denen ein erfahrener Partner die berufliche Entwicklung begleitet, sowie Coaching als Reflexion und Verbesserung des eigenen Verhaltens zählen zu diesen Maßnahmen (Holtbrügge 2018, S. 147).

Weiterbildung off the Job bezieht sich auf Maßnahmen, die außerhalb der beruflichen Tätigkeit stattfinden. Typisch sind Trainings und Seminare mit Vorträgen, Fallstudien oder Rollenspielen, in denen neue Kenntnisse und Fähigkeiten erworben, ausprobiert und verfestigt werden, aber auch die Teilnahme an längere Zeiträume umfassenden Lehrgängen, Zertifikatsstudien, Angeboten im Rahmen von Corporate Universities oder ganzen Studiengängen, wie sie auch die FernUniversität in Hagen anbietet. Die Weiterbildung kann dabei in Präsenz stattfinden, aber auch virtuell, indem im Rahmen des E-Learning auf Kommunikations- und Informationstechnologien zurückgegriffen wird (Holtbrügge 2018, S. 148–151).

Weiterbildung kann sowohl direkt auf die Kompetenzen und die Persönlichkeit einwirken als auch indirekt als extrinsische Belohnung aufgefasst werden, insbesondere dann, wenn die Maßnahmen außer Haus in einer schönen Gegend stattfinden.

14.2.2 Die Personalentlohnung – das Vergütungssystem

Eine der zentralen extrinsischen Belohnungen, die einem Unternehmen zur Verfügung stehen, stellt die Entlohnung oder Vergütung dar. Hinsichtlich der Vergütung hat das Dienstleistungsunternehmen zwei Entscheidungen zu treffen: (1) die Entscheidung über die Gehaltsstruktur im Unternehmen und (2) die Entscheidung über die Zusammensetzung der Vergütung der einzelnen Person.

Hinsichtlich der **Gehaltsstruktur** ist im Rahmen der **Gehaltsdifferenzierung** festzulegen, wie verschiedene Tätigkeiten entlohnt werden sollen. Die Basis hierfür bildet das Stellengefüge des Unternehmens, d. h. die horizontale und vertikale Differenzierung (Kap. 13). Entsprechend der Gehaltsdifferenzierung spiegeln sich Tätigkeitsunterschiede in Vergütungsunterschieden. *In der Regel verdient ein:e Vorgesetzte:r mehr als ein:e Mitarbeiter:in im Servicebereich.* Grundlage ist in vielen Branchen der Tarifvertrag. Darüber hinaus ist das Gehaltsniveau festzulegen. Das **Gehaltsniveau** reflektiert die absolute Höhe der Gehälter, die sich meist an den in der Branche üblichen Gehältern orientiert und dabei unterdurchschnittlich, durchschnittlich oder überdurchschnittlich ausfallen kann (Oechsler und Paul 2018, S. 392; Stock-Homburg und Groß 2019, S. 461–463).

Bei der Zusammensetzung des Entgelts lassen sich die folgenden Komponenten unterscheiden (Berthel und Becker 2017, S. 611–615; Holtbrügge 2018, S. 219–226; Oechsler und Paul 2018, S. 378–414; Scherm und Süß 2016, S. 152–153; Stock-Homburg und Groß 2019, S. 463–470):

- **Fixe Vergütung**: Die fixe Vergütung ist das vertraglich vereinbarte und regelmäßig ausgezahlte Entgelt.
- **Variable Vergütung**: Die variable Vergütung ist leistungs- oder erfolgsabhängig und wird nur gezahlt, wenn die Leistung erbracht oder der Erfolg erreicht wurde. Hierbei kann zum einen die individuelle Leistung herangezogen werden. Die variable Vergütung teilt sich in Provisionen und Prämien. **Provisionen** werden als prozentualer Anteil einer bestimmten Bemessungsgrundlage gezahlt. *Insbesondere im Vertrieb oder Verkauf stellt der Umsatz eine solche Bemessungsgrundlage dar. Die Provision wird dann als prozentualer Anteil des Umsatzes gezahlt, z. B. 3 % oder 5 % Umsatzprovision.* **Prämien** sind an Ziele gekoppelt, d. h. die Prämie wird gezahlt, wenn das Ziel erreicht wurde. Hierzu können beispielsweise Zielvereinbarungen geschlossen werden, die qualitative oder quantitative Ziele beinhalten. *Ein Beispiel einer qualitativen Zielvereinbarung ist etwa der erfolgreiche Abschluss eines Weiterbildungsprogramms, aufgrund dessen dann eine Prämie gezahlt wird. Ein Beispiel einer quantitativen Zielvereinbarung ist eine Umsatzsteigerung oder die Steigerung der Kund:innenzufriedenheit.* Zur Ermittlung der Erreichung qualitativer Ziele kann das Personalgespräch dienen. Bei quantitativen Zielvorgaben sind auch Kennzahlen vorstellbar (Weißenrieder 2019). Ist die Leistung nicht einer Person zuzurechnen, sondern wird sie im Team erbracht, kann es auch eine teambezogene Entlohnung in Form von Teamprämien geben. Neben individuellen Leistungen kann auch die Unternehmensleistung als Grundlage herangezogen werden, etwa bei Kapital- oder Erfolgsbeteiligungen. Bei der **Kapitalbeteiligung** können Mitarbeitende Unternehmensanteile erwerben, z. B. in Form von Aktien oder Genossenschaftsanteilen. Bei der **Erfolgsbeteiligung** erhalten die Mitarbeitenden einen Anteil am Unternehmenserfolg, i. d. R. am Gewinn, wobei meist eine Differenzierung nach Tätigkeiten oder Positionen vorgenommen wird.

- **Zusatzleistungen**: Zusatzleistungen umfassen alle Leistungen des Unternehmens, die nicht zur variablen oder fixen Vergütung gerechnet werden. *Beispiele sind zusätzliche Krankenversicherungen, erhöhte Altersvorsorge, Zuschüsse zu Weiterbildung, ein Dienstwagen, Statussymbole wie die Größe des Büros oder die Büroausstattung, mehr Urlaubstage, Sabbaticals oder verkürzte Lebensarbeitszeit.* Da die Attraktivität der Zusatzleistungen auch von der Lebensphase der Mitarbeitenden abhängt – eine verkürzte Lebensarbeitszeit ist für 20- bis 30-Jährige meist weniger interessant –, bieten Unternehmen zum Teil sog. **Cafeteria-Systeme** an, bei denen Mitarbeitende aus den angebotenen Zusatzleistungen selbst auswählen können.

Durch die Kombination von fixen und variablen Anteilen sowie Zusatzleistungen lassen sich komplexe Vergütungssyteme gestalten.

Grundsätzlich kann die Stelle oder die Person die Grundlage der Entlohnung bilden. Bei der **stellenorientierten Entlohnung** (Stock-Homburg und Groß 2019, S. 456) werden die Anforderungen, die sich aus den Aufgaben ergeben, zugrunde gelegt. Die Basis bildet die Stellenbildung nach der horizontalen und vertikalen Differenzierung. Daher wird dies auch als **anforderungsorientierte Entlohnung** bezeichnet (Oechsler und Paul 2018, S. 378–379). Orientiert sich die Entlohnung an der Person, so kann die Kompetenz, die Qualifikation oder die Seniorität (Betriebszugehörigkeit, Berufserfahrung) zugrunde gelegt werden oder die Leistung des Mitarbeitenden. Ersteres wird als **kompetenzorientierte, qualifikationsorientierte und senioritätsorientierte Vergütung** bezeichnet (Stock-Homburg und Groß 2019, S. 456), letzteres als **leistungsorientierte Vergütung**. Bei dieser muss die Leistung ermittelt werden, was meist über Personal- oder Leistungsbeurteilungen erfolgt (vgl. zu Personal- und Leistungsbeurteilungen beispielsweise Oechsler und Paul 2018, S. 393–405; Stock-Homburg und Groß 2019, S. 450).

Die stellenorientierte sowie die kompetenz-, qualifikations- und senioritätsorientierte Vergütung setzen an den Anforderungen bzw. den Inputfaktoren der Mitarbeitenden an und passen daher zu intrinsisch motivierten Mitarbeitenden. Demgegenüber stellt die leistungsorientierte Vergütung einen direkten Zusammenhang zwischen der Leistung und der Entlohnung her und passt daher vor allem zu extrinsisch motivierten Mitarbeitenden.

Um zu erklären, wie Anstrengung, Leistung, Vergütung und Arbeitszufriedenheit zusammenhängen und welche Aspekte bei der Entlohnung zu berücksichtigen sind, lassen sich einerseits die Austauschtheorien, andererseits die Prinzipal-Agenten-Theorie heranziehen.

14.2.2.1 Die Personalentlohnung aus Sicht der Austauschtheorien

Aus Sicht der Austauschtheorien (Abschn. 4.3) bewertet eine Person das Verhältnis von Nutzen (Entlohnung) zu Kosten (Anstrengung, Leistung). Solange die Entlohnung der Anstrengung bzw. Leistung entspricht, ist die Person zufrieden und wird ihre Anstrengung oder Leistung nicht reduzieren. Dabei kann statt von Anstrengung oder Leistung auch von Input und statt von Entlohnung auch von Outcomes gesprochen werden (Oechsler und

Paul 2018, S. 367). Um den Input im Vergleich zu den Outcomes zu bewerten, werden verschiedene Vergleichsmaßstäbe herangezogen:

- Das **Comparison Level** (Thibaut und Kelley 1959, S. 21) bezeichnet den allgemeinen Vergleichsmaßstab, anhand dessen die Entlohnung bewertet wird. Der Vergleichsmaßstab kann sich an vergangenen Erfahrungen ausrichten – wie hoch war die Entlohnung in der Vergangenheit in einer vergleichbaren Position? Es kann sich aber auch um ein allgemeines Anspruchsniveau handeln, das sich aufgrund von Informationen aus Medien, von Freunden und Bekannten bildet – was kann man in einer solcher Position üblicherweise erwarten?
- Das **Comparison Level for Alternatives** (Thibaut und Kelley 1959, S. 21) bezieht sich auf die beste verfügbare Alternative. Hier geht es um das Entgelt, das bei einem vergleichbaren Unternehmen für die gleiche Arbeit zu erreichen ist.

Liegt die Vergütung oberhalb der beiden Vergleichsniveaus, ist die Person zufrieden und wird im Unternehmen bleiben. Die Entgeltfindung orientiert sich dabei am Markt, d. h. die Höhe des Gehalts richtet sich am Markt aus, der das Comparison Level for Alternatives bildet. Dies wird auch als **marktorientierte Entgeltfindung** bezeichnet (Oechsler und Paul 2018, S. 390). Das Gehalt kann dabei unter- oder oberhalb des Marktniveaus liegen oder dem Marktniveau entsprechen (Oechsler und Paul 2018, S. 390–393).

Darüber hinaus spielen nach (Homans 1972, S. 197) auch die **Investitionen** der Person eine Rolle. Aus Sicht des Mitarbeitenden soll das Entgelt den Investitionen entsprechen. Investitionen stellen die Ausbildung dar, aber auch Berufserfahrung und Weiterbildung. Personen mit einer höheren Qualifikation, in die Zeit und auch Geld investiert wurde, erwarten daher auch ein höheres Entgelt. Dies entspricht der **qualifikations-, kompetenz- oder senioritätsorientierten Entgeltfindung** (Oechsler und Paul 2018, S. 389–390; Olfert 2012, S. 175). Allerdings ist eine Vergütung, die sich nur an der Qualifikation oder der Erfahrung orientiert und nicht an der Arbeitsleistung, in gewinnorientierten Unternehmen in Deutschland eher unüblich (Oechsler und Paul 2018, S. 390). Vielmehr wird neben der Qualifikation auch die tatsächliche Leistung zugrunde gelegt.

Schließlich wird auch die **Gerechtigkeit** der Vergütung als wichtiges Kriterium betrachtet (Olfert 2012, S. 167). Entsprechend der Austauschtheorie nach Homans werden dabei die folgenden Referenzpunkte herangezogen (Homans 1972, S. 196–203):

- Das Entgelt soll sich proportional zu den Anstrengungen verhalten. *Ein:e Servicemitarbeiter:in, der/die hohe Anstrengungen unternimmt, um die Leistung zu erbringen, erwartet eine höhere Vergütung als ein:e Mitarbeiter:in, die wenig Anstrengungen unternimmt.* Da Unternehmen aber Leistung und nicht Anstrengung entlohnen, können hier Ursachen von Mitarbeiterunzufriedenheit liegen.
- Das Entgelt soll sich proportional zur Leistung verhalten. *Ein:e Servicemitarbeiter:in, der/die eine hohe Leistung erbringt, soll mehr verdienen als ein:e Servicemitarbeiter:in,*

der/die weniger Leistung erbringt. Da die Bewertung der Leistung sehr unterschiedlich ausfallen kann, liegt auch hier eine mögliche Ursache für Arbeitsunzufriedenheit.

- Das Entgelt soll sich proportional zum Entgelt von Vergleichspersonen verhalten. *Ein:e Servicemitarbeiter:in erwartet, dass ein:e Kolleg:in nicht mehr verdient als er/sie selbst.*

Da die Bewertung, was als gerecht angesehen wird, subjektiv ist, wird häufig die **Transparenz** des Vergütungssystems gefordert.

Austauschtheorien erklären, unter welchen Bedingungen Mitarbeitende mit ihrer Entlohnung zufrieden sind und sie als gerecht betrachten. Sie bieten – ähnlich wie andere Motivationstheorien – allerdings wenig konkrete Ansatzpunkte für die Gestaltung des Entgelts. Diese konkreten Empfehlungen lassen sich aus der Prinzipal-Agenten-Theorie ableiten.

14.2.2.2 Die Personalentlohnung aus Sicht der Prinzipal-Agenten-Theorie

Die **Prinzipal-Agenten-Theorie (principal agent theory)** basiert auf der Unterscheidung zwischen Prinzipal und Agent (Arrow 1985; vgl. zum Folgenden auch Fließ 2009, S. 277–280; Jensen und Meckling 1976). Der **Prinzipal** ist der Auftraggeber, in dessen Auftrag der **Agent** bestimmte Aufgaben übernimmt. In diesem Sinne fungiert das Dienstleistungsunternehmen als Prinzipal und der Servicemitarbeitende als Agent, da dieser im Auftrag des Dienstleistungsunternehmens Aufgaben im Service Co-Creation-Prozess wahrnimmt. Der Agent verfügt gegenüber dem Prinzipal über einen Informationsvorsprung, den er zu seinen Gunsten und zum Nachteil des Prinzipals ausnutzen kann. Dies ist möglich, da der Prinzipal die Aktivitäten des Agenten i. d. R. nicht kostenlos beobachten kann. *So kann ein:e Kundenkontaktmitarbeiter:in (Agent) eine:n Kund:in nur lustlos beraten, dem/der Kund:in nicht die besten Lösungen anbieten oder sich nicht intensiv genug mit seinen/ihren Wünschen befassen. Infolgedessen kann der/die Kund:in unzufrieden sein und nicht wiederkommen oder die Interaktion abbrechen. Der Arbeitgeber kann diese Aktivitäten nicht immer beobachten, etwa weil der/die Vorgesetzte nicht ständig neben dem/der Kundenkontaktmitarbeiter:in steht und ihn/sie kontrolliert, weil aus rechtlichen Gründen der Beobachtung Grenzen gesetzt sind oder weil die Lustlosigkeit bei der Durchführung der Aktivitäten gar nicht deutlich wird.* Durch das Ausnutzen der Informationsasymmetrie erleidet das Unternehmen Wohlfahrtsverluste, d. h. es muss Abweichungen der erreichten Ergebnisse von den in einer Situation vollkommener Information erreichbaren Ergebnissen hinnehmen. *Die Wohlfahrtsverlust sind etwa die oben beschriebene Kund:innenunzufriedenheit, der Abbruch der Interaktion oder der Umsatzverlust, weil der/die Kund:in nicht wiederkauft.* Die unter diesen Bedingungen tatsächlich erzielten Ergebnisse stellen die sog. **Second-Best-Lösung** dar.

▶ **First-Best-Lösung** Ergebnis, das eintritt, wenn der Agent seinen Informationsvorsprung nicht zu seinen Gunsten und nicht zulasten des Unternehmens ausnutzt.

▶ **Second-Best-Lösung** Ergebnis, das eintritt, wenn der Agent seinen Informationsvorsprung zu seinen Gunsten und zulasten des Unternehmens ausnutzt.

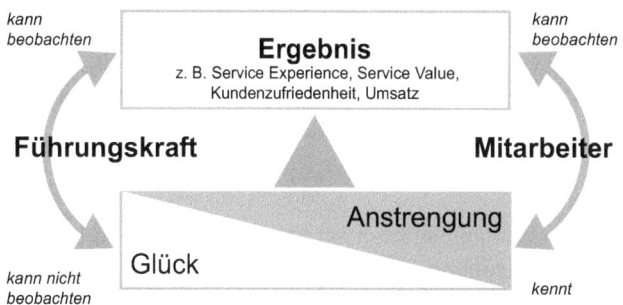

Abb. 14.6 Probleme der Personalsteuerung aus Sicht der Prinzipal-Agenten-Theorie (In Anlehnung an Fließ 2009, S. 269; mit freundlicher Genehmigung von © Springer Fachmedien Wiesbaden GmbH 2009. All Rights Reserved)

Der Informationsvorsprung des Agenten und die Nicht-Beobachtbarkeit seiner Handlungen führt auch dazu, dass am Ergebnis nicht ablesbar ist, ob der Agent sich wirklich angestrengt hat oder nicht. Am Ergebnis, z. B. Umsatz, Kundenzufriedenheit, ist nicht erkennbar, welches Verhältnis von Glück und Anstrengung zu seiner Erreichung geführt hat. Dies liegt daran, dass das Dienstleistungsunternehmen, etwa in Form des Vorgesetzten, zwar das Ergebnis, nicht aber den Einsatz beobachten kann. Der Mitarbeiter kennt demgegenüber sowohl das Ergebnis als auch seinen Arbeitseinsatz, d. h. das Verhältnis aus Glück und Anstrengung. Der Dienstleister ist nun daran interessiert, dass bei gleichem Arbeitsergebnis die Anstrengung einen höheren Anteil am Input hat als das Glück (rechter Pfeil in Abb. 14.6), denn der Mitarbeiter könnte bei höherem Einsatz sein Ergebnis steigern. Der Mitarbeiter hat demgegenüber ein Interesse an einem höheren Anteil von Glück (linker Pfeil in Abb. 14.6), da er sich so weniger anzustrengen braucht.

Aus Sicht der Prinzipal-Agenten-Theorie besteht die Aufgabe der Personalsteuerung nun darin, die Ausnutzung der Verhaltensspielräume durch den Agenten so zu steuern, dass die Second-Best-Lösung der First-Best-Lösung möglichst nahekommt. Als Ansatzpunkte bieten sich das Ergebnis oder das Verhalten der Mitarbeiter an.

Bei der Ergebnissteuerung wirkt der Mitarbeiter an der Festlegung der Ziele mit und kann daher seinen Input selbst steuern. Bestimmt er allein die Ziele, wählt er sie tendenziell niedriger als sie sein könnten, um seinen Input zu minimieren. Werden die Ziele vom Management vorgegeben, versucht der Mitarbeiter, die Ziele zu erreichen und seinen Input dennoch zu minimieren. Eine Lösung dieses Dilemmas besteht darin, Selbstwahlschemata zu offerieren oder Anreizsysteme zu konzipieren, die möglichst das gewünschte Ergebnis herbeiführen.

Bei der Verhaltenssteuerung wird nicht das Ergebnis vorgegeben, sondern das Verhalten, das zum gewünschten Ergebnis führen soll. Das Verhalten wird entweder kontrolliert oder es wird ein Anreizsystem geschaffen, um das gewünschte Verhalten herbeizuführen. Anreize können beispielsweise in bestimmten Verhaltensweisen liegen, die zum Aufstieg führen. Voraussetzung ist allerdings, dass das Verhalten beobachtbar ist. *Vorgesetzte beobachten das Verhalten der Mitarbeitenden, z. B. durch Anwesenheit in der Dienstleistungsumgebung oder Einschaltung in Gespräche bei Callcentern.*

Das Problem solcher Vorgehensweisen liegt darin, dass sich der Mitarbeiter kontrolliert fühlt. Statt des möglichen Einsatzes wird nur noch der erforderliche, von dem Vorgesetzten oder dem System vorgeschriebene Einsatz, erbracht. Mitarbeitende nutzen ihren Informationsvorsprung und Verhaltensspielraum, um neue Möglichkeiten der Aufwandsminimierung zu finden. *Beispiele hierfür sind Spesenbetrug, falsches Ausfüllen der Kontrollbögen etc.*

Die Vergütung oder Entlohnung kann am Ergebnis oder am Verhalten des Mitarbeiters ansetzen. Die ergebnisorientierte Entlohnung entlohnt die zu erreichenden Zielgrößen, etwa den Umsatz, den Deckungsbeitrag, die Zahl der zu gewinnenden Kunden oder das Ausmaß der Kundenzufriedenheit. Die zu erreichenden Ergebnisse werden in Art und Höhe vorgegeben. Die Erreichung der Ergebnisse wird belohnt, im Falle des Vergütungssystems durch ein entsprechendes Einkommen.

Das zu belohnende bzw. zu vergütende Ergebnis ist aber nicht allein den Anstrengungen des Mitarbeiters zu verdanken, sondern wird auch durch die Art der Umstände beeinflusst. Große Anstrengungen des Mitarbeiters und missliche Umstände führen zum gleichen Ergebnis wie geringe Anstrengungen des Mitarbeiters und günstige Umstände. Im Gegensatz zum Prinzipal weiß der Mitarbeiter, ob er sich stark oder wenig angestrengt hat.

Mitarbeiter neigen dazu, diesen Informationsvorsprung zu ihren Gunsten zu nutzen (so die Annahme der Prinzipal-Agenten-Theorie): Sie erhalten – vereinfacht ausgedrückt – lieber das gleiche Geld für geringe Anstrengung als für starke Anstrengung. Sie werden daher bestrebt sein, die Umstände so günstig wie möglich zu wählen.

Welche Hinweise lassen sich nun daraus für die Gestaltung des Vergütungssystems gewinnen? Offensichtlich sind Umweltunsicherheit, Verhaltensunsicherheit der Mitarbeiter sowie die Messbarkeit des Leistungsergebnisses wichtige Einflussfaktoren für die Wahl des entsprechenden Systems (Basu et al. 1985; John et al. 1987; John und Weitz 1989; vgl. auch die Übersicht bei Krafft 1995).

- Je unsicherer die **Umwelt** ist, desto schwieriger ist es, erreichbare Ziele zu prognostizieren und desto höher ist der „Glücksanteil" am Input. Es hängt dann immer weniger von der Anstrengung des Mitarbeiters ab, ob er das vorgegebene Ziel erreicht oder nicht.
- Je größer die **Verhaltensunsicherheit** aus Sicht der Unternehmensleitung ist, d. h., je größere Verhaltensspielräume der Informationsvorsprung eröffnet, desto eher verhält sich ein Mitarbeiter opportunistisch und desto eher muss seine Vergütung variable Anteile enthalten. Variable Anteile am Einkommen hindern ihn nämlich daran, sich allzu opportunistisch zu verhalten. Dabei hängt es von der Wahl der Bezugsgrößen ab, wie groß der opportunistisch ausnutzbare Verhaltensspielraum ist. Erhält er beispielsweise eine Umsatzprovision auf den erreichten Gesamtumsatz, so kann er leicht zu verkaufende Produkte bevorzugen (Verhaltensspielraum). Dieser Möglichkeit wird entgegengewirkt, wenn die Höhe der Provision nach Produktgruppen differenziert wird, was eine Einengung des Verhaltensspielraumes darstellt.
- Je besser das **Leistungsergebnis** gemessen werden kann, desto eher kann seine Erreichung belohnt werden. Größen wie Kundenzufriedenheit können daher zwar zum

Ziel gemacht werden, es ist aber schwierig, sie zu messen. Hierbei ist auch dem Umsatz gegenüber dem Deckungsbeitrag der Vorzug zu geben. Generell lassen sich qualitative Ziele schlechter messen und belohnen als quantitative Zielvorgaben.

Abb. 14.7 zeigt die Konsequenzen der drei Einflussfaktoren für das Vergütungssystem. Je höher die Umweltunsicherheit ist, je niedriger die Verhaltensunsicherheit ist und je schlechter das Leistungsergebnis gemessen werden kann, desto eher ist dem Festgehalt der Vorzug zu geben. Je niedriger die Umweltunsicherheit ist, je höher die Verhaltensunsicherheit ist und je besser das Leistungsergebnis gemessen werden kann, desto höher kann der variable Einkommensanteil sein. Bei anderen als diesen Extremausprägungen der Variablen sind entsprechende Mischformen aus Fixum und variablem Einkommensanteil zu wählen. Über die Art des variablen Anteils kann dann eine weitere Feinsteuerung vorgenommen werden.

Während der Austauschtheorie die Vorstellung eines rationalen Menschen zugrunde liegt, der Kosten und Nutzen gegeneinander abwägt, geht die Prinzipal-Agenten-Theorie noch einen Schritt weiter: Sie unterstellt, dass Menschen eher faul sind als fleißig, nicht nur Kosten und Nutzen gegeneinander abwägen, sondern sich auch opportunistisch verhalten, indem sie ihren Informationsvorsprung auf Kosten anderer ausnutzen. Ohne entsprechende Anreize zeigen sie nicht die Leistung, die sie zeigen sollen. Die Belohnung ist gewissermaßen das „Möhrchen", nach dem der Mitarbeiter lechzt und das ihn zu immer mehr Leistung anspornt. Einen Gegenentwurf hierzu bildet die Stewardship-Theorie (Davis et al. 1997). Ihre Grundannahme ist, dass Menschen gern arbeiten und nicht durch extrinsische Belohnungen insbesondere materieller Art dazu gebracht werden müssen Leistung zu zeigen. Vielmehr sind Menschen in aller Regel durch intrinsische (interessante Arbeit) oder nicht-materielle Belohnungen (Anerkennung, Lob) zu motivieren. Da es Personen gibt, die eher dem einen oder dem anderen Typus (Agent oder Steward) zuneigen, haben beide Theorien ihre Berechtigung (Steiner und Landes 2017, S. 27–28).

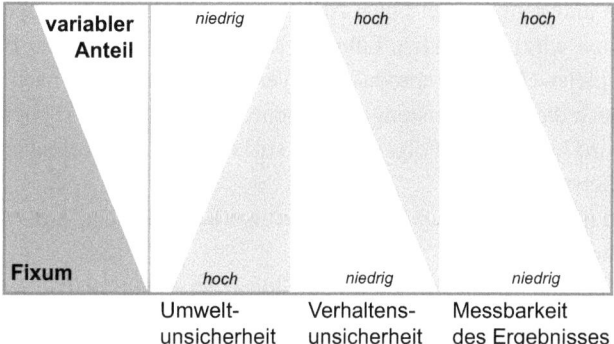

Abb. 14.7 Einflussfaktoren der Vergütung nach der Prinzipal-Agenten-Theorie (In Anlehnung an Fließ 2009, S. 273; mit freundlicher Genehmigung von © Springer Fachmedien Wiesbaden GmbH 2009. All Rights Reserved)

14.2.3 Die Personalführung

Personalführung gilt als Motivationsinstrument, durch das eine Führungskraft direkt auf das Verständnis und Verhalten von Mitarbeitenden einwirken kann (Jost 2014, S. 310; Weibler 2016, S. 169). Durch Personalführung sorgt die Führungskraft dafür, dass Mitarbeitende Unternehmensziele verfolgen und zu ihrer Erreichung beitragen (Jost 2014, S. 359). Personalführung wirkt aber durch persönliche Weisungen (Abschn. 13.4) auch auf die Koordination, indem Aufgaben spezifiziert und aufeinander abgestimmt werden (Jost 2014, S. 360). Im Folgenden steht die Motivationswirkung im Vordergrund.

▶ **Personalführung** Personalführung bedeutet, „andere durch eigenes, sozial akzeptiertes Verhalten so zu beeinflussen, dass dies bei den Beeinflussten mittelbar oder unmittelbar ein intendiertes Verhalten bewirkt" (vgl. ähnlich Oechsler und Paul 2018, S. 286; Weibler 2016, S. 22).

Personalführung beruht auf sozial akzeptiertem Verhalten. **Sozial akzeptiertes Verhalten** meint, dass Zwang, Drohung, Manipulation oder Überredung ausgeschlossen sind (Oechsler und Paul 2018, S. 286; Weibler 2016, S. 23–24). Vielmehr handelt es sich um solche Verhaltensweisen, die vom zu Beeinflussenden akzeptiert werden. *Beispiele sind etwa Anerkennung oder Kritik* (Weibler 2016, S. 383). Das **intendierte Verhalten** des zu Beeinflussenden bezieht sich in unserem Kontext darauf, dass Kundenkontaktmitarbeitende sich anstrengen und die erwünschte Leistung erbringen (Abschn. 14.1).

Führungsverhalten kann sich neben sozial akzeptiertem Verhalten auch auf negative Absichten sowie negative Verhaltensweisen stützen (aggressives Verhalten, Ausübung von Macht, verbales oder physisches Missbrauchsverhalten u. Ä.). Dies wird auch als **destruktive Führung** (destructive leadership) bezeichnet (Schyns und Schilling 2013). Wie eine Metaanalyse von 61 Studien aufdeckte, führt destruktive Führung zu einer negativen Einstellung der zu Beeinflussenden gegenüber dem Vorgesetzten sowie zu Stress und Reaktanz (Schyns und Schilling 2013). Mitarbeitende sind auch weniger zufrieden mit ihrer Arbeitssituation und denken über einen Arbeitgeberwechsel nach (Schyns und Schilling 2013). Schließlich wirkt destruktive Führung auf das Verhalten der zu Beeinflussenden: Sie zeigen beispielsweise kontraproduktives Verhalten wie Dienst nach Vorschrift oder Mobbing und auch die Arbeitsleistung wird dadurch beeinträchtigt (Schyns und Schilling 2013). Daher wird hier und im Folgenden das sozial akzeptierte Verhalten als Instrument der Führung unterstellt.

Grundlegend lassen sich verschiedene **Führungstheorien**, d. h. Ansätze zur Erklärung der Führung unterscheiden.

Zu den älteren und etablierten Ansätzen zählen der eigenschaftsorientierte, der verhaltensorientierte und der situative Ansatz der Führung (Berthel und Becker 2017, S. 187; Holtbrügge 2018, S. 245; Oechsler und Paul 2018, S. 289; Stock-Homburg und Groß 2019, S. 516–558). Darüber hinaus werden neuere Ansätze der Mitarbeiterführung unterschieden (Lippold 2021, S. 52–71; vgl. zu einem Überblick Stock-Homburg und Groß 2019, S. 565). Während in den älteren Ansätzen ein Aspekt im Vordergrund steht – Eigenschaften, Verhalten oder Situationen –, geht es bei den neueren Konzepten vor allem um die Frage, wie in einer zunehmend volatilen, unsicheren, komplexen und mehrdeutigen Welt geführt werden sollte (Lippold 2021, S. 52).

Führungstheorien
Der eigenschaftsorientierte Ansatz der Führung geht davon aus, dass der Führungserfolg von der Persönlichkeit der Führungskraft abhängt (Oechsler und Paul 2018, S. 290). Hierbei kann das Fünf-Faktoren-Modell der Persönlichkeit herangezogen werden (Abschn. 14.2.1). Hiernach sind für den Führungserfolg vor allem die Gewissenhaftigkeit und die Extraversion maßgebend für den Führungs-erfolg (Oechsler und Paul 2018, S. 293).

Der verhaltensorientierte Ansatz der Führung geht davon aus, dass der Führungserfolg vom Ver-halten der Führungskraft abhängt (Stock-Homburg und Groß 2019, S. 539). Zu den verhaltens-orientierten Ansätzen zählt u. a. der Führungsstil.

Der situative Ansatz der Führung geht davon aus, dass ein wirksamer Führungsstil von den Merk-malen der Situation abhängig ist (Stock-Homburg und Groß 2019, S. 547). Dabei ist nicht gemeint, dass dieselbe Führungskraft ihren Führungsstil situationsbezogen wechselt, sondern dass die Situa-tion, gekennzeichnet etwa durch die Merkmale der zu Beeinflussenden, die Merkmale der Aufgabe und die Merkmale der Umwelt, bedingt, welches grundlegende und relativ dauerhafte Verhalten eine Führungskraft zeigt (Oechsler und Paul 2018, S. 306).

Im Dienstleistungskontext hat die **transformationale Führung** besondere Aufmerksam-keit erfahren (Nerdinger und Pundt 2018), die in der Literatur dem eigenschaftsorientierten Ansatz zugeordnet wird (Stock-Homburg und Groß 2019, S. 521–526), aber auch als Führungsstil aufgefasst (Weibler 2016, S. 339), als übergreifendes Konzept begriffen (Oech-sler und Paul 2018, S. 290) oder als eigene Führungstheorie angesehen werden kann (Weibler 2016, S. 339). Transformationale Führung wird dabei als Gegensatz zur transaktionalen Führung betrachtet (Weibler 2016, S. 339). Transformationale Führung geht auf die Arbeiten von Bass zurück (Avolio et al. 1991; Bass 1985, 1998; Bass und Avolio 1990), zielt auf die Veränderungen der Werte und Ziele der zu Beeinflussenden ab (Holtbrügge 2018) und be-ruht auf den folgenden grundlegenden vier Komponenten, auch als **4 I** bezeichnet (Berthel und Becker 2017, S. 185; Holtbrügge 2018, S. 242; Weibler 2016, S. 340–343):

- **Identifizierender Einfluss** oder **Charisma** (idealized influence): Die Führungskraft vermittelt Enthusiasmus, wirkt als Vorbild, dem die Geführten nacheifern, und bietet Identifikationsmöglichkeiten, weckt Bewunderung und Respekt und erzeugt Vertrauen.
- **Inspiration** (inspirational motivation): Sie malt ein herausforderndes, visionäres Bild der Zukunft, setzt herausfordernde Ziele, hat eine hohe Leistungserwartung und hebt die Bedeutung von Zielen und Aufgaben hervor.
- **Intellektuelle Anregung** (intellectual stimulation): Sie hinterfragt den Status Quo, ver-mittelt neue Einsichten, bricht Denkmuster auf, regt neue Ideen und Denkweisen an und fördert Kreativität und Innovativität.
- **Individuelle Wertschätzung** (individualized consideration): Sie betrachtet die Ge-führten als Individuen, denen sie ihren individuellen Bedürfnissen und Wünschen ent-sprechend persönliche Unterstützung und Möglichkeiten der Weiterentwicklung bietet. Sie fördert und führt individuell.

Während die transformationale Führung auf Begeisterung, Selbstverpflichtung und Vertrauen setzt, eher mittel- bis langfristige und vor allem ideelle Ziele anstrebt, setzt die **transaktionale Führung** auf die klassischen Instrumente der extrinsischen Belohnung und Bestrafung, ist auf kurzfristige und eher materielle Ziele ausgerichtet. Die Rolle der Führungskraft kann bei der transaktionalen Führung als Instrukteur bezeichnet werden, während sie bei der transformationalen Führung als Lehrer oder Coach auftritt (Oechsler und Paul 2018, S. 317; Stock-Homburg und Groß 2019, S. 522).

Empirische Studien zeigen, dass transformationale Führung durchweg positive Effekte hat (Nerdinger und Pundt 2018). So wirkt transformationale Führung positiv auf die **Emotionsarbeit** und damit die Anstrengungen von Kundenkontaktmitarbeitenden. Transformationale Führung fördert Deep Acting und reduziert Surface Acting, wie eine Studie mit 217 Mitarbeitenden im Hotel- und Gaststättenbereich der USA sowie 219 Beschäftigten der gleichen Branche in China zeigt (Luo et al. 2019). Transformationale Führung verstärkt positive Emotionen bei Mitarbeitenden, wenn negative Affektivität, vorliegt (Chuang et al. 2012). Negative Affektivität bezieht sich darauf, in welchem Maße Mitarbeitende grundsätzlich zu negativen Gefühlen tendieren, z. B. nervös, besorgt oder bekümmert sind (Chuang et al. 2012).

Transformationale Führung erhöht auch die **Leistung** der Mitarbeitenden. Dies zeigt eine Untersuchung von Kundenkontaktmitarbeitenden in Taiwan. *Befragt wurden 212 Verkäufer:innen, Versicherungsagent:innen, Bankmitarbeiter:innen, Friseur:innen und Kellner:innen sowie ihre Kunden:innen* (Liaw et al. 2010). Über das Gefühl der Verbundenheit mit dem Unternehmen (organizational embeddedness) unterstützt transformationale Führung nicht nur die Ausführung von Aufgaben, die Teil der Rolle gegenüber den Kunden sind, sondern beeinflusst auch das Extra-Rollen-Verhalten, das über die normalen Erwartungen hinausgeht (Yang et al. 2020). Auch im Team erhöht transformationale Führung die Leistung, wie eine Untersuchung in brasilianischen Callcentern zeigte (Cavazotte et al. 2020).

Transformationale Führung wirkt darüber hinaus positiv auf die **Arbeitszufriedenheit**. Bei Personen, die zu negativen Gefühlen tendieren, konnte die Arbeitszufriedenheit erhöht werden. Über die gestiegene Arbeitszufriedenheit wurde auch die Leistung der Mitarbeiter im Kundenkontakt positiv beeinflusst. Infolgedessen waren Kunden zufriedener, empfahlen den Dienstleister häufiger weiter und hatten eine höhere Wiederkaufabsicht. Untersucht wurden Vorgesetzten-Mitarbeiter-Dyaden im Einzelhandel in Taiwan (Chuang et al. 2012). Der positive Effekt auf die Arbeitszufriedenheit zeigt sich auch im Team, wie die Untersuchung eines Callcenters in Brasilien demonstrierte (Cavazotte et al. 2020). Auch hier wirkte sich die Arbeitszufriedenheit positiv auf die Kundenzufriedenheit aus (Cavazotte et al. 2020).

Neben der transformationalen Führung wurde auch die Wirkung von **Führungsstilen** auf Mitarbeitende im Kundenkontakt untersucht (vgl. zu einem Überblick über verschiedene Führungsstile beispielsweise Lippold 2021, S. 17–19, 60–72; Weibler 2016, S. 309). Im Dienstleistungskontext wurde insbesondere der Führungsstil der Servant Leadership (dienende Führung) im Hinblick auf seine Wirkungen untersucht.

▶ **Führungsstil** Grundausrichtung des Führungsverhaltens, Art und Weise, wie Vorgesetzte ihre Führungsaufgaben wahrnehmen.

Als **Servant Leadership** (dienende Führung) wird ein Führungsstil bezeichnet, bei dem die Führungskraft die Erfüllung der Bedürfnisse der Geführten in den Mittelpunkt stellt (Zhang et al. 2021). Servant Leadership scheint auf den ersten Blick eine gewisse Verbindung zur transformationalen Führung zu besitzen. Tatsächlich beinhaltet Servant Leadership jedoch Aspekte der Moralität, Menschlichkeit und Authentizität, wobei die Führungskräfte nicht charismatisch sein müssen und eher die Bedürfnisse der Mitarbeitenden als die Organisationsziele in den Vordergrund stellen (Zhang et al. 2021). In einer Metaanalyse, bei der 125 Studien berücksichtigt wurden, zeigte sich, dass Servant Leadership das Empowerment, Engagement und die intrinsische Motivation der Mitarbeitenden förderte. Darüber hinaus war dieser Führungsstil positiv mit Vertrauen, der Identifikation mit dem Unternehmen sowie dem Commitment gegenüber dem Unternehmen verbunden. Im Hinblick auf die Leistung zeigte sich, dass sowohl das normale Rollenverhalten positiv beeinflusst wurde als auch das Extra-Rollen-Verhalten, das über die normalen Erwartungen hinausgeht. Auch auf die Arbeitsleistung von Gruppen wirkte sich Servant Leadership positiv aus. Die mit der Arbeit verbundenen Anforderungen wurden als geringer wahrgenommen und auch emotionale Erschöpfung, eine der Komponenten des Burnouts, wurde positiv beeinflusst. Darüber hinaus verspürten Mitarbeitende Unterstützung durch Vorgesetzte. Die Arbeitszufriedenheit wurde ebenfalls positiv beeinflusst (Zhang et al. 2021). Auch die Neigung, zu spät zur Arbeit zu kommen, wird durch Servant Leadership beeinflusst, ebenso wie die Bemühungen, Probleme im Co-Creation-Prozess im Rahmen der Service Recovery zu beheben, wie eine Studie in Russland offenlegte (Karatepe et al. 2019). Eine Untersuchung der Servant Leadership auf verschiedenen Führungsebenen zeigte einen sog. **Trickle-Down-Effekt**, d. h. Servant Leadership auf einer höheren Führungsebene wirkt sich kaskadenartig auf die unteren Führungsebenen aus und bewirkt dort sowohl normales Rollenverhalten (in-role service performance) als auch Extra-Rollen-Verhalten (extra-role service performance). Dies zeigte eine Studie auf drei Ebenen (zwei Führungsebenen und die Kundenkontaktmitarbeitenden) in einer großen chinesischen Bank (Wang et al. 2018b).

Literatur

Agnihotri R, Rapp AA, Andzulis JM, Gabler CB (2014) Examining the drivers and performance implications of boundary spanner creativity. J Serv Res 17:164–181

Arrow KJ (1985) The economics of agency. In: Pratt JW, Zeckhauser RJ (Hrsg) Principals and agents. The structure of business. Harvard Business School Press, Boston, S 37–51

Arroyo-López PE, Cárcamo-Solís ML, Álvarez-Castañón L, Guzmán-López A (2017) Impact of training on improving service quality in small provincial restaurants. J Foodserv Bus Res 20:1–14

Ashforth BE, Humphrey RH (1993) Emotional labor in service roles: the influence of identity. Acad Manag Rev 18:88–115

Avolio BJ, Waldman DA, Yammarino FJ (1991) Leading in the 1990s: the four I's of transformational leadership. J Eur Ind Train 15:9–16

Bakker AB, Demerouti E (2017) Job demands-resources theory: taking stock and looking forward. J Occup Health Psychol 22:273–285

Bakker AB, Demerouti E, De Boer E, Schaufeli WB (2003) Job demands and job resources as predictors of absence duration and frequency. J Vocat Behav 62:341–356

Bardzil P, Slaski M (2003) Emotional intelligence: fundamental competencies for enhanced service provision. Manag Serv Qual Int J 13:97–104

Bass BM (1985) Leadership and performance beyond expectations. Free Press, New York

Bass BM (1998) Transformational leadership. Industrial, military, and educational impact. Lawrence Erlbaum Associates, Mahwah

Bass BM, Avolio BJ (1990) Transformational leadership development: manual for the multifactor leadership questionnaire. Consulting Psychologists Press, Palo Alto

Basu AK, Lal R, Srinivasan V, Staelin R (1985) Salesforce compensation plans: an agency theoretic perspective. Mark Sci 4:267–291

Berthel J, Becker FG (2017) Personal-Management. Grundzüge für Konzeptionen betrieblicher Personalarbeit, 11., vollst. überarb. Aufl. Schäffer-Poeschel, Stuttgart

Bettencourt LA, Brown SW (1997) Contact employees: relationships among workplace fairness, job satisfaction and prosocial service behaviors. J Retail 73:39–61

Bowen DE (2021) A human experience (HX) perspective on emotional labor and service: building a service climate on a foundation of authenticity and justice. J Serv Manag Res 5:229–240

Cavazotte F, Moreno V, Lasmar LCC (2020) Enabling customer satisfaction in call center teams: the role of transformational leadership in the service-profit chain. Serv Ind J 40:380–393

Chenet P, Tynan C, Money A (2000) The service performance gap: testing the redeveloped causal model. Eur J Mark 34:472–497

Chi N-W, Chen P-C (2019) Relationship matters: how relational factors moderate the effects of emotional labor on long-term customer outcomes. J Bus Res 95:277–291

Chi N-W, Grandey AA, Diamond JA, Krimmel KR (2011) Want a tip? Service performance as a function of emotion regulation and extraversion. J Appl Psychol 96:1337–1346

Chuang A, Judge TA, Liaw YJ (2012) Transformational leadership and customer service: a moderated mediation model of negative affectivity and emotion regulation. Eur J Work Organ Psy 21:28–56

Davis JH, Schoorman FD, Donaldson L (1997) Toward a stewardship theory of management. Acad Manag Rev 22:20–47

Delcourt C, Gremler DD, van Riel ACR, van Birgelen MJH (2016) Employee emotional competence. J Serv Res 19:72–87

Digman JM (1990) Personality structure: emergence of the five-factor model. Annu Rev Psychol 41:417–440

Döring S (2017) Personalmanagement aus Perspektive der Dienstleistungsforschung. Springer Fachmedien, Wiesbaden

Fließ S (2009) Dienstleistungsmanagement. Kundenintegration gestalten und steuern. Gabler, Wiesbaden

Gong T, Park J, Hyun H (2020) Customer response toward employees' emotional labor in service industry settings. J Retail Consum Serv 52:101899

Gountas S, Ewing MT, Gountas JI (2007) Testing airline passengers' responses to flight attendants' expressive displays: the effects of positive affect. J Bus Res 60:81–83

Grandey AA (2000) Emotional regulation in the workplace: a new way to conceptualize emotional labor. J Occup Health Psychol 5:95–110

Grandey AA, Melloy RC (2017) The state of the heart: emotional labor as emotion regulation reviewed and revised. J Occup Health Psychol 22:407–422

Hannah ST, Thompson RL, Herbst KC (2020) Moral identity complexity: situated morality within and across work and social roles. J Manag 46:726–757

Hobfoll SE (1989) Conservation of resources: a new attempt at conceptualizing stress. Am Psychol 44:513–524

Hochschild AR (1990) Das gekaufte Herz. Zur Kommerzialisierung der Gefühle. Campus, Frankfurt am Main/New York

Holtbrügge D (2018) Personalmanagement, 7., überarb. und erw. Aufl. Springer Gabler, Berlin

Homans GC (1972) Elementarformen sozialen Verhaltens. Social behavior, its elementary forms, 2. Aufl. Westdeutscher Verlag, Opladen

Hong Y, Liao H, Chuang A, Liaw Y-J (2021) The role of leadership on emotion regulation, service delivery, and health: a multi-level study. J Serv Manag Res 5:256–269

Hu H-H, Hu H-Y, King B (2017) Impacts of misbehaving air passengers on frontline employees: role stress and emotional labor. Int J Contemp Hosp Manag 29:1793–1813

Huang M-H, Cheng Z-H (2012) The effects of inter-role conflicts on turnover intention among frontline service providers: does gender matter? Serv Ind J 32:367–381

Hülsheger UR, Schewe AF (2011) On the costs and benefits of emotional labor: a meta-analysis of three decades of research. J Occup Health Psychol 16:361–389

Hülsheger UR, Lang JWB, Schewe AF, Zijlstra FRH (2015) When regulating emotions at work pays off: a diary and an intervention study on emotion regulation and customer tips in service jobs. J Appl Psychol 100:263–277

Humphrey RH, Ashforth BE, Diefendorff JM (2015) The bright side of emotional labor. J Organ Behav 36:749–769

Hur W-M, Moon TW, Jung YS (2015) Customer response to employee emotional labor: the structural relationship between emotional labor, job satisfaction, and customer satisfaction. J Serv Mark 29:71–80

Hur W-M, Shin Y, Moon TW (2022) Linking motivation, emotional labor, and service performance from a self-determination perspective. J Serv Res 25:227–241

Jensen MC, Meckling WH (1976) Theory of the firm: managerial behavior, agency costs and ownership structure. J Financ Econ 3:305–360

John G, Weitz B (1989) Salesforce compensation: an empirical investigation of factors related to use of salary versus incentive compensation. J Mark Res 26:1–14

John G, Weitz B, Weiss AM (1987) An organizational coordination model of salesforce compensation plans: theoretical analysis and empirical test. J Law Econ Organ 3:373–395

Joseph DL, Newman DA (2010) Emotional intelligence: an integrative meta-analysis and cascading model. J Appl Psychol 95:54–78

Jost P-J (2014) The economics of motivation and organization. An introduction. Edward Elgar Publishing, Cheltenham

Karatepe OM, Ozturk A, Kim TT (2019) Servant leadership, organisational trust, and bank employee outcomes. Serv Ind J 39:86–108

Katz D, Kahn RL (1978) The social psychology of organizations, 2. Aufl. Wiley, New York

Kim T, Jung-Eun Yoo J, Lee G, Kim J (2012) Emotional intelligence and emotional labor acting strategies among frontline hotel employees. Int J Contemp Hosp Manag 24:1029–1046

Krafft M (1995) Ein empirischer Test von Hypothesen der Prinzipal-Agenten-Theorie und der Transaktionskostenanalyse zum Festgehaltsanteil von Reisenden. Z Betriebswirtsch Forsch 35:245–267

Kroeber-Riel W, Gröppel-Klein A (2019) Konsumentenverhalten, 11., vollst. überarb., akt. u. erg. Aufl. Franz Vahlen, München

Kuss A, Tomczak T (2007) Käuferverhalten. Eine marketingorientierte Einführung, 4., überarb. Aufl. Lucius und Lucius/UTB, Stuttgart

Lee L, Madera JM (2019a) A systematic literature review of emotional labor research from the hospitality and tourism literature. Int J Contemp Hosp Manag 31:2808–2826

Lee L, Madera JM (2019b) Faking it or feeling it. Int J Contemp Hosp Manag 31:1744–1762

Liaw Y-J, Chi N-W, Chuang A (2010) Examining the mechanisms linking transformational leadership, employee customer orientation, and service performance: the mediating roles of perceived supervisor and coworker support. J Bus Psychol 25:477–492

Lings IN, Greenley GE (2010) Internal market orientation and market-oriented behaviours. J Serv Manag 21:321–343

Lippold D (2021) Personalführung im digitalen Wandel. Von den klassischen Führungsansätzen zu den New-Work-Konzepten. De Gruyter, Berlin

Liu X-Y, Chi N-W, Gremler DD (2019) Emotion cycles in services: emotional contagion and emotional labor effects. J Serv Res 22:285–300

Lounsbury JW, Foster N, Carmody PC, Young Kim J, Gibson LW, Drost AW (2012) Key personality traits and career satisfaction of customer service workers. Manag Serv Qual Int J 22:517–536

Luo A, Guchait P, Lee L, Madera JM (2019) Transformational leadership and service recovery performance: the mediating effect of emotional labor and the influence of culture. Int J Hosp Manag 77:31–39

Luria G, Yagil D, Gal I (2014) Quality and productivity: role conflict in the service context. Serv Ind J 34:955–973

Maslach C, Jackson SE (1981) The measurement of experienced burnout. J Organ Behav 2:99–113

Maslach C, Leiter MP (2008) Early predictors of job burnout and engagement. J Appl Psychol 93:498–512

Maslach C, Zimbardo PG (1982) Burnout, the cost of caring. Prentice Hall, Englewood Cliffs

Matute J, Palau-Saumell R, Viglia G (2018) Beyond chemistry: the role of employee emotional competence in personalized services. J Serv Mark 32:346–359

Medler-Liraz H, Seger-Guttmann T (2015) The relationship between emotional labor strategies, service provider hostility, and service quality. Serv Mark Q 36:210–225

Moliner C, Martínez-Tur V, Ramos J, Peiró JM, Cropanzano R (2008) Organizational justice and extrarole customer service: the mediating role of well-being at work. Eur J Work Organ Psy 17:327–348

Moreo A, Woods R, Sammons G, Bergman C (2019) Connection or competence: emotional labor and service quality's impact on satisfaction and loyalty. Int J Contemp Hosp Manag 31:330–348

Morris JA, Feldman DC (1996) The dimensions, antecedents, and consequences of emotional labor. Acad Manag Rev 21:986–1010

Mount MK, Barrick MR (1998) Five reasons why the "big five" article has been frequently cited: the big five personality dimensions and job performance: a meta-analysis. Pers Psychol 51:849–857

Nerdinger FW (2011) Psychologie der Dienstleistung. Hogrefe, Göttingen

Nerdinger FW, Pundt A (2018) Leadership of service employees – a narrative review. J Serv Manag Res 2:3–15

Noch R (1995) Dienstleistungen im Investitionsgüter-Marketing. Strategien und Umsetzung. FGM Verlag, München

Oechsler WA, Paul C (2018) Personal und Arbeit. Einführung in das Personalmanagement, 11. Aufl. De Gruyter, Berlin

Olesch G (2020) Personalstrategie als Erfolgstreiber. In: Wagner D (Hrsg) Praxishandbuch Personalmanagement, 2. Aufl. Haufe-Lexware GmbH & Co. KG, Freiburg im Breisgau/München, S 63–96

Olfert K (2012) Personalwirtschaft, 15., verb. und erw. Aufl. Kiehl, Herne

Porter LW, Lawler EE III (1968) Managerial attitudes and performance. Richard D. Irwin Inc, Homewood

Prentice C, King B (2011) The influence of emotional intelligence on the service performance of casino frontline employees. Tour Hosp Res 11:49–66

Rank J, Carsten JM, Unger JM, Spector PE (2007) Proactive customer service performance: relationships with individual, task, and leadership variables. Hum Perform 20:363–390

Raub S, Liao H (2012) Doing the right thing without being told: joint effects of initiative climate and general self-efficacy on employee proactive customer service performance. J Appl Psychol 97:651–667

Salgado JF, Táuriz G (2014) The five-factor model, forced-choice personality inventories and performance: a comprehensive meta-analysis of academic and occupational validity studies. Eur J Work Organ Psy 23:3–30

Sawyerr OO, Srinivas S, Wang S (2009) Call center employee personality factors and service performance. J Serv Mark 23:301–317

Schepers JJL, van der Borgh M (2020) A meta-analysis of frontline employees' role behavior and the moderating effects of national culture. J Serv Res 23:255–280

Scherm E, Süß S (2016) Personalmanagement. Franz Vahlen, München

Schyns B, Schilling J (2013) How bad are the effects of bad leaders? A meta-analysis of destructive leadership and its outcomes. Leadersh Q 24:138–158

Seger-Guttmann T, Medler-Liraz H (2016) Does emotional labor moderate customer participation and buying? Serv Ind J 36:356–373

Seger-Guttmann T, Medler-Liraz H (2020) Does emotional labor color service actions in customer buying? J Serv Mark 34:683–696

Shamir B (1980) Between service and servility: role conflict in subordinate service roles. Hum Relat 33:741–756

Shi Y, Zhang R, Ma C, Wang L (2023) Robot service failure: the double-edged sword effect of emotional labor in service recovery. J Serv Theory Pract 33:72–88

Singh J (2000) Performance productivity and quality of frontline employees in service organizations. J Mark 64:15–34

Sohn H-K, Lee TJ, Yoon Y-S (2016) Emotional labor and burnout: comparison between the countries of Japan and Korea. J Travel Tour Mark 33:597–612

Sok P, Sok KM, Danaher TS, Danaher PJ (2018) The complementarity of frontline service employee creativity and attention to detail in service delivery. J Serv Res 21:365–378

Staehle WH (2014) Management. Eine verhaltenswissenschaftliche Perspektive, 8. Aufl. Franz Vahlen, München

Steiner E, Landes M (2017) Leistungsorientierte Vergütung. Anreizsysteme wirkungsvoll gestalten. Haufe Gruppe, Freiburg/München/Stuttgart

Stock-Homburg R, Groß M (2019) Personalmanagement. Springer Fachmedien, Wiesbaden

Thibaut JW, Kelley HH (1959) The social psychology of groups. John Wiley & Sons Ltd., Hoboken

Trumpold K, Kern M, Zapf D (2021) Emotion regulation and service-related attitudes: connecting customer orientation and service organization identification with customer interactions. J Serv Manag Res 5:270–286

Varca PE (2004) Service skills for service workers: emotional intelligence and beyond. Manag Serv Qual Int J 14:457–467

Walumbwa FO, Hsu I-C, Wu C, Misati E, Christensen-Salem A (2019) Employee service performance and collective turnover: examining the influence of initiating structure leadership, service climate and meaningfulness. Hum Relat 72:1131–1153

Wang W, Huang S, Yin H, Ke Z (2018a) Employees' emotional labor and emotional exhaustion: trust and gender as moderators. Soc Behav Personal Int J 46:733–748

Wang Y-C, Lang C (2019) Service employee dress: effects on employee-customer interactions and customer-brand relationship at full-service restaurants. J Retail Consum Serv 50:1–9

Wang Z, Xu H, Liu Y (2018b) Servant leadership as a driver of employee service performance: test of a trickle-down model and its boundary conditions. Hum Relat 71:1179–1203

Weibler J (2016) Personalführung. Franz Vahlen, München

Weiss HM, Cropanzano R (1996) Affective events theory: a theoretical discussion of the structure, cause and consequences of affective experiences at work. Res Organ Behav 18:1–74

Weißenrieder J (2019) Die Elemente nachhaltiger Vergütungssysteme. In: Weißenrieder J (Hrsg) Nachhaltiges Leistungs- und Vergütungsmanagement. Springer Fachmedien, Wiesbaden, S 25–153

Wirtz J, Jerger C (2016) Managing service employees: literature review, expert opinions, and research directions. Serv Ind J 36:757–788

Yang C, Chen Y, Zhao X, Hua N (2020) Transformational leadership, proactive personality and service performance. Int J Contemp Hosp Manag 32:267–287

Zhan Y, Wang M, Shi J (2016) Interpersonal process of emotional labor: the role of negative and positive customer treatment. Pers Psychol 69:525–557

Zhang Y, Zheng Y, Zhang L, Xu S, Liu X, Chen W (2021) A meta-analytic review of the consequences of servant leadership: the moderating roles of cultural factors. Asia Pac J Manag 38:371–400

Zhao X, Mattila AS, Ngan NN (2014) The impact of frontline employees' work-family conflict on customer satisfaction. Cornell Hosp Q 55:422–432

Teil IV

Die Post-Service-Phase

Nachbereitende Aktivitäten des Kunden und Anbietermaßnahmen

15

Zusammenfassung

Die Post-Service-Phase beinhaltet wertgenerierende Aktivitäten des Kunden und des Anbieters, die aus dem Service Co-Creation-Prozess resultieren und in dessen Nachgang ausgeführt werden. Nachbereitende Aktivitäten des Kunden werden direkt durch den Service Co-Creation-Prozess ausgelöst und finden vergleichsweise zeitnah nach der Service-Phase statt. Zum einen bildet der Kunde (mehr oder weniger bewusst) eine Gesamtbewertung des Service Co-Creation-Prozesses. Aus dem Bewertungsprozess lassen sich Konsequenzen für die Gestaltung des Service Co-Creation-Prozesses und für die Aktivitäten des Anbieters in der Post-Service-Phase ableiten. Zudem richten Kunden oft auf Basis der Gesamtbewertung Feedback in Form von Lob, Trinkgeld oder Beschwerden an den Anbieter aus. Dies wird anbieterseitig durch ein gezieltes Lob- und Beschwerde- und Service Recovery-Management begleitet, um eine weitere Wertsteigerung zu ermöglichen oder Wertzerstörung zu verringern.

15.1 Die Bewertung der Dienstleistung durch den Kunden

Während der Service-Phase bewerten Kunden die verschiedenen Ereignisse im Rahmen des Service Co-Creation-Prozesses. *Beispielsweise bewerten Fluggäste während des Aufenthalts am Flughafen den Check-in, die Passkontrolle, die Security, das Shoppingangebot in der Duty-Free-Zone sowie den Wartebereich* (Bruhn 2019, S. 174; Strombeck und Wakefield 2008). Nach der Service-Phase (Abb. 15.1) bilden Kunden eine globale, retrospektive Bewertung (Dixon und Victorino 2019) in der Post-Service-Phase, sodass ein Urteil über die Service Experience, die Dienstleistungsqualität und den Service Value gebildet wird und Zufriedenheit oder Unzufriedenheit entsteht. Diese Zielgrößen liegen

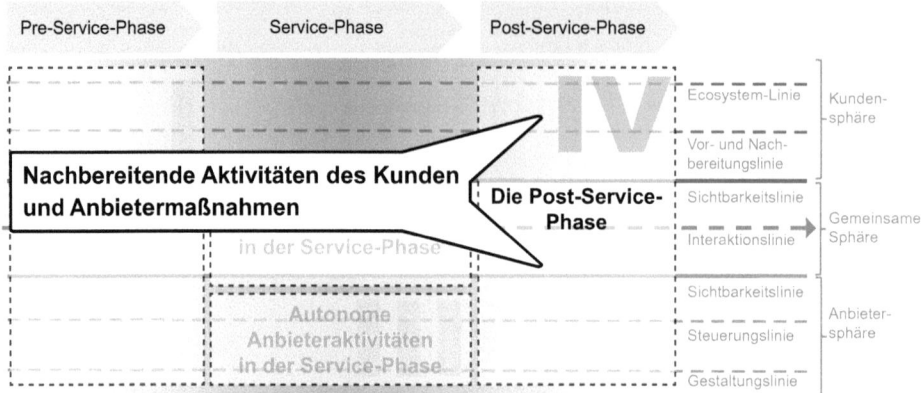

Abb. 15.1   Nachbereitende Aktivitäten des Kunden und Anbietermaßnahmen – Einordnung im ServiceBlueprint

einem Bewertungsprozess zugrunde, der durch psychologische Faktoren beeinflusst wird.
In diesem Kapitel werden diese Aspekte beleuchtet, um zu verdeutlichen, wie die globale
Bewertung der Dienstleistung in der Post-Service-Phase zustande kommt.

15.1.1   Psychologische Aspekte des Bewertungsprozesses

Die Erfahrung mit einer Dienstleistung wird als mentale Vorstellung des Kunden betrachtet (Helkkula et al. 2012). Dadurch ist das, was die Erfahrung ausmacht für Außen-
stehende (und vielleicht auch für den Kunden selbst) nie vollständig zugänglich. Aussagen
von Kunden über ihre eigenen erlebten Erfahrungen spiegeln die **mentale Vorstellung**
bzw. die **Erinnerung** dieser Erfahrungen wider (Helkkula et al. 2012). So ist es die Erinnerung an eine Erfahrung, die zur globalen Bewertung der Dienstleistung führt und das
zukünftige Verhalten beeinflusst (Kahneman und Riis 2007; Wirtz et al. 2003). Die Erinnerung und somit die Bewertung der Dienstleistung muss jedoch nicht immer zwangs-
läufig mit dem, was in der Realität passiert, ist übereinstimmen. Sie wird auf Basis der
einzelnen Ereignisse während der Dienstleistung vom Kunden im Kopf konstruiert und
durch Wahrnehmungsverzerrungen beeinflusst (Harrington et al. 2019; Kahneman und
Riis 2007). Sie kann sich außerdem schon dann verändern, wenn der Kunde an die Erfahrung zurückdenkt oder darüber mit anderen spricht (Helkkula et al. 2012).

   Um zu erklären, wie eine Erfahrung und insbesondere die mentale Vorstellung bzw. die
Erinnerung an die Erfahrung im Kopf des Kunden gebildet werden, können Erkenntnisse
der Verhaltenswissenschaften herangezogen werden. Schon seit mehreren Jahrzehnten versuchen Verhaltenswissenschaftler zu erklären, wie Erfahrungen bewertet werden, indem sie
beispielsweise Probanden vor, während und nach einer Erfahrung diese bewerten lassen
(Fredrickson und Kahneman 1993; Kemp et al. 2008; Mitchell et al. 1997; Wirtz et al.
2003). Dabei fällt auf, dass insbesondere hedonistische Erfahrungen meist positiver in Er-

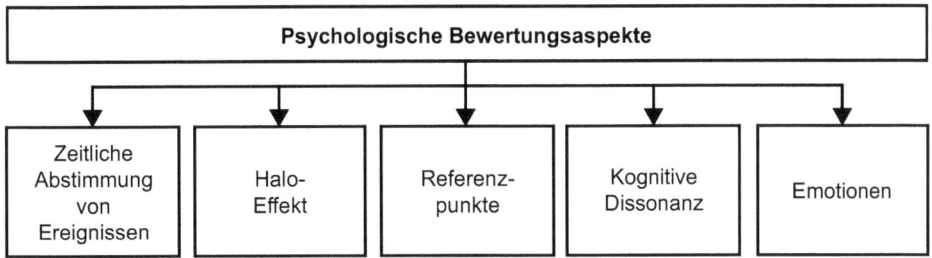

Abb. 15.2 Psychologische Aspekte zur Erklärung des Bewertungsprozesses des Kunden

innerung bleiben als diese tatsächlich erlebt wurden. Im Nachhinein werden negative Aspekte vergessen oder spielen keine große Rolle mehr, sodass sie dann nicht mehr in die Bewertung einfließen (Mitchell et al. 1997). Besonders negative Erfahrungen werden im Nachhinein jedoch negativer bewertet als sie im Moment erlebt wurden. Insgesamt kann somit festgehalten werden, dass besonders herausstechende positive und negative Momente verstärkt in die Bewertung der Erfahrung einfließen (Wirtz et al. 2003). Zur Erklärung dieser und weiterer Beobachtungen im Rahmen des globalen Bewertungsprozesses wird nachfolgend der Einfluss der zeitlichen Abstimmung von Ereignissen, des Halo-Effekts, von Referenzpunkten, von kognitiver Dissonanz sowie von Emotionen auf die Bewertung diskutiert (Abb. 15.2). Auch wenn diese Liste nicht abschließend ist, bildet sie die Subjektivität und die Kontextabhängigkeit des kundenseitigen Bewertungsprozesses gut ab.

Die **zeitliche Abstimmung von Ereignissen** innerhalb eines Service Co-Creation-Prozesses beeinflusst, wie der Kunde die Dienstleistung erlebt und wie er sich im Nachhinein an diese erinnert. So spielt es eine Rolle, *wann* Ereignisse in *welcher Reihenfolge* und mit *welcher Geschwindigkeit* stattfinden (Dixon und Victorino 2019; Palmer 2010). Diese Aspekte sind Teil der **Dramaturgie** des Service Co-Creation-Prozesses (Zomerdijk und Voss 2010) (Abschn. 6.2.3). Da Menschen sich nicht alles merken können, merken sie sich hauptsächlich die Höhe- und Tiefpunkte sowie das Ende einer Erfahrung (Dixon und Victorino 2019). Dies wird als **Peak-End Rule** bezeichnet (Fredrickson und Kahneman 1993). Demnach wird die Bewertung einer Erfahrung nicht gebildet, indem alle einzelnen Ereignisse innerhalb der Erfahrung summarisch bewertet werden und daraus ein Durchschnitt gebildet wird, sondern es fließen nur einige wenige herausstechende Momente sowie das Ende der Erfahrung in die globale Bewertung mit ein (vgl. Vertiefungskasten). Die Dauer einer Erfahrung spielt dadurch eine eher untergeordnete Rolle (Fredrickson und Kahneman 1993). *So zeigten* Kemp et al. (2008), *dass lange Urlaubsreisen nicht positiver bewertet werden als kurze.*

Abschluss einer Erfahrung

Insbesondere der Abschluss einer Erfahrung spielt für die globale Beurteilung eine bedeutende Rolle. Dies wurde beispielsweise in einer Studie von Kahneman et al. (1993) zur Beurteilung von Schmerz festgestellt. Dabei wurden Probanden gebeten, eine Hand 60 s lang in kaltes Wasser (14 Grad Celsius) zu halten. Danach wurden sie gebeten, ihre andere Hand 90 s in kaltes Wasser zu halten, wobei die Temperatur des Wassers die ersten 60 s genauso niedrig war wie bei der ersten Hand

(14 Grad Celsius), in den letzten 30 s jedoch sukzessive erhöht wurde (aber trotzdem unangenehm kalt blieb). Durch die sukzessive Temperaturerhöhung am Ende wurde die zweite Erfahrung durch den Probanden positiver bewertet, obwohl insgesamt eine längere unangenehme Erfahrung erlebt wurde. Die Bewertung hing somit stärker vom Ende als von der Dauer der Erfahrung ab.

Die Peak-End Rule wurde auch im Rahmen der Beurteilung von Dienstleistungen nachgewiesen. Kemp et al. (2008) zeigen beispielsweise in ihrer Studie, dass Urlaubsreisende, die während des Urlaubs täglich über ihren Gemütszustand berichteten, sich diese Zwischenbewertungen nach dem Urlaub nicht mehr richtig merken konnten und die Erinnerung eher durch wenige herausstechende Ereignisse und durch das Ende bestimmt wurde. Die Autoren merken jedoch an, dass die Bewertung einer Erfahrung vermutlich auch davon abhängt, welche Ereignisse im Moment der Bewertung für die Person besonders präsent sind. Dies hängt u. a. vom Kontext ab, in dem die Bewertung gebildet wird. *Beispielsweise wird die Bewertung eines Urlaubs positiver ausfallen, wenn der/die Urlaubsreisende seinen/ihren Freunden die positiven Aspekte (z. B. die schöne Landschaft und das leckere Essen) berichtet, als wenn er/sie gerade damit beschäftigt ist, einen Versicherungsschaden zu melden, weil seine/ihre Kamera gestohlen wurde* (Kemp et al. 2008).

Außerdem wird die Bewertung einer Erfahrung dadurch beeinflusst, wie schnell oder langsam die Höhe- und Tiefpunkte entstehen (Hsee und Abelson 1991) und ob diese eher am Anfang oder später im Prozess erlebt werden (Dixon und Victorino 2019). Die Höhe- und Tiefpunkte fließen dabei stärker in die Bewertung mit ein, je später sie im Prozess erlebt werden, da sie dann besser erinnert werden (Kahneman et al. 1993). Allerdings wird auch der Anfang besser erinnert als das, was in der Mitte passiert, da zu Beginn der erste Eindruck entsteht. Somit werden Erfahrungen am positivsten bewertet, wenn diese einen Höhepunkt am Anfang und am Ende haben (wobei der Höhepunkt am Ende wichtiger ist) (Dixon und Victorino 2019). Menschen bewerten Erfahrungen außerdem besser, wenn diese sich nach dem ersten Höhepunkt wieder allmählich steigern. Dies kann dadurch erklärt werden, dass jedes Ereignis als Referenzpunkt festgelegt wird, der für die Beurteilung des nächsten Ereignisses herangezogen wird. Der Referenzpunkt wird somit während des Prozesses stets neu festgelegt. Nimmt der Kunde im Prozess eine Steigerung wahr, beeinflusst dies die Gesamtbewertung positiv (Dixon und Victorino 2019).

Die Bewertung von einzelnen Ereignissen oder Eigenschaften einer Dienstleistung können durch einen **Halo-Effekt** beeinflusst werden (Wirtz und Bateson 1995). Dies bedeutet, dass eine besonders gute oder schlechte Beurteilung einer Eigenschaft (z. B. der Freundlichkeit der Flugbegleiter:innen) die Beurteilung von anderen Eigenschaften (z. B. der Qualität des Essens während des Fluges) beeinflusst, auch wenn die Eigenschaften nichts miteinander zu tun haben (Wirtz und Bateson 1995). Somit kann ein bestimmtes positives oder negatives Ereignis dafür sorgen, dass andere Eigenschaften der Leistung in der Erinnerung des Kunden besser oder schlechter abschneiden, als wenn das Ereignis nicht stattgefunden hätte. Durch die veränderte Wahrnehmung der anderen Eigenschaften verändert sich auch die globale Bewertung (Mitchell et al. 1997). Eine Studie zeigte den Halo-Effekt im Rahmen von Hotel-Bewertungen, indem die Bewertung verschiedener Eigenschaften der Dienstleistung (z. B. Personal, Preis-Leistungs-Verhältnis) die Bewertung der Lage des

Hotels beeinflusste (Nicolau et al. 2020). Dabei zeigte sich auch, dass eine negative Bewertung stärker auf andere Merkmale ausstrahlt als eine positive.

Die vergangenen Erfahrungen des Kunden, die Erfahrungen von anderen sowie Werbung und Medienberichte fließen bei der Bewertung der momentanen Erfahrung mit ein, da diese **Referenzpunkte** bzw. Erwartungen bilden, mit denen die momentanen Ereignisse verglichen werden. Die globale Bewertung wird durch den Kontrast zwischen der Erwartung und dem Erlebnis beeinflusst (Dixon und Victorino 2019). So kann es vorkommen, dass zwei Kunden die gleiche Dienstleistung anders bewerten, weil sie in der Vergangenheit unterschiedliche Erfahrungen in ähnlichen Situationen gemacht haben. Darüber hinaus kann ein Referenzpunkt auch im Nachhinein durch neue Informationen aktualisiert werden (Palmer 2010). Beispielsweise können Kunden neue Erfahrungen machen, andere Kunden oder unabhängige Experten ihre Meinung zur Dienstleistung äußern oder es können neue Angebote von anderen Anbietern auf den Markt gebracht werden. Der Kunde kann damit die frühere Erfahrung vergleichen und diese im Nachhinein ggf. anders bewerten, als wenn er keine neuen Informationen bekommen hätte. *Beispielsweise sieht ein:e Kund:in nach der Flugreise, dass der gleiche Flug von einem anderen Anbieter zum gleichen Preis in der Business- statt Economy-Class angeboten wird. Oder ein:e Kund:in bemerkt, dass ein alternativer Anbieter eher schlechtere Bewertungen bekommt, sodass die Dienstleistung, die er/sie selbst in Anspruch genommen hat, plötzlich sehr gut erscheint.*

Erfüllt die Dienstleistung nicht die Erwartungen des Kunden oder erfährt der Kunde im Nachhinein, dass eine Alternative womöglich besser gewesen wäre, bereut er ggf. seine ursprüngliche Entscheidung und fühlt **kognitive Dissonanz** (Kroeber-Riel und Gröppel-Klein 2019, S. 222). Kognitive Dissonanz bezeichnet den Umstand, dass kognitive Beziehungen in der Vorstellung des Menschen vorhanden sind, die nicht konsistent sind (Festinger 1976). Da Menschen nach Konsistenz streben, versuchen sie Inkonsistenzen zu vermeiden oder zu beseitigen, indem sie entweder eine andere Entscheidung treffen oder ihre Kognitionen regulieren. So können Kunden Informationen und Wissen vermeiden, leugnen oder uminterpretieren, oder sie können versuchen, nicht an die Inkonsistenzen zu denken (Kroeber-Riel und Gröppel-Klein 2019, S. 221–222). Durch das Uminterpretieren entsteht Konsistenz zwischen der Erwartung bzw. Antizipation der Erfahrung und der tatsächlich erlebten Erfahrung. Dies erklärt, warum die Erwartungshaltung am Anfang die Bewertung der Erfahrung im Nachhinein oft besser vorhersagt als die tatsächlich erlebte Erfahrung selbst (Kahneman et al. 1993; Mitchell et al. 1997; Wirtz et al. 2003).

Beispiel: Kognitive Dissonanz

Sutton (1992) gibt folgendes Beispiel zum Umgang mit kognitiver Dissonanz für eine Situation, in der die Erwartungen nicht erfüllt wurden: *Ein:e Kund:in hat aufgrund der Medienberichte sowie Erfahrungen von Freund:innen hohe Erwartungen an den Besuch in einem Freizeitpark (Referenzpunkt). Nachdem er/sie eine mühsame Reise zurückgelegt und viel Geld ausgegeben hat, ärgert er/sie sich die meiste Zeit während des Aufenthalts über verschiedene Ereignisse (z. B. die langen Wartezeiten und das Wetter). Mehr oder weniger bewusst fokussiert er/sie sich im Nachhinein jedoch auf die positiven*

Aspekte des Besuchs und schlussfolgert, dass er/sie sich über den Besuch gefreut hat. Auch wenn die ursprüngliche Entscheidung nicht gut abschneidet, weil im Nachhinein neue Informationen vorhanden sind, kann der Kunde kognitive Dissonanz verspüren und versuchen, die neuen Informationen umzuinterpretieren oder zu leugnen. *Nach dem Abschluss eines Abonnements bei einem Fitnessstudio hört ein:e Kund:in von Freund:innen von einem angeblich viel besseren und zudem günstigeren Fitnessstudio und verspürt daraufhin kognitive Dissonanz. Daraufhin sagt er/sie zu sich selbst, dass sein/ihr Fitnessstudio für seine/ihre Zwecke doch sicherlich besser ist.* ◄

Beim Zustandekommen der Bewertung der Dienstleistung spielen **affektive Aspekte** eine große Rolle (Gefühle, Stimmungen, Einstellungen, Vorurteile oder Vorlieben und Abneigungen) (Holbrook 1996, 1999). Beispielsweise zeigen Mattila und Enz (2002) in einer Studie mit Hotelgästen, dass die Stimmung des Kunden während der Interaktion mit einem Mitarbeiter die Bewertung der Interaktion sowie des Anbieters insgesamt stark beeinflusst. Außerdem beeinflussen Emotionen die Aspekte der Dienstleistung, auf die besonders Wert gelegt wird. Diese Aspekte werden im Rahmen der Bewertung der Erfahrung stärker gewichtet (Palmer 2010). *Ein:e Kund:in, der/die ein Restaurant besucht, weil er/sie sehr hungrig ist, interessiert sich vermutlich eher weniger für das Ambiente. Die Wahrnehmung und die spätere Erinnerung sind dann eher auf das Essen gerichtet. Für eine:n Kund:in, der/die das Restaurant gemeinsam mit Freund:innen oder der Familie besucht, spielt das Ambiente eine größere Rolle, sodass dessen Qualität besser in Erinnerung bleibt und die zukünftigen Antizipationen stärker beeinflusst* (Palmer 2010).

15.1.2 Konsequenzen für Anbieter

Die Erkenntnisse zum Bewertungsprozess des Kunden liefern Hinweise für die Gestaltung des Service Co-Creation-Prozesses (vgl. auch Abschn. 6.2.3):

- Die dramaturgische Gestaltung von Dienstleistungen (wann, wie schnell und in welche Reihenfolge Ereignisse stattfinden) spielt eine wichtige Rolle für die Bewertung. Anbietern ist zu raten, einen Höhepunkt am Anfang und gegen Ende der Erfahrung zu inszenieren, da sich dies positiv auf die Gesamtbeurteilung auswirkt.
- Anhand des Halo-Effekts kann Anbietern geraten werden, alle Eigenschaften der Dienstleistung auf ein akzeptables Niveau zu bringen, denn insbesondere negative Beurteilungen einzelner Eigenschaften strahlen auf die Beurteilung anderer Eigenschaften aus. Besonders positive Aspekte sind hervorzuheben, sodass sie eine ausstrahlende Wirkung entfalten können.
- Aus den Erkenntnissen zu Referenzpunkten und kognitiver Dissonanz lässt sich ableiten, dass Anbieter dem Kunden dabei helfen können, kognitive Konsistenz zu erreichen, indem ein konstanter Wert geliefert wird, während im Rahmen des Wertversprechens nicht zu hohe Erwartungen geweckt werden.

- Aufgrund des Einflusses von Emotionen lässt sich ableiten, dass Mitarbeiter während der Service-Phase versuchen müssen, die Emotionen des Kunden zu erkennen, Kunden bei der Verarbeitung negativer Emotionen zu unterstützen sowie positive Emotionen hervorzurufen.

Darüber hinaus können Anbieter in der Post-Service-Phase Aktivitäten durchführen, um die Bewertung des Kunden zu beeinflussen. Anbieter können den Kunden nach Inanspruchnahme der Dienstleistung erneut kontaktieren und die positiven Elemente der Dienstleistung hervorheben, sodass der Kunde sich mit seiner Wahl für die Dienstleistung bestätigt fühlt. Auch kann dies dafür sorgen, dass die Dienstleistung (im Sinne der Peak-End Rule) positiv endet. Hunt (1970), Milliman und Decker (1990), Chang und Tseng (2014) und Mao und Oppewal (2010) zeigen, dass die Bewertung des Anbieters durch den Kunden erhöht werden kann, wenn der Anbieter sich nach dem Kauf eines Produktes in einem Schreiben beim Kunden bedankt und die Vorteile des Produktes hervorhebt. Mao und Oppewal (2010) fanden einen ähnlichen Effekt im Dienstleistungsbereich. *In einem Experiment zeigen die Autor:innen, dass sich ihre Bewertung der Universität erhöht, wenn Studierende ein Ranking sehen, bei dem die Universität, an der sie bereits studieren, gut abschneidet.* Der Einfluss der positiven Informationen über die Dienstleistung auf die Bewertung ist auf die Verringerung der kognitiven Dissonanz zurückzuführen (Mao und Oppewal 2010).

15.1.3 Folgen der Bewertung für das Kundenverhalten in der Post-Service-Phase

Das globale Urteil des Kunden über die Dienstleistung hat Folgen für das Verhalten des Kunden im Anschluss an den Service Co-Creation-Prozess, das wiederum Konsequenzen für Anbieter hat (Dixon und Victorino 2019; Kumar und Reinartz 2016). Kunden sind eher geneigt, dem Anbieter Lob zu spenden oder Trinkgeld zu geben, die Dienstleistung in Zukunft wieder in Anspruch zu nehmen sowie die Dienstleistung weiterzuempfehlen (positives Word-of-Mouth), wenn sie die Dienstleistung positiv bewerten. Ansonsten sind Kunden eher geneigt, sich zu beschweren, zur Konkurrenz abzuwandern und ihre negative Erfahrung mit anderen Kunden zu teilen (negatives Word-of-Mouth).

Im Folgenden werden die nachbereitenden Kundenaktivitäten Lobäußerung, Trinkgeldvergabe und Beschwerdeäußerung vertieft und die Konsequenzen für das Management von Dienstleistungen diskutiert. Bei diesen Kundenaktivitäten handelt es sich im Grunde genommen um **Feedback-Aktivitäten** des Kunden. Feedback kann positiv, neutral oder negativ ausfallen. Beim Kundenlob handelt es sich um positives Feedback, Trinkgeld kann sowohl positives, neutrales als auch negatives Feedback darstellen und beim Beschwerdeverhalten handelt es sich um negatives Feedback. Obwohl öffentlich geäußerte Meinungen über Dienstleistungen (z. B. online/electronic Word-of-Mouth) manchmal zum Feedback gezählt werden (Nasr et al. 2018), werden die Feedback-Aktivitäten im

Folgenden nur im Hinblick auf die Kommunikation über die Leistung in Richtung des Anbieters bzw. eines Mitarbeiters betrachtet. Die Generierung von Word-of-Mouth wird als Ecosystem-Aktivität in Abschn. 16.2 behandelt.

Feedback
Generell dient Feedback dazu, das Verhalten anderer zu steuern. Positives Feedback wird als Belohnung verwendet und dient dazu, das Verhalten zu verstärken, um die Wahrscheinlichkeit, dass das Verhalten in Zukunft wieder gezeigt wird, zu erhöhen. Negatives Feedback wird als Strafe verwendet und dient dazu, die Wahrscheinlichkeit, dass das Verhalten in Zukunft wieder auftritt, zu verringern (Stauss 2009). Es wird argumentiert, dass positives Feedback hinsichtlich dieser Zielsetzungen generell besser funktioniert als negatives Feedback, da Menschen dazu tendieren, positivem Feedback zuzustimmen und auf negatives Feedback mit Gegenargumenten zu reagieren, um das Selbstbild aufrechtzuerhalten (vgl. Self-Enhancement-Theorie, Abschn. 16.2.2.2) (Kraft und Martin 2001). Auch Unternehmen bzw. deren Mitarbeiter können es schwierig finden, mit negativem Feedback bzw. Beschwerden umzugehen und tendieren dazu, ihnen zu widersprechen (Gelbrich 2017).

Obwohl Kunden auch während des Service Co-Creation-Prozesses Feedback äußern können, wird das Feedbackverhalten in der Literatur der Post-Service-Phase zugeordnet, da es oft am Ende des Prozesses als Gesamtbewertung geäußert wird (Stauss und Seidel 2014, S. 28; Voorhees et al. 2017). Es bezieht sich dann direkt auf den Service Co-Creation-Prozess mit dem Anbieter und generiert auf dieser Basis eine neue Interaktion, sodass es als nachbereitende Aktivität eingeordnet wird. Feedback gegenüber dem Anbieter kann aufgefordert oder unaufgefordert geäußert werden. Anbieter können verschiedene Methoden verwenden, um Feedback beim Kunden einzufordern, wie z. B. Fragebögen, Interviews oder Fokusgruppen. Unaufgefordertes Feedback wird auf Eigeninitiative des Kunden geäußert (Wirtz und Tomlin 2000).

15.2   Kundenlob

Manche Kunden loben den Anbieter bzw. bedanken sich bei ihm. Lob kann auf einzelne Mitarbeiter oder auf das Management gerichtet sein und wird oft am Ende eines Service Co-Creation-Prozesses geäußert (Stauss 2009). Jedoch loben Kunden auch nach Beendigung des Service Co-Creation-Prozesses, indem sie z. B. eine E-Mail, eine Karte oder sogar ein Geschenk schicken (Nasr et al. 2018). *So ist es nicht selten, dass Patient:innen oder Eltern eines neugeborenen Kindes sich im Nachhinein beim Krankenhauspersonal bedanken, indem sie z. B. eine Karte schicken. Auch bedanken sich manche Studierende bei dem/der Abschlussarbeitsbetreuer:in für die engagierte Betreuung.*

▶ **Kundenlob** bezeichnet eine positive Äußerung des Kunden über die Dienstleistung gegenüber dem Anbieter (Stauss 2009).

15.2.1 Wirkungen von Kundenlob

In der Dienstleistungsforschung und auch in der Dienstleistungspraxis wird dem positiven Feedback deutlich weniger Aufmerksamkeit geschenkt als dem negativen Feedback (Stauss 2009). Jedoch ist es für Anbieter wichtig zu wissen, wann und warum Kunden positives Feedback geben, da sie auf dieser Basis die Präferenzen sowie Qualitätsanforderungen des Kunden identifizieren können. Daraufhin können sie überlegen, wie sie den Dienstleistungsprozess weiter verbessern können (Stauss 2009). Außerdem hat Lob meistens einen positiven Effekt auf die Mitarbeiter, da es ein Gefühl von Anerkennung und Wertschätzung herbeiführt und auch Stolz hervorrufen kann (Gouthier 2006; Stauss 2009). Dies erhöht das Selbstwertgefühl sowie den Glauben an die eigenen Fähigkeiten (Selbstwirksamkeit bzw. Self-Efficacy) und führt dazu, dass die Mitarbeiter mit mehr Selbstvertrauen an ihre Arbeit gehen und ihre Zufriedenheit mit der Arbeit erhöht wird (Nasr et al. 2018; Stauss 2009).

Die Wirkung von Lob für den Empfänger hängt jedoch davon ab, wie dieses vom Empfänger interpretiert wird (Kraft und Martin 2001). Die positive Wirkung von Lob ist am stärksten, wenn es als authentisch und unaufgefordert wahrgenommen wird. Sie wird geschwächt, wenn Lob als rein routinemäßig oder sogar als Schmeichelei wahrgenommen wird. Dies passiert, wenn der Empfänger das Gefühl hat, dass der Sender nur lobt, um den Empfänger zu verpflichten, das Lob durch ein bestimmtes Verhalten zu erwidern, der Sender also ein bestimmtes Ziel verfolgt (Kraft und Martin 2001). Hinzu kommt, dass Lob die Mitarbeiter womöglich auch in Verlegenheit bringen oder von ihnen als bevormundend interpretiert werden kann (Nasr et al. 2015). In solchen Fällen hat Lob eine eher negative Wirkung auf die Mitarbeiter (Nasr et al. 2015).

Das Äußern von Lob durch den Kunden kann auch den Kunden selbst beeinflussen. In dieser Hinsicht wurde in einer Studie gezeigt, dass eine aktive Aufforderung des Anbieters zum Äußern von positivem Feedback das Wiederkaufverhalten des Kunden positiv beeinflusst (Bone et al. 2017). Die Autoren vermuten, dass die Äußerung von positivem Feedback durch den Kunden dafür sorgt, dass die Dienstleistung insgesamt positiver in der Erinnerung bleibt. Die Reflektion positiver Aspekte färbt somit die subjektive Bewertung und die Kundenzufriedenheit.

15.2.2 Motive für die Äußerung von Lob

Authentisches Lob wird von Kunden meistens geäußert, weil sie finden, dass der Anbieter bzw. ein Mitarbeiter oder eine Mitarbeiterin dies verdient hat. Kunden möchten ihre **Dankbarkeit zeigen** und höflich sein sowie das Gefühl haben, etwas Gutes für die Mitarbeiter zu tun (Kraft und Martin 2001; Nasr et al. 2018). Oft haben Kunden dabei aber auch das Ziel, eine positive Beziehung zum Mitarbeiter aufzubauen, um somit eine harmonische Interaktion zu gewährleisten (Nasr et al. 2018). Im Rahmen des Ansatzes der Praktiken (Abschn. 2.3) kann Lob in dieser Hinsicht bei sozialen Interaktionen als **Interaktionsritual** charakterisiert werden (Abschn. 9.4). Beim Abschluss vieler Dienstleistungen gehört es im Rahmen von sozialen Normen für Kunden dazu, sich beim Anbieter zu bedanken und ein kurzes Feedback zu geben, oft nachdem der Mitarbeiter danach fragt: *„War alles in Ordnung?" „Ja, danke, das Essen war sehr lecker!"*

Lob wird zudem oft geäußert, um eine Beschwerde **in einen Kontext einzubetten** (Kraft und Martin 2001). Kunden kontrastieren beispielsweise Leistungsergebnisse, die ihnen gut gefallen haben, mit denen, die ihnen weniger gut gefallen haben, um zu verdeutlichen, dass nicht die komplette Leistung unzufriedenstellend war, sondern nur ein bestimmter Aspekt. Dies erscheint dann höflicher und die Beschwerde kann vom Mitarbeiter des Anbieters leichter als konstruktives Feedback interpretiert werden, sodass er weniger defensiv reagiert (Kraft und Martin 2001). Der Kunde hätte das Lob womöglich gar nicht geäußert, wenn er sich nicht hätte beschweren wollen. *„Das Essen war sehr lecker, aber den Kaffee fand ich leider etwas dünn."*

15.2.3 Lobmanagement

Aufgrund der positiven, aber auch der möglichen negativen Wirkungen von Lob ist es für Anbieter wichtig, Kundenlob zu steuern. Nach Stauss (2009) lassen sich die folgenden Aufgaben des Lobmanagements unterscheiden (Abb. 15.3).

Zunächst muss Lob **ermöglicht und stimuliert** werden (Gouthier 2006; Kraft und Martin 2001; Stauss 2009). Kunden müssen wissen, an welcher Stelle sie das Lob äußern können, vor allem wenn sie am Ende oder nach der Dienstleistung keinen direkten Mitarbeiterkontakt haben. Eine aktive Aufforderung mittels Fragebogen (z. B. „Bitte sagen Sie uns, was Ihnen heute bei Ihrem Besuch gut gefallen hat.") am Ende der Service-Phase (z. B. auf einem Kärtchen auf dem Tisch im Restaurant) oder in der Post-Service-Phase (z. B. per E-Mail oder Kampagnen in sozialen Medien) können das Lobverhalten von Kunden stimulieren (Bone et al. 2017; Nasr et al. 2018).

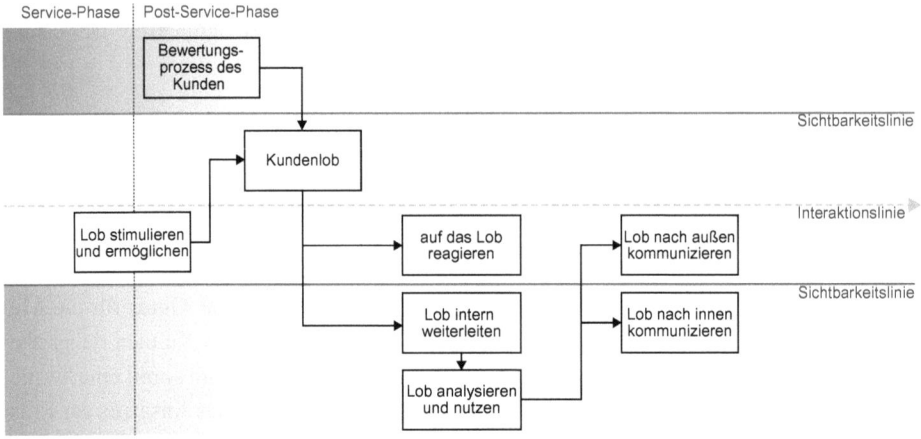

Abb. 15.3 Lobmanagement

In einem nächsten Schritt muss das Lob **bearbeitet** werden. Dazu gehören das Entgegennehmen des Lobs, ggf. die interne Weiterleitung sowie die angemessene Beantwortung (Gouthier 2006; Stauss 2009). Kunden erwarten womöglich eine Reaktion bzw. ein Dankeschön, vor allem wenn sie das Lob nicht nur als Information, sondern auch als Belohnung für den Anbieter sehen (Stauss 2009). In dieser Hinsicht ist es wichtig, dass Mitarbeiter lernen, wie sie Lob richtig interpretieren und wie sie in Abhängigkeit von der Situation darauf reagieren sollen (Nasr et al. 2015). Wie Mitarbeiter reagieren sollen, hängt u. a. davon ab, warum der Kunde lobt (Kraft und Martin 2001). Lobt der Kunde beispielsweise, um eine harmonische Interaktion mit dem Mitarbeiter zu gewährleisten, sollte dieser darauf eingehen und z. B. noch etwas Small Talk machen. Lobt der Kunde, um eine Beschwerde einzubetten, sollte der Mitarbeiter das Lob annehmen, aber auch adäquat auf die Beschwerde eingehen (Abschn. 15.4.3).

Darüber hinaus muss das Lob systematisch **analysiert** werden, damit es danach in der Organisation **genutzt** werden kann, um die Dienstleistung zu verbessern. Anhand der Analyse kann der Anbieter aufdecken, welche Verhaltensweisen und Merkmale beim Kunden besonders gut angekommen sind (Stauss 2009). Wenn z. B. ein Mitarbeiter für eine bestimmte Handlungsweise gelobt wird, kann es sinnvoll sein, die Handlungsweise auch von anderen Mitarbeitern durchführen zu lassen. Das Lobmanagement ist also ein wichtiger Teil des organisationalen Lernens (Wirtz und Tomlin 2000).

Schließlich muss Lob, das an das Management gerichtet wurde, **intern kommuniziert** werden, um Mitarbeiter für die Kundenanforderungen zu sensibilisieren sowie ein Gefühl von Anerkennung und Stolz bei den Mitarbeitern hervorzurufen (Stauss 2009). Öffentliches Lob, das bestimmte Personen in den Mittelpunkt stellt, könnte jedoch in bestimmten gesellschaftlichen Kontexten zu Neid bei anderen und somit zu Konflikten führen. Durch die öffentliche Anerkennung von Gruppen oder durch persönliche, nicht-öffentliche Anerkennung kann dies vermieden werden (Stauss 2009). Auch kann das Lob **nach außen kommuniziert** werden, z. B. auf der Website, in Kundenzeitschriften oder in den sozialen Medien (Stauss 2009). Das Kundenlob wird dann in Form von Testimonials eingesetzt, um die Unsicherheit von potenziellen Kunden abzubauen. *Auf der Homepage einer Universität werden regelmäßig positive Erfahrungen von Studierenden dargestellt.*

15.3 Trinkgeldverhalten

Trinkgeld wird meistens am Ende oder unmittelbar nach Beendigung sowie in seltenen Fällen auch vor dem Service Co-Creation-Prozesses gegeben (Azar 2010a; Lavoie et al. 2021; Lynn und Kwortnik 2015). Das Trinkgeld spielt eine große Rolle bei Dienstleistungen, die persönlich von einem Mitarbeiter erbracht werden, wie z. B. in der Gastronomie und Hotellerie sowie bei Friseuren, Musikern, Taxifahrern, Reiseführern, Croupiers, Lieferdiensten und Handwerkern (Kwortnik et al. 2009; Lynn 2000). Das Trinkgeldverhalten ist ein interessantes Phänomen, da es im Grunde genommen eine freiwillige monetäre Wertverringerung für den Kunden darstellt, für die er keine Gegenleistung erhält

(Azar 2010a). Mit der Trinkgeldvergabe können Kunden den Mitarbeitern ihre Dankbarkeit zeigen und diese für den Service belohnen (Azar 2007; Karabas und Joireman 2020). Sie haben aber auch die Möglichkeit kein oder, um ein Zeichen zu setzen, nur sehr wenig Trinkgeld zu geben, wenn ihnen die Dienstleistung nicht gefallen hat.

▶ **Trinkgeld** bezeichnet eine freiwillige Zahlung durch den Kunden über den Preis für die Dienstleistung hinaus.

Forscher und Manager gingen lange Zeit davon aus, dass die Höhe des Trinkgelds mit der Dienstleistungsqualität korreliert und dass das Trinkgeld somit als Indiz für die Arbeitsleistung der Mitarbeiter herangezogen werden kann (Azar 2009; Lynn 2001). Die meisten Studien zeigen jedoch lediglich einen schwachen Zusammenhang zwischen der vom Kunden wahrgenommenen Dienstleistungsqualität und der Höhe des Trinkgeldes auf (Azar 2009; Lynn 2001). Zwar geben manche Kunden Trinkgeld, um auch beim nächsten Mal, wenn sie die Dienstleistung in Anspruch nehmen, einen guten Service zu erhalten. Jedoch geben die meisten Kunden genauso viel Trinkgeld, wenn sie den Service nur einmal in Anspruch nehmen und sich somit keine Vorteile für das nächste Mal erhoffen (Azar 2007).

15.3.1 Trinkgeldverhalten als gesellschaftliche Praktik

Der schwache Zusammenhang zwischen der vom Kunden wahrgenommenen Dienstleistungsqualität und der Höhe des Trinkgeldes ist in erster Linie darauf zurückzuführen, dass das Trinkgeldverhalten von den **Bräuchen** in der jeweiligen Kultur abhängt (Lynn und Kwortnik 2015). Es ist somit als gesellschaftliche Praktik zu sehen (Abschn. 2.3). Besonders in Ländern, in denen unter anderem die kulturellen Charakteristika Extrovertiertheit und Maskulinität hoch ausgeprägt sind, wie z. B. in den USA, ist das Trinkgeld ein wichtiger Teil der Inanspruchnahme von Dienstleistungen (Lynn 2000). In den USA werden in der Gastronomie durchaus zwischen 15 und 20 % vom Rechnungsbetrag als Trinkgeld gegeben (Azar 2007), auch weil die Kunden wissen, dass die Mitarbeiter auf das Trinkgeld als Einkommensquelle angewiesen sind, da ihr Lohn vergleichsweise gering ausfällt (Azar 2010b). In Europa liegt der durchschnittliche Prozentsatz deutlich niedriger und die Unterschiede zwischen den Ländern sind groß. Sie reichen von ca. zwei Prozent in Norwegen und Frankreich über ca. fünf Prozent in den Niederlanden bis zu ca. acht Prozent in Deutschland und neun Prozent in Schweden (Gössling et al. 2021).

Die Trinkgeldbräuche hängen mit sozialen Normen zusammen (Azar 2010b). Das Nicht-Geben von Trinkgeld bedeutet, dass die soziale Norm nicht eingehalten wird, und dies kann zu einem Schamgefühl führen, sodass Kunden auch dann Trinkgeld geben, wenn sie nicht völlig zufrieden sind. Andersherum geben begeisterte Kunden meistens nicht ein deutlich höheres Trinkgeld, als wenn sie nur zufrieden sind (Azar 2007, 2010b). Aus Sicht des Ansatzes der Praktiken nehmen die meisten Kunden also an der Trinkgeldvergabe als gesellschaftliche Praktik teil, um ihren Status in der Gesellschaft aufrechtzuerhalten, geben jedoch meistens nicht mehr als das, was dafür nötig ist. Der Wert für den Kunden liegt somit aus Sicht der Praxistheorien hauptsächlich darin, durch die Praktik Teil der Gesellschaft zu sein.

15.3.2 Freiwilliges Trinkgeld vs. Servicegebühr

Die schwache Korrelation zwischen der Höhe des Trinkgeldes und der Qualität der Dienstleistung bedeutet jedoch nicht, dass das freiwillige Trinkgeld das Verhalten der Kunden und Mitarbeiter nicht beeinflusst. Dies wird durch Studien verdeutlicht, die den Effekt eines **freiwilligen Trinkgeldsystems** mit einer **verpflichtenden Servicegebühr** vergleichen. In einigen Ländern, wie den USA und seltener auch in Europa, erheben manche Anbieter eine verpflichtende, gesondert ausgewiesene Servicegebühr (service charge). Diese hat u. a. das Ziel, das Geld transparent über alle Mitarbeiter (auch die, die im Back-Office arbeiten) zu verteilen (Karabas und Joireman 2020). Studien zeigen jedoch eher negative Konsequenzen einer solchen Servicegebühr im Vergleich zum freiwilligen Trinkgeld:

- Zum einen sind die Mitarbeiter durch die Servicegebühr weniger motiviert, eine hohe Dienstleistungsqualität zu liefern, da sie kein zusätzliches Trinkgeld erhalten können. Mitarbeiter tendieren nämlich dazu, den Einfluss ihrer Leistung auf die Trinkgeldhöhe zu überschätzen (Kwortnik et al. 2009).
- Zum anderen kann eine Servicegebühr zu einer niedrigeren Kundenzufriedenheit führen (Lynn und Kwortnik 2015). Viele Kunden glauben, dass die Dienstleistung durch die Servicegebühr insgesamt teurer ist, erwarten eine geringere Dienstleistungsqualität (vermutlich, weil sie glauben, dass die Mitarbeiter weniger motiviert sind) und finden eine automatische Servicegebühr weniger fair als ein freiwilliges Trinkgeldsystem (Lynn und Wang 2013).

Kunden schreiben einem freiwilligen Trinkgeldsystem eine höhere Fairness zu als einer verpflichtenden Servicegebühr, da eine verpflichtende Servicegebühr den Kunden die **Kontrolle** über ihr Trinkgeldverhalten nimmt (vgl. wahrgenommene Kontrolle; Abschn. 8.2.2). Kunden möchten das Gefühl haben, selbst über das Trinkgeld zu entscheiden (Karabas und Joireman 2020). Kunden wissen, dass das Trinkgeld einen Anreiz für Mitarbeiter darstellt, eine hohe Dienstleistungsqualität zu liefern. Bei einer automatischen Servicegebühr fehlt dieser Anreiz. Außerdem können Kunden den Anbieter bei einer automatischen Servicegebühr nicht durch das Einbehalten von Trinkgeld für eine niedrige Dienstleistungsqualität bestrafen, um so bei sich selbst ein Gefühl von Gerechtigkeit herbeizuführen (Lynn 2006). Zum anderen können sie die Mitarbeiter auch nicht für eine hohe Dienstleistungsqualität belohnen, sodass weniger positive Emotionen, wie Dankbarkeit und Erfüllung, hervorgerufen werden (Karabas und Joireman 2020). Diese Faktoren führen dazu, dass Kunden eine Dienstleistung eher in Anspruch nehmen, wenn sie dort freiwillig Trinkgeld geben können, als wenn dort eine Servicegebühr erhoben wird (Lynn und Wang 2013).

Den positiven Aspekten des freiwilligen Trinkgeldes stehen negative Aspekte gegenüber. So gibt es Kunden, die die Trinkgeldvergabe schwierig finden, z. B. weil es ihnen schwer fällt, zu entscheiden, wie viel Trinkgeld sie geben sollten (Azar 2007). Auch könnten Mitarbeiter dazu tendieren, bestimmten Personengruppen, von denen sie denken, dass diese weniger Trinkgeld geben werden, eine schlechtere Dienstleistungsqualität zu liefern (Kwortnik et al. 2009). Außerdem kann ein Rollenkonflikt entstehen, da die Mitarbeiter durch das Trinkgeld einen stärkeren Anreiz haben, neben den Anweisungen des Managements auch die Kundenwünsche zu befolgen. Diese können in Konflikt zueinander stehen, z. B. wenn der Kunde Sonderwünsche äußert, die für das Unternehmen aber höhere Kosten zur Folge haben (Kwortnik et al. 2009). Schließlich könnten Mitarbeiter dazu tendieren, andere Mitarbeiter als Konkurrenten zu sehen, sodass sie weniger kollegiales Verhalten zeigen (Kwortnik et al. 2009). Das Management sollte somit die Vor- und Nachteile des freiwilligen Trinkgelds bzw. der Servicegebühr gegeneinander abwägen.

15.3.3 Ansatzpunkte für das Management

In der Dienstleistungsliteratur, in der Psychologie sowie in der Verhaltensökonomik gibt es zahlreiche Studien, die die Einflussfaktoren der Trinkgeldvergabe untersucht haben. So wurde der Einfluss von kundenbezogenen Faktoren wie Herkunft, Geschlecht und Alter sowie situationsbezogenen Faktoren wie Gruppengröße, Zahlungsmethode und Alkoholkonsum auf das Trinkgeldverhalten untersucht (Lynn 2006). Allerdings sind für das Management von Dienstleistungsprozessen insbesondere die Faktoren zentral, die vom Anbieter beeinflusst werden können. Es hat sich gezeigt, dass Anbieter und ihre Mitarbeiter die Trinkgeldhöhe trotz der schwachen Korrelation zwischen Dienstleistungsqualität und Trinkgeldhöhe zu einem gewissen Maß beeinflussen. In dieser Hinsicht können grundsätzlich alle Aspekte, die während der Service-Phase einen Wert für den Kunden hervorrufen können, wie z. B. die Einrichtung des Servicescape sowie die Freundlichkeit des Personals, zu einem höheren Trinkgeld führen (Lee et al. 2018; Lynn 2006). Einige Aspekte sind im Folgenden jedoch hervorzuheben.

Verhaltensweisen der Mitarbeiter, die darauf gerichtet sind, eine persönliche Bindung mit dem Kunden aufzubauen, beeinflussen die Trinkgeldhöhe positiv. Dazu gehören Verhaltensweisen wie z. B. authentisch lächeln, sich mit Namen vorstellen, den Namen des Kunden erfragen und ihn mit Namen ansprechen, in der Sprache eines fremdsprachigen Kunden sprechen, den Kunden kurz berühren (falls dies in der jeweiligen Kultur üblich ist), sich neben den Tisch des Kunden hocken, Witze machen sowie einen Smiley auf die Rechnung zeichnen oder Danke auf die Rechnung schreiben (Bujisic et al. 2014; Lynn 2006; Seiter et al. 2016; van Vaerenbergh und Holmqvist 2013).

Signale in der Dienstleistungsumgebung, die Hochwertigkeit bzw. Luxus ausstrahlen, beeinflussen die Trinkgeldhöhe positiv. Der Kunde assoziiert dies mit Status, sodass das Status-Motiv im Hinblick auf die Trinkgeldvergabe beim Kunden in den Vordergrund rückt (Lee et al. 2018). Eine Studie zeigte beispielsweise, dass goldfarbige Elemente wie eine goldene Tischdecke oder goldene Rechnungsmappe die Trinkgeldhöhe positiv beeinflussen (Lee et al. 2018).

Außerdem können Anbieter explizit (meist schriftlich bei der Bezahlung) **um Trinkgeld bitten**. Dies kann den Kunden daran erinnern, Trinkgeld zu geben sowie den sozialen Druck erhöhen. Inwiefern dies das Trinkgeldverhalten beeinflusst, ist jedoch noch weitgehend unklar. In einer Studie in einem Restaurant wurde gezeigt, dass eine Bitte um Trinkgeld auf dem Bildschirm bei der elektronischen Bezahlung die Höhe des Trinkgeldes negativ beeinflusst (Dyussembayeva et al. 2022). Eine mögliche Erklärung ist, dass Kunden sich in der Situation im Restaurant durch die schriftliche Bitte um Trinkgeld zu viel unter Druck gesetzt fühlen. Eine andere Studie im Kontext der Bestellung und Bezahlung über eine App zeigte jedoch, dass die Möglichkeit für den Kunden, aus verschiedenen Trinkgeldbeträgen zu wählen, die Höhe des Trinkgeldes positiv beeinflussen kann (Alexander et al. 2021). Es wurde gezeigt, dass, wenn höhere Trinkgeldoptionen angezeigt wurden (z. B. 10 %, 15 % und 20 % statt 5 %, 10 % und 15 %), insgesamt mehr Trinkgeld gegeben wurde, ohne dass die Kundenzufriedenheit oder die Wiederkaufsabsicht darunter litten.

15.4 Beschwerdeverhalten und Service Recovery-Management

15.4.1 Service Failure

Bei Service Co-Creation-Prozessen können Fehler nicht immer verhindert werden (De Matos et al. 2007). Man spricht in dem Fall von Service Failure (Spreng et al. 1995). In Anbetracht des Wertgenerierungsprozesses des Kunden wird auch von **Wertverringerung** oder **Wertzerstörung** gesprochen, die das Wohlbefinden des Kunden beeinträchtigt (Smith 2013). Kunden empfinden beispielsweise eine Wertzerstörung, wenn die Dienstleistung nicht den erwarteten Wert herbeiführt und sie somit ihre Investition von Zeit und Geld (zum Teil) als Verlust ansehen, oder weil sie sich sogar schlechter stellen oder fühlen als vor Beginn des Service Co-Creation-Prozesses.

▶ **Service Failure** bezeichnet eine Situation im Dienstleistungsprozess, in der aus Kundensicht ein Problem oder ein Fehler entsteht, unabhängig davon, wer oder was dafür verantwortlich ist (Palmer et al. 2000; Spreng et al. 1995).

Fehler bzw. Probleme im Service Co-Creation-Prozess sind sehr unterschiedlich und können grundsätzlich danach unterschieden werden, ob sie sich auf das **Leistungsergebnis** bzw. auf das eigentliche Ziel der Dienstleistung oder auf den **Prozess** bzw. auf die Art und Weise, wie die Dienstleistung erbracht wird, beziehen (Smith et al. 1999; Spreng et al. 1995). *Beispielsweise sind das Hotelzimmer oder der Flug nicht mehr verfügbar, schmeckt das Essen nicht gut oder sind die Haare zu kurz geschnitten (Ergebnis), verhält ein:e Mit-*

arbeiter:in sich unfreundlich, ist die Wartezeit zu lang oder sind andere Kund:innen zu laut (Prozess). Bei einem Service Failure in Bezug zum Dienstleistungsprozess handelt es sich im Grunde genommen um eine negative Abweichung vom Service Skript aus Kundensicht, indem die vom Kunden antizipierten Ereignisse sich anders entfalten. Bei einem Service Failure in Bezug auf das Dienstleistungsergebnis handelt es sich um das Nicht-Erreichen des antizipierten Value-in-Use.

Ein Service Failure kann zum einen dazu führen, dass das Ziel des Kunden, das er mit der Inanspruchnahme der Dienstleistung verfolgt, nicht erreicht wird (Means-End Sichtweise; Abschn. 2.2). *So ist beispielsweise der Fleck bei der Reinigung nicht beseitigt worden oder das Ziel, mit der Familie im Restaurant einen gemütlichen Abend zu verbringen, wird nicht erreicht.* Zum anderen kann entsprechend der Austauschtheorie das Verhältnis von Nutzen und Kosten (Opfern) aus Kundensicht nicht dem erwarteten Kosten-Nutzen-Verhältnis entsprochen haben. Der Kunde hat aus seiner Sicht entweder zu hohe Opfer aufbringen müssen oder einen zu geringen Nutzen erhalten. *Beispielsweise ist ein:e Kundenkontaktmitarbeiter:in wenig hilfsbereit und die/der Kund:in muss in der Interaktion wiederholt erklären, was er/sie möchte. Dies erhöht ihre/seine Kosten, sodass er/sie sich über den/die Mitarbeiter:in beschwert.* Auch kann ein Service Failure dazu führen, dass das Nutzen-Opfer-Verhältnis entsprechend der Austauschtheorie nach Thibaut und Kelley (Abschn. 4.3.1) niedriger ausfällt als das Comparison Level des Kunden oder als das Comparison Level for Alternatives. Schließlich kann die Vorstellung des Kunden von Gerechtigkeit oder einer fairen Austauschrate verletzt sein, z. B. wenn aus seiner Sicht andere Kunden bevorzugt behandelt werden (Adams 1965; Bruhn und Stauss 1995).

Ein Service Failure verursacht Unzufriedenheit und verringert das Wohlbefinden des Kunden, indem er beispielsweise zu Stress und negativen Emotionen wie Wut oder Frustration führt (Fließ und Volkers 2020). Um das Wohlbefinden wieder zu steigern, wenden Kunden Bewältigungsstrategien (coping strategies) an (Duhachek 2005; Sengupta et al. 2015). **Bewältigungsstrategien (coping)** sind Aktivitäten, die durchgeführt werden, um Probleme zu lösen und Stress und negative Emotionen zu reduzieren. Dabei kann nach Folkman und Lazarus (1980) grundsätzlich zwischen problembezogenen und emotionsbezogenen Bewältigungsstrategien unterschieden werden, die aber durchaus auch gleichzeitig angewendet werden können:

- **Problembezogene Strategien** sind Aktivitäten, mit denen versucht wird, die Umwelt zu beeinflussen, um so ein Problem zu beseitigen oder zu verhindern. Kunden suchen z. B. eine Lösung, stellen einen Plan auf, bitten andere um Hilfe oder beschweren sich (Sengupta et al. 2015). *So bittet ein Fahrgast in einem verspäteten Zug den/die Schaffner:in, dafür zu sorgen, dass der Anschlusszug wartet.* Voraussetzung dabei ist, dass der Kunde das Gefühl hat, dass er oder eine andere Person die Situation ändern kann (Carver und Scheier 1981; Fließ und Volkers 2020).
- **Emotionsbezogene Strategien** sind mentale Aktivitäten, mit denen versucht wird, die Emotionen in Bezug zu einer gegebenen Situation zu regulieren, sodass die bestehende Situation mental akzeptiert werden kann. Kunden versuchen beispielsweise positiv zu

denken, die Situation neu zu interpretieren oder neue Ziele zu setzen (Duhachek 2005; Sengupta et al. 2015). *So sagt ein Fahrgast zu sich selbst, dass es nicht so schlimm sei, wenn er/sie den Zug verpasst, und dass solche Situationen einfach zum Leben dazu gehören.* Darüber hinaus suchen Kunden emotionale Unterstützung oder machen ihrem Ärger Luft, indem sie über die negative Situation mit anderen sprechen oder im Internet darüber berichten (Word-of-Mouth) (Duhachek 2005; Sengupta et al. 2015).

15.4.2 Beschwerdeverhalten

Beschwerden resultieren aus einem Service Failure, der dafür sorgt, dass der Kunde das Gefühl hat, den erwarteten Service Value nicht erhalten zu haben. Der Kunde beschwert sich oft mit dem Ziel, eine Kompensation zu erhalten, sodass der Service Value wiederhergestellt wird. Die Wertminderung aufgrund des Service Failure kann beispielsweise durch eine verbesserte oder völlig neue Leistung, durch eine (anteilige) Rückzahlung des Kaufpreises, eine Entschuldigung und/oder das Versprechen, dass der Fehler in Zukunft nicht mehr entsteht (psychologische Kompensation), kompensiert werden (Westbrook 1987; Wirtz und Mattila 2004). In manchen Fällen kann ein Schadensersatz für Folgeschäden geleistet werden, *z. B.* für eine Hotelübernachtung bei einem Flugausfall (Stauss und Seidel 2014, S. 29).

▶ **Beschwerde** Dies bezeichnet eine verbale oder schriftliche Äußerung des Kunden gegenüber dem Anbieter, mit der er auf seine Unzufriedenheit mit der Dienstleistung aufmerksam macht (Stauss und Seidel 2014). Das Ausmaß der Unzufriedenheit spielt dabei keine Rolle, d. h., alle Äußerungen des Kunden, die signalisieren, dass er aufgrund der Dienstleistung in seinem Wohlergehen beeinträchtigt ist, gelten als Beschwerde (Stauss und Seidel 2014).

▶ **Reklamation** Fordert der Kunde eine Kompensation ein, weil er glaubt, dass er darauf einen rechtlichen Anspruch hat, wird von Reklamation gesprochen (Stauss und Seidel 2014, S. 29).

Sich zu beschweren, bringt für den Kunden **Beschwerdekosten** mit sich mit, z. B. in Form von Zeitverlust und Stress (Stauss und Seidel 2014, S. 47). Außerdem kann es insbesondere im direkten Kontakt mit einem Mitarbeiter für Kunden unangenehm sein sich zu beschweren, weil dies eine direkte Konfrontation beinhaltet. Dies bringt für Kunden psychologische Kosten mit sich (Chebat et al. 2005). Ob Kunden sich beschweren, hangt somit vom erwarteten Nutzen-Kosten-Verhältnis der Beschwerde ab (Stauss und Seidel 2014, S. 47). Das Nutzen-Kosten-Verhältnis wird dadurch beeinflusst, wie wichtig das Ergebnis der Dienstleistung für den Kunden ist, wie schwer der Service Failure ist bzw. wie viel Wertverlust der Kunde durch den Service Failure erlitten hat, wie hoch die Kosten der Beschwerde vom Kunden wahrgenommen werden und inwiefern der Kunde erwartet, dass er vom Anbieter eine Kompensation erhalten wird (Blodgett et al. 1995; Smith et al. 1999; Weun et al. 2004).

Außerdem hängt das Beschwerdeverhalten davon ab, wie Kunden die Ursache des Service Failures einstufen (Voorhees et al. 2017). Wenn ein Service Failure stattfindet, möchten Kunden wissen, warum dies passiert ist, sodass sie entscheiden können, wie sie darauf reagieren sollen (van Vaerenbergh et al. 2014). Die **Attributionstheorie** erklärt, wie Menschen ein Ereignis einer Ursache zuschreiben (Heider 1958). Nach Weiner (1985) können Ursachen anhand von drei Dimensionen eingestuft werden:

- Die **Ursache (locus of causality)** bezieht sich auf die Frage, wer oder was für ein bestimmtes Ereignis verantwortlich ist. Der Kunde kann die Ursache eines Service Failures dem Anbieter, sich selbst oder auch externen Faktoren, wie z. B. anderen Kunden, dem Wetter oder generell dem Schicksal zuschreiben (Wirtz und Mattila 2004). *Beispielsweise kann ein:e Kund:in, der/die mit dem Haarschnitt unzufrieden ist, dies den geringen Fähigkeiten des/der Friseur:in, seinem/ihrem unkonkret geäußerten Wunsch oder auch schlicht Pech zuschreiben.*
- Die **Stabilität (stability)** bezieht sich auf die Frage, ob die Ursache für ein Ereignis eher permanent bzw. konstant oder temporär bzw. vorübergehend ist (van Vaerenbergh et al. 2014). *Der/die Kund:in kann zum Beispiel glauben, dass der/die Friseur:in generell unfähig ist und auch in Zukunft nicht besser wird (permanent) oder dass er/sie einfach einen schlechten Tag hatte (temporär).*
- Die **Kontrolle (locus of control)** bezieht sich auf die Frage, ob das Ereignis kontrollierbar war bzw. ob es durch den Anbieter oder durch den Kunden selbst hätte verhindert werden können oder ob dies nicht möglich war (van Vaerenbergh et al. 2014). Glaubt der Kunde, dass der Anbieter den Service Failure hätte verhindern können, schlussfolgert er, dass der Anbieter bewusst versagt hat oder sich zu wenig angestrengt hat. Auch kann er nach dem Service Failure glauben, dass er sich selbst mehr hätte anstrengen müssen, um das Problem zu verhindern. *Der/die Kund:in könnte glauben, dass der/die Friseur:in sich mehr Zeit für den Haarschnitt hätte nehmen müssen oder dass er/sie selbst genauer hätte überprüfen müssen, dass der/die Friseur:in verstanden hat, was für eine Frisur er/sie genau möchte.*

Die Einstufung dieser Ursachen beeinflusst die Emotionen und die Entscheidung des Kunden, sich zu beschweren oder nicht. Schreiben Kunden die Ursache für den Service Failure sich selbst zu, spüren sie ein Scham- oder Schuldgefühl, während sie eher Traurigkeit empfinden, wenn sie die Ursache von ihnen nicht beeinflussbaren Faktoren, z. B. dem Schicksal, zuschreiben (Stephens und Gwinner 1998). Schreiben sie den Fehler dem Anbieter zu, empfinden Kunden eher Wut oder Empörung, sodass sie sich eher beschweren (Stephens und Gwinner 1998). Die empfundene Wut und somit der Wunsch nach Kompensation sind umso höher, wenn die Ursache als kontrollierbar eingestuft wird, da der Anbieter in dem Fall, aus Sicht des Kunden, hätte wissen müssen, was er hätte anders machen sollen (van Vaerenbergh et al. 2014). Außerdem beschweren Kunden sich eher, wenn sie die Ursache des Service Failure als stabil ansehen. Kunden glauben dann, dass sie sich beschweren müssen, damit der Anbieter etwas ändert, sodass der Service Failure in Zukunft nicht auftritt (van Vaerenbergh et al. 2014).

Es gibt jedoch Kunden, die sich **nicht beschweren**, auch wenn sie den Service Failure dem Anbieter zuschreiben (Holloway und Beatty 2003). Schätzungen gehen davon aus, dass mehr als die Hälfte der unzufriedenen Kunden sich nicht beschwert (Stauss und Seidel 2014, S. 45). Kunden glauben beispielsweise, dass sie die Situation nicht ändern können bzw. keine Kontrolle über die Situation haben und dass der Anbieter keine Kompensation geben wird (Stephens und Gwinner 1998). Im Sinne der Austauschtheorien werden die Kosten der Beschwerde (Zeit, Mühe, Stress) dann höher eingeschätzt als der Nutzen (Stauss und Seidel 2014, S. 47).

Darüber hinaus ist das Beschwerdeverhalten **kulturell** bedingt. Beispielsweise beschweren sich Kunden in Kulturen mit hoher Machtdistanz (also solche, die durch starke Hierarchien gekennzeichnet sind) eher weniger als in Kulturen mit niedriger Machtdistanz (van Vaerenbergh et al. 2014), insbesondere wenn das Unternehmen renommiert ist und somit hoch in der sozialen Hierarchie positioniert ist (Gelbrich 2017). Außerdem beschweren sich Kunden in kollektivistischen Kulturen, die z. B. in asiatischen Ländern vorherrschen, eher weniger als Kunden in individualistischen Kulturen (z. B. in den USA und in europäischen Ländern), weil das Äußern von negativen Emotionen und Beschwerden in kollektivistischen Kulturen eher zu einem Gesichtsverlust führt (Liu und McClure 2001). Kunden in solchen Kulturen sehen ihren Anbieter außerdem oft als Teil ihrer sozialen Gemeinschaft, mit dem sie eine harmonische Beziehung pflegen möchten (Gelbrich 2017).

Auf der anderen Seite gibt es jedoch auch eine geringe, jedoch nicht vernachlässigbare Anzahl an Kunden, die sich aus **opportunistischen Motiven** beschweren (Reynolds und Harris 2005; Wirtz und McColl-Kennedy 2010). Sie hoffen beispielsweise eine Rückerstattung oder Kompensation zu erhalten, obwohl sie mit der Dienstleistung zufrieden waren oder wissen, dass sie den Fehler selbst verursacht haben. Außerdem gibt es Kunden, die dies tun, um ihr Selbstbild zu stärken oder um andere aus der sozialen Gruppe zu beeindrucken (Reynolds und Harris 2005).

15.4.3 Service Recovery-Management

Beschwerden stellen ein wichtiges Feedback für den Anbieter dar und ermöglichen ihm, den Service Value für den Kunden im Falle eines Service Failures wiederherzustellen (Holloway und Beatty 2003; Stephens und Gwinner 1998). Analog zum Kundenlob müssen Kunden angeregt werden, sich im Falle eines Service Failures zu beschweren. Eine Beschwerde muss vom Anbieter bearbeitet werden und der Kunde muss eine angemessene Reaktion erhalten. Auch müssen Beschwerden intern ausgewertet werden, um sie zur Verbesserung des Dienstleistungsprozesses zu nutzen (Stauss und Seidel 2014, S. 67–70). Dieses Kapitel widmet sich einem Teilbereich des Beschwerdemanagements, dem Service Recovery-Management, das sich auf die Reaktion gegenüber dem Kunden im Falle eines Service Failures bezieht.

▶ **Service Recovery** (Wiederherstellung der Dienstleistung) bezeichnet die Aktivitäten des Anbieters infolge eines Service Failure mit dem Ziel, Service Value für den Kunden herbeizuführen und so eine positive Bewertung des Dienstleistungsprozesses durch den Kunden hervorzurufen (McCollough et al. 2000; Smith et al. 1999).

Eine Service Recovery kann entweder während der Service-Phase durchgeführt werden, indem ein Problem ad hoc gelöst wird, oder in der Post-Service-Phase, indem der Kunde im Nachhinein für den verringerten Wert kompensiert wird. In der Literatur wird das Service Recovery-Management der Post-Service-Phase zugeordnet (Voorhees et al. 2017). Der Anbieter kann eine Service Recovery durchführen, nachdem der Kunde sich beschwert hat (Beschwerdemanagement), oder auf eigene Initiative eine Recovery bereits während des Service Co-Creation-Prozesses starten, wenn er merkt, dass ein Problem oder ein Fehler entsteht und der Kunde womöglich einen Wertverlust empfindet (van Vaerenbergh et al. 2019). Eine Recovery auf Initiative des Anbieters wird vom Kunden besser wahrgenommen, als wenn er sich zuerst beschweren muss (Smith et al. 1999; Xu et al. 2014). Aus den Austauschtheorien (Abschn. 4.3.1) lässt sich ableiten, dass der Anbieter im Rahmen einer Recovery, die nach einer Beschwerde durchgeführt wird, nicht nur den verringerten Service Value, sondern auch die Kosten, die aufgrund der Äußerung der Beschwerde entstanden sind, kompensieren sollte, um eine positive Bewertung des Kunden hervorzurufen.

Das Service Recovery-Management ist ein wichtiger Baustein für den Erfolg von Unternehmen, da eine erfolgreiche Recovery im Falle eines Service Failures Zielgrößen wie Kundenzufriedenheit, Wiederkaufsabsicht und Weiterempfehlungsabsicht des Kunden positiv beeinflusst (McCollough et al. 2000). Eine exzellente Service Recovery kann unter bestimmten Bedingungen sogar zu einer höheren Zufriedenheit des Kunden führen, als wenn kein Service Failure stattgefunden hat. Dies wird als **Service Recovery-Paradox** bezeichnet (Edström et al. 2022; Smith und Bolton 1998). Eine Metaanalyse anhand von 24 Studien hat dieses Phänomen bestätigt (De Matos et al. 2007). Die Analyse zeigte jedoch auch, dass die Wahrscheinlichkeit, dass Kunden beim Anbieter wiederkaufen, nicht höher ausfällt, als wenn kein Fehler stattgefunden hat, da das Vertrauen in den Anbieter durch den Service Failure sinkt. Eine erfolgreiche Recovery führt also zur Zufriedenheit in Bezug auf den entsprechenden Dienstleistungsprozess, für die Zukunft bedenkt der Kunde jedoch, dass der Anbieter zunächst nicht in der Lage war, die Dienstleistung richtig durchzuführen, sodass er diesen in Zukunft womöglich meidet (De Matos et al. 2007). Anbieter sind somit gehalten, Service Failures möglichst zu verhindern. Da dies jedoch nicht immer gelingt, ist ein ausgereiftes Service Recovery-Management für Dienstleistungsanbieter unabdingbar (De Matos et al. 2007).

Eine große Zahl an Studien in der Dienstleistungsliteratur geht der Frage nach, inwiefern Service Recovery-Maßnahmen den Service Value für den Kunden wiederherstellen können. Zentral ist dabei, inwiefern der Kunde die Recovery-Maßnahmen als gerecht bzw. fair empfindet (Blodgett et al. 1997; Tax et al. 1998; Wirtz und Mattila 2004). Als Erklärungsansatz wird in der Literatur zu Service Recovery meistens die **Equity-Theorie** herangezogen.

Equity-Theorie

Die Equity-Theorie nach Adams (1965) lehnt sich an die Austauschtheorie nach Homans (1961) an und fokussiert sich auf die wahrgenommene Gerechtigkeit im Rahmen von Austauschbeziehungen. Sie besagt, dass das Ergebnis von Austauschsituationen als gerecht oder ungerecht empfunden werden kann. Austauschpartner bringen ihre Ressourcen in den Austausch ein (Inputs). Zu den Inputs zählen z. B. Anstrengung sowie finanzielle oder materielle Ressourcen, aber auch Risiko, Wissen, sozialer Status oder andere persönliche Charakteristiken, wie Alter oder Erfahrung, können von den Austauschpartnern als Inputs gesehen werden. Für ihre Inputs erwarten Austauschpartner eine angemessene Gegenleistung (Output) bzw. einen Nutzen, den sie aus dem Austausch erhalten (Adams 1965). Eine (un)gerechte Austauschsituation liegt im Prinzip dann vor, wenn das Input-Output-Verhältnis für beide Austauschpartner (un)gleich ist. Dies kann sich auf eine direkte Austauschsituation mit einem Austauschpartner beziehen oder auf den Vergleich der eigenen Austauschsituation mit der zwischen dem Austauschpartner und einer weiteren Person (Adams 1965). Beispielsweise vergleichen Kunden ihre Austauschsituation mit einem Anbieter mit der Austauschsituation zwischen dem Anbieter und anderen Kunden und empfinden diese als ungerecht, wenn andere Kunden ein besseres Input-Output-Verhältnis (z. B. durch eine Vorzugsbehandlung) erhalten.

Ob ein Austausch von den Austauschpartnern als gerecht wahrgenommen wird, hängt jedoch weniger von den tatsächlichen Inputs und Outputs, sondern von der Wahrnehmung der Austauschpartner bezüglich ihres Input-Output-Verhältnisses und das des anderen ab. Die Austauschpartner können die jeweiligen Inputs und Outputs und insbesondere ihre Gewichtung unterschiedlich wahrnehmen (Adams 1965). *Ein/e Arbeitgeber:in ist im Gegensatz zum/r Mitarbeiter:in der Meinung, dass die erbrachte Leistung und nicht die Zusatzqualifikationen oder die Anzahl der Jahre, die der/die Mitarbeiter:in bereits beim Unternehmen angestellt ist, für die Beförderung maßgeblich ist.*

Die Wahrnehmung des Austausches hängt mit den gegenseitigen Erwartungen an den Austausch sowie mit sozialen und kulturellen Normen zusammen (Adams 1965). Da nicht alle Erwartungen vertraglich festgelegt werden können, können sich während des Service Co-Creation-Prozesses unterschiedliche Vorstellungen bemerkbar machen. *Beispielsweise nimmt ein:e Flugbegleiter:in wahr, dass Passagiere aus eher westlich geprägten Kulturen höhere Ansprüche an die Dienstleistung haben als Passagiere aus eher östlich geprägten Kulturen.* Es kann jedoch auch große individuelle Unterschiede im Hinblick auf die Erwartungen geben. Manche Kunden berufen sich auf das „Der Kunde ist König"-Prinzip und glauben, dass ihre monetäre Leistung es rechtfertigt, die Erfüllung all ihrer Sonderwünsche vom Anbieter zu verlangen, während andere sich fast nicht trauen, Sonderwünsche zu äußern. Auch Mitarbeiter können eine unterschiedliche Vorstellung der Austauschsituation aufweisen. *Beispielsweise findet ein:e Krankenpfleger:in, dass es nicht zu seinen/ihren Aufgaben gehört, den Patient:innen das Telefon auf dem Zimmer einzurichten und meint, diese sollen sich selbst bei der Informationstheke im Eingangsbereich des Krankenhauses erkundigen. Ein:e andere:r Pfleger:in ist dazu jedoch sehr wohl bereit.*

Die empfundene Gerechtigkeit hat unterschiedliche Emotionen und Verhaltensweisen der Akteure zur Folge (Adams 1965; del Río-Lanza et al. 2009). Hat ein Austauschpartner das Gefühl, dass er mehr in den Austausch investiert hat (Kosten) als er vom Austauschpartner zurückbekommt (Nutzen), empfindet er dies als ungerecht und ist verärgert. Hat er dagegen das Gefühl, dass er mehr bekommt als er investiert hat, kann er sich schuldig fühlen. Austauschpartner können daraufhin versuchen ihre Inputs oder Outputs zu erhöhen oder zu verringern, sodass sie die Austauschsituation wieder als gerecht wahrnehmen (Adams 1965). *Ein:e Mitarbeiter:in strengt sich weniger an, weil er/sie findet, dass die Bezahlung ungerecht ist.* Sie können aber auch die Situation verleugnen oder uminterpretieren (emotionsbezogene Strategie; Abschn. 15.4.1) oder die Beziehung beenden (Adams 1965).

Entsteht ein Service Failure, empfindet der Kunde die Austauschsituation als ungerecht, sodass er sich womöglich beim Anbieter beschwert und eine Recovery erwartet (dies entspricht dem Versuch des Kunden, seinen Output der Austauschsituation zu erhöhen) (Weun et al. 2004). *Beispielsweise findet ein:e Kund:in, dessen/deren Hotelzimmer nicht sauber gemacht wurde, dass seine/ihre Investitionen in den Austausch (Preis des Hotelzimmers) nicht im richtigen Verhältnis zum Nutzen (schönes Hotelzimmer) steht.* Im Falle eines Service Failures interessiert sich der Kunde jedoch nicht nur dafür, *dass* wieder ein Gleichgewicht zwischen Inputs und Outputs herbeigeführt wird, sondern auch für die Art und Weise, wie dies vom Anbieter erreicht wird. Im Kontext des Service Recovery-Managements werden darum drei **Dimensionen der wahrgenommenen Gerechtigkeit** unterschieden (del Río-Lanza et al. 2009; Goodwin und Ross 1992; Smith et al. 1999; Wirtz und Mattila 2004):

- **Ergebnisgerechtigkeit (distributive justice)**: Hierbei handelt es sich darum, inwiefern der Kunde das Ergebnis der Recovery-Maßnahmen des Anbieters (z. B. Lösung des Problems, Kompensation) als fair empfindet; er also das Gefühl hat, dass das Input-Output-Verhältnis wieder im Gleichgewicht ist.
- **Verfahrensgerechtigkeit (procedural justice)**: Hierbei handelt es sich darum, inwiefern der Kunde die Regeln und Prozeduren, die mit dem Recovery in Verbindung stehen, als fair empfindet. Zu denken ist dabei an Aspekte, wie einfach der Kunde Kontakt mit dem Anbieter aufnehmen kann, um sich zu beschweren, oder die Schnelligkeit der Lösungsfindung.
- **Interaktionsgerechtigkeit (interactional justice)**: Hierbei handelt es sich darum, inwiefern der Kunde die Interaktion mit dem Anbieter im Rahmen der Service Recovery als fair empfindet. Ist der Mitarbeiter höflich und zeigt er Empathie und Bemühen, erhöht dies die Interaktionsgerechtigkeit aus Sicht des Kunden. Eine Situation, in der ein Mitarbeiter zwar eine Erstattung anbietet, dies jedoch murrend tut, wird vom Kunden als weniger fair wahrgenommen.

Nesper (2014) zeigt am Beispiel der Telekommunikationsbranche, dass alle drei Dimensionen für die wahrgenommene Gerechtigkeit eine Rolle spielen. Auch zeigt die Studie, dass die wahrgenommene Gerechtigkeit die Kundenbindung sowie das Word-of-Mouth-Verhalten beeinflusst. Anhand der drei Dimensionen haben Forschende herausgearbeitet, wie das Recovery-Management aufgebaut sein soll, damit der Kunde die Austauschsituation wieder als gerecht wahrnimmt. Eine gute Übersicht der Recovery-Maßnahmen bieten Stauss und Seidel (2014) sowie van Vaerenbergh et al. (2019). Im Folgenden werden die wichtigsten Service Recovery-Maßnahmen dargestellt (Tab. 15.1).

Im Rahmen der **Ergebnisgerechtigkeit (distributive justice)** sollten Anbieter in erster Linie versuchen, das Problem zu **lösen** oder eine **neue, verbesserte Leistung** anzubieten, damit in der Austauschsituation wieder ein Gleichgewicht erreicht wird (Mostafa et al. 2015). Gelingt dies nicht vollständig oder nicht schnell genug, empfindet der Kunde den Austausch möglicherweise immer noch als ungerecht. In dem Fall kann eine monetäre

Tab. 15.1 Service Recovery-Maßnahmen

Ergebnisgerechtigkeit (distributive justice)	Verfahrensgerechtigkeit (procedural justice)	Interaktionsgerechtigkeit (interactional justice)
Problemlösung	Verschiedene Beschwerdekanäle, z. B.: Telefon, E-Mail, Social Media	Umgang mit dem Kunden, z. B.: Empathie, persönliche Ansprache, Entschuldigung
Neue, verbesserte Leistung	Schnelle Lösungsfindung	Erklärung für den Fehler
Monetäre Kompensation, z. B.: Erstattung, Preisreduzierung, Gutschein	Mitwirkung des Kunden bei der Recovery	Absicht, den Prozess in Zukunft zu verbessern

Kompensation das Gleichgewicht wiederherstellen, z. B. in Form einer vollständigen Erstattung und ggf. Erstattung von Folgekosten (z. B. Übernachtung in einem Hotel), einer Preisreduzierung oder eines Gutscheins (Stauss und Seidel 2014, S. 29; Wirtz und Mattila 2004). *Eine Studie im Restaurant-Kontext zeigt in dieser Hinsicht, dass wenn ein Service Failure (falsches Essen wird gebracht) sofort wiederhergestellt wird und der/die Mitarbeiter:in sich entschuldigt, eine Kompensation die Zufriedenheit mit der Recovery nicht weiter erhöht. Dauert die Problemlösung jedoch zu lange oder entschuldigt sich der/die Mitarbeiter:in nicht, kann eine Kompensation zu einer höheren Zufriedenheit, Wiederkaufsabsicht und Weiterempfehlungsabsicht führen* (Wirtz und Mattila 2004).

Wenn das Problem grundsätzlich nicht oder nicht in einer angemessenen Zeit behoben werden kann, erwarten Kunden in der Regel eine Kompensation, um das Gleichgewicht wieder herzustellen (Hogreve et al. 2017). *Fällt beispielsweise der Flug aus, müssen die Fluggäste auf den nächsten Flug warten, sodass die nicht-monetären Kosten (hier: Zeitverlust) sich für sie erhöhen.* Die Erwartung des Kunden bezüglich der Kompensation hängt jedoch von der Ursache des Problems ab. Eine Studie zeigt in dieser Hinsicht, dass eine Kompensation die Wiederkaufsabsicht positiv beeinflusst, aber nur wenn der Anbieter für den Fehler verantwortlich gehalten wurde (Grewal et al. 2008). Die Studie impliziert, dass ein Service Failure, der durch eine externe Ursache entstanden ist (z. B. das Wetter), die Wiederkaufabsicht nicht negativ beeinflusst, sodass eine Kompensation nicht zwingend notwendig ist (Grewal et al. 2008).

Bezüglich der **Höhe einer Kompensation** sollten Anbieter sich bewusst sein, dass die Steigerung der Zufriedenheit mit der Recovery-Maßnahme mit einer steigenden Kompensation abnimmt, d. h., bei einer Kompensation, die über ein bestimmtes Niveau hinausgeht (in der Regel über 80 % bis 100 % des vom Kunden gezahlten Preises), steigt die Zufriedenheit meistens nur marginal weiter an (Gelbrich et al. 2015). Allerdings wird dieser Zusammenhang dadurch beeinflusst, ob der Kunde eine starke oder schwache Beziehung zum Anbieter hat (Gelbrich et al. 2016). Bei Kunden mit einer schwachen Beziehung sollte eine vergleichsweise niedrige Kompensation angeboten werden, da eine höhere Kompensation sich bei solchen Kunden nur marginal auf die Zufriedenheit mit der Recovery auswirkt. Die Kosten der höheren Kompensation stehen für den Anbieter dann nicht im Verhältnis zum Nutzen. Bei Kunden mit einer starken Beziehung lohnt es sich eher eine vergleichsweise hohe Kompensation anzubieten, da die Zufriedenheit mit der Recovery bei solchen Kunden auch bei einer vergleichsweise höheren Kompensation linear ansteigt (Gelbrich et al. 2016).

Im Rahmen der **Verfahrensgerechtigkeit (procedural justice)** ist es wichtig, den Kunden verschiedene **Beschwerdekanäle** anzubieten, über die sie ihre Beschwerde äußern können (van Vaerenbergh und Orsingher 2016). Ein leichter Zugang verringert die Beschwerdekosten für den Kunden (Stauss und Seidel 2014, S. 47). Neben herkömmlichen Kanälen wie Telefon und E-Mail binden immer mehr Anbieter die Äußerung von Beschwerden über soziale Medien in das Recovery-System ein (van Vaerenbergh und Orsingher 2016). Zum einen ermöglichen sie Kunden, sich über die Profile des Anbieters in sozialen Medien zu beschweren, zum anderen spüren Anbieter Beschwerden von Kunden auf anderen Kanälen auf und reagieren darauf (van Noort und Willemsen 2012). Hier entsteht eine Überschneidung zwischen Recovery-Management und dem Umgang mit negativem Word-of-Mouth (vgl. Webcare; Abschn. 16.2.3.2), da die Beschwerden in dem Fall nicht direkt an den Anbieter, sondern in der Öffentlichkeit geäußert werden.

Auch die **Schnelligkeit** der Recovery spielt eine Rolle im Rahmen der Verfahrensgerechtigkeit (Blodgett et al. 1997). Eine schnelle Recovery erhöht die Zufriedenheit mit den Recovery-Maßnahmen, während eine langsame Recovery die Zufriedenheit verringern kann (Mostafa et al. 2015). Erwarten Kunden beispielsweise eine Kompensation, müssen darauf aber sehr lange warten, wird dies als ungerecht empfunden, sodass sie dadurch eine noch höhere Kompensation erwarten (Hogreve et al. 2017). Aus Sicht des Kunden erhöht die Dauer bis zur Kompensation gewissermaßen die nicht-monetären Inputs des Kunden in den Austausch (z. B. Wartezeit, Unsicherheit), sodass eine höhere Kompensation notwendig ist, um das Gleichgewicht wieder herzustellen (Hogreve et al. 2017).

Schließlich kann die Verfahrensgerechtigkeit in manchen Situationen erhöht werden, wenn der Kunde im Recovery-Prozess **mitwirken** kann. Er erhält dadurch ein Gefühl von Kontrolle über den Prozess (Dong et al. 2008; Roggeveen et al. 2012; van Vaerenbergh et al. 2018). *Beispielsweise zeigt ein:e Mitarbeiter:in einem/einer Kund:in bei einer Umbuchung nach einem Flugausfall die verschiedenen Umbuchoptionen.*

Im Rahmen der **Interaktionsgerechtigkeit (interactional justice)** soll der Anbieter die Interaktion im Rahmen der Recovery angenehm gestalten und Verständnis bzw. **Empathie** für die Situation des Kunden zeigen. Grundsätzlich wird dabei ein **höflicher Umgang** mit dem Kunden für eine erfolgreiche Recovery vorausgesetzt (Mostafa et al. 2015; Tax et al. 1998). Eine persönliche Interaktion mit einem Mitarbeiter ist dabei wichtig. Beispielsweise wurde gezeigt, dass eine vom Mitarbeiter selbst geschriebene Nachricht beim Kunden besser ankommt als ein Standardschreiben des Unternehmens (Roschk und Gelbrich 2017). Außerdem hat die Forschung eindeutig gezeigt, dass ein Anbieter sich für einen Service Failure, den der selbst verursacht hat, **entschuldigen** soll. Dies signalisiert dem Kunden Empathie, indem es zeigt, dass der Anbieter die Wertminderung des Kunden anerkennt und diesen ernst nimmt (Fu et al. 2015; van Vaerenbergh et al. 2019). Eine Entschuldigung ist umso wichtiger für Kunden in kollektivistischen Kulturen, da diese oft einen großen Wert auf interaktionale Gerechtigkeit legen, zumal es sie oft besonders große Überwindung kostet, sich überhaupt zu beschweren (Gelbrich 2017).

Zudem können Mitarbeiter **erklären**, warum der Service Failure entstanden ist und was sie getan haben, um das Problem zu vermeiden oder um das Schaden zu minimieren (Gelbrich 2010; Mostafa et al. 2015). Dies kann die Wahrnehmung des Kunden bezüglich der Ursache, Stabilität und Kontrollierbarkeit des Fehlers beeinflussen, sodass der Kunde glaubt, dass der Service Failure lediglich ein Missgeschick war oder gar nicht auf den Anbieter zurückzuführen ist. Eine Erklärung kann somit negative Emotionen wie Wut und Stress verringern, sodass der Kunde sich dem Mitarbeiter gegenüber kooperativer verhält und sich weniger negativ über die Dienstleistung gegenüber anderen äußert (Word-of-Mouth) (Gelbrich 2010). Allerdings ist bei einer Erklärung auch Vorsicht geboten, da Kunden das Gefühl bekommen können, dass der Anbieter die Verantwortung für den Service Failure ablehnt (Wirtz und Mattila 2004). Studien haben außerdem gezeigt, dass wenn ein Problem prompt und höflich gelöst wird, eine Erklärung des Fehlers nicht unbedingt zu einer noch höheren Zufriedenheit mit den Recovery-Maßnahmen führen muss (Hogreve et al. 2017; Liao 2007).

Schließlich können Anbieter dem Kunden kommunizieren, dass der Service Failure den Anbieter dazu motiviert hat, den Dienstleistungsprozess zu **verbessern**, damit der Service Failure in Zukunft nicht mehr auftritt. Dies kann die Bewertung der Recovery-Maßnahmen durch den Kunden verbessern, insbesondere wenn der Kunde mit dem Ergebnis des Service Recovery nicht ganz zufrieden war (van Vaerenbergh et al. 2012).

Zusammengefasst lässt sich aus den Erkenntnissen ableiten, dass alle drei Dimensionen im Rahmen einer Service Recovery von Bedeutung sind und Zielgrößen wie Zufriedenheit, Wiederkaufabsicht und Weiterempfehlungsabsicht des Kunden beeinflussen (Arsenovic et al. 2021). Dies wurde beispielsweise in der Telekommunikationsbranche (Nesper 2014), in der Gastronomie (Wirtz und Mattila 2004) und in der Hotelbranche (Fu et al. 2015) gezeigt. Außerdem spielen die Dimensionen eine Rolle beim Entgegenwirken von opportunistischen Beschwerden: je gerechtfertigter die Recovery-Maßnahmen aus Sicht des Kunden sind, desto weniger neigen Kunden dazu, falsche Beschwerden zu äußern, um somit eine Kompensation einzufordern (Wirtz und McColl-Kennedy 2010).

Auf dieser Basis und in Anlehnung an Gelbrich et al. (2015) enthält eine optimale Service Recovery für Fehler, die durch den Anbieter entstanden sind und nicht sofort gelöst werden können, vier zentrale Schritte (Abb. 15.4).

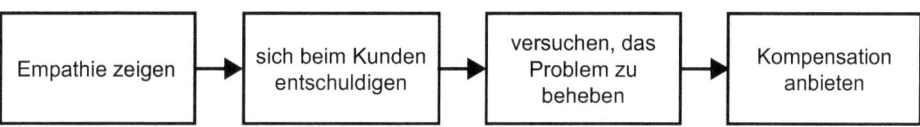

Abb. 15.4 Vier Schritte der Service Recovery

Literatur

Adams JS (1965) Inequity in social exchange. Adv Exp Soc Psychol 2:267–299

Alexander D, Boone C, Lynn M (2021) The effects of tip recommendations on customer tipping, satisfaction, repatronage, and spending. Manag Sci 67:146–165

Arsenovic J, De Keyser A, Edvardsson B, Tronvoll B, Gruber T (2021) Justice (is not the same) for all: the role of relationship activity for post-recovery outcomes. J Bus Res 134:342–351

Azar OH (2007) Why pay extra? Tipping and the importance of social norms and feelings in economic theory. J Socio-Econ 36:250–265

Azar OH (2009) Incentives and service quality in the restaurant industry: the tipping-service puzzle. Appl Econ 41:1917–1927

Azar OH (2010a) Do people tip because of psychological or strategic motivations? An empirical analysis of restaurant tipping. Appl Econ 42:3039–3044

Azar OH (2010b) Tipping motivations and behavior in the US and Israel. J Appl Soc Psychol 40:421–457

Blodgett JG, Wakefield KL, Barnes JH (1995) The effects of customer service on consumer complaining behavior. J Serv Mark 9:31–42

Blodgett JG, Hill DJ, Tax SS (1997) The effects of distributive, procedural, and interactional justice on postcomplaint behavior. J Retail 73:185–210

Bone SA, Lemon KN, Voorhees CM, Liljenquist KA, Fombelle PW, Detienne KB, Money RB (2017) "Mere measurement plus": how solicitation of open-ended positive feedback influences customer purchase behavior. J Mark Res 54:156–170

Bruhn M (2019) Qualitätsmanagement für Dienstleistungen. Springer, Berlin/Heidelberg

Bruhn M, Stauss B (1995) Dienstleistungsqualität. Gabler, Wiesbaden

Bujisic M, Wu L, Mattila AS, Bilgihan A (2014) Not all smiles are created equal. Int J Contemp Hosp Manag 26:293–306

Carver CS, Scheier MF (1981) Attention and self-regulation. Springer, New York

Chang C-C, Tseng A-H (2014) The post-purchase communication strategies for supporting online impulse buying. Comput Hum Behav 39:393–403

Chebat J-C, Davidow M, Codjovi I (2005) Silent voices. J Serv Res 7:328–342

De Matos CA, Henrique JL, Alberto Vargas Rossi C (2007) Service recovery paradox: a meta-analysis. J Serv Res 10:60–77

Dixon MJ, Victorino L (2019) The sequence of service: an affect perspective to service scheduling. In: Maglio PP, Kieliszewski CA, Spohrer JC, Lyons K, Patrício L, Sawatani Y (Hrsg) Handbook of service science. Springer, Cham, S 49–76

Dong B, Evans KR, Zou S (2008) The effects of customer participation in co-created service recovery. J Acad Mark Sci 36:123–137

Duhachek A (2005) Coping: a multidimensional, hierarchical framework of responses to stressful consumption episodes. J Consum Res 32:41–53

Dyussembayeva S, Viglia G, Nieto-Garcia M, Mattila AS (2022) Would you like to add a gratuity? When explicit requests hamper tipping. J Bus Res 139:908–917

Edström A, Nylander B, Molin J, Ahmadi Z, Sörqvist P (2022) Where service recovery meets its paradox: implications for avoiding overcompensation. J Serv Theory Pract 32:1–13

Festinger L (1976) A theory of cognitive dissonance, [Nachdr.]. Stanford University Press, Stanford

Fließ S, Volkers M (2020) Trapped in a service encounter. J Serv Manag 31:79–114

Folkman S, Lazarus RS (1980) An analysis of coping in a middle-aged community sample. J Health Soc Behav 21:219

Fredrickson BL, Kahneman D (1993) Duration neglect in retrospective evaluations of affective episodes. J Pers Soc Psychol 65:45–55

Fu H, Wu DC, Huang S, Song H, Gong J (2015) Monetary or nonmonetary compensation for service failure? A study of customer preferences under various loci of causality. Int J Hosp Manag 46:55–64

Gelbrich K (2010) Anger, frustration, and helplessness after service failure: coping strategies and effective informational support. J Acad Mark Sci 38:567–585

Gelbrich K (2017) Interkulturelles Dienstleistungsmanagement. In: Corsten H, Roth S (Hrsg) Handbuch Dienstleistungsmanagement. Vahlen, München, S 213–231

Gelbrich K, Gäthke J, Grégoire Y (2015) How much compensation should a firm offer for a flawed service? An examination of the nonlinear effects of compensation on satisfaction. J Serv Res 18:107–123

Gelbrich K, Gäthke J, Grégoire Y (2016) How a firm's best versus normal customers react to compensation after a service failure. J Bus Res 69:4331–4339

Goodwin C, Ross I (1992) Consumer responses to service failures: influence of procedural and interactional fairness perceptions. J Bus Res 25:149–163

Gössling S, Fernandez S, Martin-Rios C, Reyes SP, Fointiat V, Isaac RK, Lunde M (2021) Restaurant tipping in Europe: a comparative assessment. Curr Issue Tour 24:811–823

Gouthier MHJ (2006) Effekte des Stolzes von Mitarbeitern im Kundenkontakt. In: Kleinaltenkamp M (Hrsg) Innovatives Dienstleistungsmarketing in Theorie und Praxis. Deutscher Universitäts-Verlag, Wiesbaden, S 57–77

Grewal D, Roggeveen AL, Tsiros M (2008) The effect of compensation on repurchase intentions in service recovery. J Retail 84:424–434

Harrington RJ, Hammond RK, Ottenbacher MC, Chathoth PK, Marlowe B (2019) From goods-service logic to a memory-dominant logic: business logic evolution and application in hospitality. Int J Hosp Manag 76:252–260

Heider F (1958) The psychology of interpersonal relations. John Wiley & Sons Inc., Hoboken

Helkkula A, Kelleher C, Pihlström M (2012) Characterizing value as an experience. J Serv Res 15:59–75

Hogreve J, Bilstein N, Mandl L (2017) Unveiling the recovery time zone of tolerance: when time matters in service recovery. J Acad Mark Sci 45:866–883

Holbrook MB (1996) Customer value – a framework for analysis and research. Adv Consum Res 23:138–142

Holbrook MB (1999) Introduction to consumer value. In: Holbrook MB (Hrsg) Consumer value: a framework for analysis and research. Routledge, London, S 1–28

Holloway BB, Beatty SE (2003) Service failure in online retailing. J Serv Res 6:92–105

Homans GC (1961) Social behavior. Its elementary forms. Houcourt, New York

Hsee CK, Abelson RP (1991) Velocity relation: satisfaction as a function of the first derivative of outcome over time. J Pers Soc Psychol 60:341–347

Hunt SD (1970) Post-transaction communications and dissonance reduction. J Mark 34:46–51

Kahneman D, Riis J (2007) Living, and thinking about it: two perspectives on life. In: Huppert FA (Hrsg) The science of well-being. Oxford University Press, Oxford, S 284–305

Kahneman D, Fredrickson BL, Schreiber CA, Redelmeier DA (1993) When more pain is preferred to less: adding a better end. Psychol Sci 4:401–405

Karabas I, Joireman J (2020) The role of blocked gratitude in non-voluntary tipping. J Serv Mark 34:983–997

Kemp S, Burt CDB, Furneaux L (2008) A test of the peak-end rule with extended autobiographical events. Mem Cogn 36:132–138

Kraft FB, Martin CL (2001) Customer compliments as more than complementary feedback. J Consum Satisf Dissatisf Complain Behav 14:1–13

Kroeber-Riel W, Gröppel-Klein A (2019) Konsumentenverhalten, 11. vollst. überarb., akt. und erg. Aufl. Franz Vahlen, München

Kumar V, Reinartz W (2016) Creating enduring customer value. J Mark 80:36–68

Kwortnik RJ, Lynn WM, Ross WT (2009) Buyer monitoring: a means to insure personalized service. J Mark Res 46:573–583

Lavoie R, Main K, Hoegg J, Guo W (2021) Employee reactions to preservice tips and compliments. J Serv Res 24:421–434

Lee NY, Noble SM, Biswas D (2018) Hey big spender! A golden (color) atmospheric effect on tipping behavior. J Acad Mark Sci 46:317–337

Liao H (2007) Do it right this time: the role of employee service recovery performance in customer-perceived justice and customer loyalty after service failures. J Appl Psychol 92:475–489

Liu RR, McClure P (2001) Recognizing cross-cultural differences in consumer complaint behavior and intentions: an empirical examination. J Consum Mark 18:54–75

Lynn M (2000) National personality and tipping customs. Personal Individ Differ 28:395–404

Lynn M (2001) Restaurant tipping and service quality a tenuous relationship. Cornell Hotel Restaur Adm Q 42:14–20

Lynn M, Kwortnik RJ (2015) The effects of tipping policies on customer satisfaction: a test from the cruise industry. Int J Hosp Manag 51:15–18

Lynn M, Wang S (2013) The indirect effects of tipping policies on patronage intentions through perceived expensiveness, fairness, and quality. J Econ Psychol 39:62–71

Lynn WM (2006) Tipping in restaurants and around the globe: an interdisciplinary review. In: Altman M (Hrsg) Handbook of contemporary behavioral economics: foundations and development. M. E. Sharpe, Armonk, S 626–643

Mao W, Oppewal H (2010) Did I choose the right university? How post-purchase information affects cognitive dissonance, satisfaction and perceived service quality. Australas Mark J 18:28–35

Mattila AS, Enz CA (2002) The role of emotions in service encounters. J Serv Res 4:268–277

McCollough MA, Berry LL, Yadav MS (2000) An empirical investigation of customer satisfaction after service failure and recovery. J Serv Res 3:121–137

Milliman RE, Decker PJ (1990) The use of post-purchase communication to reduce dissonance and improve direct marketing effectiveness. J Bus Commun 27:159–170

Mitchell TR, Thompson L, Peterson E, Cronk R (1997) Temporal adjustments in the evaluation of events: the "rosy view". J Exp Soc Psychol 33:421–448

Mostafa RB, Lages CR, Shabbir HA, Thwaites D (2015) Corporate image. J Serv Res 18:468–483

Nasr L, Burton J, Gruber T (2015) When good news is bad news: the negative impact of positive customer feedback on front-line employee well-being. J Serv Mark 29:599–612

Nasr L, Burton J, Gruber T (2018) Developing a deeper understanding of positive customer feedback. J Serv Mark 32:142–160

Nesper J (2014) (Un)Fairnessbasierte Kundenabwanderung in Dienstleistungsbeziehungen. Erfolgsfaktoren und Strategien für das Churn-Management in der Telekommunikationsbranche. Dr. Kovač, Hamburg

Nicolau JL, Mellinas JP, Martín-Fuentes E (2020) The halo effect: a longitudinal approach. Ann Tour Res 83:102938

van Noort G, Willemsen LM (2012) Online damage control: the effects of proactive versus reactive webcare interventions in consumer-generated and brand-generated platforms. J Interact Mark 26:131–140

Palmer A (2010) Customer experience management: a critical review of an emerging idea. J Serv Mark 24:196–208

Palmer A, Beggs R, Keown-McMullan C (2000) Equity and repurchase intention following service failure. J Serv Mark 14:513–528

Reynolds KL, Harris LC (2005) When service failure is not service failure: an exploration of the forms and motives of "illegitimate" customer complaining. J Serv Mark 19:321–335 del Río-Lanza AB, Vázquez-Casielles R, Díaz-Martín AM (2009) Satisfaction with service recovery: perceived justice and emotional responses. J Bus Res 62:775–781

Roggeveen AL, Tsiros M, Grewal D (2012) Understanding the co-creation effect: when does collaborating with customers provide a lift to service recovery? J Acad Mark Sci 40:771–790

Roschk H, Gelbrich K (2017) Compensation revisited. J Serv Res 20:393–408

Seiter JS, Givens KD, Weger H (2016) The effect of mutual introductions and addressing customers by name on tipping behavior in restaurants. J Hosp Market Manag 25:640–651

Sengupta AS, Balaji MS, Krishnan BC (2015) How customers cope with service failure? A study of brand reputation and customer satisfaction. J Bus Res 68:665–674

Smith AK, Bolton RN (1998) An experimental investigation of customer reactions to service failure and recovery encounters. J Serv Res 1:65–81

Smith AK, Bolton RN, Wagner J (1999) A model of customer satisfaction with service encounters involving failure and recovery. J Mark Res 36:356–372

Smith AM (2013) The value co-destruction process: a customer resource perspective. Eur J Mark 47:1889–1909

Spreng RA, Harrell GD, Mackoy RD (1995) Service recovery: impact on satisfaction and intentions. J Serv Mark 9:15–23

Stauss B (2009) Kundenlob – integration durch positives feedback. In: Bruhn M, Stauss B (Hrsg) Kundenintegration. Gabler, Wiesbaden, S 315–342

Stauss B, Seidel W (2014) Beschwerdemanagement, 5., vollst. überarb. Aufl. Carl Hanser, München

Stephens N, Gwinner KP (1998) Why don't some people complain? A cognitive-emotive process model of consumer complaint behavior. J Acad Mark Sci 26:172–189

Strombeck SD, Wakefield KL (2008) Situational influences on service quality evaluations. J Serv Mark 22:409–419

Sutton RI (1992) Feelings about a disneyland visit. J Manag Inq 1:278–287

Tax SS, Brown SW, Chandrashekaran M (1998) Customer evaluations of service complaint experiences: implications for relationship marketing. J Mark 62:60–76

van Vaerenbergh Y, Holmqvist J (2013) Speak my language if you want my money. Eur J Mark 47:1276–1292

van Vaerenbergh Y, Orsingher C (2016) Service recovery: an integrative framework and research agenda. Acad Manag Perspect 30:328–346

van Vaerenbergh Y, Larivière B, Vermeir I (2012) The impact of process recovery communication on customer satisfaction, repurchase intentions, and word-of-mouth intentions. J Serv Res 15:262–279

van Vaerenbergh Y, Orsingher C, Vermeir I, Larivière B (2014) A meta-analysis of relationships linking service failure attributions to customer outcomes. J Serv Res 17:381–398

van Vaerenbergh Y, Hazée S, Costers A (2018) Customer participation in service recovery: a meta-analysis. Mark Lett 29:465–483

van Vaerenbergh Y, Varga D, De Keyser A, Orsingher C (2019) The service recovery journey: conceptualization, integration, and directions for future research. J Serv Res 22:103–119

Voorhees CM, Fombelle PW, Grégoire Y, Bone SA, Gustafsson A, Sousa R, Walkowiak T (2017) Service encounters, experiences and the customer journey: defining the field and a call to expand our lens. J Bus Res 79:269–280

Weiner B (1985) An attributional theory of achievement motivation and emotion. Psychol Rev 92:548–573

Westbrook RA (1987) Product/consumption-based affective responses and postpurchase processes. J Mark Res 24:258–270

Weun S, Beatty SE, Jones MA (2004) The impact of service failure severity on service recovery evaluations and post-recovery relationships. J Serv Mark 18:133–146

Wirtz D, Kruger J, Napa Scollon C, Diener E (2003) What to do on spring break? The role of predicted, on-line, and remembered experience in future choice. Psychol Sci 14:520–524

Wirtz J, Bateson JE (1995) An experimental investigation of halo effects in satisfaction measures of service attributes. Int J Serv Ind Manag 6:84–102

Wirtz J, Mattila AS (2004) Consumer responses to compensation, speed of recovery and apology after a service failure. Int J Serv Ind Manag 15:150–166

Wirtz J, McColl-Kennedy JR (2010) Opportunistic customer claiming during service recovery. J Acad Mark Sci 38:654–675

Wirtz J, Tomlin M (2000) Institutionalising customer-driven learning through fully integrated customer feedback systems. Manag Serv Qual Int J 10:205–215

Xu Y, Marshall R, Edvardsson B, Tronvoll B (2014) Show you care: initiating co-creation in service recovery. J Serv Manag 25:369–387

Zomerdijk LG, Voss CA (2010) Service design for experience-centric services. J Serv Res 13:67–82

Ecosystem-Aktivitäten des Kunden und Anbietermaßnahmen 16

Zusammenfassung

Nach dem Service Co-Creation-Prozess mit dem Anbieter führen Kunden Ecosystem-Aktivitäten durch, die mit anderen Wertgenerierungsprozessen in ihrem Leben verknüpft sind. Zu den zentralen Ecosystem-Aktivitäten des Kunden gehören das Erinnern und Reflektieren über die gemachten Erfahrungen sowie das Teilen dieser mit anderen bzw. das Word-of-Mouth-Verhalten. Auf Basis eines umfassenden Verständnisses der Gründe für diese Aktivitäten können Anbieter diese durch gezielte Maßnahmen im Rahmen des Erinnerungs- sowie Word-of-Mouth-Managements steuern, um das Wiederkaufverhalten sowie das Kaufverhalten von potenziellen Kunden positiv zu beeinflussen.

16.1 Erinnern und Reflektieren

Zeitlich entkoppelt vom Service Co-Creation-Prozess mit dem Anbieter führen Kunden Ecosystem-Aktivitäten durch, die mit anderen Wertgenerierungsprozessen in ihrem Leben verknüpft sind. Diese Aktivitäten spiegeln wider, wie Kunden das Ergebnis oder das Erleben der Dienstleistung in ihrer Lebenswelt nutzen und diesem weiterhin einen Wert beimessen. Zu den zentralen Ecosystem-Aktivitäten des Kunden gehören das Erinnern und Reflektieren über die gemachten Erfahrungen sowie das Teilen dieser mit anderen bzw. das Word-of-Mouth-Verhalten (Abb. 16.1).

Positive Erfahrungen haben im Moment des Erlebens (während der Service-Phase) einen Wert für den Kunden (z. B. Spaß, Ästhetik, Entspannung), weil sie positive Emotionen herbeiführen und so zum Service Value beitragen. Bedeutungsvolle Erfahrungen haben jedoch auch über die Dauer der Erfahrung hinaus einen Wert im Leben des Kunden. Insbesondere die **Erinnerung** an die Erfahrung spielt dabei eine zentrale Rolle (Ballan-

© Der/die Autor(en), exklusiv lizenziert an Springer Fachmedien Wiesbaden GmbH, ein Teil von Springer Nature 2024
S. Fließ et al., *Management von Dienstleistungsprozessen*,
https://doi.org/10.1007/978-3-658-44147-0_16

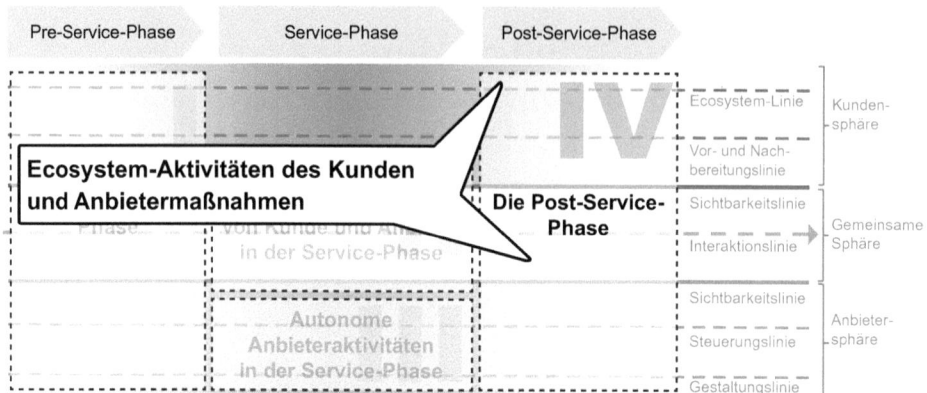

Abb. 16.1 Ecosystem-Aktivitäten des Kunden und Anbietermaßnahmen – Einordnung im Service-Blueprint

tyne et al. 2011; Kahneman und Riis 2007; Kim und Fesenmaier 2015; Pine und Gilmore 1998). Der Service Value kann noch weit in die Zukunft reichen, manchmal sogar ein ganzes Leben lang in der Erinnerung des Kunden wirken (Pine und Gilmore 2013). *Viele Menschen denken noch Jahre später an besondere Ereignisse zurück, z. B. ihr Studium, ihre Hochzeit oder ihr Mitfiebern bei einer Weltmeisterschaft.* Aber auch alltägliche Situationen, wie z. B. eine nette, unerwartete Unterhaltung beim Friseur, können lange in der Erinnerung bleiben.

Hiermit in Zusammenhang steht auch der Begriff der **Nostalgie**, die als positive Emotion in Bezug zu vergangenen Erfahrungen definiert wird (Holak und Havlena 1998; Triantafillidou und Siomkos 2014). Hierbei hat eine Erfahrung eine symbolische Bedeutung für den Kunden, die in bestimmten Assoziationen zu Objekten, Personen oder Ereignissen begründet ist. *Alte Freund:innen erinnern sich immer wieder an eine besondere Urlaubsreise. Ein:e Einwohner:in der ehemaligen DDR erinnert sich an den Kauf von DDR-Marken (Ostalgie).* Vor diesem Hintergrund wird argumentiert, dass nicht Erfahrungen selbst, sondern die Erinnerungen an die Erfahrungen das allgemeine Wohlbefinden des Menschen bestimmen und ihr Verhalten beeinflussen (Kahneman und Riis 2007). Im Folgenden werden die Einflussfaktoren der Erinnerung erläutert.

16.1.1 Einflussfaktoren der Erinnerung

Ob ein Ereignis zu einer bedeutungsvollen Erinnerung wird, wird grundsätzlich durch drei Faktoren beeinflusst (vgl. auch Abschn. 6.1.1) (Harrington et al. 2019):

- **Emotionen**: Besonders lebendige Erinnerungen entstehen durch intensiv erlebte Emotionen (Harrington et al. 2019; Reisberg et al. 1988). Die Emotionen, die z. B. im Rahmen von neuartigen Erlebnissen, sensorischen Reizen oder intensiven sozialen

Kontakten entstehen, erhöhen die Aktivierung und lenken die Aufmerksamkeit auf die erlebte Situation, sodass diese besser in der Erinnerung bleibt (Campos et al. 2016).

- **Kognitive Verarbeitung**: Inwiefern ein Ereignis im Langzeitgedächtnis gespeichert wird und somit auch später noch erinnert werden kann, hängt insbesondere von der Verarbeitungstiefe ab (Harrington et al. 2019; Kroeber-Riel und Gröppel-Klein 2019, S. 263). Eine tiefe Verarbeitung führt zu einer besseren Erinnerung der Informationen, als wenn die Informationen nur gering verarbeitet werden, indem sie z. B. nur identifiziert, jedoch nicht weiterverarbeitet werden (Kroeber-Riel und Gröppel-Klein 2019, S. 263). Eine tiefe kognitive Verarbeitung entsteht durch Aufmerksamkeit und eine aktive Teilnahme am Geschehen, indem der Kunde mitdenkt und ggf. mitredet (Campos et al. 2016).
- **Reflexion**: Wenn Kunden die Erfahrung reflektieren bzw. bewusst an eine Erfahrung zurückdenken und ggf. weitere Gedanken oder Schlussfolgerungen daraus ziehen (Sensemaking), verfestigt sich die Erinnerung (Ballantyne et al. 2011; Harrington et al. 2019).

Wie der Service Co-Creation-Prozess durch den Anbieter gestaltet wird, um positive Emotionen hervorzurufen und die kognitive Verarbeitung der Geschehnisse zu fördern, ist Teil des Service Experience Managements, das in Abschn. 6.2 behandelt wurde. In der Post-Service-Phase spielt für die Wertgenerierung des Kunden anhand von Erinnerungen die Reflexion eine Schlüsselrolle. Durch das Reflektieren bzw. das bewusst an eine Erfahrung Zurückdenken werden die Ereignisse erneut abgerufen, was die Erinnerung verfestigt (Ballantyne et al. 2011; Harrington et al. 2019). Der Abruf von Informationen gelingt am besten, wenn diese im gleichen Kontext abgerufen werden, in dem sie aufgenommen wurden. Beispielsweise erinnern sich Menschen an Informationen besser, wenn sie diese in der gleichen Umgebung oder mit der gleichen Stimmung abrufen (Kroeber-Riel und Gröppel-Klein 2019, S. 263).

▶ **Reflexion** bezeichnet das bewusste bzw. intendierte Zurückdenken an eine Erfahrung mit dem Ziel, die Ereignisse zu interpretieren und ihnen einen Sinn zu geben (Kim und Fesenmaier 2015; Schwandt 2005).

Beim Reflektieren werden zudem neue Assoziationen gebildet, sodass sich neue Gedanken formen und ggf. neue Schlussfolgerungen gezogen werden, wodurch bestehende Annahmen durch neue ersetzt werden. Dadurch findet eine tiefere kognitive Verarbeitung statt, sodass sich die Erinnerung verfestigt (Ballantyne et al. 2011; Harrington et al. 2019). Gleichzeitig stellt dies einen Lernprozess dar, der den Blick auf die Erfahrung verändert (Blocker und Barrios 2015; Schwandt 2005). Eine Erfahrung bzw. die Erinnerung der Erfahrung wird somit nicht nur durch die Aktivitäten während der Service-Phase, sondern auch durch das Reflektieren im Nachhinein gebildet. *Beispielsweise argumentieren* Kim und Fesenmaier (2015), *dass Reisende durch die Reflexion ihrer Reise ihren Erfahrungen eine neue Bedeutung zuschreiben und sie somit bereichern können. Darüber hinaus zeigen* Blocker und Barrios (2015), *wie Menschen, die an einer lokalen Initiative teilnahmen, durch die Reflexion darüber ihre Grundsatzannahmen bezüglich obdachloser Menschen veränderten.* Menschen reflektieren aber nicht nur positive und neutrale, sondern auch negative Erfahrungen, wie z. B. unfaires Verhalten des Anbieters, unhöfliche Mitarbeiter oder Fehlverhalten anderer Kunden. Durch Reflexionsprozesse versuchen Menschen negative Erfahrungen zu interpretieren und ihnen einen Sinn zu geben (Proulx und Inzlicht 2012), indem sie beispielsweise über die Ursache für das Ereignis nachdenken und die Schuld sich selbst, den Anbietern oder externe Faktoren zuschreiben (vgl. Attributionstheorie; Abschn. 15.4.2).

Die Reflexion wird insbesondere durch Erinnerungsstücke und das Teilen von Erfahrungen mit anderen gefördert. **Erinnerungsstücke (memorabilia)** sind Gegenstände oder digitale Objekte, die einen bestimmten Erinnerungswert in sich tragen (Holmqvist et al. 2020; Pine und Gilmore 1998). *Erinnerungsstücke werden oft mit einer Urlaubsreise verbunden, indem die Reisenden eine Miniatur eines berühmten Bauwerks oder eine lokale Spezialität kaufen, spielen jedoch bei allen besonderen Erfahrungen eine große Rolle* (Ferdinand und Williams 2010; Gordon 1986). *Beispielsweise machen Menschen Fotos bei jeglichen Erfahrungen, bewahren die Tickets eines Theaterbesuchs auf, tragen auch noch nach dem Abschluss des Studiums einen Hoodie der Universität oder bewahren das Identifikationsbändchen auf, das das Kind bei der Geburt bekommen hatte.* Gordon (1986) unterscheidet zwischen Souvenirs und Andenken:

- **Souvenirs** sind kommerziell produzierte Objekte, für die der Erinnerungswert im Prinzip für alle Menschen erkennbar ist, z. B. Postkarten oder Miniaturen von Sehenswürdigkeiten.
- **Andenken** dagegen werden nicht gekauft, sondern ihnen wird von einer Person selbst eine Bedeutung zugeschrieben, sodass deren Erinnerungswert nur für die Person selbst erkennbar ist, z. B. selbst gemachte Fotos oder Eintrittskarten.

Beide Arten beinhalten nach Gordon (1986) jedoch die gleiche Funktion: Sie verkörpern eine Erfahrung aus der Vergangenheit. Erfahrungen sind immateriell und vergänglich. Souvenirs und Andenken tragen zur Reaktivierung von Sinnesreizen bei, die mit der Erfahrung im Zusammenhang stehen (Krishna 2012; Morrin und Ratneshwar 2003; van Campen 2014). Sie reaktivieren den visuellen (z. B. Bilder), visuell-akustischen (z. B. Videoaufnahmen), haptischen (z. B. Figuren), olfaktorischen (z. B. Seife) oder gustatorischen (z. B. lokale Speisen oder Getränke) Sinn, sodass Erinnerungen hervorgerufen werden. So ermöglichen Souvenirs und Andenken das Reflektieren und somit das mentale Wiedererleben von besonderen Erfahrungen im Alltag (Gordon 1986; Kang et al. 2016).

Aus Sicht der Praxistheorien (Abschn. 2.3) handelt es sich beim Kauf von Souvenirs und beim Kreieren von Andenken um eine gesellschaftliche Praktik, die das Ziel hat, eine Erfahrung zu verkörpern, sodass diese in Zukunft weiterhin einen Wert herbeiführt (z. B. durch Nostalgie oder durch die Kommunikation der Erfahrung gegenüber anderen). Die Souvenirs und Andenken selbst sind dabei die Ressourcen. Sutton (1992) analysiert in dieser Hinsicht das Fotografieren während hedonistischer Erfahrungen aus soziologischer

Sicht. Er beobachtet, dass Menschen hauptsächlich Fotos machen und später aufbewahren, die die schönen Aspekte der Erfahrung beleuchten, sodass sie die Erinnerung an die Erfahrung bewusst positiver gestalten als das tatsächliche Erlebnis. Generell beinhalten Fotoalben von Menschen oft nur Fotos, die positive Momente in ihrem Leben festhalten, und negative Ereignisse oder Episoden werden oft komplett weggelassen (Boerdam und Oosterbaan 1980). Es wird eine idealisierte Darstellung des eigenen Lebens inszeniert, einerseits damit kognitive Konsistenz erhalten bleibt (Abschn. 15.1.1) und andererseits, um sich gegenüber anderen, die die Fotos sehen, in ein gutes Licht zu setzen (vgl. Selbstdarstellung, Abschn. 16.2.2.2) (Sutton 1992). Boerdam und Oosterbaan (1980) zitieren Goffman (1990), um zu argumentieren, dass Menschen eine Art Aufführung inszenieren, wenn sie sich fotografieren (lassen) und die Bilder anderen zeigen. Aus diesem Grund fokussieren sich Menschen vor allem auf die positiven Aspekte eines Ereignisses, sodass sich die Erinnerung oft positiver gestaltet als die tatsächliche Erfahrung (Sutton 1992). *Als Beispiel kann hier Instagram angeführt werden, wo Nutzer:innen ihr ganzes Leben inkl. der Nutzung von Dienstleistungen als Auftritt inszenieren.*

Die Reflexion und die Erinnerung werden neben Erinnerungsstücken auch durch das **Teilen von Erfahrungen** gefördert (Tussyadiah und Fesenmaier 2009). Kunden erzählen gern von ihren Konsumerfahrungen und werden somit zu Schöpfern und Verbreitern von Informationen und Geschichten (vgl. Storytelling; Abschn. 16.2.2), was einen Teil ihrer eigenen Erfahrung ausmacht (Kim und Fesenmaier 2015; Triantafillidou und Siomkos 2014). Außerdem hilft das Teilen von negativen Erfahrungen diese zu interpretieren und zu verarbeiten, insbesondere durch die emotionale Unterstützung des Gesprächspartners (Sengupta et al. 2015). Das Teilen der Erfahrung im Rahmen der Reflexion überschneidet sich mit der Aktivität Word-of-Mouth (WOM), auf die in Abschn. 16.2 eingegangen wird. Im Folgenden wird zunächst das Erinnerungsmanagement behandelt.

16.1.2 Erinnerungsmanagement

Anbieter können Kunden bei der Wertgenerierung über die Dienstleistung hinaus unterstützen, indem sie in den verschiedenen Phasen des Dienstleistungsprozesses zur Generierung einer erinnerungswürdigen Erfahrung beitragen (Harrington et al. 2019). Es handelt sich dabei um das **Erinnerungsmanagement**, dessen Ziel es ist, ein positives Nachwirken von Erlebnissen beim Kunden aufzubauen (Pfaff 2003, S. 86). Es spielt insbesondere im Rahmen von hedonistischen Erfahrungen eine große Rolle, da die Wahl des Kunden, solche Dienstleistungen in Anspruch zu nehmen, teilweise in deren zukünftigen Erinnerungen begründet ist (Harrington et al. 2019).

Das Erinnerungsmanagement fängt im Wesentlichen bereits bei den Marketingaktivitäten des Anbieters in der Pre-Service-Phase an, da diese die Erwartungen und die Antizipation des Kunden beeinflussen. Die Gestaltung des Service Co-Creation-Prozesses bildet den zentralen Teil des Erinnerungsmanagements, da dort die Service Experience mit ihren Episoden entsteht, die die Erwartungen erfüllen oder nicht erfüllen und die erinnert werden können. Aber auch in der Post-Service-Phase, in der der Kunde das Erlebnis er-innert, kann der Anbieter den Kunden bei seiner Erinnerung unterstützen, indem er den Kunden anhand von Geschichten, Bildern und/oder Videos, z. B. auf der eigenen Website, in sozialen Medien oder durch erneute Kontaktaufnahme (z. B. per E-Mail oder Post), ge-danklich in das Erlebnis zurückversetzt (Kang et al. 2016; VanMeter et al. 2018). *Ein Konzertveranstalter postet Bilder von einem Konzert im letzten Jahr unter dem Hashtag „Throwback Thursday" oder schickt diese im Newsletter zusammen mit Informationen über die nächsten Konzerte. Ein Restaurant schickt einem Pärchen, das dort Stammgast ist, zum Hochzeitstag Bilder von der Hochzeitsfeier, die es dort gefeiert hat.*

Erinnerungsstücke spielen eine zentrale Rolle bei der Wertentstehung des Kunden in der Post-Service-Phase. Sie sind somit ein essenzieller Bestandteil des Erinnerungs-managements (Kang et al. 2016; Pine und Gilmore 1998). Nach Gordon (1986) können Erinnerungsstücke in fünf Typen kategorisiert werden:

- **Bilder und Videoaufnahmen**: Zu denken ist an Souvenirs, wie Postkarten, Bilder-bücher oder Filme, sowie Andenken, wie vom Kunden selbst gemachte Fotos, Filme oder Zeichnungen. Außerdem können Anbieter Fotos von Kunden aufnehmen und diese verkaufen, wie z. B. Achterbahnfotos.
- **Materialien aus der Umgebung**: Menschen nehmen oft natürliche Materialien, Tiere und Pflanzen oder Materialien von Gebäuden als Erinnerung mit (obwohl dies in manchen Ländern verboten ist). Bekannte Beispiele sind Andenken wie Sand oder Muscheln vom Urlaubsstrand, Salz aus dem Schwarzen Meer, Tiere wie etwa Schmetterlinge aus Indonesien (Ansari et al. 2019) oder Steinbrocken von bedeut-samen Gebäuden, die entweder selbst gefunden werden oder als Souvenir vom Anbieter verkauft oder verschenkt werden. Die Materialien tragen einen symbolischen Wert, indem sie als Teil des Ganzen angesehen werden. *Bei der Restaurierung der Freiheitsta-tue wurden verrostete Schrauben verkauft. Von der Mauer, die Deutschland teilte, wurden angeblich mehr Stücke verkauft als insgesamt vorhanden waren. Kinder dürfen in einem Dinosauriermuseum selbst prähistorische Hai-Zähne suchen und mitnehmen.*
- **Objekte mit symbolischer Bedeutung**: Hierbei handelt es sich um von Menschen erstellte Objekte, die einen bestimmten realen Ort, ein Tier, ein Objekt oder eine Geschichte repräsentieren. Meistens handelt es sich dabei um Souvenirs (und eher weniger um Andenken). *Zu denken ist an Miniaturen von Gebäuden oder anderen Sehenswürdigkeiten, Kuscheltiere von Tieren aus dem Zoo oder Figuren aus einer Ge-schichte, die mit dem Erlebnis zusammenhängt, wie z. B. eine Mickey-Mouse-Figur aus dem Disneyland.*
- **Markierte Objekte**: Hierbei handelt es sich um Objekte, die an sich keinen besonderen Bezug zur erlebten Erfahrung haben, jedoch mit Bildern und/oder Worten bedruckt sind, die einen Bezug zur erlebten Erfahrung herstellen. *Beispiele sind markierte Kugel-schreiber, Tassen oder Kleidungsstücke.* Oft werden solche markierten Objekte gezielt als Souvenir verkauft oder sind ein Werbegeschenk. Kunden können jedoch auch selbst Objekten, die sie während einer Erfahrung verwendet haben, einen Bezug zur Er-

fahrung zuschreiben und sie so als Andenken aufbewahren. *Beispiele sind Eintritts-karten, Servietten von Restaurants oder Seife aus Hotels.*

- **Lokale Produkte**: Produkte, die für eine Region typisch sind, werden oft im Rahmen einer Reise oder eines Wochenendtrips als Souvenir mitgenommen. *Bekannte Beispiele sind lokale Spezialitäten wie Getränke, Marmelade und Confiserie sowie Handwerks-kunst wie Schmuck oder Keramik.*

Kunden messen Erinnerungsstücken insbesondere dann einen hohen Wert bei und sind bereit, einen deutlich höheren Preis dafür zu bezahlen, wenn diese **personalisiert** sind bzw. wenn sie an eine konkrete Erfahrung geknüpft sind (Ferdinand und Williams 2010). *So sind Konzertbesucher:innen oft dazu bereit, einen höheren Preis für ein T-Shirt der Band zu bezahlen, wenn darauf das Datum und die Location des Konzerts aufgedruckt sind* (Pine und Gilmore 1998).

Außer dem Verkaufen oder Verschenken von Souvenirs können Anbieter den Kunden auch **selbst Erinnerungsstücke erstellen lassen**, sodass der Kunde einen persönlichen Bezug zum Erinnerungsstück entwickelt und diesem einen noch höheren Wert beimisst (Ferdinand und Williams 2010). Die eigenständige Erstellung durch den Kunden kann zudem ein Gefühl von erhöhter Kompetenz und Selbstwirksamkeit herbeiführen (vgl. IKEA-Effekt, Norton et al. 2012). Bei solchen Erinnerungsstücken liegt eine Mischung aus Souvenir und Andenken vor, indem die Materialien zwar vom Anbieter bereitgestellt werden, die Objekte jedoch vom Kunden selbst gestaltet werden. *Beispielsweise können Kund:innen in manchen Museen selbst Souvenirs basteln oder sogar mit einem 3D-Drucker gestalten und drucken lassen* (Jung und Tom Dieck 2017). Außerdem können Anbieter Fotos von Kunden machen oder sie bei der eigenständigen Erstellung von Fotos unterstützen, indem sie besondere Fotomomente ermöglichen und auf besonders schöne oder bedeutsame Fotopositionen aufmerksam machen (Sutton 1992). *Beispiele sind Foto-wände mit Gucklöcher, bei denen Kund:innen den Kopf durch ein Loch in der Wand halten und so ihr Gesichter in ein Bild integriert werden, oder auch die „Selfie-Points", bei denen es sich um Markierungen für gute Fotopositionen handelt.*

Aus der Anbieterperspektive sind Souvenirs nicht nur ein Mittel, um den Umsatz zu erhöhen und die Reflexion des Kunden zu unterstützen, sie sind außerdem Teil der Marken-bildung (Ferdinand und Williams 2010). Eine **Dienstleistungsmarke** ist ein Vorstellungs-bild einer Dienstleistung im Kopf des Kunden, die über einen längeren Zeitraum in gleich bleibendem Auftritt und in gleichbleibender Qualität angeboten wird (Esch 2012, S. 18–22; Fließ 2009, S. 187). Indem die Souvenirs mit dem Markenlogo versehen werden, integriert der Kunde die Marke in seine Lebenswelt und wird somit an die vergangenen Erfahrungen mit dem Anbieter erinnert. Die Souvenirs können positive Emotionen in Verbindung mit dem Anbieter hervorrufen und somit die Loyalität des Kunden zur Marke fördern (Fließ 2009, S. 188–189). *Beispiele sind T-Shirts mit einer Disney-Figur, Kugelschreiber aus dem Louvre, Happy-Meal-Figuren von McDonalds oder die Delfter Blauen Häuschen der Fluggesellschaft KLM, die seit den Fünfzigerjahren an World-Business-Class-Passagiere verschenkt werden. Solche Souvenirs sind zu echten Sammler:innenobjekten geworden,* *die an einem prominenten Platz in der Wohnung zur Schau gestellt werden.* Das Sammeln und Zur-Schau-Stellen von Souvenirs ist als gesellschaftliche Praktik zu sehen, deren Ziel es ist, die vergangene Erfahrungen in den Alltag hereinzuholen und gegebenenfalls mit anderen zu teilen.

Schließlich spielen Erinnerungsstücke auch eine Rolle beim Teilen von Erfahrungen. Erinnerungsstücke können erzählte Erfahrungen greifbarer machen und es anderen Personen im Ecosystem des Kunden ermöglichen, an dessen Erfahrungen teilzuhaben (Nunes et al. 2009). *Ein Pärchen, das aufgrund von gesetzlichen Auflagen während der Covid-19-Pandemie nur wenige Personen zur Hochzeit einladen darf, postet noch am gleichen Tag Bilder und Videos der Zeremonie für die Menschen, die nicht dabei sein können.* In dieser Hinsicht fanden Sun et al. (2020) heraus, dass Anbieter die Absicht des Kunden, anderen von ihren Erfahrungen zu erzählen, erhöhen können, indem sie dem Kunden ein Souvenir schenken, insbesondere wenn dieses einen hohen Wert hat.

16.2 Word-of-Mouth (WOM)

16.2.1 Konzeptionelle Grundlagen

Kunden teilen ihre Erfahrungen mit Dienstleistungen im privaten Kreis, indem sie z. B. mit Freunden und Verwandten während eines gemütlichen Zusammenseins, eines Telefonats oder über WhatsApp oder mit Kollegen in der Mittagspause sprechen. Dies wird als **Word-of-Mouth (WOM)** bezeichnet. Außerdem teilen viele Kunden ihre Erfahrungen in der Öffentlichkeit auf sozialen Medien (z. B. YouTube, Instagram, Blogs, Online-Communities) und geben Bewertungen auf der Homepage des Anbieters oder auf Vergleichsportalen (z. B. TripAdvisor, Jameda) ab, sodass diese von unbekannten Personen gesehen werden können. Hierbei wird von **electronic WOM (eWOM)** (seltener auch von Word-of-Mouse) gesprochen (Hennig-Thurau und Walsh 2003; Verma und Yadav 2021). eWOM kann in verschiedenen Formen (Text, Bild, Audio, Video) kommuniziert werden, hat oft eine sehr große Reichweite und steht meistens langfristig zur Verfügung (Libai et al. 2010). WOM und eWOM werden im Folgenden beide unter WOM zusammengefasst.

▶ **Word-of-Mouth (WOM)** bezeichnet die informelle Kommunikation von Kunden über ein Produkt oder Dienstleistung und/oder dessen Anbieter gegenüber einen oder mehreren anderen Individuen, bei der der Sender keine kommerzielle Absicht hat (Arndt 1967; Verma und Yadav 2021). WOM kann positiv („das Essen bei diesem Restaurant war sehr lecker"), negativ („das Essen bei diesem Restaurant war nicht so gut") oder neutral sein („wir haben letztens dieses neue Restaurant besucht").

WOM spielt über die verschiedenen Phasen des Dienstleistungsprozesses hinweg eine Rolle, sodass die Einordnung von WOM-Aktivitäten in das ServiceBlueprint nicht ganz eindeutig ist. WOM findet grundsätzlich oberhalb der Sichtbarkeitslinie in der Kundensphäre statt, da der Anbieter dies in der Regel nicht beobachten kann. Allerdings kann der Anbieter öffentliche Bewertungen im Internet aufspüren (van Noort und Willemsen 2012). Im Hinblick auf die verschiedenen Phasen des ServiceBlueprints ist zudem zwischen der *Generierung* von WOM durch den Sender und der *Nutzung* von WOM durch den oder die Empfänger zu unterscheiden.

WOM wird **von den Empfängern** hauptsächlich im Rahmen des Kaufentscheidungsprozesses in der Pre-Service-Phase als Informationsquelle **genutzt** und erfüllt dabei grundsätzlich drei Funktionen (vgl. auch Abschn. 2.7):

- WOM kann Kunden auf Angebote **aufmerksam** machen und somit den Bekanntheitsgrad einer Dienstleistung erhöhen. Zum einen können Empfehlungen von anderen Kunden bei Kunden Bedürfnisse wecken, die sie zuvor nicht hatten. Zum anderen können sie Kunden auf Anbieter aufmerksam machen, die ihre bestehenden Bedürfnisse befriedigen können und somit in das „Evoked Set" mit aufgenommen werden (Schindler und Bickart 2005).
- WOM kann Kunden bei der **Kaufentscheidung** helfen. Bei vielen Suchprozessen werden zunächst Leistungsmerkmale und Qualitätsindikatoren herangezogen, um ein Set an Auswahloptionen zu erstellen (Xie et al. 2011). WOM kann dem Kunden Hinweise dazu geben, welche Merkmale für die Entscheidung von besonderer Bedeutung sind. Außerdem werden Kundenbewertungen betrachtet, um Unsicherheit zu reduzieren und die Entscheidung zu vereinfachen (Schindler und Bickart 2005).
- WOM kann die **Unsicherheit** von Kunden **abbauen**, die sich bereits zum Kauf entschieden haben, sich allerdings doch nicht ganz sicher sind, ob die Entscheidung die richtige war. Voraussetzung dafür ist, dass die WOM-Nachrichten die Entscheidung bestätigen, ansonsten kann WOM auch verunsichern (Hennig-Thurau und Walsh 2003).

Zahlreiche Studien in unterschiedlichen Branchen zeigen den großen Einfluss von WOM auf den Bekanntheitsgrad einer Dienstleistung und auf die Kaufentscheidung des Kunden (Golmohammadi et al. 2020; Verma und Yadav 2021). Generell beeinflusst positives WOM die Einstellung sowie die Kaufintention des Kunden in Bezug auf eine Dienstleistung positiv, während negatives WOM einen negativen Einfluss hat. Mehrere Studien konnten außerdem einen Einfluss von WOM auf die Verkaufszahlen nachweisen, z. B. bei Kinotickets (Godes und Mayzlin 2004) und Musikalben (Dhar und Chang 2009).

Die Wahrnehmung, Interpretation und die daraus folgende Wirkung einer bestimmten WOM-Nachricht im Hinblick auf die Kaufentscheidung des Empfängers wird insbesondere durch die wahrgenommene Glaubwürdigkeit und Nützlichkeit der Informationen, die wiederum von Faktoren wie die Menge, den Detaillierungsgrad und die Aktualität der Informationen, von der Beziehung des Senders zum Empfänger sowie von der wahrgenommenen Expertise des Senders abhängen (Bansal und Voyer 2000; Cheung und Thadani 2012). Im Rahmen von Online-Reviews spielen außerdem Faktoren wie die Anzahl der Reviews, die Bewertung des Reviews durch anderen sowie die Gesamtbewertung

(z. B. in Form von Sternebewertungen) eine große Rolle. Solche Faktoren werden oft als Heuristiken bzw. als Basis für vorgefertigte Entscheidungsregeln herangezogen, da Kunden meistens nicht alle vorhandenen Reviews lesen können (Köcher und Köcher 2021).

Die **Generierung von WOM durch den Sender** findet typischerweise in der Post-Service-Phase statt, indem Kunden ihre Erfahrungen nach Inanspruchnahme der Dienstleistung mit anderen Kunden teilen. Heutzutage wird WOM jedoch auch während der Service-Phase betrieben (als nicht sichtbare Kundenaktivität). Kunden posten Fotos, Videos und Texte auf sozialen Medien noch während sie die Dienstleistung in Anspruch nehmen (Kim und Fesenmaier 2015; Tussyadiah und Fesenmaier 2009). In nahezu allen bisherigen Studien wird der Zeitpunkt der Generierung von WOM jedoch nicht berücksichtigt (Keiningham et al. 2018; Verma und Yadav 2021). Im weiteren Verlauf liegt der Fokus auf der Generierung von WOM in der Post-Service-Phase.

Die Generierung von WOM ist meistens mit weiteren Wertgenerierungsprozessen im Leben des Kunden verknüpft, da die Interaktionen von Kunden mit anderen Kunden über ihre Erfahrungen mit Dienstleistungen in einen bestimmten Kontext eingebettet sind, der den Anlass der Weiterempfehlung bildet. *Beispiele sind ein Gespräch auf dem Flur am Arbeitsplatz, ein Abend mit Freund:innen im Restaurant, oder auch ein Post auf Instagram.* WOM findet somit hauptsächlich im weiteren Ecosystem des Kunden statt. Bestimmte Formen von WOM haben jedoch eher wenig Berührungen mit der weiteren Lebenswelt des Kunden, z. B. wenn Kunden vom Anbieter gebeten werden, eine Bewertung auf einem Portal abzugeben und dafür einen Gutschein bekommen. Es handelt sich dann eher um öffentliches Feedback des Kunden, das sich als nachbereitende Aktivität direkt auf die Dienstleistung bezieht (Nasr et al. 2018). Da WOM jedoch überwiegend mit weiteren Aktivitäten verknüpft ist und auch noch weit in der Zukunft, lange nachdem die Dienstleistung in Anspruch genommen wurde, stattfinden kann, wird WOM hier den Ecosystem-Aktivitäten des Kunden zugeordnet.

Die verschiedenen **Kanäle bzw. Interaktionsarten**, über die WOM betrieben wird, können nach der Reichweite sowie nach der Synchronisation charakterisiert werden (vgl. hierzu und im Folgenden Libai et al. 2010; Litvin et al. 2008).

Die **Reichweite** bezieht sich auf die Frage, an wie viele andere Kunden eine Nachricht gerichtet ist. Dabei lässt sich zwischen 1-zu-1- bzw. dyadischen Interaktionen, 1-zu-m- und n-zu-m-Interaktionen unterscheiden. Bei 1-zu-m-Interaktionen teilt ein Kunde seine Erfahrungen mit einem Produkt oder einer Dienstleistung, die von beliebig vielen (potenziellen) Kunden empfangen werden können (z. B. auf persönlichen Websites oder Profilen in sozialen Medien). Bei n-zu-m-Interaktionen handelt es sich um Online-Portale oder Communities, bei denen viele Kunden ihre Erfahrungen teilen und diese Informationen wiederum von beliebig vielen (potenziellen) Kunden gesehen werden können. Kunden können auf solchen Portalen oft eine Bewertung in Textform hinterlassen, Bilder oder Videos hochladen oder eine Bewertung auf einer Skala abgeben. *Beispielsweise können Kund:innen auf einem Vergleichs- und Buchungsportal für Flüge und Hotels verschiedenen Merkmalen eines Hotels, wie z. B. der Ausstattung, Lage oder dem Personal, eine Note geben und eine Bewertung dazu schreiben.*

Die **Synchronisation** bezieht sich auf die Frage, ob die Kommunikation synchron (gleichzeitig) oder asynchron (nicht gleichzeitig) stattfindet. Diese Unterteilung findet hauptsächlich bei den 1-zu-1-Interaktionen Anwendung. Gespräche und (Video-)Telefonate finden synchron statt, da die Informationen unmittelbar vom Empfänger empfangen werden. E-Mail- und Chat-Interaktionen (z. B. WhatsApp) sind asynchron, da die Empfänger die Möglichkeit haben, sich die Informationen später oder gar nicht anzuschauen. Die 1-zu-m- und n-zu-m-Interaktionen finden in der Regel asynchron statt, da die Informationen im Internet geteilt werden.

In Abb. 16.2 sind die Charakteristika, Einflussfaktoren und Wirkungen von WOM zusammengetragen. Im folgenden Abschnitt wird erklärt, wie durch WOM beim Sender der WOM-Nachricht Wert entsteht, indem die Ausgangslage und Motive des Senders diskutiert werden. Daraus werden in Abschn. 16.2.3 Implikationen für Anbieter abgeleitet.

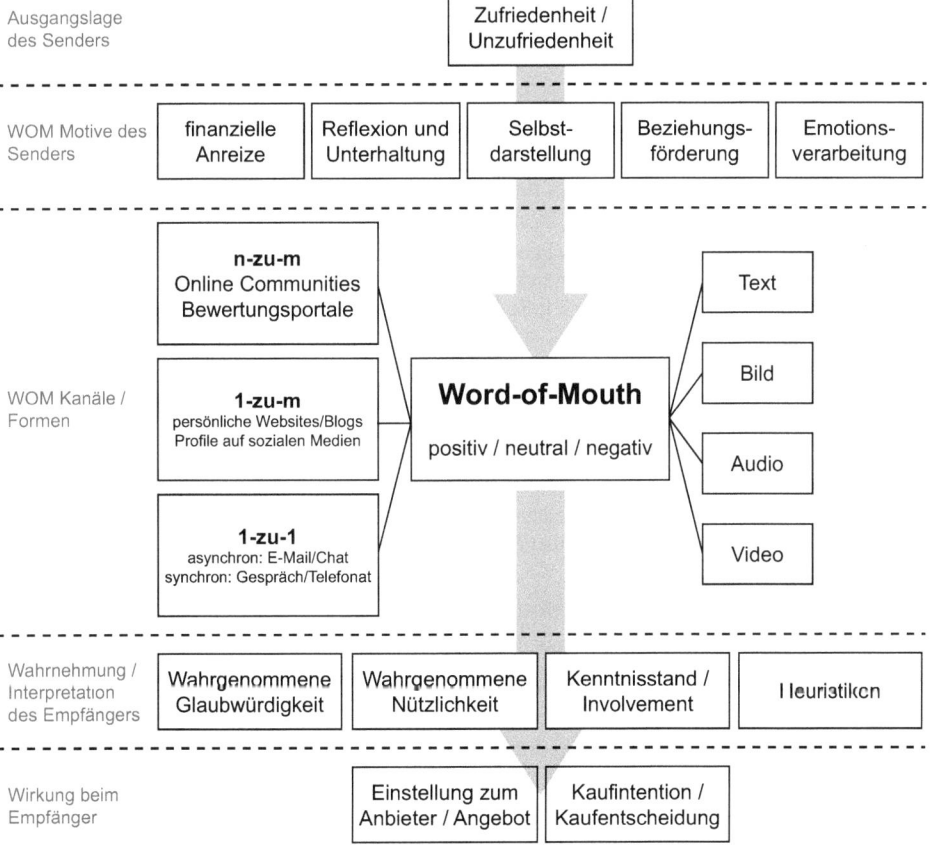

Abb. 16.2 Word-of-Mouth und dessen Auslöser, Formen und Wirkungen

16.2.2 Word-of-Mouth als gesellschaftliche Praktik

Aufgrund des großen Einflusses von WOM auf potenzielle Kunden ist es von besonderer Bedeutung für Anbieter, das WOM-Verhalten von Kunden zu verstehen (Keiningham et al. 2018). Das Teilen von Erfahrungen mit Dienstleistungen ist in erster Linie als **gesellschaftliche Praktik** anzusehen (Abschn. 2.3). Es ist ein fester Bestandteil des Alltags von Menschen, Erfahrungen auszutauschen und von ihren Erlebnissen zu erzählen.

WOM wird von Kunden oft in **Geschichten** gekleidet (**storytelling**) (Delgadillo und Edson Escalas 2004; Stauss 2016). Menschen denken und erzählen in Geschichten, um Informationen und Bewertungen zu codieren, speichern und abzurufen, sodass sie besser erinnert werden (Stauss 2016). Die Elemente einer Geschichte (Akteure und deren Ziele, Objekte, Orte, Zeiträume) spiegeln die Elemente eines Erlebnisses wider (Kap. 6) (Lundqvist et al. 2013). Diese Erkenntnis spielt eine wichtige Rolle für das Marketing, denn die Verwendung von Geschichten in der Werbung sowie die dramaturgische Gestaltung des Service Co-Creation-Prozesses beeinflussen das Erlebnis des Kunden und somit das WOM-Verhalten (Lundqvist et al. 2013).

Geschichten (stories)
Geschichten ermöglichen die Strukturierung von Ereignissen in einem Rahmen, der die Zusammenhänge der einzelnen Ereignisse im Zeitverlauf abbildet (Delgadillo und Edson Escalas 2004). Sie bestehen aus Episoden, die durch kausale Beziehungen miteinander verknüpft sind (Delgadillo und Edson Escalas 2004; Stauss 2016): Ein Protagonist (der Kunde) sieht sich aufgrund eines Ereignisses mit einem Problem konfrontiert, das bestimmte Emotionen auslöst. Daraufhin entwickelt der Protagonist ein Ziel, das er dann versucht umzusetzen. Die Emotionen und Ziele des Protagonisten bilden die Grundlage für sein Verhalten in späteren Episoden. Das Ziel kann direkt erreicht werden oder es können weitere Anstrengungen notwendig sein. Am Ende wird deutlich, ob der Kunde das Ziel erreicht hat, und die Moral oder die Lektion der Geschichte (z. B. Bewertung des Anbieters, Lektion für die Zukunft) tritt hervor (Delgadillo und Edson Escalas 2004; Stauss 2016).

Außerordentliche Geschichten können in eine **Folklore** innerhalb einer Gesellschaft münden (Solnet und Kandampully 2008). Folklore ist ein Sammelbegriff für Geschichten, Mythen und Metaphern, die bestimmte Werte und Normen vermitteln und die immer wieder weitergegeben werden, auch von Menschen, die die Erzählungen nur gehört haben (Solnet und Kandampully 2008). Über soziale Medien können solche Geschichten schnell „viral gehen" bzw. innerhalb von Stunden ein großes Publikum erreichen und so in einer Folklore münden (Litvin et al. 2008).

In der Dienstleistungsliteratur wird zum einen diskutiert, *wann* Kunden WOM betreiben. Es wird angenommen, dass Kunden dies vor allem dann tun, wenn ihre Erwartungen entweder stark übertroffen oder stark unterschritten wurden (De Matos und Rossi 2008; Han und Anderson 2020). Kunden möchten dann ihre Zufriedenheit oder Unzufriedenheit äußern. Sie tun dies jedoch häufiger, wenn sie extrem unzufrieden sind, als wenn sie extrem zufrieden sind (es liegt eine asymmetrische U-Kurve vor) (Anderson 1998). Dies ist vermutlich darauf zurückzuführen, dass negative Erfahrungen höher ins Gewicht fallen als positive, sowie auf die Tatsache, dass negative Erfahrungen im Vergleich zu neutralen oder positiven Erfahrungen seltener sind (Anderson 1998). Allerdings sind die meisten Kunden nicht extrem, sondern „normal" zufrieden oder unzufrieden, und auch diese Kunden betreiben WOM. Werden alle Kunden betrachtet, wird deutlich, dass insgesamt mehr positives als negatives WOM betrieben wird (East et al. 2007).

Zahlreiche Studien haben sich außerdem mit der Frage befasst, *warum* Kunden WOM betreiben, bzw. wie sie dadurch einen Wert herbeiführen. In der Literatur werden die Motive für negatives und für positives WOM oft getrennt betrachtet (Hu und Kim 2018). Diese Trennung ist jedoch nicht zielführend, da das Betreiben vom positivem und negativem WOM mit den gleichen Zielen verbunden sein kann, wie z. B. Small Talk betreiben, ein bestimmtes Selbstbild vermitteln oder Emotionen regulieren (Berger 2014). In dieser Hinsicht kann der Wert, der für den Sender einer WOM-Nachricht entstehen kann, in vier Kategorien eingeteilt werden: Reflexion und Unterhaltung, Selbstdarstellung, Beziehungsförderung und Emotionsregulierung (vgl. Abb. 16.2). Dies stellt eine rein analytische Aufteilung dar, denn in der Praxis können mehrere oder all diese Werttypen gleichzeitig eine Rolle spielen (Blazevic et al. 2013).

16.2.2.1 Reflexion und Unterhaltung

Kunden erzählen gerne von ihren Konsumerfahrungen, da dies die **Reflexion** fördert und die Erfahrung bereichert (Kim und Fesenmaier 2015; Triantafillidou und Siomkos 2014). Besondere Erlebnisse werden mehrmals weitererzählt oder sie werden mit denjenigen, die auch dabei waren, in einem Gespräch wiedererlebt. Menschen genießen es, schöne Erinnerungen in Gedanken noch einmal zu erleben (vgl. Nostalgie; Abschn. 16.1) oder im Nachhinein über negative Erfahrungen zu lachen (Berger 2014; Hennig-Thurau et al. 2004; Hu und Kim 2018).

Indem Kunden nicht nur Beurteilungen, sondern Erfahrungen in Form von Geschichten weitergeben (**storytelling**), kreieren sie für sich selbst und für die anderen einen **Unterhaltungswert** (Pera 2017). Sowohl positive als auch negative Erfahrungen können die Basis einer guten Geschichte darstellen (Berger 2014). Außerdem können die Erzähler sowie die Zuhörer aufgrund der Reflexion auch etwas lernen. Beispielsweise werden anhand von Geschichten neue Erkenntnisse sowie gesellschaftliche Werte vermittelt (Solnet und Kandampully 2008). Außerdem werden beim Storytelling wiederum neue Erfahrungen mit anderen geschaffen, die sowohl für den Erzähler als auch für die Zuhörer zu neuen Erinnerungen führen (Kim und Fesenmaier 2015). *Ein:e Reiserückkehrer:in veranstaltet einen „(Online-)Bilderabend" mit Freund:innen und schafft somit ein gemütliches Beisammensein, das noch lange Zeit in der Erinnerung bleibt.*

16.2.2.2 Selbstdarstellung

Praktiken dienen u. a. auch der **Selbstdarstellung**, indem sie ein bestimmtes Bild der Person vermitteln (Bourdieu 1982, S. 299). In dieser Hinsicht kann WOM dazu dienen, Informationen über sich selbst und das Bild seiner Person zu vermitteln (De Angelis et al. 2012). Dies lässt sich mit der **Self-Enhancement-Theorie** verknüpfen (vgl. Vertiefung). Das Teilen von Erfahrungen und Konsumpräferenzen kann der Selbstdarstellung dienen, indem das Individuum damit einen bestimmten sozialen **Status** (z. B. als Experte, als Gutverdiener) festigt und erhöht. Als Status wird von Homans die Summe der sozialen Anerkennung betrachtet, die einem Menschen von anderen Menschen entgegengebracht wird (Homans 1972). Kunden beraten beispielsweise andere Kunden, um einen Expertenstatus zu vermitteln oder um den Eindruck zu wecken, dass sie über die neuesten Trends informiert bzw. up to date sind (Berger 2014; De Angelis et al. 2012).

Self-Enhancement-Theorie

Die Self-Enhancement-Theorie besagt, dass Individuen stets (bewusst oder unbewusst) danach streben ein positives Selbstbild zu generieren und darum versuchen, sich gegenüber anderen in ein gutes Licht zu setzen (Impressionsmanagement) (Alicke und Sedikides 2009; De Angelis et al. 2012). Zu diesem Zweck tendieren Menschen dazu, ihre Stärken herauszustellen und ihre Schwächen zu verbergen sowie Ereignisse so zu interpretieren und zu deuten, dass sie mit ihrem erwünschten Selbstbild bzw. mit der Vorstellung davon, wie sie sein möchten, im Einklang stehen (Alicke und Sedikides 2009). Das Bedürfnis, ein positives Selbstbild zu generieren, ist bei Menschen unterschiedlich ausgeprägt, aber immer in einem gewissen Maß vorhanden (Alicke und Sedikides 2009).

Auch erzählen Kunden gerne von besonderen Erfahrungen, um damit anderen beneidenswert zu erscheinen. Manchmal wird eine hedonistische Dienstleistung sogar hauptsächlich deswegen in Anspruch genommen, um einen bestimmten Status gegenüber anderen zu vermitteln (Holmqvist et al. 2020). Dies wird unter dem Begriff **Geltungskonsum** bzw. **Prestigekonsum (conspicuous consumption)** gefasst und bezeichnet den demonstrativen Konsum von teuren bzw. besonderen Leistungen mit dem Ziel, einen hohen sozialen Status zu signalisieren (Braun und Wicklund 1989). *Eine Studie zeigte beispielsweise, dass der zentrale Wert bei der Inanspruchnahme eines Luxus-Restaurants für manche Kund:innen nicht in der Nutzung selbst, sondern in dem Angeben gegenüber Freund:innen oder Follower:innen in sozialen Medien liegt* (Holmqvist et al. 2020).

Außerdem vermitteln Kunden durch WOM-Informationen über ihre Identität (De Angelis et al. 2012; Hennig-Thurau et al. 2004; Hu und Kim 2018; Wu et al. 2016). Nach der **Theorie der sozialen Identität (social identity theory)** ist die soziale Identität ein Teil des Selbstbilds, der sich auf die Mitgliedschaft zu einer bestimmten Gruppe *(z. B. Harley-Davidson-Fahrer, Intellektuelle, Veganer:innen, Wohlhabende, Lebensgenießer:innen, Heavy-Metal-Fans)* bezieht (Tajfel 1982). Die Identität spiegelt sich in der Ausübung von Praktiken wider *(z. B. gemeinsam zu einem Heavy-Metal-Konzert gehen, vegane Gerichte kochen, Luxuskonsum)* (Bourdieu 1982, S. 299). WOM bezieht sich auf die Praktiken und signalisiert Konsumpräferenzen, die wiederum Informationen über die Person und ihre (präferierte) Gruppenzugehörigkeit vermitteln (Berger und Heath 2007). *Kund:innen erzählen beispielsweise von ihrer Leidenschaft für einen Fußballverein oder für Musikfestivals und signalisieren damit u. a., dass sie zu einer Gruppe von Menschen mit bestimmten Werten und Präferenzen gehören.* In dieser Hinsicht identifizieren sich manche Kunden dermaßen mit einem Anbieter, dass sie ihn stets aktiv und passioniert weiterempfehlen (Oetting 2009). Diese Kunden werden auch als Markenfürsprecher (brand advocates) bezeichnet (Sweeney et al. 2020). Zudem verbreiten Markenfürsprecher eines Anbieters manchmal auch aktiv negatives WOM über Wettbewerber des Anbieters (Liao et al. 2023).

Ob ein Kunde von einer bestimmten Erfahrung berichtet, hängt also stark davon ab, wie er sich darstellen möchte. Möchte er nach außen signalisieren, dass er immer eine gute Wahl trifft oder dass er generell ein positiver Mensch ist, berichtet er eher von positiven Erlebnissen. Möchte er jedoch einen höheren Expertenstatus vermitteln, geht dies oft mit negativem WOM einher (Berger 2014). Auch die Persönlichkeit und die soziale Situation spielen eine Rolle. *Beispielsweise zeigte eine Studie in einem Online-Kontext, dass Kund:innen, die ein starkes Bedürfnis nach Einzigartigkeit haben, eine positive Erfahrung eher teilen, wenn der allgemeine Konsens eher negativ ist. Kund:innen, die dazu tendieren, sich in die Gemeinschaft einzufügen, teilen eine positive Erfahrung eher, wenn der Konsens auch positiv ist* (Wu et al. 2016). Die Entscheidung, eine bestimmte Erfahrung zu teilen, hängt also von komplexen sozialen Gegebenheiten ab.

16.2.2.3 Beziehungsförderung

WOM spielt auch eine Rolle bei der Stärkung von **sozialen Beziehungen** (**bonding**). Der Zweck der Kommunikation liegt dann nicht so sehr im Vermitteln der Informationen selbst, sondern im Aufbau oder Ausbau einer Beziehung (Berger 2014). Nach der **Zugehörigkeitstheorie (need to belong)** haben Menschen ein Grundbedürfnis nach Zugehörigkeit bzw. nach sozialen Beziehungen mit anderen (Baumeister und Leary 1995). Sie erreichen dies durch die Ausübung von Praktiken und die Kommunikation darüber, da dies Verbindungen zu anderen Personen ermöglicht (Wetzer et al. 2007). Um durch Kommunikation soziale Beziehungen zu pflegen, spielen unter anderem Small Talk, der Austausch über gemeinsame Interessen sowie Altruismus eine wichtige Rolle (Berger 2014).

Menschen betreiben **Small Talk** bzw. sprechen über alltägliche Themen, z. B. um ihr Interesse an der Weiterführung der Beziehung zu signalisieren oder auch um eine unangenehme Stille zu vermeiden (Berger 2014; Berger und Schwartz 2011). Erfahrungen mit Dienstleistungen bieten sich oft als Gesprächsthema an, da es sich dabei um persönliche, aber nicht zu intime Aktivitäten im Leben der Menschen handelt. *Kolleg:innen erzählen sich z. B. gerne, welches Restaurant sie am Wochenende besucht oder welches Hotel sie für den Urlaub gebucht haben* (Rosen 2002, S. 32). Dabei gilt, dass vor allem von Erfahrungen berichtet wird, die im Gedächtnis des Kunden präsent sind und die beim anderen Interesse wecken. *Menschen möchten generell als interessante:r Gesprächspartner:in wahrgenommen werden und erzählen darum eher von ihrem Besuch im Stadion oder Theater als von ihrem Besuch bei der Bank* (Berger und Schwartz 2011).

Der Aufbau oder Ausbau einer Beziehung wird zudem durch den Austausch über **gemeinsame Interessen** erreicht. WOM-Nachrichten können Interessen signalisieren und somit helfen, Gemeinsamkeiten zu identifizieren (Berger 2014). *Beispielsweise knüpfen Blogger:innen und Influencer:innen online Kontakte mit anderen, indem sie ihre Erfahrungen austauschen. Ein:e Bewerber:in erzählt von der Reise durch Indonesien und es stellt sich heraus, dass der/die Personaler:in auch schon dort war, sodass sich das Bewerbungsgespräch positiv entwickelt.* Hier wird besonders deutlich, wie Erfahrungen mit Dienstleistungen weit über die ursprünglichen Erfahrungen hinaus einen Wert herbeiführen können, indem sie zur Erreichung anderer Ziele eingesetzt werden.

Darüber hinaus haben Kunden oft das Ziel, anderen Kunden anhand von Empfehlungen oder Warnungen bei ihren Konsumentscheidungen zu helfen, insbesondere wenn potenzielle Kunden aktiv nachfragen (Mazzarol et al. 2007). Dieses Motiv wird in der Literatur häufig unter den Begriff des **Altruismus** gefasst, da davon ausgegangen wird, dass der Kunde dabei keinen Eigennutzen hat (Hennig-Thurau et al. 2004; Hu und Kim 2018). Es liegt jedoch nahe, dass der Kunde zumindest teilweise auch das Ziel verfolgt, die Beziehung zum Empfänger zu stärken, indem er signalisiert, dass er sich für das Wohlbefinden des anderen interessiert und eine hilfreiche Person ist (Berger 2014).

Aber nicht nur der Sender einer WOM-Nachricht trägt zur Stärkung der Beziehung bei. Auch der Empfänger kann dies tun, indem er interessiert zuhört, die Emotionen des Senders bestätigt und ggf. die Expertise oder die Hilfsbereitschaft des Senders würdigt. Er zeigt damit sein Interesse an der Beziehung mit dem Sender und erhofft dadurch beim Sender in ein gutes Licht zu geraten.

16.2.2.4 Emotionsregulierung

Schließlich hilft WOM bei der **Emotionsregulierung** (De Matos und Rossi 2008; Zeelenberg und Pieters 2004). Diese bezieht sich darauf, wie Menschen ihre Emotionen verarbeiten, indem sie steuern, welche Emotionen sie wann erfahren und wie sie diese ausdrücken (Berger 2014). Insbesondere negatives WOM hilft Kunden, ihrem Ärger oder ihrer Enttäuschung aufgrund einer Service Failure **Luft zu machen** (Venting) (Gannon et al. 2023; Hu und Kim 2018). Die negativen Emotionen auszudrücken, anstatt diese zu unterdrücken kann Ärger und Enttäuschung reduzieren. Das gezeigte Mitgefühl des Gesprächspartners ermöglicht außerdem Trost (Sengupta et al. 2015). Aber auch positives WOM kann zur Emotionsregulierung beitragen, denn viele Menschen möchten ihre positiven Emotionen wie Freude und Begeisterung bei anderen zum Ausdruck bringen (Berger 2014).

Negatives WOM wird auch oft als **Vergeltungsmaßnahme** eingesetzt. Im Sinne der Equity-Theorie (Abschn. 15.4.3) empfinden Kunden dann das Verhalten des Anbieters ihnen gegenüber als ungerecht. Um die wahrgenommene Ungerechtigkeit zu erwidern, versucht der Kunde dem Anbieter durch negatives WOM (v. a. online, aufgrund der hohen Reichweite) Schaden zuzufügen (Grégoire et al. 2010). Negatives WOM trägt aus Sicht des verärgerten Kunden zur Wiederherstellung des Gleichgewichtes bei, sodass seine Wut dadurch wieder gesenkt werden kann (Wu und Wang 2017). Außerdem kann er damit ggf. die Aufmerksamkeit des Anbieters gewinnen, sodass dieser eine Lösung oder Kompensation anbieten kann (Chang et al. 2015). Negatives WOM kann im Allgemeinen dazu beitragen, dass Konsumenten als Kollektiv mehr Macht gegenüber Anbietern gewinnen. Der Imageverlust durch ein negatives WOM kann Anbieter dazu zwingen, sich ethisch und nicht opportunistisch gegenüber den Kunden zu verhalten (Hennig-Thurau et al. 2004).

Schließlich kann WOM dem Kunden dabei helfen, **kognitive Dissonanz zu verringern** (De Matos und Rossi 2008) (Abschn. 15.1.1). Der Kunde versucht z. B. nach dem Treffen einer Entscheidung anhand von positivem WOM andere davon zu überzeugen, dass er die richtige Wahl getroffen hat. In Wirklichkeit versucht der Kunde jedoch vor allem sich selbst davon zu überzeugen, dass seine Entscheidung die richtige war (von Wangenheim 2005).

Wechseln Kunden von einem Anbieter zum anderen, kann negatives WOM über den früheren Anbieter die eigene Entscheidung zu wechseln bekräftigen (von Wangenheim 2005). *Ein:e Kund:in ist zu einem anderen Fitnessstudio gewechselt, ist sich jedoch nicht sicher, ob es die richtige Entscheidung war. Er/sie überlegt sich die negativen Aspekte des früheren Studios und erwähnt diese gegenüber anderen, um die Entscheidung zu rechtfertigen.*

16.2.3 Word-of-Mouth-Management

WOM hat einen großen Einfluss auf das Kaufverhalten, da die Informationen von anderen Kunden als glaubwürdiger angesehen werden als Informationen, die vom Unternehmen selbst gesendet werden (Schindler und Bickart 2005). Anbieter müssen darum versuchen, das WOM-Verhalten von Kunden zu steuern. Da die Generierung von WOM jedoch von vielen Faktoren abhängt und größtenteils mit Aktivitäten im Leben des Kunden verbunden ist, die über die Dienstleistung selbst hinaus gehen, ist dies für Anbieter schwierig. Trotzdem gibt es einige Möglichkeiten, das WOM-Verhalten von Kunden zu beeinflussen sowie den Einfluss von WOM-Nachrichten im Internet zu steuern. Die wichtigsten Grundsätze des WOM-Managements werden im Folgenden dargestellt (Abb. 16.3).

Anbieter sollten versuchen, **negatives WOM zu verhindern**, da dies die Kaufabsicht anderer Kunden negativ beeinflusst (Olson und Ro 2020). Negatives WOM hat im Vergleich zum positiven WOM einen stärkeren Einfluss auf das Kaufverhalten von Konsumenten, sodass argumentiert wird, dass das Verhindern von negativem WOM für den Unternehmenserfolg wichtiger ist als das Fördern von positivem WOM (Williams und Buttle 2014). Zentral ist dabei, dem Kunden die Möglichkeit zu bieten und ihn dazu zu motivieren, sich beim Anbieter direkt zu beschweren, sodass eine Service Recovery stattfinden kann und der Kunde infolge des Service Recovery-Paradox womöglich sogar positives WOM betreibt (McCollough et al. 2000) (Abschn. 15.4.3).

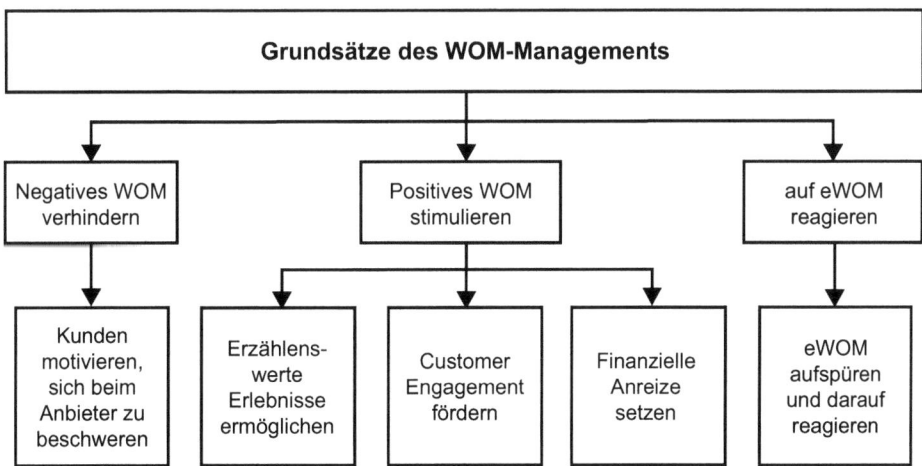

Abb. 16.3 Grundsätze des WOM-Managements

Positives WOM kann stimuliert werden, indem der Anbieter dem Kunden **Erlebnisse ermöglicht**, die **erzählenswert** sind. Im Rahmen der Selbstdarstellung und der Beziehungsförderung tendieren Kunden dazu, vor allem von interessanten und besonderen Erlebnissen zu erzählen (Berger 2014). Bei hedonistischen Dienstleistungen, wie Freizeitparks und Urlaubsreisen, können Anbieter beispielsweise versuchen, den Kunden in eine Geschichte eintauchen zu lassen, um ein besonderes Erlebnis zu ermöglichen (Mossberg 2008). Jedoch können auch bei alltäglichen Dienstleistungen erzählenswürdige Erlebnisse stattfinden. *Ein:e Kund:in und ein:e Friseur:in entdecken Gemeinsamkeiten, sodass ein für beide angenehmes Gespräch entsteht. Ein:e Schaffner:in ist besonders bemüht, einem Fahrgast dabei zu helfen, den Anschlusszug zu erreichen. Der/die Kund:in erzählt seinen/ihren Freund:innen von dem schönen Gespräch mit dem/der Friseur:in bzw. der Hilfsbereitschaft des/der Schaffner:in.*

Anbieter können Aktivitäten ausüben, um WOM aktiv zu stimulieren (Beckers et al. 2018). Dies ist ein Teil des **Customer Engagement-Managements**. Customer Engagement umfasst freiwillige Aktivitäten des Kunden in Bezug zu einer Marke oder einem Unternehmen, die über eine reine Transaktion hinausgehen, z. B. Hilfe bei der Vermarktung einer Dienstleistung oder das Einbringen von Verbesserungsvorschlägen (Jaakkola und Alexander 2014). Zum Customer Engagement-Management gehört z. B. das Bereitstellen und Gestalten einer Bewertungsplattform bzw. Online-Community, auf denen Kunden die Leistungen des Anbieters bewerten und sich über die Leistungen austauschen können (Reinartz und Berkmann 2017). WOM kann auf solchen Plattformen u. a. gefördert werden, indem gekennzeichnet wird, welche Expertisestufe der Bewerter erreicht hat (z. B. Anfänger, Fortgeschrittene, Experte), sodass dies für andere sichtbar ist. Die Stufe gibt an, wie erfahren und kompetent der Bewerter ist, und wird durch die Zahl der Bewertungen und durch die Angaben der Leser, wie nützlich die Bewertungen sind, beeinflusst (Lampel und Bhalla 2007). Für Kunden, die gerne andere Kunden in Online-Communities beraten, ist das Generieren eines Expertenstatus im Rahmen der Selbstdarstellung ein wichtiges Motiv für das Betreiben von WOM (Lampel und Bhalla 2007).

Außerdem können Werbeaktionen in sozialen Medien eingesetzt werden, um WOM zu generieren, indem beispielsweise dazu aufgerufen wird, Fotos, Videos oder generelle Erfahrungen mit der Leistung zu posten. Solche Aktionen bergen jedoch auch Risiken. *Beispielsweise schlug eine Twitteraktion von McDonalds mit dem Ziel, positives WOM zu generieren, fehl, indem der Hashtag v. a. negatives WOM herbeiführte* (Beckers et al. 2018).

Anbieter können **finanzielle Anreize** setzen, um positives WOM zu stimulieren (Wirtz und Chew 2002). *Beispiele sind Rabattscheine für das Posten einer Bewertung im Internet* (Hogreve und Dobmeier 1997) *sowie Weiterempfehlungskampagnen, bei denen der/die Kund:in eine Belohnung erhält, wenn diese:r eine:n neue:n Kund:in für den Anbieter wirbt* (Hu und Kim 2018). Auch dürfen Influencer Dienstleistungen kostenlos ausprobieren, wenn sie dazu ein Bild oder Video auf ihrem Social Media-Profil wie Instagram posten (De Veirman et al. 2017). Dabei handelt es sich jedoch eher um Werbung als um WOM, da die Influencer vom Anbieter belohnt werden und es sich nicht um die unabhängige Meinung des Influencers handelt (Evans et al. 2017).

Anbieter können Bewertungen auf Vergleichsportalen und sozialen Medien aufspüren und darauf reagieren, um dem Kunden sowie anderen Kunden zu signalisieren, dass sie die Anliegen und das Feedback ihrer Kunden ernst nehmen (van Noort und Willemsen 2012).

Nachfolgend wird tiefer auf Weiterempfehlungskampagnen sowie auf den Umgang mit WOM im Internet eingegangen.

16.2.3.1 Weiterempfehlungskampagnen

Bei **Weiterempfehlungskampagnen** bzw. **Kunden-werben-Kunden-Programmen (referral programs)** bieten Anbieter Anreize, damit bestehende Kunden die Dienstleistung an Freunde und Familie weiterempfehlen (Garnefeld et al. 2013; Wirtz et al. 2019). Im Sinne der Austauschtheorien (Abschn. 4.3.1) belohnt der Anbieter den bestehenden Kunden mit einem Geldbetrag, Preisnachlass, Gutschein (monetäre Belohnung) oder mit einer Zusatzleistung (nicht-monetäre Belohnung), wenn der Kunde die Dienstleistung einem Neukunden empfiehlt und dieser die Dienstleistung tatsächlich in Anspruch nimmt (Wirtz et al. 2019). Allerdings kann auch dem Neukunden eine Belohnung angeboten werden.

▶ **Weiterempfehlungskampagne (referral program)** Eine Marketingaktivität, bei der der Anbieter bestehenden Kunden einen monetären oder nicht-monetären Anreiz bietet, damit diese die Dienstleistung an Freunde und Familie weiterempfehlen (Garnefeld et al. 2013; Wirtz et al. 2019).

Weiterempfehlungskampagnen werden als eine effiziente Methode betrachtet, neue Kunden zu gewinnen, da die Belohnung nur ausgezahlt wird, wenn der Neukunde die Dienstleistung in Anspruch nimmt. Die Kosten der Kampagne sind also an den Erfolg geknüpft (Wirtz et al. 2019). Hinzu kommt, dass eine Weiterempfehlungskampagne die Einstellung zum Anbieter und die Wiederkaufabsicht des bestehenden Kunden positiv beeinflussen kann (Garnefeld et al. 2011). Der Kunde nimmt die Belohnung der Weiterempfehlungskampagne im Sinne der Austauschtheorien dann als einen Nutzen wahr, der aus der Beziehung zum Anbieter resultiert und der das Verhältnis von Kosten und Nutzen bzw. den Wert für den Kunden positiv beeinflusst.

Ob ein bestehender Kunde die Dienstleistung auf Basis einer Weiterempfehlungskampagne tatsächlich weiterempfiehlt, hängt im Sinne der Austauschtheorien vom wahrgenommenen Wert bzw. vom Kosten-Nutzen-Verhältnis ab, das aus der Weiterempfehlungskampagne resultiert. Aus der Betrachtung der einzelnen Nutzen- und Kostenkomponenten lassen sich Implikationen für die Gestaltung von Weiterempfehlungskampagnen ableiten.

Der **Nutzen einer Weiterempfehlungskampagne** aus Sicht des bestehenden Kunden hängt in erster Linie von der Belohnung selbst ab: Je wertvoller bzw. je nützlicher die Belohnung für den Kunden, desto höher ist die Absicht des Kunden, einen Neukunden zu werben (Wirtz et al. 2019). Anbietern wird somit angeraten, eine Belohnung anzubieten, die dem Kunden einen hohen Nutzen liefert. Der Nutzen einer Belohnung wird zum einen durch den monetären Wert bestimmt, wenn es sich um einen Geldbetrag oder einen Gutschein handelt. Die Belohnung muss jedoch nicht immer einen monetären Wert besitzen, sondern kann auch in Form einer zusätzlichen Leistung gestaltet sein, die dem Kunden einen Nutzen bringt (Reinartz und Berkmann 2017). *Beispielsweise bietet Dropbox zusätzlichen Online-Speicherplatz als Belohnung für die Werbung von Neukund:innen an.* Der Nutzen einer solchen Zusatzleistung ist subjektiv und fällt somit für jeden Kunden unterschiedlich hoch aus (Wirtz et al. 2019). *Für eine:n Kund:in, der/die seinen/ihren Speicherplatz bei Dropbox nicht vollständig ausschöpft, hat zusätzlicher Speicherplatz einen geringen Nutzen.* Zum anderen wird der Nutzen dadurch bestimmt, wie schwer oder leicht der Kunde die Belohnung in seinen Wertgenerierungsprozess einbinden kann. Der Nutzen kann beispielsweise durch Nebenbedingungen der Belohnung verringert werden (Orsingher und Wirtz 2018). *Ist ein Gutschein eines Restaurants nur an einem bestimmten Tag in der Woche oder nur ab einem sehr hohen Rechnungsbetrag gültig, verringert sich der Nutzen der Belohnung.*

Hinzu kommt, dass der bestehende Kunde durch die Weiterempfehlungskampagne einen sozialen Nutzen erzielen kann, beispielsweise wenn der potenzielle Neukunde ihm für die Weiterempfehlung dankbar ist (Wirtz et al. 2019). Dies knüpft an das Motiv der Beziehungsförderung oder auch der Selbstdarstellung an (z. B. Selbstbild als hilfreicher Mensch) (Abschn. 16.2.2.2). In dieser Hinsicht ist es sinnvoll, nicht nur dem bestehenden Kunden, sondern auch dem potenziellen Kunden eine Belohnung anzubieten. Der potenzielle Kunde erzielt dann einen höheren Nutzen aus der Weiterempfehlung, sodass der weiterempfehlende Kunde beim potenziellen Kunden eher in ein gutes Licht gerät (Dose et al. 2019; Ryu und Feick 2007).

Die **Kosten einer Weiterempfehlungskampagne** für den bestehenden Kunden umfassen einerseits die Ressourcen, die dieser einsetzen muss, um die Weiterempfehlung zu tätigen, wie z. B. Zeit und Mühe (Wirtz et al. 2019). Sehr bedeutsam sind jedoch auch die sozialen Kosten, die dem Kunden durch eine Weiterempfehlung entstehen könnten. Bevor sie eine Weiterempfehlung abgeben, denken Kunden im Rahmen des Impressionsmanagements (vgl. Self-Enhancement-Theorie, Abschn. 16.2.2.2) darüber nach, wie dies beim Empfänger ankommt. Hat der Kunde die Vermutung, dass die Empfehlung ihn beim potenziellen Neukunden in ein schlechtes Licht setzt, wird er die Dienstleistung eher nicht weiterempfehlen (Wirtz et al. 2013). *Ein:e Kund:in befürchtet, dass seine/ihre Freund:innen ihn/sie aufgrund der Weiterempfehlung weniger achten, da sie eine negative Einstellung zum Anbieter haben könnten.*

Bekommt der bestehende Kunde eine Belohnung für die Weiterempfehlung, tritt das ökonomische Motiv für die Weiterempfehlung in den Vordergrund, während Motive wie Selbstdarstellung und Beziehungsförderung, die normalerweise bei WOM eine Rolle spielen, in den Hintergrund geraten (Wirtz et al. 2019). Der potenzielle Neukunde könnte somit ein Motiv des Eigennutzes (statt z. B. Hilfsbereitschaft) beim bestehenden Kunden vermuten, sodass Letzterer in ein schlechteres Licht gerät (Wirtz et al. 2019). Eine in Aussicht gestellte Belohnung kann die Weiterempfehlungsabsicht des Kunden dadurch verringern (Wirtz et al. 2013).

Dies suggeriert, dass, wenn Kunden eine Dienstleistung gerne aufgrund sozialer Motive weiterempfehlen, eine Belohnung für den bestehenden Kunde kontraproduktiv wirken kann (Wirtz et al. 2013). Dies trifft zu für Dienstleistungen, über die Kunden gerne sprechen, z. B., indem sie interessante Geschichten ermöglichen (z. B. Urlaubsreise, Konzert), generell eine große Rolle im Leben des Kunden spielen (z. B. Sportverein, Universität) (Wirtz et al. 2013) oder besonders neu und innovativ sind (Dose et al. 2019) und somit für Ziele wie Unterhaltung, Beziehungsförderung oder Selbstdarstellung geeignet sind. Teilweise lässt sich dieses Problem umgehen, wenn die Belohnung für den Kunden keinen monetären, sondern einen eher symbolischen Wert hat und ggf. sogar zur Selbstdarstellung beiträgt, wie z. B. die Teilnahme an einem exklusiven Event oder personalisierte Geschenke, da das ökonomische Ziel dann nicht so sehr im Vordergrund steht (Wirtz et al. 2019). Weiterempfehlungskampagnen sind aber grundsätzlich eher für Dienstleistungen geeignet, die sonst eher selten Gesprächsthema sind (z. B. eine Bank, ein Editierservice oder ein Waschsalon) (Wirtz et al. 2019).

Schließlich befürchten Kunden höhere soziale Kosten infolge einer Weiterempfehlung bei Personen, mit denen sie eine weniger enge Beziehung haben, wie flüchtige Bekannte oder Kollegen, als bei Personen, mit denen sie eine enge Beziehung haben (z. B. Partner, Familie, enge Freunde). Somit sind Anbieter gut beraten, dem Kunden im Rahmen einer Weiterempfehlungskampagne vorzuschlagen, die Dienstleistung an Personen weiterzuempfehlen, mit denen er eine enge Beziehung hat (Wirtz et al. 2013).

16.2.3.2 Der Umgang des Anbieters mit WOM im Internet – Webcare

Während Lob (Abschn. 15.2) und Beschwerden (Abschn. 15.4) früher in einem Dialog zwischen Kunde und Anbieter geäußert wurden, werden sie heute auch auf Vergleichsportalen und sozialen Medien gepostet, sodass potenzielle Neukunden und andere Stakeholder, aber auch der Anbieter selbst diese sehen und darauf reagieren können (van Noort et al. 2015). Anbieter verwenden Data-Mining-Tools (z. B. Google Alerts oder Social Mention) und maschinelles Lernen, um damit Einträge über den Anbieter im Internet aufzuspüren, zu analysieren und darauf zu reagieren (webcare) (Park und Allen 2013; Vermeer et al. 2019).

▶ **Webcare** bezeichnet das Aufspüren von und das öffentliche Reagieren auf Bewertungen, Feedback oder Fragen von Kunden im Internet (van Noort und Willemsen 2012).

Webcare ist eine zentrale Aktivität von Unternehmen in der Post-Service-Phase mit unterschiedlichen Zielen (Li et al. 2017; van Noort et al. 2015). Zum einen können durch die Analyse des Kundenfeedbacks – analog zum Lob- und Beschwerdemanagement – Stärken und Schwächen bzw. Probleme identifiziert und Verbesserungen für den Dienstleistungsprozess generiert werden (van Noort et al. 2015). Insbesondere wenn bestimmte Beschwerden häufiger genannt werden, sollten Anbieter die Ursache schnellstmöglich aufdecken und das Problem lösen. Denn wenn mehrere Kunden über das gleiche Problem berichten, erhalten potenzielle Neukunden den Eindruck, dass das Problem regelmäßig auftritt bzw. es sich um ein strukturelles Problem handelt (vgl. Attributionstheorie; Abschn. 15.4.2), was sich negativ auf die Reputation des Anbieters auswirkt (Lee und

Cranage 2014). Zum anderen können Anbieter durch öffentliche Reaktionen auf Kundenbewertungen weiteres Customer Engagement fördern oder infolge einer Beschwerde eine
öffentliche Service Recovery durchführen, um den schädlichen Auswirkungen der negativen Bewertung auf potenzielle Neukunden entgegenzuwirken (Li et al. 2017). Gleich-
wohl stellt das öffentliche Reagieren auf Bewertungen von Kunden für Anbieter eine
große Herausforderung dar. Die Reaktionen in der Öffentlichkeit können von vielen
potenziellen Neukunden gelesen werden und bleiben oft permanent im Netz, sodass ihre
Wirkung weit in die Zukunft reichen kann. Viele Anbieter befürchten, dass eine Reaktion,
die von anderen Kunden negativ wahrgenommen wird, ihrer Reputation Schaden zufügt
(van Noort et al. 2015).

Es stellt sich die Frage, inwiefern Anbieter auf WOM im Internet öffentlich reagieren
sollten. Da Webcare ein relativ neues Forschungsfeld darstellt, sind derzeit noch wenige
Erkenntnisse zu den Wirkungen von Webcare-Maßnahmen verfügbar (Li et al. 2018). Ak-
tuelle Studien setzen sich zum einen mit der Frage auseinander, in welchem Ausmaß Anbieter öffentlich auf positive und negative Bewertungen reagieren sollen, damit potenzielle
Neukunden den Anbieter am positivsten wahrnehmen.

In der Forschung herrscht Konsens darüber, dass Anbieter auf **negatives WOM** stets
öffentlich reagieren sollen, denn die meisten Studien zeigen, dass andere Kunden den Anbieter dann positiver wahrnehmen, als wenn er dies nicht tut (Lopes et al. 2023; Olson und
Ro 2020; Sparks et al. 2016; Wang und Chaudhry 2018). Die positive Wahrnehmung durch
andere Kunden kann dadurch begründet werden, dass eine öffentliche Reaktion auf eine
negative Bewertung (z. B. in Form einer Entschuldigung) wie eine öffentliche Service Recovery wirkt und für den Kunden, der die negative Bewertung gepostet hat, einen Wert liefert (Hogreve et al. 2019; Wang und Chaudhry 2018). Im Sinne der Equity-Theorie
(Abschn. 15.4.3) kann die Reaktion dazu führen, dass der Kunde das Ergebnis der Austauschsituation wieder als gerecht bzw. als fair empfindet. Andere Kunden glauben dadurch eher, dass der Anbieter Beschwerden der Kunden ernst nimmt und generell bestrebt
ist, eine hohe Qualität zu liefern (Hogreve et al. 2019; van Noort und Willemsen 2012).

Ob Anbieter auf **positives WOM** öffentlich reagieren sollen, ist weniger eindeutig.
Beispielsweise untersuchen Li et al. (2018) den Einfluss von öffentlichen Reaktionen auf
Online-Kundenbewertungen auf den Umsatz von Hotels. Dabei stellte sich heraus, dass
öffentliche Reaktionen auf positives WOM keine Umsatzsteigerung zur Folge haben.
Zudem zeigen Wang und Chaudhry (2018), dass öffentliche Reaktionen des Anbieters auf
positive Kundenbewertungen, bei denen der Anbieter die positiven Aspekte der Dienstleistung hervorhebt, einen negativen Effekt auf die Beurteilung des Anbieters durch den
Kunden haben können. Solche Reaktionen können vom Kunden als Werbebotschaften
interpretiert werden, sodass die Kunden ein Motiv des Eigennutzes beim Anbieter vermuten. Allerdings zeigen Wang et al. (2020), dass einfache Reaktionen auf positive Bewertungen, in denen der Anbieter dem Kunden für sein Feedback dankt und bescheiden
bleibt, sehr wohl einen positiven Effekt haben können. Jedoch zeigen die Autoren auch,
dass der positive Effekt solcher Reaktionen geringer ist als der positive Effekt der Reaktionen auf negative Bewertungen. Da Kunden immer mehr Bewertungen verfassen,

würde es einen hohen personellen Aufwand auf Anbieterseite erfordern, auf alle positiven Bewertungen zu reagieren. Möglicherweise können stattdessen Algorithmen eingesetzt werden, allerdings besteht dabei grundsätzlich die Gefahr, dass die Reaktion dann nicht korrekt auf den Inhalt der Nachricht abgestimmt ist. Anbieter müssen somit das Kosten-Nutzen-Verhältnis prüfen, um zu entscheiden, ob und wie sie auf positive Bewertungen öffentlich reagieren. Haben Anbieter ein eher geringeres Marketingbudget, sind sie gut beraten, sich v. a. auf die negativen Bewertungen zu konzentrieren und insbesondere auf die extrem negativen (Wang et al. 2020).

Zum anderen wurde untersucht, in *welcher Art und Weise* Anbieter auf negatives WOM reagieren sollen, damit potenzielle Neukunden die Reaktion positiv wahrnehmen (öffentliche Service Recovery). Dabei kann grundsätzlich auf die gleichen Dimensionen der wahrgenommenen Gerechtigkeit wie beim Service Recovery-Management zurückgegriffen werden (Abschn. 15.4.3) (Min et al. 2015). Anders ist hierbei allerdings, dass der Fokus auf der Bewertung der Reaktion des Anbieters im Internet durch andere Kunden liegt. Im Folgenden werden die Interaktionsgerechtigkeit und die Ergebnisgerechtigkeit als Kriterien für die Beurteilung einer öffentlichen Service Recovery herangezogen.

Um aus Kundensicht **Interaktionsgerechtigkeit** zu erreichen, soll die Reaktion höflich geschrieben sein und eine Entschuldigung enthalten (Olson und Ro 2020). Ein offener, freundlicher Ton kommt dabei besser an als ein eher professioneller, distanzierterer Ton (Sparks et al. 2016).

Außerdem ist es wichtig, dass die Reaktion (anders als bei Reaktionen auf positive Bewertungen) auf den Inhalt der Bewertung zugeschnitten ist, damit die Beschwerde angemessen adressiert und Empathie vermittelt wird (Li et al. 2017; Wang et al. 2020; Wang und Chaudhry 2018). Immer wieder die gleiche Reaktion zu posten, führt demnach zu weniger positiven Bewertungen durch den Kunden (Liu et al. 2021). In dieser Hinsicht wurde gezeigt, dass eine Reaktion besser beurteilt wird, wenn diese die Beschwerde paraphrasiert bzw. sinngemäß wiederholt. Hiermit signalisiert der Anbieter, dass er die Bewertung tatsächlich gelesen hat und Verständnis für die Situation des Kunden hat (Min et al. 2015).

Ist die Reaktion mit dem Namen und Foto des Managers versehen, ist sie persönlicher gestaltet, was die Wahrnehmung der Reaktion positiv beeinflussen kann (Olson und Ro 2020). Denn dadurch erhält der Kunde den Eindruck, dass ein Mensch (und nicht eine Maschine) mit ihm kommuniziert, was wiederum das Vertrauen des Kunden in den Anbieter erhöht (Gröppel-Klein und Kobel 2017).

Hinzu kommt, dass die Reaktion in den meisten Fällen nicht defensiv geschrieben sein sollte, sondern der Anbieter muss die Verantwortung für das Problem übernehmen, auch wenn dies bedeutet, dass er den Fehler damit eingesteht (Olson und Ro 2020). Ansonsten glauben Kunden eher, dass der Anbieter Beschwerden nicht ernst nimmt. Eine Entschuldigung und ein Eingeständnis der Fehler erhöhen die Chance, dass Kunden den Fehler als unkontrollierbar und nicht wiederkehrend wahrnehmen (vgl. Attributionstheorie; Abschn. 15.4.2) (Weitzl et al. 2018). Wenn eine negative Bewertung jedoch offensichtlich übertrieben ist oder auf zu hohen Erwartungen des Kunden basiert und die meisten anderen Bewertungen positiv sind, kann es sinnvoll sein, der Bewertung höflich zu widersprechen und/oder zu erklären, was Kunden von der Dienstleistung erwarten können (Lee und Cranage 2014; Li et al. 2018). Dadurch werden potenzielle Neukunden die Gültigkeit der negativen Bewertung womöglich anzweifeln und die Verantwortung für das Problem weniger beim Anbieter vermuten (Lee und Cranage 2014). Dabei kann der Anbieter auch mit Humor reagieren. Dies sollte jedoch nicht aggressiv („den Kunden auslachen"), sondern beziehungsorientiert („*mit* dem Kunden lachen") geschehen (Béal und Grégoire 2022).

Im Rahmen der **Ergebnisgerechtigkeit** wird in der Literatur diskutiert, ob Anbieter öffentlich kommunizieren sollen, wenn sie dem Kunden eine verbesserte Leistung oder Kompensation anbieten. Auf der eine Seite motiviert dies womöglich andere Kunden, sich auch öffentlich zu beschweren in der Hoffnung, eine Kompensation zu bekommen (Lee und Cranage 2014; Wang und Chaudhry 2018). Der Kunde könnte sich dabei aus opportunistischen Motiven beschweren. Oft reagieren Anbieter darum zwar öffentlich auf die Beschwerde, verlagern dabei jedoch das Gespräch in ein privates Umfeld (z. B. E-Mail), indem sie den Kunden privat anschreiben, damit eine Lösung für das Problem gefunden werden kann (Hogreve et al. 2019). Auf der anderen Seite kann Transparenz über die Service Recovery als Qualitätssignal gegenüber anderen Kunden dienen, indem gezeigt wird, dass Beschwerden adäquat adressiert werden und der Anbieter nichts zu verbergen hat (Hogreve et al. 2019). Dens et al. (2015) fanden allerdings heraus, dass eine Kompensation für eine positive Beurteilung der Reaktion durch andere Kunden nicht unbedingt notwendig ist, wenn die Mehrheit der Bewertungen auf der Plattform positiv ist oder wenn die positiven und negativen Bewertungen im Gleichgewicht sind. In dem Fall reichen eine Entschuldigung und ein Versprechen, dass die Dienstleistung in Zukunft verbessert wird. Sind jedoch vergleichsweise viele negative Bewertungen vorhanden, kann eine Kompensation die Beurteilung der Reaktion erhöhen (Dens et al. 2015).

Literatur

Alicke MD, Sedikides C (2009) Self-enhancement and self-protection: what they are and what they do. Eur Rev Soc Psychol 20:1–48

Anderson EW (1998) Customer satisfaction and word of mouth. J Serv Res 1:5–17

Ansari F, Jeong Y, Putri I, Kim S (2019) Sociopsychological aspects of butterfly souvenir purchasing behavior at Bantimurung Bulusaraung National Park in Indonesia. Sustain For 11:1789

Arndt J (1967) Role of product-related conversations in the diffusion of a new product. J Mark Res 4:291–295

Ballantyne R, Packer J, Sutherland LA (2011) Visitors' memories of wildlife tourism: implications for the design of powerful interpretive experiences. Tour Manag 32:770–779

Bansal HS, Voyer PA (2000) Word-of-mouth processes within a services purchase decision context. J Serv Res 3:166–177

Baumeister RF, Leary MR (1995) The need to belong: desire for interpersonal attachments as a fundamental human motivation. Psychol Bull 117:497–529

Béal M, Grégoire Y (2022) How do observers react to companies' humorous responses to online public complaints? J Serv Res 25:242–259

Beckers SFM, van Doorn J, Verhoef PC (2018) Good, better, engaged? The effect of company-initiated customer engagement behavior on shareholder value. J Acad Mark Sci 46:366–383

Berger J (2014) Word of mouth and interpersonal communication: a review and directions for future research. J Consum Psychol 24:586–607

Berger J, Heath C (2007) Where consumers diverge from others: identity signaling and product domains. J Consum Res 34:121–134

Berger J, Schwartz EM (2011) What drives immediate and ongoing word of mouth? J Mark Res 48:869–880

Blazevic V, Hammedi W, Garnefeld I, Rust RT, Keiningham T, Andreassen TW, Donthu N, Carl W (2013) Beyond traditional word-of-mouth. J Serv Manag 24:294–313

Blocker CP, Barrios A (2015) The transformative value of a service experience. J Serv Res 18:265–283

Boerdam J, Oosterbaan W (1980) Family photographs – a sociological approach. Neth J Sociol 16:95–119

Bourdieu P (1982) Die feinen Unterschiede. Kritik der gesellschaftlichen Urteilskraft. Suhrkamp, Frankfurt am Main

Braun OL, Wicklund RA (1989) Psychological antecedents of conspicuous consumption. J Econ Psychol 10:161–187

van Campen C (2014) The Proust effect. The senses as doorways to lost memories. Oxford University Press, Oxford

Campos AC, Mendes J, do Valle PO, Scott N (2016) Co-creation experiences: attention and memorability. J Travel Tour Mark 33:1309–1336

Chang HH, Tsai Y-C, Wong KH, Wang JW, Cho FJ (2015) The effects of response strategies and severity of failure on consumer attribution with regard to negative word-of-mouth. Decis Support Syst 71:48–61

Cheung CM, Thadani DR (2012) The impact of electronic word-of-mouth communication: a literature analysis and integrative model. Decis Support Syst 54:461–470

De Angelis M, Bonezzi A, Peluso AM, Rucker DD, Costabile M (2012) On braggarts and gossips: a self-enhancement account of word-of-mouth generation and transmission. J Mark Res 49:551–563

De Matos CA, Rossi CAV (2008) Word-of-mouth communications in marketing: a meta-analytic review of the antecedents and moderators. J Acad Mark Sci 36:578–596

De Veirman M, Cauberghe V, Hudders L (2017) Marketing through Instagram influencers: the impact of number of followers and product divergence on brand attitude. Int J Advert 36:798–828

Delgadillo Y, Edson Escalas J (2004) Narrative word-of-mouth communication: exploring memory and attitude effects of consumer storytelling. Adv Consum Res 31:186–192

Dens N, De Pelsmacker P, Purnawirawan N (2015) We(B)care. J Serv Manag 26:486–515

Dhar V, Chang EA (2009) Does chatter matter? The impact of user-generated content on music sales. J Interact Mark 23:300–307

Dose DB, Walsh G, Beatty SE, Elsner R (2019) Unintended reward costs: the effectiveness of customer referral reward programs for innovative products and services. J Acad Mark Sci 47:438–459

East R, Hammond K, Wright M (2007) The relative incidence of positive and negative word of mouth: a multi-category study. Int J Res Mark 24:175–184

Esch F-R (2012) Strategie und Technik der Markenführung, 7., vollst. überarb. u. erw. Aufl. Vahlen, München

Evans NJ, Phua J, Lim J, Jun H (2017) Disclosing Instagram influencer advertising: the effects of disclosure language on advertising recognition, attitudes, and Behavioral intent. J Interact Advert 17:138–149

Ferdinand N, Williams N (2010) Tourism memorabilia and the tourism experience. In: Morgan M, Lugosi P, Ritchie B (Hrsg) The tourism and leisure experience. Consumer and managerial perspectives. Channel View Publications, Bristol, S 202–217

Fließ S (2009) Dienstleistungsmanagement. Kundenintegration gestalten und steuern. Gabler, Wiesbaden

Gannon M, Taheri B, Disegna M, Prayag G (2023) Coping, rumination, and electronic word-of-mouth: segmenting consumer responses to service failure via fuzzy clustering. J Bus Res 166:114089

Garnefeld I, Helm S, Eggert A (2011) Walk your talk: an experimental investigation of the relationship between word of mouth and communicators' loyalty. J Serv Res 14:93–107

Garnefeld I, Eggert A, Helm SV, Tax SS (2013) Growing existing customers' revenue streams through customer referral programs. J Mark 77:17–32

Godes D, Mayzlin D (2004) Using online conversations to study word-of-mouth communication. Mark Sci 23:545–560

Goffman E (1990) The presentation of self in everyday life, [Nachdr.]. Doubleday, New York

Golmohammadi A, Mattila AS, Gauri DK (2020) Negative online reviews and consumers' service consumption. J Bus Res 116:27–36

Gordon B (1986) The souvenir: messenger of the extraordinary. J Pop Cult 20:135–146

Grégoire Y, Laufer D, Tripp TM (2010) A comprehensive model of customer direct and indirect revenge: understanding the effects of perceived greed and customer power. J Acad Mark Sci 38:738–758

Gröppel-Klein A, Kobel S (2017) Vertrauen. In: Corsten H, Roth S (Hrsg) Handbuch Dienstleistungsmanagement. Vahlen, München, S 233–254

Han S, Anderson CK (2020) Customer motivation and response bias in online reviews. Cornell Hosp Q 61:142–153

Harrington RJ, Hammond RK, Ottenbacher MC, Chathoth PK, Marlowe B (2019) From goods-service logic to a memory-dominant logic: business logic evolution and application in hospitality. Int J Hosp Manag 76:252–260

Hennig-Thurau T, Walsh G (2003) Electronic word-of-mouth: motives for and consequences of reading customer articulations on the internet. Int J Electron Commer 8:51–74

Hennig-Thurau T, Gwinner KP, Walsh G, Gremler DD (2004) Electronic word-of-mouth via consumer-opinion platforms: what motivates consumers to articulate themselves on the internet? J Interact Mark 18:38–52

Hogreve J, Dobmeier M (1997) Dienstleistungsgarantien und Kundenrezension. In: Corsten H (Hrsg) Kapazitätsmanagement in Dienstleistungsunternehmungen. Grundlagen und Gestaltungsmöglichkeiten. Gabler, Wiesbaden, S 1331–1344

Hogreve J, Bilstein N, Hoerner K (2019) Service recovery on stage: effects of social media recovery on virtually present others. J Serv Res 22:421–439

Holak SL, Havlena WJ (1998) Feelings, fantasies, and memories. J Bus Res 42:217–226

Holmqvist J, Visconti LM, Grönroos C, Guais B, Kessous A (2020) Understanding the value process: value creation in a luxury service context. J Bus Res 120:114–126

Homans GC (1972) Elementarformen sozialen Verhaltens. Social behavior, its elementary forms, 2. Aufl. Westdeutscher Verlag, Opladen

Hu Y, Kim HJ (2018) Positive and negative EWOM motivations and hotel customers' EWOM behavior: does personality matter? Int J Hosp Manag 75:27–37

Jaakkola E, Alexander M (2014) The role of customer engagement behavior in value co-creation. J Serv Res 17:247–261

Jung TH, Tom Dieck MC (2017) Augmented reality, virtual reality and 3D printing for the co-creation of value for the visitor experience at cultural heritage places. J Place Manag Dev 10:140–151

Kahneman D, Riis J (2007) Living, and thinking about it: two perspectives on life. In: Huppert FA (Hrsg) The science of well-being. Oxford University Press, Oxford, S 284–305

Kang J, Manthiou A, Kim I, Hyun SS (2016) Recollection of the sea cruise: the role of cruise photos and other passengers on the ship. J Travel Tour Mark 33:1286–1308

Keiningham TL, Rust RT, Larivière B, Aksoy L, Williams L (2018) A roadmap for driving customer word-of-mouth. J Serv Manag 29:2–38

Kim J, Fesenmaier DR (2015) Sharing tourism experiences. J Travel Res 56:28–40

Köcher S, Köcher S (2021) The mode heuristic in service consumers' interpretations of online rating distributions. J Serv Res 24:582–600

Krishna A (2012) An integrative review of sensory marketing: engaging the senses to affect perception, judgment and behavior. J Consum Psychol 22:332–351

Kroeber-Riel W, Gröppel-Klein A (2019) Konsumentenverhalten, 11., vollst. überarb., akt. u. erg. Aufl. Franz Vahlen, München

Lampel J, Bhalla A (2007) The role of status seeking in online communities: giving the gift of experience. J Comput-Mediat Commun 12:434–455

Lee CH, Cranage DA (2014) Toward understanding consumer processing of negative online word-of-mouth communication. J Hosp Tour Res 38:330–360

Li C, Cui G, Peng L (2017) The Signaling effect of management response in engaging customers: a study of the hotel industry. Tour Manag 62:42–53

Li C, Cui G, Peng L (2018) Tailoring management response to negative reviews: the effectiveness of accommodative versus defensive responses. Comput Hum Behav 84:272–284

Liao J, Chen J, Zhao H, Li M (2023) Fanning the flames: transmitting negative word of mouth of rival brands. J Bus Res 154:113318

Libai B, Bolton RN, Bügel MS, De Ruyter K, Götz O, Risselada H, Stephen AT (2010) Customer-to-customer interactions: broadening the scope of word of mouth research. J Serv Res 13:267–282

Litvin SW, Goldsmith RE, Pan B (2008) Electronic word-of-mouth in hospitality and tourism management. Tour Manag 29:458–468

Liu S, Wang N, Gao B, Gallivan M (2021) To be similar or to be different? The effect of hotel managers' rote response on subsequent reviews. Tour Manag 86:104346

Lopes AI, Dens N, De Pelsmacker P, Malthouse EC (2023) Managerial response strategies to EWOM: a framework and research agenda for webcare. Tour Manag 98:104739

Lundqvist A, Liljander V, Gummerus J, van Riel ACR (2013) The impact of storytelling on the consumer brand experience: the case of a firm-originated story. J Brand Manag 20:283–297

Mazzarol T, Sweeney JC, Norman SG (2007) Conceptualizing word-of-mouth activity, triggers and conditions: an exploratory study. Eur J Mark 41:1475–1494

McCollough MA, Berry LL, Yadav MS (2000) An empirical investigation of customer satisfaction after service failure and recovery. J Serv Res 3:121–137

Min H, Lim Y, Magnini VP (2015) Factors affecting customer satisfaction in responses to negative online hotel reviews. Cornell Hosp Q 56:223–231

Morrin M, Ratneshwar S (2003) Does it make sense to use scents to enhance brand memory? J Mark Res 40:10–25

Mossberg L (2008) Extraordinary experiences through storytelling. Scand J Hosp Tour 8:195–210

Nasr L, Burton J, Gruber T (2018) Developing a deeper understanding of positive customer feedback. J Serv Mark 32:142–160

van Noort G, Willemsen LM (2012) Online damage control: the effects of proactive versus reactive webcare interventions in consumer-generated and brand-generated platforms. J Interact Mark 26:131–140

van Noort G, Willemsen LM, Kerkhof P, Verhoeven JWM (2015) Webcare as an integrative tool for customer care, reputation management, and online marketing: a literature review. In: Kitchen PJ, Uzunoğlu E (Hrsg) Integrated communications in the postmodern era. Palgrave Macmillan, London, S 77–99

Norton MI, Mochon D, Ariely D (2012) The IKEA effect: when labor leads to love. J Consum Psychol 22:453–460

Nunes M, Greenberg S, Neustaedter C (2009) Using physical memorabilia as opportunities to move into collocated digital photo-sharing. Int J Hum Comp Stud 67:1087–1111

Oetting M (2009) Ripple effect. Gabler, Wiesbaden

Olson ED, Ro H (2020) Company response to negative online reviews: the effects of procedural justice, interactional justice, and social presence. Cornell Hosp Q 61:312–331

Orsingher C, Wirtz J (2018) Psychological drivers of referral reward program effectiveness. J Serv Mark 32:256–268

Park S-Y, Allen JP (2013) Responding to online reviews. Cornell Hosp Q 54:64–73

Pera R (2017) Empowering the new traveller: storytelling as a co-creative behaviour in tourism. Curr Issue Tour 20:331–338

Pfaff SM (2003) Erlebnismarketing für die Besucher von Sportveranstaltungen. Erlebnisstrategien und -instrumente am Beispiel Fußballbundesliga. Dissertation, Georg-August-Universität, Göttingen

Pine BJ II., Gilmore JH (1998) Welcome to the experience economy. Harv Bus Rev 76:97–105

Pine BJ II., Gilmore JH (2013) The experience economy: past, present and future. In: Sundbo J, Sørensen F (Hrsg) Handbook on the experience economy. Edward Elgar Publishing, Cheltenham/Northampton, S 21–44

Proulx T, Inzlicht M (2012) The five "A" s of meaning maintenance: finding meaning in the theories of sense-making. Psychol Inq 23:317–335

Reinartz W, Berkmann M (2017) Customer engagement. In: Corsten H, Roth S (Hrsg) Handbuch Dienstleistungsmanagement. Vahlen, München, S 659–679

Reisberg D, Heuer F, Mclean J, O'Shaughnessy M (1988) The quantity, not the quality, of affect predicts memory vividness. Bull Psychon Soc 26:100–103

Rosen E (2002) The anatomy of buzz. How to create word-of-mouth marketing. Doubleday/Currency, New York

Ryu G, Feick L (2007) A penny for your thoughts: referral reward programs and referral likelihood. J Mark 71:84–94

Schindler RM, Bickart B (2005) Published word of mouth: referable, consumer-generated information on the internet. In: Haugtvedt CP, Machleit KA, Yalch R (Hrsg) Online consumer psychology. Understanding and influencing consumer behavior in the virtual world. Lawrence Erlbaum Associates, Mahwah, S 35–61

Schwandt DR (2005) When managers become philosophers: integrating learning with sensemaking. Acad Manag Learn Edu 4:176–192

Sengupta AS, Balaji MS, Krishnan BC (2015) How customers cope with service failure? A study of brand reputation and customer satisfaction. J Bus Res 68:665–674

Solnet D, Kandampully J (2008) How some service firms have become part of "service excellence" folklore. Manag Serv Qual Int J 18:179–193

Sparks BA, So KKF, Bradley GL (2016) Responding to negative online reviews: the effects of hotel responses on customer inferences of trust and concern. Tour Manag 53:74–85

Stauss B (2016) Customer Storytelling: Kunden Erzählen Geschichten – Das Marketing Misst Zahlen. Mark Rev St Gallen 33:22–31

Sun J, Nazlan NH, Leung XY, Bai B (2020) "A cute surprise": examining the influence of meeting giveaways on word-of-mouth intention. J Hosp Tour Manag 45:456–463

Sutton RI (1992) Feelings about a Disneyland visit. J Manag Inq 1:278–287

Sweeney JC, Payne AF, Frow P, Liu D (2020) Customer advocacy: a distinctive form of word of mouth. J Serv Res 23:139–155

Tajfel H (1982) Social psychology of intergroup relations. Annu Rev Psychol 33:1–39

Triantafillidou A, Siomkos G (2014) Consumption experience outcomes: satisfaction, nostalgia intensity, word-of-mouth communication and behavioural intentions. J Consum Mark 31:526–540

Tussyadiah IP, Fesenmaier DR (2009) Mediating tourist experiences. Ann Tour Res 36:24–40

VanMeter R, Syrdal HA, Powell-Mantel S, Grisaffe DB, Nesson ET (2018) Don't just "like" me, promote me: how attachment and attitude influence brand related behaviors on social media. J Interact Mark 43:83–97

Verma S, Yadav N (2021) Past, present, and future of electronic word of mouth (EWOM). J Interact Mark 53:111–128

Vermeer SA, Araujo T, Bernritter SF, van Noort G (2019) Seeing the wood for the trees: how machine learning can help firms in identifying relevant electronic word-of-mouth in social media. Int J Res Mark 36:492–508

Wang RX, Wan H, Yan J (2020) Managerial responses to online reviews under budget constraints: whom to target and how. Inf Manag 57:103382

Wang Y, Chaudhry A (2018) When and how managers' responses to online reviews affect subsequent reviews. J Mark Res 55:163–177

von Wangenheim F (2005) Postswitching negative word of mouth. J Serv Res 8:67–78

Weitzl WJ, Hutzinger C, Einwiller S (2018) An empirical study on how webcare mitigates complainants' failure attributions and negative word-of-mouth. Comput Hum Behav 89:316–327

Wetzer IM, Zeelenberg M, Pieters R (2007) "Never eat in that restaurant, I did!": exploring why people engage in negative word-of-mouth communication. Psychol Mark 24:661–680

Williams M, Buttle F (2014) Managing negative word-of-mouth: an exploratory study. J Mark Manag 30:1423–1447

Wirtz J, Chew P (2002) The effects of incentives, deal proneness, satisfaction and tie strength on word-of-mouth behaviour. Int J Serv Ind Manag 13:141–162

Wirtz J, Orsingher C, Chew P, Tambyah SK (2013) The role of metaperception on the effectiveness of referral reward programs. J Serv Res 16:82–98

Wirtz J, Tang C, Georgi D (2019) Successful referral behavior in referral reward programs. J Serv Manag 30:48–74

Wu L, Mattila AS, Wang C-Y, Hanks L (2016) The impact of power on service customers' willingness to post online reviews. J Serv Res 19:224–238

Wu R, Wang CL (2017) The asymmetric impact of other-blame regret versus self-blame regret on negative word of mouth. Eur J Mark 51:1799–1816

Xie H, Miao L, Kuo P-J, Lee B-Y (2011) Consumers' responses to ambivalent online hotel reviews: the role of perceived source credibility and pre-decisional disposition. Int J Hosp Manag 30:178–183

Zeelenberg M, Pieters R (2004) Beyond valence in customer dissatisfaction. J Bus Res 57:445–455

Stichwortverzeichnis

A

Abstimmung, zeitliche von Ereignissen 353
Ad-hoc-Koordination 303
Affective Events Theory 321, 322
Affekt 131, 217, 356
Affekt-Element-Verbindung (Szene) 144
Agent 336
Ähnlichkeit, wahrgenommene 207, 255
Akteur 163
    Anwesenheit anderer- 255
    Anzahl und Art der- 176, 189
Aktivierung (arousal) 245
Aktivität 47, 183
    Backstage (Back-Office) 185, 297
    freiwillige (voluntary activities) 187
    Frontstage (Front-Office) 185, 297
    gedankliche 184
    nicht sichtbare 185
    obligatorische (mandatory activities) 186
    primäre 12
    sekundäre 12
    sichtbare 185
Aktivitätekörperliche 184
Altercasting 171
Altruismus 396
Ambidextrie 109
Anbieteraktivität
    autonome 26, 283
    integrative 26
    nicht sichtbare 18
    sichtbare 23
Anbieterlogik 9
Anbieterskript 142
Anbietersphäre 16, 26, 31

Andenken 384, 386
Anforderung an das Personal 328
Annäherungsverhalten 246
Anregung, intellektuelle 341
Anreiz, finanzieller 398
Ansteckung, emotionale (emotional
    contagion) 218
Anstrengung 317, 371
Anti-Rollenverhalten 174
Antizipation
    affektive- 79
    kognitive- 79
Antizipationserlebnis 79
Arbeitsteilung 99, 189, 284, 289
    zeitliche- und örtliche- 294
Arbeitszufriedenheit 342
Artefakt 310
Attitude-Behavior-Gap (ABG) 67
Attributionstheorie 368
Aufmerksamkeit (attention) 129, 130, 383
Augmented Reality (AR) 222
Aushandlungsprozess der Rollen 169
Austauschbarkeit (von Aktivitäten) 195
Austauschtheorie 93, 334, 366
Automatisierung 107

B

Backoffice-Mitarbeiter (back office
    employee) 167
Basisemotion 132
Behavioral Setting 206, 256
Belohnung 319, 399, 400
    extrinsische und intrinsische 319

© Der/die Herausgeber bzw. der/die Autor(en), exklusiv lizenziert an Springer
Fachmedien Wiesbaden GmbH, ein Teil von Springer Nature 2024
S. Fließ et al., *Management von Dienstleistungsprozessen*,
https://doi.org/10.1007/978-3-658-44147-0

Beobachtung anderer Kunden 256
Beschwerde 367
Beschwerdekanal 374
Beschwerdekosten 367, 374
Bewältigungsstrategie 366
Bewertungsprozess 43, 57, 351
Beziehungsfähigkeit 193
Big-Five Typologie (Fünf-Faktoren-
        Modell) 329
Blickkontakt 216
Bottom-up-Theorie 41
Boundary
    Roles 286
    Spanners 286
Branding (Markierung) 251
Brauch 362

C
Charisma 341
Co-Creation-Prozess persönlich-interaktiver
        (interpersonal service co-
        creation) 192
Comparison Level (CL) 94, 335
Comparison Level for Alternatives
        (CLalt) 94, 335
Consumer Culture Theory 44
Consumer Journey 7, 65
Context Design 248
Coping 366
Crowding 253, 255
Cues (Clues) 129, 248
Customer
    Citizenship Behavior (CCB) 175
    Dominant Logic (CDL) 5
    Ecosystem 8
    Engagement 398
    Experience (Kundenerlebnis) 65, 91, 127
    Journey 65, 141
Cybersecurity 265

D
Dankbarkeit 359
Deep Acting 321, 330, 342
Delegation 299
Design, biophiles bzw. biomorphes 264
Dichte (density) 253
    soziale 255

Dienstleistung
    hedonistische 60
    kollektive (mass services) 165
    utilitaristische 60
Dienstleistungserlebnis. Siehe Service
        Experience
Dienstleistungsmarke 387
Dienstleistungsprozess 6
Dienstleistungsumgebung 24, 241, 244
    akustische (soundscape) 258
    erholsame 264
    künstliche 243
    natürliche 243
    olfaktorische (scentscape) 260
    physische 141, 243
    Sicherheit einer 265
    soziale 141, 242
    substanzielle bzw. instrumentelle 250
    taktile (touchscape) 258
    virtuelle 240
    visuelle (visualscape) 256
Differenzierung
    horizontale 290, 291
    vertikale 291, 299
Digital Twins 223
Display Rules 304
Dissonanz
    emotionale 321
    kognitive 355, 396
Distanzzone 208
Dominanz (dominance) 246
Dramaturgie 145, 148, 152, 353, 392
Druck, sozialer 365

E
Economies of Scale 105
Eco-System-Linie 25, 31
Effektivität 21, 90
Effizienz 21, 92, 100
Einstellung 66
Einstellungs- bzw. Selektionsprozess
        (Bewerberauswahl) 331
Embodied Cognition 133
Emotion 131, 217, 263, 356, 368, 371, 382
Emotionsarbeit 320, 321, 342
Emotionsregulierung 193, 366, 396
Emotionszyklus 218
Empathie 193, 228, 374, 403

Empowerment 301
Entgeltfindung 335
Entkopplungs-Entscheidung 298
Entscheidungsfähigkeit 193
Entschuldigung 374
Entwicklungsaufgabe 22
Episode 136, 143, 148
Equity-Theorie 371
Erfahrungskurveneffekt 105
Erfassung von Sinneseindrücken 130
Erfolgsbeteiligung 333
Ergebnisgerechtigkeit (distributive justice)
    372, 404
Erinnerung 352, 381
Erinnerungsmanagement 385
Erinnerungsstück 384, 386
Erlebnis. *Siehe* Experience
Erlebnisdimension
    affektive 132, 134, 263
    kognitive 261, 131, 134
    physische 133, 135, 252
    sensorische 129, 134, 257
    soziale 134, 135, 255
Erlebnisumgebung. *Siehe* Experiencescape
Erwartung, normative 168
Erwartungsmanagement 118
Event-Schema 136, 141
Evoked Set 69
Exoskelett 222
Experience 65
    anticipated 78
    (extra)ordinary 137
    imaginary 78
Experiencescape 248
Externalisierung 107
Extra
    -Role Customer Service (ERCS) 175
    -Role Service Performance 318
    -Rollenverhalten (extra-role behavior) 174

F
Fähigkeit (von Akteuren) 192
Faktor, externer 101
Feedback 358
Fehlverhalten 174
First-Best-Lösung 336
Framing 187
Freiheitsgrad im Service-Skript 148, 151

Freude (pleasure) 245
Frontline Service Technologies 167
Führung
    destruktive 340
    dienende (Servant Leadership) 343
    transaktionale 342
    transformationale 341
Führungsstil 343

G
Ganzheitspsychologie 130
Gehaltsdifferenzierung 333
Gehaltsniveau 333
Gehaltsstruktur 333
Geltungskonsum bzw. Prestigekonsum
    (conspicuous consumption) 394
Gerechtigkeit 96, 100, 335, 371
    wahrgenommene 320
Geschichte (story) 392, 393
Gestaltung
    ästhetische 264
Gestaltungsaktivität 27, 283
Gestaltungsaufgabe 21
Gestaltungsebene
    hedonistische 139, 146, 226, 248
    utilitaristische 139, 146, 226, 248
Gestaltungslinie 30, 283
Grad der Entscheidungsautonomie 299
Gruppendienstleistungen (group services) 165

H
Halo-Effekt 354
Heterogenität 298
High-Performance Work Practices 309

I
Identität, kollektive 308
Imitation 218
Impressionsmanagement 394, 400
Individualisierung 105
Inklusion 195
Innovativität 193
Input-Output-Verhältnis 371
Inputs 100
    des Anbieters 103
    des Kunden 104

In-Role Service Performance 318
Inspiration 341
Integrative Leistungslehre (IL) 2
Intelligenz, emotionale 329
Intensität (eines Erlebnisses) 137
Intention-Behavior-Gap (IBG) 67
Inter
    -Rollen-Konflikt 325
    -Sender-Konflikt 324
Interaktion 18, 57, 201
    Art der 99
    dyadische 164, 227
    fallweise 305
    Häufigkeit der 99
    institutionalisierte 305
    kontinuierliche 230
    Multi-Akteur- 164, 227
    objektbezogene 18, 23, 204
    passive 255
    punktuelle 230
    soziale 18, 23, 203
    Start-Stopp- 227
    technologiebasierte 219
    themenspezifische 305
Interaktionsgerechtigkeit (interactional justice)
        372, 374, 403
Interaktionshäufigkeit und -dauer 229
Interaktionslinie 30, 99, 189
Interaktionsritual 212, 359
Interaktivität 193
Interdependenz zwischen Teilaufgaben 294
Intra-Sender-Konflikt 324

J
Job
    - Burnout 322, 325
    - Enlargement 332
    - Enrichment 332
    - Involvement 301
    - Rotation 332
Job-Demands-Resources-Theorie 328
Joint Sphere. Siehe Sphäre, gemeinsame

K
Kapazität 102
    räumliche- 252
Kapazitätsauslastung 105
Kapitalbeteiligung 333

Karte, kognitive 262
Kaufentscheidungsprozess 65, 389
    extensiver- 68
    habitualisierter- 69
    impulsiver- 69
    limitierter- 69
Kommunikation 210, 307
    aufgabenbezogene 211
    Beziehungsebene der 210
    Inhaltsebene der 210
    nonverbale 212, 215
    rituelle 212
    verbale 212
Kommunikationspolitik 104, 119
Kommunikationsskript 215
Kompatibilität 52
Kompatibilitätsprüfung 55
Kompensation 373
Kompetenz 320
    des Personals 328
    emotionale 330
Konsistenz, kognitive 385
Kontext 277
    sozialer 204
Kontrolle, wahrgenommene
        (perceived control) 194, 363
Koordination
    formale 303
    informale 306
    relationale 308
    von Aktivitäten 290
Koordinationsaufgabe 284
Koordinationsinstrumente 291, 303
Koordinationskosten 290
Körperbewusstsein 193
Körperhaltung und -bewegung 216
Kosten 94
kulturell 44, 203, 209, 213, 214, 326, 362, 369,
        371, 375
Kunde (focal customer) 164
    anderer (other customers) 165
Kundenaktivität
    autonome 25
    eco-system 26, 45, 381
    integrative 25
    nachbereitende 25, 351
    nicht sichtbare 18, 24
    sichtbare 23
    vorbereitende 25, 77

Kundenentwicklung 104
Kundenerlebnis. *Siehe* Customer
        Experience
Kundeninputs 104
Kundenkontaktmitarbeiter (frontline
        employee) 167
Kunden-Kontaktpersonal-Interaktion 204
Kunden-Kunden-Interaktion 23, 204
Kundenlob 358
Kundenlogik 7
Kundenressource 101
Kundenrolle 174
Kundenselektion 104
Kundenskript 142
Kundensphäre 16, 25
Kundenvorteil 10
Kunden-werben-Kunden-Programm (referral
        programs) 399

L
Layout 253
Leadership. *Siehe* Führung
Leerkosten 103
Leistung 318, 342
Leistungsergebnis 338, 365
Leistungsmotivationstheorie 320
Lernen 58, 383
Lesbarkeit (legibility) eines Raumes 249
Line of Visibility. *Siehe* Sichtbarkeitslinie
Lobmanagement 360

M
Make-or-Buy-Entscheidung 55, 59
Management 21
    operatives- 21
Matching 54
Means-End-Modell 43
Metatext 146
Mitarbeiter 164
Mitarbeiterrolle 174
Mobilisierung (von Ressourcen) 55
Modularisierung 106
Motivation 316
Motivationsaufgabe 285, 316
Motivationsmodell 317
Motivationssteuerung 326
Motivationstheorie 316

N
Nähe bzw. Distanz, soziale 208
Nähe-Distanz-Verhalten 208
Nicht-Wollen 285
Normen
    deskriptive 205
    soziale 177, 205, 256, 362
    subjektive 66, 205
Nostalgie 382
Nutzen 94
Nutzen-Opfer-Modell 43
Nutzenwert. *Siehe* Value-in-Use

O
Objekt 306
    digitales 204
    markiertes 386
    mit symbolischer Bedeutung 386
    physisches 204
Objekt-Schema 135
Offshoring 107
Organisationskultur 310
Organisationsstruktur 327
    formale 290
Organizational Citizenship Behavior
        (OCB) 175
Organizational Frontline 21, 286
Orientierungsfunktion 262
Outputs 102
Outsourcing 107

P
Peak-End Rule 353
Perceived Control. *Siehe* Kontrolle
        wahrgenommene
Personalentlohnung 332
Personalentwicklung 331
Personalführung. *Siehe* Führung
Persönlichkeitsmerkmal 320
Person-Rollen-Konflikt 325
Perspektive, umweltpsychologische 128, 245
Playtext 147, 212
Post-Service-Phase 20, 32, 351
Praktik 45, 362, 384, 388, 392
        Ausübung einer- 50
        Beobachtung einer- 50
        unternehmensspezifische- 304

Prämie 333
Präsenz, soziale (social presence) 256
Praxistheorie 45
Pre-Service-Phase 19, 30
Prinzipal 336
Prinzipal-Agenten-Theorie 336
Proactive Customer Service Performance 318
Produktionskosten 289
Produktivität 92
Provision 333
Prozess 365
    emotionaler 68
    expressiver 171
    flexibler 106
    kognitiver 67, 170, 246, 261
    kontaktpersonaldominierter 196
    kundendominierter 197
    rigider 106
    systemdominierter 196
Prozesseffizienz 100
Prozessevidenz 193
Prozessinformation
    nicht steuernde 212
    steuernde 211
Prozesskosten 92
Prozesssegmentierung 104
Psychological Ownership 56

R
Rahmen, institutioneller 49
Raumsoziologie 246
Referenzpunkt 91, 355
Reflexion 58, 383, 393
Regelkonformität 193
Reichweite 390
Reife, wissensökonomische 296
Reizüberflutung 129
Reklamation 367
Remote-Service Co-Creation-Prozess 191
Resource Conservation Theory 322
Ressource 51
    des Personals 328
    immaterielle 48
    materielle 48
    operande 52
    operante 52
Ressourcenintegration 56
Ressourcenintegrationsprozess 53

Ressourcentransfer 56
Ressourcenvorteil 10
Reziprozitätsnorm 97
Rolle 168, 307
Rollenambiguität 177, 324
Rollenerwartung 168, 176, 307
Rollenimprovisation 170
Rollenkonflikt 177, 324
Rollenkongruenz (role congruity) 171
Rollenorganisation 307
Rollen-Schema 136
Rollenset (role-set) 169, 176
Rollentheorie 168
Rollenzuschreibung 170

S
Sales-Service-Ambidexterity 295
Schema 136
Seamless Journey 150
Second-Best-Lösung 336
Selbst 168
    -darstellung 171, 393, 400
    -wirksamkeit 193
Selbstabstimmung 305
Selbstbedienungsprozess. *Siehe*
    Self-Service
Selbstdarstellung 385
Selbstkoordination 305
Self-Enhancement-Theorie 394
Self-Service 107, 191, 221
Sensegiving (Sinn-verleihen) 250
Sensemaking 50, 249, 383
    -Perspektive 135
Sensory Design 153
Service
    - Co-Creation 20
    - Co-Creation-Prozess 19
    - Experience 65, 91, 127, 137
      angestrebte- 278
    - Experience Design 138, 273
    - Experiencescape Design 248
    - Factory 109
    - Failure 365
    -gebühr 363
    - Logic (SL) 3
    - Process Design 85
    - Recovery 370
      - Paradox 370

- Robot 167, 222
- Value 90
    angestrebter- 278
ServiceBlueprint 22, 189
    Ist- 28
    Soll- oder Plan- 28
Service-Dominant Logic (SDL) 4
Service-Eco-System 15
Service-Phase 19, 283
Servicescape. *Siehe* Dienstleistungsumgebung
Service-Skript 79, 141, 143, 215, 229
    dramatisches 146, 229, 278
    funktionales 145, 229, 278
    schwaches (weak service script) 151
    starkes (rigid service script) 151
Service-System 284
Sichtbarkeitslinie 18, 23, 31, 98, 108
Sinneseindruck (sensation) 129
Skript 141
    geteiltes (shared script) 143
Skripttheorie 141
Small Talk 395
Smart Services 221
Smooth-Journey-Modell 150
Social Facilitation Theory 255
Social Lock-in 207
S-O-R-Modell 243
Souvenirs 384, 386
Spacing 246
Spezialisierung auf bestimmte Aufgaben 289
Sphäre
    digitale 228
    gemeinsame 18, 23, 30
    physische 227
    soziale 227
Sprach
    -modalität 214
    -stil 213
Standardisierung 105, 304
Start-Stopp-Interaktion 229
Status 365, 393
Stelle 291
    ausführende- 299
    leitende- 299
Stellenbildung
    funktionsorientierte 292
    prozessorientierte 292
Steuerung des Service-Systems 283
Steuerungs

-aktivitäten
    - des Service-Systems 26
-aufgabe 22
-linie 26, 31
Steuerungsaktivität 283
Sticky-Journey-Modell 150
Stimmung 132, 217, 356
Stimuli 245
Strategie
    duale- 109
    hybride- 108
    zur Gestaltung des Servicescape 251
Stress 322, 325
strukturfunktionalistische Rollentheorie
        168, 307
Subtext 147
Suggestion Involvement 301
Surface Acting 321, 330, 342
symbolischer Interaktionismus 168
symbolisch-interaktionistische
        Rollentheorie 307
Sympathie 208
Synchronisation 218, 391
Szene 144, 148

T
Technologie 107, 219
    -akzeptanz (technology acceptance) 225
    -bereitschaft (technology readiness, TR)
        193, 224
    ersetzende- (substituting) 220
    -Optimismus 193
    unterstützende- (augmenting) 220
teleoaffektive Struktur (einer Praktik) 48
Theatermetapher 144, 241
Theorie
    Attributions- 368
    Austausch- 93, 334, 366
    Bottom-up- 41
    der sozialen Identität (social identity theory)
        255, 394
    des geplanten Verhaltens 66, 224
    des überlegten Handelns 66
    Equity- 371
    Führungs- 341
    Job-Demands-Resources- 328
    Motivations- 316
    Praxis- 45

Prinzipal-Agenten- 336
Self-Enhancement 394
Skript- 141
strukturfunktionalistische Rollen- 168, 307
symbolisch-interaktionistische Rollen-
        168, 307
Third Place 250
Touchpoints (Kontaktpunkte) 140, 242
Transaktionskosten, dynamische 296
Transformative Consumer Research 41
Trickle-Down-Effekt 343
Trinkgeld 362
Two Bosses-Dilemma 324

U
Überzeugung, kollektive 310
Umgebung, reizstarke bzw. reizarme 261
Unsicherheit 68, 80, 120, 389
Unterhaltungswert 393
Unternehmenskultur 310

V
Value-Co-Creation 20
Value-Co-Creation-Prozess 19
Value-Creation 20
Value-Facilitator 86
Value-in-Anticipation 79
Value-in-Context 44, 45
Value-in-Cultural-Context 44
Value-in-Exchange 11
Value-in-Experience 43, 45, 137
Value-in-Social-Context 44
Value-in-Use 8, 43, 45
    antizipierter- 11
Valueproposition (Wertversprechen) 10
Verarbeitung, kognitive 130, 383
Verarbeitungsprozess, affektiver 131
Verarbeitungstiefe 130, 383
Verfahrensgerechtigkeit (procedural justice)
        372, 374
Vergeltungsmaßnahme 396
Vergütung
    fixe 333
    variable 333
Vergütungssystem, komplexes 334

Verhalten
    dysfunktionales 174
    prosoziales (prosocial behavior) 175
    rollenkonformes (in-role behavior) 172
    sozial akzeptiertes 340
Verhaltenskontrolle, wahrgenommene
        (perceived behavioral
        control) 67
Verhaltensunsicherheit 338
Vermeidungsverhalten 246
Virtual Reality 220, 223
Vor- und Nachbereitungslinie 25, 31
Vorauskoordination 303
Vorbereitungsaktivität 80
Vorfreude 79, 119
Vorstellung, mentale des Kunden 352

W
Wahrnehmung 130
Wayfinding 262
Webcare 401
Weisung, persönliche 305
Weiterbildung 331
    along the Job 332
    on the Job 332
    near the Job 332
    off the Job 332
Weiterempfehlungskampagne 399
Well-Being (Wohlbefinden, Wohlfühlen,
        sich besser stellen) 4, 5, 7, 17,
        41, 43, 254, 265, 321, 365, 382
Wert 7
    antizipierter 78
    in der Lebenswelt des Kunden 41
    hedonistischer 60
    instrumenteller 9, 139, 186, 202
    sozialer 50, 60
    unabsichtlicher bzw. auftauchender 9
    utilitaristischer 59
Wertgenerierung 9
    gemeinsame (*Siehe* Value
        Co-Creation)
Wertgenerierungsprozess 7
Wertkette 12, 294
Wertnetzwerk 14, 166, 295
Wertschätzung, individuelle 341

Wertschöpfungskonfiguration 12
Wertshop 14, 295
Wertverringerung 365
Wertversprechen 10
Wertzerstörung 365
Wettbewerbsvorteil 10
Wissen
    geteiltes 308
    implizites 296
    spezifisches 300
Wohlbefinden. *Siehe* Well-Being

Word-of-Mouth (WOM) 388
    Generierung von- 390
Word-of-Mouth-Management 397

Z
Zielgruppe 273
Zielklarheit 193
Zugehörigkeitstheorie (need to belong) 395
Zusatzleistung 334
Zustand, physiologischer 246

MIX
Papier aus verantwortungsvollen Quellen
Paper from responsible sources
FSC® C105338

If you have any concerns about our products,
you can contact us on
ProductSafety@springernature.com

In case Publisher is established outside the EU,
the EU authorized representative is:
Springer Nature Customer Service Center GmbH
Europaplatz 3, 69115 Heidelberg, Germany

Printed by Libri Plureos GmbH
in Hamburg, Germany